Corbin Gams (Hg.)

Amor

Der Mensch aber: Er staunt!

Jahrbuch der Theologie des Leibes

2022/2023

Mit freundlicher Unterstützung des Erzbistums Köln

www.bebeverlag.at

christlichefamilie.at

CORBIN GAMS (HG.)

Amor
Der Mensch aber: Er staunt!

Jahrbuch der Theologie des Leibes
2022/2023

Be+Be-Verlag: Heiligenkreuz 2023
ISBN 978-3-903602-97-7

Das Werk einschließlich aller seiner Teile ist urheberrechtlich geschützt. Jede Verwertung außerhalb der engen Grenzen des Urheberrechtsgesetzes ist ohne Zustimmung des Verlages unzulässig und strafbar. Das gilt insbesondere für die Vervielfältigung, Übersetzung, Mikroverfilmung und die Einspeicherung und Verarbeitung in elektronischen Systemen.

Alle Rechte vorbehalten. Printed in Europe 2023.

Layout: Augsten Grafik, www.augsten.at

Be+Be

© Be+Be-Verlag
Heiligenkreuz im Wienerwald
www.bebeverlag.at

Direkter Vertrieb:
Be+Be-Verlag Heiligenkreuz
A-2532 Heiligenkreuz im Wienerwald
Tel. +43 2258 8703 400
www.klosterladen-heiligenkreuz.at
E-Mail: bestellung@klosterladen-heiligenkreuz.at

Corbin Gams (Hg.)

Amor

Der Mensch aber: Er staunt!

Jahrbuch der Theologie des Leibes

2022/2023

Mit freundlicher Unterstützung des Erzbistums Köln

www.bebeverlag.at

christlichefamilie.at

Inhaltsverzeichnis

Editorial 7

Der Mensch aber: Er staunt! 8
Corbin Gams

Geleitwort 13
+ *Franz Lackner, Erzbischof*

Leib und Transzendenz 15

Leib und Transzendenz
Die philosophische Anthropologie in der Theologie des Leibes von Johannes Paul II. 16
Jarosław Merecki

    Einführung 16

    Kapitel I
    Der philosophische Kontext der Katechesen
    über die menschliche Liebe 26

    Kapitel II
    Elemente für eine Transphänomenologie des Leibes 67

    Kapitel III
    Das ursprüngliche Alleinsein: Entstehung der Person 82

    Kapitel IV
    Die ursprüngliche Einheit:
    die gemeinschaftliche Natur der Person 120

    Kapitel V
    Die ursprüngliche Nacktheit: personalistische Ethik 142

    Epilog
    Die Person in der Geschichte 175

Die Kultur der Gabe 181

**Die Kultur der Gabe im Denken von Karol Wojtyła/
Johannes Paul II.** 182
Aude Suramy

Communio personarum ... 197

Johannes Paul II. und die Familie als *Communio personarum* ... 198
Aude Suramy

Zwischen Vaterschaft und Einsamkeit ... 198
Dass alle eins seien, wie wir eins sind ... 200
Ein leuchtendes Mysterium der Teilhabe und Gemeinschaft ... 202
Das Mysterium der geschlechtlichen Liebe ... 208
Nach Bild und Gleichnis des trinitarischen Geheimnisses ... 215
Ein eucharistisches Geheimnis der Barmherzigkeit ... 219

Ausgewählte Abschlussarbeiten von Absolventen des Studiengangs Theologie des Leibes ... 223

Trinität – Personalität – Sexualität ... 225

Die trinitarisch-personale Hermeneutik der Geschlechtlichkeit bei Dietrich von Hildebrand, Adrienne von Speyr und Johannes Paul II. als Ausgangspunkt sexualpädagogischer Reflexionen ... 226
Ralf Reißel

1. Kirche und Sexualität im 20. Jahrhundert: der große Durchbruch? ... 226
2. Dietrich von Hildebrands Rehabilitierung der Sexualität ... 237
3. Die trinitarische Sinnbestimmung menschlicher Sexualität ... 243

Geistliche Vaterschaft ... 325

Geistliche Vaterschaft als priesterliche Berufung ... 326
Christoph Heinzen

Eros und Agape ... 371

Die Theologie der Liebe: Unterschied und Einheit von Eros und Agape Das Verständnis von Liebe in der Enzyklika *Deus caritas est* von Benedikt XVI. ... 372
Johannes Paul Wieczorek

Eigenleben und Transzendenz ... 409

Eigenleben und Transzendenz als wesentliche Merkmale der Liebe Die eheliche Liebe nach Johannes Paul II. im Spannungsfeld der Selbstbestimmung der Frau. ... 410
Natalie Hildebrand-Galbraith

    I. Geschichtlicher Abriss der Frauendebatte ... 412
    II. Immanenz versus Transzendenz ... 419
    III. Das Wesen der Liebe ... 431
    IV. Theologie des Leibes ... 438
    V. Bräutlich-eheliche Liebe ... 456

Autorenverzeichnis ... 471

Studiengang Theologie des Leibes ... 475

EDITORIAL

Der Mensch aber: Er staunt!

Corbin Gams

> „(Lass mich hier innehalten –
> lass mich innehalten an der Schwelle schlichten Erstaunens.)
> Der Bergbach gerät nicht in Staunen, wenn er herabrauscht
> und schweigend die Wälder talwärts ziehen
>
> Im Rhythmus des Baches –
> der Mensch aber: Er staunt!
> Die Schwelle, die die Welt in ihm überschreitet,
> ist die Schwelle des Staunens.
>
> (Und dieses Staunen wird einst ‚Adam' genannt.)"[1]

Der Mensch aber: Er staunt!
Ist diese Aussage richtig? Staunt der Mensch auch heute noch? Ist es nicht eher so, dass er schon alles erforscht hat, alles weiß und zu allem und jedem eine fixe Meinung hat? Ist das, was in der Welt ist, und das, was jenseits dieser Welt ist, nicht ohnehin evident?

Um die weiten Dimensionen Karol Wojtyłas/Johannes Pauls II. zu erfassen, um die Anklänge in seinen Texten erahnen zu können, ist es unumgänglich sich immer wieder auf einen Weg des Staunens zu machen. Neben der intellektuellen und kognitiven Durchdringung von Gegebenem schlägt Johannes Paul II. auch immer den Weg der staunenden Wahrnehmung ein. Über jeder rein rationalen Glaubensannahme ist es seine ehrfürchtige Haltung, mit der er sich der Erhabenheit des Seins annähert. Dieses Staunen öffnet die Möglichkeit einer neuen Gottesbeziehung. Denn das Staunen ist die Grundvoraussetzung der Gottes e r f a h r u n g, die für Wojtyła bis weit in seine Zeit als Papst von zentraler Bedeutung ist.[2]

In diesem neuen Band des *Amor – Jahrbuch der Theologie des Leibes 2022/2023* liegt der Fokus auf der Philosophie Karol Wojtyłas/Johannes Pauls II. Dieser Band beinhaltet das Buch *Leib und Transzen-*

---
[1] JOHANNES PAUL II., *Römisches Tryptichon*, Freiburg 2003, 20.
[2] Vgl. THEO MECHTENBERG, *Interpretation*, in KAROL WOJTYŁA, *Das Lied vom verborgenen Gott*, Warschau/Kisslegg 2021, 42–43.

denz. Die philosophische Anthropologie in der Theologie des Leibes von Johannes Paul II. von Jarosław Merecki. In gewisser Weise ist die Theologie des Leibes von Johannes Paul II. die Fortsetzung der philosophischen Überlegungen von Karol Wojtyła. In der Tat werden einige der Themen seiner Theologie des Leibes bereits in den Büchern Liebe und Verantwortung und Person und Tat analysiert. Es hat den Anschein, dass Wojtyła als Papst das Bedürfnis hatte, zu denselben Themen zurückzukehren, jedoch nicht ohne den vorherigen Horizont zu erweitern und so die Schwelle zur Theologie zu überschreiten. Mit seinem Buch Leib und Transzendenz über die philosophische Anthropologie Johannes Pauls II. legt Merecki die Grundlage für ein tieferes Verständnis der Theologie des Leibes.

In ihren beiden Beiträgen widmet sich Aude Suramy zwei Schlüsselthemen der Theologie des Leibes. Einerseits behandelt sie die Kultur der Gabe im Denken von Karol Wojtyła/Johannes Paul II., und andererseits untersucht sie die These Johannes Pauls II. Familie als Communio personarum. Im Schlussabschnitt ihres ersten Beitrags verdeutlicht sie die bedeutsame Relevanz von Wojtyłas/Johannes Pauls II. Denkansätzen für unsere Zeit. Diese reichen von der wahrnehmenden Phänomenologie in Person und Tat über die kulturellen Handlungen, die in Liebe vollzogen werden sollten, bis hin zur Hingabe der Eheleute und schließlich zu Christus selbst, der sich für die Kirche hingegeben hat, um sie in die trinitarische Gemeinschaft zu führen.

Ein Novum innerhalb der Amor-Reihe ist, dass endlich auch ausgewählte Abschlussarbeiten von Absolventen des Studiengangs einer größeren Leserschaft zugänglich gemacht werden. In Trinität – Personalität – Sexualität betrachtet Ralf Reißel die trinitarisch-personale Hermeneutik der Geschlechtlichkeit bei Dietrich von Hildebrand, Adrienne von Speyr und Johannes Paul II. Als promovierter Pädagoge stellt er sie in Zusammenhang mit sexualpädagogischen Reflexionen. Ralf Reißel geht davon aus, dass die trinitarische und personale Perspektive, wie sie von den o. g. Autoren vertreten werden, entscheidende Einsichten für die sexuelle Erziehung und Ethik bietet. In seiner Abhandlung untersucht er, wie diese theologischen Denker die Trinität als ein Modell für die menschliche Geschlechtlichkeit und Sexualität heranziehen. Sie betonen dabei die Idee, dass die menschliche Liebe und Sexualität in gewisser Weise ein Abbild der göttlichen Liebe und der trinitarischen Beziehung innerhalb der Dreifaltigkeit sind. Dieser Ansatz stellt die Sexualität in den Kontext einer spirituellen Dimension und hebt ihre Bedeutung hervor, die über rein biologische und soziale Aspekte hinausgeht. Ralf Reißel argumentiert weiterhin, dass diese trinitarisch-personale Hermeneutik der Geschlechtlichkeit eine wertvolle Grundlage für eine zeitgemäße sexualpädagogische Reflexion darstellt. Sie eröffnet die Möglichkeit, Sexualerziehung als einen integralen Bestandteil der ganzheitlichen Bildung zu verstehen, bei der nicht nur Informationen über biologische Prozesse vermittelt werden, sondern auch ethische und spirituelle Dimensionen der Sexualität berücksichtigt werden.

Der Beitrag von Christoph Heinzen, Priester und Pfarrer im Erzbistum Köln, befasst sich mit der Frage nach *Geistlicher Vaterschaft – eine priesterliche Berufung* in einer Zeit, in der traditionelle Vorstellungen von Mutterschaft und Vaterschaft in Frage gestellt werden. Priester, besonders in ihrer zölibatären Lebensform, werden aufgerufen, geistliche Väter zu sein und Gläubige auf ihrem spirituellen Weg zu begleiten. Die Abhandlung beleuchtet die verschiedenen christlichen Traditionen, in denen geistliche Vaterschaft eine Rolle spielt, und hebt die Lehren von Karol Wojtyła/Johannes Paul II. hervor, der die Bedeutung geistlicher Elternschaft betont hat. Es wird die spirituelle Tiefe geistlicher Vaterschaft bei den alten Mönchsvätern ebenso beleuchtet wie eine protestantisch-freikirchliche Perspektive. Heinzen betont die Größe und Erhabenheit der geistlichen Vaterschaft und der Bedeutung der zölibatären Lebensform für die geistliche Fruchtbarkeit.

Der Journalist Johannes Paul Wieczorek erörtert in seinen Ausführungen *Die Theologie der Liebe: Unterschied und Einheit von Eros und Agape – Das Verständnis von Liebe in der Enzyklika Deus caritas est von Benedikt XVI.* Mit dem Zitat „Lieben bedeutet, alles zu geben und sich selbst zu geben" von Thérèse von Lisieux betont Wieczorek die grundlegende Berufung des Menschen zur Liebe. Ausgehend von der Enzyklika *Deus caritas est* von Papst Benedikt XVI. untersucht er die Bedeutung der bräutlichen Liebe als die Integration von Eros und Agape. In diesem Zusammenhang spielt die *Theologie des Leibes* von Johannes Paul II. eine wichtige Rolle, weil sie zeigt, dass eine oberflächliche Betrachtung der Liebe, bzw. das, was man Liebe nennt, ihrer Tiefe nicht gerecht wird.

Die promovierte Philosophin und Familienmutter Natalie Hildebrand-Galbraith schließt mit ihrem Beitrag *Eigenleben und Transzendenz als wesentliche Merkmale der Liebe. Die eheliche Liebe nach Johannes Paul II. im Spannungsfeld der Selbstbestimmung der Frau* den philosophischen Rahmen dieses Amor-Bandes ab. Auf dem Hintergrund, dass in der heutigen Gesellschaft die Selbstbestimmung immer wichtiger wird und gleichzeitig menschliche Beziehungen oft als Hindernis für ein erfülltes Leben betrachtet werden, untersucht Hildebrand-Galbraith, ob die eheliche Liebe das Eigenleben, insbesondere das der Frau, bereichert oder einschränkt und ob sie zur Selbstbestimmung und dem Glück der Frau beiträgt oder ihrer Würde als freie Person widerspricht. Seit der sexuellen Revolution betonte die Gesellschaft Freiheit und Lust auf Kosten der wahren Liebe. Diese Entwicklung führte in zunehmendem Maße zu zerrütteten Beziehungen und einer erhöhten Sehnsucht nach authentischer Liebe. Papst Johannes Paul II. stellt die Schönheit der ehelichen Liebe als gegenseitiges Geschenk in den Vordergrund. Er betont die Bedeutung der Hingabe an den Anderen und die Freiheit zur Selbsthingabe.

Gerade in einer Zeit wie dieser, in der nicht zuletzt durch den sogenannten *Synodalen Weg* in Deutschland die tiefen Risse im Verständnis der Lehre der Kirche aufgezeigt werden, scheint es wichtig den Fokus auf die philosophischen Grundlagen von Johannes Paul II. zu legen, um nicht in die Gefahr zu kommen einem neuen Zeitgeist immer schneller nachlaufen zu müssen und dabei das eigentliche Ziel aus den Augen zu verlieren.

Mein herzlichster Dank gilt dem Diözesanbischof von Salzburg und Vorsitzenden der Österreichischen Bischofskonferenz, Erzbischof Dr. Franz Lackner OFM, für sein Geleitwort. Darin betont er den Wert der geduldigen und barmherzigen Begleitung von Menschen, wie sie Papst Franziskus in *Amoris laetitia* anmahnt, ohne jedoch Abstriche in der Lehre zu machen.

Von ganzem Herzen möchte ich an dieser Stelle allen Übersetzern unseren herzlichsten Dank aussprechen. Es ist an erster Stelle der Fremdsprachenkorrespondentin Anna Spandri zu danken, die das Buch von Jarosław Merecki übersetzt hat. Ein großer Dank gilt ebenso Dr. Eva Salm-Reifferscheidt für die Übersetzungen von Aude Suramy sowie Dr. Jutta Kahlen und Maria-Theresa Toffano M.Ed. für die sprachlichen Glättungen und Korrekturen. In den Fußnoten der originalen italienischen bzw. französischen Texte konnten für die meisten Quellenverweise die Titel der entsprechenden deutschen Quellen für vertiefende Studien recherchiert werden. Leider war dies nicht bei allen Verweisen möglich.

Dem Magnus Cancellarius Abt Dr. Maximilian Heim OCist sowie dem Rektor der Hochschule Benedikt XVI. Prof. Msgr. Dr. Wolfgang Klausnitzer ist zu danken für die bleibende Unterstützung des *Studiengangs Theologie des Leibes*. Dieser Dank gilt ebenso der Initiative Christliche Familie, meiner lieben Frau Birgit und meiner inzwischen pensionierten Assistentin Margit Taschner, ohne deren Unterstützung es nicht möglich gewesen wäre, diesen vierten Band fertigzustellen. Ich danke dem Erzbistum Köln, das auch in diesem Jahr die Erstellung dieses Bandes großzügig unterstützt hat.

Möge auch dieser vierte Band des *Amor – Jahrbuch der Theologie des Leibes 2022/2023* ein Beitrag dafür sein, dass die *Theologie des Leibes* in der deutschsprachigen akademischen Welt immer mehr rezipiert wird.

Geleitwort

+ *Franz Lackner, Erzbischof*

Zu allen Zeiten war dem Zusammenleben zwischen den Geschlechtern Ritual und Form beigestellt. Ob wir uns nun für ein Leben in Partnerschaft oder in Ehelosigkeit entscheiden: Immer ist uns die Begleitung dieser Entscheidung, die konkrete Einbettung in unseren Alltag durch Worte und Zeichenhandlung ermöglicht. Das gilt für die Eheriten Israels und später der Kirche wie auch, wenngleich mutatis mutandis, für heutige, rein zivile Verbindungen. Was mag uns diese Ritualisierung sagen? Ich glaube, sie ist kein kulturanthropologischer Zufall – vielmehr zeigt sich: In kaum einem Lebensbereich ist der Mensch so verletzlich wie in jenem der Liebe, der Romantik, damit auch der Sexualität.

Wenn in manchen geschichtlichen Epochen – auch die heutige gehört zu jenen – dieser Themenbereich als scheinbar irrelevant für die Moral behandelt wird, ändert dies nichts an der Verletzlichkeit, die uns eingeschrieben ist. Zu allen Zeiten erzählen Lieder und Geschichten von unerfüllter Liebe, gescheiterter Beziehung, Trennung und bisweilen Verzweiflung bis zur Selbstaufgabe. All dem hält das Evangelium den Stellenwert der innig, aufrichtig gegründeten Partnerschaft in Form der Ehe zwischen Frau und Mann, der Verbindung beider Partner mit Gott entgegen. Gewiss ein hoher Anspruch, besonders in Zeiten, in denen mehrere Partnerschaften breite gesellschaftliche Akzeptanz finden, ja – die Norm geworden sind.

Vielen, auch innerhalb der Kirche, scheint die Botschaft des Evangeliums in diesem Bereich wie eine zu harte Vorgabe, ein unerfüllbares Gesetz aus alten Tagen. Doch das Evangelium ist auch hier eine Frohe Botschaft, weit mehr denn als Vorlage für ein simples Ja oder Nein, ein Richtig oder Falsch, ist es eine Anleitung zur Begleitung, die Hoffnung, Zuversicht und Vertrauen zu spenden vermag. Im Lichte der Botschaft Christi kann selbst das Scheitern verwandelt werden – wichtig dafür ist wohl die Unterscheidung anhand der Lehre unseres Glaubens, dies aber gerade auch in der mitfühlenden Begleitung.

Das Evangelium für Ehe, Partnerschaft und Sexualität greifbar und verstehbar zu machen war die Aufgabe, der sich der Heilige Papst Johannes Paul II. vor vier Jahrzehnten stellte. Die *Theologie des Leibes* war seine Antwort auf schnelllebige Formen von Partnerschaften, die vielfach an die Stelle der Ehe getreten sind. Wollen wir das Evangelium auch hier weiterhin verkünden, müssen wir uns sowohl dem Anspruch und der Realität der Lehre Christi stellen als auch der Realität, auf welche sie heute trifft. Mit *Amoris laetitia* hat Papst Franziskus den Wert der geduldigen, barmherzigen Begleitung ohne Abstriche in der Lehre betont. Auch im Heute klar dazu zu stehen, was uns im Glauben überliefert ist, und mit offenen Armen und offenem Herz für die Menschen in all den schwierigen Situationen, die das Leben bieten mag, da zu sein – das ist uns von einem menschenfreundlichen Gott, der uns liebt und uns durch seinen Sohn geboten hat, einander zu lieben, aufgetragen.

Die nun vorliegende Publikation widmet sich im Detail verschiedenen Fragen rund um dieses so sensible wie wichtige Thema christlicher Verkündigung. Gute Diskussion und guter Austausch sind und bleiben hier essenziell. Meine herzlichsten Segenswünsche dazu begleiten alle Beitragenden, Verantwortlichen, und die darin Lesenden, auf dass sie Impuls und Orientierung daraus ziehen mögen.

LEIB UND TRANSZENDENZ

Leib und Transzendenz*
Die philosophische Anthropologie in der Theologie des Leibes von Johannes Paul II.

Jarosław Merecki

*Aus dem Italienischen von
Anna Spandri und Dr. Jutta Kahlen*

Einführung

Die große Reflexion von Johannes Paul II. über die menschliche Liebe im göttlichen Heilsplan hat einen grundlegend theologischen Charakter. Der Papst beruft sich dabei auf den Disput Christi mit den Pharisäern über die Unauflöslichkeit der Ehe, in dem Christus selbst vom „Anfang" spricht. Gegenüber der Behauptung der Pharisäer, die sich auf die Autorität des Mose berufen, der es dem Ehemann erlaubte, seine Frau zu verstoßen, beruft sich Jesus auf die Autorität Gottes selbst, die im Schöpfungsakt zum Ausdruck kommt – „von Anfang an war es nicht so" (Mt 19,8). Auf diese Weise akzeptiert Jesus nicht, dass die Diskussion über die Unauflöslichkeit der Ehe auf der Ebene der historischen, von der Erbsünde geprägten Praxis des Menschen stattfindet, sondern verlagert sie auf eine andere Ebene, die Ebene der protohistorischen Situation, das heißt der Situation vor der Erbsünde. Mit anderen Worten: Jesus fordert seine Gesprächspartner auf, die Grenze der Erbsünde zu überschreiten und die Wahrheit über die Ehe in der Situation zu suchen, in der der Mensch in voller Harmonie mit seinem Schöpfer lebte. Dieser Einladung Jesu folgend, überschreitet Johannes Paul II. in seiner *Theologie des Leibes* die Schwelle der Erbsünde und entwickelt eine Hermeneutik des theologischen Prinzips des Menschen.

Diese Hermeneutik hat jedoch ein solides philosophisches Fundament. In gewissem Sinne können wir sagen, dass Wojtyłas gesamter philosophischer Weg vor seiner Wahl auf den Thron des heiligen Petrus eine Vorbereitung auf die *Theologie des Leibes* war, die er als Johannes Paul II. entwickelte. In seinem gesamten philosophischen Schaffen war Wojtyła – wie sein einflussreichster Schüler, Professor Tadeusz Styczeń, ihn nannte – „ein Philosoph der menschlichen Dinge", das heißt, er versuchte, die Frage zu beantworten: Wer ist der Mensch? Schon seine erste Vorlesungsreihe, die er nach seiner Rückkehr von den römischen Studien hielt, befasste sich genau mit den Themen der philosophischen Anthropologie[1]. In diesen Vorlesungen legte Wojtyła im Wesentlichen die philosophische Vision des heiligen Thomas von Aquin dar, die er dann mit Hilfe der in der modernen Philosophie entwickelten Methoden zu bereichern und zu vertiefen versuchte. Wojtyłas Beziehung zur Philosophie des heiligen Thomas und ganz allgemein die Quellen seiner Philosophie werden im ersten Kapitel behandelt.

An dieser Stelle lohnt es sich, an die Worte aus der Einleitung der ersten polnischen Ausgabe des Buches *Person und Tat* zu erinnern, d. h. an Wojtyłas *Anthropologische Summa*, die in der zweiten Ausgabe weggelassen wurden (und aus diesem Grund finden wir sie auch nicht in der italienischen Übersetzung von Wojtyłas Buch), aber sie behalten dennoch ihre volle Gültigkeit:

> „Das Studium der Person und der Handlung muss einen philosophischen Charakter haben. [...] Indem er über die Frage der Person nachdenkt, stellt der Autor fest, dass dieses Problem zugleich eine fundamentale Bedeutung für die Theologie besitzt [...]. Die Bedeutung der personalistischen Problematik für die Theologie ist enorm. In der vorliegenden Studie möchte ich die

---

*   Originaltitel: Jarosław Merecki Corpo e trascendenza. L'antropologia filosofica nella teologia del corpo di Giovanni Paolo II, 2015, Cantagalli, Siena.
       Das italienische Wort corpo kann sowohl mit Leib als auch mit Körper übersetzt werden. Welches Wort man am Besten nimmt, kommt auf den Zusammenhang an. Die Übersetzer der Katechesen haben die Entscheidung getroffen, corpo sehr häufig auch mit Körper zu übersetzen und haben somit oft auf den Reichtum des deutschen Wortes Leib verzichtet. Die Übersetzer und Herausgeber dieses Buches möchten dieser Entscheidung nicht in allen Fällen nachkommen. Siehe auch: Hanna-Barbara Gerl-Falkovitz, Eine Theologie des Geschlechts nach Johannes Paul II., in Corbin Gams (Hg.), Sohn werden – um Vater zu sein, Heiligenkreuz 2021, Anm. 3, 20; und 5. Das heutige Missverständnis: Leib ist mehr als Körper, 30.

1   Vgl. KAROL WOJTYŁA, *Rozważania o istocie człowieka* [Überlegungen zum Wesen des Menschen] Wydawnictwo WAM, Kraków 1999. Der Text ist noch nicht übersetzt worden.

Schwelle zu dieser Problematik in keiner Weise überschreiten. Vielleicht wird dies in Zukunft nach gründlicherer Vorbereitung möglich sein."²

Wir können also sagen, dass Johannes Paul II. gerade in seinen Katechesen über die menschliche Liebe im göttlichen Heilsplan die Schwelle zur Theologie überschreitet. In der *Theologie des Leibes* haben wir es also mit einer ganzheitlichen Sicht des Menschen zu tun, die sowohl seine in der Erfahrung gegebene und in der philosophischen Reflexion analysierte als auch die übernatürliche, in der Offenbarung gegebene Dimension umfasst.

Vielleicht kann man so auch den Ausdruck *angemessene Anthropologie* verstehen, den Johannes Paul II. in seinen Mittwochskatechesen verwendet. Eine angemessene Anthropologie, so die Definition des Papstes, versucht zu erfassen, was das spezifisch Menschliche am Menschen ist, was ihn von allen anderen Wesen auf der Erde unterscheidet. Das *specificum humanum* wird jedoch nur dann vollständig und angemessen offenbart, wenn es auch von dem Licht, das *von oben* kommt, erleuchtet wird.

Die Problematik der menschlichen Liebe faszinierte Wojtyła von Anfang an auf seinem priesterlichen und intellektuellen Weg. Seine schöne Aussage „Ich habe gelernt, die menschliche Liebe zu lieben" ist allgemein bekannt. Als Priester begleitete er die verliebten und jungen Paare, indem er als guter Freund half, ihre Erfahrungen besser zu verstehen, und gleichzeitig selbst aus deren Erfahrungen lernte. Aus dieser Nähe zur Erfahrung der menschlichen Liebe entstand sein Buch *Liebe und Verantwortung*, in dem er versuchte, sich dieser Erfahrung mit den begrifflichen Mitteln der Philosophie zu nähern. Das Buch erregte damals Interesse wegen seines originellen Ansatzes für die Problematiken der Liebe und der Sexualethik, weil der Autor versuchte, von der gelebten Erfahrung des Subjekts auszugehen und auf der Grundlage dieser Erfahrung moralische Normen zu rechtfertigen.

In den Mittwochskatechesen von Johannes Paul II. können wir eine Fortsetzung dieses Ansatzes erkennen. Im Übrigen ist es nicht schwer festzustellen, dass einige Problematiken (z. B. das Problem

---

2   Vgl. Karol Wojtyła, *Osoba i czyn*, Polskie Towarzystwo Teologiczne, Kraków 1969, 24.

des Schamgefühls) sowohl im Buch *Liebe und Verantwortung* als auch in den Katechesen unter diesen Gesichtspunkten analysiert werden. Wir können sehen, dass Karol Wojtyła fast zwanzig Jahre nach dem Schreiben des Buches das Bedürfnis spürte, zu denselben Problematiken zurückzukehren, indem er aber seinen Horizont erweiterte, das heißt, die Schwelle zur Theologie überschritt. Heute wissen wir, dass der erste Teil der Katechesen, in dem Wojtyła von dem Streitgespräch Christi mit den Pharisäern über die Unauflöslichkeit der Ehe ausgeht, schon vor seiner Wahl auf den Thron des heiligen Petrus vorbereitet worden war[3]. In gewissem Sinne können wir also sagen, dass auch dieser erste Teil der Katechesen im Grenzbereich zwischen dem philosophischen und theologischen Denken von Kardinal Karol Wojtyła und dem Lehramt von Papst Johannes Paul II. liegt. Aus diesem Grund ist der erste Teil der Katechese besonders interessant für diejenigen, die die Verbindungen zwischen der *Theologie des Leibes* und Wojtyłas Anthropologie zu erkennen versuchen. Andererseits ist es sicherlich nicht möglich, die Mittwochskatechesen vollständig zu verstehen, ohne ihre weit zurückliegende Vorbereitung zu berücksichtigen, die gerade in der philosophischen Anthropologie von Karol Wojtyła enthalten ist.

In diesem Buch versuchen wir, den Weg von Johannes Paul II. in die entgegengesetzte Richtung zu gehen; das heißt, wir werden versuchen, ausgehend von der *Theologie des Leibes*, die darin enthaltene Philosophie des Menschen zu entschlüsseln. Einerseits ist es interessant zu sehen, wie verschiedene Elemente von Karol Wojtyłas Philosophie des Menschen in seine theologische Reflexion über die menschliche Liebe[4] einfließen und die Grundlage dafür bilden. Andererseits kann man aber auch sehen, wie das philosophische Menschenbild bereichert und vertieft werden kann, wenn der Autor sich vom biblischen Text inspirieren lässt. Vielleicht haben wir es auch hier mit einer ähnlichen Situation zu tun, wie in der Geschichte der Metaphysik, als die großen christlichen Denker, insbesondere der heilige Thomas von Aquin, durch den biblischen Text – in diesem Fall ging es vor allem um Ex 3,14 – inspiriert wurden, den Unterschied zwischen Sein und

---

3   Der polnische Originaltext dieses Teils der Katechesen befindet sich im JOHANNES PAUL II. Archiv im [polnischen Haus] Casa Polacca in Rom.

4   Der grundlegende Text über die philosophische Vision des Menschen von Wojtyła ist natürlich sein meisterhaftes Buch *Person und Tat*, das uns als Hauptreferenz dienen wird.

Existenz zu entdecken, der als solcher zur philosophischen Reflexion gehört. Auch hier müssen wir zwischen dem Kontext der Entdeckung (the context of discovery) und dem Kontext der Rechtfertigung (the context of justification) unterscheiden. Es ist nicht auszuschließen, dass auch in der Anthropologie der biblische Text zu Eingebungen führen kann, die wir dann mit Hilfe der Methoden der Philosophie bestätigen können.

An dieser Stelle ist es angebracht, ein paar Worte über die Methode von Karol Wojtyła und Johannes Paul II. zu sagen. Wie bereits gesagt, geht der Papst in seinen Überlegungen vom biblischen Text aus, aber seine Analyse hat sicherlich nicht den Charakter einer biblischen Exegese im technischen Sinne dieses Begriffs. Die Methode von Johannes Paul II. könnte man eher als phänomenologische Hermeneutik des Prinzips bezeichnen. Der biblische Text hilft in diesem Zusammenhang, diese Dimension menschlicher Erfahrung – die jenseits der geschichtlichen Erfahrung des Menschen selbst liegt – zu erforschen, die uns ohne die Hilfestellung der Heiligen Schrift nur schwer zugänglich wäre. Von dieser Dimension – die Johannes Paul II. als „proto-historisch" bezeichnet – sind wir durch die Erbsünde getrennt, die genau die Schwelle zwischen der Proto-Geschichte und der menschlichen Geschichte darstellt. Die Erbsünde – ein rein theologisches Konzept – hat jedoch auch ihre Wertigkeit für die philosophische Anthropologie. Wie wir im Laufe unserer Analyse sehen werden, hängt von der Erbsünde Folgendes ab: die Veränderungen der ontischen Struktur des Menschen, die Veränderung des Gleichgewichts zwischen dem, was materiell und was geistig ist, eine andere Art der Verwirklichung des Personseins des Menschen. Andererseits ist Johannes Paul II. davon überzeugt, dass zwischen diesen beiden Zuständen, dem proto-historischen und dem historischen, auch eine gewisse Kontinuität besteht, die es uns erlaubt, uns dem proto-historischen Zustand, der Erfahrung, die dem Menschen vor der Erbsünde eigen war, mit den begrifflichen Mitteln zu nähern, die der historische Mensch entwickelt hat – wie Johannes Paul II. sagt: vom historischen a-posteriori aus. An diesem Punkt treffen sich Theologie und Phänomenologie. Die phänomenologische Methode, die versucht, zu den elementarsten Erfahrungen des Menschen vorzudringen, wird zu einer Methode, die uns bis zu einem gewissen Grad helfen kann, die

Erfahrung des Menschen vor der Erbsünde zu verstehen. Besonders der zweite Schöpfungsbericht über die Erschaffung des Menschen ist so sehr mit phänomenologischer Symbolik angereichert, dass Johannes Paul II. ihn als „die älteste Beschreibung und Aufzeichnung des menschlichen Bewusstseins" (Kat 3,1) bezeichnete. In unserem Zusammenhang ist es interessant festzustellen, dass dieser Text nach den Worten des Papstes *in seinem Kern* „nahezu alle Elemente einer Analyse des Menschen [enthält], für welche die moderne und vor allem die zeitgenössische philosophische Anthropologie aufgeschlossen ist"[5]. Aus diesem Grund wird der zweite Schöpfungsbericht über die Erschaffung des Menschen im Mittelpunkt unserer Überlegungen stehen, und wir werden auch versuchen, zumindest einige seiner Verbindungen zur modernen Philosophie zu erkennen.

Es gibt noch einen weiteren Punkt in der Methode von Johannes Paul II., den wir hervorheben möchten. In seinen Analysen, vor allem in denen, die den größten philosophischen Wert haben, analysiert der Papst die Erfahrung des Menschen sozusagen *von innen*, das heißt, er nimmt die Perspektive der menschlichen Subjektivität ein. Es ist nicht schwer, hier ein Echo des methodologischen Postulats zu erkennen, das von dem großen Teil der modernen Philosophie vertreten wird, die *vom Menschen ausgehen* will, von seiner subjektiven Erfahrung. Die Philosophie mit einem objektiveren Ansatz – wie die thomistische Philosophie – hielt dieses Postulat für ziemlich gefährlich, da sie darin *in nuce* den Weg zum Subjektivismus sah. Wie wir sehen werden, scheute sich Wojtyła auch als Philosoph nicht, die Perspektive des Subjekts einzunehmen, in der Überzeugung, dass dieser methodische Ansatz unsere Kenntnis vom Menschen bereichern kann. So können wir nicht nur wissen, dass der Mensch Person ist, sondern auch wie der Mensch Person ist. Selbst die metaphysischen Kategorien, wie die der Kausalität, erhalten einen anderen Aspekt, wenn man sie aus der Perspektive des handelnden Subjekts betrachtet. Wir wissen, was es bedeutet, die Ursache von etwas zu sein, denn wir sind handelnde Subjekte, die ihr eigenes Tätigsein von innen heraus leben. Diese Sichtweise des handelnden Subjekts, die Wojtyła bereits in seinem

---

[5] JOHANNES PAUL II., *Die menschliche Liebe im göttlichen Heilsplan. Eine Theologie des Leibes*, hrsg. von Norbert und Renate Martin, Kißlegg 2017⁵, 87ff (3,2). (Im Folgenden abgekürzt mit Autor, Die menschliche Liebe, Seitenzahl, Katechesennummer).

Buch *Person und Tat* angenommen hat, finden wir auch in den Mittwochskatechesen. Wie Johannes Paul II. selbst sagt, hat die Theologie den biblischen Schöpfungsbericht bisher eher mit der „für die Metaphysik und metaphysische[n] Anthropologie typische[n] Methode der Objektivierung" (Kat 18,1) interpretiert; stattdessen versucht seine Methode, die menschliche Subjektivität stärker zu berücksichtigen. Auch hier, in der Frage der Methode, besteht eine enge Verbindung zwischen Wojtyłas Philosophie und dem päpstlichen Lehramt.

Für Johannes Paul II. ist es die Erfahrung des Leibes, die uns mit dem Urzustand und der Erfahrung des ersten Menschen (Mann und Frau) in Kontakt bringt. Trotz der Erbsünde und ihrer Folgen bewahrt die Erfahrung des Leibes ihre Kontinuität zwischen dem protohistorischen Zustand und dem historischen Zustand. Der Mensch, der sich selbst erfährt, erlebt sich selbst immer als leiblich, und alle seine Erfahrungen sind in irgendeiner Weise mit der Leiblichkeit verbunden. Wie wir sehen werden, ist diese Dimension der menschlichen Erfahrung in der modernen Philosophie manchmal unterschätzt worden (in dem, was wir als anthropologischen Dualismus[6] bezeichnen möchten), um dann in der zeitgenössischen Philosophie aufgegriffen und aufgewertet zu werden.

Um den Inhalt der Erfahrung des Leibes vor der Erbsünde und ihre Folgen für die gesamte menschliche Vision zu enthüllen, wendet Johannes Paul II. eine Methode an, die man *Methode des Kontrasts* nennen könnte. Auch wenn wir keinen direkten Zugang zur historischen Erfahrung haben, weil alle unsere Erfahrungen von der Erbsünde geprägt sind, können wir den Sinn dieser Erfahrung aus dem, was uns quasi *per viam negationis* gegeben ist, erahnen. Diese Vorgehensweise ist besonders deutlich in der Analyse der ursprünglichen Nacktheit, wo sich die Scham als ein entferntes Echo der Wahrnehmung des Anderen, die mit der Erbsünde verloren ging, erweist. Es ist klar, dass die biblischen Berichte uns keinen Bericht über die Entstehung des Menschen im Sinne der modernen Wissenschaft bieten. Sie verwenden die Sprache des Mythos, aber im edlen Sinne dieses Begriffs. Der Mythos ist keine Fabel, das heißt eine Geschichte,

---

[6] Wir verwenden den Ausdruck *anthropologischer Dualismus* in dem spezifischen Sinne der axiologischen Neutralisierung des Leibes, er gehört dann zum Bereich der Moral. Wir verwenden ihn jedoch nicht in dem in der zeitgenössischen philosophischen Diskussion verbreiteten Sinne, d. h. im Sinne der ontologischen Unterscheidung zwischen Geist und Leib.

die von denjenigen erfunden wurde, die noch nicht über die Mittel verfügten, um die Dinge angemessen zu erklären (was die wissenschaftliche Erklärung wäre). Vielmehr geht es beim Mythos darum, jene Erfahrungsschichten zu bewahren und zu vermitteln, die in der wissenschaftlichen Sprache nicht objektiviert werden können. In diesem Sinne hat die Philosophie etwas mit dem Mythos gemeinsam (es ist kein Zufall, dass Sokrates in Platons Dialogen Mythen benutzt, um philosophische Wahrheiten zu vermitteln). Indem er die mythische Sprache der biblischen Berichte über die Erschaffung des Menschen analysiert, entdeckt Johannes Paul II. jene Schichten der menschlichen Erfahrung, die über die historische und kulturelle Prägung hinausgehen und auch über das hinausgehen, was die empirischen Wissenschaften über den Menschen sagen können.

Im Laufe unserer Analyse werden wir zunächst versuchen, den Kontext zu ermitteln, in dem die *Theologie des Leibes* von Johannes Paul II. entstanden ist. Der unmittelbarste Kontext ist natürlich die Philosophie von Karol Wojtyła. Im ersten Kapitel werden wir versuchen, ihre Quellen aufzuzeigen und sie in seinem allgemeinen Ansatz zu charakterisieren. Der äußere Kontext der *Theologie des Leibes* ist jener Teil der modernen Philosophie des Leibes, den man als *anthropologischen Dualismus* bezeichnen kann und dem wir eine eigene Diskussion widmen werden.

Nach Johannes Paul II. lässt sich die urgeschichtliche Situation des Menschen mit drei Koordinaten beschreiben: Alleinsein, Einheit und ursprüngliche Nacktheit. Auf der Grundlage dieser drei Koordinaten werden wir versuchen, die Philosophie des Menschen zu rekonstruieren, die die *Theologie des Leibes* impliziert. Das ursprüngliche Alleinsein drückt sowohl die ontologische Konstitution des Menschen als solche, als auch seine Entwicklung als persönliches Subjekt auf der experimentellen Ebene aus. Wir werden versuchen, diese Problematik mit Hilfe der in dem Buch *Person und Tat* erarbeiteten Philosophie der Person zu untersuchen. Die ursprüngliche Einheit bezieht sich auf den anderen wesentlichen Aspekt des Menschen, nämlich seine Offenheit gegenüber dem anderen. In unserer Überlegung werden wir versuchen, die Frage zu beantworten: Welches Verhältnis besteht im Denken von Wojtyła und Johannes Paul II. zwischen diesen beiden Merkmalen der Person, d. h. zwischen ihrer ontologischen Subjektivität und ihrer interpersonellen Offenheit? Kann man sagen, dass eines von beiden grundlegender ist als das andere? Kann man sagen, wie es eine bestimmte Philosophie des Dialogs behauptet, dass das Subjekt nur in dem Raum existiert, der durch die Beziehung zum anderen gebildet wird? Schließlich verweist die ursprüngliche Nacktheit auf die Probleme im Zusammenhang mit der moralischen Dimension des Handelns des Menschen. Die Fragen, die zu diesem Bereich gehören, sind: Was ist die ursprünglichste Beziehung zwischen den Menschen? Handelt es sich um eine Beziehung des Wettbewerbs oder sogar des Kampfes, wie es ein beträchtlicher Teil der modernen Philosophie (von Hobbes bis Sartre) will? Ist der natürliche Zustand des Menschen der Zustand des Krieges aller gegen alle, wie Hobbes behauptete[7], oder können wir – ohne das im Menschen vorhandene Aggressionspotenzial zu leugnen – sagen, dass es auch eine andere und tiefere Wahrheit des Menschen gibt? Und wenn die Antwort positiv ist, wie können wir sie entdecken?

Die Existenz der menschlichen Person im Leib zeigt, dass der Mensch in der Zeit und in der Geschichte existiert. Seit dem Beginn seiner Existenz auf der Erde lebt der Mensch auch vor dem Horizont des Todes, der Teil seines natürlichen Schicksals ist. Die natürliche Struktur des Körpers unterliegt, wie jede komplexere Struktur, dem Gesetz der Entropie. Andererseits will sich der Mensch aber nicht mit der in seinem Körper eingeschriebenen Endlichkeit zufrieden geben und stellt die Frage nach der Unsterblichkeit und dem Zweck der Geschichte. Diese Frage führt ihn bereits an die Schwelle von Religion und Theologie, sie ist aber gleichzeitig gerade in seiner Erfahrung der Leiblichkeit verwurzelt. Wir werden den letzten Abschnitt unseres Buches dieser Perspektive der *Theologie des Leibes* widmen.

Natürlich gibt es, dreißig Jahre nach Abschluss der Katechesen von Johannes Paul II., in der theologischen Literatur keinen Mangel an Kommentaren über die *Theologie des Leibes* und ihre Erkenntnisse. Eine bibliographische Übersicht über die Ausgaben und Übersetzungen der Katechesen sowie die Kommentare findet sich in der von Gilfredo Marengo herausgegebenen Ausgabe der Mittwochska-

---

7 Vgl. THOMAS HOBBES, *Leviatano*, Armando Editore Roma 1997, cap. XII, XIV, XXIV.

techesen (neben seiner ausführlichen und lehrreichen Einleitung)⁸. An dieser Stelle möchten wir nur zwei in italienischer Sprache veröffentlichte Bücher erwähnen: das Buch *Chiamati all'amore. La teologia del corpo di Giovanni Paolo II* [Zur Liebe berufen. Die *Theologie des Leibes* von Johannes Paul II.]⁹ von Carl Anderson und José Granados (Piemme, Mailand 2010), bietet eine kompetente Einleitung in die gesamte *Theologie des Leibes* (was wir in diesem Buch nicht beabsichtigen); andererseits berührt *La carne si fa amore. Il corpo, cardine della storia della salvezza* [Das Fleisch wird Liebe. Der Leib, der Dreh- und Angelpunkt der Heilsgeschichte] (Cantagalli, Siena 2010) von José Granados Garcia aus theologischer Sicht eine Reihe von Themen, die auch in unserem Buch behandelt werden¹⁰. Es scheint jedoch, dass bisher kein umfassenderer Versuch unternommen wurde, die philosophische Vision des Menschen, die die *Theologie des Leibes* impliziert, freizulegen – das Ziel, das wir uns in dieser Untersuchung setzen.

Am Ende dieser Einführung möchten wir noch eine weitere Bemerkung hinzufügen. So wie die große Entdeckung der Rolle des Seins in der Entität des heiligen Thomas unter dem Einfluss des Buches Exodus stattfand, obwohl es an sich zur philosophischen Ordnung gehört, ist es nicht falsch zu denken, dass die Philosophie von Karol Wojtyła nicht das wäre, was sie tatsächlich ist, wenn er in seinem Leben nicht der Person Jesu Christi begegnet wäre. Ich glaube, dass wir bei unseren Überlegungen zu seiner Philosophie seine Begegnung mit Christus nicht übersehen dürfen – auch wenn diese Begegnung nicht unbedingt zur Philosophie gehört, so gehört sie doch zur gelebten Erfahrung des Menschen Karol Wojtyła. Wie

---

8   GIOVANNI PAOLO II., *L'amore umano nel piano divino. La redenzione del corpo e la sacramentalità del matrimonio nelle catechesi del mercoledì (1979–1984)* [Die menschliche Liebe im göttlichen Heilsplan. Die Erlösung des Leibes und die Sakramentalität der Ehe in den Mittwochskatechesen], Hrsg. G. MARENGO, libreria Editrice Vaticana 2009, 511–524. In unserem Text verwenden wir aber die erste Ausgabe der Katechesen von 1984 *Uomo e Donna lo creò. Catechesi sull'amore umano* [Als Mann und Frau schuf er ihn. Katechesen über die menschliche Liebe], Città Nuova Editrice, Libreria Editrice Vaticana 1992 (III Edizione), die eine Aufteilung der Katechesen in verschiedene Zyklen beinhaltet, welche für die Gliederung dieses Buches nützlich sind.

9   Das Buch von ANDERSON/GRANADOS *Zur Liebe berufen* ist 2014 im Fe-Verlag, Kisslegg, erschienen.

10 Es sind auch anzumerken: KENNETH L. SCHMITZ, *At the center of the Human Drama: The Philosophy of Karol Wojtyła/Pope John Paul II*, The Catholic University of America Press, Washington 1994 und JAROSLAW KUPCZAK OP, *Gift and Communion. John Paul II's Theology of the Body*, The Catholic University of America Press, Washington 2014.

das Zweite Vatikanische Konzil sagt, offenbart Christus, indem er die Wahrheit über Gott offenbart, gleichzeitig auch die Wahrheit über den Menschen. Er ist sogar das wahre Vorbild des Menschen und offenbart in seiner Person die Wahrheit über den Menschen auf die vollkommenste Weise. Seine Inkarnation ist der Akt Gottes selbst, der auf diese Weise den Menschen von seiner Würde überzeugen will: Die Würde des Menschen ist in den Augen Gottes so groß, dass sie einen solchen Eingriff rechtfertigt. Dies ist der Kern des christlichen Glaubens, den Wojtyła besonders tief gelebt hat (daher auch sein theologischer Anthropozentrismus, der besonders in der Enzyklika *Redemptor hominis* deutlich wird). Es ist kein Zufall, dass auf der ersten Seite seines philosophischen Hauptwerks *Person und Tat* die Worte aus der Konstitution *Gaudium et spes* des Zweiten Vatikanischen Konzils über die Kirche stehen, die „zugleich Zeichen und Schutz der Transzendenz der menschlichen Person" ist (Nr. 76). Die authentische Erfahrung des christlichen Glaubens erhellt die menschliche Erfahrung und ist eine mächtige Hilfe beim Versuch, sie vollständig zu verstehen; sie schützt uns vor der Versuchung des Skeptizismus, die in der heutigen Welt so weit verbreitet ist, und überzeugt uns von der Notwendigkeit, „vom Phänomen zum Fundament" zu gelangen (*Fides et ratio*, Nr. 83). Genau das werden wir in diesem Buch zu tun versuchen.

Kapitel I
Der philosophische Kontext der Katechesen über die menschliche Liebe

Wie wir bereits in der Einleitung erwähnt haben, können wir in den Katechesen von Johannes Paul II. über die menschliche Liebe den Zielpunkt seines langen philosophischen Weges sehen, der in den 40er Jahren des vergangenen Jahrhunderts mit seiner Vorlesungsreihe *Betrachtungen über den Menschen* begann. Diese Reihe fand hauptsächlich an der Katholischen Universität Lublin in Polen statt, wo Wojtyła bis zu seiner Wahl auf den Thron des heiligen Petrus Professor für Ethik war. Dort hielt er eine Reihe von Vorlesungen über die Grundlagen der Ethik, die später unter dem Titel *Lubliner Vorlesungen*[11] veröffentlicht wurden. Die in Lublin gehaltenen Vorlesungen sind auch die Grundlage für sein Buch *Liebe und Verantwortung*. In jenen Jahren war die wichtigste philosophische Richtung, die von den Professoren der Universität Lublin entwickelt wurde, der Thomismus, wie er von E. Gilson und J. Maritain interpretiert wurde, d. h. der existentielle Thomismus, der in der Entdeckung der Rolle des *actus essendi* das Hauptmerkmal der Philosophie des heiligen Thomas sah. Die sogenannte *Lubliner Schule* bereicherte diese Interpretation vor allem durch die vertiefte methodologische Überlegung. Die methodologische Sensibilität, die wir so oft in Wojtyłas philosophischen Texten sowie in seinen Mittwochskatechesen antreffen, ist zum Teil auf die starke Präsenz der Ergebnisse der *Lemberg-Warschauer Schule* in der polnischen philosophischen Kultur zurückzuführen, die auf dem Gebiet der logischen und methodologischen Forschung zur damaligen Zeit eine Vorreiterrolle spielte. In unserem Zusammenhang ist auch interessant, dass die Denker der *Lemberg-Warschauer Schule* eine Theorie der autonomen Ethik entwickelt hatten, d. h. eine Ethik, die sowohl von der Philosophie als auch von der Theologie unabhängig war, die Wojtyłas Interesse und vor allem das seines engsten Mitarbeiters Professor Tadeusz Styczeń weckte und ihren Vorschlag einer personalistischen Ethik[12] beeinflusste.

Natürlich begegnete Wojtyła dem Gedankengut des heiligen Thomas bereits während seines Studiums im Priesterseminar und dann während der Vorbereitung seiner Doktorarbeit an der Universität Angelicum in Rom. Er selbst hinterließ das Zeugnis, dass ihn – trotz anfänglicher Schwierigkeiten beim Einstieg in die Welt der abstrakten Konzepte der Philosophie – das metaphysische System des Thomismus tief beeindruckt hatte. Es wird für uns wichtig sein zu sehen, inwieweit das philosophische Denken des heiligen Thomas in Wojtyłas anthropologischer und ethischer Vision präsent ist.

In seiner Philosophie versucht Wojtyła jedoch, den metaphysischen Ansatz mit der der modernen Philosophie eigenen Methode zu

---

11 Vgl. KAROL WOJTYŁA, *Wykłady lubelskie*, Wydawnictwo Towarzystwa Naukowego KUL, Lublin 1996. Deutsche Ausgabe: KAROL WOJTYŁA/JOHANNES PAUL II., *Lubliner Vorlesungen*, Stuttgart-Degerloch 1981.
12 Für weitere Informationen über den ethischen Vorschlag der *Lemberg-Warschauer Schule* siehe: CZESŁAW POREBSKI, *Polnisch Value Theory*, Jagiellonian University Press, Cracow 1996.

bereichern, d. h. mit der phänomenologischen Methode. In gewissem Sinne könnte man sagen, dass er versucht, eine Brücke zwischen diesen beiden philosophischen Richtungen zu schlagen: zwischen der klassischen Metaphysik und der Phänomenologie. Letzterem begegnete er, als er über die Möglichkeit nachdachte, eine christliche Ethik auf der Grundlage des ethischen Systems von Max Scheler aufzubauen. Trotz der negativen Antwort auf die Hauptfrage seiner Forschung, fand Wojtyła in der phänomenologischen Methode ein wertvolles Werkzeug sowohl für die Anthropologie als auch für die Ethik. Es ist unschwer zu erkennen, dass gerade die Analyse der beiden biblischen Geschichten, die Johannes Paul II. in seiner Katechese über die menschliche Liebe vorschlägt, nach der in seinem Hauptwerk *Person und Tat* verwendeten Methodik durchgeführt wird. In dieser Auslegung enthält der erste Schöpfungsbericht über die Erschaffung des Menschen, der einen objektiveren Charakter hat, die metaphysische Wahrheit über den Menschen; er sagt, wer der Mensch ist und worin seine Besonderheit im Vergleich zu anderen geschaffenen Wesen besteht. Im Gegensatz dazu wird die zweite Geschichte aus einer phänomenologischen Perspektive als eine Beschreibung der gelebten Erfahrung von Mann und Frau vor der Erbsünde gelesen. Im Folgenden werden wir diese Quellen des Denkens von Wojtyła und Johannes Paul II. genauer analysieren, wobei wir mit dem Begriff der Erfahrung selbst beginnen.

Im zweiten Teil dieses Kapitels wollen wir uns dem sozusagen äußeren Kontext der *Theologie des Leibes* widmen, also dem philosophischen Kontext, der über Wojtyłas eigenes Denken hinausgeht.

1. Die Erfahrung als erste und unersetzliche Quelle der Philosophie

Es reicht jedoch nicht aus, etwas über Wojtyłas Philosophie zu wissen. Unverzichtbar ist das Bemühen, seine Einsichten zu teilen, denn nur so können wir auf dem Weg, den er uns gewiesen hat, vorankommen. Es lohnt sich, an die Worte zu erinnern, die Jacques Maritain in seinem *Brief über die Philosophie zur Zeit des Konzils* an seine polnischen Freunde Jerzy Kalinowski und Stefan Swiezawski, Professoren an der Katholischen Universität Lublin (d. h. Kollegen von Wojtyła selbst) und Autoren des Werks *Philosophie zur Zeit des Konzils*, schrieb:

„Das Unglück des gewöhnlichen Schulunterrichts und insbesondere der Lehrbücher besteht darin, dass dieses wesentliche intuitive Element praktisch vernachlässigt und von Anfang an durch eine Pseudo-Dialektik der Konzepte und Formeln ersetzt wird. Man kann nichts tun, bis der Intellekt nicht gesehen hat, bis der Philosoph oder der Schüler des Philosophen nicht die intellektuelle Intuition des Seins gehabt hat."[13]

Ich habe diese Worte des großen französischen Philosophen zitiert, weil sie uns direkt zum Problem der Quellen von Wojtyłas Philosophie und zum Problem der experimentellen Grundlage der Mittwochskatechesen führen. Wenn wir über die Quellen einer bestimmten philosophischen Position sprechen, denken wir normalerweise an die Philosophen, die sie inspiriert haben, oder – wenn es sich um die Reflexion über einen bestimmten Ausschnitt der Wirklichkeit, zum Beispiel den Menschen, handelt – an die philosophischen Systeme, die diese Reflexion bestimmt haben. Natürlich fängt kein Gedanke aus dem Nichts an, und – um eine bekannte Redewendung zu verwenden – wir sind nur Zwerge auf den Schultern von Giganten. Auch in unserem Fall können wir – und das werden wir gleich tun – auf Autoren verweisen, die Wojtyłas Denken beeinflusst haben. Ich denke jedoch, man kann sagen, dass seine erste Quelle nicht der Gedanke des einen oder anderen Philosophen war, sondern die Erfahrung des Menschen selbst. Diese Erfahrung will er sich anhören und erforschen. Wojtyła will dieser Erfahrung treu bleiben, die zugleich die Kontrollinstanz für die Thesen darstellt, die der Philosoph über den Menschen formuliert. T. Styczeń beschreibt das erste methodologische Postulat von Wojtyła, das wir auf den einleitenden Seiten des Buches *Person und Tat* finden, wie folgt:

„Karol Wojtyłas anthropologische Reflexion zeichnet sich dadurch aus, dass der Autor zu Beginn so tut, als wüsste er nicht, was seine endgültigen Ansichten über den Menschen sein werden; er weiß nur, dass sie sich vorbehaltlos der Erfahrung des Menschen unterordnen müssen [...] Diese Erfahrung, diese Ein-

---

13 Vgl. Rocco Buttiglione, *Il pensiero di Karol Wojtyła* [Das Denken Karol Wojtyłas], Jaca Book, Milano 1982, 51.

sicht, geht der Ansicht über die Welt sowie über den Menschen voraus, geht der Weltanschauung voraus."[14]

In diesem Sinne ist Wojtyłas philosophische Anthropologie eine radikal empirische Erkenntnis. Wir müssen jedoch bedenken, dass der Begriff *empirisch* in der Neuzeit eine erhebliche Einschränkung erfahren hat. Das empirische Denken hat ihn mit einer Reihe von Sinneseindrücken identifiziert, die dann vom Intellekt geordnet werden. Wojtyła wendet sich gegen dieses Verständnis der Erfahrung auf der Grundlage der Erfahrung selbst. Eine solche Reduzierung erfolgt, weil von Anfang an ein Vorurteil vorherrschte, wonach *empirisch* mit *sinnenhaft* gleichgesetzt wird. Wenn wir dagegen unsere Erfahrung ohne Vorurteile betrachten, sehen wir, dass sie viel reicher ist und sich nicht nur auf rein sinnenhafte Daten reduzieren lässt. Wojtyła sagt:

> „Gegenstand der Erfahrung ist nicht nur die vorübergehende sinnliche Erscheinung, sondern auch der Mensch selbst, der aus allen Erfahrungen hervortritt und gleichzeitig in jeder steckt."[15]

In einem anderen Fragment der Einleitung zu *Person und Tat* betont Wojtyła, dass die Erfahrung immer mit dem Verstehen Hand in Hand geht. Sie reduziert sich nicht auf die Aufzeichnung sinnenhafter Daten, und das menschliche Bewusstsein kann nicht nur als ein Spiegel betrachtet werden, in dem sich sinnenhafte Phänomene widerspiegeln. Die Erfahrung geht immer mit dem Verstehen einher, so dass die Erfahrung eines Gegenstandes gleichzeitig bedeutet, ihn in irgendeiner Weise zu verstehen. Der menschliche Intellekt, der an der menschlichen Erfahrung teilhat, sorgt dafür, dass er nicht an der Oberfläche des Gegebenen stehen bleibt, sondern von Anfang an „in die Tiefe geht", den Sinn des Erlebten zu entdecken sucht. Selbst eine einfache Beobachtung: „Dieser Gegenstand ist ein Tisch, dieses Tier ist ein Hund" impliziert die Verwendung von Begriffen, die über die bloße Erfassung phänomenaler Daten, die der Sinneswahrnehmung zugänglich sind, hinausgehen. Diese Unterscheidung und diese Sicht

---

14 Tadeusz Styczeń, *Essere se stessi e trascendere se stessi* [Sich selbst sein und sich transzendieren], in *Comprendere l'uomo*, Lateran University Press 2005, 148.
15 Karol Wojtyła, *Person und Tat*, Freiburg-Basel-Wien 1981, 10. (Im Folgenden abgekürzt mit Autor, Person und Tat, Seitenzahl).

der Erfahrung werden an der Stelle in den Katechesen wichtig sein, an der Johannes Paul II. vom Bewusstsein und der Erkenntnis des ersten Menschen in seinem ursprünglichen Zustand des Alleinseins spricht. Die erste und wichtigste Quelle der Anthropologie Wojtyłas ist daher die Erfahrung des Menschen. Es ist hervorzuheben, dass das charakteristische Merkmal der von Wojtyła entwickelten Anthropologie darin besteht, den Menschen in Kategorien zu denken, die nicht aus dem allgemeineren philosophischen System (z. B. aus der Metaphysik) übernommen wurden, sondern in solchen, die aus der Erfahrung des Menschen selbst entwickelt wurden. Damit nimmt er das große Postulat des modernen Denkens an (korrigiert es aber gleichzeitig), das er vom Menschen aus philosophieren will. In der Tat wissen wir nichts außerhalb von uns selbst, wenn wir uns nicht gleichzeitig selbst erfahren. Wojtyła schreibt:

> „Die Erfahrung jedes Dinges, das sich außerhalb des Menschen befindet, verbindet sich immer mit irgendeiner Erfahrung des Menschen von sich selbst. Der Mensch erfährt niemals irgendetwas außerhalb seiner, ohne in irgendeiner Weise sich selbst zu erfahren."[16]

In der modernen Philosophie hat diese Tatsache oft zur Leugnung der Autonomie der äußeren Realität, d. h. dem philosophischen Idealismus, geführt. Wenn andererseits die Falle des Idealismus bei Wojtyła nicht ausgelöst wird, so liegt das wiederum daran, dass er der Erfahrung treu bleibt, in der der Horizont des Seins immer Vorrang vor dem Horizont des Bewusstseins hat. Mit anderen Worten: Auf der ontischen Ebene geht der Horizont des Seins dem Horizont des Bewusstseins voraus. Wir sehen das gut in der biblischen Erzählung. Die Welt wurde vom Schöpfer ins Leben gerufen und der Mensch erscheint in dieser Welt. Er wird sich dessen bewusst, aber die Welt ist in ihrer Grundgestalt bereits gegeben. Nicht der Mensch erschafft die Welt, auch nicht ihre axiologische Dimension; Gott ist der Schöpfer, der erschafft, und die erschaffenen Dinge sind in erster Linie gut in Bezug auf seinen Willen. Dies ist wichtig für das Verständnis der Intentionalität der menschlichen Erkenntnis. Die Reflexion (und das Bewusstsein als solches) kann nur in Bezug auf das Objekt erklärt

---

[16] KAROL WOJTYŁA, Person und Tat, 9.

werden, das im intentionalen Akt gegeben ist (ich werde auf diesen Punkt zurückkommen, wenn ich über die Transzendenz des Menschen und das Bewusstsein im zweiten Schöpfungsbericht über die Erschaffung des Menschen sprechen werde).

Die menschliche Erfahrung hat auch ihre eigene Besonderheit, da sie sich von allen anderen Formen der Erfahrung unterscheidet. Der Ausdruck „die Erfahrung des Menschen" kann in einem ähnlichen Sinne verstanden werden wie die Erfahrung nicht-menschlicher Objekte, d. h. der Mensch kann uns als Gegenstand unserer Erfahrung gegeben werden. In diesem Fall gibt es einen Unterschied zwischen dem Subjekt und dem Objekt der Erfahrung. Aber das Subjekt der Erfahrung ist immer der Mensch. Die Erfahrung des eigenen *Ich* unterscheidet sich von der Erfahrung jedes anderen Objekts, denn in diesem Fall sind das Subjekt und das Objekt der Erfahrung ontologisch identisch. Diese Tatsache schafft eine besondere Situation. Ein einzigartiger Fall, in dem wir ein Wesen nicht nur von außen kennen, wie wir alle anderen Objekte kennen, sondern auch von innen. Wie Thomas Nagel in einem berühmten Aufsatz gezeigt hat, besitzt unsere menschliche Erkenntnis Grenzen, die niemals überschritten werden können. Wir werden nie erfahren, wie es sich anfühlt, eine Fledermaus zu sein, denn man muss eine Fledermaus sein, um es zu erfahren[17]. Aber im Falle des Menschen befinden wir uns in einer privilegierten Situation. Wir selbst sind Menschen, und obwohl unsere subjektive Erfahrung immer von der subjektiven Erfahrung anderer Menschen getrennt bleibt, verschafft sie uns einen privilegierten Zugang nicht nur zu dem Wesen, das der Mensch ist, sondern auch zu dem Wesen als solchem. Hier können wir alle grundlegenden metaphysischen Unterscheidungen, angefangen bei der Unterscheidung zwischen Sein und Existenz, von innen heraus erfahren und beobachten. Vielleicht ist es nicht falsch zu sagen, dass alle metaphysischen Forschungen genau von dieser subjektiven Erfahrung des eigenen *Ich* ausgehen. Der Mensch stellt sich vor allem die Frage nach seiner Existenz, die er als prekär und kontingent erlebt. Aber er kann diese Frage nicht endgültig beantworten, wenn er nicht die Frage nach dem Sein als solchem stellt, also die metaphysische Frage. In diesem

---

17 Vgl. THOMAS NAGEL, *Cosa si prova ad essere un pipistrello?* [Wie ist es, eine Fledermaus zu sein?], Castelvecchi Editore, Roma 2013.

Sinne könnte man sagen, dass in Wojtyłas Vision die Anthropologie als die erste Philosophie erscheint – nicht im aristotelischen Sinne der endgültigen Erklärung der Wirklichkeit, sondern im heuristischen Sinne als Ausgangspunkt philosophischer Forschung. Vom anderen Standpunkt aus betrachtet, läuft alles schließlich im Wissen über den Menschen zusammen. In seiner Analyse privilegiert Wojtyła die Erfahrung, die jeder von uns mit sich selbst macht. Diese Erfahrung ist in gewisser Weise unermesslich, weil sie nur dem Subjekt selbst zugänglich ist.

„Gegenstand der Erfahrung ist jeder für sich selbst in einzigartiger und unnachahmlicher Weise, und keine von außen kommende Beziehung zu irgendeinem anderen Menschen kann an die Stelle der Erfahrungsbeziehung gesetzt werden, die Teil des eigenen Subjekts ist."[18]

Der Philosoph kann es jedoch nicht versäumen, die einzigartige Gelegenheit zur Beobachtung des Menschen zu nutzen, die ihm durch seine eigene Erfahrung gegeben ist. Natürlich muss er dann Instrumente finden, die es ihm ermöglichen, das auf diese Weise erworbene Wissen zu objektivieren und zu verallgemeinern.

Dieser methodologische Ansatz, dem wir in der Einleitung zu *Person und Tat* begegnen, findet sein Echo in der Art und Weise, wie Johannes Paul II. die biblischen Schöpfungsberichte über die Erschaffung des Menschen analysiert. Auch hier scheint er vor allem die Analyse der subjektiven Erfahrung des Menschen zu betonen, wie sie in der zweiten Erzählung beschrieben wird. Außerdem hat die Tatsache, dass das Alleinsein der ursprünglichen Einheit in der biblischen Erzählung vorausgeht, für ihn eine wichtige Bedeutung. Wir werden später darüber sprechen, aber es lohnt sich, darauf hinzuweisen, dass für Wojtyła und Johannes Paul II. die Tatsache, eine im ontologischen Sinn selbst bewusste Subjektivität zu sein, den Beziehungen des Subjekts zu anderen vorausgeht. Die Beziehung schafft das Subjekt nicht, sondern setzt es voraus. Die Einheit ist auf der Grundlage des Alleinseins möglich.

---

18 Karol Wojtyła, *Person und Tat*, 12f.

Alles, was wir bisher über das Verständnis der Erfahrung gesagt haben, führt uns zu der anderen Quelle von Wojtyłas Philosophie, nämlich der Phänomenologie.

2. Die Begegnung mit der Phänomenologie

Zu Beginn des letzten Jahrhunderts war es gerade die Phänomenologie selbst, die sich zur Verteidigung des ursprünglichen Charakters der Erfahrung als unmittelbarer Kontakt mit Objekten verschiedener Art zu Wort meldete. Für die Phänomenologie ist alles, was sich „leibhaft" darstellt, ein Gegenstand der Erfahrung. Es gibt also nicht nur die sinnliche Erfahrung, sondern auch die ästhetische, moralische, religiöse oder menschliche Erfahrung (verstanden in einem Sinne, der über die von den empirischen Wissenschaften gelieferten Daten hinausgeht), denn alle diese Formen der Erfahrung beziehen sich auf ihre eigenen Gegenstände. Genau diese letztgenannten Formen der Erfahrung – Erfahrung des Menschen, moralische Erfahrung, religiöse Erfahrung – waren es, die Wojtyła von Beginn seiner akademischen Laufbahn an interessierten. Es ist daher nicht verwunderlich, dass die Phänomenologie, insbesondere die von Max Scheler entwickelte Form der Phänomenologie, sein besonderes Interesse weckte.

Wie ist Wojtyła mit Schelers Denken in Berührung gekommen und was waren die Früchte dieser Begegnung für seine Philosophie und Theologie? Zunächst ist daran zu erinnern, dass Wojtyła während seines Studiums an der San Tommaso Universität in Rom eine tiefe Kenntnis des Denkens von Thomas von Aquin erworben hat, was unter anderem in seiner Doktorarbeit über die Frage des Glaubens bei Johannes vom Kreuz zum Ausdruck kommt (seine Beziehung zur Philosophie des heiligen Thomas wird im nächsten Abschnitt behandelt). Gleichzeitig ist es jedoch nicht schwer, bereits in dieser Arbeit eine ausgeprägte Sensibilität des Autors für die subjektive Dimension der Glaubenserfahrung zu erkennen. Es scheint, dass Wojtyła bereits zu der Überzeugung gelangt war, dass die Philosophie des heiligen Thomas mit ihren grundlegenden metaphysischen Kategorien zwar ein wertvolles Instrument zur Interpretation der objektiven Dimension der Glaubenserfahrung ist, aber die subjektive Dimension etwas in den Schatten stellt. Mit anderen Worten: Der heilige Thomas zeigt, dass sowohl Gott als auch der Mensch Personen sind, aber wir finden in seiner Philosophie keine detailliertere Beschreibung der Art und Weise, wie der Mensch sich als Person erlebt. Der heilige Thomas – so Wojtyła –

> „zeigt uns die einzelnen geistigen und sinnenhaften Fähigkeiten, durch die sich das gesamte Bewusstsein und Selbstbewusstsein des Menschen, seine Persönlichkeit im psychologisch-moralischen Sinne, bildet, bleibt aber praktisch dabei stehen. Also sehen wir im heiligen Thomas die Person in ihrem objektiven Dasein und Handeln sehr gut, aber es ist schwierig, darin die von der Person erlebten Erfahrungen zu erahnen"[19].

Dies ist aber der Fall, weil wir – wie wir gesagt haben – nicht nur zeigen können, dass der Mensch ein Subjekt (eine Person) ist, sondern auch beschreiben können, *wie* der Mensch seine Subjektivität erlebt. Unter diesem Gesichtspunkt ist es auch bezeichnend, dass Wojtyła, wenn er von der Gotteserfahrung eines Mystikers wie Johannes vom Kreuz spricht, nicht den Begriff *Objekt* verwenden will (eine Wahl, die in der Beurteilung der Dissertation von seinem Moderator, dem berühmten Thomisten Pater R. Garrigou-Lagrange kritisiert wurde), wahrscheinlich aus der Befürchtung heraus, dass dieser Begriff die persönliche Wirklichkeit Gottes eher verschleiern als offenbaren könnte.

Nach Abschluss seiner Studien in Rom, kehrte Wojtyła nach Krakau zurück, wo er seine seelsorgerische Arbeit in der Gemeinde aufnahm, insbesondere als Jugendseelsorger. Schon bald forderte ihn der Bischof von Krakau auf, den Weg der akademischen Arbeit einzuschlagen und entließ ihn mit der Erlaubnis, seine *Habilitationsschrift* vorzubereiten. Auf diese Weise begann Wojtyła, die Phänomenologie zu studieren, und diese Begegnung sollte seine ursprüngliche Philosophie des Menschen, die er in den folgenden Jahren entwickelte, tiefgreifend beeinflussen.

Einigen Quellen zufolge war es Ignacy Różycki, Professor für Dogmatik an der Jagiellonen-Universität in Krakau, der Wojtyła vorschlug, die ethische Theorie Max Schelers in ihrer Beziehung zur

---

[19] KAROL WOJTYŁA, *Il personalismo tomista*, in *I fondamenti dell'ordine etico*, Edizioni CSEO, Bologna 1980, 143.

christlichen Ethik als Thema seiner Studie zu wählen[20]. Gleichzeitig sollte man sich daran erinnern, dass zu den wichtigsten Persönlichkeiten des damaligen intellektuellen Lebens in Krakau Roman Ingarden gehörte, einer der am meisten geschätzten Schüler des Begründers der Phänomenologie, Edmund Husserl.

Nach Husserl ist die Phänomenologie in erster Linie eine Beschreibung all dessen, was dem Bewusstsein unmittelbar gegeben ist, d. h. der Phänomene. Sie unterscheidet sich von der Psychologie dadurch, dass die Phänomene auf das Wesentliche reduziert werden (die so genannte *eidetische Reduktion*). Diese Reduktion erfordert eine Art Reinigung der Phänomene vom rein Empirischen (und damit Zufälligen), von den Einflüssen der Theorien und Traditionen und sogar von der Überzeugung ihrer tatsächlichen Existenz (die so genannte phänomenologische Epoche). Der nächste Schritt, den Husserl in Angriff nahm, bestand in der Frage nach dem metaphysischen Status der so beschriebenen Phänomene. In der zweiten Phase der Entwicklung der Phänomenologie führte diese metaphysische Frage Husserl selbst auf den Weg des transzendentalen Idealismus, in dem die Phänomene letztlich als Produkte des Gewissens betrachtet werden.

Ingarden (wie auch Scheler) folgte Husserl nicht in seiner idealistischen Wende. Sein grundlegendes Werk mit dem bezeichnenden Titel *Der Streit um die Existenz der Welt* war gerade der Diskussion mit seinem Lehrer über die Möglichkeit einer realistischen Phänomenologie gewidmet. Aus unserer Sicht müssen wir betonen, dass Wojtyła von Beginn an der Phänomenologie in ihrer realistischen Interpretation begegnet war. In späteren Jahren wurden viele von Wojtyłas Schülern gleichzeitig zu Schülern von Ingarden und umgekehrt, trotz Ingardens Distanz zur Religion[21].

In seiner Forschung interessierte sich Ingarden vor allem für ontologische, epistemologische und ästhetische Fragen. Es ist erwäh-

---

20 Vgl. GEORGE WEIGEL, *Testimone della Speranza*, Mondadori, Milano 2001, 157. Für die deutsche Übersetzung siehe: GEORGE WEIGEL, *Zeuge der Hoffnung*, Paderborn 2002, 131.

21 In diesem Zusammenhang ist es erwähnenswert, dass eine Version der realistischen Phänomenologie, die sich gleichzeitig auf die Arbeiten von Wojtyła und Ingarden sowie auf die Schriften eines anderen Husserl-Schülers, Dietrich von Hildebrand, stützt, von Josef Seifert, Rocco Buttiglione, John Crosby und anderen an der Internationalen Akademie für Philosophie im Fürstentum Liechtenstein entwickelt wurde. Vgl. z. B. JOSEF SEIFERT, *Essere e Persona* [Sein und Person], Vita e Pensiero, Mailand 1989 (mit einer interessanten Einführung von R. Buttiglione, in der gezeigt wird, wie Seiferts Phänomenologie sowohl in der realistischen Phänomenologie als auch in Wojtyłas Personalismus verwurzelt ist).

nenswert, dass eine seiner bekanntesten Studien dem Phänomen der Verantwortung[22] gewidmet war. Im Laufe seiner Universitätskarriere unterrichtete Ingarden auch dreimal Ethik – zum ersten Mal in den 1930er Jahren an der Jan-Kazimierz-Universität in Lemberg und nach dem Krieg zweimal an der Jagiellonen-Universität in Krakau. In unserem Zusammenhang ist es interessant, dass ein Teil der Lvov-Vorlesungen dem Verständnis der Ethik Schelers gewidmet war. All dies macht die Hypothese plausibel, dass es gerade dem Einfluss von Ingarden zu verdanken ist, dass die Phänomenologie und die Figur Schelers im Polen der Nachkriegszeit präsent waren, einer Zeit, in der die Philosophie einer starken marxistischen Ideologisierung unterlag.

Wojtyła hat sich mit Schelers Denken nicht in all seinen Aspekten und all seinen (manchmal recht radikalen) Wendungen auseinandergesetzt, sondern vor allem als Autor des Buches *Der Formalismus in der Ethik und die materiale Wertethik* war Scheler für ihn interessant. Wie der Titel schon andeutet, widmete sich Scheler in seinem Werk der Auseinandersetzung mit dem von Immanuel Kant vorgeschlagenen Verständnis von Ethik. Gleichzeitig enthält der Text aber auch einen positiven Vorschlag, wie man Ethik aus der Erfahrung herausbilden kann. Die Essenz von Schelers Vorschlag lässt sich wie folgt ausdrücken: Kants formale Ethik wird der Ethik der materiellen Werte entgegengesetzt. Wir müssen uns daran erinnern, dass Kants epistemologische Voraussetzungen es ihm nicht erlaubten, die Ethik als eine auf Erfahrung basierende Disziplin zu betrachten. Trotzdem betrachtete Kant den Bereich der Moral nicht als eine völlig subjektive, willkürliche Sphäre. Für ihn wird der Objektivismus der Moral nicht durch die Erfahrung garantiert, sondern durch die Tatsache, dass der moralische Imperativ jedem vernünftigen Wesen *a priori* gegeben ist (die Moral bildet *die Tatsache der Vernunft*, die nicht aus empirischen Daten gewonnen werden kann). Die moralischen Normen hingegen werden in einem Verfahren der Verallgemeinerung von Handlungsmaximen formuliert, das ebenfalls streng formalen Charakter hat – es ist eine Art Deduktion von Normen, die nicht von ihrem Inhalt, sondern von ihrer Form ausgeht. Auf diese Weise wird jedoch die Normativität der Ethik vollständig vom Empirischen (im Sinne des

---

22 Vgl. Roman Ingarden, *Sulla responsabilità*, CESO Biblioteca, Bologna 1982. Die Frage nach der Verantwortung war auch eine der Forschungsgegenstände Wojtyłas.

oben beschriebenen Begriffs) abgekoppelt. Wir können also sagen, dass wir es im Falle von Kants Ethik mit einer Ethik zu tun haben, die normativ, aber nicht empirisch ist.

Es ist genau diese Loslösung von der empirischen Erfahrung, die Schelers Protest hervorrief. In gewissem Sinne kann sein Vorschlag für eine Ethik als das genaue Gegenteil von Kants Ethik beschrieben werden: Scheler verteidigt den empirischen Charakter der Ethik, lehnt aber ihren normativen Charakter ab. Wir können jedoch auf etwas verweisen, das Scheler und Kant trotz ihrer Unterschiede verbindet. Es ist genau die Auffassung von Erfahrung, wie sie am deutlichsten von Kants großem Vorgänger David Hume formuliert wurde: Die Vernunft ist blind für Werte, d. h. sie nimmt sie nicht wahr als empirisch vorhanden in der Wirklichkeit. Aber wenn das so ist, ist es dann möglich, den empirischen Charakter der Ethik zu retten? Während Kants Antwort negativ ausfällt (für ihn ist es die praktische Vernunft, die die Werte *a priori* konstituiert), fällt die von Scheler positiv aus. In seiner phänomenologischen Analyse versucht Scheler gerade zu zeigen, wie die Werte und ihre Hierarchie dem Menschen in der Erfahrung gegeben werden, aber diese Erfahrung ist emotionaler Art. Es sind die Emotionen, die uns in Kontakt mit der Welt der Werte bringen. Nach Scheler haben Emotionen einen intentionalen Charakter: Emotionen beziehen sich auf etwas, und ihre Objekte sind eben Werte.

Der Preis, der für eine solche Verteidigung des empirischen Charakters der Ethik zu zahlen war, bestand jedoch darin, sie ihres normativen Charakters zu berauben. Gefühle können nämlich keiner Norm unterworfen werden, man kann sie nicht zum Fühlen zwingen. Sie tauchen ganz spontan im Subjekt auf. In der Sprache, die Wojtyła in *Person und Tat* eingeführt hat, können wir sagen, dass Emotionen zur Sphäre dessen gehören, was im Menschen geschieht, und sie machen nicht seine Tat im eigentlichen Sinn aus. Auf diese Weise kam Scheler zu der Überzeugung, dass das normative Moment im Bereich der moralischen Erfahrung keinen Platz hat. Das bedeutet, dass es keinen Platz für das gibt, was Kant als das eigentliche Wesen der Moral ansah: die Pflicht. In einem der Aufsätze, die dem Vergleich von Kants Ethik mit der von Scheler gewidmet sind, schreibt Wojtyła:

„Scheler geht sogar so weit, die Pflicht in der Ethik als ein wesentlich negatives und destruktives Element abzulehnen. Nur der Wert, als objektiver Inhalt der Erfahrung, hat ethische Bedeutung. Scheler hält nicht einmal inne, um zu überlegen, ob die Pflicht den objektiven Inhalt der Erfahrung ausmachen kann, und in seinem System lässt er nicht einmal die Idee zu, dass sie aus dem Wert selbst entstehen kann. Wert und Pflicht sind einander entgegengesetzt."[23]

Gerade wegen dieser emotionalistischen Voraussetzung beurteilt Wojtyła Schelers System als ungeeignet für die wissenschaftliche Interpretation der christlichen Ethik. Wir wollen hier nicht auf die Einzelheiten von Wojtyłas Kritik an Scheler eingehen. Vielmehr möchten wir das positive Projekt der Ethik hervorheben, das Wojtyła aus seiner Auseinandersetzung mit Schelers Phänomenologie zu entwickeln begann. Tatsächlich fällt sein Urteil über Schelers Ethik nicht ganz negativ aus. Der wesentlichen negativen These, die wir oben erwähnt haben, fügte er zwei positive Thesen hinzu. Die erste:

„Scheler hat in seinem System entschieden den normativen Charakter der ethischen Werte verwischt, was eine begreifliche Konsequenz der Loslösung dieser Werte von der Urheberschaft der Person ist. Das aber ist um so verblüffender, als der Gewissensakt selbst als Erlebnis der Person Gegenstand der phänomenologischen Erfahrung ist. Wenn der Phänomenologe Scheler über die Analyse des Gewissensaktes nicht zum Urheberverhältnis der Person zu den ethischen Werten gelangt, so muss das irgendwelche Ursachen haben, die außerhalb seiner Phänomenologie liegen. Und diese Ursachen liegen eben in seinen emotionalistischen Prämissen."[24]

Die zweite These lautet:

„Obwohl das von Max Scheler geschaffene ethische System sich prinzipiell nicht zur Interpretation der christlichen Ethik eignet, so kann es uns doch indirekt bei der wissenschaftlichen Arbeit

---

[23] KAROL WOJTYŁA, Il problema del distacco dell'esperienza dall'atto nell'etica, in I fondamenti dell'ordine etico, Edizioni CSEO, Bologna 1980, 74–75.
[24] Im italienischen Original fehlt die Literaturangabe. Für die deutsche Übersetzung siehe: KAROL WOJTYŁA, Primat des Geistes Philosophischen Schriften, Stuttgart-Degerloch 1979, 189.

über die christliche Ethik behilflich sein. Und zwar erleichtert es uns die Analyse ethischer Fakten auf phänomenologischer und empirischer Ebene."[25]

Wie wir sehen, folgt auf das negative Urteil über Schelers System nicht ein ebenso negatives Urteil über die phänomenologische Methode. Im Gegenteil: Scheler selbst, so Wojtyła, hat seine Polemik mit Kant zu weit getrieben und das normative Moment, das in der realen Erfahrung immer gegeben ist, ausgelöscht. Wojtyła stimmt voll und ganz mit Schelers grundlegendem Postulat überein, dass die Ethik von der Erfahrung ausgehen muss. Die Schwachstelle im Vorschlag Schelers besteht darin, dass er bei der Erforschung der moralischen Erfahrung nicht alle Ressourcen der phänomenologischen Methode ausgeschöpft hat. So könnte man Wojtyłas Projekt, dessen erster Entwurf uns in der Studie über Scheler begegnet, als einen Versuch beschreiben, die Aspekte der Wahrheit zu bewahren, die sowohl bei Kant als auch bei Scheler vorhanden sind. In dem bereits zitierten Aufsatz, der den Charakter der moralischen Erfahrung beschreibt, sagt Wojtyła:

> „All diese Erfahrung hat einen zutiefst empirischen Charakter, und die Ethik als Wissenschaft beruht auf dieser Erfahrung. Die Tatsache, dass die Ethik normativ ist, darf keinesfalls darüber hinwegtäuschen, dass sie tief in der Erfahrung verwurzelt ist. So ist die Ethik als normative Wissenschaft zugleich eine experimentelle Wissenschaft, weil sie auf authentischer ethischer Erfahrung beruht."[26]

---

[25] KAROL WOJTYŁA, *Valutazioni sulla possibilità di costruire l'etica cristiana sulle basi del sistema di Max Scheler*, in *Metafisica della persona. Tutte le opere filosofiche e saggi integrative*, 441, 446. Für die deutsche Übersetzung siehe KAROL WOJTYŁA, *Primat des Geistes Philosophischen Schriften*, Stuttgart-Degerloch 1979, 193.

[26] Vgl. KAROL WOJTYŁA, *Valutazioni sulla possibilità di costruire l'etica cristiana sulle basi del sistema di Max Scheler*, in *Metafisica della persona. Tutte le opere filosofiche e saggi integrative*, 63.

Auf diese Weise entstand das Konzept der Ethik, die ihren normativen Charakter mit ihrem empirischen Charakter zu verbinden sucht. In späteren Jahren wurde dieses Projekt von Wojtyła selbst und seinen Schülern umgesetzt und als personalistische Ethik der Lubliner Schule[27] bekannt.

Interessant ist, dass in Wojtyłas Thesen zu Scheler bereits einige Schlüsselbegriffe seiner Philosophie der Person auftauchen, die er in seinem bekanntesten philosophischen Buch *Person und Tat* entwickelt hat. Dies gilt insbesondere für den Begriff der Tat, der für Wojtyła zu einer Art Fenster zur Innerlichkeit der Person wird. Durch seine Tat offenbart der Mensch, wer er ist, und erkennt gleichzeitig sich selbst. Scheler spricht zwar auch von Tat, aber im Sinne der intentionalen Tat und nicht im Sinne der Verwirklichung der inneren Potentialität der Person. Die intentionale Tat präsentiert uns ein Objekt, das unsere Subjektivität übersteigt (im Fall der emotionalen intentionalen Tat ist das uns gegebene Objekt ein Wert). Die Idee der intentionalen Tat war ein wertvoller Gewinn der Phänomenologie (die zu diesem Zeitpunkt – durch Franz Brentano – an die mittelalterliche Philosophie anknüpfte) in der Kontroverse mit dem Subjektivismus. Wojtyła teilt voll und ganz die Idee der intentionalen Tat, ist aber gleichzeitig davon überzeugt, dass die Tat der Person im Bereich der Ethik nicht auf die intentionalen Tat beschränkt werden kann (im Übrigen modifiziert Wojtyła das in der Phänomenologie vertretene Verständnis von Intentionalität; wir werden darüber später bei der Analyse der Entstehung des Gewissens des ersten Menschen im Zustand des ursprünglichen Alleinseins sprechen). Die ethische Tat betrifft den ganzen Menschen, vor allem aber das, was den Kern seiner Persönlichkeit ausmacht, nämlich seine Vernunft und seinen Willen. Genau dieses Moment fehlt in Schelers Verständnis. In seiner Polemik mit Kant vernachlässigte Scheler den Aspekt der Wahrheit über das menschliche Handeln, der im Verständnis des deutschen Philosophen vorhanden war. Wir können es folgendermaßen ausdrücken: Der Mensch ist im Hinblick auf die Werte nicht nur ein Subjekt der Erkenntnis, sondern gleichzeitig auch ein Subjekt des Handelns. Was Schelers Ethik fehlt, ist eine

---

27 Zu den Schülern von Wojtyła zählte Prof. Tadeusz Styczeń SDS, sein Nachfolger an dem Lehrstuhl für Ethik in Lublin. Er war derjenige, der die von Wojtyła vorgeschlagene Vision der Ethik fortführte und weiterentwickelte. Vgl. TADEUSZ STYCZEŃ, *Comprendere l'uomo. La visione antropologica di* KAROL WOJTYŁA.

angemessene Analyse der Handlungswirksamkeit der Person. Denn der Mensch drückt sich als persönliches Subjekt vor allem dadurch aus, dass er die Ursache seines eigenen Handelns ist. Die Erfahrung „etwas geschieht in mir" ist mit der Erfahrung „ich handle" verbunden, in der ich mich selbst von innen heraus als Ursache meines Handelns erlebe. Diese beiden Erfahrungen sind der phänomenologischen Methode zugänglich. Auf diese Weise versucht Wojtyła, Scheler auf dem Gebiet der Phänomenologie selbst zu korrigieren, d. h. auf dem Gebiet der menschlichen Erfahrung selbst. Mehr noch, wie die zweite seiner abschließenden Thesen zu Scheler zeigt, hält Wojtyła die phänomenologische Methode zudem für besonders geeignet, um das *wie* des Personseins des Menschen aufzudecken. Gerade dieser Aspekt blieb in dem metaphysischen Verständnis des heiligen Thomas etwas im Dunkeln. So entstand Wojtyłas Postulat der Verbindung von Metaphysik und Phänomenologie, das später in *Person und Tat* realisiert wurde. Diese Herangehensweise an die Metaphysik, die von der Erfahrung des Menschen ausgeht, führt Wojtyła zu denselben metaphysischen Kategorien, die auch in der aristotelisch-thomistischen Philosophie zu finden sind, verleiht ihnen aber eine andere Färbung. In der Tat ist es eine Sache zu sagen, dass jede Handlung die Verwirklichung einer dem Sein innewohnenden Kraft ist, und eine andere, den Übergang von der Potenz zur Handlung aus eigener Erfahrung zu beschreiben. Dies ist jedoch möglich, weil der Mensch in jeder Handlung diesen Übergang in sich selbst erfährt: Wir wissen, was es bedeutet, „eine Macht zu verwirklichen", weil wir es von innen heraus erfahren. Das Gleiche gilt für den Begriff der „Ursache". Von außen sehen wir nur die Abfolge von Ereignissen; was es bedeutet, „eine Ursache zu sein", wissen wir aus unserer inneren Erfahrung, weil wir es als effiziente Ursache unserer Handlungen erleben. In diesem Sinne ist die Phänomenologie nicht selbstgenügsam, sondern wird zu einer Art Trans-Phänomenologie, die, ausgehend von dem unmittelbar Gegebenen, an die Schwelle von Wirklichkeiten führt, die über das bloße empirische Datum hinausgehen und es zugleich endgültig erklären[28]. Kehren wir noch einmal zur Kritik der Schelerschen Ethik zurück um

---

28 Für den Vergleich zwischen Wojtyła und der Phänomenologie und der Idee der Transphänomenologie siehe Rocco Buttiglione, *Il pensiero di Karol Wojtyła* [Das Denken von Karol Wojtyła], Jaca Book, Mailand 1982, 306–314.

aufzuzeigen, wo, nach Wojtyła, das normative Moment der moralischen Erfahrung entsteht. Das Problem ist Folgendes: Auch wenn wir mit Scheler darin übereinstimmen, dass Emotionen einen Wert darstellen, müssen wir bedenken, dass Emotionen mir nicht sagen, welche praktische Haltung ich ihnen gegenüber einnehmen soll. Es kann vorkommen und es kommt in unserem Leben tatsächlich oft vor, dass wir – auf einer emotionalen Ebene – die Anziehungskraft eines Wertes stark spüren, der aus verschiedenen Gründen nicht als Richtschnur unseres Handelns gewählt werden sollte. Welches ist also das Kriterium, das unsere Entscheidungen bestimmt? Für eine genaue Antwort müssen wir den Leser auf Wojtyłas Analyse in *Person und Tat* verweisen, insbesondere auf den zweiten Teil: *Transzendenz der Person in der Tat*; wir wollen hier nur darauf hinweisen. Die Analyse der moralischen Erfahrung zeigt, dass unsere Entscheidungen nicht auf der Grundlage der emotionalen Stärke des Wertes, sondern auf der Grundlage seiner Wahrheit getroffen werden. Ich fühle mich verpflichtet, einen Wert zu wählen, weil ich ihn als wahren Wert erkenne. Nach Wojtyła finden wir gerade hier die ursprünglichste Quelle der Normativität der Ethik. Es ist die Wahrheit, mit der ich konfrontiert werde, die Wahrheit, die ich sehe und als solche erkenne, die mich im Gewissen verpflichtet. Der Wert verpflichtet mich nicht, weil ich ihn in einem bestimmten Moment intensiv empfinde, sondern nur dann und insofern ich ihn als wahren Wert erkenne. Ohne dieses normative Moment der Wahrheit können wir weder die moralische Erfahrung angemessen beschreiben, noch können wir die Erfahrung des Menschen als solche in der Tiefe verstehen. Wojtyła schreibt: „Die Wahrhaftigkeit, die normative Kraft der Wahrheit, die im Gewissen steckt, stellt gleichsam den Schlussstein dieser Struktur dar"[29]. Gerade dieses „Moment der Wahrheit" als Ursprung der ethischen Normativität fehlte in Schelers Verständnis. Wojtyła zeigt zugleich, wie die Normativität dem Menschen nicht von außen aufgezwungen wird, sondern in ihm selbst entsteht, in der Erfahrung selbst gegeben ist: in der Tat der Erkenntnis der Wahrheit. Auf diese Weise wird die moralische Pflicht als eine experimentelle Manifestation der Abhängigkeit des Menschen von der Wahrheit gesehen. Mit anderen Worten: Die moralische Pflicht entsteht aus der normativen Kraft der Wahrheit.

---

29 KAROL WOJTYŁA, *Person und Tat*, 184.

Der Mensch als Person ist ein freies Wesen – er ist nicht von den Objekten seiner Willensakte abhängig (wie es bei Tieren der Fall ist). Die Freiheit der Person ist jedoch keine totale Unabhängigkeit. Der Mensch selbst – und das ist in die Dynamik seiner Freiheit eingeschrieben, die die Freiheit eines rational freien Wesens ist – erkennt spontan seine Abhängigkeit von der bekannten und in sich selbst erkannten Wahrheit. Ein einfaches Gedankenexperiment genügt, um uns von der Richtigkeit dieser These zu überzeugen. Versuchen wir irgendeine Wahrheit, die wir als solche erkannt haben, vor uns selbst zu verleugnen. Wir können feststellen, dass ein solcher Versuch eine Spaltung, eine Art innerlichen Widerspruch verursachen würde: Ich versuche zu leugnen, was ich gleichzeitig als wahr anerkenne. Andererseits kommt es vor, dass wir dies tun, wenn zum Beispiel eine solche Verleugnung für uns nützlich ist. Wenn wir uns jedoch mit uns selbst nicht gut fühlen, wenn wir Gewissensbisse haben, bedeutet dies, dass wir uns bereits vorher – sozusagen *in actu exercito* – als moralisch an diese Wahrheit „gebunden" erkannt haben (wir werden später auf dieses Thema zurückkommen).

So führt Wojtyła in die Ethik das normative Moment ein, das Scheler – zu Unrecht – ausgeschlossen hat. Das bedeutet nicht, dass wir zum Kant'schen Apriorismus zurückkehren. Gerade weil die phänomenologische Methode es ihm erlaubt, die Normativität innerhalb der menschlichen Erfahrung zu entdecken, hört die moralische Pflicht auf, eine *apriorische* Form der praktischen Rationalität zu sein und wird sozusagen zur „materiellen Pflicht". Auf diese Weise gelingt es Wojtyła, die Einseitigkeit sowohl Kants als auch Schelers zu vermeiden: Er schlägt eine materielle Ethik der Werte vor (die Schelers Instanz rettet), die gleichzeitig eine normative Ethik ist (die Kants Instanz bewahrt).

Das Problem der Ethik führt uns notwendigerweise auf das Problem des Menschen zurück, das nach Kant alle philosophischen Fragen zusammenfasst. Kant schrieb: Das Gebiet der Philosophie lässt sich auf folgende Probleme zurückführen: 1. Was kann ich wissen? 2. Was muss ich tun? 3. Was kann ich hoffen? 4. Was ist der Mensch? Die erste Frage wird von der Metaphysik beantwortet, die zweite von der Moral, die dritte von der Religion und die vierte von der Anthropologie. Letztendlich könnte man all diese Dinge der Anthropologie zuschreiben, denn die ersten drei Probleme beziehen sich auf das vierte[30]. Scheler behandelte dieses Problem in seinem berühmten Aufsatz *Die Stellung des Menschen im Kosmos*[31]. Auch Wojtyła sah sich gezwungen, von der Behandlung moralischer Fragen (im Buch *Liebe und Verantwortung*) zu den anthropologischen überzugehen, die er in *Person und Tat* ausführlich dargelegt hatte. Natürlich sind ihre Antworten unterschiedlich. Kant bleibt im Rahmen des transzendentalen Idealismus, während Scheler sich auf eine Art Pantheismus zubewegt. Für Wojtyła hingegen bildet das Problem des Menschen den Ausgangspunkt für die Wiedergewinnung der klassischen Metaphysik, allerdings gerade „vom Menschen aus" gesehen, das heißt, indem er die Forderung der modernen Philosophie aufgreift und sie im Rahmen der klassischen Metaphysik wieder integriert. Wie wir bereits dargelegt haben, fällt das metaphysische Problem von Anfang an mit dem Problem des Menschen zusammen: Der Mensch stellt zunächst die Frage nach seinem eigenen Sein, aber die einzige angemessene Antwort auf diese Frage besteht in der radikalen Infragestellung des Seins, die ihre letzte Erklärung im Absoluten des Seins findet. Obwohl Wojtyła der metaphysischen Frage als solcher keine besondere Studie gewidmet hat, können wir in der *Theologie des Leibes* zahlreiche interessante Einsichten in die oben genannte Richtung finden. Johannes Paul II. schreibt:

> „Man sollte nicht vergessen, dass gerade dieser Text aus dem Buch Genesis zur Quelle der tiefsten Inspirationen für die Denker geworden ist, die ‚Sein' und ‚Dasein' zu begreifen versuchten. [...] Trotz einiger ausführlicher und plastisch-bildlicher Formulierungen in dem Abschnitt wird der Mensch hier vor allem in den Dimensionen des Seins und des Daseins (‚esse') bestimmt, also auf mehr metaphysische als physische Weise."[32]

Dieser Text führt uns zu einer weiteren wichtigen Quelle von Wojtyłas Denken.

---

30 Vgl. IMMANUEL KANT, *Antropologia dal punto di vista pragmatico* [Anthropologie aus der pragmatischen Sicht], TEA, Milano 1995.
31 Vgl. MAX SCHELER, *La posizione dell'uomo nel cosmo e altri saggi* [Die Stellung des Menschen im Kosmos und andere Essays], R. Padellaro (Hrsg.), Vol 17, Fabbri, Milano 1970, 153–224.
32 JOHANNES PAUL II., *Die menschliche Liebe im göttlichen Heilsplan*, 85, Kat 2,5.

3. Der Thomismus von Karol Wojtyła/Johannes Paul II.

Im vorigen Abschnitt haben wir über Wojtyłas Verhältnis zur Phänomenologie gesprochen. Die Darstellung der Quellen seines Denkens wäre jedoch unvollständig ohne den Hinweis auf die Philosophie des heiligen Thomas von Aquin. Die Formulierung der Überschrift dieses Absatzes deutet bereits auf eine These hin, die es weiter auszubauen gilt. Wir können dies folgendermaßen interpretieren: Es steht fest, dass Wojtyłas Philosophie thomistisch war, aber da sich im zwanzigsten Jahrhundert verschiedene Formen des Thomismus entwickelt haben, müssen wir klären, welche Form des Thomismus im Denken des polnischen Philosophen vorhanden ist. In der Sprache der Methodik wäre dies die Frage der Komplementarität *(the question of complementation)* Diese Frage ist – wie wir sehen werden – nicht völlig unangebracht, aber ich denke, wir sollten mit einer grundsätzlicheren Frage beginnen, einer Frage, die zunächst einmal die These in Frage stellt, die im Titel als selbstverständlich vorausgesetzt wird. Aus diesem Grund möchte ich mit der Frage beginnen: Kann der Philosoph Wojtyła als Thomist betrachtet werden? Es ist zunächst eine Frage der Entscheidung *(the decision question)* und nur im Falle einer positiven Antwort können wir die Frage nach der Form des Thomismus bei Wojtyła stellen.

Dass diese Frage nicht ganz unbegründet ist, zeigen die Interpretationen des Denkens Wojtyłas, die in den letzten Jahrzehnten vorgeschlagen worden sind. Ich möchte hier nur ein aktuelles Beispiel nennen.

In seiner langen und interessanten Einleitung zur neuen englischen Übersetzung der Katechesen über die menschliche Liebe im göttlichen Heilsplan bietet Professor Michael Waldstein seine eigene Interpretation von Wojtyłas Philosophie und ihren Wurzeln. Er sieht sie in der Begegnung des jungen Priesters mit der mystischen Theologie des heiligen Johannes vom Kreuz und spricht von Wojtyłas karmelitischem Personalismus, der später in der Auseinandersetzung mit dem modernen Denken von Kant und Scheler gefestigt und weiterentwickelt werden sollte[33]. Was dem Leser jedoch auffällt, ist gerade die Tatsache, dass der heilige Thomas in Waldsteins mehr als hundert einleitenden Seiten nur am Rande und nicht im Zusammenhang mit Wojtyłas eigener Philosophie erwähnt wird. Im Zusammenhang mit unserem Thema scheint die zugrundeliegende These zu lauten: Man kann nicht von Karol Wojtyłas Thomismus sprechen, weil der Heilige Thomas nicht zu den Hauptquellen gehört, die Wojtyłas philosophisches Denken inspiriert haben.

Für diejenigen, die zumindest ein wenig mit Wojtyłas Denken vertraut sind, scheint diese These etwas überraschend zu sein, wenn man bedenkt, dass in den Schriften von Wojtyła selbst der Name und das Denken des heiligen Thomas recht häufig erwähnt werden. Wenn wir die Entwicklung des Denkens unseres Autors betrachten, ist es in der Tat nicht schwer festzustellen, dass in den frühen Schriften der Gedanke des heiligen Thomas viel stärker und deutlicher präsent ist als in den späteren Aufsätzen. Nehmen wir zum Beispiel das Büchlein *Betrachtungen über das Wesen des Menschen,* das die Vorlesungen enthält, die Wojtyła nach seiner Rückkehr von den römischen Studien vor Studenten gehalten hat, so sehen wir, dass die gesamte Reflexion des Autors auf dem Diskurs des Menschen in der *Summa Theologiae* des heiligen Thomas beruht[34]. Betrachtet man seine Vorlesungen, die er zu Beginn seiner Lehrtätigkeit an der Katholischen Universität Lublin gehalten hat, so zeugen bereits die Titel von der starken Präsenz thomistischer Inspiration. Diese Titel lauten: *Akt und ethische Erfahrung, Das Gute und der Wert, Die Frage der Norm und des Glücks.* Wie unschwer zu erkennen ist, bezieht sich ein Teil dieser Titel immer auf das Denken des heiligen Thomas, das dann ausdrücklich behandelt wird und dessen Lösungen für Wojtyła der Bezugspunkt in seiner

---

33   Vgl. JOHN PAUL II, *Man and Woman He created Them. A theology of the Body,* translation, introduction and index by M. Waldstein, Pauline, Boston 2006. Es ist nicht auszuschließen, dass dieser Ansatz durch die englische Übersetzung von Wojtyłas Hauptwerk, nämlich Person and Tat, angeregt wurde, in der die von Wojtyła verwendete Terminologie auf Kosten der metaphysischen Terminologie „phänomenologisiert" wurde. Vgl. ROCCO. BUTTIGLIONE, *Il pensiero di Karol Wojtyła* [Das Denken von Karol Wojtyła], Zitat 141–142. Auf der anderen Seite ist es auch wahr, dass Waldstein in einem anderen Text die thomistische Formung Wojtyłas aufwertet, vgl. MICHAEL WALDSTEIN, *John Paul II: A Thomist Rooted in St. John of the Cross,* in *Faith and Reason* 30 (2005), 195–218.

34   Vgl. KAROL WOJTYŁA, *Rozważania o istocie człowieka,* Wydawnictwo WAM, Kraków 1999. Der Text ist noch nicht übersetzt worden.

Analyse der Ansätze antiker und moderner Denker bleiben[35]. Nicht anders verhält es sich in den von Wojtyła veröffentlichten Aufsätzen in diesem Zeitraum[36]. In diesen Aufsätzen – die in gewisser Weise die Formulierung seines ursprünglichen philosophischen Menschenbildes vorbereiten – setzt er sich mit den verschiedenen Ansätzen zum ethischen Problem auseinander, die in der Geschichte aufgetaucht sind, insbesondere mit Denkern wie Hume, Kant und Scheler, aber es ist nicht schwer festzustellen, dass die bevorzugte Lösung immer die des heiligen Thomas ist.

Andererseits ist es auch wahr, wie wir bereits erwähnt haben, dass Wojtyła im Laufe der Zeit immer mehr zur ursprünglichen Formulierung seines Denkens zurückkehrt und ausdrückliche Bezüge auf den heiligen Thomas immer seltener werden. Wir müssen uns jedoch fragen, ob diese Tatsache gleichbedeutend ist mit dem völligen Verschwinden der Inspiration des Thomas aus Wojtyłas Denken. Zumindest im Prinzip sollte das nicht so sein. Die Tatsache, dass ein Denker nicht ausdrücklich erwähnt wird, bedeutet nicht, dass sein Ansatz in einem bestimmten philosophischen System nicht vorhanden ist. Mir scheint, dass dies bei Wojtyłas Philosophie der Fall ist, auch wenn Wojtyła – wie wir sehen werden – das thomasische Philosophiesystem nicht einfach fortsetzen und interpretieren will, sondern in einigen Punkten von der Thomasinterpretation abweicht oder sie bereichert, indem er dieselben Probleme von seinem eigenen Standpunkt aus angeht.

Generell kann man sagen, dass Wojtyła davon überzeugt ist, dass der gesamte Kurs der modernen Philosophie – von Descartes an –, der versucht hat, die Philosophie vom Subjekt her zu betreiben, nicht nur eine große Verirrung, ein großer Fehler ist, der vollständig abgelehnt oder ignoriert werden sollte. Manchmal kann man bei der Lektüre einiger thomistischer Autoren des letzten Jahrhunderts den Eindruck gewinnen, dass die gesamte moderne Philosophie als ein Weg angesehen wird, der in eine Sackgasse führt, und dass die

---

35   Vgl. KAROL WOJTYŁA, *Wykłady lubelskie*, Wydawnictwo Towarzystwa Naukowego KUL, Lublin 1996. Deutsche Ausgabe: KAROL WOJTYŁA/JOHANNES PAUL II., *Lubliner Vorlesungen*, Stuttgart-Degerloch 1981.

36   In italienischer Sprache sind diese Schriften in dem Band KAROL WOJTYŁA, *I fondamenti dell'ordine etico* [Die Grundlagen der ethischen Ordnung], Edizioni CSEO, Bologna 1980, gesammelt worden.

einzige Abhilfe darin besteht, zur Philosophie des heiligen Thomas von Aquin in ihrem reinen Zustand zurückzukehren. Dies ist nicht Wojtyłas Position. Er glaubt, dass wir in der modernen Philosophie gültige Ansätze finden können, die es uns ermöglichen, dieselben Probleme, die der heilige Thomas aufgeworfen hat, besser zu verstehen oder die Aspekte aufzeigen, die wir im Ansatz des heiligen Thomas nicht finden. Als Philosoph war Wojtyła in der Lage, die in verschiedenen philosophischen Systemen verstreuten *semina veritatis* zu sammeln, denn seine Loyalität galt nicht in erster Linie diesem oder jenem Philosophen, sondern in erster Linie der Wirklichkeit selbst, wie sie in der Erfahrung gegeben ist. Andererseits ist es, da unser Denken nicht *ab ovo* beginnt, nicht unzulässig sich zu fragen, ob Wojtyłas Philosophie einer bestimmten philosophischen Schule angehört und – im Falle einer positiven Antwort – in welchem Sinne sie als thomistisch bezeichnet werden kann.

Wir haben bereits über die Präsenz des Gedankenguts des heiligen Thomas in Wojtyłas philosophischem Denken gesprochen, aber es lohnt sich, noch einmal darauf zurückzukommen, um seine Annäherung an das Denken des Thomas von Aquin besser zu verstehen. Wie sich Wojtyła selbst erinnert, konzentrierte sich seine Vorbereitung vor dem Eintritt ins Priesterseminar hauptsächlich auf die Literatur, ein Fach, das er studieren wollte (und das er an der Jagiellonen-Universität in Krakau begonnen hatte, allerdings konnte er sein Studium nach dem Ausbruch des Zweiten Weltkriegs nicht mehr fortsetzen). Aus diesem Grund war seine erste Begegnung mit der Philosophie – und in jenen Jahren wurde in den Seminaren scholastische Philosophie studiert – eine Begegnung mit einer Begriffswelt, die ihm auf den ersten Blick ziemlich diffizil erschien. Trotz der Schwierigkeit, sie zu verstehen, erwies sich dieses Studium als lohnend, so sehr, dass Wojtyła in einem Brief aus dieser Zeit erklärt, er sei fasziniert von der geordneten und kohärenten Vision, die er in der klassischen Metaphysik gefunden habe. Auch während seines Studiums an der Universität San Tommaso in Rom konnte Wojtyła sein Wissen über das Denken des heiligen Thomas vertiefen, da sein Lehrer und Betreuer seiner Dissertation Pater Reginald Garrigou-Larange war, einer der größten Autoritäten der thomistischen Studien jener Zeit.

Nach seiner Rückkehr nach Krakau hatte Wojtyła die Möglichkeit, den Versuch einer Aktualisierung der Thomas-Philosophie besser kennenzulernen, die von der so genannten Leuvener Schule entwickelt wurde, die in Polen von Wojtyłas ehemaligem Lehrer und späteren Kollegen, Pater Professor Kazimierz Kłósak, vertreten wurde. Mit diesem Versuch, initiiert von Kardinal Désiré-Joseph Mercier, wurde der Versuch unternommen, eine Synthese der thomistischen Philosophie mit der Transzendentalphilosophie Kants und mit den Ergebnissen der modernen Wissenschaft zu erreichen. Obwohl Wojtyła immer an wissenschaftlicher Forschung interessiert blieb[37], folgte er nie diesem Weg der „Aktualisierung" des thomistischen Denkens. Es ist anzunehmen, dass er dies aus methodologischen Gründen nicht tat, da er nicht an die Möglichkeit einer kohärenten Synthese zwischen zwei so unterschiedlichen methodologischen Ansätzen glaubte (auch wenn er davon überzeugt war, dass der Philosoph im Hinblick auf die Entwicklung der Wissenschaft auf dem neuesten Stand sein musste).

Die Interpretation der Philosophie des heiligen Thomas, die Wojtyłas Aufmerksamkeit erregte, wurde vor allem an der Katholischen Universität Lublin entwickelt, wo er Professor wurde. Die so genannte Lubliner Philosophieschule wurde durch die Interpretation der Philosophie des heiligen Thomas inspiriert, die vor allem von Étienne Gilson und Jacques Maritain entwickelt wurde und deren Hauptvertreter in Lublin waren: der Schüler von Maritain, Prof. Stefan Swiezawski, Prof. Mieczysław Albert Krapiec OP, Autor zahlreicher Bände, die zur Verbreitung dieser Interpretation in Lublin beitrugen, und Prof. Pater Stanisław Kaminski, ein Methodologe der Wissenschaft und der Philosophie, der die Lubliner Schule durch eine ausgeprägte Aufmerksamkeit für die methodologische Frage geprägt hat. Es ist nicht schwer festzustellen, dass Wojtyła einen Teil seiner Studien auch den Problemen der Methode der Ethik und der Anthropologie gewidmet hat. Das andere Merkmal der philosophischen Reflexion, die in der Lubliner Schule gepflegt wird, ist der kritische Vergleich mit der Geschichte der Philosophie, der in der Überzeugung durchgeführt wird, dass die grundlegenden philosophischen Probleme immer die

---

37 Davon zeugen die Seminare, die er regelmäßig zunächst in Krakau und dann – als Papst – in Castel Gandolfo veranstaltete, wo Philosophen und Theologen mit Wissenschaftlern zusammenkamen.

gleichen bleiben und dass sich in der Geschichte des Denkens einige wesentliche Fragen finden, die immer wieder in verschiedenen Gestalten und mit neuen Argumenten wiederkehren (so ist zum Beispiel der Vergleich zwischen Realismus und Idealismus, der Streit zwischen Objektivismus und Subjektivismus usw. eine Konstante in der gesamten Geschichte der Philosophie). Andererseits wurde die Philosophie aus Sicht der Lubliner Schule nicht als eine Form der kritischen Reflexion gesehen, die sich mit den von der Wissenschaft aufgeworfenen und nicht gelösten Fragen befasst, sondern als eine autonome Wissenschaft, die ihren eigenen Ausgangspunkt (weil sie von ihrer eigenen Erfahrung ausgeht) und ihre eigene Methode hat. In dieser Sichtweise wird die Philosophie des heiligen Thomas von Aquin vor allem als eine Philosophie des Seins, d. h. als Metaphysik verstanden. Die Neuheit des heiligen Thomas – der vor allem von der aristotelischen Metaphysik genährt worden war – besteht in der Entdeckung der Rolle der Existenz im Sein und damit im Vorschlag eines neuen Verständnisses des Seins selbst. In einer extremen Synthese können wir sagen, dass dieses Verständnis in der Annahme besteht, dass die Existenz nicht zum Wesen des kontingenten Seins gehört, sondern es aktualisiert, ihm seinen realen Charakter verleiht. Auf diese Weise gestaltet sich das metaphysische Problem als völlig unabhängig vom wissenschaftlichen Problem und verlangt eine Antwort, die der Frage angemessen ist, die durch die Realität des Seins gestellt wird (indem sie gegeben ist, aber nur auf eine kontingente Weise). Zweitens stellt die Metaphysik die Frage nach den grundlegenden Strukturen des Seins, die in allem Existierenden, auch im Menschen, vorhanden sind, und dies wird – wie wir noch sehen werden – in Wojtyłas anthropologischer Reflexion von Bedeutung sein. In seiner Philosophie des Menschen werden wir die Elemente der Metaphysik finden, die dem existentiellen Thomismus eigen sind.

Wir wollen uns hier nicht mit dem metaphysischen Problem befassen, auch weil innerhalb der Schule in Lublin Karol Wojtyła vor allem für Ethik und philosophische Anthropologie zuständig war. In jenen Jahren war die Auseinandersetzung mit dem Menschlichen zu einer der größten Herausforderungen für die polnische Kultur und die katholische Universität geworden, da der Marxismus allen staatlichen Universitäten aufgezwungen worden war. Da die Marxisten behaupteten, dass jedes ethische und anthropologische Verständnis einen ideologischen Charakter haben müsse, wurde die Ausarbeitung eines Menschenbildes, das nicht von den Prämissen des religiösen Glaubens, sondern von der jedem Menschen zugänglichen Erfahrung ausging und gleichzeitig im Einklang mit der religiösen Erfahrung, in der Verteidigung des authentisch Menschlichen im Menschen (im politischen Kontext der Zeit vor allem seine Gewissensfreiheit als Wurzel jeder anderen Freiheit), zu einer Aufgabe von großer Bedeutung. In Lublin war es Wojtyła selbst, der diese Herausforderung annahm. Andererseits war er stets beeindruckt vom Seins-Verständnis des existentiellen Thomismus und seiner Interpretation der Kontingenz des Seins, die zur Vision des absoluten Seins führt, so dass dieses Verständnis in gewissem Sinne als „transzendentaler Horizont" seines gesamten philosophischen Denkens dient. Eines der Zeugnisse dafür, dass er die metaphysische Sicht des heiligen Thomas teilt, finden wir im ersten Teil der Katechesen über die menschliche Liebe im göttlichen Heilsplan, die wir am Ende des vorherigen Abschnitts erwähnt haben. Wenn Johannes Paul II. den ersten Bericht über die Erschaffung des Menschen kommentiert, bezieht er sich genau auf die Begriffe Sein und Dasein (esse) des heiligen Thomas. Es ist nicht schwer, hier all die thomistische Terminologie zu erkennen, die gerade aus dem existentiellen Thomismus stammt, und die Wertschätzung für die Denker, die das Sein auf diese Weise zu interpretieren wussten. Und dann fügt Johannes Paul II. hinzu, wenn er von der Kontingenz des menschlichen Wesens spricht:

> „Deshalb darf man mit Sicherheit sagen, dass das erste Kapitel der Genesis einen unwiderlegbaren Bezugspunkt und die solide Basis für eine Metaphysik und auch für eine Anthropologie und Ethik bildet, nach welcher das Sein und das Gute austauschbar sind *(ens et bonum convertuntur)*."[38]

---

38   Johannes Paul II., *Die menschliche Liebe im göttlichen Heilsplan*, 86, (2,5).

Jarosław Merecki 53

Diese letzte Aussage ist für Wojtyłas Philosophie von grundlegender Bedeutung, denn – wie Rocco Buttiglione in seiner dem Denken unseres Autors gewidmeten Studie feststellt – er liest die thomistische Metaphysik vor allem als *eine Philosophie des Guten*, dieses ist gerade durch das Axiom „*ens et bonum convertuntur*" legitimiert[39].

Diese Herangehensweise an die Metaphysik offenbart eine Seite, die im traditionellen Verständnis der so genannten Transzendentalien etwas im Schatten geblieben ist (oder zumindest wurde das volle Ausmaß dieses Anspruchs nicht ausgeschöpft). Zu sagen, dass *das Sein gut ist*, bedeutet zu sagen, dass es von jemandem gewollt ist – letztlich von Gott, der es mit seinem schöpferischen Willen ins Dasein ruft. Wenn aber die Metaphysik von unserer allgemeinen Erkenntnis des Seins ausgeht – gemäß dem Axiom *ens est primum quod cadit in apprehensione* (Sth I-II, q. 94, a. 2) –, so sind Transzendentalien wie das Wahre, das Gute und das Schöne dem Subjekt nicht gegeben, als ob es nur ein Subjekt theoretischer, rezeptiver Erkenntnis wäre, sondern als einem Subjekt, das zugleich aktiv ist, das eine Position vor dem Sein einnimmt, die es unter einem axiologischen Gesichtspunkt betrachtet (es ist ein personales Subjekt, das über das Sein als wahr, gut oder schön reflektiert).

Dies steht im Einklang mit der Aussage des heiligen Thomas, dass die menschliche Erkenntnis ganzheitlich ist: „*not enim, proprie loquendo, sensus aut intellectus cognoscunt, sed homo per utrumque*" (*De veritate* 2, 6 ad 3)[40]. Das Subjekt, das diese Position vor dem Sein einnimmt, ist ein persönliches Subjekt, denn nur der Mensch ist in der Lage, sich von dem, was ihm gegeben ist, zu distanzieren und die Frage nach dessen Wahrheit, Gutheit und Schönheit zu stellen. Auf diese Weise finden wir in der klassischen Metaphysik einen Bezug zur Erfahrung der Person, denn ohne diesen Bezug ist es nicht möglich, sie in ihrem ganzen Reichtum zu formulieren. Der Irrtum einer bestimmten modernen Philosophie besteht darin, das Subjekt der Erkenntnis von der wirklich gegebenen Person zu lösen (vom cartesianischen *cogito* bis zum transzendentalen Ich von Husserl), was zu einer Entpersonalisierung des Ausgangspunkts der philoso-

---

39 Vgl. ROCCO BUTTIGLIONE, *Il pensiero di Karol Wojtyła*, Mailand 1982, 90.
40 Dieser Aspekt wurde von WOJCIECH CHUDY in seinem hervorragenden Buch *Rozwój filozofowania a „pułapka refleksji"* [Die Entwicklung des Philosophierens und die „Reflexionsfalle"], Redakcja Wydawnictw KUL, Lublin 1993, 344–346, hervorgehoben.

phischen Reflexion führt und, indem es mit dem reinen Bewusstsein identifiziert wird, zu den verschiedenen Modellen des philosophischen Idealismus führt. Dieser Prozess ist jedoch nicht erforderlich. Im Gegenteil, es war Wojtyła selbst, der in *Person und Tat* gezeigt hat, dass das Bewusstsein als solches nicht den Charakter einer Absicht besitzt und daher nicht als Subjekt der Erkenntnis fungieren kann (im Kapitel über das ursprüngliche Alleinsein werden wir versuchen, dieses Problem zu untersuchen). Wer erkennt, ist immer eine bewusste Person, die ein reales Subjekt von kognitiven Handlungen ist. Wenn dem so ist, muss der Ausgangspunkt des erkennenden Subjekts nicht in die Falle des Subjektivismus und des Idealismus führen; im Gegenteil, die Konstruktion der klassischen Metaphysik bedarf des personalistischen Ausgangspunkts, um sich in ihrem ganzen inhaltlichen Reichtum zu konstituieren. Genau darin besteht der von Wojtyła unternommene Versuch, die klassische Philosophie des Seins mit der modernen Philosophie des Bewusstseins zu vereinen. Die Notwendigkeit dieses Versuchs entsteht, wie wir zu zeigen versucht haben, in der Metaphysik selbst, und gleichzeitig bereichert sie vor allem die philosophische Reflexion über den Menschen, die so zu einer wahrhaft personalistischen Metaphysik werden kann. Diese Feststellung führt uns zu einem weiteren Punkt unserer Überlegungen, nämlich zum anthropologischen und ethischen Personalismus von Wojtyła.

In einer seiner Schriften mit dem Titel *Il personalismo tomista* [Der thomistische Personalismus] erklärt Wojtyła:

„Im System des heiligen Thomas finden wir (...) nicht nur den Ausgangspunkt, sondern auch eine Reihe von nachfolgenden Elementen, die es uns ermöglichen, das Problem des Personalismus nach seinen philosophischen und theologischen Kategorien zu untersuchen."[41]

Es stimmt, dass der Begriff der Person bei Thomas nicht in der Abhandlung über den Menschen auftaucht und nur in der Abhandlung über die Dreifaltigkeit verwendet wird, aber das sollte uns nicht überraschen, wenn man bedenkt, dass der Begriff der Person in der Geschichte des Denkens geprägt wurde, um – so weit wie möglich

---

41   KAROL WOJTYŁA, *Il personalismo tomista* in *I fondamenti dell'ordine etico* [Die Grundlagen der ethischen Ordnung], 136.

– zwei Hauptwahrheiten des christlichen Glaubens zu klären: das Geheimnis der Dreifaltigkeit und das Geheimnis der Menschwerdung. Die Vorgehensweise des heiligen Thomas rechtfertigt die Anwendung dieses Konzepts – die er von Boethius übernimmt: *persona est rationalis naturae individua substantia* – auch auf den Menschen. Für ihn muss das, was die wahre Vollkommenheit in der Welt darstellt, auch in Gott zu finden sein. In diesem Zusammenhang erklärt er, dass die höchste Vollkommenheit, die wir in der Welt finden können, die Person ist: „*Persona significat id quod est perfectissimum in tota natura*" (Sth I, q. 29, a. 3). Nach Wojtyła erlaubt uns genau diese Aussage, vom anthropologischen und ethischen Personalismus des heiligen Thomas selbst zu sprechen, auch wenn er selbst diesen Begriff nicht verwendet hat. Im Gegenteil, den Diskurs über den Menschen nach den metaphysischen Kategorien von Wesen und Existenz, von Materie und Form, liefert Elemente, die uns vor der Gefahr der Autonomisierung und Entpersonalisierung des Bewusstseins schützen, worüber wir später reden werden. In der Tat sind Bewusstsein und Selbstbewusstsein im Verständnis des heiligen Thomas nichts anderes als die Attribute der rationalen Natur, die der Person innewohnt. Das Subjekt der Erkenntnis und des Handelns ist immer die Person, die sich ihres Wissens und Handelns bewusst ist, und niemals das Bewusstsein als solches.

Die Person, die so gesehen wird, ist fest in der Realität verankert, ist eine konkrete Substanz, die ihr Potenzial durch ihr eigenes Handeln verwirklicht. Damit unterscheidet sich das Verständnis des heiligen Thomas von vielen anderen, später entwickelten Verständnissen der Person, die die Person nur durch bestimmte geistige Eigenschaften definieren, die bei einem konkreten Menschen vorhanden sind oder nicht. Diese Definitionen von Person sind natürlich nicht ohne praktische Konsequenzen: Wenn die Person durch bestimmte geistige Eigenschaften definiert wird, gilt jemand, der diese Eigenschaften nicht besitzt, nicht als Person und kann nicht den Status genießen, der jemandem zusteht, der *perfectissimum in tota natura* ist. Wenn einige Philosophen in jüngster Zeit den Vorschlag gemacht haben, den Begriff „Menschenrechte" durch den Begriff „Rechte der Person" zu ersetzen, so beruht dieser Vorschlag gerade auf dem „aktualistischen" Begriff der Person: Nur wer über geistige Eigenschaften wie Selbstbewusstsein, Gedächtnis und Selbstbestimmungsfähigkeit verfügt, kann als Person mit den ihr zustehenden Rechten angesehen werden usw[42]. Die objektivistische Sichtweise des heiligen Thomas verteidigt uns gegen diese Vorschläge – deren Folgen für nicht wenige Menschen tödlich sind –, weil nach dieser Sichtweise jeder Mensch aufgrund seiner rationalen Natur, die er objektiv besitzt, aufgrund seiner Zugehörigkeit zur menschlichen Spezies, als Person zu betrachten ist (es stellt sich dann eine andere Frage, inwieweit die Attribute seines Personseins tatsächlich vorhanden sind; die Unterscheidung zwischen Attribut und Substanz macht es jedoch möglich zu sagen, dass das Personsein auch bei denjenigen vorhanden ist, die es nicht ausdrücken können, zum Beispiel weil sie bestimmte Fähigkeiten noch nicht entwickelt haben, sie nie entwickelt haben oder sie verloren haben).

Wie wir sehen, ist die Entdeckung der metaphysischen Dimension der Person, ihre ontologische Verwurzelung, ein großes Verdienst des Verständnisses des heiligen Thomas. Wojtyła weiß das zu schätzen und greift es in seiner Anthropologie auf. In *Person und Tat* finden wir Ausdrücke, die eindeutig auf die thomasische Inspiration hinweisen. Gleichzeitig glaubt Wojtyła jedoch, dass das Verständnis des heiligen Thomas durch einige Entdeckungen der Bewusstseinsphilosophie bereichert werden kann. Wojtyła erklärt, der heilige Thomas

> „zeigt uns die einzelnen geistigen und sensiblen Fähigkeiten, durch die sich das gesamte Bewusstsein und das Selbstbewusstsein des Menschen, seine Persönlichkeit im psychisch-moralischen Sinne, herausbilden, bleibt aber praktisch dabei stehen. Beim hl. Thomas sehen wir sehr gut die Person in ihrem objektiven Dasein und Handeln, aber es ist schwierig, darin die von der Person gelebten Erfahrungen zu erkennen"[43].

So analysiert der heilige Thomas beispielsweise das bewusste Handeln des Menschen, untersucht aber nicht sein Handlungsbewusstsein. Die phänomenologische Methode, die Wojtyła in *Person und Tat* anwendet, ermöglicht es dem Autor dagegen, in diese reiche Dimension

---

[42] Vgl. zum Beispiel DEREK PARFIT, *Reason and Persons*, Claderon Press, Oxford 1984; PETER SINGER, *Practical Ethics*, Cambrige University Press 1993; für die Kritik an dieser Auffassung vgl. ROBERT SPAEMANN, *Personen. Versuche über den Unterschied zwischen „etwas" und „jemand"*, Klett-Cotta, Stuttgart 1996.

[43] Vgl. KAROL WOJTYŁA, *Il personalismo tomista* in *I fondamenti dell'ordine etico* [Die Grundlagen der ethischen Ordnung], 143.

menschlicher Erfahrung einzudringen, in der der Mensch sich selbst von innen heraus als handelndes Subjekt erlebt. Daher „kann das Bewusstsein als solches, das Bewusstsein in substantivistischer und subjektiver Bedeutung aber im bewussten Handeln ausgesondert werden, denn es durchdringt tief die ganze Relation Person – Tat und bildet als solches allein für sich betrachtet einen wichtigen Aspekt dieser Relation"[44]. Wojtyła ist überzeugt, dass sich die philosophische Reflexion über den Menschen nicht auf die objektive Analyse – mit den Kategorien der Metaphysik – dieses spezifischen Wesens, das der Mensch ist, beschränken kann, sondern dass sie die Tatsache berücksichtigen muss, dass der Mensch sein Menschsein von innen heraus lebt. In einem wichtigen Essay, dessen Titel bereits sehr bezeichnend ist: *La soggetività e l'irriducibilità nell'uomo* [Die Subjektivität und Irreduzibilität im Menschen], fordert Wojtyła die Notwendigkeit, „das Problem der Subjektivität im Menschen zu objektivieren", wobei er gleichzeitig daran erinnert, dass die Subjektivität

> „eine Art beschwörender Begriff für die Tatsache [ist], dass der Mensch in seinem Wesen nicht auf die engste Gattung und den Speziesunterschied reduziert oder erklärt werden kann. [...] Mit anderen Worten, wir müssen in dem Prozess der Reduktion, der uns zu einem Verständnis des Menschen in der Welt (kosmologisches Verständnis) führt, innehalten, *um den Menschen in sich selbst zu verstehen*. Diese zweite Art des Verständnisses könnte man als personalistisch bezeichnen"[45].

Aus diesem Grund stellt die Definition der Person bei Boethius für Wojtyła sozusagen „den metaphysischen Grund" dar, der noch durch die Interpretation der personalen Subjektivität des Menschen gefüllt werden muss. Genau das tut er in *Person und Tat* und erweist sich dabei als tiefer Kenner der menschlichen Subjektivität. Das ist es auch, was er als Papst in seinen Mittwochskatechesen entwickelt, insbesondere in seiner Analyse des zweiten Schöpfungsberichts über die Erschaffung des Menschen. Dies steht natürlich nicht im Gegensatz zu der Herangehensweise, die wir beim heiligen Thomas zum Pro-

---

44 Vgl. Karol Wojtyła, *Person und Tat*, 39.
45 Karol Wojtyła, *La soggettività e l'irriducibilità nell'uomo*, in *Metafisica della persona. Tutte le opere filosofiche e saggi integrativi*, 1320, 1324.

blem des Menschen finden, sondern ist vielmehr eine Bereicherung derselben. Andererseits dürfen wir nicht vergessen, dass die Subjektivität auch etwas ist, das objektiv in der Welt existiert, und dass eine wirklich realistische Herangehensweise sie nicht aus seiner Sicht der Welt ausklammern kann.

Wojtyła ist so tief betroffen von der Realität der Person – von *logos* und *ethos* –, dass sie damit auch im Mittelpunkt seiner Ethik steht. Bei der Formulierung seiner personalistischen Ethik zögert er nicht, die Formel des kategorischen Imperativs von Kant aufzugreifen, da er in ihr offensichtlich einen Ausdruck sieht, der die moralische Erfahrung des Menschen gut wiedergibt. Die Person ist ein Wesen von solchem Wert, dass man, wenn man sie in ihrer ganzen Wirklichkeit sieht, die absolute Pflicht ihrer Bejahung erfährt: *persona est affirmanda propter seipsam*. Der Mensch kann also niemals nur als Mittel behandelt werden, sondern muss immer zugleich als Ziel gesehen werden. Diese Pflicht zur Bejahung der Person hat kategorischen Charakter, und die daraus resultierende Handlung ist uneigennützig (mit anderen Worten: das einzige Interesse, das diese Handlung leitet, ist das Interesse am Wohl des Empfängers). Wir werden versuchen diesen Aspekt weiter zu entwickeln, wenn wir über die Nacktheit des Menschen vor der Erbsünde sprechen.

Auch wenn der allgemeine Ansatz der Ethik beim heiligen Thomas ein anderer ist – er folgt dem aristotelischen Modell, das vom Streben des Menschen nach Glück ausgeht –, glaube ich, dass diese Herangehensweise nicht weit von seinem ursprünglichsten Gedanken entfernt ist, der in dieser wunderbaren Aussage zum Ausdruck kommt, die wir bereits oben zitiert haben: *Persona significat id quod est perfectissimum in tota natura*. Wenn der Mensch das vollkommenste Wesen in der gesamten Natur ist, bedeutet dies dann nicht, dass sein Wert für keinen anderen Zweck instrumentalisiert werden kann? Ich glaube, dass diese Intuition des heiligen Thomas bereits die notwendige und ausreichende Grundlage für die Entdeckung seines ethischen Personalismus bietet.

Kehren wir nun zu der Frage zurück, die wir zu Beginn dieses Absatzes gestellt haben. In welchem Sinne kann man vom Thomismus von Karol Wojtyła sprechen? Mir scheint, dass das bisher Gesagte zu der Schlussfolgerung führt, dass wir im Fall von Wojtyłas Philosophie nicht von Thomismus im engeren Sinne sprechen können. Er hatte eine eigene, originelle Herangehensweise zur Philosophie, und um diese auszudrücken, entwickelte er auch sein eigenes Vokabular. Andererseits hat er die Philosophie des heiligen Thomas stets hoch geschätzt und einige grundlegende Intuitionen mit ihm geteilt. Ich denke, wir können Folgendes sagen: Wojtyła – wie alle großen Philosophen – war nicht daran interessiert, der einen oder anderen Denkschule anzugehören (und konnte daher mit großer Freiheit aus den verschiedenen philosophischen Systemen schöpfen, die manche als unvereinbar betrachteten – wie die Philosophie des Seins und die Bewusstseinsphilosophie). Was ihn interessierte, waren nicht die Schulen und Texte anderer Philosophen, sondern die Wirklichkeit selbst; die Texte und Systeme der Philosophen interessierten ihn nur insofern, als sie ihm halfen, die Wirklichkeit besser zu verstehen. Darin sehe ich auch seine Affinität zum heiligen Thomas, der nicht einfach wiederholte, was Aristoteles schon gesagt hatte, sondern sein Verständnis des Seins aus seiner eigenen Intuition heraus auf originelle Weise zu modifizieren wusste. In jeder echten philosophischen Arbeit reicht es nicht aus, einfach zu wiederholen, was die großen Philosophen gesagt haben. Vielmehr ist es notwendig, dass jeder von uns ihre Intuitionen auf seine Weise wiedererlebt und mit ihnen in einen Dialog tritt, um das Vermächtnis, das sie uns hinterlassen haben, mit unserem eigenen zu bereichern. Nur so können wir dem Geist der Philosophie sowohl des heiligen Thomas als auch von Karol Wojtyła treu bleiben.

4. Die Theologie des Leibes und die moderne Philosophie

Es ist allgemein anerkannt, dass die Bedingungen der modernen Debatte über die Beziehung zwischen dem Geist (je nach philosophischem Ansatz kann man auch von der Seele oder dem Verstand sprechen) und dem Leib von Descartes festgelegt wurden.

Es war Descartes selbst, der die Lösung des Leib-Seele-Problems vorschlug, die unter dem Namen Dualismus in die Geschichte des modernen Denkens eingegangen ist. Während für den heiligen Thomas der Mensch eine Substanz ist, in der die Beziehung zwischen Seele und Leib dieselbe ist wie die zwischen Form und Materie, besteht der Mensch für Descartes aus zwei Substanzen, die ontologisch voneinander unabhängig sind. Das eine wird mit dem Denken, mit dem Selbstbewusstsein identifiziert und daher *res cogitans* (denkendes Ding) genannt; das andere ist unser materieller Körper, der in Raum und Zeit existiert, und wird daher *res extensa* (ausgedehntes Ding) genannt[46]. In seinem Versuch, der Philosophie eine neue und klare Grundlage zu geben, findet Descartes im Denken des Subjekts eine Sphäre, die gegen die Prüfung des methodischen Zweifels immun ist. Ich kann an allem zweifeln, aber selbst im radikalsten Zweifel bleibt eines gewiss: die Tatsache, dass ich denke („auch wenn ich zweifle, bin ich"). Die denkende Substanz wird dann mit dem spezifisch Menschlichen, also mit der geistigen Substanz, identifiziert[47].

Welche Beziehung besteht nun zwischen diesen beiden Substanzen: der geistigen und der materiellen Substanz? In Wirklichkeit will Descartes eine völlig extrinsische Beziehung zwischen der Seele und dem Leib vermeiden. So schreibt er in seiner Sechsten Meditation: „Ich bin nicht nur in meinem Leib anwesend wie ein Steuermann in seinem Schiff, sondern so, dass ich mit ihm eine Einheit bilde". Doch erst in der kartesianischen Auffassung vom Menschen als aus zwei Substanzen zusammengesetzt, ist diese Einheit anfechtbar geworden. Wie können zwei völlig unterschiedliche Stoffe eine Einheit bilden und miteinander interagieren? Descartes selbst hat deren Zusammenspiel im Gehirn theoretisiert, was höchst problematisch bleibt, da das Gehirn der materielle Teil des Leibes ist. Wichtig ist jedoch die Tatsache, dass Descartes die Einheit des Menschen aus dem denkenden Ding rekonstruieren musste. Nach Ansicht vieler Interpreten seines Denkens gelingt ihm das nicht. Daher kann seine Vision als anthropologischer Dualismus betrachtet werden.

Es gibt noch mehr. Das Problem der Beziehung zwischen der Seele und dem Leib als solchem ist nicht in der Moderne entstanden. Die Frage wurde bereits von der antiken Philosophie gestellt, in der wir auch verschiedene Lösungen finden. Die Lösung, die auf den ers-

---

46 Vgl. RENÉ DESCARTES, *Meditazioni sulla filosofia prima* [Meditationen über die Grundlagen der Philosophie], III mediazione.
47 Wir wollen hier nicht die Legitimität dieser Schritte (wie den Übergang von Gedanken zur Bejahung der denkenden Substanz) darlegen. Es sei jedoch daran erinnert, dass sie bereits zu Descartes' Zeiten umstritten waren. Ein beträchtlicher Teil der modernen Philosophie hat sich aus der Auseinandersetzung mit diesem Problem entwickelt: entweder in Fortführung der Lösung von Descartes oder in Ablehnung derselben.

ten Blick dem ontologischen Dualismus von Descartes sehr ähnlich ist, ist die von Platon. In der Tat lebt die Seele nach Platon im Leib in einer Art Gefängnis, aus dem sie sich nach dem Tod wieder löst[48]. Andererseits gibt es zwischen Platons und Descartes Auffassung einen deutlichen Unterschied. Während für Platon der Leib ein Organismus ist, der von der „nährenden" Seele belebt wird, ist der Leib für Descartes ein bloßer Mechanismus (so dass die Tiere nichts anderes als Maschinen sind). Descartes gab die traditionelle Lehre von der Seele als vitalem Prinzip auf, die bei Aristoteles ihre vollständigste Formulierung gefunden hatte. Für Aristoteles sind Seele und Leib als Form und Materie miteinander verbunden, so dass es keinen lebenden menschlichen Leib geben kann, der nicht von der Seele organisiert wird (nebenbei bemerkt, scheint uns, dass diese metaphysische Theorie bis zu einem gewissen Grad ihre Bestätigung in unserer gelebten Erfahrung des Leibes findet; wir werden versuchen, dies im folgenden Kapitel, das der Phänomenologie des Leibes gewidmet ist, zu zeigen). Im Gegensatz dazu wird das Leben bei Descartes zu einem mechanischen Prozess, der die Seele nicht braucht. Die Seele hört auf, eine Form des Leibes zu sein, denn in Descartes' philosophischer Sichtweise gibt es keine Formen. Sie verliert damit ihre eigentliche Funktion und wird – wie Gilbert Ryle in seiner Kritik des kartesischen Dualismus zu Recht sagt – „das Gespenst in der Maschine"[49]. Auch wenn Aristoteles vom Leib als „einem bestimmten natürlichen Instrument" spricht, das der Seele gegeben ist, wird dieses Instrument für ihn niemals zu etwas rein Materiellem und Äußerlichem (wie andere Instrumente, die der Mensch benutzen kann), denn es „hat in sich das Prinzip der Bewegung und der Ruhe"[50]. Für den Menschen wie für alle anderen Lebewesen ist die Existenz im Leib nicht etwas Zufälliges (wie es Platon erschien), sondern etwas Wesentliches, so dass Aristoteles sagen kann, dass das Leben – und es ist das Leben im Leib – das Wesen selbst eines Lebewesens ist. Die lateinische Formulierung lautet: *vivere viventibus esse*[51]. Natürlich erschöpft sich für Aristoteles die Funktion der Seele in der Belebung des Leibes, so

---

48 Vgl. PLATO, *Phaidon*, 66.
49 Vgl. GILBERT RYLE, *Lo spirito come comportamento* [Der Geist als Verhalten], Einaudi, Torino 1995.
50 ARISTOTELES, *De anima*, II, 1 412 b 16.
51 Vgl. ARISTOTELES, *De anima*, II, 4 415 b 13.

dass ihre Existenz mit dem Tod des Leibes endet. Sicherlich war dies einer der Gründe, warum viele christliche Denker die platonische Philosophie als diejenige ansahen, die am meisten mit der biblischen Offenbarung übereinstimmte. Andererseits war es der heilige Thomas, der zeigte, dass es im Rahmen des aristotelischen Ansatzes auch möglich war, die Unsterblichkeit der Seele zu verteidigen, indem er argumentierte, dass der Mensch in seinem leiblichen Leben durch den Akt des Dasein (actus essendi) existiert, dessen Subjekt die Seele ist. Auf diese Weise war es möglich, für die christliche Theologie ein möglichst einheitliches Menschenbild zu gewinnen, das auch der Erfahrung besser entspricht.

Was sind die Folgen des anthropologischen Dualismus für die Moral?

Wenn das wahrhaft Menschliche mit der Seele im kartesianischen Sinne identifiziert wird, ist es fatal, dass der Leib zu etwas Äußerem des wahren Menschseins des Menschen wird. Sein ontologischer Status ist der einer Sache ohne Lebensprinzip. So gesehen kann er leicht als ein Instrument (d. h. Objekt) behandelt werden, dessen menschlicher Sinn durch den Geist (d. h. Subjekt) bestimmt wird. Obwohl ich im Leib lebe (und Descartes gibt dies bereitwillig zu), bin ich nicht der Leib, sondern besitze ihn. Der Leib als solcher spricht keine authentisch menschliche Sprache, er ist eher ein Instrument, das dem Geist näher steht, sogar notwendig in dieser Welt, aber dennoch ein Instrument.

Das hat natürlich Auswirkungen auf das Thema, um das es hier geht, nämlich das Verständnis der menschlichen Liebe in ihrer leiblichen Dimension, d. h. die Auffassung von Sexualität. In ihrer materiellen Dimension gehört die Sexualität zum Leib und teilt sein Schicksal. Sie kann der Fortpflanzung dienen, sie kann als Instrument des Genusses „benutzt" werden, aber – und das ist für uns wichtig – sie trägt nicht von vornherein den wirklich menschlichen und damit moralisch verbindlichen Sinn in sich. Im dualistischen Menschenbild wird die Sexualität so zu einem bloßen Instrument, das „benutzt" wird.

Der ontologische Dualismus kartesianischer Prägung ist Gegenstand verschiedener Kritiken gewesen. In jüngerer Zeit ist er vor allem im Rahmen der analytischen Philosophie, die von der Analyse der Sprache ausgeht, und der Phänomenologie, die von der Beschreibung der gelebten Erfahrung ausgeht, kritisiert worden. Es ist nicht nötig, hier auf die verschiedenen Einwände gegen den kartesianischen Dualismus einzugehen. Es genügt festzustellen, dass in weiten Bereichen der modernen Philosophie der anthropologische Dualismus kartesianischer Prägung überholt zu sein scheint. Man kann sogar von einem erneuerten Interesse an der leiblichen Dimension des Menschen sprechen, was nicht verwunderlich ist, wenn man die ausgeprägte anthropologische Haltung in einem Großteil der modernen Philosophie berücksichtigt. Im Bereich der französischen Phänomenologie können wir hier die Studien von Maurice Merleau-Ponty[52], Michel Henry[53], Jean-Paul Sartre[54] und George Bataille[55] in französischer Sprache nennen. Max Schelers Studie über die Scham[56] ist ebenfalls erwähnenswert, weil sie als einer der Bezugspunkte für die Analyse der Scham zunächst in Wojtyłas *Liebe und Verantwortung* und dann in den Katechesen von Johannes Paul II. über die menschliche Liebe im göttlichen Heilsplan gesehen werden kann. Für Scheler kann nur der Mensch Scham empfinden, gerade weil er sozusagen auf der Grenze zwischen der geistigen und der materiellen Welt existiert, und dies zeigt sich gerade in seiner Erfahrung des Leibes. Unter den deutschsprachigen Autoren sind auch Arnold Gehlen[57] und Helmuth Plessner[58] zu nennen, die das anthropologische Problem unter Berücksichtigung der Errungenschaften der empirischen Humanwissenschaften angegangen sind. Obwohl sie sehr interessant sind, haben alle diese Studien nicht versucht, über die Bewusstseinsebene oder die empirischen Daten hinaus zu den Dimensionen der Transzendenz zu gelangen. Wie wir wissen, war es Johannes Paul II. selbst, der in seiner *Theologie des Leibes* versuchte, die tieferen Zusammenhänge

---

52   Vgl. zum Beispiel MAURICE MERLEAU-PONTY, *Il visibile e l'invisibile* [Das Sichtbare und das Unsichtbare], Bompiani, Milano 2007.
53   Vgl. MICHEL HENRY, *Incarnazione: una filosofia della carne* [Fleischwerdung: eine Philosophie des Fleisches], Sei, Torino 2001.
54   Vgl. JEAN-PAUL SARTRE, *L'essere e il nulla* [Das Sein und das Nichts], Il Saggiatore, Milano 2007.
55   Vgl. GEORGE BATAILLE, *L'erotismo*, Mondadori, Milano 1969.
56   Vgl. MAX SCHELER, *Pudore e sentimento del pudore* [Scham und Schamgefühl], Giuda Editori, Napoli 1979.
57   Vgl. ARNOLD GEHLEN, *L'uomo. La sua natura e il suo posto nel mondo* [Der Mensch. Seine Natur und sein Platz in der Welt], Mimesis, Milano-Udine 2010.
58   Vgl. HELMUTH PLESSNER, *I gradi dell'organico e l'uomo. Introduzione all'antropologia filosofica* [Die Stufen des Organischen und des Menschen. Einführung in die philosophische Anthropologie], Bollati Boringhieri, Torino 2006.

der Erfahrung des Leibes sowohl auf anthropologischer als auch auf theologischer Ebene zu entschlüsseln. Im Zusammenhang mit der Bewältigung des ontologischen Dualismus lohnt es sich jedoch, genauer zu analysieren, dass eine andere Form des Dualismus, die die moralische Sphäre betrifft, in einem großen Teil des zeitgenössischen Denkens weiterhin in Kraft ist. Wir können es axiologischen Dualismus nennen. Vor allem im Bereich der Sexualität wird der Leib nach wie vor fast wie ein Werkzeug behandelt, das man benutzt, ohne ihm eine Wahrheit zuzuschreiben, die der Entscheidung des Subjekts vorausgeht und die verlangt respektiert zu werden. Aufschlussreich ist in diesem Zusammenhang die Kritik an der vom Lehramt der Kirche gelehrten Sexualmoral, die von einigen Autoren des so genannter Biologismus gebrandmarkt wird. Worum geht es hier? Diese Kritiker behaupten, dass die Kirche in ihrer Sexualmoral (insbesondere die in der Enzyklika *Humanae vitae* ausgeführte Sexualmoral) dem Individuum eine bedingungslose Unterwerfung unter die Gesetze der biologischen Natur auferlegt (im Fall von *Humanae vitae* sind dies die der Fortpflanzung voranstehenden Gesetze). Andererseits kann der Mensch als Person – ein vernünftiges und freies Subjekt – die biologischen Gesetze (die uns sagen, wie bestimmte Bereiche seines Leibes funktionieren) nicht mit moralischen Normen (die seine freien Entscheidungen betreffen) identifizieren: Eine solche Identifizierung wäre der Fall des Biologismus, der wiederum nichts anderes ist als eine der Formen des naturalistischen Irrtums, der von David Hume in den moralischen Systemen entdeckt wurde. Beim naturalistischen Irrtum handelt es sich um den logisch unzulässigen Übergang von deskriptiven zu normativen Aussagen. In unserem Fall würde man dann von der Beschreibung der der menschlichen Sexualität eigenen biologischen Gesetzmäßigkeiten zur Formulierung der moralischen Norm übergehen, die die Achtung dieser Gesetzmäßigkeiten vorschreibt. Der naturalistische Irrtum in der Moral hätte dann seine Parallele in der Anthropologie – den man als „anthropologischen Irrtum" bezeichnen könnte – und würde darin bestehen, die Person auf das zu reduzieren, was natürlich ist (im biologischen Sinn dieses Begriffs). Mit anderen Worten hätten wir dann den Naturalismus der Person[59]. Einer der Gründe, die Johannes Paul II. dazu veranlassten, eine *Theologie des Leibes* auszuarbeiten, bestand gerade darin, die personalistische Grundlage der Sexualmoral und insbesondere der Enzyklika *Humanae vitae* zu enthüllen und zu rechtfertigen. Die Enzyklika selbst ist ein recht kurzer Text, in dem der Papst die Lehre der Kirche bekräftigt, aber nur sehr knapp auf ihre Rechtfertigung hinweist. Die Aufgabe einer solchen theoretischen Vertiefung obliegt eher den Philosophen und Theologen. Es ist erwähnenswert, dass Wojtyła ein Jahr nach der Veröffentlichung von *Humanae vitae* ein Symposium in Krakau über die Lehre der Enzyklika organisierte[60], ihre Veröffentlichung mit einem von den Krakauer Theologen[61] vorbereiteten Kommentar herausgab und selbst verschiedene Texte veröffentlichte, in denen er versuchte, den personalistischen Sinn der Lehre von Papst Paul VI.[62] aufzuzeigen.

Zum Einwand des Biologismus gegen die Enzyklika *Humanae vitae* ist anzumerken, dass es auch eine andere Form des Biologismus gibt[63]. Wenn wir den Leib im moralischen Bereich zum Schweigen bringen, d. h. ihn seines moralisch verbindlichen Sinns berauben, behandeln wir ihn dann nicht als eine rein biologische Realität, die keine spezifisch menschliche Bedeutung hat? Befinden wir uns dann nicht in einer Art „axiologischem Vakuum"? In einer solchen Situation muss notwendigerweise die Vernunft dem Leib einen moralisch relevanten Sinn geben, da sie ihn im Leib selbst nicht finden kann. Auf dem Gebiet der Sexualethik muss die Vernunft also axiologisch

---

59 Über die Einwände des Biologismus siehe Jarosław Merecki SDS, *Naturalismo della persona o diritto naturale?* [Naturalismus der Person oder Naturrecht?], in *Anthropotes* 19 (2003) 3, 311–327.
60 Vgl. Tomasz Chmura, *Ogólnopolska sesja naukowa teologów-moralistów poświęcona encyklice „Humanae vitae"* [Nationales Symposium der Moraltheologen über die Enzyklika „Humanae vitae"], in *Analekta Cracoviensia*, I (1969) 452–455.
61 Vgl. Notificationes e Curia Metropolitana Cracoviensi no. 1–4 (1969).
62 Vgl. *Nauka encykliki „Humanae vitae" o miłości (analiza tekstu)* [Die Lehre der Enzyklika „Humanae vitae" über die Liebe (Analyse des Textes)], in *Analekta Cracoviensia* vol. 1 (1969), 341–356; vgl. Karol Wojtyła, *Prawda encykliki ‚Humanae vitae'* [Die Wahrheit der Enzyklika ‚Humanae vitae'], in *Miesiecznik Pastoralny Płocki*, 10–12 (1969) 271–278.
63 Diese Beobachtung wird von Antygony Szostek MIC, *Natur – Vernunft – Freiheit. Philosophische Analyse des Begriffs der schöpferischen Vernunft in der zeitgenössischen Moraltheologie*, Peter Lang Verlag, Frankfurt am Main 1992, weiter ausgeführt.

„kreativ" werden, weil sie in der sexuellen Gestaltung des Leibes keine moralisch verbindliche Wahrheit finden kann. Andererseits dürfen wir nicht vergessen, dass die Vernunft von Natur aus empfänglich ist. Wenn ihr die Möglichkeit verwehrt wird, die in der tiefsten (authentisch menschlichen) Dimension des Leibes eingeschriebene Wahrheit zu „lesen", füllt die Vernunft dieses axiologische Vakuum leicht aus, indem sie sich dem beugt, was ihr durch die Kraft ihres Daseins, d. h. ihre natürlichen Neigungen, aufgezwungen wird. Wir haben es also oft mit einer wahren Heterogenese der Ziele zu tun. Das heißt, der Versuch, dem Menschen das Recht zu geben, über die Bedeutung seines eigenen Leibes zu entscheiden (im Gegensatz zum Biologismus der ersten Art), unterwirft er ihn den unmittelbaren Impulsen des Leibes, die von der Vernunft nicht wirklich aufgenommen und verarbeitet werden. Diese Tatsache scheint mir einer der Gründe für den so genannten Pansexualismus zu sein, den wir heute in unserer Kultur leicht erkennen können. Vor allem in der Werbung steht eine Sexualität im Mittelpunkt, die nicht auf eine wirklich menschliche Art und Weise verarbeitet, sondern als reiner Reiz dargestellt und erlebt wird.

Das Problem, das sich an dieser Stelle stellt, betrifft die Natur der Vernunft und gleichzeitig die Natur und die Berufung des Menschen als solchem. Das Konzept, das die moderne Kultur weitgehend beherrscht hat, ist das, was Max Horkheimer „instrumentelle Vernunft" nannte. Es ist eine Vernunft, die weiß, wie man die Mittel wirksam einsetzt, aber nicht in der Lage ist, etwas über die Ziele zu sagen. Ein zeitgenössischer Autor beschreibt die Folgen eines solchen Verständnisses von Vernunft wie folgt:

> „Während die Welt menschlicher und menschenfreundlicher wird, wird der Mensch naturalisiert und leitet seine Ziele mehr und mehr aus unkontrollierten Leidenschaften und immer weniger aus einer regulativen Idee des Guten ab."[64]

---

[64] ROCCO BUTTIGLIONE, *Plus ratio quam vis: considerazioni sul destino dell'idea di ragione al principio del secolo XXI* [Überlegungen zum Schicksal der Idee der Vernunft zu Beginn des 21. Jahrhunderts], in ANDRZEJ SZOSTEK, ALFRED WIERZBICKI (Hrsg.), *Codzienne pytania Antygony*, Instytut Jana Pawła II KUL, Lublin 2001, 145.

Bei einer solchen Auffassung von Vernunft kann der Leib – sowohl mein Leib als auch der Leib des anderen – nur als Instrument behandelt werden. Jeder normative Zwang, der dem Subjekt suggeriert wird, wird als ungerechtfertigte Einschränkung seiner Freiheit empfunden. An dieser Stelle stellt sich jedoch die Frage, ob es zulässig ist, den Leib des anderen (aber auch den eigenen Leib) als reines Nutz- und Genussobjekt zu behandeln. Die negative Antwort, die wir spontan auf diese Frage geben, sollte uns jedoch dazu veranlassen, das Konzept der instrumentellen Vernunft zu überdenken. Zumindest als Hypothese können wir von einer anderen Sicht der Vernunft ausgehen, d. h. einer Sicht, in der – um bei unserem Thema zu bleiben – die Vernunft sich nicht darauf beschränkt, die dem Körper eingeschriebenen natürlichen Neigungen zu registrieren, sondern in der sie in der Lage ist, seine tiefere und wirklich menschliche Bedeutung zu entdecken.

Dies ist genau das, was wir in der *Theologie des Leibes* von Johannes Paul II. finden. Es sei daran erinnert, dass es auch in der Theologie keine wirkliche Reflexion über die theologische Bedeutung des Leibes gab. Natürlich ist die katholische Theologie nie den manichäischen Vorstellungen erlegen, in denen der Leib nur negativ gesehen wurde. Das ist nicht möglich, weil das Christentum an die Auferstehung glaubt, d. h. davon überzeugt ist, dass der Leib nicht eine Art Ballast ist, der irgendwann zurückgelassen werden muss, sondern Teil der eschatologischen Bestimmung des Menschen. Es stimmt aber auch, dass sowohl in der Theologie als auch in der Verkündigung immer wieder Spuren eines anthropologischen Dualismus zu finden waren, so dass der Schwerpunkt vor allem auf dem Heil der Seele lag und der Leib etwas in den Hintergrund trat. Mit seiner *Theologie des Leibes* versuchte Johannes Paul II. stattdessen, die personalistische Bedeutung des Leibes und seine Verbindung zur Transzendenz aufzuzeigen.

Kapitel II
Elemente für eine Transphänomenologie des Leibes

Erinnern wir uns zunächst an die Worte von Johannes Paul II. aus der *Theologie des Leibes* und dann an die von Karol Wojtyła in *Person und Tat*. Johannes Paul II. schreibt:

„Der Leib offenbart den Menschen. Diese knappe Formel enthält bereits alles, was die menschliche Wissenschaft je über die Struktur des Körpers als Organismus, über seine Vitalität, über seine besondere Geschlechtsphysiologie usw. sagen kann." (Kat 9,4) Zehn Jahre zuvor schrieb der Philosoph Karol Wojtyła:

> „Der menschliche Körper – und so verstehen ihn alle Denker – in seiner sichtbaren Dynamik ist das Terrain, ja ist in gewissem Sinne sogar das Mittel der Expression der Person."[65]

Wenn wir sagen, dass der Leib die Person offenbart, und wenn wir sagen, dass der Leib die Grundlage für den Ausdruck der Person ist, gehen wir gleichzeitig davon aus, dass zwischen der Person – der menschlichen Person, denn soweit wir wissen, sind in der Welt, in der wir leben, nur Menschen Personen, und andererseits sind Personen wie Gott und die Engel rein geistige Wesen – und ihrem Leib eine bestimmte Beziehung besteht, eine Beziehung, die auch – wie wir sehen werden – sehr intim ist, aber keine Identität. Ein Mensch zu sein bedeutet, im Leib zu existieren, sich durch den Leib auszudrücken, aber gleichzeitig etwas mehr zu sein als nur der Leib. Um diese Beziehung möglichst genau zu bestimmen, werden wir versuchen, der Methode zu folgen, die Karol Wojtyła in seinem Buch *Person und Tat* anwendet, d. h. wir werden von der phänomenologischen Beschreibung ausgehen und sie dann mit der metaphysischen Interpretation ergänzen. Das heißt, dass wir zunächst versuchen werden, unsere unmittelbare Erfahrung des Leibes zu analysieren, und dann werden wir zeigen, welche Stellung der Leib in der Struktur der menschlichen Person einnimmt.

1. Der Leib als Zeichen der Person

Zu Beginn habe ich die Worte von Johannes Paul II. zitiert, dass „der Leib die Person offenbart" und er ihr Ausdrucksmittel ist. Was bedeuten diese Sätze? Was kann ein Philosoph, der versucht, die phänomenologische Methode anzuwenden, ihnen hinzufügen?

---

[65] Karol Wojtyła, *Person und Tat*, 234.

Beginnen wir bei den ersten Intuitionen und gehen wir dann über die phänomenologische Beschreibung zur metaphysischen Interpretation. Wenn wir an eine Person denken oder, besser noch, wenn wir sie uns vorstellen, kommt uns sofort das äußere Bild ihres Leibes in den Sinn. Wir sind nicht so sehr an der inneren Struktur ihres Organismus interessiert, auch wenn dies für die Wissenschaft wichtig ist und ein Arzt die Identität einer Person an bestimmten Merkmalen erkennen kann, die wir normalerweise in unserer gemeinsamen Erfahrung nicht wahrnehmen (z. B. anhand von Fingerabdrücken). Diese erste Intuition ist bereits sehr gehaltvoll: Sie besagt erstens, dass wir den Menschen nicht spontan mit dem Geist, der Seele oder allgemein mit dem Geistigen identifizieren, sondern seine Identität am äußeren Erscheinungsbild seines Leibes erkennen. Diese Identität der Person mit dem Leib in der gelebten Erfahrung wird durch eine weitere Intuition bestätigt. Wenn jemand einen Teil meines Leibes berührt, kann ich sagen: „Du hast meine Hand berührt", aber genauso gut kann ich auch feststellen: „Du hast mich berührt" oder fragen: „Wer hat mich berührt?". Dieses Zeugnis unserer gemeinsamen Sprache zeigt, dass derjenige, der meinen Leib berührt, nicht nur mit einer *res extensa* in Berührung kommt, vielmehr kommt er nicht mit einer *res*, einem Etwas, in Berührung, sondern mit einer *Person*, mit jemandem, mit einem „Ich". Wir werden auf den Reichtum der Inhalte, die in dieser Erfahrung enthalten sind, zurückkommen müssen. Auf den ersten Blick mag es recht banal erscheinen, aber es drückt aus, was das Wesen des Menschseins ausmacht. Wenn unsere Sprache beide Ausdrücke zulässt: „jemand berührt meine Hand" und „jemand berührt mich", dann bedeutet dies, dass wir unsere Beziehung zum Leib auf zwei verschiedene Arten leben: wir besitzen unseren Leib (wir sagen sogar: *mein* Leib) und wir sind unser Leib. In der Terminologie von Karol Wojtyła in *Person und Tat* würden wir sagen, dass das Selbst sowohl immanent in seinem Leib als auch transzendent im Verhältnis zu seinem Leib ist. Der Leib – und hier stoßen wir bereits auf die erste Dimension des Leibes als Zeichen – ermöglicht den unmittelbaren Kontakt mit der Person des anderen, stellt ein Zeichen dar, das wir in unserem Kontakt mit dem anderen fast nicht wahrnehmen (*medium quo*), denn normalerweise bleibt unsere Aufmerksamkeit nicht beim Leib als Objekt stehen, sondern wendet sich spontan und unmittelbar der Person des anderen, also dem Subjekt zu. Der menschliche Leib ist also kein Objekt, wie die anderen Objekte in der Welt (im *Buch Genesis* entdeckt der erste Mensch, nachdem er als Leib unter den anderen Körpern erschaffen wurde, dass er allein ist, d. h., dass er sich von allen Körpern um ihn herum unterscheidet), sondern indem er Ausdruck des Subjekts ist, das er von innen her erlebt, erhält er einen subjektiven Wert im metaphysischen Sinne dieses Begriffs. Andererseits ist der Körper eines Tieres nicht nur der Ausdruck einer *res*; auch wenn er kein Subjekt darstellt, können wir ihn nicht als einfaches Ding behandeln, wie es leider in unseren Industriegesellschaften der Fall ist; in diesem Sinne würde die traditionelle rechtliche Unterscheidung zwischen Personen und Sachen revidiert werden.[66]

Das Tier aber ist sich seines Körpers nicht in dem Sinne bewusst, dass es sich von ihm distanzieren könnte, es erlebt seinen Körper von innen heraus, wie wir, aber es kann nicht sagen: „Das ist mein Leib". In diesem Sinne können wir zwischen einem fleischlichen und einem leiblichen Wesen unterscheiden. Nur der Mensch ist ein leibliches Wesen, denn nur der Mensch ist sich seines Leibes als *seines* Leibes bewusst.

Damit kommen wir zum zweiten Punkt. Der menschliche Leib ist, genau genommen, nicht nur ein lebender Organismus. Unser Begriff des Leibes ist mehr als ein einfacher Bezug zum Leben im biologischen Sinne. Es ist die Wissenschaft, die den Leib als einen Organismus behandelt, dessen Gesetze sie entdeckt. Die phänomenologische Methode erlaubt es uns jedoch zu zeigen, dass wir unseren eigenen Leib und den Leib des anderen nicht als bloßen Organismus wahrnehmen und dass der Begriff des Organismus vielmehr ein Produkt der wissenschaftlichen Abstraktion ist. In der deutschen Sprache gibt es eine für unseren Zusammenhang aufschlussreiche Unterscheidung zwischen dem *Körper* und dem *Leib*, man könnte sagen: zwischen einem lebendigen Körper und einem gelebten Leib. Der menschliche Leib selbst ist nicht nur ein lebendiger Körper, sondern ein Leib, der von jemandem von innen erlebt wird, von einem „Ich", das sagen kann: Das ist mein Leib. Das verbindende Prinzip, das den

---

[66] Vgl. ROBERT SPAEMANN, *Tierschutz und Menschenwürde*, in *Grenzen. Zur ethischen Dimension des Handelns*, Klett-Cotta, Stuttgart 2001, 467.

lebenden Organismus zum eigentlichen menschlichen Leib macht – ein Leib, der von jemandem als sein eigener Leib erfahren wird, – gehört nicht zur biologischen Ebene, und so kann unser Verständnis des Menschen in seiner Leiblichkeit nicht allein der Wissenschaft anvertraut werden, sondern man muss die Philosophie und letztens, wie wir sehen werden, auch die Theologie hinzuziehen.
Wir haben gesagt, dass der gelebte Leib mehr als nur ein lebender Organismus ist. Diese Beobachtung kann auch durch eine andere Unterscheidung bestätigt werden, die wir in unserer Alltagssprache treffen, nämlich die Unterscheidung zwischen Organismus und Leichnam. Im Leichnam können wir noch biologisches Leben finden, was aber fehlt, ist das wahre personale Leben. Natürlich befinden wir uns hier im Grenzbereich, und manchmal ist es nicht leicht zu erkennen, wann ein echtes personales Leben aufgehört hat. Wir wollen und sollen hier nicht in diese schwierige Diskussion einsteigen, aber grundsätzlich scheint uns die Unterscheidung klar zu sein. Wir können sagen, dass der Organismus als Leib erlebt wird, wenn jemand ihn von innen heraus als seinen Leib erlebt. Die Erklärung der Erfahrung des Leibes muss daher von der phänomenologischen Beschreibung ausgehen, denn nur diese gibt uns Zugang zu der Art und Weise, wie der Mensch die Beziehung zu seiner Leiblichkeit lebt. In diesem Sinne können wir sagen, dass der Leib nicht nur die biologische, sondern auch die ontologische Struktur (seine Innerlichkeit) hat, – es gibt die ontologische Struktur der Person, zu der auch der Leib gehört. Mit anderen Worten: Der Leib besitzt nicht nur seine biologische Subjektivität (die Eigenschaften und Gesetze, die von den empirischen Wissenschaften untersucht werden), sondern auch seine metaphysische Subjektivität, mit der sich die Philosophie befasst. Es gibt nämlich die objektive Struktur der menschlichen Subjektivität, die mit der phänomenologischen Methode sowohl in ihrem „*esse*" als auch in ihrem „*fieri*" erforscht werden kann. Die Analyse des zweiten Schöpfungsberichts wird uns zeigen, wie sich diese Struktur aus der Unterscheidung des Menschen von allen anderen geschaffenen Dingen bildet. Auf jeden Fall können wir in diesem Moment mit Wojtyła sagen:

„Die Zugehörigkeit des Körpers zur menschlichen Person ist so zwingend notwendig, dass der Körper in die Definition des Menschen – zumindest mittelbar – eingeht, so nämlich, wie die häufig verwendete Formel ‚*homo est animal rationale*': dies besagt; im Begriff *animal* ist der Körper und die Körperlichkeit enthalten."[67]

Die ersten Intuitionen, die wir aufzuzeigen versucht haben, werden sowohl durch die Art und Weise, wie wir den Leib des anderen wahrnehmen, als auch durch die Beziehung zu unserem eigenen Leib bestätigt. Es ist offensichtlich, dass im äußeren Bild des Leibes nicht alle Teile die gleiche Bedeutung und Funktion haben. Karol Wojtyła und später Johannes Paul II. analysierte diese Realität unter dem Gesichtspunkt der sexuellen Scham. Auf die tiefere Bedeutung dieses Phänomens werden wir später eingehen, aber es lohnt sich schon jetzt, darauf hinzuweisen, was es uns über unsere Körperwahrnehmung sagt. Wenn der Mensch spontan seine Geschlechtsorgane versteckt, dann sicher nicht, weil er sich dafür schämt. Er tut dies, weil er nicht nur als Objekt der Begierde behandelt werden will, sondern in seiner ontologischen Subjektivität wahrgenommen und bejaht werden möchte. Allein die Tatsache, dass der Mensch seinen Leib auf diese Weise wahrnimmt, zeigt, dass er ihn als Zeichen seines Personseins, als äußeren Ausdruck seiner Subjektivität erlebt. Alle Teile des Leibes äußern sich natürlich nicht auf dieselbe Weise. Einige – vor allem das Gesicht und die Augen – spielen dabei eine besondere Rolle. Die Tatsache, dass ein Mensch seine Geschlechtsorgane verbirgt, bedeutet, dass er die Aufmerksamkeit des anderen in erster Linie auf die Körperteile lenken will, die seine Subjektivität (seine persönliche Transzendenz) am unmittelbarsten zum Ausdruck bringen. Im letzten Jahrhundert war es vor allem Emanuel Lévinas, der gezeigt hat, wie im menschlichen Gesicht die Unwiederholbarkeit jedes menschlichen Wesens gegenwärtig ist und wie gerade die Begegnung mit dem Gesicht des Anderen uns die Unbedingtheit des ethischen Rufs, der von ihm ausgeht, wahrnehmen lässt.

So spricht der Leib seine eigene Sprache, die von Anfang an eine personale Sprache ist. Das Konzept der Körpersprache ist heutzutage

---

67 Karol Wojtyła, *Person und Tat*, 233.

recht weit verbreitet; es ist nicht schwer, Bücher über die Bedeutung verschiedener menschlicher Gesten oder Verhaltensweisen zu finden. Johannes Paul II. hat sie in seinen Katechesen über die menschliche Liebe als Sprache des Leibes eingeführt, wobei er nicht auf der funktionalen Ebene stehen geblieben ist (wie es in den meisten Büchern zu diesem Thema der Fall ist), sondern ihren tiefen ontologischen und moralischen Wert aufgezeigt hat. Wir alle können leicht verstehen, welchen Gemütszustand ein Lächeln, eine Zärtlichkeit oder ein Kuss ausdrücken. Wir verstehen diese Sprache, auch wenn wir uns in einem Land befinden, dessen gesprochene Sprache uns unbekannt ist (wir teilen diese Sprache teilweise auch mit der Tierwelt). Es handelt sich also nicht um eine erfundene, künstliche Sprache, wie unsere gesprochene oder geschriebene Sprache, sondern um eine Sprache, die Teil der menschlichen Natur ist und von allen Menschen geteilt wird. Menschliche Gesten und Verhaltensweisen haben – um es in der phänomenologischen Terminologie auszudrücken – ihr *„noema"* (ihren Inhalt, das Mitgeteilte), das sie objektiv vermitteln, sogar unabhängig von den Absichten des Subjekts, d. h. die Absicht des Subjekts kann mit der objektiven Bedeutung der Handlung übereinstimmen oder nicht, aber sie kann ihren objektiven Sinn nicht ändern. Wir alle kennen den Ausdruck „Judaskuss", der sich auf eine Handlung bezieht, die an sich falsch ist, eben weil die objektive Bedeutung der Geste (der Kuss drückt Wohlwollen, Freundschaft, Liebe aus) nicht mit dem Geisteszustand der Person übereinstimmt, die sie ausführt. In diesem Fall drückt die Geste etwas aus, was ihr Urheber nicht fühlt, aber es ist der Leib selbst, der spricht. Ein weiteres Beispiel, diesmal ein positives: In seinen Mittwochskatechesen zeigt Johannes Paul II. die objektive Bedeutung des Leibes auf, die er als seine bräutliche Bedeutung bezeichnet, und damit auch die objektive Bedeutung des sexuellen Aktes, der die Ganzhingabe des eigenen Selbst an den anderen bedeutet und zum Ausdruck bringt und so zur Konstituierung der neuen Wirklichkeit beiträgt, die die Gemeinschaft der Personen ist. Der Papst schreibt:

> „Die immerwährende und immer neue ‚Sprache des Leibes' ist nicht bloß das ‚Substrat', sondern gewissermaßen das Sein dieser Personengemeinschaft. Die Personen – Mann und Frau – werden zum gegenseitigen Geschenk füreinander. Sie werden

in ihrem Mann- und Frausein, zum Geschenk dadurch, dass sie die bräutliche Bedeutung des Leibes entdecken und diese unwiderruflich auf sich anwenden: im ganzen Leben."[68]

In diesem Sinne können wir sagen, dass der menschliche Körper eine Art Wort ist, das ein *noema* kommuniziert: Er ist eine sensible und objektive Manifestation dessen, was von Natur aus subjektiv ist, d. h. des menschlichen „Ich".[69] Unser Handeln in der Welt kann sich nicht über das hinwegsetzen, was der Leib sagt, oder besser gesagt: Er kann es tun, aber damit täuscht er entweder den anderen oder er verletzt seine Würde auf andere Weise. Hier sehen wir, wie der Leib und seine Sprache einen moralischen Wert erhalten. Wenn – wie der bekannte Grundsatz der personalistischen Ethik sagt – *persona est affirmanda propter seipsam*, dann kann die menschliche Person wegen ihrer unvergleichlichen Würde nicht anders als in ihrem Leib und durch ihren Leib bejaht werden. Ein Beispiel: Man kann seine Würde nicht bejahen, ohne sein Leben im Leib zu bejahen, eben weil das Leben im Leib sein Wesen ist. Dieses Beispiel ist keineswegs abstrakt, denn in jüngster Zeit wurde (und wird) versucht, die Legitimität der Tötung bestimmter Klassen von Menschen durch die Trennung von Würde des Menschen und Leben des Menschen zu rechtfertigen. Die Relativierung des Lebens ist jedoch zwangsläufig auch eine Relativierung der menschlichen Person selbst.[70] Die Bedeutung typischer Handlungen, in denen die Bejahung der Person zum Ausdruck kommt, ist bereits in der Struktur ihres Leibes gegeben: Die Bejahung ihres biologischen Lebens – sie zu ernähren, ihr zu trinken zu geben, sie zu kleiden usw. – bedeutet die Bejahung ihrer persönlichen Würde.

Bisher haben wir uns auf die Art der Beziehung zum Leib konzentriert, die wir mit dem Satz „Ich bin mein Leib" ausdrücken und die die Immanenz der Person in ihrem Leib betont. Es lohnt sich jedoch, zumindest noch ein paar Worte über die andere Art unserer Beziehung zum Leib zu verlieren, die in dem Satz zum Ausdruck kommt: „Mein Leib gehört mir". Es stimmt, wenn mein Leib krank

---

68   JOHANNES PAUL II., *Die menschliche Liebe im göttlichen Heilsplan*, 582 (103,7).
69   Vgl. ROBERT SPAEMANN, *Czyn a piekne zycie (O pojeciu natury czynu)*, [Die Handlung und das schöne Leben (Über das Konzept der Natur der Handlung)], in *Ethos* 33–34 (1996), 31–41.
70   Für eine gute Analyse dieses Phänomens vgl. EDUARD PICKER, *Menschenwürde und Menschenleben. Das Auseinanderdriften zweier fundamentaler Werte als Ausdruck der wachsenden Relativierung des Menschen*, Klett-Cotta, Stuttgart 2002.

ist, leidet nicht nur mein Leib, sondern leide auch ich. Aber es stimmt auch, dass ich mich von meinem leidenden Organ distanzieren kann, ich kann – sozusagen – meine Subjektivität von ihm zurückziehen. So schmälert beispielsweise die Amputation eines kranken Körperteils nicht meine ontologische Subjektivität und personale Würde. Manchmal empfinde ich bestimmte Reize, die von meinem Körper ausgehen, als konträr zu meinen persönlichen Zielen. Worauf ich „Lust habe", ist nicht immer das, was ich wirklich will; wie wir uns erinnern, unterscheidet Paulus zwischen den Begierden des Fleisches, die nicht mit denen des Geistes übereinstimmen.[71] Ich glaube, dass die Grundlage für diese paulinische Unterscheidung genau die Erfahrung der Beziehung zum Leib ist, von der wir sprechen (obwohl wir uns andererseits auch für Handlungen verantwortlich fühlen, die vom „fleischlichen Menschen" ausgehen, was wiederum unsere Immanenz im Leib zum Ausdruck bringt). Ich kann mir sogar vorstellen, in einem anderen Körper zu existieren, ohne dass dies den Verlust meiner Identität bedeutet. Wir kennen die berühmte Erzählung von Franz Kafka (*Die Verwandlung*), in der der Protagonist eines Morgens als riesiges Insekt erwacht. „Was ist mit mir geschehen?" – denkt Georg Samsa. Er ist immer noch er selbst, seine personale Identität ist nicht verloren gegangen, auch wenn sein äußeres Erscheinungsbild völlig anders ist.

Wir können diese Erkenntnisse hier nur erwähnen. Diese Einsichten, die auch in nicht christlichen Kulturen präsent sind, zeigen jedoch die Universalität des in der christlichen Theologie geprägten Begriffs der Person, der das Verhältnis des Menschen zu seinem Leib in theoretisch tiefgreifender Weise zum Ausdruck bringt. Die ersten christlichen Theologen entwickelten die Theorie der Person, um die offenbarte Tatsache zu erklären. Nach dieser Theorie besteht das Personsein darin, eine eigene Natur zu besitzen, so dass die göttliche Natur von drei göttlichen Personen angenommen wird und Christus, der eine göttliche Person ist, zwei Naturen gleichzeitig angenommen und besessen hat: eine göttliche und eine menschliche. Was die Theologie sozusagen von oben (d. h. aus dem in der Offenbarung Gege-

---

71 „Denn das Trachten des Fleisches ist Feindschaft gegen Gott; es unterwirft sich nämlich nicht dem Gesetz Gottes und kann es auch nicht. Wer aber vom Fleisch bestimmt ist, kann Gott nicht gefallen." Röm 8,7–9.

benen) heraus erarbeitet hat, kann die Philosophie, insbesondere die Phänomenologie – in Bezug auf das Verständnis des Menschen – sich aneignen, indem sie „von unten" beginnt (d. h. von der unmittelbaren Erfahrung ausgehend; was im Übrigen auf seine Weise die Aussage des Buches Genesis über den nach dem Abbild und Gleichnis Gottes geschaffenen Menschen bestätigt). Dies ist genau das, was Karol Wojtyła in seinem Buch *Person und Tat* vorschlägt, das nicht zufällig mit dem Kapitel über die Erfahrung beginnt. Wojtyła zeigt, *dass* der Mensch eine Person ist, aber gleichzeitig auch, *wie* der Mensch sich selbst als Person erlebt. Mit ihm bringt uns die Phänomenologie an die Schwelle zur Ontologie und umgekehrt: Die Ontologie erhält eine phänomenologische, experimentelle Dimension. Unser Fall zeigt es ganz deutlich, genau in der Analyse der Beziehung des Menschen zu seinem Leib. Während die ontologische Definition der Person, die wir vorgeschlagen haben, besagt: „Eine Person zu sein, besteht darin, seine eigene Natur zu besitzen"[72], findet diese Definition in Wojtyłas Analyse ihren experimentellen Ausdruck und Bestätigung in den Konzepten des Selbstbesitzes und der Selbstbestimmung (wir werden ihren Platz in der gelebten Erfahrung später analysieren). Gerade durch den Selbstbesitz lebt und verwirklicht der Mensch sein Personsein. Durch den Selbstbesitz übt man die Selbsbeherrschung der Natur, die in dem Satz „Ich besitze meinen Leib" zum Ausdruck kommt.

In unserem Zusammenhang ist es jedoch wichtig, die Unterscheidung zwischen den beiden Ebenen, der phänomenologischen und der ontologischen, im Auge zu behalten. Das Missverständnis der modernen Philosophie – von John Locke bis Derek Parfitt – besteht gerade darin, dass sie diese beiden Ebenen verwechselt und die Person mit ihren phänomenologischen Äußerungen identifiziert hat. Dies hat zu der Schlussfolgerung geführt, dass jeder, der derzeit nicht die Beziehung des Selbstbesitzes zu seinem Leib lebt, noch keine Person ist oder keine Person mehr ist. In gewissem Sinne kann man sagen, dass die moderne Philosophie – oder besser gesagt ein Teil von ihr – in ihrer Analyse die Erfahrung des Selbstbesitzes in den Vordergrund gestellt hat, die Erfahrung der Identität des Menschen mit seinem Leib aber in den Schatten gestellt hat. Wojtyłas Philosophie ist hier

---

[72] ROBERT SPAEMANN, *Personen. Versuche über den Unterschied zwischen „etwas" und „jemand"*, Klett-Cotta, Stuttgart 1996.

realistischer, weil sie weiß, dass es Strukturen des Menschen gibt, die nicht unmittelbar im Bewusstsein wahrgenommen werden, die aber deswegen nicht weniger real sind. Deshalb spricht Wojtyła in dem Zitat zu Beginn dieses Absatzes vom Leib als „Ausdrucksmittel der Person", wobei er berücksichtigt, dass die menschliche Person immer sowohl immanent in ihrem Leib als auch transzendent zu ihm ist. Es ist richtig, dass in bestimmten Fällen auf experimenteller Ebene die Selbstbeherrschung reduziert werden kann, was Wojtyła mit dem Begriff der Desintegration beschreibt. In einer solchen Situation ist die Person aus Gründen, auf die sie keinen Einfluss hat (z. B. wegen einer Krankheit), nicht in der Lage, ihre Fähigkeit zur Selbstbeherrschung ganz auszuüben. Auch in diesem Fall ist die grundlegende Beziehung zum Leib, die in dem Satz „Dies ist mein Leib" zum Ausdruck kommt, noch vorhanden. Selbst eine gelähmte Person kann dieses sagen, obwohl der Leib den Ausdruck ihrer Subjektivität eher verhindert. Andererseits hat niemand von uns die volle Kontrolle über seinen Leib, und für jeden von uns kann er auch ein Instrument der Entfremdung sein. Man kann die Kontrolle über einen Teil des Leibes verlieren, über den man normalerweise die Kontrolle hat. Die offensichtlichste Erfahrung der Entfremdung durch den Leib ist der Tod. Das Subjekt ist nicht in der Lage, den Prozess der fortschreitenden Erschöpfung der Lebenskräfte aufzuhalten, und da seine irdische Existenz mit dem Leben des Leibes identifiziert wird, bedeutet dies, dass der Mensch mit dem Tod des Leibes seine Existenz verliert. Da ich mein Leib bin, bin ich mit dem Tod des Leibes nicht mehr da. Der andere Modus meines Verhältnisses zum Leib: „Ich besitze meinen Leib", weist zumindest auf die Möglichkeit einer Existenz über den leiblichen Tod hinaus hin, die die Philosophie – wenn sie die Fragen des Menschen wirklich beantworten will – nicht unerforscht lassen kann. Dies ist nicht der richtige Ort, um diesen Punkt zu vertiefen. Wir können jedoch sagen, dass Denker wie Platon die Erfahrung des Besitzes des Leibes privilegieren und daher vom Tod im Sinne einer Befreiung von den Beschränkungen sprechen, die die Existenz im Leib notwendigerweise mit sich bringt (der Leib als Gefängnis der Seele); andere Philosophen legen den Akzent eher auf die Identität des Menschen mit seinem Leib: „Ich bin mein Leib", wobei sie den Tod des Leibes mit dem Tod der Person gleichsetzen.

An dieser Stelle möchten wir eine Bemerkung hinzufügen. Durch unseren Leib erfahren wir uns als Teil der Welt. In gewisser Weise nimmt der Leib an all unseren Erfahrungen teil, durch ihn kommen wir in experimentellen Kontakt mit der Welt. Die Dinge der Welt werden zu Objekten unserer intentionalen Wahrnehmung (auf die Intentionalität der menschlichen Erkenntnis werden wir im nächsten Kapitel näher eingehen). Es muss jedoch von vornherein betont werden, dass unser Verhältnis zur Welt nicht nur theoretisch, sondern auch praktisch ist. Wir können nicht erfahren, wie ein Geist ohne Körper die Objekte seiner intentionalen Handlungen wahrnimmt, aber wir können mit Sicherheit sagen, dass sich seine Wahrnehmung von der unseren unterscheidet. Unser Leib ist mit Instinkten oder vielmehr Neigungen ausgestattet, denn der Instinkt ist beim Menschen kein Gesetz, das sich total unserer Kontrolle entzieht. Wir können uns von unseren Instinkten distanzieren und entscheiden, wie wir sie befriedigen wollen (oder nicht). Daher können wir sagen, dass der Mensch Bedürfnisse hat, die in der Struktur seines Leibes verwurzelt sind, aber in seinem Fall werden diese Bedürfnisse zu Begehrlichkeiten. Der Mensch will seine Instinkte befriedigen (und es ist besser, dass sie befriedigt werden), aber nicht alle Wege, auf denen sie befriedigt werden können, scheinen erstrebenswert. Es gibt Möglichkeiten, Instinkte zu befriedigen, die wir eher als nicht menschlich bezeichnen würden (auch wenn die entsprechenden Handlungen von Menschen ausgeführt werden). So betrachten wir beispielsweise den Leib eines anderen Menschen nicht als mögliches Objekt zur Ernährung, und von einer Vergewaltigung werden wir sagen, dass sie nur eine nicht menschliche Form der Befriedigung des Sexualtriebs ist. Diese Redeweise zeigt, dass wir denselben Begriff des Menschen sowohl im deskriptiven als auch im normativen Sinne verwenden. Das Reden vom Menschen impliziert bereits eine moralische Dimension, die auch die Art und Weise betrifft, wie der Mensch seine Leiblichkeit lebt (wir werden diese Erkenntnisse in Kapitel V vertiefen).

In unserem Zusammenhang ist die Schlussfolgerung wichtig: Der Leib ist für uns ein Instrument der Wahrnehmung und des Begehrens. Durch den Leib ist unsere Beziehung zur Welt sowohl kognitiv als auch praktisch: Wir kennen die Objekte der Welt und begehren sie. Die Dinge erregen unsere Aufmerksamkeit (erscheinen uns als gut), weil sie unseren Wünschen entsprechen, die – zumindest teilweise – in den grundlegenden Neigungen des Leibes verwurzelt sind: im Selbsterhaltungstrieb und im Sexualtrieb. Der Leib hat eine teleologische Struktur – er ist auf etwas ausgerichtet, manche Dinge braucht er, andere schaden ihm. Diese Tatsache bestimmt natürlich unsere kognitive und praktische Haltung gegenüber der Welt. In der Sprache der mittelalterlichen Philosophie könnte man sagen, dass die Welt auf diese Weise ihre axiologische Dimension erhält, die in dem Begriff der Begehrlichkeit zum Ausdruck kommt: „*bonum est appetibile*". Ob dies die einzige Art und Weise ist, in der der Mensch mit dem Guten in Beziehung tritt, ist eine andere Frage. Wir werden versuchen, uns später damit zu befassen.

Zum Abschluss unserer bisherigen Analyse haben wir gesehen, dass der phänomenologische Stellenwert des Leibes sich uns als Zeichen und Ausdruck des menschlichen Ichs offenbart hat; andererseits haben wir gesehen, dass sein metaphysischer Status, der zur Dimension des Seins gehört, darin besteht, was es für die menschliche Person bedeutet, zu existieren, das heißt, im Körper zu leben. Nun wollen wir die theologische Dimension hinzufügen, die im Übrigen bereits von der Metaphysik selbst vorgeschlagen wird.

2. Der Leib als Zeichen des Ebenbildes des Schöpfers

Es ist die Metaphysik, die uns zu einer weiteren Dimension des menschlichen Körpers führt, einer Dimension, die uns auf das Absolute der Existenz, d. h. auf Gott, verweist. Wenn der Mensch existiert und gleichzeitig nicht notwendigerweise existiert, da seine Existenz nicht Teil seines Wesens ist (dies beschreibt die klassische Philosophie mit dem Begriff der Kontingenz), dann kann die Metaphysik diese Tatsache nur erklären, indem sie auf das Absolute des Daseins zurückgreift, das es mit anderen von ihm geschaffenen Wesen teilen wollte. Es lohnt sich zu erwähnen, dass der Begriff der Kontingenz in den Katechesen von Johannes Paul II. über die menschliche Liebe jedoch einen phänomenologischen Wert in den Begriffen der Gabe und des Gebens erhält. Tatsächlich entdeckt und lebt der Mensch auf einer experimentellen Ebene seine Kontingenz – sein Sein und Nicht-Sein-Müssen – als eine Gabe dessen, der ihn ins Dasein rufen wollte. Johannes Paul II. schreibt:

> „Deshalb bedeutet die Schöpfung als Werk Gottes nicht nur ein Herausrufen aus dem Nichts ins Dasein, die Erschaffung der Welt und des Menschen in der Welt, sondern nach dem ersten Bericht ‚beresit bara' auch das Schenken; ein fundamentales und radikales Schenken, das heißt ein Schenken, bei dem das Geschenk gerade aus dem Nichts hervorgeht."[73]

In dieser Perspektive erhält auch der Leib in seiner männlichen und weiblichen Gestalt die Dimension der Gabe. Die Person hat den Leib ja nicht erschaffen, sondern erfährt ihn als bereits gegeben, als Gabe oder vielmehr als die erste Gabe, die identisch ist mit der Gabe der Existenz – wie wir gesehen haben, existiert der Mensch in der Welt ja nur im Leib. Der Mensch ist nun gerufen, diese Gabe anzunehmen und sie gemäß des ursprünglich in ihn eingeschriebenen Schöpferplanes zu entwickeln.

Was die eigentliche theologische Dimension betrifft, so müssen wir zunächst an die Worte des Buches Genesis über den Menschen erinnern, der nach dem Abbild und Gleichnis Gottes geschaffen wurde. Wenn der Mensch als solcher das Abbild Gottes in der sichtbaren Welt ist, dann offenbart sich der Leib, der die Person offenbart, der ihr sichtbares Zeichen ist, als das Zeichen des Zeichens, das Abbild des Abbildes. Im theologischen Kontext lässt dies an den Begriff des Sakraments denken, der gerade als sichtbares Zeichen der unsichtbaren Wirklichkeit definiert wurde. Diese Intuition wird im Übrigen von Johannes Paul II. selbst angeregt, der in seinen Katechesen über die menschliche Liebe schreibt:

> „Das Sakrament oder die Sakramentalität – im weitesten Sinn des Wortes – steht in Beziehung zum Leib und setzt die Theologie des Leibes voraus. In der Tat ist *das Sakrament* in seiner allgemein anerkannten Bedeutung ein ‚sichtbares Zeichen'. Der ‚Leib' bedeutet auch das, was sichtbar ist, bedeutet die ‚Sichtbarkeit' der Welt und des Menschen. So gehört in gewisser Weise – wenn

---

[73] JOHANNES PAUL II., *Die menschliche Liebe im göttlichen Heilsplan*, 141 (13,3).

auch in sehr allgemeiner – der Leib in die Begriffsbestimmung des Sakraments, indem dieses ‚sichtbares Zeichen einer unsichtbaren Wirklichkeit' ist, das heißt der geistigen, transzendenten, göttlichen Wirklichkeit."[74]

In diesem Sinne können wir im Leib sogar das ursprüngliche, originale Sakrament sehen, ein greifbares und wirksames Zeichen der Gegenwart Gottes in der Welt. So spricht Joseph Ratzinger in seinem Aufsatz über die sakramentale Grundlage der christlichen Existenz von den „*Ursakramenten* oder *Schöpfungssakramenten*" und weist auf Folgendes hin:

„Das Sakrament in seiner geschichtlich-universellen Form ist also in erster Linie Ausdruck der Erfahrung, dass *Gott dem Menschen auf menschliche Weise begegnet*: in den Zeichen menschlicher Gemeinschaft und in der Verwandlung des rein Biologischen in etwas Menschliches, das im religiösen Akt seine Verwandlung in eine dritte Dimension erfährt, die Garantie des Göttlichen im Menschlichen."[75]

Der Autor weist auf vier Momente im menschlichen Leben hin, in denen diese ursprünglichen Sakramente besonders präsent sind: die Geburt, der Tod, die Mahlzeit und der Geschlechtsakt. Es ist nicht schwer zu erkennen, dass alle diese Momente mit dem Leib verbunden sind, der in dieser Perspektive als ein echtes Vorsakrament betrachtet werden kann. Anderseits ist auch ein richtiges Verständnis der Sakramente im engeren Sinne nicht möglich, wenn man nicht von einer gegenseitigen Durchdringung von Materiellem und Geistigem ausgeht. Wenn man diese beiden Komponenten des menschlichen Wesens strikt trennt, also eine Art anthropologischen Dualismus annimmt, kommt man leicht zu Bultmanns These, dass der Geist nicht materiell genährt werden kann, d. h. die Grundlage der Sakramententheologie[76] selbst wird untergraben. Nur wenn der Geist sich materiell ausdrückt, nur wenn der materielle Körper Ausdruck

---

74 JOHANNES PAUL II., *Die menschliche Liebe im göttlichen Heilsplan*, 500 (87,5).
75 JOSEPH RATZINGER, *Il fondamento sacramentale dell'esistenza cristiana [Die sakramentale Begründung christlicher Existenz]*, Queriniana, Brescia, 2005, 20–21.
76 Vgl. JOSEPH RATZINGER, *Il fondamento sacramentale dell'esistenza cristiana [Die sakramentale Begründung christlicher Existenz]*, Queriniana, Brescia, 2005, 43.

und Offenbarung der geistigen Person ist, können wir Gott wirklich in materiellen Zeichen begegnen, von denen das erste natürliche Zeichen der menschliche Körper selbst ist.

„Gloria Dei vivens homo", schrieb der heilige Irenäus.[77] Der Mensch ist – wie wir gesehen haben – nur in seinem Leib lebendig. Daher kann die Bejahung der Herrlichkeit Gottes in der sichtbaren Welt nicht von der Bejahung des Menschen in seiner Leiblichkeit getrennt werden.

Zum Abschluss dieses Teils unserer Analyse können wir sagen, dass der Leib uns als ein doppeltes Zeichen erschienen ist: das Zeichen der Person und zugleich das sichtbare Zeichen der unsichtbaren Herrlichkeit Gottes.

Kapitel III
Das ursprüngliche Alleinsein: Entstehung der Person

Wir haben gesagt, dass am Ursprung der philosophischen Forschung die Frage des Menschen nach seinem eigenen Sein steht. Der Mensch, der durch sein Leben im Leib die Vorläufigkeit seines Daseins auf der Erde zum Ausdruck bringt, stellt die Frage nach dem Ursprung seiner Existenz und kann diese Frage nicht beantworten, wenn er nicht die andere, noch radikalere Frage stellt – die Frage nach dem Ursprung aller Wirklichkeit, also die metaphysische Frage. Anders ausgedrückt: Der Mensch erfährt in seinem Leben verschiedene Arten von Kontingenz – physische Kontingenz, die mit der von ihm nur teilweise beherrschten besonderen Struktur seines Leibes zusammenhängt, kognitive Kontingenz, da sein Wissen anfällig ist für Fehler, moralische Kontingenz, die Ovid in dem Satz *video meliora proboque, deteriora sequor*[78] ausdrückte. Die radikalste Form der Kontingenz ist jedoch die existentielle, die darin besteht, dass der Mensch seine Existenz nicht vollständig besitzt und sie letztlich nur verlieren kann. Andererseits betrifft dieselbe existentielle Kontingenz die gesamte Welt, die zwar existiert, aber nicht das Prinzip ihrer Existenz in sich selbst besitzt.

---

77 IRENÄUS von Lyon, *Adversus haereses*, 4, 20, 7.
78 *Ich sehe das Bessere und heiße es gut, dem Schlechteren folge ich.*

Die Antwort auf die anthropologische Frage kann dann nicht ohne die metaphysische Frage, die radikale Frage nach dem Sein auskommen. In seiner *Theologie des Leibes* antwortet Johannes Paul II. auf diese Frage, indem er „vom Anfang" ausgeht, was in seinen Überlegungen sowohl eine theologische als auch eine philosophische Bedeutung hat. Wir werden versuchen, diese im ersten Punkt dieses Kapitels näher zu untersuchen.

Für Johannes Paul II. hat der Anfang nicht nur einen physischen, sondern auch einen phänomenologischen Wert. Aus phänomenologischer Sicht scheint die Erfahrung des Menschen vor der Erbsünde (d. h. in der Situation seines theologischen Ursprungs) besonders reich an Inhalten zu sein. Man könnte sagen, dass wir gerade hier fast zu Augenzeugen der Genese der Person werden, d. h. der Art und Weise, wie sich die grundlegenden persönlichen Strukturen bilden und wie der Mensch sich ihrer bewusst wird. Alle drei Urerfahrungen des Menschen sind für seine Phänomenologie von Bedeutung, aber was die Konstitution der Person als solche betrifft, ist das ursprüngliche Alleinsein von besonderer Bedeutung. Dies wird Gegenstand unserer Analyse im zweiten Teil dieses Kapitels sein.

1. Die Bedeutung des Anfangs

In seiner Auseinandersetzung mit den Pharisäern verweist Christus zweimal auf den Anfang. Auf ihre Frage, ob es für einen Mann erlaubt ist, seine Frau zu verstoßen, antwortet Christus, dass der Schöpfer sie am Anfang als Mann und Frau geschaffen hat – ein Hinweis auf den ursprünglichen Geschlechtsunterschied – und dass sie in der Ehe „ein Fleisch" werden. Auf den Einwand der Pharisäer, die sich auf die Autorität des Mose berufen, der den Scheidebrief für die Frau zugelassen hat, beruft sich Christus zum zweiten Mal auf den Anfang, indem er auf die Herzenshärte als Grund für dieses Zugeständnis des Mose hinweist, aber gleichzeitig sagt, dass „am Anfang es nicht so war" (Mt 19,3).

Was bedeutet dann der Anfang, auf den Jesus sich bezieht? In der *Theologie des Leibes* hat „der Anfang" sowohl eine theologische als auch eine philosophische Bedeutung. Natürlich geht es hier eher um die philosophische Bedeutung des Anfangs, aber es lohnt sich auch, ein paar Worte über seine theologische Bedeutung zu verlieren. Aus theologischer Sicht bezieht sich der Hinweis auf den Anfang auf die ersten Kapitel des Buches Genesis, in denen von der Erschaffung der Welt die Rede ist. An den Anfang zurückkehren bedeutet also, dass wir aus unserer Sicht des Menschen von Gottes Schöpfungsakt und der Situation der Unschuld ausgehen, die der Erbsünde vorausgeht. Zurück zum Anfang bedeutet in diesem Sinne – theologisch –, dass wir in unserem Menschenbild den ursprünglichen Plan Gottes für den Menschen zu rekonstruieren versuchen, der von ihm vor der Sünde in seiner Fülle erfahren wurde. Der Hinweis Jesu erinnert uns daran, dass der göttliche Plan dem menschlichen Recht vorausgeht (in unserem Fall ist die Erlaubnis des Mose auf die „Herzenshärte" zurückzuführen) und auch in der historischen Situation der Menschheit seine Gültigkeit und Normativität bewahrt.

All dies hat auch seine philosophische Bedeutung. In der Philosophie kann der Hinweis auf den göttlichen Plan, der dem menschlichen Recht vorausgeht, als Vorrang des Naturrechts vor dem positiven Recht verstanden werden. Wenn das von Menschen geschaffene Recht nicht auf etwas beruht, das ihm vorausgeht und sein Maß darstellt, wird es leicht zum Ausdruck individueller und kollektiver Macht. Es ist bekannt, dass das Recht, selbst das von der Mehrheit geteilte Recht, ungerecht sein kann. Positives Recht ist gut, wenn es sich auf Gerechtigkeit stützt, und was gerecht oder nicht gerecht ist, ergibt sich nicht aus menschlichen Entscheidungen, sondern aus dem, was der Mensch ist, in klassischer Sprache: aus seiner Natur. Um die Frage nach der Gerechtigkeit eines bestimmten Rechts zu beantworten, muss man zunächst das Wesen des Menschen erforschen, d. h. man muss die Frage beantworten: Wer ist der Mensch? Wenn das Naturrecht als Maßstab für das positive Recht dient, dann kann man sagen, dass wir vom philosophischen Standpunkt aus auf der Suche nach der Grundlage des Rechts sind – auch in Bezug auf Ehe und Familie.

Dies ist nur möglich, wenn man davon überzeugt ist, dass die Natur selbst rational ist, d. h., dass es – wie die zeitgenössischen Philosophen sagen – ein *intelligent design* in der Natur gibt. In der Neuzeit hingegen war mit der Evolutionstheorie ein beträchtlicher Teil der Philosophie und der Kultur im Allgemeinen zu der Überzeugung gelangt, dass die Natur keine Botschaft in sich birgt, nicht rational ist, sondern nur auf physikalische Gesetze reduziert ist. Am Anfang stünde – wie Richard Dawkins es formuliert – „ein blinder Uhrmacher" (es ist wohl ein Zufall, aber ein bedeutender, dass dieser Ausdruck an den Titel von Wojtyłas Drama *Der Laden des Goldschmieds* erinnert, in dem der Goldschmied gar nicht blind ist, sondern die ganze Wahrheit über den Menschen kennt). Mit dieser Überzeugung wird das Problem des Rechts jedoch nicht gelöst, sondern weiter radikalisiert. Schon in den 1960er Jahren schrieb E. W. Böckenförde, dass der liberale Staat auf Annahmen beruht, die er selbst nicht garantieren[79] kann, und Joseph Ratzinger hat dies in seinem Dialog mit Jürgen Habermas in *Vorpolitische moralische Grundlagen des freiheitlichen Staates*[80] sehr gut gezeigt.

Ein Phänomenologe wie Wojtyła könnte im Verweis auf den Anfang implizit das Husserl'sche Prinzip der Rückkehr „zu den Sachen selbst" sehen. Zum Anfang zurückzukehren bedeutet also, von der ursprünglichen Erfahrung auszugehen – im philosophischen Sinne dieses Begriffs, d. h. zu versuchen, eine Beschreibung der Erfahrung zu liefern, die absolut frei von theoretischen Elementen ist. Wie wir bereits gesehen haben, war für den Philosophen Wojtyła die Rückkehr zum Anfang in diesem Sinne ein wesentliches Element jeder authentischen Philosophie, sogar jeder echten Philosophie des Menschen. In diesem Sinne bedeutet das Postulat der Rückkehr zum Anfang sozusagen den Versuch, die Dinge selbst sprechen zu lassen.[81] In der Phänomenologie geht es in erster Linie darum, theoretische Annahmen (die sowohl aus der Wissenschaft als auch aus der Philosophie stammen) außen vor zu lassen und zu versuchen, unsere *Lebenswelt* zu beschreiben. Die Welt, in der wir leben, ist nicht die Welt, von der uns die Physik oder die Biologie erzählen, sondern die Welt unserer unmittelbaren Erfahrung. Als wir über die Erfahrung des Leibes sprachen, haben wir gesehen, wie sich der Leib in dieser Erfahrung in erster Linie in seinem äußeren Erscheinungsbild präsentiert (und

---

79 Vgl. ERNST-WOLFGANG BÖCKENFÖRDE, *Die Entstehung des Staates als Vorgang der Säkularisation*, 1967 in: *Recht, Staat, Freiheit*, Frankfurt a. M. 1991, 112.
80 Vgl. JÜRGEN HABERMAS, JOSEPH RATZINGER, *I fondamenti morali e prepolitici dello Stato liberal*, in *Humanitas* 2, 2004, 232–260. Deutsche Quelle: Vgl. JÜRGEN HABERMAS, JOSEPH RATZINGER, *Vorpolitische moralische Grundlagen des freiheitlichen Staates*, in: *zur Debatte*, 1/2004, 34. Jahrgang, München 2004.
81 Wir sehen, dass die Philosophie hier das genaue Gegenteil der Ideologie ist, die gerade von einer Reihe von Meinungen ausgeht, die sie nicht zu hinterfragen bereit ist. Im Kontext der marxistischen Ideologie, in der Wojtyła seine Philosophie des Menschen entwickelte, hatte die Betonung der Erfahrung eine besondere Bedeutung erlangt.

nicht in verschiedenen – wenn auch sehr wichtigen – Aspekten, die zum Beispiel von der Genetik untersucht werden).

Es geht auch darum, zu beschreiben, wie diese Lebenswelt im Bewusstsein des Menschen gegeben ist, denn nur durch das Bewusstsein können wir etwas über sie erfahren (d. h. es geht darum, zu beschreiben, was gegeben ist und wie es gegeben ist – wir werden in diesem Kapitel noch einmal auf das Thema Bewusstsein zurückkommen). Der Philosoph, der „zu den Sachen selbst" zurückkehrt, muss versuchen, die Welt in ihrem ganzen Reichtum zu beschreiben, unter verschiedenen Aspekten, um sich den Dingen von verschiedenen Standpunkten aus zu nähern. Diese Art des Philosophierens lässt sich gut an der Art und Weise erkennen, wie Wojtyła (und später Johannes Paul II.) seine Überlegung entwickelt. Diese entwickelt sich sehr ruhig, ohne Eile. Der Autor kehrt mehrmals zum selben Thema zurück, fast so, als wolle er keinen seiner Aspekte unbeachtet lassen. Man könnte sagen, dass er mehrere Annäherungen an den Gegenstand seiner Untersuchung vornimmt, bevor er seine theoretische Erklärung vorschlägt. In diesem Sinne geht er vom Ursprung, vom Anfang aus.

In der Philosophie bedeutet „Anfang" nicht nur eine Rückkehr zur Quelle, zum Ursprung, sondern auch die Suche nach dem Wesentlichen, das über das unmittelbar Offensichtliche hinausgeht, es geht also um die Suche nach dem tiefsten Wesen des Seins – in unserem Fall des Menschen, die Suche nach seinem *arché*. In der Phänomenologie hat das Postulat zum Wesentlichen zu gehen, seinen Ausdruck in der so genannten „eidetischen Variation" gefunden, in der der Philosoph versucht, die Elemente eines gegebenen Wesens zu identifizieren, ohne die es aufhören würde, es selbst zu sein. In diesem Sinne können wir sagen, dass Johannes Paul II. in seiner *Theologie des Leibes* (mit Hilfe der zuvor entwickelten Philosophie des Menschen) versucht, diese wesentlichen Elemente des menschlichen Wesens zu identifizieren und ihnen gleichzeitig – was ein weiterer Schritt ist – eine Interpretation zu geben, die über die phänomenologische Beschreibung hinausgeht, d. h. er schlägt eine Form dessen vor, was wir „Transphänomenologie" genannt haben. Im Fall der *Theologie des Leibes* geht die Transphänomenologie über die ursprüngliche Beschreibung hinaus und führt zu einer sowohl metaphysischen als auch theologischen Interpretation der Daten, die der Philosoph in der Erfahrung gefunden hat. Das griechische Wort *arché* verweist uns natürlich auch auf die Anfänge der philosophischen Reflexion, die mit der Frage nach der *Arché* der Realität begann. Die ersten griechischen Philosophen stellten sich die Frage nach dem Ur-Substrat von allem, was existiert, und gaben verschiedene Antworten auf diese Frage. Thales zum Beispiel sah dieses primitive Substrat im Wasser, Heraklit im Feuer, Anaximenes in der Luft und so weiter. Auf dem Höhepunkt des griechischen Denkens – bei Platon und Aristoteles – gelangt die Philosophie zu einer sehr differenzierten Sicht der Welt und ihrer Anfänge, mit einer anspruchsvollen Idee von Gott[82]. In Platons Vision wird Gott als Demiurg verstanden, der die Welt nach den Ideen ausrichtet, die ewig sind. Durch das Wirken des Gott-Demiurgen, wird die Materie aus ihrem ursprünglichen chaotischen Zustand in einen *Kosmos* verwandelt. Hierarchisch ist dieser Gott jedoch den Ideen unterlegen, sie sind nicht von ihm gemacht, so wie auch die Materie nicht das Ergebnis seines schöpferischen Eingriffs ist. Bei Aristoteles finden wir eine sehr hohe Vorstellung vom Absoluten, das letztlich mit dem Gedanken, der sich selbst denkt (*noesis noeseos*), identifiziert wird, da nach aristotelischer Auffassung die rationale Tätigkeit die vollkommenste Tätigkeit ist, die es geben kann. Dieser Gedanke bildet den Scheitelpunkt des gesamten Universums, er ist absolut vollkommen und selbstgenügsam: Er ist die vollkommenste Handlung (Gedanke) des vollkommensten Vermögens (Vernunft) gegenüber dem vollkommensten Objekt (der Absolute selbst). Doch gerade wegen seiner Vollkommenheit bleibt das Absolute in sich selbst verschlossen. Obwohl es alle himmlischen Sphären anzieht, interessiert sich das Absolute nicht für die Welt, noch kann es sich für sie interessieren, denn das würde bedeuten, dass es unvollkommen wäre.

Wichtig ist in unserem Zusammenhang die Feststellung, dass für die gesamte griechische Philosophie die Welt nicht geschaffen ist und die Materie ewig existiert. In der biblischen Vision, die jedoch – wie wir im Fall des heiligen Thomas gesehen haben – zu den tiefsten

---

82 Es ist kein Zufall, dass die christliche Theologie der ersten Jahrhunderte nicht so sehr mit der griechischen Religion, sondern mit der Philosophie selbst in einen fruchtbaren Dialog trat.

metaphysischen Intuitionen sowohl hinsichtlich des Ursprungs des Kosmos als auch der ontischen Struktur des Seins geführt hat, ist Gott Schöpfer im radikalsten Sinne des Wortes „erschaffen".[83] Der biblische Gott braucht die Schöpfung nicht, die Schöpfung wird nicht als eine der Ausströmungen der Gottheit verstanden. Gott schafft, weil er gut ist, und das Gute will geteilt werden – gemäß dem mittelalterlichen Sprichwort: *Bonum est diffusivum sui*. Johannes Paul II. schreibt:

> „Der Schöpfungsbegriff der Schöpfung hat hier nicht nur seine ganze metaphysische, sondern auch seine volle theologische Tiefe. Schöpfer ist derjenige, der ‚aus dem Nichts ins Dasein ruft', der die Welt und in ihr den Menschen erschafft, weil *er die Liebe ist* (1 Joh 4,8). Offen gesagt finden wir dieses Wort Liebe (Gott ist Liebe) im Schöpfungsbericht nicht; dennoch wiederholt dieser Bericht oft: ‚Gott sah, dass alles, was er gemacht hatte, sehr gut war'. Durch diese Worte wird der Weg zur Liebe offenbart als Motiv Gottes für die Schöpfung, zur Liebe als Quelle, die in Gott selbst aufspringt: ‚*Nur die Liebe setzt Gutes ins Werk und erfreut sich daran*' (vgl. 1 Kor 13,6)."[84]

In diesem Sinne bedeutet die Rückkehr zum Anfang als Schöpfungsakt, die gesamte Schöpfung aus der Perspektive der Gabe zu sehen. Die Welt – und der Mensch in der Welt – existiert nicht aus der Not heraus, sondern weil der Schöpfer es so gewollt hat. Die Kontingenz des Seins findet ihre letzte Erklärung in der personalen Dimension: in dem Akt, in dem sich die Güte Gottes offenbart. Wie wir bereits bei der Erwähnung der Philosophie des heiligen Thomas gesagt haben, war dieser Bezug auf die Person bereits in der metaphysischen Auffassung vorhanden, dass *ens et bonum convertuntur*. Das Sein ist gut, weil es in Bezug auf den Willen dessen bleibt, der es aus dem Nichts ins Dasein rufen wollte. Hier treffen wir wieder auf die von Wojtyła in *Person und Tat* angewandte Methode. Die Person offenbart sich in der Tat, und durch ihr Handeln können wir – innerhalb bestimmter

---

[83] Tatsächlich wird der hebräische Ausdruck *beresit bara* nur verwendet, um diese einzigartige Art des göttlichen Handelns auszudrücken, die vom Menschen nicht wiederholt werden kann – der Mensch ist nicht in der Lage, auf diese Weise zu schaffen.

[84] JOHANNES PAUL II., *Die menschliche Liebe im göttlichen Heilsplan*, 140–141 (13,3).

Grenzen – ihr Inneres erkennen. Gott offenbart sich auch in seinem Handeln, ja, es ist seine erste Offenbarung, die der schriftlich festgehaltenen vorausgeht.

Wir werden noch einmal sehen, wie der Begriff der Gabe, den wir hier in seiner metaphysischen Bedeutung erforschen, von grundlegender Bedeutung für das Verständnis der wichtigsten personalen Beziehungen ist, insbesondere der Ehe und der Familie, die in ihrem tiefsten Wesen nichts anderes sind als von der Gabe selbst definierte Arten von Gemeinschaft. Aus dieser Sicht erscheint auch der Mensch selbst als eine Gabe – er existiert, aber nicht notwendigerweise, er existiert, weil ihm seine Existenz geschenkt wurde. Man könnte also sagen, dass jeder Mensch eine Gabe in der einfachen Tatsache seines Seins entdecken kann. Jeder ist sich selbst gegeben und in diesem Sinne auch anvertraut. Indem er seine Existenz als Geschenk des ersten Gebers entdeckt, erkennt der Mensch, dass er, um dem Geber angemessen zu antworten, für dieses Gut, das er selbst ist, Sorge tragen muss, dass es nicht ihm allein gehört – auch wenn seine ontische Struktur die des Selbstbesitzes ist.[85] An dieser Stelle erscheint Robert Spaemanns Feststellung, dass „Ethik und Metaphysik *uno actu* konstituiert sind", sehr treffend. Spaemann behauptet nämlich, dass die Betrachtung eines Wesens als etwas, das nicht nur Teil meiner Umgebung ist, sondern in sich selbst existiert (*Selbstsein*), sowohl eine metaphysische These[86] als auch eine ethische These[87] beinhaltet.[88] Mit Johannes Paul II. können wir jedoch hinzufügen, dass in der existenziellen Metaphysik des heiligen Thomas selbst, wenn sie im Licht der Hermeneutik der Gabe gelesen wird, die tiefsten Grundlagen jeder Ethik bereits vorhanden sind. Auf der anderen Seite kann die moderne Wissenschaft diesen Punkt aufgrund ihres methodischen Ansatzes niemals erreichen. Die kosmologischen Theorien oder die Evolutionstheorie sind zweifellos wertvolle Werkzeuge, die uns bei unserem Versuch, den Ursprung der Welt und des Menschen zu ergründen, ein gutes Stück weiterbringen, aber sie bleiben bestenfalls

---

85 Vgl. TADEUSZ STYCZEŃ SDS, *Czlowiek darem* [Der Mensch als Gabe], in *Znak* 34 (1982) 330, 339–362.
86 Die Dinge der Welt sind nicht meine Konstitution, sondern existieren unabhängig von mir und besitzen eine eigene Struktur, die ich nicht erschaffe, sondern entdecke.
87 Ich sehe die Art und Weise, wie ich mich verhalten muss, um die Wahrheit der Dinge zu respektieren.
88 Vgl. ROBERT SPAEMANN, *Glück und Wohlwollen*, Stuttgart 1989.

an der Schwelle zur metaphysischen Frage stehen. Trotz verschiedener Versuche, die Philosophie auf die Methodik der Wissenschaft oder auf die Verallgemeinerung ihrer Ergebnisse zu reduzieren (verschiedene Formen des Szientismus oder des philosophischen Minimalismus), ist die Frage nach der Existenz des Universums und des Menschen nach wie vor gültig und kann nur durch metaphysische Überlegungen beantwortet werden. In der *Theologie des Leibes* verweist Johannes Paul II. auf die Metaphysik des Aktes der Existenz – „*actus essendi, esse*" – als angemessene Antwort auf diese Frage. An diesem Punkt – der Entwicklung der Hermeneutik der Gabe – macht der Papst auch eine Bemerkung. Die Existenz erscheint letztlich als ein Geschenk des Schöpfers, aber nicht-personale Wesen sind nicht in der Lage, die Sprache des Geschenks zu verstehen. Sie sind kontingent, aber da ihnen die Fähigkeit zur rationalen Reflexion fehlt, können sie ihre Kontingenz nicht als Geschenk erleben. Deshalb sind sie auch nicht in der Lage, dem Schöpfer mit derselben Sprache zu antworten. Erst mit der Erschaffung des Menschen tritt die Tatsache der Gabe ins Bewusstsein. Johannes Paul II. schreibt:

> „Im Bericht über die Erschaffung der sichtbaren Welt hat das Schenken nur im Hinblick auf den Menschen Sinn. Innerhalb des ganzen Schöpfungswerkes kann man nur von ihm sagen, dass er mit einem Geschenk ausgestattet ist: Die sichtbare Welt ist für ihn geschaffen. Der biblische Schöpfungsbericht bietet uns genügend Gründe für ein solches Verständnis und eine solche Deutung: Die Schöpfung ist ein Schenken, weil in ihr der Mensch auftaucht, der als Bild Gottes fähig ist, den Sinn des Geschenkes zu begreifen, das im Ruf aus dem Nichts ins Dasein besteht. Er ist fähig, dieses Verstehen dem Schöpfer gegenüber auszudrücken."[89]

Das Schenken beruht also auf Gegenseitigkeit: Die Welt ist dem Menschen gegeben, aber der Mensch ist auch für die Welt gegeben. Indem er dem Schöpfer mit der Sprache der Gabe antwortet, repräsentiert er die gesamte Schöpfung, die sich des Schenkens nicht bewusst sein kann. Damit wird auch seine besondere, privilegierte Stellung in der Welt bekräftigt, die wir weiter analysieren werden. Nur der Mensch

---

89   Johannes Paul II., *Die menschliche Liebe im göttlichen Heilsplan*, 141 (13,4).

erscheint in der Welt als Subjekt, d. h. als derjenige, der sich der Welt und seiner selbst bewusst ist, während ihm die ganze Welt gegeben ist, damit er sie sich „untertan macht und sie erfüllt" (Gen 1,28). Hier kommen mir die Sätze in den Sinn, mit denen Karol Wojtyła sein Buch *Liebe und Verantwortung* beginnt:

„Die Welt, in der wir leben, setzt sich aus vielen Objekten zusammen. Das Wort ‚Objekt' bedeutet hier mehr oder weniger dasselbe wie der Begriff ‚Wesenheit'. Dabei handelt es sich nicht um die eigentliche Bedeutung des Wortes, denn ein ‚Objekt' steht streng genommen in einer Beziehung zu einem ‚Subjekt'. Ein ‚Subjekt' ist ebenfalls eine Wesenheit, nämlich eine Wesenheit, die in einer bestimmten Art und Weise existiert und handelt. Dann ist es möglich zu sagen, dass die Welt, in der wir leben, aus vielen Subjekten zusammengesetzt ist. Es würde gewiss richtig sein, noch vor den *Objekten* zuerst von *Subjekten* zu sprechen. Wenn die Ordnung hier umgestellt worden ist, dann war es Absicht, die Aufmerksamkeit gerade zu Beginn des Buches auf seinen Objektivismus hinzulenken, also eben auf seinen Realismus. Denn wenn wir mit einem Subjekt beginnen – und besonders, wenn dieses Subjekt der Mensch ist –, dann ist es leicht, alles was außerhalb des Subjekts ist, d. h. die ganze Welt der Objekte, in einer rein subjektiven Weise zu behandeln, d. h. es nur in der Weise zu untersuchen, als es in das Bewusstsein eines Subjekts eintritt, sich dort begründet und in dieser Bewusstheit verweilt. Wir müssen uns daher schon von Anfang an darüber im Klaren sein, dass jedes Subjekt zugleich ein objektives Dasein besitzt, d. h. dass es objektiv etwas oder jemand ist."[90]

Diese Aussagen gelten auch für die *Theologie des Leibes*. Zu sagen, dass das Subjekt objektiv „etwas oder jemand" ist, bedeutet, dass das Subjekt auch eine objektive Struktur besitzt, die von der Philosophie untersucht werden kann. Wojtyłas Philosophie des Menschen besteht gerade in dem Versuch, diese „objektive Struktur der Subjektivität" zu

---

[90] Karol Wojtyła, *Liebe und Verantwortung*, Verlag St. Josef, 2010, 32.

beschreiben, ein objektives und universelles Wissen über das Subjekt zu liefern, ein Wissen, das trotz kultureller und zeitlicher Unterschiede seine Gültigkeit behält.

Wenn wir von Wojtyłas Begegnung mit der Phänomenologie sprechen, haben wir auch schon gesehen, dass ein Teil der Phänomenologie die Dinge der Welt schließlich „auf rein subjektive Weise" betrachtet. Im Folgenden werden wir jedoch sehen, wie sich in der Situation des ursprünglichen Alleinseins das Bewusstsein und das Selbstbewusstsein des Subjekts aus dem bereits gegebenen Seinshorizont und zugleich – da *ens et verum convertuntur* – aus der ursprünglichen Wahrheit des Seins herausbilden. Das Sein geht dem Bewusstsein voraus. In diesem Sinne bedeutet die Rückkehr zum Anfang die Suche nach der ursprünglichen Wahrheit der Welt, die sowohl dem Bewusstsein als auch der menschlichen Freiheit vorausgeht – in der Tat sind Bewusstsein und Freiheit nur auf der Grundlage der Wahrheit möglich, die ihnen vorausgeht. Im Gegensatz zu einigen modernen – oder vielleicht besser postmodernen – Konzeptionen ist in Wojtyłas philosophischer Sicht der Anfang nicht das Chaos, die Bedeutungslosigkeit, aus der der Sinn hervorgehen würde, sondern im Gegenteil, der Anfang ist der Sinn, die Wahrheit, der Logos.

In diesem Zusammenhang können wir auch den Auftrag zur „Unterwerfung" der Erde besser verstehen, den der Mensch von Gott erhält. Die Welt ist dem Menschen gegeben, er allein ist ein Subjekt in dieser Welt, alle Wesen in der Welt können „Objekte" seines Wissens und Handelns werden, aber er ist kein autarkes oder tyrannisches Subjekt. Natürlich können wir nicht leugnen, dass auch dies in der Geschichte geschehen ist, und einige Denker haben die Bibel dafür verantwortlich gemacht. Der Auftrag, sich die Erde untertan zu machen, kann jedoch nicht in dem Sinne verstanden werden, dass der Mensch die Erlaubnis hat, mit der Welt zu machen, was er will. Er ist der Herr der Welt, aber kein Herr, der willkürlich sein kann. Die Welt erhielt ihre erste Form vom Schöpfer, und der Mensch erfüllt seine Berufung, wenn er seine Welt auf dem Fundament der ursprünglichen Wahrheit aufbaut. Der Mensch tut dies durch seine Handlungen, die es ihm ermöglichen, seinen Platz in der Welt zu erlangen und zu behaupten. In der Sprache der klassischen Philosophie kam die ursprüngliche Wahrheit der Dinge und des Menschen selbst im Naturbegriff zum Ausdruck, der sich auf das Wesen eines Seins als Prinzip seines Handelns und des Handelns der anderen ihm gegenüber bezieht. In diesem Sinne kann man sagen, dass die Rückkehr zum Anfang auch den Versuch bedeutet, die Natur der Dinge und des Menschen als Maßstab für das Gerechte und das Ungerechte, das Erlaubte und das Unerlaubte in Bezug auf sie zu identifizieren. An dieser Stelle ist es interessant festzustellen, dass selbst ein Philosoph wie Jürgen Habermas, ein führender Vertreter der zeitgenössischen Philosophie, die sich selbst als Post-Metaphysik definiert, das Bedürfnis verspürt, angesichts der immer stärker werdenden Möglichkeiten des Eingriffs in die empirisch verstandene menschliche Natur, einen objektiven Maßstab für das menschliche Handeln zu finden.[91] Man könnte sagen, dass auch er am Ende sieht, dass auf ein bestimmtes Prinzip nicht verzichtet werden kann. Was in Bezug auf die nicht- menschliche Natur, etwa in der ökologischen Bewegung, bereits weitgehend erreicht wurde, nämlich die Überzeugung, dass die Welt der nicht-menschlichen Natur ihre ursprüngliche Form besitzt, die es zu respektieren gilt, muss in Bezug auf den Menschen selbst noch zurückgewonnen werden. Indem er uns auffordert, die Schwelle der Erbsünde auf der Suche nach dem Anfang des Menschen zu überschreiten, erinnert uns Johannes Paul II. an die Dringlichkeit dieser Aufgabe.

Wir können uns also der Besonderheit der Schöpfungserzählungen des Menschen zuwenden. Es sei daran erinnert, dass unsere Analyse auch hier keinen exegetischen Charakter hat, sondern vielmehr darauf abzielt, die philosophische Bedeutung der biblischen Erzählung zu ermitteln. Wie wir gesehen haben, wendet Johannes Paul II. in diesem Bereich dieselbe Methodik an wie in *Person und Tat*, d. h. er betrachtet die beiden biblischen Erzählungen als zwei Zugänge zu der einen Wahrheit des Menschen: die objektive und metaphysische Sichtweise in der ersten Erzählung und der subjektive und phänomenologische Ansatz in der zweiten. Die Wahrheit, die in der ersten Geschichte in objektiven Kategorien ausgedrückt wird, wird in der zweiten Erzählung zum Gegenstand der Erfahrung des

---

[91] Vgl. JÜRGEN HABERMAS, *Il futuro della natura umana. I rischi della genetica liberale* [Die Zukunft der menschlichen Natur. Die Risiken der liberalen Genetik], Turin 2002; siehe auch STEPHAN KAMPOWSKI, *Una libertà più grande: la biotecnologia, l'amore e il destino umano. Un dialogo con Hans Jonas e Jürgen Habermas* [Eine größere Freiheit: die Biotechnologie, die Liebe und die menschliche Bestimmung], Cantagalli, Siena 2010.

ersten Mannes und der ersten Frau. Nach der biblischen Geschichte werden wir gemeinsam mit dem Papst in der zweiten Geschichte fast zu Augenzeugen der Entstehung der Subjektivität. Die zweite Geschichte wird in den folgenden Abschnitten Gegenstand unserer Überlegungen sein. Jetzt wollen wir uns die metaphysische Aussagekraft der ersten Geschichte genauer ansehen.

In der ersten Geschichte fügt sich der Akt der Erschaffung des Menschen in den Rhythmus der Erschaffung der Welt ein, er hat aber gleichzeitig einen eigenen Charakter. Bei der Erschaffung des Menschen hält Gott inne, „beschließt", durchbricht geradezu die Regelmäßigkeit des Schöpfungsrhythmus und erschafft den Menschen nach seinem Bild und Gleichnis. Einerseits ist der Mensch in seiner materiellen Dimension aus dem Lehm der Erde erschaffen, er ist also Teil des Kosmos und könnte – so scheint es – genauso verstanden werden wie die anderen Wesen der Welt. Diese Form der Erklärung kann als eine kosmologische Reduktion des Menschen[92] bezeichnet werden. Andererseits spricht der biblische Bericht nicht von der Ähnlichkeit des Menschen mit den Dingen der Welt, sondern sieht den Menschen als Abbild des unsichtbaren Gottes in der sichtbaren Welt.

Was bedeutet das für die philosophische Reflexion? Negativ kann man sagen, dass auf diese Weise in der Sprache der biblischen Erzählung die Unmöglichkeit ausgedrückt wurde, den Menschen allein aus dem Kosmos zu erklären; positiv hingegen kann man von der Notwendigkeit seines personalistischen Verständnisses sprechen. Versuchen wir, diese beiden Aussagen mit Hilfe des von Wojtyła in den siebziger Jahren veröffentlichten Aufsatzes mit dem Titel *Subjektivität und Irreduzibilität im Menschen*[93] zu erklären.

Die kosmologische Reduktion des Menschen kann in zwei Formen erfolgen: wissenschaftlich oder philosophisch. Beide haben ihre Berechtigung. Wie wir bereits gesehen haben, sagt die Wissenschaft viel über das Werden des Menschen vom materiellen Standpunkt aus; wir müssen zugeben, dass die modernen biologischen Wissenschaften viel vom Menschen erklären können, aber gleichzeitig dürfen wir

---

92 Bitte beachten Sie: Der Begriff der Reduktion wird nicht im Sinne eines Interpretationsfehlers verstanden (z. B., wenn man von der Reduktion von etwas *ad aliud genus* spricht), sondern im Sinne eines methodischen Vorgehens, das z. B. Wirkungen auf ihre Ursachen oder Phänomene auf ihre ontischen Grundlagen zurückführt.
93 Vgl. KAROL WOYTJLA, *Metafisica della persona* [Metaphysik der Person], 1317–1328.

nicht vergessen, dass es immer etwas im Menschen gibt, das nicht auf sein materielles Substrat reduziert werden kann und in diesem Sinne irreduzibel bleibt.

In der Philosophie hingegen haben wir es mit einer anderen Form der kosmologischen Reduktion zu tun – wenn auch einer berechtigten –, die ihren klassischen Ausdruck in Aristoteles' Definition des Menschen fand: *homo est animal rationale*. Auch hier wird der Mensch auf einen der Gegenstände der Welt reduziert: Er ist ein Lebewesen (eine Art, die ihm am nächsten ist), das sich durch seine Rationalität (seinen spezifischen Unterschied) auszeichnet. Diese Definition, die bis heute ihre Gültigkeit bewahrt hat, berücksichtigt jedoch nicht das Einmalige und Irreduzierbare des Menschen, wegen dem der Mensch auch als Person definiert wurde. Der Mensch ist nämlich nicht nur ein Exemplar einer natürlichen Art, sondern er besitzt eine eigene Subjektivität, die sich nicht auf allgemeinere Kategorien reduzieren lässt. Die persönliche Identität eines jeden Menschen ist unwiederholbar. Paul Ricoeur bezeichnete sie als narrative Identität, weil jeder Mensch seine eigene Geschichte hat, die nur erzählt werden kann und sich nicht in allgemeinen metaphysischen Kategorien erfassen lässt. Wojtyła hingegen betont die Notwendigkeit der personalistischen Interpretation, die nicht als Gegenpol zur kosmologischen Interpretation verstanden wird, sondern als deren unverzichtbare Ergänzung[94].

Es lohnt sich, den Überlegungen von Wojtyła eine Bemerkung hinzuzufügen: Auch für Aristoteles lässt sich der Mensch nicht vollständig auf den Kosmos reduzieren. Der griechische Philosoph entwickelt nicht die Art von Interpretation, die Wojtyła als personalistisch bezeichnet, aber er ist davon überzeugt, dass die intellektuelle Seele von außen zum Menschen kommt und die Natur der Vernunft eher göttlich als kosmisch ist. Aristoteles schreibt:

„Es bleibt nur die Annahme, dass die Vernunft (die intellektuelle Seele) von außen in den Embryo eintritt und dass die Vernunft selbst göttlich ist, da die körperliche Handlung nichts mit der Handlung der Vernunft gemein hat."[95]

---

94 Wir können hinzufügen: es ist wie in den biblischen Geschichten, beide sind notwendig, wenn wir den ganzen Reichtum der menschlichen Erfahrung erfassen wollen.
95 ARISTOTELES, *De generatione animalium*, 736b.

Vielleicht ist es nicht unzulässig, hier – trotz aller Unterschiede – einen Aphorismus mit der biblischen Aussage zu sehen, dass der aus dem Staub der Erde genommene Mensch in dem, was spezifisch menschlich ist, Gott ähnlicher ist als der Kosmos. Kehren wir noch einmal zu Wojtyłas Essay zurück. Nach Wojtyła kann die moderne Philosophie des Subjekts einen wichtigen Beitrag zur Philosophie des Menschen leisten, gerade weil sie das zu erforschen sucht, was seiner Natur nach auf nichts anderes als auf sich selbst bezogen und nur gezeigt werden kann. Das Moment, in dem sich diese Irreduzibilität des Menschen offenbart, ist seine gelebte Erfahrung.

> „Die Erfahrung ist ihrer Natur nach der Reduktion entgegengesetzt, was aber nicht bedeutet, dass sie außerhalb unseres Wissens liegt. Sie muss nur auf eine andere Art und Weise erkannt werden, d. h. durch eine Methode, durch eine Analyse; eine Analyse, die geeignet ist, sein Wesen zu enthüllen und zu zeigen. Die Methode der phänomenologischen Analyse erlaubt es uns, die Erfahrung als *irréducible* (Anm. d. Ü: franz. für irreduzierbar) zu betrachten."[96]

Mit diesen Aussagen sind wir bereits auf dem Weg zu einer angemessenen Anthropologie, die gerade darin besteht, „den Menschen in seinem Wesen zu verstehen und zu deuten".[97] Wir werden versuchen, diesem Hinweis im nächsten Punkt zu folgen.

Zusammenfassend lässt sich sagen, dass wir in unserer Reflexion über den Anfang *die arché* der Welt und des Menschen entdeckt haben. Diese *arché*, diese ursprüngliche Wahrheit, wird nie aus dem menschlichen Herzen getilgt werden, und trotz der Erbsünde wird sie auch in seiner Geschichte präsent sein. Als er sich dem Ende seiner irdischen Pilgerreise näherte, schrieb Johannes Paul II. im *Römischen Triptychon*:

> „Warum heißt es über diesen einzigartigen Tag: ‚Und Gott sah, dass alles, was Er gemacht hatte, sehr gut war'? Hat die Geschichte dies nicht widerlegt? Zum Beispiel unser zwanzigstes

---

96 Karol Wojtyła, *La soggettività e l'irriducibilità nell'uomo*, 1327.
97 Vgl. Johannes Paul II., *Die menschliche Liebe im göttlichen Heilsplan*, 139 (5,2).

Jahrhundert! Und nicht nur das zwanzigste! Und doch kann kein Jahrhundert die Wahrheit über Bild und Ebenbild verstellen."[98]

2. Alleinsein als Subjektivität

„Es ist nicht gut, dass der Mensch allein ist; ich will ihm eine Hilfe machen, die ihm ähnlich ist" (Gen 2,18). Diese Aussage Gottes enthält in sich selbst das erste Merkmal der protohistorischen Situation des Menschen – das ursprüngliche Alleinsein. Obwohl sich der erste Mensch inmitten der bereits geschaffenen Welt befindet, inmitten von Tieren, Pflanzen und unbelebten Dingen, muss er letztlich feststellen, dass er allein ist. Dem ursprünglichen Alleinsein kann eine negative Bedeutung zugeschrieben werden. Der Erkenntnis, dass der Mensch allein ist, geht eine Bewertung dieses Zustands voraus: Es ist nicht gut, dass es so ist. Diese Bewertung führt zur Erschaffung des zweiten Menschen, der Frau, die ihm in ihrer Menschlichkeit ähnlich ist. Aber das ursprüngliche Alleinsein hat noch eine andere Dimension, die das Sein des Menschen selbst betrifft. Der erste Mensch ist allein, weil er sich von der gesamten Schöpfung unterscheidet, und obwohl er aus dem Staub der Erde genommen ist, kann er sich mit keinem sichtbaren Wesen identifizieren (mit Heidegger könnten wir sagen: „Der Mensch ist in die Welt geworfen").

Sein Alleinsein bekommt hier einen positiven Sinn: seine Einzigkeit, seine Nichtmittelbarkeit, seine Andersartigkeit sind zu beachten. Der Mensch kann nicht mit anderen Lebewesen in der Welt identifiziert werden, weil seine Art zu existieren anders ist. Er ist anders, weil er als einziger in der Welt die ontische Struktur eines Subjekts besitzt, und diese objektive Struktur beginnt er, als seine Subjektivität zu erleben. So ist in dem von Gott ausgesprochenen Wort „allein" das ganze anthropologische Problem bereits *im Keim* vorhanden, mit dem der Mensch in seiner Geschichte immer wieder aufs Neue konfrontiert wird. Dieses Problem ist, wie Johannes Paul II. feststellt, der geschlechtlichen Differenz vorgelagert, es betrifft den Menschen als solchen, den Menschen in seinem menschlichen Wesen selbst. Der Papst schreibt:

---

98 JOHANNES PAUL II., *Römisches Triptychon. Meditationen*, Herder 1990, 29.

„Der geschaffene Mensch befindet sich vom ersten Augenblick seiner Existenz an vor Gott gleichsam auf der Suche nach seinem Wesen; man könnte sagen: auf der Suche nach seiner Selbstbestimmung. Heute würde man sagen: auf der Suche nach seiner Identität."[99]

In der zweiten Geschichte sehen wir also, wie der Mensch sich seiner Stellung in der Welt, seines Status als leibliches Wesen bewusst wird. Seine Subjektivität umfasst sein Selbstbewusstsein. Das Selbstbewusstsein hingegen wird im kognitiven Kontakt mit der Welt geweckt, wenn der Mensch gleichsam aus sich selbst herausgeht und in die bereits bestehende Welt tritt. Wir können sagen: Das Sein geht dem Bewusstsein voraus. Und indem der Mensch aus sich selbst herausgeht, indem er die Grenzen seiner Subjektivität überschreitet, kann er die Frage nach der Wahrheit des Seins stellen. Das Bewusstsein erscheint hier nicht als ursprünglicher Erkenntnisgegenstand, sondern „geschieht" oder aktualisiert sich im kognitiven Kontakt des menschlichen Subjekts mit dem Sein.[100] Man könnte also sagen, dass auf der phänomenologischen Ebene die Subjektivität „geboren" wird, die auf der ontologischen Ebene von Anfang an vorhanden ist. „Die Subjektivität des Menschen entwickelt sich durch das Selbstbewusstsein".[101] Diese Äußerungen von Johannes Paul II. sind von großem philosophischem Belang, insbesondere im Kontext der modernen Philosophie, in der sich das Bewusstsein vom Sein gelöst hat und somit autonom geworden ist. Wir werden versuchen, sie mit Hilfe von Wojtyłas Analyse der Natur und der Funktionen des Bewusstseins in *Person und Tat* zu erläutern.

Darüber hinaus umfasst der Begriff der Einsamkeit auch die andere Dimension, die zur ontologischen Struktur eines personalen Wesens gehört, nämlich die Selbstbestimmung. Sie ist auf der Grundlage des Selbstbewusstseins gebildet. Nur ein selbstbewusstes Wesen kann über sich selbst entscheiden. Im Buch Genesis wird die Fähigkeit zur Selbstbestimmung durch das Bild des Baumes der Erkenntnis von Gut und Böse ausgedrückt. Vor diesem Baum kann der Mensch die

---

99   JOHANNES PAUL II., *Die menschliche Liebe im göttlichen Heilsplan*, 102 (5,5).
100 Hier kommen einem die Worte des heiligen Thomas in den Sinn: „Illud autem quod primo intellectus concipit quasi notissimum, et in quo omnes conceptiones resolvit, est ens", in *Questiones disputatae de veritate*, I, 1, c.
101 Vgl. JOHANNES PAUL II., *Die menschliche Liebe im göttlichen Heilsplan*, 103 (5,6).

Wahl treffen, er kann zwischen Leben und Tod wählen, d. h. er hat die Fähigkeit, in die eine oder andere Richtung zu handeln. Genau das bedeutet, dass er frei ist.

In der Erfahrung des ursprünglichen Alleinseins finden wir also die Eigenschaften, die den Menschen vom Rest der Schöpfung unterscheiden: die Möglichkeit, die Frage nach der Wahrheit des Seins zu stellen und die Fähigkeit, über den Verlauf seines Handelns zu entscheiden. Das bedeutet gleichzeitig die Fähigkeit, über sich selbst zu entscheiden. Wojtyła nennt dies die Selbstteleologie des Menschen. Diese beiden Merkmale sind eng miteinander verbunden. Versuchen wir, ihre Bedeutung zu vertiefen, indem wir uns auf die vom Philosophen Wojtyła entwickelte Anthropologie beziehen.

a) Bewusstsein und Selbstbewusstsein

In der Philosophie von Karol Wojtyła findet sich die Analyse der Rolle des Bewusstseins in der Struktur der menschlichen Person vor allem in seinem anthropologischen *opus magnum*, d. h. in dem Buch *Person und Tat*. Aber wichtige Beobachtungen sind auch in anderen Texten verstreut, von denen wir besonders auf den bereits erwähnten Aufsatz *Subjektivität und Irreduzibilität im Menschen* hinweisen müssen.

Wojtyłas Analysen stehen in einer kritischen Auseinandersetzung mit jener Strömung der modernen Philosophie, die als Bewusstseinsphilosophie definiert wurde. Auch das, was Johannes Paul II. zum Thema Bewusstsein in der *Theologie des Leibes* sagt, hat seinen eigenen Wert für den Vergleich mit der Philosophie des Bewusstseins und der damit verbundenen Sicht vom Menschen – vor allem wegen der Art und Weise, wie die epistemologische Frage gestellt wird. Die Philosophie des Bewusstseins hat ihre Wurzeln im cartesianischen Zweifel, im methodischen Zweifeln Descartes', der mit der Prüfung des Zweifels die Sphäre des Unzweifelhaften, des absolut Sicheren zu identifizieren sucht – und diese Sphäre im Inhalt des Bewusstseins findet: *cogito – sum*. Es ist hervorzuheben, dass Descartes' Zweifel methodischer Natur waren, d. h. sie entsprangen nicht der Skepsis gegenüber der Fähigkeit des Menschen, zur Erkenntnis der Wahrheit zu gelangen. Vielmehr versuchte Descartes, dem Skeptizismus seiner Zeit mit einem Argument zu begegnen, das unwiderlegbar war. Es ging darum, einen Punkt im menschlichen Wissen zu finden, an dem kein rationaler Zweifel mehr möglich war. Dieses methodische Vorgehen hatte jedoch eine Reihe von wichtigen Konsequenzen nicht nur für die epistemologische Frage, sondern auch für die Ontologie der Person selbst. Wir haben bereits gesehen (I, 4), dass eine dieser Folgen die Spaltung des Menschen in zwei verschiedene Substanzen war, deren Verbindung letztlich geheimnisvoll wurde. Auf der einen Seite gab es das Bewusstsein, das mit dem, was menschlich ist, identifiziert wurde, und zum anderen den Körper, der als Element der materiellen Welt betrachtet wurde. Diese Sicht des Menschen als aus zwei Substanzen zusammengesetzt hat zu dem geführt, was wir als „anthropologischen Dualismus" bezeichnet haben.

Die kartesianische Sichtweise hat viele epistemologische Konsequenzen, einschließlich derer, die sich auf die Funktion des Bewusstseins im Erkenntnisprozess beziehen. Damit ändert sich die Bedeutung von Erkenntnis – diese wird nicht mehr als der Kontakt mit der unabhängig vom Bewusstsein existierenden Realität angesehen, sondern mit dem Denken des im Bewusstsein Gegebenen identifiziert. (Tadeusz Styczeń schreibt, dass in der cartesianischen Wende „*cognosco*" durch „*cogito*" ersetzt wird[102]). Vor Descartes nahm in der antiken und mittelalterlichen Philosophie die Metaphysik den Platz der Philosophie ein, jetzt ist es die Erkenntnislehre, die ihren Platz einnimmt. Es handelt sich um eine Erkenntnislehre, die anders verstanden wird, als sie vor Descartes verstanden wurde. Ihr Ausgangspunkt ist das Selbstbewusstsein des Subjekts. Wojciech Chudy, ein polnischer Wissenschaftler, Mitarbeiter von Tadeusz Styczeń, der wiederum Wojtyłas Nachfolger auf dem Lehrstuhl für Ethik an der Katholischen Universität Lublin war, schreibt in seiner Studie über die Entstehung der modernen Bewusstseinsphilosophie:

> „Der unzweifelhafte Charakter der Tat ‚Ich denke' führt den Autor des *Diskurs über die Methode* zu dem Abenteuer, das sein Vorbild in Archimedes hat. Descartes wollte das gesamte Gebäude des philosophischen Systems epistemologisch begründen

---

102   Vgl. Tadeusz Styczeń, *Essere se stessi è trascendere se stessi. Sull'etica di Karol Wojtyła come antropologia normativa* [Sich selbst sein heißt, über sich hinausgehen. Zur Ethik von Karol Wojtyła als normative Anthropologie], in: Karol Wojtyła, *Metafisica della persona*, 808–809.

Jarosław Merecki

– auf die Reflexivität des Bewusstseins in Verbindung mit der individuellen Struktur des Ichs."[103]

Mit der Metapher des Spiegels – die auch für die Analyse des Bewusstseins bei Wojtyła nützlich sein wird – beschreibt Chudy somit die kartesianische Wende im Verständnis der Natur des Wissens:

„Bei der Analyse des Raums zwischen zwei einander gegenüberstehenden Spiegeln konzentriert er [Descartes] sich nicht auf das, was die Wirkursache und das ursprüngliche Objekt der Spiegelungen ist, sondern auf die Spiegelungen selbst und den Spiegelungsprozess."[104]

Beginnend mit Descartes wird die Perspektive des subjektiven Bewusstseins, des Bewusstseins des Selbst (*cogito*) und dessen, was im Bewusstsein gegeben ist (*cogitationes*), zunehmend die Art und Weise bestimmen, wie erkenntnistheoretische, ethische, anthropologische und metaphysische Probleme formuliert werden.

Für unser Thema, d. h. für die Art und Weise, wie Wojtyła mit dem Problem des Bewusstseins umgeht, ist es wichtig, dass diese Perspektive schließlich vom Vater der Phänomenologie, nämlich Edmund Husserl, übernommen wurde. Wenn Wojtyła sich in seiner Philosophie des Menschen vorgenommen hatte, den metaphysischen Ansatz der Anthropologie mit den Ergebnissen der phänomenologischen Methode zu bereichern, dann nicht, um Husserl in seiner idealistischen Wende zu folgen, die Letzteren zu einer Form des transzendentalen Idealismus geführt hatte. Die phänomenologische Methode kann bei der Beschreibung helfen, wie Phänomene im Bewusstsein erlebt werden, aber sie bestimmt noch nicht deren metaphysischen Status. Phänomene können reale Objekte darstellen, die unabhängig vom Bewusstsein sind, aber sie können auch als durch das Bewusstsein selbst gebildet verstanden werden. Mit diesem Problem konfrontiert, gab Husserl die idealistische Antwort: Die Phänomene werden vom reinen Bewusstsein „erzeugt". Andrzej Półtawski, ein Schüler von Roman Ingarden, ein renommierter Kenner der Philosophie Husserls und zugleich ein Freund und Mitarbeiter von Wojtyła, beschreibt Husserls Erkenntnistheorie mit diesen Worten:

---
103 WOJCIECH CHUDY, *Rozwój filozofowania a „pułapka refleksji"*, Lublin 1993, 125.
104 WOJCIECH CHUDY, *Rozwój filozofowania a „pułapka refleksji"*, Lublin 1993, 125.

„Das Verständnis von Erkenntnis als Synthese des Objekts aus Eindrücken hatte zum transzendentalen Idealismus geführt. In der Tat ist für Husserl die grundlegende Struktur der Erkenntnis in diesem Schema gegeben: der immanente Inhalt der Wahrnehmung – die Aufnahme dieses Inhalts in die Intention (Vermutung) als mögliches reales Objekt, das das Bewusstsein in einem für Husserls Konzeption besonderen Sinne transzendiert. Folglich ist die Erkenntnis der Wirklichkeit lediglich die ‚Konstituierung' der objektiven Sinne als intentionale Korrelate der Akte des ‚reinen Bewusstseins'. Eine solche Auffassung schließt von vornherein jeden authentischen, konkreten Kontakt des Menschen mit der ihn umgebenden Welt aus – sie schließt ihn als eine ursprüngliche Tatsache sowohl der Erfahrung als auch des menschlichen Seins aus. Ursprünglich und an sich ist der Mensch ein ‚reines Bewusstsein'."[105]

Wir wissen, dass diese idealistische Wendung Husserls historisch gesehen einen Bruch innerhalb der phänomenologischen Bewegung verursacht hat. Einige von Husserls Schülern – wie Roman Ingarden, Edith Stein oder Max Scheler – teilten die Entscheidung des Meisters nicht und wählten den Weg der realistischen Phänomenologie. Bezeichnend ist in diesem Zusammenhang der Titel des Werkes, das Ingarden der Diskussion mit seinem Meister widmete: *Der Streit um die Existenz der Welt*.[106] Wojtyła, der die Phänomenologie in ihrer realistischen Version durch das Werk Schelers kennenlernte, war ebenfalls überzeugt, dass letztlich Husserl seinem methodologischen Postulat der „Rückkehr zu den Dingen selbst" nicht treu geblieben ist und das Potenzial der phänomenologischen Methode nicht voll ausgeschöpft hat. Das heißt, er war nicht der Meinung, dass Husserls idealistische Wendung der Anwendung dieser Methode logisch folgte. Im Gegenteil, er war überzeugt, dass ihre korrekte Anwendung und die adäquate metaphysische Interpretation ihrer Ergebnisse zu einer anderen realistischen Version der phänomenologischen Philosophie führen würden. Und gerade in der Analyse des Wesens und der

---

105 Andrzej Półtawski, *Po co filozofować?* [Warum philosophieren?], Oficyna Naukowa, Warszawa 2011, 242. Anm d. Vf.: Nach Husserl ist das Bewusstsein ein absolutes Sein in dem Sinne, dass „nulla ‚re' indiget ad existendum" (Ü: dass es kein ‚re' (Sein) braucht um zu existieren), während alle transzendenten res (Ü: Dinge) vom Bewusstsein abhängig sind.
106 Vgl. Roman Ingarden, *Der Streit um die Existenz der Welt*, De Gruyter 1965.

Funktionen des Bewusstseins distanziert sich Wojtyła vom Begründer der Phänomenologie. Darüber hinaus erweist sich das Problem des Bewusstseins als der Schlüsselpunkt nicht nur für die erkenntnistheoretische Frage, sondern für die gesamte Sicht auf die Person. Wir sehen also, dass die Überlegungen zum Ursprung des Bewusstseins und des Selbstbewusstseins in der *Theologie des Leibes* eine grundlegende philosophische Bedeutung haben. Es ist auch erwähnenswert, dass Johannes Paul II. in seiner Ansprache an die akademische Welt an der Katholischen Universität Lublin während seiner Pilgerreise nach Polen im Jahr 1987 auf das gleiche Thema zurückkam. Auch dort versuchte der Papst, unter Bezugnahme auf den Text des Buches Genesis, zu zeigen, was die „*differentia specifica humana*" ausmacht, indem er über das ursprüngliche Alleinsein des Menschen nachdachte. Dadurch, dass er sich seines Alleinseins bewusstwird, entdeckt der Mensch seine „Andersartigkeit und Überlegenheit" (Tadeusz Styczeń) im Verhältnis zur Welt.

Wie kommt der Mensch zum Bewusstsein seiner Andersartigkeit und Überlegenheit? Wie wird er zu einem Wesen, das nicht nur ein Bewusstsein hat, sondern sich auch seiner selbst bewusst ist? Wenn unsere Interpretation richtig ist, ist für Johannes Paul II. der entscheidende Punkt in diesem Prozess das Moment der spezifisch menschlichen Erkenntnis. Der Mensch beginnt, sich als Subjekt zu erfahren, wir können sagen, dass er auf der experimentellen Ebene als Person geboren wird, im Akt der Erkenntnis. Wir wollen versuchen, die Bedeutung dieses entscheidenden Moments zu vertiefen.

In seinem Aufsatz *Die Person: Subjekt und Gemeinschaft* schlägt Wojtyła eine prägnante Definition des personalen Wesens vor: „Transzendenz [...] ist] gewissermaßen ein anderer Name für die Person".[107] Person bedeutet Transzendenz. Natürlich geht es nicht um Transzendenz wie die Religionsphilosophie sie versteht, sondern um die Grundstruktur des personalen Seins. Eine solche Definition finden wir bei dem deutschen Autor Hermann Krings, der das personale Wesen als „reflexive Transzendenz" beschreibt, während der polnische Autor Stanisław Judycki vorschlägt, dass eine noch bessere Definition

---

107 Karol Wojtyła, *Person: Subjekt und Gemeinschaft*, in *Wer ist der Mensch*, München 2011, 123.

lauten würde: Das personale Subjekt ist eine Retro-Transzendenz.[108] Wie wir sehen werden, machen diese Definitionen deutlich, was in Wojtyłas Definition vorhanden ist, denn auch für ihn ist das wesentliche Merkmal der Transzendenz, das was das personale Wesen ausmacht, seine Reflexivität – allerdings mit einer wichtigen Unterscheidung innerhalb der Reflexivität selbst, die helfen wird, die Natur des Bewusstseins besser zu verstehen.

Was verstehen wir unter der Definition der Person als Transzendenz? Im Sinne Wojtyłas besteht die Transzendenz – oder besser gesagt die horizontale Transzendenz, denn er wird auch von der vertikalen Transzendenz sprechen – darin, dass das Subjekt aus sich selbst herausgeht und sich dem zuwendet, was von ihm verschieden ist, „die Grenzüberschreitung des Subjekts auf den Gegenstand".[109] Der Gegenstand der Erkenntnis spiegelt sich im Bewusstsein wider, wird aber gleichzeitig auch vom Subjekt verinnerlicht. Gerade durch diesen Prozess nimmt das ontische Subjekt die Form des konkreten und unwiederholbaren „Ich" an. Die personale Subjektivität entsteht also auf der Ebene der gelebten Erfahrung.

Judycki nennt diese Geburt „metaphysische Geburt", eine Geburt, die sich von der biologischen Geburt unterscheidet, auch wenn sie auf ihr gründet. Hier wird das Subjekt geboren, das in der Lage ist, sich zu unterscheiden, sich von den drei Sphären zu lösen: von der Sphäre der Materie, die durch Veränderlichkeit gekennzeichnet ist, aber auch von der Sphäre der logischen oder mathematischen unveränderlichen Prinzipien und schließlich in Bezug auf den Inhalt seines Bewusstseins – auch in diesem Fall kann die Person sagen, dass sie ihr eigenes Bewusstsein besitzt, aber sich nicht vollständig damit identifiziert.[110]

Wie findet diese Geburt statt? In seiner Analyse des ursprünglichen Alleinseins schreibt Johannes Paul II.: „Selbstbewusstsein geht einher mit dem Erkennen der Welt"[111], aber in der Bildung der Person gibt es hier eine Chronologie: erst durch die Erkenntnis der

---

108 Vgl. HERMANN KRINGS, *Transzendentale Logik*, Kösel Verlag, München 1964, 46–76. Das Buch von Krings wird von STANISŁAW JUDYCKI in *Bóg i inne osoby. Próba z zakresu teologii filozoficznej* [Gott und die andere Person. Ein Essay philosophischer Theologie] zitiert, Posen 2010, 87.
109 KAROL WOJTYŁA, *Person und Tat*, 135.
110 Vgl. STANISŁAW JUDYCKI, *Bóg i inne osoby. Próba z zakresu teologii filozoficznej*, Posen 2010, 110.
111 JOHANNES PAUL II., *Die menschliche Liebe im göttlichen Heilsplan*, 103 (5,6).

Welt „entstehen" das Bewusstsein und das Selbstbewusstsein. Am Anfang steht das, was die Mediävisten *simplex apprehensio* nannten, ein einfacher Kontakt mit der Wirklichkeit und die erste Assimilation ihres Inhalts. In diesem Moment macht sich der Mensch den Inhalt des Erkenntnisaktes zu eigen und löst sich gleichzeitig von ihm, er erfährt seine irreduzible Subjektivität: das ist *seine* Erkenntnis. Doch vor der Erkenntnis und dem Bewusstsein gibt es bereits das Sein, das nun zum Gegenstand des Wissens wird und als Inhalt des Bewusstseins in die Innerlichkeit des Menschen eintritt. Bewusstsein und Selbstbewusstsein entstehen also auch durch diesen ersten Kontakt mit dem Sein. Judycki schreibt:

> „*Simplex apprehensio* führt zur Bildung der mittleren Sphäre zwischen Subjekt und dem, was ist (Sein). [...] Bewusstsein, verstanden als ein Fluss von mentalen Zuständen, ist eine Form der Verwirklichung dieser mittleren Sphäre. [...] Das Bewusstsein ist weder Subjekt – auch wenn das Subjekt paradoxerweise ein bewusstes Wesen ist – noch eines der Objekte, sondern es ist eine Beziehung, die sich aus dieser grundlegenden Beziehung bildet, die in dem Moment aktualisiert wird, in dem der erste Inhalt erfasst wird."[112]

Wichtig ist auch hier die Distanz des Subjekts zum Inhalt seines kognitiven Aktes. Ohne die Fähigkeit, sich von den Objekten seiner intentionalen Handlungen zu distanzieren, könnte der Mensch sich nicht als Subjekt, nicht als Person erleben. Ein Tier, das diese Fähigkeit nicht besitzt, ist völlig in seinen natürlichen Lebensraum eingetaucht und kann sich weder von der Materie noch von den Inhalten seines Bewusstseins lösen. Deshalb lebt das Tier – wie Helmuth Plessner es ausdrückt – in der „zentrischen Positionalität".[113] Für ein Tier ist alles wichtig, weil es sich auf seine Bedürfnisse bezieht, die in seinen Instinkten verwurzelt sind – es ist das Zentrum seiner Welt. Der Mensch hingegen lebt – wiederum nach Plessner – in einer „exzentrischen Positionalität", weil er in der Lage ist, sich selbst zu relativieren, nicht

---

112 STANISŁAW JUDYCKI, *Bóg i inne osoby. Próba z zakresu teologii filozoficznej*, Posen 2010, 119.
113 HELMUTH PLESSNER, *I gradi del organico e l'uomo* [Die Stufen des Organischen und der Mensch, Walter de Gruyter, Berlin 1975 [1928]].

nur alles von seinem eigenen Standpunkt aus zu sehen, sondern die objektive Wahrheit seiner Umgebung in Frage zu stellen. Wojtyła hingegen schreibt:

„Die Ausrichtung auf verschiedene mögliche Gegenstände des Wollens ist weder durch Gegenstände noch durch ihre Vorstellung determiniert. [...] Die Person ist unabhängig von den Gegenständen des eigenen Handelns durch das Moment der Wahrheit, das in jeder echten Entscheidung oder Wahl enthalten ist."[114]

Genau dies geschieht gemäß der Analyse von Johannes Paul II. beim ursprünglichen Alleinsein. Durch den Akt der Erkenntnis, in dem der Mensch beginnt, sich selbst (in der Selbsterkenntnis, die mit der Erkenntnis von jedem Gegenstand einhergeht) als verschieden von der Welt um ihn herum zu erfahren, „erwacht" der Mensch als Person und kann von diesem Moment an „Ich" sagen. Wir werden noch sehen, dass dies nach Wojtyła auch der entscheidende Punkt für das Verständnis seines Freiheitsbegriffs ist.

Es stimmt zwar, dass in der Geschichte niemand als „Ich" aufwacht, wenn nicht vorher jemand „Du" sagt. Aber die Existenz der Person – verstanden als *suppositum personale* – hängt nicht von der Anerkennung ab, die sie von anderen erhält. Im Gegenteil, sie fordert, als Person anerkannt zu werden. Es scheint, dass der Vorrang des Alleinseins vor der Einheit genau auf diese Tatsache hinweist.

In der metaphysischen Dimension konstituiert das Selbstbewusstsein nicht die Persönlichkeit, sondern offenbart sie und macht sie auf der Ebene der Erfahrung präsent. Es ist wichtig zu betonen – vor allem im Zusammenhang mit den gegenwärtigen Diskussionen über den Begriff der Person –, dass das Selbstbewusstsein seine Grundlage in der ontischen Subjektivität hat, in der besonderen Struktur des Wesens, in das die Potenzialität des Selbstbewusstseins eingeschrieben ist. Diese Reihenfolge ist strukturell und chronologisch – auch hier geht das Sein dem Bewusstsein voraus. Wie Robert Spaemann zu Recht feststellt, kann sich niemand von uns an den Moment erinnern, in dem er sich seiner selbst bewusstwurde. Wenn wir sagen, dass wir an einem bestimmten Tag geboren wurden, meinen wir nicht, dass ein Subjekt des Selbstbewusstseins geboren wurde – ein Kind wurde gebo-

---

114 KAROL WOJTYŁA, *Person und Tat*, 158.

ren, das später selbstbewusst werden sollte. Andererseits aber könnte das Kind ohne eine seinem Wesen eingeschriebene reale Potentialität niemals zu dem Moment gelangen, in dem es fähig ist, die Beziehung des Bewusstseins mit seinem eigenen Wesen zu entwickeln. In ihren Diskussionen mit Descartes wiesen seine Gegner darauf hin, dass die Beschreibung des Bewusstseinsflusses es erst ermöglicht, die Existenz von *cogitationes* zu bejahen; der cartesianische Schritt vom *cogito* zum *sum* enthält bereits in sich eine metaphysische These, d. h. man geht vom Bewusstsein zum Subjekt des Bewusstseins über.

Wir können also von zwei Horizonten sprechen, in denen sich die Erfahrung der Person entfaltet: dem Horizont des Seins und dem Horizont des Ichs. Der Mensch ist in seiner Erkenntnis und seinem Begehren von Natur aus dem Sein zugewandt, das sein Bewusstsein ausfüllt und ihn zugleich zur Erfahrung seiner selbst als Subjekt des Erkennens und des Begehrens führt. Stattdessen führt die Trennung der beiden Horizonte entweder zu Theorien, in denen die Welt als irgendwie durch das Bewusstsein „hergestellt" angesehen wird (wie es in verschiedenen Arten des philosophischen Idealismus der Fall ist), oder zur Reduzierung des Akts des Erkennens auf die besondere Art und Weise, in der sich der Organismus an die Umwelt anpasst (wie es in der epistemologischen Evolution der Fall ist). Wie W. Chudy bemerkt:

> „Die Hinwendung des Menschen im reflexiven Akt zu sich selbst hat ihren ‚Hintergrund' im Bewusstsein des Ich-Horizonts, der sich *in statu fieri* realisiert, einer besonderen Grenze dieses Akts, die die Integrität des Erfahrungssubjekts und des Akts selbst garantiert. Andererseits wird diese Hinwendung zu sich selbst vom Horizont des Seins begleitet, der dafür sorgt, dass der gesamte Erkenntnisprozess in der objektiven Realität verwurzelt ist."[115]

Die kognitive Beziehung des Menschen zur Welt als ein Moment, in dem sich die Subjektivität der Person konstituiert, enthält in sich selbst noch ein weiteres Moment, das sich in Wojtyłas Analyse als wesentlich erweist. Der kognitive Kontakt mit dem Sein beinhaltet in sich selbst das Moment des Urteils und das Moment der Behauptung: So ist es (oder so ist es nicht). Der Mensch, der im Akt der Erkenntnis

---

115 WOJCIECH CHUDY, *Rozwój filozofowania a „pułapka refleksji"*, Lublin 1993, 86–87.

gleichsam aus sich selbst herauskommt, objektiviert die Welt, stellt die Frage nach ihrer Wahrheit.[116] Es ist genau dieses Moment der Transzendenz und der Bezug auf die Wahrheit, die nicht vom Menschen abhängt, die die Person von allen anderen nicht-personalen Wesen unterscheidet, die sie auf eine „höhere" Ebene als alle Wesen der Welt stellt und ihre „höhere" Stellung erklärt. In der bereits erwähnten Analyse von Johannes Paul II. in seiner Rede in Lublin sieht der Papst diese „Selbstoffenbarung" des Menschen gerade im Moment der Reflexion über den Akt der Erkenntnis. Der Papst sagt:

> „Die Quelle der Transzendenz des Menschen in Bezug auf das Universum, in dem er lebt, liegt in der Wahrheit. Durch die Reflexion über die eigene Erkenntnis offenbart sich der Mensch sich selbst als das einzige Wesen in der Welt, das sich ‚von innen' sieht, verpflichtet durch die erkannte Wahrheit und daher auch verpflichtet, sie anzuerkennen, im Ernstfall auch durch die Akte seiner freien Wahl, durch die Akte des Zeugnisgebens für die Wahrheit. Das ist die Fähigkeit, über sich selbst hinauszuwachsen und die Wahrheit zu erkennen."[117]

Wir sehen, wie sich in der Reflexion des Menschen über seine Erkenntnis – wir erinnern uns: die Person ist eine reflexive Transzendenz – der Logos und das Ethos der Person gemeinsam konstituieren. Der Mensch beginnt spontan, sich selbst als Zeuge der Wahrheit zu erleben. In dieser Erfahrung entdeckt er seine Abweichung von der sichtbaren Welt und erfährt gleichzeitig die Pflicht, die Wahrheit zu bejahen, der er im Akt der Erkenntnis begegnet ist. In *Person und Tat* spricht Wojtyła von der „normativen Kraft der Wahrheit", die der moralischen Erfahrung zu Grunde liegt. Dieser ganze Prozess, in dem sich der Logos und das Ethos der Person konstituieren, findet im Gewissen statt, transzendiert aber zugleich seinem Wesen nach das Gewissen. Wie Wojtyła sagt, erfährt der Mensch im Akt der Erkenntnis seine Transzendenz in der Wahrheit. Dies ist der Punkt, der es Wojtyła ermöglicht, der „Reflexionsfalle" (Ausdruck von W. Chudy)

---

116 Wir befinden uns hier bei den Gegensätzen eines Großteils der modernen Philosophie, die sich gut in David Humes Satz zusammenfassen lassen: „We never really advance one step beyond ourselves", (DAVID HUME, *A Treatise of Human Nature*, Buch I, Teil II, Abschnitt IV).
117 JOHANNES PAUL II., *Discorso al mondo della cultura* [Rede an die Welt der Kultur], Katholische Universität von Lublin, 09.06.1987.

Jarosław Merecki 109

zu entkommen, d. h. der für die nachkartesianische Philosophie so charakteristischen Schließung des Bewusstseins in sich selbst, der Konzentration der Reflexion „nur auf die gespiegelten Bilder und die Tätigkeit des Spiegelns" ohne Bezug auf das, was diese Bilder erzeugt hat. Nach Wojtyła hingegen können wir die Existenz und das Wesen des Bewusstseins nicht losgelöst von dem verstehen, was unabhängig davon existiert; im Gegenteil, das Bewusstsein ist nur möglich durch die Beziehung zu dem, was es transzendiert.

Der Punkt, in dem sich Wojtyła von der Mehrheit der Phänomenologen unterscheidet, ist das Problem der Intentionalität. Gerade hier geht der polnische Philosoph über den transzendentalen Idealismus des Vaters der Phänomenologie hinaus. Nach Husserl bezieht sich das Bewusstsein im intentionalen Akt auf den Gegenstand, aber sein Gegenstand bleibt immer ein intentionaler Gegenstand, er wird im Bewusstsein konstituiert und existiert nicht unabhängig. Wojtyła hingegen unterscheidet zwischen Erkenntnis und Bewusstsein und spricht dem Bewusstsein die Eigenschaft der Intentionalität ab. Nur die Erkenntnis, die sich durch Transzendenz auszeichnet, ist intentional – der Akt der Erkenntnis ist auf den Gegenstand gerichtet, der ihm äußerlich ist. Er berührt das Wesen, das in seiner Existenz weder von der Erkenntnis noch vom Bewusstsein abhängt. Das gilt auch für die Situation, in der sich das Subjekt sich selbst zuwendet – wir haben es dann mit Selbsterkenntnis zu tun. Selbsterkenntnis ist nicht identisch mit Selbstbewusstsein, obwohl das Selbstbewusstsein sie begleitet und verinnerlicht. Aber – wie Wojtyła schreibt – „der Tat (oder irgendetwas anderes) kann man sich nämlich nicht durch bloßes Bewusstsein ‚bewusst werden', sondern nur auf intentionale Weise – und daher durch einen Akt der Selbsterkenntnis".[118] Die Erkenntnis ist eine Dynamik, die den ganzen Menschen, seine Sinne, seine Gefühle und seine Vernunft einbezieht. Der Gegenstand der Erkenntnis sind jedoch nicht – wie wir mit dem heiligen Thomas sagen – die Sinne oder die Gefühle und nicht einmal das Bewusstsein, sondern die Person durch ihre Fähigkeiten. Für Wojtyła ist das Bewusstsein nicht

---

118 KAROL WOJTYŁA, Person und Tat, 48.

intentional und kann daher nicht Gegenstand der Erkenntnis sein.[119] Seine Rolle ist sehr wichtig, aber anders.

Wojtyła unterscheidet zwei Funktionen des Bewusstseins, die wir die Funktion der Spiegelung und die Funktion der Verinnerlichung (oder Subjektivierung) nennen können. Einerseits reflektiert das Bewusstsein in sich selbst den Inhalt des Erkenntnisaktes (der Mensch „reflektiert über seine eigene Erkenntnis" wie Johannes Paul II. in seiner Rede in Lublin sagte). In dieser Funktion ist das Bewusstsein reflektierend, spiegelnd. Andererseits ist das Bewusstsein *reflexiv*, und diese Reflexivität bedeutet

> „gewissermaßen *seine natürliche Hinwendung zum Subjekt* [...] Die reflexive Zuwendung des Bewusstseins bewirkt, dass dieser Gegenstand, eben weil er ontologisch betrachtet ein Subjekt ist, das eigene Ich und damit zugleich sich als Subjekt erlebt. [...] Das Bewusstsein ist nicht nur ein Aspekt, sondern eine wesentliche Dimension bzw. ein reales Moment des Seins, das ‚Ich' bin, da es seine Subjektivität dieses Ichs im Sinne eines Erlebens konstituiert. Wenn dieses Sein und folglich der reale individuelle Gegenstand in seiner grundlegenden ontischen Struktur dem entspricht, was in der traditionellen Philosophie als ‚*suppositum*' bestimmt worden ist, dann könnte sich dieses ‚*suppositum*' ohne das Bewusstsein auf keinerlei Weise als Ich konstituieren"[120].

---

119 Vielleicht sollte man zwischen zwei Bedeutungen von Intentionalität unterscheiden: eine, bei der es um die bloße Anwesenheit beim Objekt geht (und in diesem Sinne ist das Bewusstsein intentional), und die andere, bei der Intentionalität eine aktive Hinwendung zum Objekt bedeutet (und in diesem Sinne ist das Bewusstsein nicht intentional). Zu Wojtyłas These von der Intentionalität schreibt Buttiglione: „Das Bewusstsein spiegelt hier die Selbsterkenntnis wider, die auf realen Daten außerhalb des Bewusstseins beruht, auch wenn das Objekt des Bewusstseins das Selbst selbst ist. Sie tritt in die Selbsterkenntnis als eines der Objekte ein, die erkannt werden. Stattdessen besteht die Funktion des Bewusstseins darin, das Selbst zu verinnerlichen und zu subjektivieren. Damit wird das idealistische Missverständnis beseitigt, wonach das Bewusstsein sich selbst und seine eigenen Handlungen unbegrenzt reflektiert, wodurch der eigentliche Gegenstand der Erkenntnis zunichte gemacht wird. Das Bewusstsein ist in der Tat weit davon entfernt, das Objekt in seinem eigenen Prozess der Selbstreflexion zu konstituieren, sondern spiegelt die Selbsterkenntnis wider, die ihrerseits das ‚Ich' als Objekt zum Inhalt hat", ROCCO BUTTIGLIONE, *Il pensiero di Karol Wojtyła* [Das Denken von Karol Wojtyła], Jaca Book, Mailand 1982, 156.

120 KAROL WOJTYŁA, *Person und Tat*, 54–57.

In seiner reflexiven Funktion besteht das Bewusstsein nicht im Akt der Hinwendung zur eigenen Erkenntnis (ein solcher Akt wäre ein Akt der Selbsterkenntnis), sondern begleitet die Erkenntnis, durchdringt sie, verinnerlicht sie und macht sie sich zu eigen (ohne dass es einer gesonderten Reflexion bedarf). Insofern die Reflexivität den Prozess ermöglicht, in dem der Mensch zur Erkenntnis der Wahrheit gelangt[121], ist die Reflexionsfunktion des Gewissens nicht nur für die Konstitution des „Ichs", sondern auch für die Erfahrung seines moralischen Zusammenhangs mit der erkannten Wahrheit grundlegend. Das Gewissen – es ist kein Zufall, dass wir im Italienischen vom moralischen Gewissen sprechen[122] – ist nicht nur ein Spiegel, sondern verinnerlicht durch seine Reflexion die erkannte Wahrheit. Es macht sie „mein" in dem Sinne, dass das „Ich" sich mit ihr identifiziert, Verantwortung für sie übernimmt, so dass es sich – um an die Worte der Rede von Johannes Paul II. in Lublin zu erinnern – verpflichtet fühlt, sie anzuerkennen, im Ernstfall auch mit seinen freien Wahlakten, mit den Handlungen des Zeugnisses für die Wahrheit. Nach Tadeusz Styczeń können wir die Identität der Person nur dann erfassen, wenn wir in unserer Theorie der Person all diese Prozesse der Spiegelung und Subjektivierung, den Prozess der Transzendenz der Person zur objektiven Wahrheit und die Erfahrung der moralischen Pflicht, die im Akt der Wahrheitserkenntnis entsteht, mit einbeziehen.

In der Analyse des ursprünglichen Alleinseins erwacht das Bewusstsein, das im Kontakt mit der Welt erwacht und durch das sich die Subjektivität auf einer experimentellen Ebene konstituiert, die in der Körperlichkeit des Subjekts verwurzelt ist.

Das Bewusstsein der menschlichen Person ist von Anfang an kein reines, körperloses Bewusstsein, sondern ein Bewusstsein des leiblichen Subjekts, das seine Leiblichkeit lebt. Im Lichte der obigen Überlegungen können wir sagen, dass die Person ihre Leiblichkeit im reflektierenden, begleitenden Bewusstsein lebt, sie ist sich ihrer Leiblichkeit bewusst, ohne dass es einer expliziten Reflexion bedarf. Im jahwistischen Text sehen wir, wie die Person dieses Bewusstsein, sozusagen anlässlich ihres Vergleichs mit der Welt, erwirbt und wie

---

121   Ich kann immer fragen, ob das, was in meinem Gewissen reflektiert wurde, der Wirklichkeit der Dinge entspricht.
122   Anm. d. Ü.: im Italienischen wird für „Bewusstsein" und „Gewissen" dasselbe Wort „coscienza" benutzt.

es sie zur Entdeckung ihrer Andersartigkeit führt. Johannes Paul II. schreibt:

> „Die Analyse des jahwistischen Textes erlaubt uns darüber hinaus, *das ursprüngliche Alleinsein des Menschen mit dem Bewusstsein, Körper zu sein, in Verbindung zu bringen*, durch das sich der Mensch von allen *Lebewesen* unterscheidet und sich von ihnen ‚scheidet' und *durch das* er *Person* ist. Man darf mit Sicherheit behaupten, dass der so beschaffene Mensch gleichzeitig über das Bewusstsein und über das Wissen um den Sinn des eigenen Körpers verfügt, und das aufgrund der Erfahrung des ursprünglichen Alleinseins."[123]

Johannes Paul II. spricht hier einfach vom „Bewusstsein des eigenen Körpers", und es scheint sich um ein reflexives Bewusstsein zu handeln. Der Mensch beginnt spontan, den Leib als Mittel zum Ausdruck seiner Persönlichkeit zu erleben, und unterscheidet sich dadurch von den Tieren und grenzt sich von ihnen ab.

In der Situation des ursprünglichen Alleinseins erlebt der Mensch noch keinen geschlechtlichen Unterschied (wie wir sehen werden, hat diese Tatsache für Johannes Paul II. auch eine anthropologische Bedeutung), der mit der Erschaffung des zweiten Menschen (der Frau) offenbart wird. Im Vorgriff auf die Analysen, die im folgenden Kapitel durchgeführt werden, kann jedoch bereits hier betont werden, dass auch die sexuelle Bestimmung des Leibes zum Inhalt des reflexiven Bewusstseins gehört. Der Mensch erlebt sich als Frau oder Mann. Das Bewusstsein (oder auch die Seele als solche, geistige Wesen existieren jenseits der Geschlechterdifferenz) ist als solches nicht geschlechtlich determiniert und wird gerade durch sein Verhältnis zum Leib männlich oder weiblich. Die Tatsache, dass dieses Verhältnis zunächst nicht reflektierend, sondern reflexiv (im oben erläuterten Sinne) ist, hat seine Bedeutung im Kontext der zeitgenössischen Gendertheorien. Auch hier geht das Sein dem Bewusstsein voraus.

---

[123] JOHANNES PAUL II., *Die menschliche Liebe im göttlichen Heilsplan*, 106 (6,3).

Jarosław Merecki 113

b) *Selbstbesitz, Selbstbeherrschung und Selbstbestimmung*

In dem Text, in dem Johannes Paul II. den Inhalt des Begriffs des Alleinseins definiert, lesen wir, dass er sowohl Selbstbewusstsein als auch Selbstbeherrschung beinhaltet. Das Konzept der Selbstbeherrschung ist ein weiteres Konzept, das seine Wurzeln in Wojtyłas Philosophie hat, und um es gut zu verstehen, müssen wir es im Zusammenhang mit zwei anderen Konzepten sehen, die in *Person und Tat* entwickelt wurden: das Konzept des Selbstbesitzes und das Konzept der Selbstbestimmung. Auf diese Weise können wir das vollständige Profil des personalen Wesens erfassen und zu einer Definition seiner grundlegenden ontologischen Struktur gelangen, die im ursprünglichen Alleinsein eine experimentelle Dimension erhält und als personale Subjektivität erlebt wird.

Worin besteht die personale Subjektivität des Menschen? Im Mittelpunkt steht die Tatsache, dass man der Urheber seiner eigenen Handlungen ist. Wie bereits erwähnt, unterscheidet Wojtyła in *Person und Tat* zwei verschiedene Dynamiken, die Teil der menschlichen Erfahrung sind: „etwas geschieht im Menschen" und „der Mensch handelt". Während die erste Struktur der Natur inhärent ist und der Mensch sie mit anderen Lebewesen teilt, offenbart die zweite seinen spezifischen Unterschied, sein Person-sein: Der Mensch erlebt sich selbst als Ursache seiner Handlungen, er ist ihr Urheber. Das ist die Erfahrung seiner Freiheit.[124]

Es geht also darum, den Sinn der Freiheitserfahrung zu enthüllen, die der erste Mensch bei der Entdeckung seiner personalen Subjektivität im kognitiven Kontakt mit der Welt macht. Wir haben bereits gesehen, wie in der Analyse von Johannes Paul II. die Erkenntnis dem Bewusstsein vorausgeht; nun müssen wir hinzufügen, dass sie auch der Freiheit vorausgeht. Die Freiheit wird auf der Grundlage der Erkenntnis aktiviert, die auf die objektive Wahrheit ausgerichtet ist. Es sei darauf hingewiesen, dass ein ähnlicher Gedanke auch bei Jacques Maritain in seiner Analyse der ersten Tat der Freiheit zu finden ist. Nach Ansicht des französischen Denkers vollzieht sich die

---

124 Es ist bemerkenswert, wie unterschiedlich der Begriff der Tat bei Wojtyła und in der aristotelischen Philosophie verwendet wird. Während bei Letzterem die Tat die Verwirklichung jeder einer Entität eingeschriebenen Potentialität bedeutet, bezieht sich die Tat bei Wojtyła nur auf jene Verwirklichungen, in denen das Moment der Freiheit gegenwärtig ist.

erste Tat der Freiheit, wenn der Mensch seine natürlichen Strebungen (das, was ihm einfach nur gefällt oder nützt) überwindet und das Gute um des Guten willen wählt, weil es wertvoll ist (d. h., wenn er das Gute entdeckt und wählt, das die Tradition *bonum honestum* nennt).[125] Die Freiheit offenbart sich uns in der Erfahrung „Ich kann, aber ich bin nicht gezwungen", in die das Moment des Willens eintritt: „Ich will". Der „Ich will"-Erfahrung (die sich strukturell von der „Ich habe Lust"-Erfahrung unterscheidet) entspricht eine Fähigkeit, die spezifisch personal ist: die Fähigkeit des Willens. Dank dieser Fähigkeit ist der Mensch in der Lage, über sein Handeln zu entscheiden. Die Freiheit wird jedoch in erster Linie als eine Eigenschaft der Person und erst später als eine Eigenschaft des Willens erlebt. In der Tat, für Wojtyła „ist die Existenz der Person mit der Existenz des konkreten Zentrums der Freiheit identisch"[126]. Wir sehen, dass Wojtyła sich auf diese Weise die große Instanz der modernen Philosophie zu eigen macht, die gerade in der Freiheit die Besonderheit des Menschen verortet hat; er macht sie sich zu eigen, korrigiert sie aber zugleich an ihrem entscheidenden Punkt, indem er das Phänomen der Selbstbestimmung analysiert, in dem die Freiheit existenziell gelebt wird.

In der Tat muss man feststellen, dass in der Erfahrung der Selbstbestimmung die Freiheit von der Person sowohl als Unabhängigkeit als auch – vor allem – als Abhängigkeit erlebt wird. In erster Linie geht es um die Abhängigkeit vom eigenen „Ich". Es ist genau diese Beziehung, die Wojtyła als *vertikale Transzendenz* bezeichnet. Ich bin frei, „ich kann, aber ich bin nicht gezwungen", denn ich bin auf mich selbst angewiesen. Durch die Selbstbestimmung lebt der Mensch sich selbst als Subjekt, als Person, d. h. als ein Wesen, das sich strukturell von allem unterscheidet, was ihm in der Welt begegnet. Aus diesem Grund erfährt der Mensch im ersten Moment der Schöpfung auch sein Alleinsein, das erst nach der Erschaffung des zweiten Menschen (der Frau) überwunden wird.

---

125 „[...] Das Gute um des Guten willen zu tun, setzt notwendigerweise voraus, dass es eine ideale und unbestimmbare Ordnung der rechten Übereinstimmung unseres Handelns mit unserem Wesen gibt, ein Gesetz der menschlichen Handlungen, das die gesamte faktische Ordnung übersteigt" (JACQUES MARITAIN, *La dialettica immanente del primo atto di libertà* [Die immanente Dialektik der ersten Tat der Freiheit], in *Ragione e ragioni*, Mailand 1982, 105).
126 KAROL WOJTYŁA, *Person und Tat*, 151.

Die vertikale Transzendenz der Person ist mit einer anderen Form der Transzendenz verbunden, die Wojtyła als *horizontal* bezeichnet. Diese Form der Transzendenz ist in jedem kognitiven Akt gegeben, in dem der Mensch, dadurch dass er die Grenzen seines eigenen „Ichs" überwindet, über sich selbst hinausgeht, mit seinem Geist die objektive Wirklichkeit berührt, die in ihrer Existenz nicht von ihm abhängt. Die Besonderheit des Menschen liegt jedoch darin, dass die Objekte seiner kognitiven Handlungen sein Wollen nicht bestimmen. Der Mensch ist frei, weil sein Wollen nicht durch die Objekte seiner Willensakte bestimmt ist. In der Tat haben wir es in Wojtyłas Vision mit einer besonderen Dialektik von Abhängigkeit und Unabhängigkeit in Bezug auf die Handlungen des Menschen zu tun. Der Wille ist eine Strebung zum Guten, das als solches nicht gewünscht werden kann. Aus dieser Perspektive könnte man meinen, dass die Freiheit des Menschen einfach aus seiner unvollkommenen Erkenntnis über das, was für ihn gut ist, aus der Nicht-Evidenz des wahren Guten kommt. Wenn der Mensch es erkennen könnte, könnte er nichts anderes wählen. Stattdessen zieht das Gute nach Wojtyłas Ansicht den Willen an, motiviert ihn, aber selbst das attraktivste geschaffene Gut bestimmt nicht die Entscheidung des Menschen. Wojtyła schreibt:

> „Das Wollen ist ein Streben, und als solches enthält es in sich eine gewisse Form der Abhängigkeit von Gegenständen, die jedoch keineswegs die Unabhängigkeit mindert oder auslöscht, deren Ausdruck wir in jedem einfachen ‚Ich will' und mehr noch in der Wahl, in einem wie im anderen, durch das Faktum der Entscheidung finden."[127]

In der phänomenologischen Sprache können wir sagen, dass es sich bei einer echten persönlichen Entscheidung um eine *Wertantwort* handelt, die im Bewusstsein der Person auftaucht; diese Antwort ist jedoch keine bloße Reaktion, sondern eine wirkliche Handlungstat der

---

[127] KAROL WOJTYŁA, *Person und Tat*, 151.

Person.¹²⁸ Wir können also sagen, dass wir es im Falle des menschlichen Handelns weder mit Determinismus noch mit Indeterminismus zu tun haben, sondern mit Selbstbestimmung.

Wie ist die Tat der Selbstbestimmung möglich? Die ontische Grundlage der Selbstbestimmung wird durch zwei Strukturen des personalen Seins gebildet, die Wojtyła Selbstbesitz und Selbstbeherrschung nennt. Schon bei der Analyse der Leiberfahrung haben wir gesehen, dass der Mensch sein Verhältnis zum Leib als Besitz erlebt („Mein Leib gehört mir"). Nur derjenige, der sich selbst besitzt, nur ein Wesen, das seine eigene Natur besitzt, d. h. das personale Wesen, kann frei über sein eigenes Handeln entscheiden. Aus diesem Grund offenbart sich der Mensch auch als eine besondere Substanz inmitten der gesamten Schöpfung: Der Mensch ist eine Substanz (metaphysisch gesprochen) und erlebt sich als solche, indem er sich seiner Strukturen des Selbstbesitzes und der Selbstbeherrschung bewusst wird. Der Mensch erlebt sich also als einzigartiges und unwiederholbares „Ich" (und nicht nur als Exemplar der Gattung „Mensch"). Daraus folgt auch, dass derjenige, der durch die Struktur des Selbstbesitzes gekennzeichnet ist, nicht zum Eigentum anderer gemacht werden kann, andere können ihn weder besitzen noch über ihn verfügen. Die Tradition hat diese Wahrheit in dem bekannten Sprichwort festgehalten: *„homo est sui iuris et alteri incommunicabilis"*.

Zusammenfassend lässt sich sagen, dass der Mensch in seiner kognitiven Auseinandersetzung mit der Welt sich selbst als frei entdeckt – er ist auf sich selbst angewiesen und nicht von den Objekten seines Willens abhängig An dieser Stelle muss jedoch eine Frage hinzugefügt werden: Wenn sich in seinem Bewusstsein verschiedene Objekte präsentieren, die seinen Willen motivieren, aber nicht bestimmen, wie wählt er dann eines von ihnen aus? Einfach, weil „ich es so will", ohne zu einer bestimmten Entscheidung gezwungen zu sein? Mit anderen Worten: Endet die Erfahrung der Freiheit mit „Ich kann, ich bin nicht gezwungen", oder steckt da vielleicht noch mehr dahinter?

---

128 Der Begriff der Wertantwort wurde zum Beispiel von Dietrich von Hildebrand analysiert: „In der Wertantwort begegnet uns eine ganz andere Art von metaphysischer Beziehung als alle, die sich auf etwas Unpersönliches beziehen. Im Bogen der Subjekt-Objekt-Beziehungen [...] stellt die Wertantwort etwas Spezifisches, Zentrales und Tiefgreifendes dar", DIETRICH VON HILDEBRAND, *Moralia*, Regensburg 1980, 68.

Um diese Fragen zu beantworten, müssen wir uns daran erinnern, was wir im vorherigen Kapitel über den Vorrang des Seins vor dem Bewusstsein gesagt haben. In der Erfahrung der Person wird dieser Vorrang in die normative Kraft der Wahrheit gegenüber dem Willen übersetzt. Der Mensch erfährt die anziehende Kraft der verschiedenen Werte, z. B. ziehen ihn verschiedene Objekte an, weil sie die grundlegenden Strebungen ansprechen, die seinem Leib eingeschrieben sind, wie den Selbsterhaltungstrieb und den Sexualtrieb. Für den Menschen sind jedoch weder der Instinkt noch die durch ihn ausgelösten Emotionen der Hauptbezugspunkt für seine Entscheidungen, sondern das Hauptkriterium für seine Wahl ist die Wahrheit.

Lassen Sie uns versuchen, diesen Punkt anhand eines sehr einfachen Beispiels zu erklären. Stellen wir uns vor, dass wir eine beunruhigende Nachricht erhalten haben: Jemand, den wir für unseren Freund hielten, hat uns auf sehr perfide Weise verraten. Unsere erste Reaktion ist natürlich Empörung, Wut oder vielleicht denken wir sogar darüber nach, wie wir uns rächen könnten. Aber nach kurzem Nachdenken stellen wir fest, dass einige Details dieser Nachricht bestimmten Tatsachen widersprechen, von denen wir wissen, dass sie zweifelsfrei wahr sind. Daher kommen wir zu dem Schluss, dass die Nachricht nicht wahr ist und dass unser Freund uns nicht verraten hat. In diesem Moment verschwindet plötzlich unsere emotionale Reaktion, wir wollen uns nicht mehr rächen. Was ist geschehen? Unsere emotionale Reaktion und unser Wille haben den Test der Wahrheit nicht bestanden und können daher keine Grundlage für unser Handeln bilden. Der Mensch betrachtet sein Handeln als wirklich frei, wenn er nicht Opfer von Irrtum und Täuschung ist, sondern davon ausgeht, dass es auf der Wahrheit der Dinge beruht.

Dieses einfache Beispiel zeigt, dass der Mensch spontan die Wahrheit als Kriterium für sein Handeln nimmt. Die großen mittelalterlichen Denker wiesen auf die Beziehung zwischen Freiheit und Wahrheit hin, indem sie den Willen als *appetitus rationalis* definierten, d. h. als das Verlangen nach dem Guten, das im Falle des Menschen einen rationalen Charakter besitzt. Das Gut der Vernunft hingegen ist die Wahrheit. Das menschliche Streben nach dem Guten ist also die Suche nach der Wahrheit oder besser – wie Wojtyła sagt – nach der „Wahrheit über das Gute". Der erste Mensch, der mit der ihn umgebenden Wirklichkeit konfrontiert wird, betrachtet die Gegenstände vom Standpunkt ihrer objektiven Wahrheit aus, und deshalb werden seine Handlungen nicht unmittelbar von ihnen bestimmt. Der Philosoph Wojtyła erklärt:

> „Der Mensch ist nicht nur ein passiver Spiegel, der die Gegenstände wiedergibt, sondern bewahrt ihnen gegenüber eine ganz eigene Übergeordnetheit vermittelst der Wahrheit. Es handelt sich dabei um die ‚Übergeordnetheit der Wahrheit', die mit einer gewissen Distanz zu den Gegenständen verbunden und die in die geistige Natur der Person eingeschrieben ist."[129]

In der protohistorischen Situation beginnt der Mensch in der Konfrontation mit der Welt seine eigene Übergeordnetheit durch die Wahrheit zu erfahren. Auf diese Weise beginnt er auch, seine Freiheit als eine doppelte Abhängigkeit zu erleben: Abhängigkeit von sich selbst und Abhängigkeit von der Wahrheit (der Wahrheit über das Gute). Darin besteht die volle Bedeutung der Transzendenz der Person, die nach Wojtyła sein zweiter Name ist.

An dieser Stelle könnte man einen Einwand erheben: Aus unserer täglichen Erfahrung, das heißt aus der Erfahrung des historischen Menschen, der nach der Erbsünde lebt, wissen wir, dass wir nicht immer die Wahrheit wählen, die wir kennen. Es kommt leider sehr oft vor, dass wir die Wahrheit über das Gute zwar kennen, sie aber nicht aus Irrtum, sondern aus Schwachheit oder Bosheit ignorieren. In der religiösen Sprache wird eine Handlung, die nicht der Regel der Abhängigkeit von der Wahrheit gehorcht, als Sünde bezeichnet; in der Sprache der philosophischen Ethik spricht man von einer Handlung, die moralisch falsch ist. Aber – wie Wojtyła bemerkt – „gerade die Wirklichkeit der Schuld, der Sünde, des sittlich Bösen hebt aber umso deutlicher hervor, dass im menschlichen Willen eine Beziehung zur Wahrheit und eine innere Abhängigkeit von ihr besteht".[130] Petrus, der nach seinem Wissen über Jesus gefragt wird, leugnet es aus Angst um sein Leben, aber dann sieht er, dass er mit seiner Verleugnung nicht nur die Wahrheit, sondern auch das Kostbarste in sich selbst getroffen hat, das, was das „sacrarium der Person", das moralische Gewissen,

---

[129] KAROL WOJTYŁA, Person und Tat, 181.
[130] KAROL WOJTYŁA, Person und Tat, 159.

ausmacht. Gerade im moralischen Gewissen wird die Verbindung mit der Wahrheit zur Richtschnur des Handelns des Menschen. Es stimmt, dass unsere Entscheidungen nicht immer dieser Regel folgen. Die Bindung mit der Wahrheit – die Möglichkeit, sie zu kennen und zu wählen – ist eine Fähigkeit, die zur Natur der Person gehört, sich aber nicht in jeder konkreten Wahl verwirklicht. Der Mensch ist frei – „er kann, ist aber nicht gezwungen". Aber die Erfahrung der Freiheit endet nicht mit „Ich kann, ich bin nicht gezwungen". Im Moment des kognitiven Akts, in dem der Mensch eine Wahrheit bekräftigt, kommt zum „Ich kann, ich bin nicht gezwungen" das „Ich muss" hinzu – ich muss der Wahrheit, die ich erkannt habe, treu bleiben. Für Wojtyła liegt in dieser gelebten Erfahrung das ursprünglichste Moment der Moral. „Die Pflicht ist die erfahrbare Gestalt der Abhängigkeit von der Wahrheit, die der Freiheit der Person vorausliegt".[131] Indem der Mensch sich selbst in horizontaler Transzendenz transzendiert, identifiziert er sich spontan mit der Wahrheit. Deshalb lassen sich die Treue zu mir selbst und die Treue zur bekannten und bestätigten Wahrheit nicht trennen. Und wohlgemerkt, es geht um jede Wahrheit, auch um die, die auf den ersten Blick trivial erscheinen mag – wie die, einen bestimmten Mann zu kennen. Jede Wahrheit kann in einer bestimmten Situation ihre normative Kraft entfalten. Tadeusz Styczeń spricht von der „Wahrheitsfalle", die gewissermaßen bei jedem kognitiven Akt ausgelöst wird.

Wir werden auf die Analyse der moralischen Erfahrung im Kapitel über die ursprüngliche Nacktheit zurückkommen. An dieser Stelle können wir sagen, dass das Ethos der Person, das der erste Mensch zusammen mit der Entdeckung seiner personalen Identität, seiner Subjektivität, die das Moment der Selbstabhängigkeit in sich trägt, entdeckt, darin besteht, sein eigenes Handeln von der erkannten Wahrheit abhängig zu machen. So entdeckt der erste Mensch, dass Menschsein bedeutet, ein Zeuge der Wahrheit zu sein.

---

[131] Karol Wojtyła, *Person und Tat*, 178.

Kapitel IV
Die ursprüngliche Einheit:
die gemeinschaftliche Natur der Person

Vor dem Hintergrund des existenziellen Alleinseins des Menschen, d. h. auf der Grundlage seiner kosmologischen Irreduzibilität und seiner Transzendenz gegenüber der Welt, entsteht die zweite Koordinate der proto-historischen Situation: die ursprüngliche Einheit von Mann und Frau. Nach der Analyse von Johannes Paul II. ist der Sinn des Alleinseins nicht nur positiv, da es die personale Subjektivität des Menschen zum Ausdruck bringt, sondern auch negativ. Im Buch Genesis gibt Gott selbst ein negatives Urteil über diese Situation ab: „Es ist nicht gut, dass der Mensch allein ist" (Gen 2,18). Diese axiologische Bewertung führt direkt zur Erschaffung des zweiten Menschen, der sich als eine andere Verleiblichung der Menschheit offenbart. In dem knappen Text des Buches Genesis werden wichtige philosophische Probleme angedeutet. Welches Verhältnis besteht zwischen Subjektivität und Zwischenmenschlichkeit? Welche Rolle spielt dabei der sexuelle Unterschied? Wenn wir – allgemeiner ausgedrückt – das Problem im Kontext der modernen Philosophie sehen, die sich von Hobbes bis Hegel, von Marx bis Sartre auf das Problem der Zwischenmenschlichkeit im Sinne eines Konflikts konzentriert hat, lohnt es sich zu fragen: Was ist der „natürliche Zustand", das heißt, was ist die ursprüngliche Beziehung einer Person zu einer anderen? Diesen Fragen wollen wir in diesem Kapitel nachgehen.

1. Person: Substanz und Beziehung

Aus der Sicht der Philosophie ist es interessant, dass in der biblischen Erzählung das Alleinsein der Einheit vorausgeht. Welche Bedeutung hat diese Tatsache? Sie scheint nicht so sehr im zeitlichen Sinne verstanden zu werden – die proto-historische Situation geht der historischen Zeit auf jeden Fall voraus – als vielmehr im ontologischen Sinne, d. h. in Bezug auf die Struktur der menschlichen Person. Interessant ist: Wenn Johannes Paul II. vom geschlechtlichen Unterschied spricht, der mit der Erschaffung des zweiten Menschen auftritt, betont er, dass dieser Unterschied der Tatsache, dass der Mensch Leib ist, nachgeordnet ist.

„Auch wenn der menschliche Körper in seiner normalen Beschaffenheit die Geschlechtsmerkmale an sich trägt und seiner Natur nach männlich oder weiblich ist, so gehört doch *die Tatsache, dass der Mensch ‚ein Körper' ist, tiefergehend zur Struktur des Person-Subjekts als die Tatsache, dass er in seiner körperlichen Beschaffenheit auch männlich oder weiblich ist.* Deshalb geht die Bedeutung des ursprünglichen Allein- seins, das schlechthin auf den ‚Menschen' bezogen werden kann, seinem Wesen nach der Bedeutung der ursprünglichen Einheit voraus, da sich letztere auf die Tatsache des Mannseins und des Frauseins gründet, also gleichsam auf zwei verschiedene Verleiblichungen, das heißt auf zwei Weisen des ‚leiblichen Seins' ein und desselben ‚nach dem Abbild Gottes' geschaffenen menschlichen Wesens (Gen 1,27)."[132]

Der sexuelle Unterschied hat seine Grundlage in der Leiblichkeit, die er weiter als männlich und weiblich qualifiziert. Jetzt, nach der Erschaffung der Frau, ist der Mann nicht mehr allein, er ist nicht mehr „ein Körper unter anderen Körpern", sondern beginnt zu existieren als „der Leib der Person vor dem Leib einer anderen Person", und diese Tatsache geht in sein Selbstbewusstsein ein und verändert es. Die Person beginnt, ihre konstitutive Offenheit gegenüber dem Anderen zu erfahren, was in gewissem Sinne zu einer Neudefinition seiner Identität führt.

Die Identität im ontologischen Sinne ist jedoch von vornherein gegeben; die Begegnung mit dem Anderen erschafft sie nicht, sondern modifiziert sie, auch wenn diese Modifikation entscheidend ist. In der Philosophie des letzten Jahrhunderts gab es eine Debatte zwischen Vertretern der substanziellen Theorie und Verfechtern der relationalen Theorie der Person. In einer bestimmten Philosophie des Dialogs, die zum Beispiel von Martin Buber vertreten wird, existiert die Person nur als Beziehung, das Personsein des Menschen bildet sich im Raum ‚zwischen' zwei Polen ‚Ich – Du'.[133] Wojtyła hingegen versucht, beide

---

[132] JOHANNES PAUL II., *Die menschliche Liebe im göttlichen Heilsplan*, 112–113 (8,1).
[133] Vgl. MARTIN BUBER, *Das dialogische Prinzip*, Heidelberg 1965.

Dimensionen der Person zu bejahen: Substanz und Beziehung, nur ist eben bei ihm die Substanz (metaphysische Subjektivität, in den Katechesen: das Alleinsein) die ontologische Bedingung der Beziehung. Diese Sichtweise wird auch in *Person und Tat* deutlich, wo die Analyse der personalen Subjektivität der Reflexion über die Zwischenmenschlichkeit (in Wojtyłas Terminologie: Teilhabe)[134] vorausgeht. Für die Person ist die Beziehung nicht etwas bloß Zusätzliches, etwas, das vielleicht gar nicht sein muss. Die Relationalität geht in das Wesen der Person ein und ermöglicht ihre Verwirklichung auf der experimentellen Ebene. Die Potenzialität der Verwirklichung personaler Eigenschaften ist dem Wesen der Person selbst eingeschrieben; nur weil diese Potenzialität ontologisch bereits gegeben ist, kann der Mensch auch auf der experimentellen Ebene zur Person werden. Ein Wesen ohne diese ontologische Potenzialität kann niemals ein personales Subjekt werden. Andererseits hängt die Aktivierung der ontologischen Möglichkeiten des Menschen, die Konstitution des Menschen als spezifische Form der horizontalen und vertikalen Transzendenz, von der Begegnung mit dem Anderen ab. Robert Spaemann vertritt sogar die Auffassung, dass es Person nur im Plural geben kann, wobei er daran erinnert, dass der Begriff der Person von frühen christlichen Theologen geprägt wurde, um die Beziehungen zwischen Personen[135] zu erklären.

Wie ist Spaemanns These im Kontext unserer Fragestellung zu verstehen, d. h. dem Verhältnis zwischen der Einsamkeit (verstanden als ontologische Subjektivität) und der Einheit (verstanden als Relationalität) des Menschen? Ich möchte folgende Interpretation vorschlagen: Jeder Mensch ist mit dem ausgestattet, was die Mediziner den *appetitus* nennen, und so erscheinen ihm verschiedene Dinge in der Welt als *begehrenswerte* Güter. Deshalb kann der Mensch alles als Objekt seines Begehrens betrachten und versuchen, von allem Besitz zu ergreifen. Dies beginnt bereits bei der Erkenntnis, mit der der Mensch die Welt in sein Inneres aufnimmt, sie zu „seiner Welt"

---

[134] In Wojtyłas Aufsatz *Person: Subjekt und Gemeinschaft* heißt es: „Das ‚Du' wird gegenüber dem ‚Ich' zu einem wahren und vollen ‚anderen Ich', das – wie mein eigenes ‚Ich' – nicht nur durch Selbst-Bewusstsein, sondern auch – und vor allem – durch Selbst-Besitz und Selbst-Beherrschung bestimmt ist." KAROL WOJTYŁA, *Wer ist der Mensch? Skizzen zur Anthropologie*, München 2011, 143.

[135] Deshalb lautet der Titel seines Buches über den Begriff der Person auch *Personen*.

macht. Diese menschliche Fähigkeit ist von Jean-Paul Sartre gut beschrieben worden. Sartre schreibt, dass der Mensch durch seinen Blick die Dinge der Welt transzendiert, weil nur er in der Lage ist, sie auf diese Weise zu betrachten. Der Mensch schreibt den Dingen der Welt Bedeutungen zu, so dass alles, was ihm begegnet, für ihn zum Objekt wird. Er sieht die Welt an, aber die Welt sieht ihn nicht auf dieselbe Weise an. Emmanuel Lévinas nennt diese Art, sich auf die Welt zu beziehen, „Totalität". Nur der Mensch erscheint in der Welt als ein Subjekt, das aus seiner Sicht die ganze Wirklichkeit „totalisiert". Es stellt sich jedoch die Frage, ob der Mensch auf diese Weise wirklich sein spezifisches personales Potenzial verwirklicht. Auch das Tier betrachtet die Welt aus dem Blickwinkel seiner Bedürfnisse, ja es ist gerade das Tier, das die Welt totalisiert, indem es sich selbst als ihr Zentrum betrachtet und in jener zentrischen Position lebt, von der Plessner spricht. Der Mensch – als *animal rationalis* – könnte auch in der zentrischen Position verbleiben, alles auf sich selbst beziehen, könnte als ein natürliches Wesen leben, das mächtiger ist als andere, weil es mit jenem raffinierten Instrument ausgestattet ist, das die Vernunft ist, – aber in diesem Fall würde seine Vernunft auf eine instrumentelle Funktion reduziert werden. Er könnte alles nur im Zusammenhang mit seinem Appetit sehen, der dann zu seinem Kriterium von Gut und Böse würde.

Mit der Erschaffung des zweiten Menschen ändert sich die Situation radikal. Nun trifft der Mensch – der Mann – auf eine ihm ähnliche Person, die Frau, von der er sagen kann: „Bein von meinen Bein, Fleisch von meinem Fleisch" (Gen 2,23). Hier zeigt sich einmal mehr, wie der Leib die Person offenbart: In der somatischen Dimension manifestiert sich die Transzendenz der Person gegenüber dem Rest der Welt. Im Vergleich zum Leib der Frau muss der männliche Leib erkennen, dass er nun vor jemandem steht (und nicht vor etwas, wie es vorher war), die Frau kann für ihn nicht auf den Status eines Objekts reduziert werden, denn sie ist auch ein Subjekt.

Für Johannes Paul II. drücken die Worte „Bein von meinen Bein, Fleisch von meinem Fleisch", noch bevor sie zur Bedeutung der Geschlechterdifferenz führen, durch die somatische Wesensgleichheit beider Personen ihr gleiches Menschsein aus. Der geschlechtliche Unterschied, in dem die Einheit von Mann und Frau zum Ausdruck kommt – der Mann ist für die Frau da und die Frau für den Mann –, beruht auf einer noch grundlegenderen Einheit, auf der Einheit im Menschsein. Der Papst schreibt:

„*So wird also die Frau gewissermaßen auf Grundlage der gleichen menschlichen Natur geschaffen.* Die Gleichheit des Körpers ist trotz der durch den Geschlechtsunterschied bedingten Verschiedenartigkeit so offensichtlich, dass der Mann, der aus dem schöpferischen Schlaf erwacht, diese sogleich zum Ausdruck bringt, indem er sagt: ‚Das endlich ist Gebein von meinem Gebein und Fleisch von meinem Fleisch! Frau soll sie heißen, denn vom Mann ist sie genommen' (Gen 2,23)."[136]

Die Begegnung mit der anderen Person, mit dem anderen „Ich", schafft eine neue Art, mit der Welt in Beziehung zu treten. Der Andere kann, auch in seiner materiellen Dimension, nicht nur unter dem Gesichtspunkt des Begehrens gesehen werden, kann nicht nur als *bonum appetibile* behandelt werden. Die andere Person erscheint in der Welt als ein Gut, das in erster Linie ein *bonum affirmabile* ist. Das „Du" transzendiert die Welt auf die gleiche Weise wie das „Ich" und kann daher nicht auf die gleiche Weise wie andere Dinge in der Welt verwendet werden. Die Wahrnehmung dieses Wertes, den Wojtyła den transzendentalen Wert der Person nennt, verändert jedoch das Subjekt selbst. Er kann sich nicht mehr als Mittelpunkt der Welt sehen, er ist aufgerufen, seine „zentrische Position" zu verlassen. Wenn man mit Lévinas spricht, offenbart die Begegnung mit dem Gesicht des Anderen einen unendlichen Wert. Das Gesicht sagt: „Du kannst mich nicht töten", das heißt, du kannst mich nicht wie ein einfaches Objekt behandeln.[137] Es ist genau diese Erfahrung, die im Subjekt eine rein personale Potenzialität verwirklicht, nämlich die Fähigkeit, das Gute als etwas zu erkennen, das den Einsatz der Freiheit fordert, ein Einsatz, der nicht durch Eigennutz motiviert ist, sondern durch den Willen, der Größe des wahrgenommen Wertes gerecht zu werden.[138]

---

136 JOHANNES PAUL II., *Die menschliche Liebe im göttlichen Heilsplan*, 117 (8,4).
137 EMMANUEL LÉVINAS, *Totalità e infinito. Saggio sull'esteriorità* [Totalität und Unendlichkeit. Aufsatz über die Äußerlichkeit], Mailand 1980, 204.
138 Es lohnt sich, hier an die Unterscheidung zwischen zwei Willensbewegungen zu erinnern, die Duns Scotus macht: *affectio iustitiae* (Ü.: Neigung zur Gerechtigkeit) und *affectio commodi* (Ü.: Neigung zum Eigennutz/Vorteilsnahme). Beide gehören seiner Meinung nach zum Wesen des Willens.

Wie wir sehen werden, gipfelt die Wahrnehmung des Anderen als transzendentaler Wert in der Selbsthingabe an die andere Person. An dieser Stelle möchten wir betonen, dass das Subjekt in der Begegnung mit dem Anderen in gewissem Sinne seine Tendenz, sich die Welt anzueignen, überschreitet. So offenbart es sich – in der Zwischenmenschlichkeit – ganz als Person. Im Lichte dieser Überlegungen können wir die Behauptung des Papstes verstehen, wonach die Suche nach der menschlichen Identität des Menschen, der zunächst allein ist, den Weg über die Dualität, d. h. die Gemeinschaft, gehen muss.[139]

In der Analyse von Johannes Paul II. drücken die Worte „Bein von meinem Bein, Fleisch von meinem Fleisch" auch die Freude des ersten Menschen darüber aus, dass er jemandem begegnet, der ihm ähnlich ist. Mit dem anderen „Ich" kann er auf eine Art kommunizieren, was mit nicht personalen Wesen nicht möglich war, und diese Tatsache ist für ihn eine Quelle der Freude. Die gegenseitige Mitteilung findet ihren Höhepunkt in der *„communio personarum"*, in der zwei Personen unter Wahrung ihres metaphysischen Alleinseins „ein Fleisch werden". Wir werden noch einmal auf diesen Punkt zurückkommen; jetzt wollen wir betonen, dass wir in der Freude des ersten Mannes über seine Begegnung mit der Frau den Ausdruck jener Bejahung der Existenz des Anderen sehen können, in der der tiefste Sinn der Liebe besteht. „Gut, dass es dich gibt" – so definiert Josef Pieper die Liebe.[140] Ihr ethischer Sinn bezieht sich nicht auf eine Reihe von Eigenschaften des geliebten Menschen, sondern geht über die Eigenschaften hinaus und bezieht sich auf seine Existenz. In diesem Sinne schreibt Robert Spaemann, dass wir einen anderen Menschen nicht wirklich lieben, wenn wir noch sagen können, warum wir ihn lieben.[141] Jedes „Warum" hat seinen Grund in den Eigenschaften der geliebten Person, Eigenschaften, die sie auch verlieren könnte oder die eine andere Person in noch größerem Maße besitzen könnte – so bleibt unsere Liebe immer bedingt. Bei der bedingungslosen Liebe hingegen geht es um die Existenz der Person, die nicht durch die Eigenschaften des geliebten Menschen gekennzeichnet ist: Die Existenz ist reine Faktizität, reines Sein. Wie es scheint, ist es gerade die

---

139 Vgl. JOHANNES PAUL II., *Die menschliche Liebe im göttlichen Heilsplan*, 118 (9,1).
140 JOSEF PIEPER, *Lieben, hoffen, glauben*, München 1986, 55.
141 Vgl. ROBERT SPAEMANN, *Antinomien der Liebe*, in *Schritte über uns hinaus. Gesammelte Reden und Aufsätze II*, Stuttgart 2011, 13.

Existenz der Frau, die die Freude des Mannes hervorruft. Die gleiche Überlegung könnte man auf die Kommunikation zwischen Menschen anwenden, die die Grundlage ihrer Gemeinschaft ist. Eine solche Kommunikation betrifft nicht irgendeine Eigenschaft der Menschen, sondern ihre eigentliche Art zu sein. Stanisław Judycki nennt es „existenzielle Kommunikation" und beschreibt sie mit diesen Worten:

> „Es gibt Situationen, in denen Menschen miteinander kommunizieren, aber der Gegenstand der Kommunikation ist nicht irgendein Ding in der Welt, irgendein Charakterzug, irgendeine Situation, sondern – wenn wir es so ausdrücken können – der Gegenstand ihrer Kommunikation ist ihr eigener ontischer Status."[142]

In unseren eigenen Worten: Der Gegenstand ihrer Kommunikation ist ihre eigene Existenz, die Menschen beziehen sich in ihrer Beziehung auf die Existenz des Anderen und bejahen sie. „Es ist gut, dass es dich gibt". Die existenzielle Kommunikation unterscheidet sich von anderen Arten der Kommunikation, weil die Menschen in ihr über die Totalität (im Sinne von Lévinas), mit der immer ein gewisses Eigeninteresse verbunden ist, hinausgehen und in die Dimension von dem eintreten, was ungeschuldete Gabe ist. Die Bejahung der Existenz, die in der existenziellen Kommunikation stattfindet, ist nicht durch Eigeninteresse, durch einen eventuellen Gewinn des Subjekts motiviert, sondern sie ist – in diesem Sinne – eine uneigennützige freie Gabe. Wenn Johannes Paul II. von der Begeisterung spricht, die der Mann vor der Frau erfährt, scheint er genau diese Haltung des Staunens im Sinn zu haben, die in gewisser Weise der ästhetischen Bewunderung ähnelt und gerade durch die Abwesenheit von Eigennutz gekennzeichnet ist. Es scheint auch, dass dies der tiefste Sinn der Fähigkeit ist, an der Menschlichkeit eines jeden Menschen teilzuhaben, der – nach Wojtyła – der Kern jeder anderen Art von Teilhabe ist.[143]

---

[142] STANISŁAW JUDYCKI, Bóg i inne osoby. Próba z zakresu teologii filozoficznej [Gott und die andere Person. Ein Essay philosophischer Theologie], Posen 2010, 153.

[143] Vgl. KAROL WOJTYŁA, Persona e atto [Person und Tat], in Metafisica della persona, 1208–1209.

2. Ontologische Differenz und sexuelle Differenz

Die Erschaffung des zweiten Ichs findet in der Dimension des Fleisches statt, das heißt, sie drückt sich in der sexuellen Differenz aus. Von diesem Moment an haben wir zwei Verkörperungen des metaphysischen Alleinseins des Menschen und zwei unterschiedliche und gleichzeitig komplementäre Weisen des Körperbewusstseins. Es lohnt sich, über die Entstehung des Geschlechtsunterschieds nachzudenken, indem man die biblische Sichtweise mit der griechischen Philosophie vergleicht, die ebenfalls versucht hat, ihren Ursprung zu entdecken.

In diesem Zusammenhang möchte ich die Aufmerksamkeit auf eine Tatsache lenken, die mir grundlegend zu sein scheint. Meines Erachtens hat das Christentum zwei Formen der Differenz in den Mittelpunkt gestellt. Diese sind universell, d. h. sie finden Ausdruck in verschiedenen Kulturen. Zugleich sind sie für die christliche Botschaft wesentlich, so dass das Christentum nicht ohne diese beiden Formen des Unterschieds gedacht werden kann. Die eine – offensichtlichere – Form ist der ontologische Unterschied, die andere – vielleicht weniger offensichtliche, was ihre wesentliche Zugehörigkeit zur christlichen Botschaft betrifft – ist der Geschlechtsunterschied.

Die biblische Religion mit der Botschaft des Buches Genesis enthält in sich selbst – wie Johannes Paul II. in seiner Katechese über die menschliche Liebe feststellte – „eine gewaltige metaphysische Aussagekraft"[144]. Für die Griechen ist die Welt ewig, und Gottes Handeln beschränkt sich auf die Ordnung der Materie, die schon immer existiert hat. Das Buch Genesis hingegen sieht Gott als Schöpfer, der die Dinge zur Existenz aus dem Nichts ruft. „Man sollte nicht vergessen", so Johannes Paul II. weiter, „dass gerade dieser Text aus der Genesis zur Quelle der tiefsten Inspirationen für die Denker geworden ist, die ,Sein' und ,Dasein' zu begreifen versuchten."[145] Die theoretische Thematisierung dessen, was wir gewöhnlich als ontologischen Unterschied bezeichnen und was wir in der Sprache der klassischen Metaphysik als Kontingenz des Seins bezeichnen, geht auf den heiligen Thomas von Aquin zurück, der seine gesamte Metaphysik auf der Entdeckung der Rolle

---

144 JOHANNES PAUL II., *Die menschliche Liebe im göttlichen Heilsplan*, 85 (2,5).
145 JOHANNES PAUL II., *Die menschliche Liebe im göttlichen Heilsplan*, 85 (2,5).

des Seinsaktes im realen Seienden aufbaute. Wir können hier natürlich nicht ins Detail gehen, aber wir können zumindest Folgendes sagen: Ohne an den ontologischen Unterschied zu denken, ist es nicht möglich, an das Christentum zu denken, weil man sich Gott nicht als Schöpfer vorstellt, d. h. als jemanden, der sich wesentlich vom Menschen unterscheidet, der nicht in der Lage ist, auf dieselbe Weise zu schaffen. In diesem Sinne ist der ontologische Unterschied wesentlich für die christliche Botschaft, und jeder Versuch, ihn zu neutralisieren, wäre mit der Neutralisierung des christlichen Unterschieds gleichbedeutend.

Aber das Buch Genesis spricht – in demselben Text, der die Intuition des ontologischen Unterschieds in sich trägt – von der anderen Form des Unterschieds, der meines Erachtens für die christliche Botschaft ebenso wesentlich ist. Im Schöpfungsbericht wird die Erschaffung des Menschen als nach dem Abbild und Gleichnis Gottes hervorgehoben (auch wenn er aus dem Staub der Erde entstanden ist, ist er Gott ähnlicher), aber gleichzeitig wird gesagt, dass der Mensch das Abbild Gottes als Mann und Frau ist: „Gott schuf den Menschen nach seinem Abbild ... als Mann und Frau schuf er sie" (*Gen* 1,27). Wie Jacques Derrida in seinem Text *Geschlecht: sexuelle Differenz, ontologische Differenz* anmerkt, ist es übrigens interessant, dass Heidegger in seiner Analyse des *Daseins* das Problem des Geschlechtsunterschieds im Grunde nicht behandelt, so als ob dieser nicht wichtig genug wäre, um seine Existenz zu verstehen.[146] Andererseits müssen wir zugeben, dass diesem Problem auch in der Theologiegeschichte bis in die jüngste Zeit nicht viel Aufmerksamkeit geschenkt wurde. Dabei definiert die Bibel, wie wir gesehen haben, die menschliche Identität von Anfang an als eine relationale Identität, d. h. als eine Identität, die sich durch die Gegenüberstellung mit dem Anderen herausbildet. In der zweiten Schöpfungsgeschichte ist der Mensch zunächst einmal allein, und diese Einsamkeit bereitet ihm Unbehagen. „Es ist nicht gut, dass der Mensch allein ist", sagt Gott, „ich will ihm eine Hilfe machen, die ihm entspricht" (Gen 2,18). Um die Originalität der biblischen Botschaft besser herauszustellen, ist es gut, sie mit einer anderen Erzählung über den Geschlechtsunterschied aus dieser Zeit zu verglei-

---

[146] Vgl. JACQUES DERRIDA, „Geschlecht: sexual difference, ontological difference", in *Research in Phenomenology* 13 (1983), 65–83.

chen, nämlich mit der Rede des Aristophanes in Platons *Symposion*. Im platonischen Dialog wurde die ursprüngliche „siamesische" Natur des Menschen von Zeus zur Strafe gespalten. „Seit so langer Zeit also", sagt Aristophanes, „ist die Liebe zueinander den Menschen angeboren. Sie führt das ursprüngliche Geschöpf wieder zusammen und versucht, aus Zweien Eins zu machen und die menschliche Natur zu heilen".[147] Während bei Platon der Unterschied aus einer ursprünglichen Einheit abgeleitet wird, ist der Mensch im biblischen Diskurs von Anfang an ein duales Wesen („als Mann und Frau schuf er sie"), der Unterschied ist ursprünglich, und aus ihm ergibt sich die Einheit.[148] Im christlichen Kontext wird dies weiter dadurch erklärt, dass der Mensch als Ebenbild Gottes gedacht wird, der in sich selbst kein einsamer Gott ist, sondern ein Gott der Gemeinschaft (im Übrigen ist zu beachten, dass Gott aus philosophischer Sicht nur dann als Liebe verstanden werden kann, wenn er als Person gesehen wird und in Beziehung zu den anderen göttlichen Personen bleibt; wie man es beispielsweise bei Aristoteles sieht, ist ein einsamer Gott keine Liebe). Es ist interessant, was Johannes Paul II. in seinem Kommentar zum Schöpfungsbericht über die Erschaffung des Menschen schreibt:

> „Der Mensch wird nicht so sehr im Augenblick seines Alleinseins als vielmehr im Augenblick der Gemeinschaft zum Abbild Gottes. Denn er ist ‚von Anfang an' ein Abbild, in dem sich nicht nur das Alleinsein einer Person, die die Welt beherrscht, widerspiegelt, sondern auch und ganz wesentlich Abbild einer unergründlichen, wesentlich göttlichen Gemeinschaft von Personen."[149]

Der Unterschied, der zur Gemeinschaft führt und in dem sich ihr primäres Modell widerspiegelt, ist eben der Geschlechtsunterschied. Deshalb glaube ich, dass die Geschlechterdifferenz untrennbar zu dem gehört, was die christliche Differenz ausmacht, d. h. zu dem, was ihre Identität betrifft.

Der Geschlechtsunterschied ist auch der Nullpunkt, d. h. ein Anhaltspunkt von dem aus die Erklärung des Menschen beginnen

---

147 PLATON, *Symposion*, Hamburg 2012, 51 (191d).
148 Für die weitere Entwicklung dieser Intuitionen vgl. EMILIO BACCARINI, *La persona ed i suoi volti. Etica e antropologia* [Die Person und ihre Gesichter. Ethik und Antropologie], Rom 2003, 227–231.
149 JOHANNES PAUL II., *Die menschliche Liebe im göttlichen Heilsplan*, 120 (9,3).

kann. Man kann sagen, dass der Mensch sich durch den Anderen „erklärt", denn nur im Anderen findet er jemanden, mit dem er in eine Liebesbeziehung treten kann. Diese Erklärung ist jedoch nicht endgültig. Die Liebe hat auch Anteil an der Kontingenz des Menschen und muss daher im Absoluten der Existenz, d. h. in Gott, „verankert" sein. Dies sind natürlich nur einige Andeutungen, die hier nicht weiter ausgeführt werden können, aber sie verweisen einmal mehr auf den Zusammenhang, der zwischen sexueller Differenz und ontologischer Differenz besteht.

Ist es möglich, diese beiden Formen des Unterschieds, über die wir gesprochen haben, zu neutralisieren? Das glaube ich nicht, aber wir können es zumindest versuchen. Es ist eine sehr alte Versuchung, denn sie begleitet den Menschen seit Anbeginn. Bevor die Stammeltern vom Baum der Erkenntnis von Gut und Böse aßen, sagte die Schlange zur Frau: „Du wirst nicht sterben!" (Gen 3,4). Meiner Meinung nach täuscht uns eine bestimmte, von der modernen Wissenschaft inspirierte Ideologie gerade dadurch, dass sie behauptet, einen „neuen Menschen" zu schaffen, der in der *Kontingenzbewältigung*[150] nur auf seine eigene Kraft vertraut. Andererseits kommt der Versuch, sexuelle Identitäten zu pluralisieren, einer Neutralisierung des sexuellen Unterschieds zwischen Mann und Frau als ursprünglichem Unterschied gleich.

Die Überwindung des Alleinseins findet dann in der Dimension des Leibes statt. Mit der Erschaffung der Frau bilden sich die beiden grundlegenden Dimensionen des personalen Seins, die in den Leib eingeschrieben sind: die Dimension des metaphysischen Alleinseins, d. h. ihr Sein als eine von anderen Substanzen getrennte Substanz, und die gemeinschaftliche Dimension, d. h. die Offenheit für den anderen Menschen, die Möglichkeit der Überwindung des Alleinseins in der Gemeinschaft. In Wojtyłas Theaterstück *Strahlung des Vaters* sagt der (männliche) Erzähler: „Du hast mich nicht verschlossen gemacht, mich nicht versperrt. Einsamkeit gibt es gar nicht auf dem Grund meines Seins, sie erwächst aus einem bestimmten Punkt".[151]

---

150 Der Ausdruck „Kontingenzbewältigung" wurde vom deutschen Philosophen Hermann Lübbe geprägt.
151 KAROL WOJTYŁA, *Der Bruder unseres Gottes – Strahlung des Vaters. Zwei Dramen*, Herder, Freiburg i. Br. 1981, 137.

Der Leib ist Unterscheidung und Offenheit zugleich: Die Materialität trennt, richtet aber auch auf den Anderen aus. Der Sexualtrieb selbst, der in die Struktur des Leibes eingeschrieben ist und mit den höher entwickelten Tieren geteilt wird, richtet den Menschen auf die Person des anderen Geschlechts aus und besitzt somit nicht nur einen natürlichen, sondern auch einen personalistischen Sinn.[152] Mann und Frau erleben diesen Impuls in der Ganzheit ihres personalen Seins: auf somatischer, emotionaler und geistiger Ebene. So macht die sexuelle Neigung selbst in der Erfahrung des Menschen die Worte Gottes aus dem Buch Genesis gegenwärtig: „Es ist nicht gut, dass der Mensch allein ist" (Gen 2,18).

In der Erfahrung des Leibes liegt also die Wahrheit des personalen Seins, wonach die Person eine metaphysische Substanz ist, die mit einer anderen Person / anderen Personen in Beziehung treten muss, um das, was sie ist, voll zu verwirklichen. Diese Beziehung findet ihren Höhepunkt in dem, was Wojtyła (und später Johannes Paul II.) die „*communio personarum*", die Gemeinschaft der Personen, nennt. Diese Gemeinschaft ist nicht einfach eine Gruppe mit denselben Interessen oder anderen Gemeinsamkeiten; sie ist etwas Tieferes; sie berührt die existentielle Ebene des Menschen. Wir können sagen, dass im Buch Genesis auf der Grundlage der existenziellen Kommunikation zwischen Mann und Frau („Es ist gut, dass es dich gibt") ihre existenzielle Gemeinschaft hergestellt wird („sie werden ein Fleisch").

Wir sehen, dass wir uns hier an den Antipoden eines einflussreichen Strangs der modernen Philosophie befinden, der von Hobbes bis Marx und Sartre reicht. Auch Thomas Hobbes, der als Vater der modernen politischen Philosophie gilt, geht bei seinen Überlegungen vom Urzustand des Menschen aus (für ihn ist dieser Zustand der natürliche, vorpolitische), und auch für ihn befindet sich der Mensch am Anfang in einer Situation, die wir als „ursprüngliches Alleinsein" bezeichnen könnten. Bei Hobbes ist der Sinn des Alleinseins jedoch ein völlig anderer als in der Analyse von Johannes Paul II.

---

152 In *Person und Tat* stellt sich Wojtyła die Frage: „Stammt die Bedeutung der Triebe in der Person vor allem aus der subjektiven Kraft der somatischen Reaktionen her, die sich aufgrund dieser Kraft selbst freisetzen – oder stammt sie eher vom objektiven Wert des Zieles her, auf den der Mensch durch diese Reaktionen gerichtet ist? [...] Im Hinblick auf den rationalen Charakter der menschlichen Person müsste man diese Frage eher in der zweiten Hinsicht beantworten", KAROL WOJTYŁA, *Person und Tat*, 252.

Der Hobbessche Naturzustand ist durch den inhärenten Konflikt gekennzeichnet, der sich aus der unbegrenzten Freiheit eines jeden Menschen ergibt. Uneingeschränkte Freiheit birgt auch ein Aggressionspotenzial in sich, sogar die Möglichkeit, den Anderen zu töten, wenn er meine Freiheit, zu tun, was ich will, in irgendeiner Weise behindert. So ist das Leben des Menschen im Naturzustand – wie Hobbes es beschreibt – „solitary, nasty, brutish and short".[153] In dieser Sichtweise ist der Naturzustand also durch ursprüngliche Feindschaft gekennzeichnet, durch den berühmten Krieg „aller gegen alle". In der ursprünglichen Situation erscheint der Mensch als eine Bedrohung für den anderen Menschen: *„homo homini lupus"*. Niemand will in einer solchen Situation bleiben. Selbst gegen den Mächtigsten, der versuchen könnte, andere seinem Willen zu unterwerfen, kann sich die Masse durchsetzen. In dieser Situation hat man ebenso viel Recht wie Macht, und da niemand absolute Macht besitzt, kann sich auch niemand sicher fühlen. Was ist also die Lösung? Man kann den Konflikt gewissermaßen vorwegnehmen, jeder kann einen Teil seiner Freiheit aufgeben, den Teil, der es ihm ermöglicht, das Leben des Anderen zu bedrohen. Ein solcher Verzicht erweist sich als vorteilhaft für alle und ist genau die Grundlage des Gesellschaftsvertrags. So entsteht der politische Staat – in unserer Terminologie würden wir sagen: der historische Staat, in dem der Raum geschaffen wird, der das menschliche Leben ermöglicht.

Der gleiche Gedanke der ursprünglichen Feindschaft findet sich auch in der politischen Philosophie von Karl Marx. Dort drückt sich diese Feindschaft in der Form des Konflikts zwischen gesellschaftlichen Klassen aus, der bei ihm die grundlegende, die Geschichte vorantreibende Kraft darstellt.[154] Auch in der Anthropologie Sartres, in der der Mensch seine Subjektivität bestätigt, indem er die Dinge mit seinem Blick transzendiert, wird die Anwesenheit des Anderen eher als Bedrohung seiner Freiheit empfunden. Indem das Subjekt dem Anderen begegnet, trifft es (und stößt mit ihr zusammen) auf eine andere Subjektivität, die es, indem sie die Welt betrachtet, in

---

153 THOMAS HOBBES, *Leviatano* Kap. XIII.
154 Es scheint, dass bei Marx die Idee des Paradieses auf Erden vom Anfang an das Ende der Geschichte verlagert wird und gleichbedeutend ist mit der Einführung einer klassenlosen Gesellschaft. Doch der Weg zu diesem Ziel erfordert und rechtfertigt das Opfer vieler Menschenleben, die der Verwirklichung dieses edlen Ziels im Wege stehen.

ihrer eigenen Welt objektiviert. Diese Objektivierung schließt auch das Subjekt selbst ein, das so zum Objekt in der Welt des Anderen wird. Für Sartre ist eine solche Situation konfliktbeladen – schon die Begegnung mit dem Blick eines anderen Menschen ist der Beginn des ursprünglichen Konflikts. In diesem Konflikt kann man versuchen, den Blick des Anderen zu unterdrücken, indem man ihn tötet; aber man kann auch versuchen, die Bedeutung seines Blicks zu verändern, ihn zwingen, die Position des Objekts in meiner Welt zu akzeptieren. Das klassische Beispiel für eine solche Unterwerfung findet sich in Hegels berühmter Herr-Knecht Dialektik. Es ist nicht schwer, diese Ansicht auch in jener Philosophie zu finden, die den grundlegenden Konflikt zwischen den Geschlechtern (oder sogar ihren Krieg) theoretisiert.

Natürlich leugnet Johannes Paul II. nicht, dass im Menschen eine menschliche Aggressionsladung existiert, die zu Konflikten führen kann. Allzu oft begegnen wir in unserer Welt dem Gesicht des Kain. Für Kain ist diese Ladung jedoch nicht ursprünglich, sie drückt nicht die ursprüngliche Wahrheit des Menschen aus; das Aggressionspotenzial ist eine Folge der Sünde, durch die die Konkupiszenz in das menschliche Herz eingedrungen ist. Wir werden noch einmal sehen, wie die Erbsünde eine Art anthropologischen Schock darstellt, weil die Konkupiszenz ein Ungleichgewicht in den inneren Kräften des Menschen und damit auch in den zwischenmenschlichen Beziehungen hervorruft. In der ursprünglichen Situation hingegen findet der Mensch die Bestätigung seines Menschseins nicht in der Unterwerfung des Anderen unter den eigenen Willen, sondern in der Selbsthingabe an den Anderen, die zur *„communio personarum"* – der Gemeinschaft der Personen – führt. In der Gemeinschaft gehört die Person, deren Grundstruktur die des Selbstbesitzes ist, der anderen Person, ohne jedoch diese Zugehörigkeit als Einschränkung der eigenen Freiheit zu erleben, sondern vielmehr als Voraussetzung für deren Möglichkeit. In der *„communio personarum"* findet die Freiheit also ihre Erfüllung in der Selbsthingabe, die die Identität der Person tiefgreifend verändert. Der Mensch, der schon in seinem ursprünglichen Alleinsein auf der Suche nach seiner eigenen Identität war, findet diese vollständig in der Gemeinschaft – von diesem Moment an wird seine Identität gemeinschaftlich. In der Gemeinschaft existieren die

Personen nicht nur nebeneinander, sondern der eine existiert „für" den Anderen. Hier stoßen wir wieder auf die anthropologische Bedeutung des Geschlechtsunterschieds. Seine Dynamik ist anders als die von Hobbes oder Sartre beschriebene. Sie wendet den Mann der Frau zu und die Frau dem Mann, so dass beide die Bestätigung dessen, was sie sind – nämlich Mann und Frau – nur in ihrer gegenseitigen Beziehung finden. In dieser Dynamik wird der Andere nicht als Bedrohung, sondern als unverzichtbare Ergänzung erlebt. Die Weiblichkeit offenbart die Bedeutung der Männlichkeit und umgekehrt. Der Papst schreibt:

> „Gerade die Funktion des Geschlechts, das ja in gewisser Hinsicht ein ‚konstitutiver Bestandteil der Person' (nicht nur ein ‚Attribut der Person') ist, macht deutlich, wie tief der Mensch mit seinem ganzen geistigen Alleinsein, mit der Einmaligkeit und Unwiederholbarkeit seiner Person durch den Leib als ‚er'bzw. ‚sie' geprägt wird. Das Vorhandensein des weiblichen Elementes neben und zusammen mit dem männlichen bedeutet eine Bereicherung für den Menschen in jeder Phase seiner Geschichte."[155]

Der Leib erscheint also nicht als Faktor der Unterscheidung und Trennung, sondern als Prinzip der Gemeinschaft: Der Mann ist für die Frau da und die Frau für den Mann. Das ist es, was Johannes Paul II. die bräutliche Bedeutung des Leibes nennt. Der Leib in seiner sexuellen Konfiguration enthält in sich „die Fähigkeit, Liebe auszudrücken"[156], das Potenzial, nicht nur „mit", sondern auch „für" zu sein, was die personale Existenz kennzeichnet. Natürlich darf man auch hier nicht außer Acht lassen, dass der Leib eines anderen Menschen missbraucht werden kann. In der historischen Situation ist diese Möglichkeit real, wie das Phänomen des sexuellen Schamgefühls beweist, das wir im nächsten Kapitel untersuchen werden. Aber wie wir sehen werden, verweist die Scham selbst auf das ursprüngliche Gefühl des sexuellen Unterschieds zurück, für das das Bedürfnis nach Gemeinschaft in den Leib eingeschrieben ist. „Es ist nicht gut, dass der Mensch allein ist" (Gen 2,18).

---

155 JOHANNES PAUL II., *Die menschliche Liebe im göttlichen Heilsplan*, 124 (10,1).
156 Vgl. JOHANNES PAUL II., *Die menschliche Liebe im göttlichen Heilsplan*, 148 (15,1).

In dieser Perspektive erscheint der sexuelle Akt – „sie werden ein Fleisch" – als Zeichen und Verwirklichung der Einheit von Mann und Frau. Nur so behält er das ganze existenzielle Gewicht, was ihm eigen ist. In der Sprache des Leibes drückt der sexuelle Akt die ganze Selbsthingabe an die Person des anderen Geschlechts aus und verwirklicht die gegenseitige Zugehörigkeit der Personen, die den Kern der ehelichen Liebe bildet. Um die als Selbsthingabe verstandene Liebe zum Ausdruck zu bringen, muss der sexuelle Akt auch die Qualität der Transzendenz besitzen. Es geht darum, aus sich selbst herauszugehen, um den Anderen als einen Anderen zu empfangen, den Anderen um seiner selbst willen zu bejahen und ihn nicht nur als Mittel zur Selbstverwirklichung zu behandeln. Daher ist wahre Liebe für eine Philosophie, die vor allem die Fähigkeit zur Selbsttranszendenz leugnet, nicht möglich. Im Rahmen einer solchen Philosophie wird jedes „Ich liebe dich" zwangsläufig zu einem Ausdruck der Selbstliebe. Wenn die Realität des Menschen so wäre, wie Hume sie beschreibt – „we never advance one step beyond ourselves" – dann wäre die Liebe des Anderen eine Illusion. Wenn Männer und Frauen jedoch die Liebe als Geschenk erleben, bedeutet dies, dass das Bedürfnis, aus sich selbst herauszugehen, Teil ihrer elementaren Erfahrung ist. Die Fähigkeit der horizontalen Transzendenz, die wir oben analysiert haben, die Möglichkeit, aus sich selbst herauszugehen und sich der Wahrheit zuzuwenden, die nicht von uns abhängt, bedeutet, dass dieses Bedürfnis erfüllt werden kann.

Bei der Erfahrung der Liebe als Selbsthingabe ist auch der vertikale Weg der Person beteiligt. Die Liebe zwischen Mann und Frau, die die Grundlage ihrer Gemeinschaft ist, eine Liebe, die sich in der Dimension des Leibes ausdrückt, findet nicht auf der Ebene der Natur statt (obwohl sie ihr durch die dem Leib eingeschriebene natürliche Neigung „angezeigt" wird), sondern auf der Ebene der Person. Wenn wir die von Wojtyła in *Person und Tat* eingeführte Unterscheidung aufgreifen, können wir sagen, dass die Liebe aus dieser Perspektive nicht nur ‚etwas ist, das im Menschen geschieht', sondern dass sie vor allem eine wirkliche Handlung der Person ist, an der ihre Operativität beteiligt ist. Dies ist möglich, weil der Mensch sich durch vertikale Transzendenz auszeichnet, das heißt, er besitzt sich selbst und kann über sich selbst entscheiden. Johannes Paul II. schreibt:

„Die Formulierung von Gen 2,24 selber weist nicht nur darauf hin, dass die als Mann und Frau geschaffenen Menschen für die Einheit geschaffen sind, sondern auch darauf, dass eben diese Einheit, durch welche sie ‚ein Fleisch' werden, von Anfang an den Charakter einer Verbindung hat, die auf einer Entscheidung gründet ... Der Leib, der durch die Tatsache seiner Männlichkeit bzw. Weiblichkeit von Anfang an beiden hilft (,eine Hilfe, die ihm ähnlich ist'), einander in der Gemeinschaft der Personen zu begegnen, wird in besonderer Weise zum konstitutiven Element ihrer Verbindung, wenn sie Mann und Frau werden. Das aber erfolgt durch gegenseitige Wahl."[157]

Dank der Strukturen des Selbstbesitzes und der Selbstbestimmung ist eine Wahlmöglichkeit gegeben. Wer sich selbst nicht besitzt, kann sich nicht entschließen, sich dem Anderen zu schenken. In der ursprünglichen Einheit offenbaren also die im ursprünglichen Alleinsein entstandenen Strukturen der Selbstbeherrschung und Selbstbestimmung ihren tiefsten Sinn. Sie ermöglichen es, das Alleinsein zu überwinden, was in der „Gemeinschaft der Menschen" passiert. Um noch einmal das Gedicht von Wojtyła zu zitieren: „Ich habe mich selbst davon überzeugt, dass ich nicht ‚isoliert' bin. Ich bin viel mehr ‚eingeschlossen'".[158]

Aber es gibt noch eine dritte Form der Transzendenz, die zum Wesen der Vereinigung von Mann und Frau und zum Wesen des Geschlechtsakts gehört. Es handelt sich hierbei um die auf den Dritten hin ausgerichtete Transzendenz.

3. Die auf den Dritten hin ausgerichtete Transzendenz: Mutterschaft und Vaterschaft

Auf der Grundlage der doppelten Transzendenz der Person, die die Liebe als Geschenk ermöglicht, wird die Einheit zwischen Mann und Frau verwirklicht, die in der Mutter- und Vaterschaft gipfelt. Wir haben es hier mit einer anderen Form der Transzendenz zu tun, nämlich

---

[157] JOHANNES PAUL II., *Die menschliche Liebe im göttlichen Heilsplan*, 126 (10,3).
[158] KAROL WOJTYŁA, *Raggi di paternità* [Strahlung des Vaters], 144. Vgl. KAROL WOJTYŁA, Strahlung des Vaters in: Der Bruder unseres Gottes Strahlung des Vaters, Freiburg-Basel-Wien 1981, 142.

der Transzendenz, die sich auf die dritte Person hin ausrichtet. Diese Dimension ist nicht nur für die philosophische Interpretation der Beziehung zwischen Mann und Frau, sondern für das gesamte Menschenbild von grundlegender Bedeutung. Es lohnt sich, sich darauf zu fokussieren.

Allein die Tatsache, dass in der biblischen Erzählung die Geburt des Kindes nach der Erbsünde stattfindet, ist von großer Bedeutung. Wenn dieser wesentliche Aspekt der Vereinigung von Mann und Frau nach der Sünde verwirklicht wird, dann ist die ursprüngliche Wahrheit des Menschen, auch wenn seine Situation durch die Erbsünde radikal verändert wurde, nicht völlig zerstört worden. Vielmehr bleibt diese Wahrheit in der Geschichte des Menschen immer präsent und stellt für ihn den grundlegenden Bezugspunkt bei der Suche nach seiner Identität dar, die auch in der historischen Phase weitergeht. Auch hier, bei der Zeugung, verwirklichen Mann und Frau die grundsätzliche Offenheit gegenüber dem Anderen, die zur ontologischen Struktur des Menschen gehört. In der Erfahrung der Frau wird diese Offenheit sehr konkret, da das Kind in den ersten Monaten seiner Existenz in ihr lebt; es kann in die Welt hineingeboren werden, weil sie es in ihrer eigenen Innerlichkeit angenommen hat. Diese Erfahrung, die unzählige Frauen im Laufe der Geschichte gemacht haben, hat eine eminente anthropologische Bedeutung, die natürlich auch für den Mann gilt. Immer wieder und trotz verschiedener Formen der Schlussfolgerung bekräftigt sie diese ursprüngliche Wahrheit, dass der Mensch in der Lage ist, den anderen Menschen in sich zu tragen.

Die zum Dritten hin ausgerichtete Transzendenz hat zwei Dimensionen. Einerseits ist es eine Transzendenz hin zum Kind, andererseits aber auch eine Transzendenz auf Gott hin, der im ehelichen Akt gerade als Schöpfer gegenwärtig ist. Johannes Paul II. schreibt:

„Mann und Frau, die sich (im ehelichen Akt) so innig miteinander verbinden, dass sie ‚ein Fleisch werden', so als ob sie jedes Mal aufs Neue und in besonderer Weise das Geheimnis der Schöpfung entdecken, kehren so zu jener Einheit im Menschsein (‚Gebein von meinem Gebein und Fleisch von meinem

Fleisch') zurück, die ihnen ermöglicht, sich gegenseitig zu erkennen und wie beim ersten Mal beim Namen zu nennen."[159] Wir können sagen, dass der Schöpfer die Vereinigung von Mann und Frau gewählt hat, um sich auch in der Geschichte als Schöpfer neuer menschlicher Personen zu zeigen. Jedes Mal, wenn ein neuer Mensch ins Leben gerufen wird, ist er der erste Spender der Existenz. Die Transzendenz der Eheleute in ihrer Vereinigung hat daher die Bedeutung einer Mitwirkung am Schöpfungsakt Gottes.

Die Transzendenz gegenüber dem Dritten, dem Kind, also jene Haltung, die Wojtyła in *Liebe und Verantwortung* beschreibt als das Gewahrsein der Tatsache: „Ich kann Mutter werden; ich kann Vater werden", schützt gleichzeitig den sexuellen Akt vor der Gefahr, zu einem Akt der Benutzung des Leibes des Anderen zum eigenen Vergnügen zu verkommen. Das bedeutet natürlich nicht, dass jeder moralisch richtige Geschlechtsakt fruchtbar sein muss, sondern nur, dass die Perspektive der Transzendenz hin zum Dritten nicht absichtlich ausgeschlossen werden darf. Nur so kann der sexuelle Akt wirklich die ursprüngliche Bedeutung des Eros zum Ausdruck bringen, die schon Platon darin sah, aus dem eigenen engen „Ich" herauszutreten und sich – so könnte man hinzufügen – der radikaleren Neuheit, die ein neues menschliches Leben ist, zu öffnen.

Es ist interessant zu sehen, was passiert, wenn diese Dimension der Transzendenz zum Dritten vernachlässigt wird. In dieser Hinsicht ist der Vergleich von Wojtyłas Vision mit Georges Batailles berühmtem Buch *Die Erotik* aufschlussreich. Der französische Denker entwickelt eine Vision der erotischen Liebe, die zur Gemeinschaft mit dem Anderen tendiert, diese aber letztlich nicht erreicht. Auch für Bataille bedeutet die Individualität, die er Diskontinuität nennt, Einsamkeit, die jedoch nicht überwunden werden kann – eine vollständige Kontinuität mit dem Anderen ist nicht möglich. Der Leib ist der Faktor, der uns voneinander trennt. So bleiben zwei Menschen auch im erotischen Akt immer voneinander verschieden. Das Überschreiten der Diskontinuität bestünde in der Verschmelzung der Personen, was aber das Ende ihrer individuellen Existenz, d. h. den Tod, bedeuten würde. Der Wunsch nach Verschmelzung ist Teil der

---

[159] JOHANNES PAUL II., *Die menschliche Liebe im göttlichen Heilsplan*, 125 (10,2).

Dynamik der erotischen Liebe und führt deshalb zu Gewalt. Es geht darum, die Diskontinuität zwischen den Menschen zu überwinden, was aber nur durch die Verletzung ihrer Individualität erreicht werden kann. Bataille schreibt:

„Im Grunde ist die Sphäre der Erotik eine der Unordnung, der Auslöschung ... Was bedeutet die Erotik der Körper, wenn nicht die Verletzung des Wesens der am Akt Beteiligten? eine Verletzung, die an den Tod grenzt? die an Mord grenzt?"[160]

Die Verwirklichung des Anspruchs im erotischen Akt würde also zur Auslöschung der Person führen, wie es bei einigen Formen der Erotik der Fall ist. In der Regel kommt es jedoch nicht zu einer solchen extremen Folge. Was geschieht dann mit dem erotischen Akt? Nach Bataille wird er als eine Form des Egoismus zweier Menschen erlebt, die ihre Einsamkeit nicht überwinden können und dazu verdammt sind, in ihrem Egoismus gefangen zu bleiben.

„Unterhalb der Schwelle dieser Gewalt – der das Gefühl der ständigen Verletzung der diskontinuierlichen Individualität entspricht – beginnt die Sphäre der Gewohnheit und des Egoismus zu zweit, die eine neue Form der Diskontinuität offenbart."[161]

In dieser Perspektive ist der Mensch letztlich nicht in der Lage, die Kluft zu überwinden, die ihn vom anderen Menschen trennt. So taucht wieder die Vision im Menschen auf, in der „wir nie einen Schritt über uns hinausgehen". In der erotischen Erfahrung muss der Mensch entweder versuchen, die Individualität des Anderen zu unterdrücken und eine Art Verschmelzung mit ihm zu erreichen (was letztlich nicht möglich ist), oder er muss sich mit der Logik der Aneignung zufriedengeben (wie Lévinas sagen würde: der Andere wird hier vergegenständlicht und im Selben aufgelöst).

An dieser Stelle sollten wir uns fragen: Stehen wir wirklich vor einer solchen Alternative? Wie wir bereits gesehen haben, ist in Wojtyłas anthropologischer Vision jeder Mensch getrennt, unterschieden von jedem anderen Menschen, und in diesem Sinne ist er allein (der

---

160 GEORGES BATAILLE, L'erotismo [Die Erotik], 21.
    Siehe auch: BATAILLE, G., BERGFLETH, G. (1994). *Die Erotik*, Berlin 1994.
161 In der italienischen Übersetzung des Buches von Bataille ist dieser Satz ausgeschlossen worden.

erste Sinn des Alleinseins, den wir analysiert haben). Aber das Alleinsein des Leibes ist Teil des Ethos der Person, das von Natur aus gemeinschaftlich ist. So erscheint die Leiblichkeit gleichzeitig als ein Faktor der Trennung und der Gemeinschaft. Gerade weil der Mensch eine Person ist (und nicht nur ein natürliches Wesen), kann er (sie) über sich selbst hinausgehen und mit dem Anderen als Anderem in eine Beziehung treten. Auf diese Weise ist der Mensch als Person nicht zum Egoismus verdammt, sondern kann sich sogar dem Anderen hingeben, was aus der von Bataille skizzierten Perspektive nicht möglich ist. Wojtyłas Gedicht *Strahlung des Vaters* ist es wert, erneut zitiert zu werden:

> „Wie groß die Zahl derer, die zur Überzeugung gelangen, dass keiner von uns eine in sich geschlossene, letzte Ganzheit ist? Wir tragen nur in uns einen Sinn, der uns um ein Unendliches überragt, und doch sind wir an ihn gebunden und abhängig von ihm."[162]

Andererseits hatte Bataille Recht, als er von dem Wunsch nach Verschmelzung sprach, der dem erotischen Akt innewohnt. Auch wenn es stimmt, dass dieser Wunsch nicht in der tatsächlichen Verschmelzung zweier Personen verwirklicht werden kann, realisiert er sich gerade in der Transzendenz zum Dritten, im Ruf des Sohnes zur Existenz. Aber diese Dimension, die Transzendenz zum Dritten, ist in der Vision von Bataille nicht vorhanden. Genau aus diesem Grund scheint seine Vision vor einer Alternative (den Anderen zu unterdrücken oder zu benutzen) stehen zu bleiben, die wir oben diskutiert haben. Da die Verletzung der Individualität des Anderen in der Regel nicht als gangbarer Weg erscheint, kommt man letztlich zwangsläufig zu dem, was Bataille *Egoismus zu zweit* nennt. In unserer Sprache würden wir sagen: „mit dem Benutzen des Leibes des Anderen zu seiner eigenen Befriedigung". Auch im erotischen Akt bestätigt sich das Subjekt als Zentrum seiner eigenen Welt, es verlässt sich nicht selbst, der letzte Bezugspunkt in seinem Handeln bleibt immer sein „Ego". Der Leib bleibt immer ein Faktor der Unterscheidung (in Batailles Sprache

---

162 Karol Wojtyła, *Strahlung des Vaters*, 152.

„der Diskontinuität"), der Mensch ist nicht in der Lage, sein an die Leiblichkeit gebundenes Alleinsein zu überwinden, das ihn von den anderen trennt. Alles ändert sich jedoch, wenn die Möglichkeit der Transzendenz zum Dritten am Horizont des erotischen Aktes erscheint. Der Sohn (oder die Tochter), der die Eigenschaften von Vater und Mutter in sich vereint, ist eine wahre Synthese ihrer Personen. Eine solche Synthese besteht jedoch nicht in der Verletzung der Individualität des Anderen, sondern darin, ein neues Individuum, eine neue Person ins Leben zu rufen. Das Erscheinen eines neuen Menschen, des Kindes, das der Obhut von Mutter und Vater anvertraut ist, führt auch zur Überschreitung der egoistischen Versuchung. Die Anwesenheit der dritten Person erweckt das Gefühl der Verantwortung für den Anderen, was an sich schon darin besteht, die Grenzen des eigenen engen „Ichs" zu überschreiten (wie jede wahre Liebe). Es lohnt sich, an ein Fragment des *Römischen Triptychons* zu erinnern, das Johannes Paul II. gegen Ende seines Lebens geschrieben hat und in dem er noch einmal – wenn auch in einer anderen Sprache – auf das Problem der *Theologie des Leibes* zurückkommt.

„Und wenn sie „ein Fleisch werden"
– welch wundersame Vereinigung –
Dann erscheint an ihrem Horizont
Die Vaterschaft und Mutterschaft
[...]
Sie wissen, dass sie die Schwelle zur größten Verantwortung überschritten haben!"[163]

Zusammenfassend lässt sich sagen, dass in Wojtyłas Anthropologie die Überwindung des Alleinseins in der Gemeinschaft der Personen stattfindet. Auch wenn das Alleinsein „der Konstitution des Leibes innewohnt", ist in der personalen Dimension eine echte Gemeinschaft möglich (die jedoch nicht gleichbedeutend ist mit Verschmelzung). Die Gemeinschaft findet zwischen zwei Polen statt, die das personale Sein ausmachen: zwischen ontischer Subjektivität und Relationalität – In-Beziehung-Sein –, ohne dass einer von beiden ausgelöscht wird.

---

163   JOHANNES PAUL II., Römisches Triptychon. Meditationen, Freiburg-Basel-Wien 2003, 33.

Deshalb besteht die Überschreitung des Alleinseins des Leibes nicht in seiner Unterdrückung, sondern in seiner Annahme. „Dieses Überschreiten verlangt immer, das Alleinsein des Körpers des zweiten ‚Ich' als das eigene anzunehmen".[164] Das Überschreiten des Alleinseins gipfelt in der Mutterschaft und der Vaterschaft, wenn Mann und Frau sich auf den Dritten, das Kind, hinüberbewegen. Wir schließen mit einem weiteren Vers aus *Strahlung des Vaters*: „Und so werden die Menschen frei von diesem Erbe, von der seltsamsten Gemeinschaft – der Gemeinschaft der Einsamkeit".[165]

Kapitel V
Die ursprüngliche Nacktheit: personalistische Ethik

Die dritte Komponente der protohistorischen Erfahrung des Menschen ist letztlich die ursprüngliche Nacktheit. In der Bibel finden wir nur ein einziges Fragment, in dem Nacktheit nicht mit Scham, Ekel oder Missbilligung verbunden ist. Es ist der Text aus dem Buch Genesis, in dem es heißt: „Sie waren nackt und schämten sich nicht" (Gen 2,25). Wir haben es hier mit einer einmaligen und unwiederholbaren Situation im Laufe der Geschichte zu tun. Es ist eine Situation, in der die männliche und weibliche Gestalt des Leibes und alles, was mit der sexuellen Physionomie zusammenhängt, die personale Würde voll zum Ausdruck bringt und als Ausdruck der vollen Wahrheit der Person wahrgenommen wird. In dieser Situation besteht noch nicht die Gefahr, dass die Person auf ein Gebrauchsobjekt reduziert wird, und daher weckt die Nacktheit des Leibes nicht die Scham. Philosophisch gesehen erinnert dieser biblische Text an Martin Heideggers[166] Analyse der ursprünglichen Bedeutung des Wahrheitsbegriffs. Nach Heidegger liegt die Wahrheit, bevor sie eine Entsprechung zwischen Realität und Denken ist, im Sein selbst und besteht in seiner Unverborgenheit, in seiner Offenbarung, die sich dem Blick öffnet. Mit anderen Worten: Die Wahrheit als *manifestatio* geht der Wahrheit als *adaequatio* voraus. Dies sei die ursprüngliche Bedeutung des griechi-

---

164 JOHANNES PAUL II., *Die menschliche Liebe im göttlichen Heilsplan*, 125 (10,2).
165 KAROL WOJTYŁA, *Der Bruder unseres Gottes – Strahlung des Vaters. Zwei Dramen*, Freiburg i. Br. 1981, 174.
166 Vgl. MARTIN HEIDEGGER, „Zeit und Sein" [1962], in *Gesamtausgabe*, Bd. 14, *Zur Sache des Denkens*, Vittorio Klostermann, Frankfurt am Main 2007, 3–30.

schen Wortes „a-lētheia", in dem die Vorsilbe „a" einen verneinenden Sinn hat. Nach Heidegger würde die Wahrheit also ursprünglich Aufrichtigkeit, Freimut, Offenheit, die Unverborgenheit der Dinge ausdrücken. Es ist nicht schwer, hier eine gewisse Affinität zur Analyse der ursprünglichen Nacktheit von Johannes Paul II. zu erkennen. Auch für ihn drückt die Nacktheit die volle Wahrheit des Mannes und der Frau aus, und vor der Erbsünde wurde sie auch in ihrer Fülle wahrgenommen. Genau aus diesem Grund weckt Nacktheit kein Gefühl der Scham. Alles ändert sich nach der Erbsünde, wenn die Sexualität anfängt, die Aufmerksamkeit nur noch auf sich selbst zu lenken und so die Wahrheit des Menschen nicht mehr offenbart, sondern eher verdeckt. In diesem Kapitel werden wir versuchen, die philosophischen Implikationen sowohl der Abwesenheit von Scham in der protohistorischen Situation als auch die ihres Auftretens in der menschlichen Geschichte nach der Erbsünde zu untersuchen.

1. Das Fehlen von Scham als volle Wahrnehmung der personalen Würde

Die Philosophie hat sich seit ihren Anfängen mit dem Gefühl der Scham beschäftigt. Zunächst einmal sei darauf hingewiesen, dass Aidos bereits in der griechischen Mythologie die Göttin der Scham und der Bescheidenheit war. Sie taucht im antiken griechischen Drama auf, zum Beispiel in Aischylos' *Prometheus in Ketten*. In der philosophischen Reflexion wurde das Gefühl der Scham mit der Wahrnehmung von Gut und Böse in Verbindung gebracht. Der gute Mensch empfindet Scham angesichts der Möglichkeit, Böses zu tun. So wurde die Scham zum grundlegenden moralischen Gefühl, das in der Sprache der modernen Philosophie mit dem Gefühl der moralischen Pflicht identifiziert werden könnte. Diese Weise, den Schambegriff zu verstehen, findet sich noch beim hl. Thomas von Aquin, der die Scham als integralen Bestandteil der Tugend des Maßes betrachtet und sie als „Furcht vor etwas Schändlichem" definiert (*Sth* II-II, 144, 1 und *Sth* II-II, 144, 4). Wenn der tugendhafte Mensch mit unanständigen Dingen konfrontiert wird, erfährt er sich durch das Gefühl der Scham gehemmt. Er würde sich nicht nur vor den anderen, sondern vor allem vor sich selbst schämen, sie begangen zu haben.

Im Laufe der Geschichte wurde der Begriff der Scham immer mehr mit der Sphäre der Leiblichkeit und insbesondere mit der Sexualität in Verbindung gebracht, so dass sich das lateinische Wort *pudenda* auf die (insbesondere weiblichen) Geschlechtsorgane bezog. Der Zusammenhang zwischen Scham und Leiblichkeit wird bei zwei modernen Philosophen deutlich, die das Gefühl der Scham analysiert haben: Vladimir Solowjow und Max Scheler (Letzterer ist für uns natürlich von besonderem Interesse, da er in gewisser Weise die Abhandlung der Scham in Wojtyłas *Liebe und Verantwortung* inspiriert hat).[167] Sowohl Solowjow als auch Scheler betrachten Bescheidenheit als ein rein personales und menschliches Phänomen – nur ein Wesen, in dem sich die materielle und die geistige Welt treffen, kann Scham empfinden. Ein Tier kann sich angesichts der Bedrohung durch das Böse fürchten, aber genaugenommen kann es keine Scham empfinden. Das Phänomen der Scham setzt die Möglichkeit der Distanzierung von der eigenen Natur voraus, und eine solche Distanzierung existiert nur im personalen Wesen. Es ist auch schwierig, bei Gott an Scham zu denken. Gott ist Person (Personen), aber er kann keine Handlung ausführen, die seiner Vernunft widerspricht und für die er sich schämen müsste. So wird die Scham als ein für die menschliche Person charakteristisches Gefühl offenbart.

Wofür schämt sich der Mensch? Was ist die Ursache für dieses Gefühl? Solowjow sieht die Ursache in der Beziehung des Menschen zu seiner eigenen Natur. Es ist gerade die Natur, die in gewissem Sinne zu einer Quelle der Scham für den geistigen Menschen wird. Solowjow schreibt:

> „Unabhängig von allen Überlegungen über den empirischen Ursprung der menschlichen Scham hat dieses Gefühl die grundlegende Bedeutung, die ethische Beziehung des Menschen zur

---

[167] Es ist erwähnenswert, dass FRANCISZEK SAWICKI (1877–1952), ein bedeutender Theologe und Geschichtsphilosoph, Schelers Gedanken zur Scham analysiert und mit der Abhandlung des heiligen Thomas von Aquin verglichen hat. In seinem Buch *Fenomenologia wstydliwosci* [Phänomenologie der Scham], Krakau 1949, befasste sich Sawicki insbesondere mit der sexuellen Scham. Nach Sawicki schämt sich der Mensch der sexuellen Aktivität, weil sie mit der Tierwelt gemeinsam ist und nicht direkt mit dem Gebrauch der Vernunft verbunden ist. Es ist sehr wahrscheinlich, dass Wojtyła das diesbezügliche Denken Schelers durch Sawicki kennengelernt hat, der im Übrigen am Anfang des Kapitels über das Schamgefühl in *Liebe und Verantwortung* ausdrücklich erwähnt wird, vgl. KAROL WOJTYŁA, *Liebe und Verantwortung. Eine ethische Studie*, Kleinhain 2010, 256.

physischen Natur herzustellen. Der Mensch schämt sich seiner Herrschaft über sie oder seiner Unterordnung unter sie (vor allem in ihrer größten Ausprägung) und erkennt so in Bezug auf sie seine innere Unabhängigkeit und hohe Würde, aufgrund derer er sie beherrschen und nicht von ihr beherrscht werden muss."[168]

Eine ähnliche Auffassung finden wir auch bei Scheler, der in dieser Hinsicht noch mehr als Solowjow den Gegensatz zwischen der Geistigkeit des Menschen und der Materialität seines Körpers hervorhebt. Über den Ursprung des Schamgefühls stellt Scheler fest:

> „Etwas wie eine Unausgeglichenheit und eine Disharmonie des Menschen zwischen dem Sinn und dem Anspruch seiner geistigen Person und seiner leiblichen Bedürftigkeit gehört also zur Grundbedingung des Ursprungs dieses Gefühls [der Scham]. Nur weil zum Wesen des Menschen ein Leib gehört, kann er in die Lage kommen, sich schämen zu müssen; und nur weil er sein geistiges Personsein als wesensunabhängig von einem solchen ‚Leibe' erlebt und von allem, was aus dem Leibe zu kommen vermag, ist es möglich, dass er in die Lage kommt, sich schämen zu können."[169]

Es ist nicht schwer, in Schelers Text die Unterscheidung zwischen Immanenz und Transzendenz der Person in Bezug auf ihren Leib zu erkennen, die wir in unserer Transphänomenologie des Leibes erörtert haben, auch wenn sowohl Solowjow als auch Scheler der platonischen Auffassung von der im Körper wohnenden Seele näher zu stehen scheinen. In jedem Fall stimmt Wojtyła der Feststellung zu, dass die Person sich nur für das schämen kann, was sie innerlich erlebt hat und nicht ihrer Kontrolle unterliegt. Dies kann sich auch auf sexuelle Reaktionen beziehen, die nicht der Kontrolle ihres Willens unterworfen sind. Scham ist also mit der Strebung verbunden, das zu verbergen, wofür man sich schämt. Es wäre jedoch falsch zu glauben, dass Schamgefühle nur durch das ausgelöst werden, was man in irgendeiner Weise als „schlecht" oder jedenfalls unwür-

---

168 Vladimir Solowjow, *Il bene nella natura umana* [Das Gute in der menschlichen Natur], Turin 1925, 15–16.
169 Max Scheler, *Über Scham und Schamgefühl*, in *Gesammelte Werke*, Bd. 10, Bern 1957, 69.

dig für die Person betrachtet. Unter bestimmten Umständen kann man sich sogar für das schämen, was an sich gut ist. Wie Wojtyła bemerkt, geht es in diesem Fall beim Schamgefühl nicht um eine gute Sache oder Handlung, sondern vielmehr um die Tatsache, dass „etwas, das seinem Wesen oder seiner Bestimmung nach privat sein soll, die Grenze der Privatsphäre einer Person überschreitet und auf irgendeine Weise öffentlich wird".[170] Genau das ist der Fall beim sexuellen Schamgefühl, bei der Männer und Frauen versuchen, ihre Geschlechtsorgane zu verbergen, sicherlich nicht aus Scham darüber, sie zu besitzen. Die Funktion des Schamgefühls kann in diesem Fall nur dann vollständig verstanden werden, wenn wir über die Ebene der phänomenologischen Beschreibung ihrer Erscheinungsformen hinausgehen und versuchen, sie zusammen mit dem Sein selbst der Person zu verstehen, das heißt, wenn wir eine Metaphysik des Schamgefühls entwickeln. Dann können wir verstehen, dass sexuelle Scham nicht nur eine Frage der Kultur ist (von der ihre verschiedenen Erscheinungsformen sicherlich abhängen), sondern dass sie im Logos und Ethos der menschlichen Person verwurzelt ist. Genau das schlägt uns Wojtyła vor.

Bei dem Versuch, die Bedeutung der sexuellen Scham zu verstehen, bietet uns das Buch Genesis eine wertvolle Hilfe. Auch hier wollen wir den geoffenbarten Text eher als ein Zeugnis menschlicher Erfahrung betrachten, das im Prinzip auch von denjenigen verstanden werden kann, die den religiösen Glauben nicht teilen. Der geoffenbarte Text befragt das, was zur elementaren menschlichen Erfahrung gehört. Tatsächlich geht es um seine grundlegende personale Würde, die die Basis aller moralischen Erfahrung ist. In diesem Punkt der *Theologie des Leibes* von Johannes Paul II. finden wir in gewissem Sinne eine Synthese aller personalistischen Ethiken, die von dem Philosophen Wojtyła und seinen Schülern entwickelt wurden.

Zunächst ist festzustellen, dass das sexuelle Schamgefühl aus biblischer Sicht kein ursprüngliches Phänomen ist, d. h. der Mensch, der von Anfang an sowohl ein geistiges als auch ein materielles Wesen ist, findet ursprünglich keinen Grund, sich seiner Natur zu schämen, auch nicht der Zeichen seiner sexuellen Natur. Das Fehlen von Scham ist auch kein Zeichen für die ontologische und moralische Unterent-

---

170 Karol Wojtyła, *Liebe und Verantwortung. Eine ethische Studie*, Kleinhain 2010, 256.

wicklung des Menschen, so als ob der Mensch als Person noch nicht voll erwacht wäre. Gemäß einer solchen Sichtweise wäre sich der Mensch vor der Ursünde seines personalen Seins und seines Unterschieds zur Tierwelt nicht voll bewusst gewesen. Im vollen Sinne als Person zu existieren, würde dann bedeuten, sich für das zu schämen, was der Mensch mit der materiellen Welt gemeinsam hat. In der Tat scheint Solowjow mit seinem Verweis auf das Buch Genesis eine genau solche Interpretation vorzuschlagen. Der russische Autor legt Adam die folgenden Worte in den Mund:

> „Ich hörte die göttliche Stimme, ich hatte Angst vor dem Erwachen und der Offenbarung meiner niedrigen Natur: *Ich schäme mich, deshalb existiere ich*; ich existiere nicht nur physisch, sondern auch moralisch, ich schäme mich meiner tierischen Natur, deshalb existiere ich noch als Mensch."[171]

Solowjow fügt hinzu: „Durch sein eigenes Handeln und den Beweis seines Seins erlangt der Mensch ein moralisches Selbstbewusstsein".[172]

Wie wir bereits gesehen haben, erfährt der Mensch aus der Sicht von Johannes Paul II. seine metaphysische und moralische Geburt bereits vor dem Erwachen der Scham, in dem Moment, in dem er in kognitiven Kontakt mit der Welt tritt. In der protohistorischen Situation ist das Fehlen von Schamgefühl nicht mit der moralischen Unterentwicklung des Menschen verbunden, sondern ergibt sich im Gegenteil aus der Fülle des Verständnisses für die Bedeutung des Leibes. Der Mensch lebt seine Struktur des Selbstbesitzes und der Selbstbeherrschung voll aus und nimmt daher sowohl seinen eigenen Leib als auch den des Anderen als transparentes Zeichen seiner und der anderen Person wahr. Er braucht sich seiner „niederen" oder „animalischen Natur" nicht zu schämen, weil er keine Spaltung zwischen dem Personalen und dem Materiellen erfährt. Der Leib bringt hier die Person und ihre Würde voll zum Ausdruck. Selbst die Zeichen seiner geschlechtlichen Konfiguration ziehen die Aufmerksamkeit nicht auf sich selbst, sondern bleiben durchsichtig – sie drücken das personale Subjekt aus, das ihr Träger ist. Deshalb ist die zwischen-

---

171 VLADIMIR SOLOWJOW, *Il bene della natura umana* [Das gute der menschlichen Natur], Turin 1925, 10–11.
172 VLADIMIR SOLOWJOW, *Il bene della natura umana* [Das gute der menschlichen Natur], Turin 1925, 10–11.

menschliche Beziehung angstfrei, der Blick des Anderen wird nicht als Gefahr der Objektivierung (in dem von Sartre analysierten Sinne, d. h. als Versuch, den Anderen auf das Objekt der eigenen Welt zu reduzieren, ihn zum Gegenstand des eigenen Genusses zu machen) erlebt, sondern offenbart dem Menschen den Wert, den er in den Augen des Anderen besitzen kann. So ist die Begegnung der Augen von Vertrauen, Offenheit, Aufrichtigkeit durchdrungen und drückt die Fülle der personalen Kommunikation aus. Johannes Paul II. schreibt:

> „Daher ist jede naturalistische Deutung zum Scheitern verurteilt, während nur die personalistische Deutung uns eine große Hilfe sein kann. Gen 2,25 spricht ganz klar von etwas Außerordentlichem; es reicht weit über alles hinaus, was uns die menschliche Erfahrung über die Scham zu sagen weiß. Es entscheidet zugleich über die besondere Fülle der zwischenpersönlichen Kommunikation, die im Herzen jener Gemeinschaft gründet, welche sich so offenbart und entfaltet."[173]

Wir werden im Folgenden noch einmal auf das „personalistische Kriterium" zurückkommen, das uns in diesem Zusammenhang als Schlüssel zum Verständnis der protohistorischen Situation des Menschen dient. Jenes Kriterium hat auch nach der radikalen Veränderung des menschlichen Herzens infolge der Erbsünde seine Gültigkeit nicht verloren. Gerade das Phänomen der sexuellen Scham, das nach der Sünde auftritt, zeugt von der Präsenz dieses Kriteriums auch in der Erfahrung des Menschen, für den die Nacktheit ihre Transparenz gegenüber der vollen Wahrheit der Person verloren hat. Im Buch Genesis heißt es: „Da gingen beiden die Augen auf, und sie erkannten, dass sie nackt waren" (Gen 3,7). Dabei geht es natürlich nicht um den Gebrauch des Sehvermögens und auch nicht um die Erkenntnis, dass sie – wie Solowjow es ausdrückt – eine tierische Natur besitzen. Vielmehr geht es um die radikale Veränderung des Blicks des Menschen auf den anderen Menschen (des Mannes auf die Frau und der Frau auf den Mann). Theologisch gesehen besteht die Erbsünde im Bruch des ursprünglichen Bundes des Menschen mit Gott, aber in der von Johannes Paul II. skizzierten Perspektive hat die Erbsünde auch eine phänomenologische und anthropologische Dimension. In gewissem

---

[173] JOHANNES PAUL II., *Die menschliche Liebe im göttlichen Heilsplan*, 136 (12,5).

Sinne kann man sagen, dass es sich um eine Art anthropologischer Erschütterung handelt, die das Gleichgewicht der Kräfte der Innerlichkeit des Menschen erschüttert (was in der theologischen Sprache „Konkupiszenz" genannt wird). Von diesem Moment an braucht der Mensch die moralische Anstrengung, um die ursprüngliche Transparenz seines Blicks in der Wahrnehmung des Leibes des Anderen und seines eigenen Leibes wiederzuerlangen. Mit der Erbsünde verliert der Mensch nämlich die ursprüngliche Gewissheit, dass er das Abbild des unsichtbaren Gottes in der sichtbaren Welt ist. Er erlebt seinen Leib nicht mehr spontan und unmittelbar als „Bild des Ebenbildes", als sichtbares Zeichen des Gottesbildes, das er selbst ist. Der Leib verliert für ihn den Status eines transparenten *Zeichens* und wird zu einem Grund für Angst und Scham. „Da geriet ich in Furcht, weil ich nackt bin, und versteckte mich" (Gen 3,10).

Der Mensch versteckt sich, weil er nicht nackt gesehen werden will. Der Leib in seiner sexuellen Konfiguration beginnt für ihn eher ein interpretationsbedürftiges Zeichen zu sein, das durch die seinem ontologischen Status angemessene Haltung gedeutet werden muss. Aber diese Deutung erfordert bereits eine moralische Anstrengung seitens des Subjektes; sie ist ihm nicht mit der gleichen Natürlichkeit gegeben, mit der es den Leib vor der Erbsünde wahrgenommen hat. Anthropologisch gesehen hat der Wandel des Blicks des Menschen auf andere und auf sich selbst seine Wurzeln im „Riss der ursprünglichen geistig-körperlichen Einheit des Menschen".[174] Nach der Erbsünde sind die grundlegenden Strukturen des personalen Seins, von denen wir vorhin gesprochen haben, ständig bedroht: der Selbstbesitz und die Selbstbeherrschung, d. h. die Strukturen, die die Transzendenz der Person ausmachen. Von nun an erfordern Selbstbesitz und Selbstbeherrschung eine gewisse Anstrengung des Menschen, der nicht immer in der Lage ist, diese Aufgabe adäquat zu erfüllen. Dies äußert sich auf unterschiedliche Weise. Manchmal haben wir es mit dem zu tun, was Wojtyła in *Person und Tat* „die Emotionalisierung des Bewusstseins"[175] nennt. Es kommt vor, dass die vom Subjekt erlebten Emotionen sehr stark sind und sozusagen in sein Bewusstsein

---

[174] JOHANNES PAUL II., *Die menschliche Liebe im göttlichen Heilsplan*, 217 (28,2).
[175] Vgl. KAROL WOJTYŁA, *Person und Tat*, I, 1, 5. *Das Problem der Emotionalisierung des Bewußtseins*, 62ff.

eindringen. Das Bewusstsein objektiviert sie nicht mehr, sondern reflektiert sie lediglich. Das Subjekt beherrscht sie nicht angemessen, unterwirft sie nicht dem Kriterium der Wahrheit, sondern lässt sich von ihnen mitreißen. Wojtyła schreibt:

> „Die Emotionalisierung des Bewusstseins beginnt dann, wenn in der Widerspiegelung die Bedeutung der einzelnen Gefühlstatsachen und der von ihnen umfassten Gegenstände verschwindet, wenn die Gefühle gleichsam über ihr aktuales Verstehen durch den Menschen hinauswachsen. Das ist der eigentliche Zusammenbruch der Selbsterkenntnis."[176]

Die von der Person erlebten Emotionen – die zu dem gehören, was „im Menschen geschieht", und an sich noch nicht ihr Handeln im eigentlichen Sinne sind – beziehen also den Willen des Subjekts mit ein und bedingen letztlich ihr Handeln. Wir haben es hier mit einem Paradoxon zu tun, das im menschlichen Leben seit der Erbsünde häufig auftritt. Der heidnische Dichter Ovid drückte es auf unvergleichliche Weise aus (und bestätigte damit die Einzigartigkeit dieser Erfahrung): *„Video meliora proboque, deteriora sequor* – ich sehe das Bessere und heiße es gut, dem Schlechteren folge ich" (*Metamorphosen*, VII, 20–21). Unser menschliches Dasein ist durch die sittliche Kontingenz gekennzeichnet. Es reicht nicht aus, die Wahrheit und das Gute zu erkennen, um die richtige Wahl zu treffen. Darüber hinaus ist das, was wir tun, nicht immer identisch mit dem, was wir wollen. Es gibt nämlich die Oberfläche unseres Ichs, wo wir manchmal das Gefühl haben, etwas tun zu wollen. Doch nicht immer deckt sich das, wozu wir Lust haben, mit dem, was wir wirklich wollen. Es gibt auch ein tieferes Selbst, in dem unsere wahren personalen Wünsche präsent sind, was wirklich zu unserer Selbstverwirklichung führt. Indem das Subjekt eine moralisch schlechte Handlung begeht, führt es etwas in sein eigenes Selbst ein, das seine Person nicht stärkt, sondern sie vielmehr schwächt, weil die Tat dem zuwiderläuft, was seine Personalität ausmacht. Die sittliche Kontingenz des Menschen besteht darin, dass er nicht immer so zu handeln vermag, wie er es wirklich will, sondern manchmal dem nachgibt, wonach ihm gerade ist.

---

[176] KAROL WOJTYŁA, *Person und Tat*, 65.

Zudem ist der Mensch in der Lage in der extremen Konsequenz, die dennoch möglich ist, sich selbst als Mittelpunkt der Welt zu betrachten und damit alles seinen eigenen Interessen unterzuordnen. Dies ist in der Beziehung zu anderen Menschen, ja sogar in der Beziehung zu Gott möglich. Die menschliche Person hat die Möglichkeit, sich nicht für Gott zu interessieren und sich in einer Art absolutem Egoismus in den Mittelpunkt des Universums zu stellen. Sie hat aber auch die Möglichkeit, sich nicht für die Wahrheit zu interessieren und sich selbst zum Prinzip der gesamten Wirklichkeit zu machen. Friedrich Nietzsche hat dieses emblematisch ausgedrückt:

„Der Wille zur Wahrheit, der uns noch zu manchem Wagnisse verführen wird, jene berühmte Wahrhaftigkeit, von der alle Philosophen bisher mit Ehrerbietung geredet haben: was für Fragen hat dieser Wille zur Wahrheit uns schon vorgelegt! Welche wunderlichen schlimmen fragwürdigen Fragen! Das ist bereits eine lange Geschichte, – und doch scheint es, dass sie kaum eben angefangen hat? Was Wunder, wenn wir endlich einmal misstrauisch werden, die Geduld verlieren, uns ungeduldig umdrehn? Dass *wir* von dieser Sphinx auch unserseits das Fragen lernen? *Wer* ist das eigentlich, der uns hier Fragen stellt? *Was* in uns will eigentlich ‚zur Wahrheit'? – In der That, wir machten lange Halt vor der Frage nach der Ursache dieses Willens, – bis wir, zuletzt, vor einer noch gründlicheren Frage ganz und gar stehen blieben. Wir fragten nach dem *Werthe* dieses Willens. Gesetzt, wir wollen Wahrheit: *warum nicht lieber* Unwahrheit? Und Ungewissheit? Selbst Unwissenheit? – Das Problem vom Werthe der Wahrheit trat vor uns hin, – oder waren wir's, die vor das Problem hintraten? Wer von uns ist hier Oedipus? Wer Sphinx? Es ist ein Stelldichein, wie es scheint, von Fragen und Fragezeichen. – Und sollte man's glauben, dass es uns schließlich bedünken will, als sei das Problem noch nie bisher gestellt, – als sei es von uns zum ersten Male gesehen, in's Auge gefasst, *gewagt*? Denn es ist ein Wagnis dabei, und vielleicht gibt es kein größeres."[177]

---

177 Friedrich Nietzsche, *Jenseits von Gut und Böse*, Erstes Hauptstück, 1, in: *Jenseits von Gut und Böse, Zur Genealogie der Moral*, Kritische Studienausgabe, Bd. 5, München 1999, 15.

Die moderne Philosophie, insbesondere in ihrer nihilistischen Form, hat diese Fähigkeit des Menschen auf die Spitze getrieben. Wenn der Mensch sich selbst als Zentrum des absoluten Egoismus begreift, wird er alles um sich herum als Objekt seiner eigenen Befriedigung behandeln. Es ist kein Zufall, dass der grundlegende Begriff in Nietzsches Philosophie der des Willens zur Macht ist, und wir erinnern uns auch an Sartres Analyse des Blicks, die diese Dynamik gut beschreibt. Wenn der Mensch alles um sich herum als Objekt für seine eigene Bereicherung betrachtet, wird auch der Andere, und vor allem sein Leib, aus dieser Perspektive der egoistischen Erfüllung gesehen. In seiner berühmten Knecht-Herr-Dialektik beschrieb Hegel die menschlichen Beziehungen als Schlüssel zum tödlichen Kampf selbstbewusster Wesen, die, um ihre Subjektivität zu behaupten, versuchen müssen, den Anderen zu versklaven, das heißt, ihn auf ein Objekt ihrer eigenen Welt zu reduzieren.

Wir haben bereits gesehen, dass für Johannes Paul II. die menschlichen Beziehungen nach der Erbsünde nicht ausnahmslos dieser Dialektik unterliegen, aber ständig von ihr bedroht sind. So erfährt auch die Beziehung zwischen Mann und Frau nach der Geburt der Konkupiszenz im menschlichen Herzen eine Deformation, die sie zwar nicht zerstört, aber bedroht. Der Körper der Frau für den Mann und der Körper des Mannes für die Frau kann zum Gebrauchsgegenstand werden und damit wird der Mensch selbst zum Objekt für den anderen Menschen. Aufgrund der Konkupiszenz fällt es dem Menschen schwer, die Würde der Person, die im Leib zum Ausdruck kommt, wahrzunehmen; die sexuellen Werte ziehen seine Aufmerksamkeit in einer Weise auf sich, dass der Wert ihrer Subjektivität verdunkelt wird:

> „In gewisser Hinsicht wird die Subjektivität des Menschen von der Objektivität des Körpers verdrängt. Aufgrund des Körpers wird der Mensch zum Objekt des Menschen – die Frau für den Mann und umgekehrt. Die Begehrlichkeit bedeutet sozusagen, dass die persönlichen Beziehungen zwischen Mann und Frau in einseitiger und einschränkender Weise an den Körper und an das Sexuelle gebunden sind. Das heißt, dass solche Beziehungen nahezu unfähig sind, das gegenseitige personale Geschenk anzunehmen. [...] Die Begehrlichkeit, die sich als besondere

Art des körperlichen Zwangs äußert, begrenzt und beschränkt den Selbstbesitz von innen her, somit macht sie sozusagen die innere Freiheit des Geschenks unmöglich. [...] Begehrlichkeit allein vereint nicht, sondern ergreift Besitz. Die Beziehung der Hingabe wird zu einer Beziehung der Besitzergreifung."[178]

In dieser Situation, in der der Mensch versucht ist, sich den anderen Menschen durch die Aneignung seines Leibes anzueignen, hat die sexuelle Scham eine defensive Funktion. Das Schamgefühl verteidigt den subjektiven Charakter der Person, die nicht auf den Status eines Objekts des Vergnügens für den Anderen reduziert werden will, und verbirgt daher die Werte, die den Anderen dazu veranlassen könnten, sie so zu behandeln. Das Schamgefühl hat jedoch nicht nur den negativen Sinn der Verteidigung, sondern vor allem den positiven Sinn der Offenbarung. Als ein Phänomen, das in allen Kulturen in unterschiedlichen Formen erlebt wird, bestätigt sich das Schamgefühl als ein *locus anthropologicus et ethicus* – ein Ort der anthropologischen und ethischen Erfahrung – als eine Möglichkeit, sich im Laufe der Geschichte der ursprünglichen Wahrheit des Menschen zu nähern. Aus diesem Grund nennt Johannes Paul II. diese Erfahrung „Grenzerfahrung".[179] Zunächst einmal gibt die Scham der wahren Liebe Zeit, sich zu entwickeln. Die Aufmerksamkeit wird nicht zu früh auf Werte gelenkt, die an sich nicht die Subjektivität der Person zum Ausdruck bringen (siehe die Analyse der Erfahrung des Leibes, Kap. II, 1), sondern sie wendet sich ihrer Ganzheit zu, ihrem ontologischen Wert, der über ihre Eigenschaften hinausgeht und verlangt, in der Liebe bejaht zu werden. Es ist diese Liebe, die sich nicht auf die Gefühlserfahrung beschränkt, sondern den ganzen Menschen einbezieht und zur Selbsthingabe an den Anderen führt, die die Grundlage der ehelichen Gemeinschaft ist. Nur in dieser Situation hört das Schamgefühl auf, seine Rolle zu spielen, die Scham wird von der Liebe absorbiert. Dieser Aspekt muss hervorgehoben werden. Das Gesetz der Absorption der Scham durch die Liebe hat eine subjektive und eine objektive Dimension, so wie die Liebe selbst eine subjektive und eine objektive Realität ist. Subjektiv verschwindet die Scham in der Situation, in der sich die Person in der Liebe angenommen fühlt, aber

---

178 JOHANNES PAUL II., *Die menschliche Liebe im göttlichen Heilsplan*, 236–237 (32,5).
179 Vgl. JOHANNES PAUL II., *Die menschliche Liebe im göttlichen Heilsplan*, 131f. (12,4; 12,6).

es muss auch objektive Bedingungen geben, unter denen ein solches Gefühl gerechtfertigt ist. Die Situation, in der der Wert des Anderen in vollem Umfang akzeptiert wird, tritt objektiv gerade in der Ehe ein, die als gegenseitige Gabe von Personen erlebt wird. Wir werden dies im dritten Teil dieses Kapitels erörtern. Wir sehen also einmal mehr, dass der tiefste Sinn von Scham nicht negativ, sondern positiv ist. Das Schamgefühl existiert als eine Funktion der Liebe; wie Wojtyła sagt, es bahnt gleichsam den Weg zur Liebe.[180]

Die anthropologische Bedeutung der Erfahrung von Scham scheint jedoch noch umfassender zu sein. Sie kann als erfahrungsbasierter Ausgangspunkt für das Verständnis des Wertes eines jeden Menschen betrachtet werden. Mit anderen Worten: Wenn ich nicht als Objekt des Vergnügens einer anderen Person behandelt werden möchte, ist dies nicht die Folge einer irgendwie privilegierten Stellung in der Welt. Ich kann nicht aufrichtig sagen: Ich möchte nicht als Objekt gesehen und behandelt werden, aber es ist erlaubt, dass ich andere Menschen als Objekte betrachte und behandle. Das Schamgefühl offenbart mir den Wert der Person, der nicht instrumentalisiert werden kann – nicht nur in meiner Person, sondern in jeder Person. So gesehen sagt uns die Scham: Jeder Mensch verdient es, um seiner selbst willen bejaht zu werden. Wir befinden uns also an der Schwelle zu dieser Konzeption von Ethik, die Wojtyła als personalistische Ethik bezeichnete und die einen der wichtigsten philosophischen Kontexte der *Theologie des Leibes* von Johannes Paul II. darstellt. Es lohnt sich, ein paar Worte zu diesem Thema zu verlieren.

2. Die Würde der Person und die personalistische Norm

Im Polen der Nachkriegszeit war die dringlichste Herausforderung der Marxismus, der sich als Ideologie und politisches System der Nation mit Gewalt aufdrängte. In der Praxis verachtete das kommunistische System die Menschenrechte mit dem Argument, dass jedes Ausweichen auf diesem Gebiet durch die höheren Gesetze der Geschichte gerechtfertigt sei, als deren Träger sich die Marxisten verstanden. Auf dem Weg zum Endziel – in der kommunistischen Gesellschaft – wäre

---

180 Vgl. KAROL WOJTYŁA, *Liebe und Verantwortung. Eine ethische Studie*, Kleinhain 268.

es gerechtfertigt, einzelne Menschen zu opfern, vor allem wenn sie den Marsch in irgendeiner Weise verlangsamen. Auf theoretischer Ebene vertrat der Marxismus die Auffassung, dass die Ethik bloß Ausdruck des Selbstverständnisses einer bestimmten Gesellschaftsklasse sei und es daher in der Ethik kein allgemeingültiges Wissen gebe. Die christliche Ethik wurde auch als Ausdruck der Interessen einer bestimmten Gesellschaftsschicht betrachtet, und ihr Liebesgebot wurde als eher schädlich angesehen, weil es – so hieß es – die sozialen Spannungen abschwäche, die im Gegenteil noch verschärft werden müssten, um auf diese Weise die revolutionäre Macht zu stimulieren.

Während der Repressionen in den 1950er Jahren wurden die theologischen Fakultäten von den Universitäten verwiesen und den philosophischen Fakultäten wurde die marxistische Philosophie aufgezwungen. Wer das nicht akzeptieren wollte, wurde von der Universität verwiesen (dieses Schicksal ereilte z. B. den berühmten Phänomenologen Roman Ingarden). Die Katholische Universität Lublin (Abkürzung: KULI) war zum einzigen Ort geworden, an dem die Philosophie keinen ideologischen Beschränkungen unterworfen war (so dass es scherzhaft hieß: „Von Berlin bis Seoul, Philosophie nur an der KULI"). Genau in diesen Jahren begann der junge Professor Karol Wojtyła seine Lehrtätigkeit an der KULI und brachte seine Begeisterung für Ethik und philosophische Anthropologie mit.

Wie wir bereits gesagt haben, betraf die Herausforderung des Marxismus im theoretischen Bereich den methodologischen und epistemologischen Status der Ethik. Die Frage war: Ist Ethik notwendigerweise mit einem bestimmten philosophischen System oder einer bestimmten Weltanschauung verbunden? Welches Verhältnis besteht zwischen Ethik und Religion? Wenn man das christliche Glaubensbekenntnis nicht teilt, ist es dann fatal, dass man nicht auch dessen ethische Botschaft teilt?[181] Es waren Karol Wojtyła und seine Schule der personalistischen Ethik, die einen kohärenten Vorschlag für eine Ethik entwickelten, die sowohl erkenntnistheoretisch autonom als auch methodisch offen für den Beitrag von Philosophie und Theologie ist.

---

181 Es ist nicht schwer, hier das gleiche Problem zu sehen, das in den 1960er Jahren in der Moraltheologie diskutiert wird und das das so genannte *proprium cristianum* der Moral betrifft.

Auf seinem Weg zu einer ethischen Theorie, die ihre Grundlage in der moralischen Erfahrung findet, stieß Wojtyła auf den Vorschlag einer autonomen Ethik, der in der berühmten Lemberg-Warschauer Schule, insbesondere von Tadeusz Kotarbiński und Tadeusz Czeżowski[182], erarbeitet wurde. Kotarbiński war Laizist und vertrat einen konsequenten Materialismus. Er argumentierte, dass die Ethik als solche an kein *Proprium* gebunden sei: sie hänge weder von der Philosophie noch von der Theologie, noch von der Religion ab. So wie wir nicht von christlicher oder marxistischer Mathematik oder Physik sprechen, brauchen wir auch der Ethik keine Adjektive hinzuzufügen, so Kotarbiński. Da die Ethik ihre eigene experimentelle Basis hat, – d. h., es gibt eine moralische Erfahrung, die prinzipiell jedem Menschen zugänglich ist, unabhängig von seinen philosophischen oder religiösen Überzeugungen –, ist die Ethik als Disziplin in diesem Sinne selbständig, autonom. Aus denselben Gründen ist die Ethik unabhängig von den empirischen Disziplinen. Der andere Philosoph derselben Schule, T. Czeżowski, hat gezeigt, dass die Ethik unabhängig von der Psychologie ist, mit der sie oft verbunden wird.[183]

Die Thesen der Philosophen der Lemberg-Warschauer Schule weckten das Interesse derjenigen, die die Ethik gegen die Ideologisierung durch den Marxismus verteidigen wollten. Kotarbińskis und Czeżowskis Vorschlag hatte noch einen weiteren Vorteil: Eine Ethik, die von der moralischen Erfahrung ausgeht, ist frei von dem Vorwurf, den sogenannten naturalistischen Fehlschluss zu begehen, d. h. unzulässigerweise vom Sein auf ein Sollen zu schließen. In der berühmten Passage seines Werkes *Ein Traktat über die menschliche Natur* (III, 1, 1) stellt D. Hume fest, dass jedes ethische System, das aus einem allgemeineren metaphysischen System abgeleitet wird, einen logischen Fehler begeht, weil seine Schlussfolgerungen normative Begriffe enthalten, die in den Prämissen nicht vorhanden waren. Wenn hingegen die Ethik – wie von Kotarbinski und Czezowski vorgeschlagen – von der ursprünglichen moralischen Erfahrung ausgeht, dann finden wir bereits in ihrem Ausgangspunkt normative Prämissen.

---

182 Vgl. TADEUSZ KOTARBINSKI, *I principi di un etica indipendente* [Die Prinzipien einer selbständigen Ethik], in *Rivista di filosofia*, 1 (1959), 3–14.
183 Vgl. TADEUSZ CZEZOWKI, *Etyka a psychologia i logika* [Die Ethik, die Psychologie und die Logik], in *Moralnosc i spoleczenstwo* [Die Moral und die Gesellschaft], Warschau 1969, 27–30.

Aus diesen Gründen empfand Wojtyła eine gewisse Sympathie für den Vorschlag einer unabhängigen Ethik von Kotarbinski und Czezowski, warnte aber gleichzeitig davor, ihn ohne eine gewisse Klärung zu akzeptieren.[184] Um die Eigenständigkeit der Ethik angemessen zu interpretieren, müssen zunächst folgende Dimensionen in der Urteilsstruktur unterschieden werden: die Dimension der moralischen Pflicht (moralische Gutheit), die Dimension der moralischen Rechtschaffenheit und die existenzielle Dimension. Auf die Frage: „Ist die Ethik eine autonome Wissenschaft?" kann keine gültige Antwort auf allen diesen Ebenen gegeben werden, da die Antwort je nach der Ebene der moralischen Beurteilung, auf die sie sich bezieht, unterschiedlich ausfällt.

Auf der Ebene der moralischen Pflicht, d. h. auf der Ebene der Wahrnehmung der moralischen Tatsache selbst, ist die Ethik also eine autonome Wissenschaft, weil sie über eine eigene Erfahrung verfügt, die sie in direkten Kontakt mit dem moralischen Wert bringt. Mit anderen Worten: Die moralische Erfahrung als solche ist Teil der menschlichen Natur. Der einfache Mensch braucht nicht auf Philosophen zu warten, die ihm sagen, was Moral ist; er nimmt dies in seinem Gewissen wahr, auch wenn er nichts über Philosophie weiß. In diesem Sinne ist die Ethik nichts anderes als die Interpretation der im Gewissen und allgemein im Bewusstsein gegebenen moralischen Tatsache. Die Ethik erschafft ihren Gegenstand nicht und leitet ihn auch nicht von einer allgemeineren Theorie ab, sondern sie findet ihn als bereits gegeben vor.

Würde sich die Aufgabe der Ethik auf die Reflexion über das moralische Faktum beschränken, das unabhängig von ihr existiert, dann wäre die Ethik richtigerweise auf die Metaethik oder Ethologie (im Sinne des Studiums der menschlichen Gebräuche) reduziert, d. h. sie könnte nichts über Fragen des richtigen moralischen Verhaltens sagen, sondern würde sich auf die Analyse dessen beschränken, was Menschen über Moral denken und sagen. In der Tat haben viele Philosophen der analytischen Schule die Aufgabe der Ethik so verstanden und sie auf die Analyse der moralischen Sprache reduziert. Dies ist

---

184 Der Analyse dieses Problems wurde von Wojtyłas Schüler und Nachfolger auf dem Lehrstuhl für Ethik an der Katholischen Universität Lublin eine eingehende Studie gewidmet, vgl. TADEUSZ STYCZEŃ, *Etyka niezalez na?* [Die autonome Ethik?], Lublin 1980.

nicht Wojtyłas Position. Nach Wojtyła hat die Ethik auch etwas über unser moralisches Verhalten zu sagen, ist dabei aber nicht mehr unabhängig, weil sie sich auf ein bestimmtes Menschenbild, also auf die Anthropologie, beziehe. Ein Beispiel: An der Tür des Krankenhauses diskutieren zwei Freunde darüber, ob sie die Wahrheit über den Gesundheitszustand ihres Freundes, dessen Krankheit unheilbar ist, sagen sollen oder nicht. Eines ist sicher: Sie lieben ihn beide, d. h. ihr Streit betrifft nicht die Ebene der moralischen Pflicht. Im Gegenteil, der Disput ist nur möglich, weil sie sich einig sind, dass man zum Wohl des Freundes handeln muss. Ihr Streit betrifft hingegen das „Wie" dieses Handelns, d. h. die Art und Weise der tatsächlichen Bejahung seiner Person. Wir wollen hier nicht auf die Vorzüge ihrer Debatte eingehen, sondern lediglich darauf hinweisen, dass eine Einigung auf der ersten Ebene des moralischen Urteils noch nicht alle moralischen Probleme löst und dass die Ethik, die auf die Fragen des Lebens selbst antworten will, nach anthropologischen Erkenntnissen suchen muss, die ihren Bedürfnissen entsprechen. Wir können also sagen, dass die Ethik an ihrem Ausgangspunkt erkenntnistheoretisch unabhängig ist, weil sie über ihre ursprünglichen experimentellen Urteile verfügt, und dass sie auf der Ebene der Richtigkeit des moralischen Handelns methodisch von der Anthropologie abhängig wird, die in der Lage ist, die Probleme der moralischen Erfahrung selbst zu lösen.

Im Zusammenhang mit dem oben erwähnten Beispiel des moralischen Streits, beantwortet Wojtyła auch eine andere Frage. Was ist das erste Motiv und der erste Grund für moralisches Handeln? In der Geschichte der ethischen Reflexion lassen sich zwei grundsätzliche Herangehensweisen an die Frage nach dem Kriterium, gemäß dem menschliche Handlungen gut oder schlecht, gerecht oder ungerecht sind, unterscheiden. Generell gilt – und etwas vereinfacht kann man sagen, – dass die antike und mittelalterliche Ethik vom Willen des Menschen ausging, genauer gesagt von seinem Streben nach Glückseligkeit, während die moderne Ethik sich vor allem auf die Erfahrung der Pflicht und die Normativität der Moral konzentriert hat. Kants Kritik an der traditionellen Ethik ging nämlich von der Feststellung aus, dass diese den entscheidenden Moment der ethischen Erfahrung, nämlich den Moment der kategorischen und uneigennützigen Pflicht, außer Acht gelassen hatte. Wojtyła teilt Kants Bedenken, nicht aber seine Lösung.

Nach Kant reduziert sich die moralische Erfahrung auf die Befolgung der *Pflicht als Pflicht*, auf ihre rein kategorische Form, ohne jede Beziehung zum Zweck oder zum Guten (was für Kant bereits ein gewisses Eigeninteresse des handelnden Subjekts bedeuten würde). Wojtyła hingegen behauptet, dass der uneigennützige Charakter der Pflicht aus der Wahrnehmung des Guten – oder der Wahrheit über das Gute – herrührt, die für sich selbst bejaht werden muss. Wojtyła schreibt:

> „Wir müssen davon ausgehen, dass die Norm den Zweck bestimmt (und wahrscheinlich müssen wir in der Ethik innerhalb dieser Grenzen die Position Kants akzeptieren), aber der Vorrang der Norm ergibt sich gleichzeitig auf der Grundlage der Teleologie und vor allem der Selbstteleologie des Menschen. [...] Die so verstandene ethische Norm ist nichts anderes als die Versachlichung (und zugleich Konkretisierung) der Wahrheit über das Gute, der Gutheit des Guten, das mit einer bestimmten Handlung der Person verbunden ist, das von ihr gewünscht und in ihr verwirklicht wird."[185]

Um diese Aussage besser zu erklären, kehren wir noch einmal zu unserem Beispiel zurück. Das Motiv für das Handeln der beiden Männer, die das Wohl ihres Freundes wollen, ist sicherlich nicht ihr eigenes Glück (daher sind Ethik und Theorie der Glückseligkeit zwei verschiedene Theorien). Das Motiv für ihr Handeln besteht nicht einmal in der Anordnung einer (göttlichen oder menschlichen) Autorität. Das einzige – notwendige und hinreichende – Motiv für moralisches Handeln liegt in der Wahrnehmung des Wertes der Person – ihrer Würde, die es wirksam anzuerkennen gilt. Auf diese Weise gelangt Wojtyła zu der Formulierung (die Kants berühmten kategorischen Imperativ neu formuliert) der ersten Norm der gesamten moralischen Ordnung, die lautet:

---

185 KAROL WOJTYŁA, *L'uomo nel campo della responsabilità* [Der Mensch im Feld der Verantwortung], in *Metafisica della persona*, 1269.

„Wann immer eine Person das Objekt deiner Tätigkeit ist, erinnere dich daran, dass du diese Person nicht nur als Mittel zu einem Ziel behandeln darfst, nämlich als Instrument, sondern nimm Rücksicht darauf, dass sie selbst ein Ziel hat oder zumindest haben sollte."[186]

In der prägnantesten Form kann die personalistische Norm wie folgt ausgedrückt werden: „Der Person als Person gebührt Bejahung". Mit anderen Worten: *Persona est affirmanda propter seipsam – die Person ist um ihrer selbst willen zu bejahen.* Ich glaube, es ist kein Zufall, dass hier das Wort „Bejahung" („Affirmation"), ein Begriff aus der Logik, gewählt wurde. Damit soll hervorgehoben werden, dass es sich um eine spezifische Aussage über eine Wahrheit handelt – die Wahrheit über die Würde der Person (oder die Wahrheit über das Gute, eine Formel, die er in *Person und Tat* verwendet), die durch unser Handeln anerkannt werden muss.

Wir haben gesehen, wie der Mensch in der *Theologie des Leibes* von Johannes Paul II. seine Einzigartigkeit unter allen Lebewesen auf der Erde bereits im Moment seiner *metaphysischen Geburt* entdeckt, wenn er in der Situation des ursprünglichen Alleinseins lebt, aber er wird noch mehr vom Wert der Person beeindruckt, wenn er sich vor einem anderen Menschen wiederfindet: „Bein von meinem Bein, Fleisch von meinem Fleisch". Vom Wert der Person vor ihm beeindruckt, entdeckt der Mensch existenziell den tiefsten Sinn der personalistischen Norm: „Eine Person ist eine Wesenheit jener Art, gegenüber der der einzig richtige und angemessene Weg der Beziehung die Liebe ist."[187] Diese Erfahrung, die aller Moral zugrunde liegt, wiederholt sich in der menschlichen Geschichte immer wieder, auch nach der Erbsünde.

Wir können feststellen, dass die Entdeckung der Einzigartigkeit der Person zwei verschiedene Bedeutungen hat, denen zwei Formen der Liebe entsprechen. Wie wir bereits festgestellt haben, geht es auf der zu Grunde liegenden Ebene um die Entdeckung der Einzigartigkeit der Person inmitten von allem, was keine personale Seinsweise hat, von Dingen und Tieren.

---

[186] KAROL WOJTYŁA, *Liebe und Verantwortung. Eine ethische Studie*, Kleinhain 2010, 44–45.
[187] KAROL WOJTYŁA, *Liebe und Verantwortung. Eine ethische Studie*, Kleinhain 2010, 66.

Auch wenn diese Wesen einen eigenen Wert haben (z. B. empfinden Tiere Schmerz und können daher nicht als bloße unbelebte Objekte behandelt werden), sind sie keine Personen und können daher in bestimmten Situationen instrumentalisiert werden. In der Tat benutzen wir Tiere, um unseren Selbsterhaltungstrieb zu befriedigen, was für die menschliche Person nicht zulässig ist. Gerade darin besteht das *anders und überlegen* Sein des Menschen im Vergleich zur gesamten Schöpfung, seine Einzigartigkeit unter allen Dingen der Welt. Auch wenn wir Menschen manchmal *benutzen*, ist es niemals erlaubt, die Person auf den Status eines bloßen Instruments für die Zwecke anderer zu reduzieren. In diesem Sinne lautet Kants kategorischer Imperativ:

„Handle so, dass du die Menschheit, sowohl in deiner Person als in der Person eines jeden anderen, jederzeit zugleich als Zweck, niemals bloß als Mittel brauchst."[188]

In der praktischen Haltung, die die Wahrheit der Person als Selbstzweck bejaht, liegt gerade der grundlegende ethische Sinn der Liebe.

In der menschlichen Erfahrung geht es bei der Entdeckung der Einzigartigkeit der Person jedoch nicht nur darum. Es kommt auch vor, dass ein Mensch die Einzigartigkeit eines anderen Menschen unter all den anderen entdeckt. Diese Entdeckung hat ihre Grundlage im Leib, im Sexualtrieb, der den Mann der Frau und die Frau dem Mann zuwendet. Sie durchläuft die emotionale Erfahrung der Verliebtheit, findet aber ihren Höhepunkt in der Tat des Menschen, in seiner freien Entscheidung. Wenn man in der Erfahrung des Verliebtseins die Einzigartigkeit einer Person in der Welt der Personen entdeckt, dann stellt sich für den Mann oder die Frau die Frage: Wie kann ich diese Wahrheit bejahen, wie kann ich auf den einzigartigen Wert, den diese Person für mich hat, reagieren? Um auf diesen einzigartigen Wert angemessen zu reagieren, reicht die Liebe im allgemeinsten Sinne, die Liebe, die jedem Menschen zusteht, nicht aus. Gerade aus der Entdeckung der Einzigartigkeit eines Menschen unter anderen Menschen erwächst im Herzen des Mannes oder der Frau der Wunsch, sich einem Anderen zu schenken. In der Dynamik der Liebe erweist sich die

---

[188] IMMANUEL KANT, *Grundlegung zur Metaphysik der Sitten* [1785], Akademieausgabe, Band IV, Königlich Preußische Akademie der Wissenschaften, Berlin 1911, 429.

Selbsthingabe – die Entscheidung, sich einem Anderen zu schenken – als angemessene Form der Bestätigung der eigenen Einzigartigkeit. Diese Gabe betrifft den ganzen Menschen – seine Spiritualität, seine Emotionalität und seine Körperlichkeit. So entdecken Mann und Frau den tiefsten Sinn ihres Leibes, den Johannes Paul II. als *bräutlich* bezeichnet. Der Körper in seiner sexuellen Konfiguration sagt bereits durch den Sexualtrieb selbst, dass die Person ihre Erfüllung in der Begegnung mit der anderen Person findet: die Frau mit dem Mann und der Mann mit der Frau. Die Gabe des Körpers ist Ausdruck der Gabe der Person. Der Papst schreibt:

> „Der menschliche Körper mit seiner Geschlechtlichkeit, seiner Männlichkeit und Weiblichkeit, ist, im Geheimnis der Schöpfung gesehen, nicht nur Quelle der Fruchtbarkeit und Fortpflanzung wie in der gesamten Naturordnung, sondern umfasst von ‚Anfang' an auch die Eigenschaft des ‚Bräutlichen', d. h. die Fähigkeit, der Liebe Ausdruck zu geben: jener Liebe, in welcher der Mensch als Person Geschenk wird und – durch dieses Geschenk – den eigentlichen Sinn seines Seins und seiner Existenz verwirklicht."[189]

Die bräutliche Bedeutung des Leibes, die im Zustand der ursprünglichen Unschuld spontan und ungehindert erfahren wurde, als ‚beide nackt waren, sich aber nicht schämten', bleibt in der Erfahrung des Menschen auch nach der Erbsünde präsent. Das Gesetz der Gabe ist in der Tat eines der wichtigsten, die grundlegende Regel für die Beziehungen zwischen den Menschen. Wir wollen versuchen, seine Bedeutung zu vertiefen.

3. Die Hermeneutik der Gabe

Im Lichte der Überlegungen von Johannes Paul II. zur *Theologie des Leibes* können wir sagen, dass der Schlüssel zum Verständnis des Wesens der Gabe auf der Ebene der Person in zwei Worten liegt, die im Bericht über die Erschaffung des Menschen vorkommen: *allein* und *Hilfe*. Wie wir bereits gesehen haben, bezeichnet das Wort *allein* aus

---

[189] JOHANNES PAUL II., *Die menschliche Liebe im göttlichen Heilsplan*, 146–147 (15,1).

philosophischer Sicht das personale Wesen als Substanz, es verweist auf seine Unmittelbarkeit, Einsamkeit, Unabhängigkeit, Autonomie, auf das, was der heilige Thomas andeutete, als er von der Person als *sui iuris et alteri incommunicabilis* sprach, und was Duns Scotus in seiner Definition der Person mit *ultima solitudo* ausdrückte. Aber in dieser letzten Einsamkeit ist zugleich die Offenheit für den Anderen eingeschrieben, die in der biblischen Erzählung mit dem Wort *Hilfe* ausgedrückt wird. Die Person ist nicht in der Lage, ohne die Hilfe einer anderen Person zu erkennen, was in ihrem Wesen steckt. Johannes Paul II. schreibt:

> „Denn das Sich-Schenken bringt sozusagen *ein besonderes Kennzeichen der personalen Existenz*, ja des eigentlichen Wesens der Person zum Ausdruck. Wenn Gott Jahwe sagt, es sei ‚nicht gut, dass der Mensch allein bleibe' (Gen 2,18), bestätigt er, dass der Mensch ‚allein' dieses Wesen nicht vollständig verwirklicht. Er verwirklicht es nur, wenn er ‚*mit irgendjemandem*' lebt, und noch tiefer und vollkommener, wenn er ‚*für irgendjemanden*' da ist. Dieses Gesetz für die Existenz der Person wird im Buch Genesis als Merkmal der Schöpfung herausgestellt eben durch die Bedeutung dieser beiden Worte ‚allein' und ‚Hilfe'. Gerade sie weisen darauf hin, wie grundlegend und maßgeblich für eine Person die Beziehung und die Gemeinschaft der Personen ist. Gemeinschaft der Personen heißt, in einem gegensei- tigen Füreinander, in einer Beziehung gegenseitigen Sich-Schenkens zu leben. Und diese Beziehung ist genau die Erfüllung des ursprünglichen Alleinseins des Menschen."[190]

Die volle Bedeutung des personalen Seins spielt sich also immer zwischen diesen beiden Polen ab: Substanz und Beziehung, Alleinsein und Begegnung. Die klassische Definition des Begriffs der Person, *rationalis naturae individua substantia,* legte den Schwerpunkt eher auf den ersten Begriff dieses Paares, während die moderne Philosophie, insbesondere die Philosophie des Dialogs und der Begegnung, den zweiten Begriff bevorzugt. Die Person ist sowohl Substanz als auch Beziehung. Es sei daran erinnert, dass der gleiche Begriff der Person

---

[190] JOHANNES PAUL II., *Die menschliche Liebe im göttlichen Heilsplan*, 143 (14,2). Anm. d. Ü.: kursiv vom italienischen Original übernommen.

– den es in diesem Sinne in der antiken Philosophie nicht gab – von den ersten christlichen Theologen geprägt wurde, um die Beziehungen zu erklären, die die Heilige Dreifaltigkeit ausmachen, aber es ist auch bezeichnend, dass der griechische Begriff *prosopon* dem Theater entlehnt wurde: Er bezeichnet hier die Rolle in einem Drama, und eine solche Rolle zu spielen, bedeutet in Beziehung zu den anderen Figuren desselben Dramas zu stehen. In der biblischen Geschichte wird sich der Mensch seiner selbst bewusst, seines Andersseins und seiner Überlegenheit, indem er sich mit der Welt vergleicht, aber das volle Bewusstsein seiner Person sowie den Sinn seiner Männlichkeit und Weiblichkeit zu erkennen ist nur im Moment der Begegnung mit der anderen Person möglich. Der Mensch ist vom ersten Augenblick seines Daseins an eine Person (jeder Mensch ist bereits vom Augenblick der Empfängnis an eine individuelle Substanz, die sich von allen anderen Substanzen unterscheidet), aber er wird sich dieser Individualität durch die Begegnung mit anderen Personen bewusst. Hier sehen wir wieder, wie Metaphysik und Phänomenologie aufeinandertreffen. Jeder Mensch ist objektiv Person, aber jeder muss sich dieser Tatsache auch bewusstwerden – und sich seiner selbst bewusst zu sein, ist für den Menschen nicht etwas Nebensächliches. Aber gerade dieser Prozess des Bewusstwerdens des eigenen Personseins findet im Verhältnis zu anderen Menschen statt. Der Mensch wird erst in dieser Beziehung zu dem, was er von Natur aus ist. Zur Veranschaulichung dieser These können wir uns an ein Beispiel erinnern, das uns Robert Spaemann gegeben hat. Nach Aristoteles ist der Mensch von Natur aus ein sprechendes Wesen. Aber auch wenn der Bereich der Sprache zur menschlichen Natur gehört, ist niemand in der Lage, von sich aus sprechen zu lernen. Wir sprechen, weil jemand zuerst zu uns gesprochen hat. Als Kaiser Friedrich II. von Hohenstaufen wissen wollte, was die Ursprache der Menschheit ist, ließ er einige Babys aufziehen, ohne dass jemand mit ihnen sprach. In der Tat haben die Kinder nicht zu sprechen begonnen und sind bald gestorben.[191] Der Mensch wird erst durch die Hilfe anderer Menschen zu dem, was er von Natur aus ist.

---

[191] Vgl. Robert Spaemann, *Die Bedeutung des Natürlichen Im Recht*, in *Grenzen. Zur ethischen Dimension des Handelns*, Stuttgart 2001, 142.

Das Beispiel eines heranwachsenden Kindes ist besonders aussagekräftig für das Thema, das uns in diesem Abschnitt interessiert. Das Kind kann seine Eltern nicht für die Dienste, die es braucht, bezahlen, es erhält sie kostenlos, weil es von ihnen geliebt wird. Die Liebe wird ihm als uneigennützige Gabe zuteil. Diese Erfahrung der ungeschuldeten Liebe ist für die Bildung des Bewusstseins des Subjekts von grundlegender Bedeutung. Dank ihr kann das Kind beginnen, seine Existenz als gerechtfertigt zu erleben, es fühlt sich nicht *in die Welt geworfen*, die ihm fremd oder gar feindlich erscheint, sondern die Welt selbst wird als eine einladende Realität, d. h. als gut, erlebt. Was wir vorhin über die Existenz der Welt und des Menschen als Gabe der Liebe des ersten Gebers gesagt haben, wird durch die Liebe, die das Kind von seiner Mutter und seinem Vater erhält, existenziell erfahren. Sie sind es, die dem Kleinen diese grundlegende metaphysische und theologische Wahrheit vermitteln: Das Sein ist gut, es ist gut, da zu sein. Von Beginn seines Lebens an muss der Mensch die Erfahrung der Ungeschuldetheit machen, die ein wesentliches Merkmal der Gabe ist.

Die Hermeneutik der Gabe betrifft die ganze Wirklichkeit der Person, und wir können sie ohne das Gesetz der Gabe nicht verstehen und bejahen.[192] Die Gesellschaft, in der das Gesetz der Gabe versagt, würde zu einer absolut unmenschlichen Gesellschaft werden. Generell kann man sagen, dass das menschliche Sozialleben nach zwei grundlegenden Gesetzen organisiert ist: dem Gesetz des Marktes und dem Gesetz der Gabe. Nach den Gesetzen des Marktes muss man für die Waren oder Dienstleistungen, die man benötigt, einen bestimmten Preis zahlen. Der Warenaustausch, der als *freier Markt* bezeichnet wird, beruht auf diesem Gesetz. Wenn ich in ein Geschäft gehe, kann ich nicht erwarten, dass ich etwas umsonst bekomme, sondern ich muss den Gegenwert bezahlen, den der Verkäufer akzeptiert. Andererseits gibt es im menschlichen Leben Güter, die aufgrund ihrer Beschaffenheit weder verkauft noch gekauft werden können. Diese Güter können nur frei gegeben werden, sie können nur geschenkt werden. Das erste dieser Güter ist die menschliche Person selbst. Die Anmaßung, die menschliche Person verkaufen oder kaufen zu wollen (was in der

---

192 Vgl. zum Beispiel MARCEL MAUSS, *Die Gabe. Form und Funktion des Austauschs in archaischen Gesellschaften* [1925], Frankfurt a. M. 1968.

Geschichte leider vorgekommen ist), steht in direktem Widerspruch zu dem, was die Person ist: *sui iuris et alteri incommunicabilis* – sie ist eigenen Rechts und gegenüber einem Anderen unmittelbar. Wie wir bereits gesehen haben, sind die Strukturen des Selbstbesitzes und der Selbstbestimmung für die Person konstitutiv. Gerade wegen dieser ontischen Struktur kann sich nur die betreffende Person selbst geben, da sie von niemandem sonst gegeben oder gar verkauft werden kann. Dasselbe gilt für den menschlichen Leib als Zeichen der menschlichen Person – es ist nicht zulässig, den Leib der Person zu verkaufen oder zu kaufen, denn das würde bedeuten, die Person selbst zu verkaufen oder zu kaufen. Auch die Liebe gehört ihrer Natur nach in den Bereich des Gesetzes der Gabe. Die Anmaßung, Liebe kaufen oder verkaufen zu wollen, zerstört die Liebe selbst; es ist nicht mehr die Liebe, die verkauft oder gekauft wird, sondern nur noch ein Trugbild von ihr. Liebe kann nur frei gegeben werden. Das Gesetz der Gabe gehört zum Kern des menschlichen Ethos. Es schützt uns vor der in der Menschheitsgeschichte stets präsenten Gefahr, auf den Status von Dingen – oder auf den Status von Waren, die dem Gesetz des Marktes unterliegen – reduziert zu werden. Das moralische Gewissen verteidigt den Menschen angesichts einer solchen Gefahr. Und wie Wojtyła in *Liebe und Verantwortung* feststellt, geht es nicht nur darum, andere nicht auf das Niveau von Dingen herabzusetzen, sondern auch darum, nicht zu akzeptieren, auf ein solches Niveau herabgesetzt zu werden.[193] Die Würde der Person muss bei jedem Menschen geachtet werden, und das bedeutet, dass ich sie auch bei mir selbst, bei der Person, die ich bin, achten muss. In gewissem Sinne ist mir meine Person nämlich in besonderer Weise anvertraut worden, und deshalb habe ich hier eine besondere Verantwortung. Ich kann anderen Menschen auf verschiedene Weisen Schaden zufügen, mich selbst aber kann ich nur in der tiefsten Form schädigen – durch das sittliche Übel, das, um tatsächlich ein solches zu sein, meine Zustimmung voraussetzt. Andererseits kann ich mich aber aus demselben Grund auch auf die tiefste Weise selbst verwirklichen – durch das sittlich Gute, dessen höchste Form gerade die Selbsthingabe ist. Das Gesetz der Gabe be-

---

[193] „Die Person kann (und darf) nicht freiwillig zur Position eines Objekts des Gebrauchs für eine andere Person herabsteigen", KAROL WOJTYŁA, *Liebe und Verantwortung. Eine ethische Studie*, Kleinhain 2010, 268.

trifft die gesamte Realität der Person, und selbst dort, wo das Recht des Marktes vorherrscht, können Elemente des Gesetzes der Gabe vorhanden sein. Dieses Gesetz beherrscht vor allem die verschiedenen zwischenmenschlichen Beziehungen. Eine solche Beziehung ist z. B. die Mutter-Kind-Beziehung. Ein kleines Kind kann nicht für die Pflege und die von ihm benötigten Hilfeleistungen bezahlen, und das muss es auch nicht; es bekommt alles umsonst, weil es von seiner Mutter geliebt wird. Allein das Dasein des Kindes ist für die Mutter Grund genug, ihm zu geben, was es braucht. Das Gesetz der Gabe gilt auch für die Beziehung des Menschen zu seinem Heimatland: Von den Generationen, die uns vorangegangen sind, erhalten wir frei das Erbe der von ihnen verwirklichten Werte. Das Gesetz der Gabe findet seinen besonders starken Ausdruck in der Gabe, die der Einheit der Ehe zugrunde liegt, wenn die beiden *ein Fleisch* werden. Was die Person hier gibt, ist weder eine Sache noch etwas von sich selbst. Hier gibt der Mensch sich selbst, in seiner Gesamtheit. Versuchen wir, die Bedeutung dieser Gabe zu analysieren.

Wir haben bereits die metaphysische Bedeutung der Gabe entdeckt, die darin besteht, dass derjenige, der das Absolute des Daseins ist, seinen Geschöpfen aus freien Stücken die Existenz verleiht. Aus dieser Perspektive betrachtet, erscheint der Mensch selbst als Gabe. Jeder Mensch ist sich selbst als Gabe anvertraut worden. Der tiefste Sinn des Ethos der Person besteht darin, die Gabe anzunehmen, indem man auf sie wiederum mit derselben Sprache des freien Gebens antwortet.

Die philosophische Analyse des Ereignisses der Gabe offenbart seine personale Struktur. In der Struktur der Gabe können wir sein Subjekt (den Geber), sein Objekt (den Beschenkten) und die Beziehung, die das Geschenk zwischen Subjekt und Objekt herstellt, unterscheiden. Es ist klar, dass man nur das geben kann, was man selbst besitzt. Jetzt ist der Mensch das einzige Wesen auf der Erde, das in einer Beziehung des Selbstbesitzes bleibt: als Person zu existieren bedeutet, seine eigene Natur zu besitzen. Weil der Mensch frei ist *von* (= von den Gegenständen seiner Verlangen, von den Impulsen seiner Instinkte), kann er auch frei sein *für* (= für die Selbsthingabe). Im Lichte dessen, was wir gesagt haben, können wir sagen, dass die Freiheit der Person – dieser große Wert, der in der Moderne so sehr gepriesen wird – existiert, um die Liebe im Sinne der Selbsthingabe zu ermöglichen. Die Freiheit ist ein grundlegender Wert, ohne den der Mensch sich als Person nicht verwirklichen kann. Im Gegensatz zu dem, was eine bestimmte Art von Existenzialismus behauptet, verwirklicht sich der Mensch allerdings nicht durch die bloße Ausübung der Freiheit, sondern durch die Begegnung mit einer anderen Person (menschlich oder göttlich), der er sich in Liebe hingeben kann. Die Liebe ist durch das gekennzeichnet, was Dietrich von Hildebrand die *intentio unionis* nennt – die Sehnsucht des Liebenden sich mit dem geliebten Objekt zu vereinen. In der ehelichen Liebe erreicht die *intentio unionis* ihren höchsten Grad, denn durch die gegenseitige Selbsthingabe wird das Band der gegenseitigen Zugehörigkeit geschaffen. Wie von Hildebrand sagt: „Die gegenseitige Liebe schließt auch eine gegenseitige intentio unionis ein und diese impliziert wiederum, dass die unio für beide Teile beglückend ist".[194] Dieser Punkt sollte hervorgehoben werden. Die gegenseitige Zugehörigkeit, die durch die Selbsthingabe entsteht, führt zum Glück. Der Mensch, der in der ehelichen Liebe sich selbst gehört, will dem Anderen gehören, aber diese Zugehörigkeit beraubt ihn nicht seiner Subjektivität, sondern stärkt sie im Gegenteil und führt zum Glück. In unserer heutigen Kultur neigen wir eher dazu, Freiheit und Zugehörigkeit einander gegenüberzustellen und Freiheit vor allem als Unabhängigkeit zu verstehen. In der ehelichen Liebe hingegen will der Mensch dem Anderen gehören und in gewissem Sinne von ihm abhängig sein, aber diese Art der Abhängigkeit ist für ihn eine Quelle des Glücks und nicht der Entfremdung.

Der Gegenstand der Gabe (jeder Gabe, erst recht der Selbsthingabe) ist also auch eine Person, denn nur die Person ist in der Lage, den Sinn des freien Gebens zu verstehen und auf die Gabe angemessen zu antworten. Die Gabe stellt also eine zwischenmenschliche Beziehung her. Was sind die Merkmale dieser Beziehung? Versuchen wir, zumindest die wesentlichen zu identifizieren.[195]

Das erste und offensichtlichste Merkmal dieser Beziehung ist ihre *Ungeschuldetheit bzw. ihre Freiheit*. Wie wir bereits gesehen haben,

---

194 DIETRICH VON HILDEBRAND, *Das Wesen der Liebe*, Verlag Josef Habbel, Regensburg 1971, 183.
195 Einige (nicht alle) Merkmale der Gabe, die wir im Folgenden angeben, werden von ANDRZEJ SZOSTEK im Artikel *Człowiek – darem* [Der Mensch als Gabe], in *Wokół godności, prawdy i miłości* [Über die Würde, Wahrheit und Liebe], RW KUL, Lublin 1995, 230–249 analysiert.

unterscheidet sich das Gesetz der Gabe vom Gesetz des Tausches dadurch, dass hier etwas gegeben wird, ohne dass ein Anspruch auf eine Gegenleistung besteht. Natürlich kann der Geber darauf hoffen, dass sein Geschenk angenommen und erwidert wird, aber er kann es nicht verlangen. In diesem Sinne gehört das Gesetz der Gabe, anders als das Gesetz des Marktes, nicht zur Sphäre der Gerechtigkeit. Andererseits kann man, wenn man etwas gibt, auch verständlicherweise erwarten, dass die Gabe eine Reaktion hervorruft, zum Beispiel Dankbarkeit. Aber die Dankbarkeit des Anderen kann nicht das Motiv für das Handeln sein, sonst hört die Gabe auf, eine Gabe zu sein.

Allerdings gehört nicht alles, was einem Anderen kostenlos gegeben wird, in den Bereich des Gesetzes der Gabe. Es gibt Situationen, in denen wir nach dem Gesetz der Gerechtigkeit moralisch verpflichtet sind, dem Anderen etwas zu geben, einfach weil es dem Menschen zusteht, seine Würde zu bestätigen. Dies kann manchmal die Verpflichtung bedeuten, Essen, Trinken usw. zu geben. Die Hilfe – d. h. die Verpflichtung, seine Zeit zu widmen und vielleicht sogar materielle Güter zur Verfügung zu stellen –, von der Christus im Gleichnis vom barmherzigen Samariter spricht, steht dem Unglücklichen zu, der Opfer von Räubern war, und gehört daher nicht zum Gesetz der Gabe. Die Gabe als Gabe ist durch *Freiheit* gekennzeichnet. Auch in diesem Sinne kann die Gabe nicht eingefordert werden, sondern nur aus der freien Initiative der Person entstehen. Dies wird besonders deutlich, wenn wir von der Gabe des Selbst sprechen. Auch wenn der Mensch sich in der Selbsthingabe an einen Anderen verwirklicht, kann niemand gezwungen oder verpflichtet werden, diese Gabe einer bestimmten Person zukommen zu lassen. Das liegt daran, dass die Person sich selbst besitzt; nur sie, die direkt betroffene Person, kann entscheiden, sich selbst zu geben – ich kann eine andere Person nicht schenken, weil ich sie nicht besitzen kann. Das Geschenk bleibt nur dann ein Geschenk, wenn seine Freiheit respektiert wird.

Die weitere Eigenschaft der Gabe besteht in ihrer *Endgültigkeit*. Die Gabe unterscheidet sich zum Beispiel von einem Darlehen, weil sie unwiderruflich ist. Die Gabe ist nicht wie ein Vertrag, der *auf Zeit* abgeschlossen werden kann. Wenn ich etwas verschenke, bin ich nicht mehr sein Eigentümer, ich gebe mein Recht auf, darüber zu verfügen. Was ich also dem Einen gegeben habe, kann ich dem Anderen nicht mehr geben. In diesem Sinne ist die Gabe *unwiederholbar*. Im Fall der Selbsthingabe, aus der die bräutliche Liebe besteht, wird diese Eigenschaft der Gabe in die Einheit und Unauflöslichkeit der Ehe übertragen. Die Selbsthingabe im Zeichen des Leibes („die beiden werden ein Fleisch" Gen 2,24) kann nicht annulliert oder widerrufen werden, sonst würde die Gabe zu einem Austausch von Äquivalenten werden. Die Person kann jedoch nicht auf die Ebene der ausgetauschten Waren reduziert werden, selbst wenn die beiden Partner damit einverstanden sind. Darüber hinaus ist der unwiderrufliche Charakter des Geschenks in die Dynamik der Liebe eingeschrieben, die – wenn es sich um echte eheliche Liebe handelt – von den Menschen als Liebe *für immer* erfahren wird. Dem geliebten Menschen zu sagen, dass man ihn oder sie liebt, bis man eine attraktivere Alternative trifft, würde bedeuten, dass die wahre Liebe nie existiert hat.

Die Gabe ist sodann auch *allumfassend*. Im Falle der Selbsthingabe ist der *Gegenstand der Gabe* die ganze Person, ohne Vorbehalt oder Einschränkung. Wenn jemand nur etwas von sich selbst geben will, ist es in Wahrheit keine Gabe seiner selbst, schenkt er sich nicht selbst. Darüber hinaus betrifft die Totalität der Gabe auch den Akt der Annahme der Gabe. Es geht darum, die Gabe in ihrer ganzen Wahrheit anzunehmen. Wenn die Selbsthingabe durch das Zeichen des Leibes erfolgt, muss diese Gabe in der vollen Wahrheit des Leibes angenommen werden, d. h. mit der Bedeutung der Einheit und Fruchtbarkeit, ohne zu trennen, was man vom Anderen annehmen will und was nicht.

Die Selbsthingabe, die die eheliche Gemeinschaft ausmacht, besitzt auch das Merkmal der *Gegenseitigkeit*. Aus metaphysischer Sicht könnte man sagen, dass die Selbsthingabe immer auf den ersten Geber zurückverweist, denn das, was gegeben wird – die Person – ist auch ein Geschenk: Man gibt, was man als Geschenk erhalten hat. In diesem Sinne offenbart sich die Gabe wirklich als die tiefste Eigenschaft der personalen Existenz: Der Mensch, der als Gabe existiert, findet seine Erfüllung in der Liebe, die in der Selbsthingabe an den Anderen besteht.

Wenn die Selbsthingabe beim Empfänger auf Resonanz stößt, setzt sie eine eigentümliche *Dialektik* in Gang. Niemand ist verpflichtet, auf die mit der Selbsthingabe verbundene Einladung zur Gemeinschaft einzugehen. Wenn die Person diese Einladung annimmt, tut sie es aus freien Stücken. In diesem Sinne ist sogar ihre Antwort ein Geschenk, etwas, das auch nicht hätte da sein können und stattdessen dank der freien Entscheidung der Person existiert. Wer gibt, empfängt zugleich die Annahme seiner Gabe – was wiederum von demjenigen, der antwortet, als Gabe erlebt wird. In seinem Artikel über die Selbsthingabe beschreibt José Noriega diese Erfahrung als „die Dramatik der Gabe". Er schreibt: „Jede Handlung, insofern sie ein bestimmtes freies Geben beinhaltet, hat etwas Paradoxes an sich: Sie ist eine Einladung an eine andere Person, welche eine Gegenseitigkeit hervorrufen möchte, aber sie kann diese nicht erzwingen: Sie muss die Gegenseitigkeit als Geschenk des Anderen erhoffen."[196]

All diese Merkmale gehören zur Grammatik der Sprache der Gabe, die – wie jede Sprache – ein Mittel der Kommunikation ist. Die Sprache der Selbsthingabe drückt Liebe aus und schafft Gemeinschaft (in diesem Sinne hat sie ihre eigene symbolische Dimension). Und wie jede andere Sprache hat auch die Sprache der Gabe ihre eigene objektive Struktur, die derjenige verinnerlichen muss, der diese Sprache gut sprechen will. Ein bestimmtes Subjekt mag die Sprache der Gabe nicht sehr gut beherrschen, es mag ihre Regeln ignorieren, aber das ändert nichts an der Struktur der Sprache (wie es bei anderen Sprachen der Fall ist), es beweist nur, dass es – absichtlich oder nicht – nicht weiß (oder nicht wissen will), wie man sie gut spricht. Deshalb ist die Tatsache, dass die Regeln der Sprache der Gabe oft ignoriert werden, kein Argument gegen ihren Wert. In diesem Zusammenhang ist auch darauf hinzuweisen, dass der Diskurs über die Sprache der Gabe – bevor er zur Ethik oder Moraltheologie gehört – der philosophischen Anthropologie zuzuordnen ist. Die Sprache der Gabe drückt aus, was der Mensch von Natur aus ist: ein Wesen, das sich selbst als Gabe erkennt und seine Erfüllung in der Selbsthingabe findet.

In der ehelichen Gemeinschaft erhält die Selbsthingabe schließlich die Dimension der *Transzendenz*: Sie wird in der Geburt des Kindes fruchtbar. Da wir bereits von der Transzendenz des Dritten gesprochen haben, die die eheliche Vereinigung kennzeichnet, möch-

---

[196] José Noriega, *La prospettiva morale del „dono di sé"* [Die moralische Perspektive der „Selbsthingabe"], in G. Grandis – J. Merecki, (Hg)., *L'esperienza sorgiva. Persona-Comunione-Società. Studi in onore del prof. Stanisław Grygiel*, Siena 2007, 59.

ten wir uns nun einigen wenigen Aspekten zuwenden, die in dem von Johannes Paul II. analysierten biblischen Text philosophisch relevant sind.

Im Buch Genesis heißt es: Der Mensch erkannte Eva, seine Frau; sie wurde schwanger und gebar Kain. Da sagte sie: Ich habe einen Mann vom HERRN erworben (Gen 4,1). Es ist philosophisch bedeutsam, dass der sexuelle Akt mit dem Wort *Erkennen* umschrieben wird. In unserer Analyse der menschlichen Subjektivität haben wir gesehen, dass sich der Erkenntnisakt als ein Akt erweist, der gewissermaßen die Entstehung der Person bewirkt. Im Erkenntnisakt werden verschiedene Strukturen der Person aktiviert, und dank des Merkmals der Intentionalität verinnerlicht die Person, macht sie sich das, was sie erfährt, zu eigen und entdeckt sie sich gleichzeitig als moralisch verpflichtet, die Wahrheit, die sie erfahren hat, zu bejahen. In dieser Erfahrung manifestiert sich die Andersartigkeit und Überlegenheit der Person gegenüber allen Dingen in der Welt. Wenn nun der Sexualakt gerade mit dem Wort *Erkennen* bezeichnet wird, bedeutet dies, dass er nicht nur Ausdruck des Sexualtriebes ist, sondern von Anfang an zur personalen Wirklichkeit gehört. Der sexuelle Akt, bei dem eine Vereinigung stattfindet, die in gewisser Weise der Vereinigung im Rahmen des intentionalen Aktes entspricht, wird hier als eine Form der Erkenntnis der Weiblichkeit durch die Männlichkeit und umgekehrt verstanden. Auch in dieser Erkenntnis gibt es, wie in jeder wahren Erkenntnis, eine Wahrheit, die die Eheleute entdecken und erkennen sollen. Und nur wenn sie sich von dieser Wahrheit leiten lassen, leben sie ihre Leiblichkeit und Sexualität auf einer personalen Ebene. Johannes Paul II. schreibt:

> „Das Erkennen im biblischen Sinne bedeutet somit, dass die biologische Bestimmung des Menschen durch seinen Körper und sein Geschlecht nicht mehr nur etwas Passives ist, sondern eine Ebene und einen Gehalt erreicht, die den sich ihrer selbst bewussten und sich selbst bestimmenden Personen zu eigen sind."[197]

---

[197] JOHANNES PAUL II., *Die menschliche Liebe im göttlichen Heilsplan*, 180 (21,4).

In dem soeben zitierten Text aus dem Buch Genesis sagt die Frau: „Ich habe einen Mann vom HERRN erworben (Gen 4,1)". Diese Worte der Frau bringen ihr Bewusstsein zum Ausdruck, dass die Transzendenz gegenüber dem Dritten (dem Kind) mit der Transzendenz gegenüber dem Dritten (dem Schöpfer) Hand in Hand geht. Der Schöpfer ist im Zeugungsakt gegenwärtig. Aus metaphysischer Sicht ist es immer Er, der Schöpfer, der die Existenz gibt. So fügt sich die Sexualität des Menschen selbst in die ursprüngliche Dynamik der Gabe ein: Die Eltern arbeiten mit dem Einen zusammen, dem allein die Macht gehört, Existenz zu schenken.

Die Tatsache, dass die Zeugung des Kindes im Leib der Frau stattfindet, offenbart auch eine wichtige anthropologische Wahrheit. Die Erfahrung der Schwangerschaft ist eine typisch weibliche Erfahrung: „Die Frau steht dann als Mutter vor dem Mann, als Trägerin des neuen Menschenlebens, das in ihr empfangen wird und sich entwickelt und von ihr zur Welt gebracht wird."[198] Allein die Tatsache, dass ein Mensch sich öffnet, um einen anderen Menschen in sich aufzunehmen, der durch eine solche Öffnung in die Welt kommen kann, zeigt eine grundlegende menschliche Wahrheit, eine Wahrheit, die jeden Menschen betrifft, auch den männlichen. Wie bereits erwähnt, hat sich die moderne Philosophie dem Thema der zwischenmenschlichen Beziehungen vor allem unter dem Gesichtspunkt des Konflikts, des ursprünglichen Antagonismus genähert, dessen emblematisches Bild die berühmte Dialektik von Herr und Knecht ist. Die Erfahrung der Schwangerschaft bietet jedoch ein anderes und zugleich grundlegenderes Paradigma. Bevor er in einen Konflikt geriet, war jeder Mensch ein Sohn – eine Tochter: er wurde von jemandem empfangen; er wurde von jemandem gezeugt. Die Betrachtung des Menschen aus dieser Erfahrung heraus führt uns zu einer Vision des Menschen, der ursprünglich für den Anderen offen ist, eine Vision, die auch dem Ursprung des Begriffs der Person selbst besser entspricht, der gerade deshalb geprägt wurde, um die Gemeinschaft zwischen den göttlichen Personen auszudrücken, in der die eine Person für die andere gänzlich offen und in der anderen präsent ist. „Ich und der Vater sind eins" (*Joh* 10,30). So gesehen und erlebt, lässt sich die Mutterschaft nicht allein auf ihre biologische Dimension reduzieren (wie zum

---

[198] JOHANNES PAUL II., *Die menschliche Liebe im göttlichen Heilsplan*, 178 (21,2).

Beispiel bei Simone de Beauvoir, wo die französische Schriftstellerin die generative Dimension des weiblichen Körpers als Hindernis für die Entfaltung der Freiheit der Frau sieht[199]), sondern sie hat eine höchst personalistische Bedeutung, die die Wahrheit des Menschen als solchen offenbart.

Der letzte Punkt, auf den wir hinweisen möchten, ist der, dass im biblischen Text die Zeugung des Sohnes nach der Erbsünde stattfindet. So erscheint der wesentliche Aspekt der Selbsthingabe, ihre Transzendenz, in der historischen Phase der menschlichen Ereignisse. Welche Bedeutung hat diese Tatsache? Sie zeigt, dass das Gesetz der Gabe, das im Urzustand in seiner ganzen Fülle gelebt wurde, nicht durch die Konkupiszenz, die zusammen mit der Erbsünde in das menschliche Herz eingedrungen ist, überwunden wurde. In der historischen Situation ist der Mensch versucht, den Anderen als Objekt seines Begehrens zu betrachten. Aber er ist nicht zu dem Konflikt der Begierden verurteilt, der von Hobbes, Hegel oder Sartre eindringlich als Urzustand des Menschen beschrieben wird. Es gibt eine Kontinuität zwischen dem Zustand der Urgeschichte und dem der Geschichte des Menschen, und diese Kontinuität ist gerade in der Erfahrung der Ungeschuldetheit, Freiheit und Transzendenz der Gabe gegeben.

Inmitten der *Geschichte der Sünde*, die die Geschichte des Menschen ist, erscheint das Licht immer wieder neu mit jeder Gabe der Menschen. Der Art und Weise, wie dieses Licht in der Geschichte präsent ist, und den Auswirkungen seiner Präsenz auf die Vision der Geschichte möchten wir den letzten Punkt unserer Überlegungen widmen.

---

[199] Vgl. SIMONE DE BEAUVOIR, *Il secondo sesso* [Das zweite Geschlecht], Mailand 2008.

Jarosław Merecki

Epilog
Die Person in der Geschichte

Die Geschichte ist eines der Hauptthemen der Überlegungen von Johannes Paul II. in seinen Katechesen über die menschliche Liebe. Auf diese Weise versucht der Autor, eine Antwort auf die große Herausforderung des modernen Denkens zu geben, das die Geschichte zum unverzichtbaren – und manchmal zum einzigen – Horizont für das Verständnis der Existenz des Menschen auf der Erde gemacht hat. Gleichzeitig schlägt Johannes Paul II. eine Vision der Geschichte vor, in der Gott und jeder einzelne Mensch die Hauptakteure sind und deren Sinn sich in der Wahl der moralischen Werte verwirklicht.

1. Die Herausforderung des Historizismus

Ein bedeutender Teil der modernen Philosophie hat versucht, das rationale Prinzip der Geschichte in der Geschichte selbst zu finden, ausgehend von der Überzeugung, dass sich ihr Sinn in ihrer immanenten Entwicklung realisiert. In jenen Visionen, in denen versucht wurde, die unerbittlichen Gesetze zu entdecken, die der Entwicklung der Geschichte zugrunde liegen, verlor der einzelne Mensch seine Rolle als Protagonist der Geschichte und er wurde auf den Status eines ihrer Elemente reduziert. Insbesondere im Marxismus, der in gewisser Weise den Zielpunkt des modernen Historizismus darstellt, verliert der Mensch seine universelle Essenz und wird nur noch durch die Gesamtheit der Produktivkräfte konstituiert, die natürlich historisch bedingt sind. Die Geschichte entwickelt sich nach ihrer eigenen vermeintlichen Logik, die der Marxismus in der sogenannten Dialektik der Geschichte hervorhebt, mit der das Individuum einverstanden sein kann oder auch nicht; aber das historische Subjekt ist nicht das Individuum, sondern der Klassenkampf, der notwendigerweise zur kommunistischen Gesellschaft führt. Für den Marxismus spielen individuelle Personen absolut keine Rolle mehr für die Geschichte: Der Verlauf der Geschichte hängt nicht mehr von den Entscheidungen einzelner Menschen ab, da dieser aufgrund seiner ihm eigenen Dialektik bereits vorherbestimmt ist. Dies rechtfertigte auch die Vernichtung derjenigen, die sich dem vermeintlich objektiven Sinn der Geschichte nicht unterwerfen wollten. Interessant ist hier auch Jean-Paul Sartres Position. Einerseits versuchte er die Individualität des Menschen gegenüber den überindividuellen Kräften der Geschichte und der Gesellschaft zu verteidigen. Andererseits beschränkte er jedoch den Horizont des Menschen auf dessen geschichtliche Existenz und leugnete jegliche Art von übergeschichtlicher menschlicher Wesenheit, so dass er schließlich mit dem Marxismus in der Vorstellung übereinkam, das Wesen des Menschen sei durch dessen historische Situation bestimmt.[200]

Auf der anderen Seite versuchte die aristotelisch-thomistische Philosophie, die nach der Enzyklika *Aeterni Patris* von Leo XIII. erneuert wurde, dem Historismus und Relativismus entgegenzuwirken, indem sie die Existenz einer objektiven und für alle Zeiten gültigen Wahrheit verteidigte. In Bezug auf die Anthropologie hat sich diese Philosophie vor allem als Metaphysik des Menschen entwickelt, wobei der Frage, wie der Mensch seine metaphysische Wahrheit in dem konkreten historischen Moment, in dem er lebt, verwirklicht, weniger Aufmerksamkeit gewidmet wurde. Mit anderen Worten, man blickte eher in den Himmel der metaphysischen Wahrheiten, ohne zu versuchen zu erkennen, wie diese Wahrheiten im Leben und Handeln des Menschen zum Tragen kommen (natürlich können wir Denker wie Jacques Maritain nicht vergessen, die einen beträchtlichen Teil ihrer Überlegungen genau diesem Problem gewidmet haben).

Schon in seiner Philosophie des Menschen, die er vor allem in seinem Hauptwerk *Person und Tat* entwickelt hat, hat Karol Wojtyła versucht, sowohl eine gewisse *Starrheit* der klassischen Philosophie als auch den Relativismus der modernen Geschichtsphilosophie zu vermeiden. In der Philosophie der menschlichen Praxis, die bereits im Titel seines Buches angedeutet ist, zeigt Wojtyła, wie sich der Mensch durch seine Handlungen verwirklicht, die einerseits auf die Welt einwirken, andererseits aber auch sein Inneres formen und ihn zu seiner wahren Selbstverwirklichung führen oder auch nicht.[201] In seinen Katechesen über die menschliche Liebe erweitert Johannes

---

200 Vgl. JEAN-PAUL SARTRE, *Kritik der dialektischen Vernunft. Theorie der gesellschaftlichen Praxis*, Hamburg 1967.
201 Vgl. ALFRED WIERZBICKI, *Una filosofia capace di pensare alla storia* [Eine Philosophie, die in der Lage ist an die Geschichte zu denken], in *Il nuovo Areopago* 4 (2006), 6–19.

Paul II. die Perspektive und bietet uns eine ganzheitliche Sicht des Menschen, die sowohl die philosophische als auch die theologische Dimension in eine kohärente Betrachtung des Menschen einbezieht. Wir können sagen, dass Johannes Paul II. auch in diesem Sinne versucht, eine angemessene Anthropologie zu entwickeln.

2. Die Artikulation der Geschichte

Eine angemessene Anthropologie kann keine Anthropologie sein, ohne die historische Dimension des Menschen zu berücksichtigen. In den Katechesen von Johannes Paul II. wird die Vision der Geschichte anhand von drei Momenten artikuliert, die es erlauben, sie zu denken, ohne dem Historismus zu verfallen. Die Geschichte ist sozusagen eingerahmt zwischen zwei Phasen, die sie transzendieren: die urgeschichtliche Phase (*der Anfang*), die den stabilen Bezugspunkt der Geschichte darstellt, d. h. die erste Wahrheit der Welt, die mit dem Schöpfungsakt gegeben ist, und die nachgeschichtliche (*die Auferstehung*), die den Punkt ihrer Ankunft darstellt. Die Geschichte ist also nicht der einzige Bezugspunkt für den Menschen. Sie bildet aber den Raum, in dem der Mensch die über die Geschichte selbst hinausgehende Wahrheit verwirklicht. Durch seine Praxis schafft er diese Wahrheit jedoch nicht. Vielmehr entdeckt er sie und macht sie sich durch sein Handeln zu eigen. Wir können diesen Punkt mit den Überlegungen von Johannes Paul II. zum proto-historischen Prinzip illustrieren. Wir können so sagen: Christus akzeptiert es nicht, über die Ehe zu streiten und auf der historischen Ebene zu bleiben, die von menschlicher Schwäche und Sünde („Härte des Herzens" vgl. Mt 19,8) geprägt ist. Mit seinen Worten lenkt Jesus unseren Blick auf die ursprüngliche Wahrheit des Menschen, die im Schöpfungsakt zum Ausdruck kommt. Um den Menschen in seiner vollen Wahrheit zu verstehen, müssen wir zu seiner Situation vor der Erbsünde zurückkehren (sozusagen zu seiner *urgeschichtlichen* Situation), denn in dieser Situation erfuhr der Mensch die Fülle des Plans Gottes für ihn. Ein Echo dieser Fülle der Erfahrung des ursprünglichen Plans Gottes ist in den ersten Kapiteln des Buches Genesis erhalten geblieben – den Kapiteln, die von der Situation des Menschen vor der Erbsünde sprechen. Andererseits ist dieses Echo aber auch in unserer Erfahrung des Leibes präsent. Wie wir gesehen haben, können wir gerade durch die Analyse dieser Erfahrung die symbolische Sprache des biblischen Autors verstehen, die für uns sonst völlig unverständlich wäre.

Die Geschichte im eigentlichen Sinne beginnt mit der Erbsünde. Wenn der Mensch die Schwelle der Sünde überschreitet, betritt er – mit Worten des heiligen Augustinus – den Raum des Kampfes zwischen zwei Arten von Liebe: *amor Dei usque ad contemptum sui* und *amor sui usque ad contemptum Dei* – der bis zur Verachtung Gottes gesteigerten Selbstliebe und der bis zur Verachtung seiner selbst gehenden Gottesliebe.[202] Nach der Sünde hat der Mensch seine ursprüngliche Unschuld verloren und ist nun gerufen, das Gute zu wählen, auch wenn er oft das Böse vorzieht. Für Johannes Paul II. entfaltet sich gerade in diesem Kampf das wesentliche Drama der Geschichte, dessen tiefster Sinn sich hier verwirklicht.

Das Dasein des Menschen auf der Erde ist von einer vielgestaltigen Kontingenz geprägt – existenziell, physisch, emotional und kognitiv. Aber vom Standpunkt der Reflexion über den Sinn der Geschichte aus gesehen ist ihre wesentlichste Kontingenz die moralische Kontingenz. Daher spielt sich das wichtigste Drama der Geschichte im Herzen des Menschen ab. – Es ist kein Zufall, dass der zweite Zyklus der Katechese über die menschliche Liebe den Titel *Die Erlösung des Herzens* trägt. *Christus ruft das „Herz" des Menschen.* Das Herz wird hier im biblischen Sinne verstanden – als der Ort der moralischen Entscheidungen, der Ort des Kampfes zwischen zwei Lieben, als Ort, an dem der Sieg der Liebe über den Egoismus verwirklicht werden kann. In dieser Sichtweise wird jeder einzelne Mensch zum eigentlichen Subjekt der Geschichte, denn nur ein konkreter Mensch ist in der Lage, eine moralische Entscheidung zu treffen. Wenn das so ist, gibt es keinen größeren Sinn in der Geschichte, dem ein Individuum unterworfen oder geopfert werden kann. Der Sinn der Geschichte wird durch personale Werte erfüllt, und diese Werte können nur im Herzen eines jeden einzelnen Menschen verwirklicht werden. Von hier aus können wir die Bedeutung der zwischenmenschlichen Begegnung für die Verwirklichung des Sinns der Geschichte verstehen. Die Begegnung mit einem anderen Menschen ist eine Gelegenheit zur Liebe, eine Gelegenheit zur Selbsthingabe, in der der Mensch –

---

[202] Vgl. AUGUSTINUS, *De civitate Dei*, XIV, 28.

wie das Zweite Vatikanische Konzil sagt – ganz zu sich selbst findet.[203] So erfüllt sich im freien Akt der Selbsthingabe der größte Wert der Geschichte und wird ihr tiefster Sinn verwirklicht.[204] Der häufigste – wenn auch nicht der einzige – Ort für die aufrichtige Selbsthingabe an einen anderen Menschen ist die Ehe. Die Ehe ist eine Gemeinschaft, die durch diese Gabe gegründet wird, und zugleich eine Gemeinschaft, die diese Gabe im Alltag, in den alltäglichsten Erfahrungen des Lebens lebt und verwirklicht. Das Gleiche gilt natürlich auch für die Familie. Damit nehmen Ehe und Familie einen zentralen Platz in der Geschichte ein, der noch nicht ausreichend erörtert worden ist. Aus christlicher Sicht hat die Geschichte nicht nur einen Anfang und ein Ende, sondern auch einen zentralen Punkt, nämlich das Ereignis der Menschwerdung Christi. „Gott hat die Welt so sehr geliebt, dass er seinen einzigen Sohn hingab ...", sagt Johannes (Joh 3,16). Christus selbst ist die Gabe des Vaters an die Welt. Er stellt in seinem ganzen Leben (in seinem *Dasein-für*, seiner *Proexistenz*) und besonders in seinem Tod am Kreuz die ursprüngliche Wahrheit des Menschen inmitten der Geschichte der Sünde wieder her. Er ist es, der sagt: „Am Anfang war es nicht so" (Mt 19,3) und der damit an die ursprüngliche Wahrheit des Menschen inmitten der Geschichte der Sünde erinnert. Er erinnert uns daran, dass nicht unsere historische Praxis die Wahrheit unserer geschichtlichen Existenz schafft, sondern Gottes ursprünglicher Plan, der von Anfang an in der Gabe zum Ausdruck kommt. Durch Christus hat jeder Mensch nicht nur teilweise und zufällig, sondern in zentraler Weise an der Geschichte teil. Jeder Akt der Selbsthingabe hat Anteil an seiner einzigartigen Gabe, durch die er die Welt mit dem Vater versöhnt hat.

In der menschlichen Dimension der Geschichte gibt es keine endgültigen Errungenschaften. Die Wahrheit, die zu einem bestimmten Zeitpunkt der Geschichte entdeckt und erfahren wurde, kann zu einem anderen Zeitpunkt vergessen und verachtet werden. Natürlich müssen wir uns in der Geschichte mit dem Fortschritt auseinander-

---

203 „Plene seipsum invenire non posse nisi per sincerum sui ipsius donum", *Gaudium et spes*, 24. Deutsche Übersetzung: „...sich selbst nur durch die aufrichtige Hingabe seiner selbst vollkommen finden kann."

204 Vgl. WOJCIECH CHUDY, *Miedzy „poczatkiem" a zmartwychwstaniem. Dzieje człowieka i ludzkosci w oswietleniu Jana Pawła II teologii ciała* [Zwischen „dem Anfang" und der Auferstehung. Die Geschichte des Menschen und der Menschheit im Lichte der Theologie des Leibes von JOHANNES PAUL II.], in *Roczniki filozoficzne* 35 (1987–1988) 2, 53–95.

setzen, zum Beispiel in der Wissenschaft oder der Technologie. Aber vom moralischen Standpunkt aus gesehen – und dieser Standpunkt ist für die Bedeutung der Geschichte wesentlich – gibt es keinen Fortschritt. Das Drama der Freiheit beginnt mit jedem Menschen.

DIE KULTUR DER GABE

Die Kultur der Gabe im Denken von Karol Wojtyła/Johannes Paul II.*

Aude Suramy

Aus dem Französischen von
Dr. Eva Salm-Reifferscheidt und Dr. Jutta Kahlen

1. Eine Kultur, die der Würde des Menschen gerecht wird: eine Kultur des Schenkens!

Seit dem Konzil erinnert Karol Wojtyła/Johannes Paul II. fast jedes Mal, wenn er spricht, an die Konstitution *Gaudium et spes*, in der es heißt, dass der Mensch, der auf Erden die einzige von Gott um seiner selbst willen gewollte Kreatur ist, sich nur durch die aufrichtige Hingabe seiner selbst vollkommen finden kann[1]. Seltsam: Dieses Leitmotiv taucht nicht in seiner berühmten Rede an die Organisation der Vereinten Nationen für Erziehung, Wissenschaft und Kultur (UNESCO) vom 2. Juni 1980[2] auf. Papst Johannes Paul II. verwendet dort nicht einmal den Begriff *Gabe*. Ein anderer Satz gibt seinen Äußerungen Profil: *Genus humanum arte et ratione vivit*[3]. Selbstverständlich erheben wir nicht den Anspruch, die Aussage „eines der größten Genies des Christentums"[4] den Johannes Paul II. als *Doctor Humanitatis*[5] und „Meister des philosophischen und theologischen Universalismus"[6]

---

*   Originaltitel: AUDE SURAMY, *La culture du don dans la pensée de Karol Wojtyła/Jean-Paul II*, in *Une culture du don*, Actes du colloque de la chaire Jean Rodhain, Toulouse, Presses Universitaires de l'ICT, novembre 2014.
1   II. VATIKANISCHES KONZIL, Pastoralkonstitution *Gaudium et spes* 24.
2   JOHANNES PAUL II., *Ansprache an die Organisation der Vereinten Nationen für Erziehung, Wissenschaft und Kultur (UNESCO)*, Paris, 2. Juni 1980.
3   THOMAS VON AQUIN, *Commentaire des Analytiques postérieures d'Aristote*, 1. [Die Menschheit lebt von Kunst und Vernunft.]
4   JOHANNES PAUL II., *Ansprache an die Organisation der Vereinten Nationen ... Paris*, 2. Juni 1980, 6.
5   JOHANNES PAUL II., *Il metodo e la dottrina di san Tommaso in dialogo con la cultura contemporanea*, in Atti dell'VIII Congresso Tomistico Internazionale, L'enciclica Aeterni Patris nell'arco di un secolo, Studi tomistici, n°10, Rom, Vatikan, Päpstliche Akademie des hl. Thomas, Libreria Editrice Vaticana, 1981, 14.
6   JOHANNES PAUL II., *Die Schwelle der Hoffnung überschreiten*, Hamburg 1994, 59.

Aude Suramy 183

bezeichnet, in Frage zu stellen. Die Aussage des heiligen Thomas scheint im Übrigen offensichtlich zu sein. Doch von einem Autor, der ganz von der Mystik der Karmeliter geprägt ist und der auf die eine oder andere Weise immer betont, dass sich der Mensch „durch die aufrichtige Hingabe seiner selbst erfüllt"[7], hätte man erwarten können, dass er das rührende und bezaubernde „Je vis d'Amour" (Ich lebe aus der Liebe) der kleinen Therese zitiert. Warum also zieht er hier den kalten Kommentar eines stummen Ochsen[8] den Analytica posteriora des Aristoteles vor? Es zeigt sich, dass nach Johannes Paul II. die wesentliche Bedeutung der Kultur nach den Worten des hl. Thomas von Aquin in der Tatsache besteht, dass sie ein Wesensmerkmal des menschlichen Lebens an sich ist."[9]. Die Aussage erinnert uns an die Grundlage der Kultur in den spezifisch menschlichen Handlungen. Wir können mit Johannes Paul II. feststellen, dass „diese Worte [...] über den Bereich der abendländischen Kultur – der mediterranen wie der atlantischen – hinaus [weisen]"[10]. Dennoch bleibt unsere Verwunderung bestehen. Sollte die Liebe, von der wir ahnen, dass sie einige Verbindungen zur Gabe hat, nicht ebenso und sogar noch tiefer als die Kunst, die Vernunft und die Kultur „ein Merkmal des menschlichen Lebens als solches sein"[11]? Der *Doctor communis ecclaesiae* hat unsere Fragestellung gelöst, noch bevor sie bei uns aufkommt. Zwar „leben wir aus der Liebe", aber die Liebe ist – in dieser Welt – keine menschliche Besonderheit wie Kunst, Vernunft und die daraus resultierende Kultur: sie ist vielmehr universal. Sie ist das universale Prinzip der Bewegung. Thomas von Aquin sagt, dass in jedem vegetativen, sinnenhaften oder rationalen Streben „man die Liebe das Prinzip der Lebendigkeit nennt, die auf das geliebte Ziel hin ausgerichtet ist"[12]. Er sagt, dass „[...] jeder Handelnde, gleichgültig, ob er eine Pflanze,

---

7   II. Vatikanisches Konzil, Pastoralkonstitution *Gaudium et spes* 24.
8   Anm. d. Ü.: Die Bezeichnung *Stummer Ochse* wird auf Thomas von Aquin angewendet, weil er bekannt dafür war, in seinen Schriften komplexe Gedanken auf eine klare und prägnante Weise auszudrücken. Seine Zurückhaltung in der Schreibweise im Vergleich zur Tiefe seiner Ideen führte zu diesem Spitznamen.
9   Vgl. JOHANNES PAUL II., *Ansprache an die Organisation der Vereinten Nationen* ... Paris, 2. Juni 1980, 6.
10 JOHANNES PAUL II., *Ansprache an die Organisation der Vereinten Nationen* ... Paris, 2. Juni 1980, 6.
11 JOHANNES PAUL II., *Ansprache an die Organisation der Vereinten Nationen* ... Paris, 2. Juni 1980, 6.
12 THOMAS VON AQUIN, *Summa theologica*, Ia IIae, q. 26, a. 1, resp.

ein Tier oder etwas anderes ist, [...] alle seine Handlungen aufgrund einer gewissen Liebe ausführt"¹³. Unter anderem lebt der Mensch von der Liebe. Aber im Menschen hat die Liebe eine ganz besondere Dimension, die der übrigen Natur fehlt: Diese Liebe wird von der Kunst, der Vernunft und der daraus resultierenden Freiheit begleitet. Es handelt sich also um Liebe, die dazu berufen ist, sich auf der Höhe der besonderen Würde der menschlichen Person zu entfalten – der Person, die durch ihre spezifische Intelligenz, ihre Fähigkeit zur Selbstbestimmung und ihre soziale Natur geprägt ist. Wie *Person und Tat* bezeugt, erschafft sich der Mensch ansatzweise und er vollendet sich in seinem *actus humanus*. Anders ausgedrückt, er erschafft sich in einem Akt der Kultur, einem Akt der Kunst oder einem Akt der menschlichen Vernunft. Wojtyła bezeichnet diesen Akt der Person als *actus personae*, der ein Gut ist, dem gegenüber nur die Liebe die angemessene und gültige Haltung darstellt. Da er *actus personae* ist, da es der Akt dieser Person ist, die dazu geschaffen ist, ihrer Würde entsprechend zu lieben und geliebt zu werden, muss es ein Akt der Liebe auf der Höhe der personalen Würde sein.

> „Um Kultur zu schaffen, muss man, [...] den Menschen lieben, weil er ein Mensch ist. Man muss die Liebe zum Menschen fordern wegen der besonderen Würde, die er besitzt."¹⁴

Daher ist es nicht verwunderlich, dass Johannes Paul II. mit dem *genus humanum arte et ratione vivit*¹⁵ die Welt zu einer Kultur der Liebe aufruft, die der Würde des Menschengeschlechts, das von Kunst und Vernunft lebt, gerecht wird. Um diese Kultur der Liebe zu verstehen, die zweifellos einige Verbindungen zur Gabe aufweist, müssen wir nun genauer untersuchen, worin nach Karol Wojtyła/Johannes Paul II. die Liebe spezifisch menschlich ist.

> „Wenn wir auf den Menschen blicken, dann erkennen wir in ihm ein elementares Bedürfnis nach dem Guten, einen natürlichen Trieb und ein Streben danach. Das beweist noch nicht, dass er fähig ist zu lieben. Bei Tieren beobachten wir die Kund-

---

13   THOMAS VON AQUIN, *Summa theologica*, Ia IIae, q. 28, a. 6, resp.
14   JOHANNES PAUL II., *Ansprache an die Organisation der Vereinten Nationen ... Paris*, 2. Juni 1980, 10.
15   Vgl. JOHANNES PAUL II., *Ansprache an die Organisation der Vereinten Nationen ... Paris*, 2. Juni 1980, 17.

machungen des Instinkts, der in ähnlicher Weise ausgerichtet ist. Aber der Instinkt allein bringt noch nicht die Fähigkeit des Liebens mit sich. Bei den Menschen ist dieses Vermögen jedoch mit dem freien Willen verbunden. Die Fähigkeit des Menschen zur Liebe hängt von seiner Bereitschaft ab, in bewusster Weise mit anderen ein Gut zu suchen und sich selber jenem Gut im Hinblick auf andere oder andere im Hinblick auf jenes Gut unterzuordnen."[16]

Für Wojtyła ist es klar, dass man sich eine Liebe zwischen zwei Menschen nicht vorstellen kann ohne dieses gemeinsame Gut, das sie verbindet und das gleichzeitig das Ziel sein wird, das sie gemeinsam gesucht haben werden[17]. „Nur Personen können der Liebe teilhaft werden"[18], erklärt er weiter. Eine solche Liebe ist ein Akt der Selbstunterordnung oder man könnte auch sagen, der Selbstunterwerfung unter das gemeinsame Gut, das das Wohl der Personen ist. Sich einem Gut unterzuordnen oder zu unterwerfen, bedeutet, sich selbst diesem Gut zu schenken. Diese Hingabe darf nicht als Gebrauchsgegenstand, als Mittel zum Zweck, verwendet werden. Es handelt sich also um eine aufrichtige Hingabe. Der Würde der Person entsprechend zu lieben, bedeutet nicht, nur mit der begehrenden oder benutzenden Liebe zu lieben. Es bedeutet vor allem, das Wohl des anderen zu wollen und dem anderen Gutes zu wünschen, insofern er ein anderer ist[19]. Das Gut der Person liegt dort, in dieser Hingabe, in dieser ehrlichen Liebe, in dieser Unterwerfung unter das Wohl des anderen, den sie liebt. Gewiss ist dies für sie von Nutzen. Die Person zieht daraus offensichtlich Nutzen und vervollkommnet so ihr eigenes Gut. Aber wenn die aufrichtige Hingabe nützlich ist, ist es nach Wojtyła ein „ehrlicher Nutzen"[20].

Daher ist die Kultur der Liebe auf der Höhe der Würde des Menschen, zu der Johannes Paul II. uns in seiner Rede an die UNESCO

---

16 KAROL WOJTYŁA, *Liebe und Verantwortung*, 46–47.
17 Vgl. KAROL WOJTYŁA, *Liebe und Verantwortung*, 47.
18 KAROL WOJTYŁA, *Liebe und Verantwortung*, 47.
19 Vgl. THOMAS VON AQUIN, *Summa theologica*, Ia IIae, q. 26, a. 4, resp.
20 Vgl. KAROL WOJTYŁA,, *O kierowniczej lub sluzebnej roli rozumu w etyce na tle pogladow Tomasza z Akwinu, Hume'a i Kanta*, Roczniki Filozoficzne, Lublin, Ed. de l'association scientifique de l'université catholique de Lublin, N. 2, 1958, 13–31, trad. it. a cura del Centro Studi Europa Orientale, *Il ruolo dirigente o ausiliare della ragione nell'etica in Tommaso d'Aquino, Hume e Kant*, in I fondamenti del ordine etico, Bologna, éd. CSEO, 1989, 101.

ermahnt, offensichtlich eine Kultur der Gabe. Aber im Kontext der UNESCO war es wahrscheinlich pädagogischer und expliziter, von der Liebe zu sprechen, die implizit verstanden wird als Grundlage der eigentlich menschlichen Gabe, als über die Gabe selbst.

Fahren wir fort mit der Untersuchung dieses Aktes der Hingabe aus Liebe, wodurch die Person ihre Erfüllung findet. In *Person und Tat* stellt Wojtyła dieses klar in seiner doppelten Bedeutung dar[21]. Denn gemäß dem, was Thomas von Aquin über die Handlung feststellte, kann dieser Akt, der den Übergang von der Potenz zum Akt darstellt, in zweifacher Hinsicht betrachtet werden. Wenn die Handlung vom Standpunkt ihres Beginns aus betrachtet wird, sprechen wir von einem Vorgehen; wenn sie vom Standpunkt ihres Ablaufs aus betrachtet wird, sprechen wir von Leidenschaft[22]. Im Denken Wojtyłas und in Übereinstimmung mit dem Thomistischen Denken bedeutet also der Akt der Gabe sowohl die Handlung des Gebens als auch das Erleiden der Gabe, das heißt ihre Annahme. Diese Leidenschaft kann die Annahme unserer eigenen Handlung des Gebens bedeuten oder aber auch das Empfangen der Gabe eines anderen. In beiden Fällen erleiden wir diese Handlung und so erschaffen wir uns selbst auf relative Weise. Es sei darauf hingewiesen, dass die Verwendung des Wojtyła'schen Ausdrucks *actus personae*, der mehr an Leidenschaft erinnert als der Begriff *actus personalis*, die Bedeutung zum Ausdruck bringt, die der Autor von *Person und Tat* dieser Annahme der Gabe einräumt – einer Annahme, die unseren von der Größe der Handlung faszinierten Augen oft verborgen bleibt[23]. Auch in *Person und Tat* spricht Wojtyła über die Liebe, verwendet aber nicht den Begriff der Gabe. Doch von der Annahme der Realität in einem unmittelbaren kognitiven Kontakt mit ihr bis hin zur Pflicht zur ‚Teilhabe' ‚an der Menschheit als solcher eines jeden Menschen', ist das, was er beschreibt, nichts anderes als der *actus personae* der Gabe, wodurch die Person sich selbst auf relative Weise erschafft. Wie ist diese Tatsache der Teilhabe am Menschsein eines anderen zu verstehen? Wie kann

---

21 Vgl. KAROL WOJTYŁA, *Osoba i czyn* [Person und Tat], 2 de éd. trad. all. 1981, (1re éd. 1969), trad. fr. Gwendoline Jarczyck, Personne et acte, (1re éd. Paris, Centurion, 1983); 2nde éd., Paris, Parole et Silence, 2011, Collège des Bernardins, 88.
22 Vgl. THOMAS VON AQUIN, *Summa theologica* Ia IIae, q. 1, a. 3, resp.
23 Vgl. SURAMY, AUDE, *La voie de l'amour, une interprétation de Personne et Acte de Karol Wojtyła, lecteur de Thomas d'Aquin*, in *Sentieri della verità*, Siena 2014, 461.

man an der nicht kommunizierbaren Existenz des anderen teilhaben, ohne diese zu zerstören? Die Pflicht zur Teilhabe, die in *Person und Tat* in unserem Gewissen als *Du sollst lieben*[24] debattiert wird, kann natürlich viele und unterschiedliche Formen annehmen. Wir können hier keine erschöpfende Liste aufstellen: Trinken, Essen, Fasten, Schlafen, Arbeiten, Beten, Entspannen, Ruhen usw. Bemerkenswert ist die besondere Aufmerksamkeit, die Karol Wojtyła/Johannes Paul II. dem *actus personae* der Arbeit und dem der Ruhe widmet.[25]

„Mit der Arbeit fängt alles an:
was im Denken und im Herzen wächst,
die großen Ereignisse, die große Menge.

Die Liebe reift im gleichmäßigen Rhythmus der Hammerschläge."[26]

Es ist indessen die eheliche und bräutliche Gemeinschaft von Personen, die unser Autor als Paradigma jeder Liebe darstellt. Sie ist es, die uns am besten die erforderliche Mitwirkung durch das *Du sollst lieben* verstehen lässt. Dieses *Du sollst lieben* verlangt nicht, dass wir mit dem anderen insofern übereinstimmen, als wir bereits mit ihm verbunden sind. Tatsächlich sind wir bereits im selben Menschsein durch unseren Kontakt mit demjenigen vereint, der uns in jedem Augenblick unsere menschliche Existenz mitteilt. Dieser Imperativ treibt uns nicht nur dazu, den Nächsten zu lieben, um ihn spekulativ in einem unmittelbaren kognitiven Kontakt kennenzulernen, auch wenn natürlich dieser Kontakt von der Liebe, unserem Bewegungsantrieb, angeregt wird. Die Aufforderung des Evangeliums, die in unserem Gewissen entsteht, schreibt uns nicht nur vor, unseren Nächsten zu

---

24 Karol Wojtyła, *Person und Tat*, 341: „Die Fähigkeit jedes Menschen, an der Menschheit, am Menschsein selbst Anteil zu nehmen, stellt den Kern jeglicher Teilhabe dar und bedingt den personalistischen Wert jeglichen Handelns und Existierens ‚gemeinsam mit anderen'. [...] Deshalb soll die letzte Untersuchung in diesem Buch der Bedeutung des evangelischen Liebesgebots gewidmet sein. Wir haben schon mehrmals unterstrichen, daß wir nicht das Gebiet der Ethik betreten wollen; wir wollen uns also auch hier gleichsam an der Schwelle des streng ethischen Inhalts des Gebotes ‚Liebe deinen Nächsten' aufhalten."
    Anm. d. Ü.: Es hat den Anschein, dass das polnische Original in der französichen und deutschen Übersetzung unterschiedlich wiedergegeben wird – einmal mit *Tu aimeras* (Du sollst lieben) und einmal mit *Liebe deinen Nächsten*.
25 Vgl. Johannes Paul II., *Laborem exercens*, 14. September 1981.
26 Karol Wojtyła / Andrzej Jawień, *Kamieniołom*, Znak, 6, 1957, 70 ; dt. Vgl. Karol Wojtyła, *Steinbruch*, in *Der Gedanke ist eine seltsame Weite*, Freiburg-Basel-Wien 1979.

lieben, weil er uns ähnlich ist, weil wir dessen *Spezies* in uns selbst besitzen können; sie verpflichtet uns nicht nur, das Erkannte mit dem Erkennenden gemäß der Ähnlichkeit mit dem Erkennenden zu vereinen.[27] Das Gebot der Liebe, das zur Gemeinschaft von Personen, zur wahrhaften Liebe auffordert, das heißt dazu, dass der Geliebte im Liebenden und der Liebende im Geliebten ist[28], verlangt noch viel mehr. Im Sinne von *Person und Tat* scheint diese Pflicht dazu aufzufordern, die Person des anderen zu lieben, indem wir auf einem immer dunkler werdenden Weg voranschreiten, auf dem unser Verstand immer mehr durch das strahlende Mysterium der Andersartigkeit des Nächsten begreift, dass dieser ihm unweigerlich entgleitet. Wenn sie nicht auf das Gute ausgerichtet ist, scheint uns diese wachsende Liebe dazu gerufen zu sein, sich von der vorherigen, begrifflichen Wahrnehmung des Gutes zu lösen, das ihr immer wieder zugrunde liegt. Sie scheint dazu aufgefordert, die Form einer Gabe anzunehmen, die aus subjektiver Sicht als *uneigennützig* erfahren wird, obwohl es aus objektiver Sicht und aufgrund dessen, was die menschliche Person und ihre nicht absolute Freiheit ist, die Gabe grundsätzlich ein ehrliches Interesse am Guten hat. Diese Liebespflicht scheint uns also dazu zu bringen, den anderen inmitten der dunklen Nacht zu lieben. Auf dem Weg der nächtlichen Ekstase, auf diesem Weg der Transzendenz zu einer tiefen *communio personarum*, wird die Liebe selbst, die eine Gabe ist, zur Erkenntnis – in Übereinstimmung mit dem, was bereits Gregor der Große, Wilhelm von Saint-Thierry, Thomas von Aquin, Johannes vom Kreuz und auf seine Weise auch Max Scheler bestätigten.[29] Ja, die Wurzeln der Kultur müssen bis zu dieser nächtlichen Gabe reichen.

> „Die Liebe löst die Person sozusagen kraftvoll ab von dieser natürlichen Unverletzlichkeit und Unveräußerlichkeit. Sie veranlasst die Person, gerade das zu tun: sich selbst an jemand anderen zu übergeben, an jenen, den sie liebt. [...] Das, was man das Gesetz der ‚Ekstase' nennen könnte, scheint sich hier zu verwirklichen: Der Liebende tritt heraus aus seinem Selbst, um eine vollere

---

27 Vgl. THOMAS VON AQUIN, *Summa theologica*, Ia IIae, q. 28, a. 1, ad. 3.
28 Vgl. THOMAS VON AQUIN, *Summa theologica*, Ia IIae, q. 28, a. 2, s.c. et resp.
29 Vgl. AUDE SURAMY, *Passion du don et union nocturne: mystère d'amour de la personne dans la pensée de Karol Wojtyła*, in *Revue Théologique des Bernardins*, Faculté Notre Dame, Paris, 2011, 123–154.

Existenz in einem anderen zu finden. In keiner anderen Form der Liebe verwirklicht sich dieses Gesetz so deutlich wie bei der bräutlichen Liebe. Das ist die Richtung, welche die Liebe zwischen Mann und Frau einschlägt."[30]

2. Die bräutliche Liebe oder das Paradigma der Gabe

In diesem Zusammenhang ist es interessant, eine wunderbare Meditation zu lesen, die Johannes Paul II. 1994 geschrieben hat.

„Wir lesen im Buch Genesis, dass Gott am letzten Tag den Menschen erschaffen hat: als Mann und Frau schuf er sie (Gen 1, 26–27). Erschaffen, das heißt in diesem Kontext noch stärker: er machte sie einander zum Geschenk."[31]

Im gegenseitigen Austausch der ehelichen Liebe durchdringen „das Geben und Annehmen des Geschenks [...] einander so, dass das Schenken zum Annehmen und das Annehmen zum Schenken wird."[32].

Beachten wir auch, dass Johannes Paul II. das Annehmen der Gabe mit dem *Hüten* vergleicht, dem Hüten des Bruders oder der Schwester[33]. So verwirklicht sich in einem wunderbaren sexuellen Austausch zwischen Geben und Annehmen der Gabe der tugendhafte *Kreis der Liebe*, den Thomas von Aquin bereits beschrieb, als er sich fragte, ob die Liebe eine Leidenschaft sei[34]. Bei der Lektüre der Katechesen[35]

---

30 KAROL WOJTYŁA, Liebe und Verantwortung, 185–186; vgl. THOMAS VON AQUIN, Summa theologica, Ia IIae, q. 28, a. 3, s.c. et resp.
31 JOHANNES PAUL II., *Meditation zum Thema der ‚selbstlosen Gabe'*, in CORBIN GAMS (HG.), Amor – Jahrbuch der Theologie des Leibes – Sohn werden – um Vater zu sein, Heiligenkreuz 2021, 54.
32 JOHANNES PAUL II., *Die menschliche Liebe im göttlichen Heilsplan. Eine Theologie des Leibes*, hrsg. von Norbert und Renate Martin, Kißlegg 20175, 160 (17,4). (Im Folgenden abgekürzt mit Autor, Die menschliche Liebe, Seitenzahl, Katechesennummer).
33 JOHANNES PAUL II., *Meditation zum Thema der ‚selbstlosen Gabe'*, in CORBIN GAMS (HG.), Amor – Jahrbuch der Theologie des Leibes – Sohn werden – um Vater zu sein, Heiligenkreuz 2021, 63–65.
34 Vgl. THOMAS VON AQUIN, Summa theologica, Ia IIae, q. 26, a. 2, resp.
35 JOHANNES PAUL II., *Die menschliche Liebe*, 160–162 (17,4–6): „Nach Genesis 2,25 „schämten sich Mann und Frau nicht voreinander". Das lässt für uns den Schluss zu, dass der Austausch des Geschenks, an dem ihr ganzes Menschsein, Seele und Leib, in seiner Weiblichkeit und Männlichkeit beteiligt ist, sich dadurch verwirklicht, dass das innere Wesensmerkmal (also die Unschuld) des Sich-Schenkens und der Annahme des anderen als Geschenk gewahrt

verstehen wir, dass Gott dem Mann die Frau unter der Bedingung schenkt, dass diese sich selbst als Geschenk Gottes empfängt und unter der Voraussetzung, dass sie in einem Akt der Selbstbestimmung freiwillig zustimmt, sich dem liebevollen Wollen des göttlichen Willens zu unterwerfen, der sie dem Mann schenken möchte. So schenkt sich die Frau, indem sie geschenkt wird, aus freien Stücken selbst. Die spezifisch weibliche Hingabe erscheint dann besonders unter dem Gesichtspunkt des Empfangens der Gabe, unter dem Aspekt der Leidenschaft des Gebens. Mit anderen Worten: Die Gabe wird hier unter dem Gesichtspunkt ihres Ziels betrachtet. Wenn der Mann die ihm Anvertraute als Geschenk Gottes empfängt, ist dieser Empfang für die Frau bereits das Geschenk, das der Mann ihr macht, indem er sich selbst anbietet. Überdies nimmt sie die Schönheit der Gabe, die

---

wird. Diese beiden Funktionen des gegenseitigen Austauschs sind im ganzen Vorgang des Geschenks seiner selbst aufs tiefste miteinander verbunden: Das Geben und das Annehmen des Geschenks durchdringen einander so, dass das Schenken zum Annehmen und das Annehmen zum Schenken wird. 5. Genesis 2,23–25 erlaubt uns den Schluss, dass die Frau, die der Schöpfer im Geheimnis der Schöpfung dem Mann gibt, dank der ursprünglichen Unschuld von ihm als Geschenk aufgenommen bzw. angenommen wird. In diesem Punkt ist der biblische Text überaus klar und eindeutig. Zugleich wird die Annahme der Frau vonseiten des Mannes und die Weise ihrer Annahme gleichsam zu einem ersten Sich-Schenken. Vom ersten Augenblick, in dem sie der Schöpfer dem Mann gibt, entdeckt die Frau, indem sie sich schenkt, zugleich sich selbst dank dem Umstand, dass sie angenommen und aufgenommen, und dank der Weise, in der sie vom Mann angenommen wird. In ihrem Geschenk ihrer selbst („durch die aufrichtige Hingabe ihrer selbst", Gaudium et spes, Nr. 24) findet sie sich also selbst, wenn sie in ihrem Mensch- und Frausein so angenommen wird, wie es der Schöpfer gewollt hat, nämlich „um ihrer selbst willen". Sie gelangt zur innersten Tiefe ihrer Person und zum Vollbesitz ihrer selbst, wenn in dieser Annahme die ganze Würde des Geschenks durch das Angebot und die Hingabe dessen gewahrt bleibt, was sie in der ganzen Wahrheit ihres Menschseins und in der ganzen Wirklichkeit ihres Körpers und Geschlechts, also ihres Frauseins, ist. Wir fügen hinzu, dass diese Selbstfindung in der Selbsthingabe die neue Quelle eines Gebens wird, das gewissermaßen durch das Wesensmerkmal des Austausches des Geschenks wächst, in dem Maße, in dem es derselben und sogar tieferen Aufnahme und Annahme begegnet, getragen durch ein tieferes Bewusstsein des Geschenks – also einfach in dem Maße, in dem es als Geschenk aufgenommen wird. 6. Der zweite Schöpfungsbericht hat, wie es scheint, dem Mann „von Anfang an" die Funktion dessen anvertraut, der in erster Linie das Geschenk empfängt (vgl. besonders Genesis 2,23). Die Frau wird „von Anfang an" seinen Augen, seinem Bewusstsein und seiner Sensibilität, seinem Herzen anvertraut; er hingegen muss in gewissem Sinne den Austausch des Geschenkes selbst sicherstellen, das gegenseitige Durchdringen von Geben und Empfangen im Maße des Geschenks, das eben durch ihre Gegenseitigkeit eine echte Gemeinschaft der Personen entstehen lässt. Wenn im Geheimnis der Schöpfung die Frau diejenige ist, die dem Mann „gegeben" worden ist, so bereichert sie dieser dadurch, dass er sie als Geschenk in der ganzen Wahrheit ihrer Person und ihrer Fraulichkeit empfängt; zugleich wird auch er in dieser gegenseitigen Beziehung bereichert."

sie selbst ist, stärker wahr. Da sie darin geschult ist, sich selbst tiefer als Geschenk Gottes zu empfangen, schenkt sie sich mehr, indem sie das Geschenk des Mannes tiefer annimmt. Wie sieht es nun beim Mann aus? Es scheint, dass der zweite Schöpfungsbericht dem Mann *im Anfang* die Aufgabe dessen zuweist, der vor allem die Gabe empfängt (vgl. besonders Genesis 2,23)[36]. In der Tat ist er es, der die Frau als Geschenk von Gott empfängt.

„Die Frau wird ‚von Anfang an' seinen Augen, seinem Bewusstsein und seiner Sensibilität, seinem Herzen anvertraut; er hingegen muss in gewissem Sinne den Austausch des Geschenkes selbst sicherstellen, das gegenseitige Durchdringen von Geben und Empfangen im Maße des Geschenks, das eben durch ihre Gegenseitigkeit eine echte Gemeinschaft von Personen entstehen lässt."[37]

Natürlich ist jeder Akt des Gebens, ob er nun eher aktiv oder passiv erscheint, ein Übergang von der Potenz zum Akt und man kann von der Handlung des Erleidens ebenso sprechen wie von der Leidenschaft des Handelns. Aber, was seltsam ist, obwohl der Mann die Frau empfängt, erscheint er vor allem als Ausführender des Schenkens und als Ziel der Leidenschaft des Gebens der Frau. Gott scheint ganz besonders dem Mann nach seinem Bild und Gleichnis die Initiative des Schenkens zu übertragen. Obwohl die Frau sich dem Mann hingibt, erscheint sie vor allem als Prinzip der Leidenschaft der Hingabe und Ziel der Handlung der Gabe des Mannes. Gott scheint besonders der Frau als sein Bild und Gleichnis die liebevolle Annahme der Gabe zu gewähren.

Wenn wir sagen, die Frau empfängt Liebe, um ihrerseits zu lieben, meinen wir nicht nur oder vor allem die der Ehe eigene bräutliche Beziehung. Wir meinen damit etwas viel Allgemeineres, das sich auf die Tatsache selbst des Frauseins in den interpersonalen Beziehungen gründet, die dem Zusammenleben und -wirken von Personen, Männern wie Frauen, die verschiedensten Ausdrucksformen verleihen können[38].

---

36 Vgl. JOHANNES PAUL II., *Die menschliche Liebe*, 161 (17,6).
37 JOHANNES PAUL II., *Die menschliche Liebe*, 161 (17,6).
38 Vgl. JOHANNES PAUL II., Apostolisches Schreiben *Mulieris dignitatem*, 29.

Wenn Johannes Paul II. hier von der Frau spricht, gilt das Gleiche für den Mann. In der Gesamtheit der zwischenmenschlichen Beziehungen, die auf sehr unterschiedliche Weise das Zusammenleben und die Zusammenarbeit der Personen strukturieren, scheint der Mann am Ausgangspunkt der Gabe zu bleiben, die die Frau empfängt und die in ihr Früchte trägt, bis sie ihm zurückschenkt, was sie von ihm erhalten hat. So lässt sie die Liebe in der Menschheitsfamilie wirken, wie auch in der Familie im engeren Sinne. In einem vorbereitenden Dokument zur Konstitution *Gaudium et spes*, stellt Wojtyła fest, dass „die Familie der eigentliche Ort ist, wo die Person geliebt wird"[39]. Sie wird durch jene ganzheitlich geschlechtliche Natur von Mann und Frau begründet, die den Austausch der Gabe ermöglicht und auf dieser Erde paradigmatisch für eine Liebe steht, die der Würde der Person gerecht wird. Wenn wir das Verhältnis von Mann und Frau in seiner Gesamtheit betrachten, ohne es auf die Ehe zu beschränken, sehen wir – unter Berücksichtigung von Mann und Frau in ihrer Gesamtheit, – wie die Liebe sich mit einer besonderen Bereitschaft identifiziert, sich dem Gut zu unterwerfen, das unsere Natur darstellt, unser geschlechtliches Menschsein.

3. Nach Bild und Gleichnis des Gebers

Kehren wir nun zum Leitmotiv Wojtyłas zurück, das heißt, zu einigen Sätzen aus der Konstitution *Gaudium et spes*, die wir in einem Artikel ihres Hauptautors finden – der Artikel trägt den Titel *Die Familie als communio personarum*:

Betrachten wir etwas eingehender die Aussage von *Gaudium et spes* 24:

> „Ja, wenn der Herr Jesus zum Vater betet, ‚daß alle eins seien' ... wie auch wir eins sind' (Joh 17,20–22), und damit Horizonte aufreißt, die der menschlichen Vernunft unerreichbar sind, legt er eine gewisse Ähnlichkeit nahe zwischen der Einheit der göttlichen Personen und der Einheit der Kinder Gottes in der

---

[39] Karol Wojtyła, *La famille constitue le milieu propre où la personne humaine est aimée*, in Document préparatoire à la Constitution pastorale sur l'Eglise dans le monde de ce temps, Oktober 1965, in Lebrun, D., *Intervention de Karol Wojtyła au Concile Vatican II*, Paris, 2012, 149.

Wahrheit und der Liebe." Und gerade ‚diese Ähnlichkeit'[40], so lesen wir weiter, „macht offenbar, daß der Mensch, der auf Erden die einzige von Gott um ihrer selbst willen gewollte Kreatur ist, sich selbst nur durch die aufrichtige Hingabe seiner selbst vollkommen finden kann."[41]

„Der Text, so Wojtyła weiter, spricht ‚von einer gewissen Ähnlichkeit zwischen der Einheit Göttlicher Personen und der Einheit der Söhne Gottes die in der Wahrheit und in der Liebe verbunden sind.' Es geht also um die Dimension der Dreieinigkeit, jene grundlegende Wahrheit über den Menschen, die wir gleich zu Beginn der Heiligen Schrift erfahren und die die theologische Plattform der christlichen Anthropologie ist. [...] Die Worte Christi, des Herrn, ‚auf daß sie eins seien ... gleichwie wir eins sind', [öffnen] [...] dem menschlichen Verstand ‚unerreichbare Perspektiven', das heißt, daß sie das Geheimnis in der präzisesten Bedeutung dieses Wortes betreffen, denn so ist die Einheit der Drei Personen in einer Gottheit. [...] Der Mensch ist Gott ähnlich, nicht nur aufgrund seiner geistigen Natur, seines Seins als Person, sondern auch auf Grund der ihm eigenen *Fähigkeit, eine Gemeinschaft mit anderen Personen zu bilden.*"[42]

Wojtyłas Analogie aus Ähnlichkeit und unendlicher Unähnlichkeit zwischen den göttlichen und menschlichen Personen scheint in der natürlichen Beschreibung der menschlichen Realität, die er in *Person und Tat* vornimmt, durchzuleuchten, wo Gott sich zu verbergen scheint. Tatsächlich wird bei der Lektüre dieses Werkes der menschliche Verstand durch Wojtyła belehrt, der ihn in seinem *actus personae* so beschreibt, dass der Intellekt „in liebevoller Zuneigung zur Person zerfließt"[43], selbst wenn sie nur menschlich ist[44]. Dieser Satz besagt, dass die Person dazu berufen ist, in ihrem *actus personae* der Liebe

---

40 Anm. d. Ü.: In diesem Zusammenhang ist es wichtig zu beachten, dass das lateinische Wort *similitudo* in der offiziellen deutschen Übersetzung mit *Vergleich* wiedergegeben wird, im französischen jedoch mit der richtigen Übersetzung *Ähnlichkeit*. Erst mit dem Begriff *Ähnlichkeit* erschließt sich die volle Bedeutung dieser Aussage.
41 II. Vatikanisches Konzil, Pastoralkonstitution *Gaudium et spes* 24.
42 Karol Wojtyła, Familie als Communio personarum in Stroynowski, J., *Von der Königswürde des Menschen*, Stuttgart 1979, 96–97.
43 Thomas von Aquin, *Summa theologica*, Ia, q. 43, a. 5, ad. 2.
44 Vgl. Aude Suramy, *La voie de l'amour, une interprétation de Personne et Acte de Karol Wojtyła, lecteur de Thomas d'Aquin*, in *Sentieri della verità*, Siena 2014, 640–641.

die Frucht der Liebe zu werden, die sie sich selbst und den anderen – oder sogar allen anderen – entgegenbringt. Da es aber, wie Thomas von Aquin über die trinitarische Liebe schreibt, keine eigenen Begriffe gibt, um die Beziehung zu bezeichnen, die die geliebte Sache mit ihrem Grund der Zuneigung oder des ‚Eindrucks' unterhält – jenes Eindrucks, der in dem, der liebt, aus der Tatsache entsteht, dass er liebt – und da es auch kein Wort für die umgekehrte Beziehung gibt, bezeichnen wir diese Beziehungen mit dem Begriff Liebe.[45] Der Mensch als Person, wie er sich in *Person und Tat* nach und nach manifestiert, scheint dazu berufen zu sein, durch seine Handlungen seinen Weg durch die Dunkelheit zu gehen, damit ihnen der Name Liebe gegeben werden kann, nach dem Bild und dem Gleichnis der dritten Person der Dreifaltigkeit, die auch die Ungeschaffene Gabe ist. Und da die Gabe die Unterwerfung unter das Gute impliziert, versteht man jene selige Unterwerfung besser, zu der der heilige Paulus uns in seinem Brief an die Epheser aufruft.

Natürlich kann man, je nachdem, welche Aspekte man betrachtet, in jeder menschlichen Person nicht nur das Bild der dritten Person der Dreifaltigkeit, der Liebe und der Ungeschaffenen Gabe finden, sondern auch das Bild der Ähnlichkeit und der unendlichen Unähnlichkeit jeder der göttlichen Personen. Dennoch ist die Analogie, die Wojtyła in seinem Zitat aus *Gaudium et spes* in seinem Artikel *Die Familie als communio personarum* behandelt, auch eine Analogie zwischen dem Schöpfer und der geschlechtlichen Erschaffung des *perfectissimum ens totius naturae*. Die Texte Wojtyłas scheinen dazu zu führen, eine besondere Analogie zwischen der Zeugung des Wortes, seiner Inkarnation und der männlichen Initiative der Gabe wahrzunehmen.

Beispielsweise sagt Johannes Paul II.:

„Wenn Christus nun die Eucharistie bei ihrer Einsetzung so ausdrücklich mit dem priesterlichen Dienst der Apostel verbunden hat, darf man annehmen, dass er auf diese Weise die gottgewollte Beziehung zwischen Mann und Frau, zwischen dem ‚Weiblichen' und dem ‚Männlichen', sowohl im Schöpfungsgeheimnis wie im Geheimnis der Erlösung ausdrücken wollte."[46]

---

45 Vgl. THOMAS VON AQUIN, *Summa theologica*, Ia, q. 37, a. 1.
46 JOHANNES PAUL II., *Mulieris dignitatem*, 26.

Anderseits, wie Edith Stein schreibt, „könnten wir den Geist Gottes, der auf alle Menschen ausgegossen ist, als den Archetyp des weiblichen Seins sehen"[47]. Dies scheint auch Johannes Paul II. zu denken, wenn er betont, dass sich in der Frau, und insbesondere in der Jungfrau und Mutter Gottes, auf prophetische Weise die innige Verbindung zwischen der Ordnung der Liebe und dem Heiligen Geist manifestiert[48].

„Dies ist ein tiefes Geheimnis [die Unterordnung der geschlechtlichen Hingabe]; ich beziehe es auf Christus und die Kirche" (Eph 5,31). Beim Lesen des Epheserbriefs wird deutlich, dass das Heil, das er bringt, nicht von uns kommt, „es ist ein Geschenk Gottes", sagt uns der heilige Paulus. Es ist kein Opfer, sondern Barmherzigkeit, die Barmherzigkeit, die „das Bild zeichnet", das das Pontifikat von Johannes Paul II.[49] ausmacht. Alles ist der Obhut Mariens anvertraut, dem Vorbild für die Aufnahme der Ungeschaffenen Gabe.

Als Kardinal Wojtyła 1976 die Exerzitien im Vatikan hielt, erklärte er:

„Diese Gabe des Allerhöchsten, der Heilige Geist, von Jesus Christus gebracht und von ihm neu ins Herz des Menschen und seiner Geschichte eingepflanzt, muss im Menschengeschlecht, in den menschlichen und zwischenmenschlichen Beziehungen erneuert werden: in der Ehe, der Familie, den Nationen, den Staaten, den Milieus, in den sozialen und wirtschaftlichen, den internationalen und interkontinentalen Beziehungen, dieses grundlegende Bewusstsein, die Gabe empfangen zu haben. Dieses Bewusstsein ist die Frucht des Geistes Christi, der Ausstrahlung der Liebe, die den Beziehungen zwischen den Menschen ein anderes Profil geben sollte. Daraus muss eine andere Kultur entstehen, eine andere Zivilisation, ein anderer Maßstab für Handelsbeziehungen, Produktionsverhältnisse und Verteilung von Gütern, und ein anderes Bewusstsein von Werten und höheren Werten."[50]

---

47 Vgl. STEIN, EDITH, Les problèmes posés par l'éducation moderne des jeunes filles, in La femme, Cours et conférences, Paris, 2008, 337.
48 Vgl. JOHANNES PAUL II., Mulieris dignitatem, 29.
49 Vgl. JOHANNES PAUL II., Discours aux sœurs de la Bienheureuse Vierge Marie de la Miséricorde, Krakau 07. Juni 1997.
50 Vgl. KAROL WOJTYŁA, Zeichen des Widerspruchs, Zürich-Köln 1979, 71–72.

Vom Geschenk der einfachsten Realität und ihrer Wahrnehmung, die den Beginn von *Person und Tat* markiert, über alle kulturellen Handlungen, die in der Liebe vollzogen werden müssen, die der Würde der Personen gerecht wird, über die paradigmatische geschlechtliche Hingabe der Ehegatten bis hin zu Christus, der die Kirche geliebt und sich für sie hingegeben hat, um sie in die Kontemplation der trinitarischen Gemeinschaft zu ziehen, ist das Denken von Karol Wojtyła/ Johannes Paul II. ein Geschenk; ein prophetischer Realismus für die Welt unserer Zeit.

> „Ja, die Zukunft des Menschen hängt von der Kultur ab! Ja, der Friede der Welt hängt vom Primat des Geistes ab! Ja, die friedliche Zukunft der Menschheit hängt von der Liebe ab! Ihr persönlicher Beitrag, meine Damen und Herren, ist wichtig, ja er ist lebenswichtig. [...] So heißt mein letztes Wort: Lassen Sie nicht nach, machen Sie weiter, immer weiter!"[51]

---

51 JOHANNES PAUL II., *Ansprache an die Organisation der Vereinten Nationen ...* Paris, 2. Juni 1980, 23.

COMMUNIO PERSONARUM

Johannes Paul II. und die Familie als *Communio personarum*[*][1]

Aude Suramy

Aus dem Französischen von
Dr. Eva Salm-Reifferscheidt und Dr. Jutta Kahlen

Zwischen Vaterschaft und Einsamkeit

„Seit vielen Jahren bereits lebe ich als ein aus dem Innersten seiner Person vertriebener Mensch, zugleich dazu verurteilt, in ihre Tiefe einzudringen. [...] Das alles verbindet sich mit dem Namen Adam, den ich trage."[2] Der Protagonist des Stücks „*Die Strahlung des Vaters*", das Karol Wojtyła 1979 veröffentlichte, fährt fort: „,Er ist einsam' – dachte ich [...] Ach, über alles hinauszuschreiten, um zu sich selbst zu finden!"[3] Wie Götter sein, Gut und Böse kennen. Von anderen nichts mehr empfangen und vor allem nicht von einem ganz anderen. Alles für mich haben. Von der Frucht des Baumes der Erkenntnis von Gut und Böse essen. Selbst entscheiden, was gut oder böse ist. Ja, ich aß, nahm für mich, für meine Ehre, was von einem anderen geschenkt werden muss, ich habe für mich selbst behalten, was hätte übergeben werden sollen. Ich wollte den anderen verschlingen, weil ich die Abhängigkeit nicht mehr ertragen konnte, weil ich die Gabe nicht länger ertragen konnte, weil ich nicht mehr ertragen konnte, was kommuniziert wird. „Warum hast du sie [die Vaterschaft] dem

---

[*] Originaltitel: AUDE SURAMY, *Saint Jean-Paul II et la famille comme communio personarum*, in *La famille : enjeux pour l'Eglise*, sous la direction d'Etienne Richer, Actes de la session interdisciplinaire sur la famille, janvier 2015, Paris, Lethielleux – PU Institut Catholique de Toulouse, pp. 39–67 ; publié également in *Amour humain, Amour divin*, sous la direction de Yves Semen, Actes du colloque inaugural de l'Institut de Théologie du Corps, Paris, Cerf, 2015, pp. 87–113.

[1] Deutsche Erstveröffentlichung: KAROL WOJTYŁA, *Familie als Communio personarum* in STROYNOWSKI, J., *Von der Königswürde des Menschen*, Stuttgart 1979, 93–109. (Im Folgendem abgekürzt *Familie als Communio personarum*, Seitenzahl).

[2] KAROL WOJTYŁA, *Der Bruder unseres Gottes. Die Strahlung des Vaters. Zwei Dramen*, Freiburg 1981, 131. (Im Folgenden abgekürzt mit KAROL WOJTYŁA, *Die Strahlung des Vaters*, Seitenzahl).

[3] KAROL WOJTYŁA, *Die Strahlung des Vaters*, 134.

Grund meiner Seele eingepflanzt?", ruft Adam erneut aus. „War es
dir nicht genug, sie in dir selbst zu besitzen?"[4] „Ich vermochte die
Vaterschaft nicht auf mich zu nehmen, war ihr nicht gewachsen [...]
Wie etwas Lästiges warf ich die Vaterschaft ab."[5] [...] „Hättest du, mich
aus Ton formend, gesagt: ‚Ton, forme weiter', – ich hätte vieles gestaltet."[6]. Aber ich bin nicht in der Lage, so zu gestalten. Es muss
immer durch deinen Geist geschehen, durch deinen Atem der Liebe,
diese Ungeschaffene Gabe, dieser Atem des Lebens, den du in meine
Nase gehaucht hast. Ich wollte ihn nicht mehr. Jetzt bin ich einsam
und außer Atem. Mir ist kalt, ich bin nackt. Ich habe Angst vor all
diesen anderen, die sich mir nähern. Ich habe Angst vor Dir, der Du
der ganz Andere bist. Ich habe Angst vor mir. „Ich fürchte das Wort
‚mein'." [...] „Ich fürchte mich, denn dieses Wort stellt mich immer
Dir gegenüber".[7] Und nun wandere ich krank umher zwischen Vaterschaft und Einsamkeit[8], meine Existenz zerfressen vom Nichts, das ich
kennenlernen wollte. Aber Du, Du „Du führst Deinen Plan aus. Du
bist voller Entschiedenheit, und Deine Pläne sind unabänderlich. [...]
Du trittst in das ein, was ich Einsamkeit nenne, überwindest meinen
Widerstand."[9] Du trittst ein durch das *Ja* einer Frau und Du sendest
deinen Sohn, um *das ganze Risiko der Liebe* auf sich zu nehmen, denn
es ist nicht gut für den Menschen, allein zu sein, denn Einsamkeit steht
im Gegensatz zur Liebe.[10] Du, Du liebst die Familie, die Weitergabe
des Geschenks. Du, Du willst nicht, dass ich Vater sei, ohne zugleich
Sohn zu werden[11], dass ich Mutter sein soll ohne Tochter zu sein. Und
ich, ich habe doch vor dem Risiko der Liebe Angst.

Ich habe Angst, weil ich seit der Erbsünde große Schwierigkeiten
habe, an Deine Liebe zu glauben, die in unsere Herzen ausgegossen
wurde, als Du uns erschaffen hast – und Du hast uns als Mann und
Frau, isch und ischa erschaffen. Ich habe Angst, weil der Ort dieses
Meisterwerks der geschlechtlichen Menschheit auch der Ort meiner
schmerzhaftesten Wunden ist. Wie ein Kind, das sich vor den Ein-

---

4 KAROL WOJTYŁA, *Die Strahlung des Vaters*, 134.
5 KAROL WOJTYŁA, *Die Strahlung des Vaters*, 133f.
6 KAROL WOJTYŁA, *Die Strahlung des Vaters*, 134.
7 KAROL WOJTYŁA, *Die Strahlung des Vaters*, 135.
8 Vgl. KAROL WOJTYŁA, *Die Strahlung des Vaters*, 136.
9 KAROL WOJTYŁA, *Die Strahlung des Vaters*, 137.
10 Vgl. KAROL WOJTYŁA, *Die Strahlung des Vaters*, 137.
11 Vgl. KAROL WOJTYŁA, *Die Strahlung des Vaters*, 138.

griffen des Arztes fürchtet, hat mein Elend Angst vor Deiner Barmherzigkeit, vor der Wahrheit Deiner unendlichen Liebe.

Übrigens ist das wahrscheinlich der Grund, warum das Denken des hl. Johannes Paul II., der uns daran erinnert, was Liebe ist, selbst innerhalb der Kirche noch wenig bekannt ist. Der hl. Johannes Paul II. weiß genau, dass wir Angst vor dem Risiko der Liebe haben. So ist es vielleicht nicht verwunderlich, dass er in seinen Mittwochskatechesen über *Die menschliche Liebe im göttlichen Heilsplan* beginnt, indem er uns auf Christus, den neuen Adam verweist, die fleischgewordene Barmherzigkeit, der uns an den Anfang zurückführt.

Am Anfang „sagte Gott: ‚Lasst uns Menschen nach unserem Bild machen, als unser Ebenbild [...]' Gott schuf den Menschen nach seinem Bild, als Abbild Gottes schuf er ihn, als Mann und Frau schuf er sie" (Gen 1, 26–27). „Deshalb wird der Mann Vater und Mutter verlassen und seiner Frau anhangen, und sie werden ein Fleisch" (Gen 2, 24.)

Johannes Paul II: „Man hat sehr schön und tiefgehend gesagt, unser Gott sei in seinem tiefsten Geheimnis nicht einzelner, sondern Familie, weil er in sich selber Vaterschaft, Sohnschaft und Liebe, die das Wesentliche einer Familie ist, darstellt. Diese Liebe innerhalb der Familie Gottes ist der Heilige Geist. Das Thema Familie ist also dem göttlichen Wesen überhaupt nicht fremd."[12]

Dass alle eins seien, wie wir eins sind

Diese Aussage des Heiligen Vaters verweist uns von Neuem auf das Wort Gottes, wenn Er den Vater bittet, dass „alle eins seien ..., wie wir eins sind".[13] Untersuchen wir dieses Wort Christi, das in die Pastoralkonstitution *Gaudium et spes* aufgenommen wurde, etwas tiefer – ein Text, dessen Mitverfasser, wenn nicht der Hauptverfasser, Kardinal

---

12 JOHANNES PAUL II., *Predigt in der Eucharistiefeier in Puebla de los Ángeles*, 28. Januar 1979. *Insegnamenti di Giovanni Paolo II*, Città del Vaticano 1979, II, 1,182. Vgl. JOHANNES PAUL II., *Die Familie Zukunft der Menschheit*, NORBERT UND RENATE MARTIN (Hg.), Vallendar 1985, 153.
13 Joh 17, 21–22.

Wojtyła während des Konzils war.¹⁴ In der Einleitung zu seinem Artikel mit dem Titel *Die Familie als Communio personarum*, der 1974 veröffentlicht wurde, schreibt der spätere Papst der Familie „der gesamte Text der Pastoral-Konstitution [*Gaudium et spes*] scheint auf einen gewissen organischen Fortschritt in der Theologie der Familie hinzuweisen".¹⁵ Für Wojtyła jedoch ist das Herzstück dieses Textes, sein brennender Kern, den er in demselben Artikel zitiert, die folgende Passage aus *Gaudium et spes 24*, die zum Leitmotiv seines gesamten Pontifikats werden soll:

> „Wenn der Herr Jesus zum Vater betet, ‚daß alle eins seien … wie auch wir eins sind' (Joh 17, 20–22), und damit Horizonte aufreißt, die der menschlichen Vernunft unerreichbar sind, legt er eine gewisse Ähnlichkeit nahe zwischen der Einheit der göttlichen Personen und der Einheit der Kinder Gottes in der Wahrheit und der Liebe. Diese Ähnlichkeit macht offenbar, daß der Mensch, der auf Erden die einzige von Gott um ihrer selbst willen gewollte Kreatur ist, sich selbst nur durch die aufrichtige Hingabe seiner selbst vollkommen finden kann."

Der Text spricht von einer gewissen Ähnlichkeit¹⁶ zwischen der Einheit der göttlichen Personen und der Einheit der Kinder Gottes in Wahrheit und in Liebe. Es handelt sich daher um die trinitarische Dimension der Grundwahrheit über den Menschen, die wir ganz am Anfang der Heiligen Schrift lesen und die den theologischen Plan der christlichen Anthropologie definiert. Die Worte des Herrn Jesus Christus, *dass sie eins seien, wie auch wir eins sind*, öffnen der menschlichen Vernunft *unerreichbare Horizonte* in Bezug auf das, was das Mysterium im strengsten Sinne des Wortes ist, die Einheit der drei Personen in einer einzigen Gottheit. Der Mensch als Person ist

---

14   Vgl. AUDE SURAMY *La voie de l'amour, une interprétation de Personne et Acte de Karol Wojtyła, lecteur de Thomas d'Aquin*, in *Sentieri della verità*, Siena 2014, 36–43.
15   KAROL WOJTYŁA, *Familie als Communio personarum* 93.
16   Anm. d. Ü.: In diesem Zusammenhang ist es wichtig zu beachten, dass das lateinische Wort *similitudo* in der offiziellen deutschen Übersetzung mit *Vergleich* wiedergegeben wird, im französischen jedoch mit der richtigen Übersetzung *Ähnlichkeit*. Erst mit dem Begriff *Ähnlichkeit* erschließt sich die volle Bedeutung dieser Aussage.

Gott nicht nur wegen seiner geistigen Natur ähnlich, sondern auch aufgrund der ihm eigenen Fähigkeit zur *Gemeinschaft* mit anderen Personen.[17] Was bedeutet diese Personengemeinschaft? Damit wir sie verstehen können, bezieht Wojtyła sich in seinem Artikel mit dem Titel *Die Familie als Communio personarum* auf das letzte Kapitel von *Person und Tat*.[18]

Ein leuchtendes Mysterium der Teilhabe und Gemeinschaft

Was finden wir also in *Person and Tat* zum Thema Teilhabe?

In diesem philosophischen Essay zeigt Wojtyła, dass von der Annahme der Wirklichkeit über den unmittelbaren kognitiven Kontakt[19] mit ihr [der Wirklichkeit] bis zur *Teilhabe*[20] am *Gut der Gemeinschaft*[21] und sogar „an der Menschheit, am Menschsein selbst"[22] die Person sich selbst in gewisser Weise in einem Akt der Liebe erschafft.[23] Dieser Akt der Liebe ist ein Akt der Hingabe, der ein Akt der Selbstbestimmung ist, der wiederum den Besitz seiner selbst voraussetzt. Wojtyła zeigt, dass die Person durch diesen Akt der Liebe an ihrer eigenen Existenz, an ihrem eigenen *esse*, wie auch an dem eines jeden Menschen, eines jeden Nächsten teilhaftig wird.

Dies kommt auch in *Die Familie als Communio personarum* zum Ausdruck, wenn der Autor, bevor er uns auf das Kapitel von *Person und Tat* über die *Teilhabe* verweist, erklärt, dass die Ordnung der Gabe, die in *Gaudium et spes* betont wird, „in der Ordnung des Seins [selbst], im personalen Sein des Menschen, verwurzelt"[24] ist.

---

17 Vgl. Karol Wojtyła, *Familie als Communio personarum*, 96–97.
18 Karol Wojtyła, *Familie als Communio personarum*, 103–109.
19 Vgl. Karol Wojtyła, *Person und Tat*, Freiburg 1981, 272.
20 Vgl. Karol Wojtyła, *Person und Tat*, Freiburg 1981, 340.
21 Vgl. Karol Wojtyła, *Person und Tat*, Freiburg 1981, 336.
22 Karol Wojtyła, *Person und Tat*, Freiburg 1981, 341.
23 Vgl. Karol Wojtyła, *Person und Tat*, Freiburg 1981, 210. „Die Tatsache, daß der Mensch, der eine Tat vollbringt, in ihr gleichzeitig sich selbst vollbringt, das heißt zur Fülle bringt, weist darauf hin, daß die Tat der Einheit der Person dient."
24 Karol Wojtyła, *Familie als Communio personarum*, 97.

Aber wie ist es möglich, Teilhabe am anderen zu haben, wozu Wojtyła uns in *Person und Tat* einlädt? Wie kann man an der nicht vermittelbaren Existenz des anderen teilhaben, ohne diese zu zerstören? Die Aufgabe der Teilhabe im Sinne von *Person und Tat*, die in unserem Gewissen mit „Du sollst lieben"[25] begründet ist, verlangt von uns keine Übereinstimmung mit dem anderen, weil wir schon mit ihm kommunizieren. Tatsächlich sind wir bereits im selben Menschsein durch unseren Kontakt mit Jenem vereint, der uns in jedem Augenblick unsere menschliche Existenz vermittelt. Natürlich müssen wir unseren Nächsten lieben, um ihn auf spekulative Weise in unmittelbarem kognitivem Kontakt des Subjekts mit allem, was ihm durch seine Sinne gegeben wird, zu kennen. Natürlich wird dieser direkte kognitive Kontakt von der Liebe angeregt, denn wie uns Thomas von Aquin lehrt, ist die Liebe das universelle Prinzip der Bewegung.[26] Aber all dies ist angesichts der Person unzureichend! Das Gebot des Evangeliums in unserem Gewissen schreibt uns nicht nur vor, unseren Nächsten in seiner Ähnlichkeit zu uns als *Spezies*, wie Thomas von Aquin sagen würde, zu lieben: Das Gebot verpflichtet uns nicht allein zur Gemeinschaft wegen der Ähnlichkeit des Erkennenden mit dem Erkannten.[27] Das Liebesgebot, das zur Gemeinschaft von Personen führt, das zur wahren Liebe führt, das heißt zur Tatsache, dass der Geliebte im Liebenden und der Liebende im Geliebten sein soll[28], verlangt viel mehr. Im Sinne von *Person und Tat* scheint diese Pflicht eine Mahnung zu sein, den anderen, den Fremden, zu lieben, während man auf einem immer dunkler werdenden Pfad voranschreitet, wo unser Verstand – zunehmend vom leuchtenden Mysterium der Andersartigkeit des Nächsten geblendet – erkennt, dass dieser ihm unausweichlich entkommt. Wenn diese Liebe auch nicht aufhört, sich auf das Gute auszurichten, dann scheint sie sich immer mehr von der

---

25 KAROL WOJTYŁA, *Person und Tat*, 341. „Die Fähigkeit jedes Menschen, an der Menschheit, am Menschsein selbst Anteil zu nehmen, stellt den Kern jeglicher Teilhabe dar und bedingt den personalistischen Wert jeglichen Handelns und Existierens ‚gemeinsam mit anderen'. [...] Deshalb soll die letzte Untersuchung in diesem Buch der Bedeutung des evangelischen Liebesgebots gewidmet sein. Wir haben schon mehrmals unterstrichen, daß wir nicht das Gebiet der Ethik betreten wollen; wir wollen uns also auch hier gleichsam an der Schwelle des streng ethischen Inhalts des Gebotes „Liebe deinen Nächsten" aufhalten."
26 Vgl. THOMAS V. AQUIN, *Summa theologica*, Ia IIae, q. 26, a. 1, resp., Vgl. auch Ia IIae, q. 28, a. 6, resp.
27 Vgl. THOMAS V. AQUIN, *Summa theologica*, Ia IIae, q. 28, a. 1, ad. 3.
28 Vgl. THOMAS V. AQUIN, *Summa theologica*, Ia IIae, q. 28, a. 2, s. c. et resp.

früheren begrifflichen Wahrnehmung des Guten zu lösen, das seinen Ursprung beibehalten hat. Tatsächlich nimmt der Mensch aufgrund der Dunkelheit das Ziel, das er sich vorgenommen hatte, nicht mehr wahr. Seine Gabe scheint dann aufgefordert, die Form einer Gabe anzunehmen, die aus subjektiver Sicht als ‚absichtslos' wahrgenommen wird, obwohl sie aus objektiver Sicht und weil der Mensch und seine Freiheit nicht absolut sind, diese Gabe grundsätzlich im Interesse des Guten sein sollte. Diese Liebespflicht scheint uns also dazu zu drängen, den anderen in einer immer finsterer werdenden Nacht zu lieben.

Auf diesem Weg der nächtlichen Ekstase, auf diesem Weg der Transzendenz zu einer tiefen *Communio personarum* hin, wird die Liebe selbst, die Gabe ist, zur Erkenntnis – in Übereinstimmung mit dem, was bereits Gregor der Große, Guillaume de Saint-Thierry, Thomas von Aquin, Johannes vom Kreuz oder auch auf seine Weise Max Scheler bestätigt haben.[29]

Wie können wir uns das vorstellen? Männer behaupten, ihre Frauen zu kennen, sogar im biblischen Sinn. Sie geben aber auch zu, dass sie sie nicht verstehen. Gezwungenermaßen haben sie oft auf den Anspruch verzichtet, dieses früher oder später zu erreichen, und das ist ein sehr sinnvoller Verzicht. In der Tat, geblendet von dem leuchtenden Geheimnis, das die unbegreifliche Frau darstellt, befindet sich die Vernunft des Mannes in Finsternis. Seine Intelligenz entdeckt dann, dass er dazu berufen ist, die Frau über das hinaus zu lieben, was er versteht, um sie auf der Höhe der Würde dessen zu lieben, was sie ist: die Würde eines Geheimnisses der Liebe. Das Gegenstück eines geheimnisvollen und strahlenden Bräutigams, der auf die Berge flieht, wie jener des *Hohenliedes*, ist ebenso leuchtend und erstaunlich. Wahrscheinlich ist dies einer der Gründe, warum Johannes Paul II. von *Gemeinschaft der Personen* spricht und betont, dass die Worte des Herrn Jesus, dass ‚daß alle eins seien ... wie auch wir eins sind' (Joh 17, 20–22), der menschlichen Vernunft *unerreichbare Horizonte* im Hinblick auf dieses Mysterium eröffnen, das im

---

29   Vgl. Aude Suramy, *Passion du don et union nocturne: mystère d'amour de la personne dans la pensée de Karol Wojtyła*, in *Revue Théologique des Bernardins*, Faculté Notre Dame, Paris, 2011, 123–154. Aude Suramy, *La culture du don dans la pensée de Karol Wojtyła/Jean-Paul II*, in *Une culture du don*, Actes du colloque de la chaire Jean Rodhain, Toulouse, Presses Universitaires de l'ICT, November 2014, 101–118; Aude Suramy, *La voie de l'amour, une interprétation de Personne et Acte de Karol Wojtyła, lecteur de Thomas d'Aquin*.

strengsten Sinne des Wortes die Einheit der drei Personen in einem Gott ist (vgl. GS 24). Um dies zu verstehen, ist es notwendig, besonders auf die Analogie zu achten in dem Ausdruck ‚dass sie eins seien wie du und ich eins sind' (Joh 17, 20–22). Diese Analogie verbindet und trennt die menschlichen Personen von den göttlichen Personen: Das Mysterium der Liebe menschlicher Personen – wie strahlend und blendend es auch sein mag – ist dem trinitarischen Mysterium unendlich unähnlich, auch wenn es daran ‚teilnimmt'. Keinen unendlichen Abstand zwischen dem Geschöpf und seinem Schöpfer einzuhalten würde das Christentum zum Pantheismus machen. Um diese ‚Teilhabe' der Vereinigung menschlicher Personen am Liebesgeheimnis der göttlichen Personen besser zu begreifen, bedarf es daher der Beschreibung einer Vereinigung ohne Verwirrung. Es ist daher klug, sich auf den hl. Johannes vom Kreuz zu beziehen, der unseren hl. Johannes Paul II. so sehr beeinflusst hat. Der Mensch, sagt der *Doctor Mysticus*, ist Gott, der ihm seine Existenz verleiht, wesensmäßig ähnlich, aber er ist Ihm auch wesensmäßig unendlich unähnlich. Gott ist Licht, erklärt der Evangelist Johannes. Wie Wojtyła in seiner dogmatischen Schrift mit dem Titel *Der Glaube bei Johannes vom Kreuz*[30] unterstreicht, erklärt Letztgenannter, dass der Mensch an diesem Licht teilhaben kann, wie die Glasscheibe am Licht teilnimmt. Der Mensch ist nur eine Glasscheibe. Er wird niemals das Licht sein und er wird ihm unendlich unähnlich bleiben. Wenn er jedoch zustimmt, seine Glasscheibe reinigen zu lassen, kann er strahlen und sich von diesem Licht, das die Liebe Gottes ist, erwärmen lassen. Der Mensch nimmt mehr oder weniger an dieser Liebe teil, je nachdem wie er handelt.[31] Wenn man

---

30 KAROL WOJTYŁA, *Der Glaube bei Johannes vom Kreuz*, Wien 1998.
31 KAROL WOJTYŁA, Doctrina de fide apud sanctum Joannem a Cruce, Originalthese Wojtyła's in den Archiven vom Angelicum in Rom, 23: „Sensum eius et indolem S. Joannes-poeta, primo nobis sub specie alicuius imaginis tradit: exemplum enim datur de vitrine luce penetrata, exemplum famosum istud et bene notum: quanto magis – dicit S. Joannes – puram, magis transparentem vitrinam illam lumen inveniet, tanto plus de sua nativa claritate ei communicat, de suo influxu luminoso, de suis propriis qualitatibus; et quando inveniet eam omnino puram, omnino transparentem, tunc communicabit se illi in tanto gradu, ut vitrina illa facta transluminosa, eodem lucet lumine ac ipsum lumen – immo tunc ipse videtur ipsum lumen; etsi tamen in lumen essentialiter non transformata, naturam suam bene conservat distinctam a natura luminis, solummodo participat modo elevatissimo in claritate nativa eius (aunque se parece al mismo rayo; tiene su naturaleza distinta del mismo rayo; mas podemos decir que aquella vidriera es rayo o luz por participación)." Doctrina de fide, 25: „Tales sunt magnae lineae constructionis illius, quae totam doctrinam Sancti de

von ‚Teilhabe' spricht, geht es also offensichtlich um die Teilhabe in einem analogen Sinn und nicht im engeren Sinn. Dieses Helldunkel und der Einfluss von Johannes vom Kreuz, die den Begriffen von Teilhabe und Personengemeinschaft zugrunde liegen, ziehen sich durch das ganze poetische und dramatische Werk von Karol Wojtyła. Wir finden sie unter anderem in den Persönlichkeiten von Teresa und Andrzej in *Der Laden des Goldschmiedes* wieder. Im entscheidenden Moment des Heiratsantrags blicken die zukünftigen Eheleute Teresa und Andrzej nach vorne. Ja, sie blicken gemeinsam in die gleiche Richtung, aber vor einem Fenster, das sie widerspiegelt. Nein, nichts Außergewöhnliches: ein einfaches Schuhgeschäft, Schuhe, um in verschiedenen Lebenssituationen voranzukommen. Sie schauen sich also gegenseitig an, nicht nur, indem der eine den anderen vergisst, sondern beide zusammen auf dem Weg, der sich ihrer Liebe öffnet. Dann plötzlich – nur Gott weiß, wie – stehen sie vor einem anderen Fenster: die Vitrine eines alten Goldschmieds, die zum Spiegel wird. Die Augen von Teresa und besonders die von Andrzej sind gereift seit dem Augenblick ihrer ersten Begegnung in der finsteren Nacht, mit Blick auf diese kleinen Bergseen – unvergessliche Zisternen eines bleiernen Schlafes.[32] Damals hatte Andrzej nichts gesehen und den Ruf in dem Schrei, den alle Wanderer gehört hatten, nicht erkannt. Ohne Zweifel war das Licht zu stark, weil Teresa, wie Andrzej lange Zeit später sagen würde, „ein Mensch wahren Lich-

---

unione ligat: communicatio – participatio – transformatio. Participatio correspondet communicationi, explicat eiusnaturam et mensuram, et simul sub forma amoris et per eius vim tendit ad transformationem secundum limites participationis, i. e. tendit ad transformationem participativam amoris." Doctrina de fide, ff. 246–247: „Anima facta est Dios por participación et tunc participative possidet ipsam Divinitatem et per amorem voluntas nihil aliud dat Amato, quam illud, quod ab Ipso recepit: illud donum Divinitatis participatae, ergo – dat Ei Eum Ipsum et dat Ei per Ipsum, quia motio Spiritus Sancti est quasi continua in transformatione. Nihilominus, illa quae dat est de facto anima per voluntatem redamantem in supremo gradu, quae autem voluntas perfecte unita cum Divino non potest aliud operari ac ipsa Divina. Ergo, sic omni ex parte voluntas animae propter perfectionem unionis transformantis occupata est in eodem ac Voluntas Divina: amare Deum, dando Ei in suo amore illum quod ab Ipso participatur, i. e. ipsam Divinitatem, dando autem non solummodo voluntate amante, sed modo Divino, propter motionem Spiritus Sancti." Doctrina de fide, 247: „In talibus revera iam sumus in mystica illa ‚trinitaria', cuius expressionem invenimus etiam in *Cántico*: ... *el Espíritu Santo ... con aquella su aspiración divina muy subidamente levanta al alma y la informa y habilita para que ella aspire en Dios la misma aspiración de amor que el Padre aspire en el Hijo, y el Hijo en el Padre, que es el mismo Espíritu Santo que a ella le aspira en el Padre y el Hijo en la dicha transformación, para unirla consigo.*"

32   Vgl. KAROL WOJTYŁA, *Der Laden des Goldschmieds*, Freiburg-Basel-Wien 1979, 16.

tes"[33] war. Nun haben die Brautleute gelernt, das wahrzunehmen, was sie früher nicht wahrgenommen haben. Hier stehen sie vor diesem Schaufenster, vor dieser Glasscheibe, wie vor einem kristallklaren Brunnen, der in der Dichtung von Johannes vom Kreuz einen Spiegel aus Wasser formt. Das Wasser spiegelt, und während es spiegelt, lässt es erkennen, was sich dahinter befindet. Hinter diesem Spiegel, in diesem Spiegel, auf dem Samt der Schatullen: Eheringe. Mehr als ein einfacher Wasserspiegel, ist es ein fesselnder Spiegel wie Andrzej es ausdrückt, eine Art Prisma, das sie absorbierte. Die Auslage und dann das edle Metall der Ringe halten unsere beiden jungen Leute auf. Das edle Metall spiegelt ihre Liebe wider und ist ein Zeichen für Beständigkeit gegen die Angriffe der Zeit. Der Widerschein ist nicht mehr nur silbern wie die Spiegelung von Bergseen, wie die Spiegelung von Schaufenstern, wie die Spiegelung von kristallklaren Brunnen bei Johannes vom Kreuz. Man erreicht nun das Gold aus den Tiefen der Liebe. Andrzej und Teresa erinnern sich an die Vergangenheit, an die Rufe in den Bergen, die unbeantwortet blieben. Sie denken auch an die Zukunft und sehen sich selbst auf geheimnisvolle Weise eins werden. Haben sie die Tür zum Laden des alten Goldschmieds aufgestoßen? Nein! Aber wie haben sie den Laden des alten Goldschmieds betreten? Nun ja, durch den Spiegel! Wie der polnische Titel des Stücks *Im Laden des Goldschmieds* und wie Teresa sagt, nimmt alles im Spiegel des Schaufensters Gestalt an[34]. Hinter dem Gold der Eheringe befindet sich der Juwelier. Ja, zwischen Teresa und Andrzej auf der einen Seite und dem Goldschmied auf der anderen gibt es die Eheringe, als ob diese Ringe sie auch mit Ihm verbinden würden. Die Augen von Teresa und Andrzej, die sich jetzt an das Licht des Ladens gewöhnt haben und nicht mehr so geblendet sind wie früher in den Bergen, diese Augen beobachten den Goldschmied, wie er sie anschaut. Es sind sie, Teresa und Andrzej, und nicht ihre Eheringe, denen der Goldschmied lange in die Augen schaut, während er die Karate des edlen Metalls abschätzt. Im Spiegel strahlt das Licht des Goldschmiedes und seines Ladens wie in Teresa und Andrzej sowie in ihren Eheringen, die es widerspiegeln. Teresa – etymologisch diejenige, die erntet, die empfängt – und Andrzej – etymologisch der Mutige,

---

33 KAROL WOJTYŁA, *Der Laden des Goldschmieds*, Freiburg-Basel-Wien 1979, 18.
34 Vgl. KAROL WOJTYŁA, *Der Laden des Goldschmieds*, Freiburg-Basel-Wien 1979, 28.

der Männliche – sehen sich selbst in diesem Licht. Es ist, als wären Teresa und Andrzej, die ihre Ringe betrachten, austauschen und dann tragen, selbst beide und der eine für den anderen der Spiegel, in dem sich der Goldschmied und sein Licht spiegeln. Sie sind der eine und die andere, aber durch die Liebe mehr noch vereint nach dem Bild und Gleichnis einer ganz anderen Liebe, nach Bild und Gleichnis einer Ewigen Liebe, deren Ausstrahlung sie auf geheimnisvolle Weise eins werden lässt. Die menschliche Liebe wird, oder besser gesagt, wird *wieder* Teil der göttlichen Liebe.

Das Mysterium der geschlechtlichen Liebe

Diese ‚Einheit' der Kinder Gottes in Liebe und Wahrheit' verweist auf die Vaterschaft dessen, der die beiden einander geschenkt hat. In einer wunderbaren Meditation erklärt Johannes Paul II.:

> „Wir lesen im Buch Genesis, dass Gott am letzten Tag den Menschen erschaffen hat: als Mann und Frau schuf er sie (Gen 1, 26–27). Erschaffen, das heißt in diesem Kontext noch stärker: er machte sie einander zum Geschenk."[35]

Im gegenseitigen Austausch der ehelichen Liebe und wie wir es auch in den Katechesen über die menschliche Liebe lesen können:

> „Das Geben und das Annehmen der Gabe durchdringen einander so, dass das Schenken zum Annehmen wird und das Annehmen zum Schenken wird".[36]

Beachten wir auch, dass Johannes Paul II. die Annahme der Gabe mit dem *Hüten*, dem Hüten des Bruders oder der Schwester, gleichsetzt.[37] Stellen wir klar, dass, wie Thomas von Aquin feststellt, jede Tat und somit auch jede Tat der Liebe – wenn man sie vom Standpunkt ihres

---

35   JOHANNES PAUL II., *Meditation zum Thema der ‚selbstlosen Gabe'*, in CORBIN GAMS (HG.), *Amor – Jahrbuch der Theologie des Leibes – Sohn werden – um Vater zu sein*, Heiligenkreuz 2021, 54.

36   JOHANNES PAUL II., *Die menschliche Liebe im göttlichen Heilsplan. Eine Theologie des Leibes*, hrsg. von Norbert und Renate Martin, Kißlegg 20175, 160 (17.4). (Im Folgenden abgekürzt mit Autor, Die menschliche Liebe, Seitenzahl, Katechesennummer).

37   Vgl. JOHANNES PAUL II., *Meditation zum Thema der ‚selbstlosen Gabe'*, in CORBIN GAMS (HG.), *Amor – Jahrbuch der Theologie des Leibes – Sohn werden – um Vater zu sein*, Heiligenkreuz 2021, 63–65.

Ursprungs aus erwägt – als Handlung betrachtet werden kann, als Leidenschaft oder Annahme, wenn man sie vom Ziel aus betrachtet. Vom Prinzip her gesehen ist der Liebesakt eine Handlung des Schenkens. Vom Ziel her, ist der Liebesakt Leidenschaft für die Gabe oder, anders ausgedrückt, die Annahme der Gabe. In einem wunderbaren geschlechtlichen Austausch zwischen Aktion und Leidenschaft für das Geschenk oder die Annahme des Geschenks, realisiert sich der tugendhafte *Kreis* der Liebe, den Thomas von Aquin bereits beschrieb, als er sich fragte, ob die Liebe eine Leidenschaft sei.[38] Bei der Lektüre der *Theologie des Leibes*[39] verstehen wir, dass Gott dem Mann die Frau unter der Bedingung gibt, dass diese sich selbst als ein Geschenk Gottes annimmt. Sie stimmt freiwillig in einem Akt der Selbstbestimmung zu, sich dem liebenden Willen Gottes zu unterwerfen, der sie dem Mann schenken möchte. Indem sie so geschenkt wird, gibt sich die Frau selbst hin. Die spezifisch weibliche Hingabe erscheint also besonders unter dem Gesichtspunkt des Empfangens der Gabe, unter dem Gesichtspunkt der Leidenschaft der Gabe. Mit anderen Worten, die Gabe wird hier unter dem Gesichtspunkt ihres Ziels betrachtet. Wenn der Mann die als Geschenk Gottes ihm Anvertraute empfängt, ist diese Annahme für die Frau bereits das Geschenk, das der Mann ihr anbietet, indem er sich selbst schenkt. Auch nimmt die Frau die Schönheit ihres Geschenkes, das sie selbst ist, stärker wahr. Indem sie dazu angeleitet wird, sich selbst tiefer als Geschenk Gottes zu empfangen, schenkt sie sich selbst. Angetrieben, sich immer mehr als Geschenk Gottes anzunehmen, gibt sie sich mehr hin, indem sie die Gabe des Mannes immer mehr annimmt. Wie sieht es für den Mann aus?

---

[38] THOMAS V. AQUIN, *Summa theologica*, Ia IIae, q. 26, a. 2, resp.
[39] JOHANNES PAUL II., *Die menschliche Liebe*, 160f (17.4.5). „Der Austausch des Geschenks, an dem ihr ganzes Menschsein, Seele und Leib, in seiner Weiblichkeit und Männlichkeit beteiligt ist, [verwirklicht sich dadurch], dass das innere Wesensmerkmal [...] des Sich-Schenkens und der Annahme des anderen als Geschenk gewahrt wird. [...] Das Geben und das Annehmen des Geschenks durchdringen einander so, dass das Schenken zum Annehmen und das Annehmen zum Schenken wird. [...] Gen 2, 23–25 erlaubt uns den Schluss, dass die Frau, die der Schöpfer im Geheimnis der Schöpfung dem Mann gibt, dank der ursprünglichen Unschuld von ihm als Geschenk aufgenommen bzw. angenommen wird."

„Der zweite Schöpfungsbericht hat, wie es scheint, dem Mann ‚von Anfang an' die Funktion dessen anvertraut, der in erster Linie das Geschenk empfängt (vgl. besonders Genesis 2,23)."[40] Tatsächlich ist er es, der die Frau als Geschenk von Gott empfängt.

„Die Frau wird ‚von Anfang an' seinen Augen, seinem Bewusstsein und seiner Sensibilität, seinem Herzen anvertraut; er hingegen muss in gewissem Sinne den Austausch des Geschenkes selbst sicherstellen, das gegenseitige Durchdringen von Geben und Empfangen im Maße des Geschenks, das eben durch ihre Gegenseitigkeit eine echte Gemeinschaft der Personen entstehen lässt."[41]

Natürlich ist jeder Akt des Geschenkes, ob er nun eher aktiv oder passiv erscheint, ein Übergang von der Potenz zum Akt, und man kann ebenso von der Handlung des Leidens wie von der Leidenschaft des Handelns sprechen. Aber, was seltsam ist, obwohl der Mann die Frau empfängt, erscheint er vor allem als Ursprung der Handlung der Gabe und als Ziel der Leidenschaft der Gabe der Frau. Gott, reiner Akt, dem die Kategorien der Handlung und der Leidenschaft nicht zugeschrieben werden können, scheint besonders dem Mann nach seinem Bild und Gleichnis die Initiative des Schenkens zu geben. Obwohl die Frau sich dem Mann schenkt, erscheint sie vor allem als Ursprung der Leidenschaft der Gabe und als Ziel der Handlung der Gabe des Mannes. Gott, reiner Akt, dem man die Kategorien der Handlung und der Leidenschaft nicht zuordnen kann, scheint ganz besonders der Frau nach seinem Bild und Gleichnis die liebende Annahme der Gabe zu geben.

„Wenn wir sagen, die Frau empfängt Liebe, um ihrerseits zu lieben, meinen wir nicht nur oder vor allem die der Ehe eigene bräutliche Beziehung. Wir meinen damit etwas viel Universaleres, das sich auf die Tatsache selbst des Frauseins in den interpersonalen Beziehungen gründet, die dem Zusammenle-

---

40 JOHANNES PAUL II., *Die menschliche Liebe*, 161 (17,6).
41 JOHANNES PAUL II., *Die menschliche Liebe*, 161 (17,6).

ben und -wirken der Personen, von Männern und Frauen, die verschiedenste Gestalt verleihen können."[42]

Wenn Johannes Paul II. hier von der Frau spricht, so gilt dies auch für den Mann. Der Mann scheint in der Gesamtheit der zwischenmenschlichen Beziehungen am Ursprung der Gabe zu bleiben, die die Frau annimmt – eine Gabe, die in ihr Frucht trägt, bis sie das, was sie von ihm empfangen hat, an den Mann zurückgibt, damit er es seinerseits empfängt und so die Liebe in der Menschheitsfamilie zirkuliert wie auch in der Familie im engeren Sinne.

Die Beziehung zwischen Mann und Frau, die hier die *Theologie des Leibes* von Johannes Paul II. beschreibt, ist absolut fundamental, denn nur Personen unterschiedlichen Geschlechts können sich selbst vollständig in ihrem ganzen geschlechtlichen Menschsein schenken und empfangen. Mit anderen Worten: nur Personen unterschiedlichen Geschlechts können eine Gemeinschaft gründen, aus der heraus die Familie Familie sein kann, das heißt „der spezifische Ort, wo der Mensch geliebt wird"[43], und zwar seiner Würde entsprechend. In *Die Familie als Communio personarum* von Johannes Paul II. heißt es weiter:

„Die Eheleute, [die Personen als Ganze und nicht nur ihr Leib], ‚schenken sich einander und nehmen sich an' auf eine Weise, die dem ehelichen Bündnis angemessen ist; und diese Weise setzt die Verschiedenheit ihrer Körper und ihres Geschlechts voraus und zugleich auch die Vereinigung in dieser und durch diese Verschiedenheit."[44]

In dieser Gemeinschaft von Personen unterschiedlichen Geschlechts hat die Liebe die Berufung, das Bollwerk des Kindes gegen alle Ängste zu sein, die es ins Wanken bringen könnten, gegen jeden Vertrauensmangel in ihm, der es zu einem Minderwertigkeits- oder Überlegenheitskomplex führen könnte. Wie Xavier Lacroix in seinem Essay über die Vaterschaft betont, „empfängt das Kind nicht die Strahlung

---

[42] JOHANNES PAUL II., Apostolisches Schreiben *Mulieris dignitatem* 29.
[43] KAROL WOJTYŁA, *La famille constitue le milieu propre où la personne humaine est aimée*, in Document préparatoire à la Constitution pastorale sur l'Eglise dans le monde de ce temps, Oktober 1965, in DOMINIQUE LEBRUN, Intervention de Karol Wojtyła au Concile Vatican II, Paris, 2012, 149.
[44] KAROL WOJTYŁA, Familie als Communio personarum, 105.

seines Vaters parallel zu der seiner Mutter, sondern es empfängt das Strahlen der Liebe zwischen seinen Eltern".[45] Beachten wir auch, dass die Tatsache, dass ihre eheliche Beziehung weiterhin vorrangig bleibt, es dem Kind ermöglicht, Vater und Mutter zu verlassen, „ohne das Gewicht einer gegenseitigen Schuld auf sich lasten zu fühlen".[46]

Der Versuch, diese Beziehung zwischen Mann und Frau in der Familie genau zu definieren, ist zum Scheitern verurteilt. Wie Pawel Evdokimov sagt: „Sie wollen das Licht einsperren? Es wird Ihnen zwischen den Fingern entgleiten".[47] Dennoch können wir auf der Grundlage der Lehre von Johannes Paul II. zu beschreiben versuchen – wenn auch nur karikaturartig –, was wir von der Begegnung zwischen Mann und Frau durch eher typisch männliche oder typisch weibliche Verhaltensweisen nur flüchtig wahrnehmen.

Mir scheint, dass der Mann das Geschenk eher als Projektion seiner selbst empfindet und die Frau mehr als eine Annahme der Andersartigkeit, die ihr fehlt. Er muss ernähren. Sie muss ernährt werden. Er muss umarmen. Sie muss umarmt werden. Er hat bis in die schroffe Morphologie seines Leibes die Kraft des Schenkens. Sie ist bis in die Kurven und die Anmut ihres Leibes die Sanftheit des Annehmens. Indem die Frau um die Liebe des Mannes bittet, trainiert sie ihn, sich selbst zu verschenken. Sie empfängt seine Liebe, sie unterwirft sich seiner Liebe. Sie trägt die empfangene Gabe in ihrem Leib als Nahrung für ihr ganzes Dasein, als eine Frucht der Liebe, von ihrem Ehemann geschenkt. Sie gibt diese Frucht an ihren Mann zurück, indem sie ihm die Leidenschaft, die Annahme der Gabe lehrt. In einer *gegenseitigen Elternschaft* lehrt er sie, diese Gabe nicht für sich zu behalten, und lehrt sie das Schenken. Wie Xavier Lacroix betont, „wird es einer Frau ohne Hilfe eines Mannes nie gelingen, ihr Kind wirklich zu verstoßen".[48] Die liebevolle Unterweisung des Mannes gibt ihr die Möglichkeit, in sich selbst das wiederzufinden, was sie am meisten erfüllt: das Kind dazu zu bringen, in die Arme seines Vaters zu laufen, anstatt es für sich zu behalten. Dank dem

---

45 XAVIER LACROIX, *Passeurs de vie, Essai sur la paternité*, Paris, Bayard, 2004, 50, eigene Überstzung.
46 XAVIER LACROIX, *Passeurs de vie, Essai sur la paternité*, Paris, Bayard, 2004, 52.
47 PAVEL EVDOKIMOV, *Il sacramento dell'amore*, Mailand, 1983, p. 121 d'après MELINA, LIVIO, *Imparare ad amare, Alla scuola di Giovanni Paolo II e di Benedetto XVI*, Siena, 2009, 8.
48 XAVIER LACROIX, Passeurs de vie, 103.

männlichen Genius kann die Frau der Welt die Liebe zurückgeben, die nur von Gott kommt, die sie aber durch ihren Mann erhalten hat, all die Liebe, die er ihr gegeben hat und die in ihrem Leib fruchtbar geworden ist. Sie verbreitet die Liebe unter den Menschen. Vielleicht ist sie ganz besonders dazu berufen, den Familiensinn zu verbreiten, den sie vom Mann bekommen hat, der seinerseits die Initiative für die Gabe ergreift, der innovativ ist, Risiken eingeht und voranschreitet. Vielleicht ist die Frau eher dazu berufen, die Herzen dazu zu bringen, sich gegenseitig zu *verflüssigen*, damit der Geliebte im Liebenden und der Liebende im Geliebten sei.[49] So sind Mann und Frau dazu berufen, einander zu lieben, ohne vom anderen das zu verlangen, was ihnen nur Gott selbst geben kann.

Aber leider kann der Mann, der zum Schenken berufen ist, seit der Erbsünde die Versuchung haben, für sich selbst zu nehmen, statt zu geben, zu essen, statt zu *ernähren*, Besitz zu ergreifen, statt wahrhaft zu erkennen. Diese logische Versuchung wird manchmal in dem schrecklichen Ausdruck ‚sie ist zu gut' verstärkt. Der Mann kann die Versuchung haben, sich auf die Frau zu stürzen, als wolle er seinen Hunger stillen und nicht mehr ihre Schönheit bewundern und ihr nicht mehr sagen:

„Schön bist du, meine Freundin, / ja, du bist schön [...] deine Augen wie Tauben [...] Komm doch mit mir, meine Braut, vom Libanon, / [...] Verzaubert hast du mich, meine Schwester, meine Braut; / ja verzaubert mit einem einzigen Blick [...]".[50]

Der Mann mag seine Berufung vergessen haben, sie so viel wie möglich mit all der Liebe zu nähren, die ihr fehlt, mit all dem, wonach sie verlangt. Die Frau, die die Gabe von jemanden anderen annehmen muss, ist versucht, das Geschenk, das ihr gegeben wird, nicht mehr anzunehmen, sich zu weigern, sich diesem Geschenk zu unterwerfen, selbst die Initiative haben zu wollen, vor allem, wenn sie sich vom Mann beherrscht und ungeliebt fühlt. Sie nimmt ihre Schönheit daher nicht mehr wahr. Sie findet ihren Weg nicht mehr. Sie verirrt sich. Sie irrt umher wie die Braut im *Hohenlied*[51] und geht auf dem

---

49 THOMAS D'AQUIN, *Summa theologica*, Ia IIae, q. 28, a. 5, ad. 1.
50 Hld 4, 1–9.
51 Hld 1, 8.

Weg der Prostitution. Sie ist verloren, sie instrumentalisiert ihrerseits den Mann und wirft ihn dann weg. So ist auch der Mann verloren. Er erkennt seine Schwester im Menschsein nicht mehr, ihre unähnliche Ähnlichkeit. Er sieht *das Fleisch von seinem Fleisch und Bein von seinem Bein* nicht mehr, mit dem er geschaffen wurde. Da er nicht mehr weiß, wie er der Frau gefallen und sie befriedigen kann, fällt er manchmal in extremem Gegensatz zur stolzen Dominanz in ein anderes, ebenso katastrophales Extrem. Er verliert alle Kraft, seine ganze Männlichkeit und überlässt jegliche Initiative der Frau. Er entscheidet sich für die Flucht aus dem Haus oder für eine Weichheit, die er sich als Sanftmut und Freundlichkeit angesichts des Allmachtsanspruchs der Frau vorstellt. Er wird wider Willen zu einer Art *Ja-Sager*, was sich in keiner Weise mit den Herzenswünschen der Frau deckt, die nach dem Schutz durch seinen männlichen Genius verlangt. Die erdrückende, ja sogar kastrierende Mutter nimmt alles im Haus ein. Sie verleugnet ihren weiblichen Genius der es versteht, die Gabe zu empfangen und „in den etwas verrückten Jahren hat [sie] ganz allein ein Baby gemacht"[52]. Dieses Baby kann sich nur noch mit seiner Mutter identifizieren, die nicht mehr wirklich eine Mutter ist. Sie gewährleistet nicht mehr den Kreislauf der Liebe, weil sie diese nicht bekommen hat und das Kind ist kaum in der Lage, seinen Vater zu erkennen, auf ihn zuzugehen und sich aus der Verschmelzung mit der Mutter zu lösen und sich selbst als einen anderen zu sehen, der einzigartig und anders ist als sie. Der kleine Junge nimmt sein Streben nach dem männlichen Genius nicht mehr wahr, der eher in Richtung einer zentrifugalen Gabe tendiert. Das kleine Mädchen nimmt sein Streben nach dem weiblichen Genius nicht mehr wahr, der eher zentripetal zu sein scheint. Beide lernen nicht mehr, wie man Vater oder Mutter wird. Die Liebe fließt nicht mehr in der Familie. Sie fließt nicht mehr in der Gesellschaft. Diese Situation der Zwietracht ist äußerst ernst.

Denn, wie Wojtyła in Erinnerung ruft, ist die communio nicht nur die Wirkung oder [...] der Ausdruck vom Sein und Handeln einer Person: sondern die eigentliche Art und Weise des Seins und Handelns dieser Person.[53] „Das gegenseitige Sich-Beschenken, also die

---

52 Zitat aus dem in Frankreich sehr bekannten Lied *Elle a fait un bébé toute seule* von Jean-Jacques Goldman.
53 Vgl. KAROL WOJTYŁA, *Familie als Communio personarum*, 101–102.

Kategorie der *Gabe* [selbst], ist von Anbeginn in die menschliche Existenz von Mann und Frau hineingeschrieben".[54] Aber ist die Situation wirklich so dramatisch, wie sie gerade beschrieben wurde? Ebenfalls in *Die Familie als Communio personarum* lenkt Wojtyła unsere Aufmerksamkeit auf die Tatsache, dass die „Ordnung [der menschlichen Person] [...] durch die Erbsünde nicht grundsätzlich zerstört, [sondern] nur erschüttert"[55] wurde:

„Mehr noch, der Mensch befindet sich nach der Erbsünde nicht nur in einem Zustand des Gefallenseins: in statu naturae lapsae, sondern zugleich in statu naturae redemptae: im Zustand der Erlösung. In diesem Zustand wurde die Ehe zum Sakrament. Sie wurde von Jesus Christus zum Sakrament bestimmt, damit die Erlösung vollzogen werden kann an Menschen, die eine eheliche Gemeinschaft eingehen."[56]

„Der christliche Mensch empfängt, gleichförmig geworden dem Bild des Sohnes, der der Erstgeborene unter vielen Brüdern ist, ‚die Erstlingsgaben des Geistes' (Röm 8,23), durch die er fähig wird, das neue Gesetz der Liebe zu erfüllen."[57]

Der Heilige Geist, das „Unterpfand des Erbes" (Eph 1,14)[58], ist in dieser Welt am Werk und kann uns aus dem zuvor beschriebenen Teufelskreis retten. Er kann ihn in einen tugendhaften Kreis verwandeln. Wenn wir uns wie *Kinder des Lichts* verhalten, die bereit sind, Vaterschaft auszustrahlen, „haben wir Gemeinschaft miteinander, und das Blut seines Sohnes Jesus reinigt uns von aller Sünde. [...] und reinigt uns von allem Unrecht".[59]

---

54 Karol Wojtyła, *Familie als Communio personarum*, 107.
55 Karol Wojtyła,, *Familie als Communio personarum*, 107.
56 Karol Wojtyła, *Familie als Communio personarum*, 107.
57 Vgl. Karol Wojtyła, *Familie als Communio personarum*, 107, zitiert aus *Gaudium et spes* 22.
58 Vgl. Karol Wojtyła, *Familie als Communio personarum*, 107, zitiert aus *Gaudium et spes* 22.
59 1 Joh 1, 7. 9.

Nach Bild und Gleichnis des trinitarischen Geheimnisses

Wojtyłas Analogie der Ähnlichkeit und unendlichen Unähnlichkeit zwischen den göttlichen und menschlichen Personen, zwischen dem Licht und den Fensterglas-Kindern, die es widerspiegeln können, scheint selbst in der natürlichen Beschreibung der menschlichen Realität durch, die er in *Person und Tat* vornimmt und in der Gott sich zu verbergen scheint. Denn bei der Lektüre dieses Werkes wird der Verstand des Menschen belehrt durch sein Wort, das ihn in seinem *actus personae* so anspricht, dass er vor der Person, und sei sie auch nur menschlich, in liebevoller Zuneigung zerfließt.[60] Wojtyła sagt, dass die Person in ihrem *actus personae* der Liebe dazu berufen ist, zur Frucht der Liebe zu werden, der Liebe, die sie sich selbst und den anderen – oder sogar allen anderen – entgegenbringt. Aber wie Thomas von Aquin zum Thema der dreifaltigen Liebe schreibt, „gibt es keinen eigenen Begriff, um die Beziehung zu bezeichnen, die die Zuneigung oder der ‚Eindruck' des geliebten Gegenstandes zu ihrem Ursprung hat. Dieser Eindruck entsteht in demjenigen, der liebt, durch die Tatsache, dass er liebt, und da es auch kein Wort für die umgekehrte Beziehung gibt, bezeichnen wir diese Beziehungen indem wir den Begriff ‚Liebe' verwenden".[61] Der Mensch als Person, der sich nach und nach in *Person und Tat* manifestiert, scheint dazu berufen zu sein, durch seine Taten in der Dunkelheit der Nacht zu gehen, damit ihm der Name der Liebe gegeben werden kann, nach dem Bild und Gleichnis der dritten Person der Dreifaltigkeit, dem Heiligen Geist, der auch die Unerschaffene Gabe ist.[62] Je nachdem, welchen Aspekt man betrachtet, kann man jedoch in jeder menschlichen Person nicht nur das Bild der dritten Person der Dreifaltigkeit, der Liebe, der Unerschaffenen Gabe finden, sondern auch das Bild, das in der Ähnlichkeit und unendlichen Unähnlichkeit jeder der göttlichen Personen besteht.

---

60 Thomas V. Aquin, *Summa theologica*, Ia, q. 43, a. 5, ad. 2.
61 Vgl. Thomas V. Aquin, *Summa theologica*, Ia, q. 37, a. 1.
62 Vgl. Suramy, A., *La voie de l'amour, une interprétation de Personne et Acte de Karol Wojtyła, lecteur de Thomas d'Aquin*, 640–641.

Indem er in seinem Artikel *Die Familie als Communio personarum* die Pastoralkonstitution *Gaudium et spes* zitiert, präsentiert Wojtyła eine andere Analogie als die, die wir gerade erwähnt haben: eine Analogie aus Ähnlichkeiten und unendlichen Unähnlichkeiten zwischen der Einheit der göttlichen Personen und derjenigen der menschlichen Personen in ihrer Berufung zur Gemeinschaft durch ihr geschlechtliches Menschsein.

Würde diese im Wojtyła'schen Denken entwickelte Analogie beispielsweise auf eine besondere Ähnlichkeit zwischen der Erzeugung des Wortes und der männlichen Initiative der Gabe hinweisen? Würde der Mann sich nicht mehr als die Frau der Figur des Vaters annähern, der einen Sohn, das Wort, zeugt? Könnte die weiterentwickelte Analogie mit dem übereinstimmen, was Edith Stein sagt, wenn sie feststellt, dass „wir im Geist Gottes, der über alle Geschöpfe ausgegossen ist, den Archetyp des weiblichen Wesens sehen können"?[63] Diese Art von Analogie ist in der Geschichte der Kirche keine Neuheit. Das Werk von Kardinal Ouellet, *Divine Ressemblance* zeigt dies deutlich. Der hl. Bonaventura sieht in jedem Kind (und nicht insbesondere in der Frau) ‚die hypostasierte Liebe der Eltern', was mit der in *Person und Tat* vorhandenen Analogie übereinstimmen könnte, da wir alle Kinder von jemandem sind. Wie Kardinal Ouellet zeigt, finden wir bereits im 4. Jahrhundert eine andere interessante Analogie bei Gregor von Nazianz und in gewisser Weise durch Augustinus: Diese erste Analogie bezieht sich gerade auf die Ähnlichkeit zwischen dem Vater und Adam, die beide nicht gezeugt sind, ebenso wie auf den Sohn und Seth (oder Abel), die beide gezeugt sind, und schließlich auf den Heiligen Geist und Eva, die beide in einem anderen Modus als der Zeugung entstehen. Gregor der Große bezeichnet dies als *ekporesius* (Hervorgehen). Dann begegnen wir einer weiteren Erklärung dieser Art im 12. Jahrhundert bei Hugo von Sankt Viktor.[64] Obwohl diese Analogien manchmal sehr unterschiedlich sind, sind sie interessant, da sie unsere Aufmerksamkeit auf das eine oder andere Merkmal lenken, das auf eine Ähnlichkeit zwischen der trinitarischen und der menschlichen Liebe hinweist.

---

63   Vgl. STEIN, EDITH, *Les problèmes posés par l'éducation moderne des jeunes filles*, in: *La femme, Cours et conférences*, Paris 2008, 337.
64   MARC OUELLET, *Divine Ressemblance, Le mariage et la famille dans la mission de l'Eglise*, Montréal, Anne Sigier, 2006, 37–42.

Was findet man bei Johannes Paul II.? In *Mulieris dignitatem* bestätigt er zum Beispiel:

„Wenn Christus nun die Eucharistie bei ihrer Einsetzung so ausdrücklich mit dem priesterlichen Dienst der Apostel verbunden hat, darf man annehmen, dass er auf diese Weise die gottgewollte Beziehung zwischen Mann und Frau, zwischen dem ‚Weiblichen' und dem ‚Männlichen', sowohl im Schöpfungsgeheimnis wie im Geheimnis der Erlösung ausdrücken wollte."[65]

Johannes Paul II. betont im selben Apostolischen Schreiben auch, dass sich in der Frau, insbesondere in der Jungfrau und Gottesmutter voll der Gnade, die innige Verbindung zwischen der Ordnung der Liebe und dem Heiligen Geist auf prophetische Weise manifestiert.[66] Daraus lässt sich wahrscheinlich ableiten, dass die Frau, wie die Jungfrau Maria, dazu bestimmt ist, Empfängerin der Liebe des Vaters und des Kindes zu sein.

Bei Karol Wojtyła/Johannes Paul II. finden wir einerseits eine Analogie zwischen der Gemeinschaft der göttlichen Personen und der Gemeinschaft der menschlichen Personen. Andererseits begegnen wir, verbunden mit dieser ersten Analogie, einer zweiten Analogie: diejenige zwischen den Beziehungen, die der Dreieinige Bräutigam mit der Kirche als Braut oder der Menschheit als Braut aufrechterhält, und den Beziehungen, die zwischen Mann und Frau bestehen. Wir können jedoch nicht bestätigen, dass wir eine offensichtliche Analogie zwischen dem Mann-*isch* und einer Person der Dreifaltigkeit, zwischen der Frau-*ischa* und einer anderen Person der Dreieinigkeit finden.

In Zeiten wie diesen, in denen manche Menschen, auch in der Kirche, von einer Liebe ohne Unterschiede träumen, ist es gewiss schön zu hören, dass Pater Daniel Ange die grundlegende Wahrheit in Erinnerung ruft, dass die menschliche Familie Abbild Gottes ist, der „ein Kreislauf der Liebe zwischen unterschiedlichen Personen ist. Der Vater und der Sohn sind nicht geklont. Es gibt kein *Gender* in der Dreifaltigkeit. Die Personen sind nicht austauschbar".[67] Aber nur weil sie nicht austauschbar sind, heißt das natürlich nicht, dass sie

---

65 JOHANNES PAUL II., *Mulieris dignitatem*, 26.
66 Vgl. JOHANNES PAUL II., *Mulieris dignitatem*, 29.
67 DANIEL ANGE, *Trois minutes pour convaincre*, Interview video du 9 octobre 2014, in: *Famille chrétienne*, disponible sur https://www.youtube.com/watch?v=E3QGa4CpLKI.

geschlechtsspezifisch sind! Eine Analogie, die beispielsweise speziell die Frau dem Heiligen Geist annähern würde, um so den weiblichen Charakter des Heiligen Geistes zu bestätigen, wäre anthropomorph. Die Beobachtungen, die uns zu einer solchen häretischen Aussage verleiten könnten, werden jedenfalls von anderen Beobachtungen widerlegt, insbesondere von denen des Heiligen Geistes als Bräutigam der Jungfrau Maria. Die Dreifaltigkeit wird übrigens nicht als „Vater-Mutter-Sohn" beschrieben, sondern als „Vater-Sohn-Heiliger Geist".

Ein eucharistisches Geheimnis der Barmherzigkeit

In der Einleitung zu seinem Artikel *Die Familie als Communio personarum* zitiert Kardinal Wojtyła den Absatz 47 der Konstitution über die Kirche in der Welt von heute, der nicht aktueller sein könnte. Wojtyła erinnerte damals daran, dass

> „Bedeutung und Stärke von Ehe und Familie als Institution [sich] gerade dadurch zeigen, dass sogar die tiefgreifenden Veränderungen der heutigen Gesellschaft trotz aller daraus entstehenden Schwierigkeiten sehr oft die wahre Eigenart dieser Institution auf verschiedenste Weise deutlich werden lassen" (*GS* 47).

Wojtyła kommentiert hierzu:

> „Dieser Satz suggeriert jedenfalls eine optimistische Schluß-folgerung: Trotz der kritischen Stimmen und teilweise sogar von ihnen begünstigt erscheint immer voller und bestätigt sich die wahre Bedeutung des ehelichen Bündnisses und des damit begründeten Bandes der Familie. Fehler in der Verwirklichung und alle Entstellungen in der Praxis verdunkeln das Licht Gottes nicht, im Gegenteil, sie lassen es gewissermaßen eindringlicher auf das Bewußtsein und auf das Gewissen der Menschen einwirken."[68]

„O Vater, ,von dem alle Vaterschaft und Mutterschaft ihren Namen hat'[69], bewahre in uns die Kraft der Hoffnung, damit wir aus der Berufung zur liebenden Gemeinschaft leben können, die du in unsere

---

68 KAROL WOJTYŁA, *Familie als Communio personarum*, 93.
69 Vgl. Eph 3, 14–15.

Herzen gelegt hast. Du hast die Möglichkeit gefunden, den atemlosen Adam zu berühren, ihn aufzuwecken, uns aufzuwecken, uns wieder durch das Kind, das du in unsere Mitte als Gabe und nicht als Pflicht stellst, Atem zu schenken. Für deine Kinder und für die Kleinsten deiner Kinder. Kinder, die man heute dringend vor der Schlange schützen muss, – der Viper, wie es in der *Strahlung des Vaters* heißt. Du hast durch das größte Geschenk, das man sich vorstellen kann, Deinen einzigen Sohn am Kreuz, wieder deinen Atem in unsere Herzen, die ihn nicht mehr wollten, gehaucht. Wie Johannes Paul II. durch den ersten Brief des hl. Johannes erinnert, der dem Stück *Die Strahlung des Vaters* vorangestellt ist:

Drei sind es, die Zeugnis ablegen im Himmel: der Vater, das Wort und der Heilige Geist, und diese drei sind eins. Und die drei sind es, die Zeugnis ablegen auf Erden: der Geist, das Wasser und das Blut; und diese drei sind eins.[70]

Der Geist der Wahrheit, das Wasser, der Strom des lebendigen Wassers, wodurch Deine Kinder die Quelle berühren, das Blut des Bundes, das Dein Sohn für uns vergossen hat, sind die Ströme Deiner göttlichen Barmherzigkeit, die Deine Vaterschaft oder Deine Mutterschaft in mir aufleuchten lassen können. Wenn ich mich der Gabe ihrer leuchtenden Ausstrahlung, die zuerst meinen Ehemann oder meine Ehefrau durchdringt, unterwerfe, wird die Gemeinschaft der menschlichen Personen an der Gemeinschaft der göttlichen Personen teilhaben. „Einer ordne sich dem andern unter [...]. Ihr Frauen euren Männern wie dem Herrn [...]. Ihr Männer, liebt eure Frauen, wie auch Christus die Kirche geliebt [...] hat"[71], sagt der hl. Paulus. „Tut dies zu meinem Gedächtnis"[72], bittet Christus. Dieses Geheimnis [der geschlechtlichen Hingabe und der Unterordnung unter diese Gabe, die am Ursprung der Familie steht] ist groß: ich beziehe es auf Christus und die Kirche.[73] Es ist das bräutliche Geheimnis unserer Erlösung, das uns von Neuem an der Gemeinschaft der göttlichen Personen teilhaben lässt. Bei der Lektüre des Briefes an die Epheser wird deutlich, dass das Heil nicht von uns kommt, „es ist eine Gabe Gottes", sagt uns der hl. Paulus. Es ist nicht Opfer, sondern Barmherzigkeit, eine

---

70   1 Joh 5,7–8, KAROL WOJTYŁA, *Die Strahlung des Vaters*, Herder, Freiburg 1981, 129.
71   Eph 5, 21–25.
72   Lk 22,19.
73   Vgl. Eph 5, 21.

Barmherzigkeit die das Pontifikat des heiligen Papstes der Familie[74] prägt: eine Familie, die er oft als *Hauskirche*[75] bezeichnet; ein Pontifikat, das ganz der Obhut Mariens anvertraut ist, dem Vorbild für die Aufnahme der Unerschaffenen Gabe.

Vater, im Namen Jesu, auf die Fürsprache derjenigen, die ‚Ja" zu Deiner Vaterschaft gesagt hat, auf die Fürsprache des hl. Johannes Paul II. und der hl. Schwester Faustina, bitten wir dich, dass alle eins seien.

O Blut und Wasser, die du aus dem Herzen Jesu als Quelle der Barmherzigkeit für uns hervorgegangen bist, ich vertraue auf dich!"

---

[74] JOHANNES PAUL II., *Ansprache an die Schwestern de la Bienheureuse Vierge Marie de la Misericorde*, Krakau, 7. Juni 1997.
[75] JOHANNES PAUL II., *Apostolisches Schreiben Familiaris consortio*, 1981.

AUSGEWÄHLTE ABSCHLUSSARBEITEN VON ABSOLVENTEN DES STUDIENGANGS THEOLOGIE DES LEIBES

TRINITÄT – PERSONALITÄT – SEXUALITÄT

Die trinitarisch-personale Hermeneutik der Geschlechtlichkeit bei Dietrich von Hildebrand, Adrienne von Speyr und Johannes Paul II. als Ausgangspunkt sexualpädagogischer Reflexionen[1]

Ralf Reißel

1. Kirche und Sexualität im 20. Jahrhundert: der große Durchbruch?

„In der Geschichte der Theologie und der Kirche ist es oft so gewesen, daß es erst eines ‚Kairos' bedurfte, daß eine Zeit erst reif werden mußte, für ein neues Charisma des Heiligen Geistes, in dem dann ein bislang kaum beachteter Bereich der Offenbarung plötzlich und deutlich ins Licht gerückt und eine ‚neue' Sicht der Heiligen Schrift eröffnet wurde."[2]

Im 21. Jahrhundert mag es vermessen oder gar zynisch wirken, wenn innerhalb der katholischen Theologie nach neuen Impulsen für die Sexualerziehung gesucht wird; gilt doch die katholische Kirche weithin als Institution, die seit nunmehr über 2000 Jahren die menschliche Sexualität verdrängt, unterdrückt oder zumindest in ein enges moraltheologisches Geflecht von starren Ge- und Verboten einschnürt. Wie keine andere institutionelle Verkörperung des Christentums sieht sie sich darum auch in der breiten Öffentlichkeit permanent mit der von Friedrich Nietzsche formulierten Anschuldigung konfrontiert,

---

[1] Der vorliegende Text ist eine in Teilen überarbeitete und geringfügig durch neuere Literatur ergänzte Fassung meiner im November 2012 eingereichten Abschlussarbeit für den Studiengang zur *Theologie des Leibes* in Heiligenkreuz.

[2] WILHELM MAAS, *Das Geheimnis des Karsamstags*, in: HANS URS VON BALTHASAR, GEORGES CHANTRAINE, ANGELO SCOLA (HG), *Adrienne von Speyr und ihre kirchliche Sendung. Akten des römischen Symposiums 27.-29. September 1985*, Einsiedeln 1986, 128–137, hier 128.

wonach das Christentum den Eros so sehr vergiftet hätte, dass dieser zwar nicht daran gestorben, wohl aber zum Laster entartet sei.[3] Ihren vielleicht markantesten Ausdruck findet diese der Kirche vorgehaltene negative Einstellung zur Sexualität in dem – anscheinend noch bis weit in das 20. Jahrhundert hinein – vielen christlichen Ehepaaren vermittelten Bewusstsein, dass sogar der *eheliche* Geschlechtsverkehr ohne expliziten Kinderwunsch oder zumindest die dabei empfundene Lust eine *lässliche Sünde* sei und vor dem Empfang der Eucharistie gebeichtet werden müsse, dass man also auch die Ehe asketisch-hart und unerbittlich-streng als „Liebe ohne Eros" bzw. als „Ethos ohne Eros"[4] leben müsse.

Die Enzyklika *Humanae vitae* von Papst Paul VI. mit ihrem insistenten Festhalten an der „Untrennbarkeit von liebender Vereinigung und Fortpflanzung"[5] und dem daraus folgenden rigiden Verbot künstlicher Empfängnisverhütung und künstlicher Befruchtung ist jener berüchtigte Tropfen, der das Fass zum Überlaufen gebracht[6] und die katholische Kirche als Gesprächspartner diskreditiert hat:

---

[3] FRIEDRICH NIETZSCHE, *Jenseits von Gut und Böse* (Studienausgabe), München 1993, 102. – Vgl. dazu die Textpassage 3 in der *Enzyklika Deus caritas est über die christliche Liebe* (25.12.2012) von Papst BENEDIKT XVI. (im Folgenden abgekürzt mit Autor, *Deus caritas est*, Nummer).

[4] LIVIO MELINA, *Liebe auf katholisch. Ein Handbuch für heute*, Augsburg 2009, 60 (im Folgenden abgekürzt mit Autor, *Liebe auf katholisch*, Seitenzahl). Melina (ebd., 60) beschreibt diesen moralischen Rigorismus in folgender Weise: „Die Sexualität wird nur dadurch gerechtfertigt, daß sie auf die Fortpflanzung ausgerichtet ist. Das subjektive Element der Geschlechtslust oder Affektivität wird mit Argwohn betrachtet und zum objektiven und einzig guten Ziel der Sexualität in Gegensatz gestellt. Der Rigorismus, der dem Leib und dem Geschlechtsunterschied mißtrauisch gegenübersteht, leugnet den positiven Wert der Einheit im Zeichen des Leibes. [...] Das Streben nach Lust, dessen positive Aspekte nicht verstanden werden, wird ins Unbewußte abgedrängt, und die Emotivität bleibt immer eine wandelnde Gefahr, vor der man stets Angst haben muß." – An anderer Stelle spricht Melina (ebd., 65 f.) auch von einer „rein naturalistischen und funktionalistischen Sicht der Geschlechtlichkeit, wie sie in der katholischen Theologie vor dem Zweiten Vatikanischen Konzil allgemein üblich war [...]. Die Geschlechtlichkeit wurde als Funktion aufgefaßt, die auf den biologischen Zweck der Zeugung von Kindern ausgerichtet ist. Sie galt als nur im Hinblick auf die Zeugung und auf die Pflicht zur Erhaltung des Menschengeschlechtes als moralisch gerechtfertigt."

[5] PAUL VI., *Enzyklika Humanae vitae über die rechte Ordnung der Weitergabe menschlichen Lebens* (27.07.1968), 12 (im Folgenden abgekürzt mit Autor, *Humanae vitae*, Nummer).

[6] „Die Lehre von Humanae vitae in dieser Frage [der Empfängnisregulierung – Anm. d. Vfs.] wurde von einer großen Zahl Katholiken auf der ganzen Welt abgelehnt. Viele von ihnen meinten, ihre Erfahrung sexueller Liebe sei von ihren religiösen Führern ignoriert oder herabgesetzt worden. Dieses Gefühl der Zurücksetzung führte zu dem Schluß, die Kirche habe über die Aspekte der menschlichen Sexualität nichts von Bedeutung zu sagen." (GEORGE WEIGEL, *Zeuge der Hoffnung*, JOHANNES PAUL II. – *Eine Biographie*. Paderborn u. a. 2011, 349 – im Folgenden abgekürzt mit Autor, *Zeuge der Hoffnung*, Seitenzahl).

„Die Menschen erwarten sich [...] von allen möglichen Instanzen eine Auskunft darüber, ‚wie man liebt', aber kaum noch von der Kirche! Diese scheint eher der Hemmschuh par excellence zu sein, die große und ewige Verneinerin. Wenn sie die Liebe schon nicht verbieten kann, dann zwängt sie sie wenigstens in das Korsett der Ehe und bindet sie an die Nachkommenschaft als den ‚Zweck' der Ehe – so wie man früher den Gefangenen eine eiserne Kugel an den Fuß kettete."[7]

Trotz dieser vernichtenden Bilanz spricht der Salzburger Weihbischof Andreas Laun bzgl. der Lehre der katholischen Kirche über Liebe, Ehe und Sexualität dezidiert vom „Durchbruch im 20. Jahrhundert"[8]. Der deutsche Philosoph Dietrich v. Hildebrand soll mit seiner 1927 erschienenen Schrift *Reinheit und Jungfräulichkeit* den ersten entscheidenden Anstoß dazu gegeben haben, dass Papst Johannes Paul II. schließlich „die katholische Lehre über die menschliche Liebe in einer geradezu atemberaubenden Weise entfaltet, neu beleuchtet und [...] so vertieft" hat, „dass man sagen kann: Diese katholische Lehrentwicklung stellt alles in den Schatten, was es auf diesem Gebiet in den zwanzig Jahrhunderten Kirchengeschichte bisher gegeben hat."[9]

Worin besteht nun dieser *Durchbruch*, „dessen kirchen- und geistesgeschichtliche Bedeutung kaum überschätzt werden kann"[10], den aber bislang anscheinend nur relativ wenige Menschen innerhalb oder außerhalb der katholischen Kirche, seien es Kleriker oder Laien, Pädagogen, Sexualwissenschaftler oder Theologen, wahrgenommen und bzgl. seiner weitreichenden Konsequenzen durchdacht haben?[11] Inwiefern hat sich die katholische Lehre über Liebe, Ehe und Sexualität vertieft, erweitert oder verändert? Welches (Um-)Denken und welche neuen Einsichten, Deutungen oder Erfahrungen haben zu dieser *revolutionär*[12] anmutenden Weiterentwicklung geführt?

---

7   ANDREAS LAUN, Liebe, Ehe, Sexualität – Durchbruch im 20. Jahrhundert, in: Aktuelle Probleme der Moraltheologie, Wien, 65–77, hier 65 (im Folgenden abgekürzt mit Autor, Liebe, Ehe, Sexualität, Seitenzahl).

8   LAUN, Liebe, Ehe, Sexualität, 65.

9   LAUN, Liebe, Ehe, Sexualität, 70.

10 LAUN, Liebe, Ehe, Sexualität, 70.

11 „Allgemein kann man sagen: Die neue, großartige Lehre der Kirche über Liebe, Sexualität und Ehe ist für manche Kreise ein geradezu wohlbehütetes Geheimnis, anderen ist nur eine Karikatur bekannt, abgelehnt und ignoriert wird sie sowohl von manchen konservativen wie auch progressiven Kreisen." (LAUN, Liebe, Ehe, Sexualität, 72 f.)

12 Vgl. dazu CHRISTOPHER WEST, Theologie des Leibes für Anfänger. Einführung in die sexuelle Revolution nach Papst JOHANNES PAUL II., Kißlegg 2006, 10 (im Folgenden abgekürzt mit Autor, Theologie des Leibes für Anfänger, Seitenzahl).

Launs Zusammenfassung der Sexualmoral des Lehramtes[13] erweckt zunächst den Eindruck, dass alles beim Alten geblieben sei, der vermeintliche Durchbruch demnach überhaupt nicht stattgefunden habe: Nach wie vor gilt, dass Geschlechtsverkehr nur in der Ehe erfolgen darf, dass nur der Tod eines Ehepartners die Eheverbindung lösen kann, dass die eheliche Liebe ihre natürliche Erfüllung im Kind findet und dass alle Formen künstlicher Befruchtung oder Empfängnisverhütung verboten sind. Alle grundlegenden Aussagen des Lehramtes wollen aus dem *Wesen der Liebe*[14] abgeleitet, alle oben angeführten Ge- und Verbote folglich *Implikationen authentischen Liebens* sein, die dem Menschen als Ebenbild Gottes *ins Herz geschrieben* sind, weil Gott selbst *die* Liebe ist (1 Joh 4, 8):

„Gott hat den Menschen nach seinem Bild und Gleichnis erschaffen: den er *aus Liebe* ins Dasein gerufen hat, berief er gleichzeitig *zur Liebe*. ‚Gott ist Liebe' und lebt in sich selbst ein Geheimnis personaler Liebesgemeinschaft. Indem er den Menschen nach seinem Bild erschafft und ständig im Dasein erhält, prägt Gott der Menschennatur des Mannes und der Frau die Berufung und daher auch die Fähigkeit und die Verantwortung zu Liebe und Gemeinschaft ein. Die Liebe ist demnach die grundlegende und naturgemäße Berufung jedes Menschen. Als Geist im Fleisch, das heißt als Seele, die sich im Leib ausdrückt, und als Leib, der von einem unsterblichen Geist durchlebt wird, ist der Mensch in dieser geeinten Ganzheit zur Liebe berufen. Die Liebe schließt auch den menschlichen Leib ein, und der Leib nimmt an der geistigen Liebe teil."[15]

---

13 LAUN, Liebe, Ehe, Sexualität, 71 f.
14 Der Begriff Wesen bezeichnet hier dasjenige, „wodurch etwas das ist, ‚was' es ist" (EMERICH CORETH, Grundriss der Metaphysik, Innsbruck/Wien 1994, 86). – „Jedes Sein hat sein Wesen, das wir ganz einfach als das begreifen, was jenes Sein ausmacht (‚quidditas')." (KAROL WOJTYŁA [JOHANNES PAUL II.], Erziehung zur Liebe. Mit einer ethischen Fibel, Stuttgart 1979, 62 – im Folgenden abgekürzt mit Autor, Erziehung zur Liebe, Seitenzahl).
15 JOHANNES PAUL II., Apostolisches Schreiben Familiaris consortio über die Aufgaben der christlichen Familie in der Welt von heute, 22.11.1981, hier 11 (im Folgenden abgekürzt mit Autor, Erziehung zur Liebe, Seitenzahl). – Vgl. auch 1604 im KATECHISMUS DER KATHOLISCHEN KIRCHE (im Folgenden abgekürzt mit KKK, Nummer): „Gott, der den Menschen aus Liebe erschaffen hat, hat ihn auch zur Liebe berufen, welche die angeborene, grundlegende Berufung jedes Menschen ist. Der Mensch ist ja nach dem Bild Gottes erschaffen, der selbst Liebe ist."

Gott selbst ist somit der absolut verbindliche Bezugspunkt für die Beurteilung der menschlichen Sexualität, da der Mensch *als Ganzes*, also auch in seiner Leiblichkeit und Geschlechtlichkeit, sein Maß in Gott findet, dessen Geschöpf und Ebenbild er laut biblischer Offenbarung (Gen 1, 26–27) ist. Wenn es also überhaupt eine Veränderung oder gar einen Durchbruch in der Lehre der katholischen Kirche über Liebe, Ehe und Sexualität gegeben hat, dann kann dies nur über eine vertiefte oder erweiterte Sinnbestimmung menschlicher Geschlechtlichkeit im Ausgang von der Frage, wie der Mensch gerade auch in bzw. mit seiner Leiblichkeit und Sexualität Gottes Ebenbild sein kann, erfolgt sein.

Sucht man jetzt im Kontext dieser Leitfrage nochmals nach Anzeichen für einen Fortschritt oder gar Durchbruch in der Lehre der katholischen Kirche über Liebe, Ehe und Sexualität, dann lassen sich im 20. Jahrhundert tatsächlich mindestens zwei bedeutsame theologische Tendenzen benennen: Menschliche Leiblichkeit und Sexualität werden in neuer oder tieferer Weise 1. von der Liebes- und Beziehungsstruktur der göttlichen Dreifaltigkeit her verstanden und 2. im Hinblick auf jene personale Seinsdimension des göttlichen Wesens durchdacht, welche sich in besonderer Weise wiederum in der Existenz und im trinitarischen Wirken der drei göttlichen Personen (Vater, Sohn, Hl. Geist) enthüllt.

Beide Tendenzen folgen einem theologischen Grundgedanken, der „das Geheimnis der Allerheiligsten Dreifaltigkeit als eigentliche Quelle des Seins und daher letztendlicher Angelpunkt der Anthropologie"[16] versteht, sodann im Ausgang von der Gottebenbildlichkeit des Menschen auch die Existenz eines „göttlichen Plans für Ehe und Familie"[17] voraussetzt und in diesem Kontext schließlich *Personalität* und *Trinität* als entscheidende Sinnbezüge menschlicher Leiblichkeit und Sexualität wahrnimmt. Seine Kernaussage lautet demnach: *Die tiefste Sinnbestimmung menschlicher Leiblichkeit und Sexualität besteht darin, das personale Liebesgeschehen innerhalb der göttlichen Dreifaltigkeit ebenbildlich sichtbar zu machen.*

---

16   JOHANNES PAUL II., *Ansprache an die Teilnehmer der internationalen Studienwoche des Päpstlichen Instituts „JOHANNES PAUL II." für Studien über Ehe und Familie*, 27.08.1999, hier 5. (im Folgenden abgekürzt mit Autor, *Ansprache 27.08.1999*, Nummer).

17   MARC OUELLET, *Die Familie – Kirche im Kleinen. Eine trinitarische Anthropologie*, Freiburg 2013 (im Folgenden abgekürzt mit Autor, *Die Familie*, Seitenzahl).

OUELLET spricht hierbei von einer „Wende zur trinitarischen Anthropologie"[18] bzw. vom „trinitarischen Theozentrismus, d. h. von der schlichten Erkenntnis also, dass der letzte Sinn des menschlichen Daseins erst vor dem Hintergrund der trinitarischen Liebe in Erscheinung tritt, wobei diese Liebe nicht nur im philosophischen *bonum diffusivum sui*, sondern gerade auch im liebenden Austausch zwischen den göttlichen Personen besteht".[19] Der Mensch als Person ist demnach dazu bestimmt, „dem ewigen, trinitarischen Liebesaustausch eine geschöpfliche Ausdrucksgestalt zu verschaffen"[20], d. h. er ist „berufen, die Selbsthingabe und die Annahme des anderen zu leben und auch durch die Sexualität jene personale Gemeinschaft zum Ausdruck zu bringen, die uns der Vollkommenheit der Liebe im Leben der Allerheiligsten Dreifaltigkeit ähnlich macht."[21]

Leiblichkeit und Sexualität des Menschen sollen zeigen bzw. zum Ausdruck bringen, *dass* Gott Liebe ist und *wie* Gott Liebe ist: *Liebe in trinitarisch-personaler Manifestation.*[22] Daraus ergibt sich, „dass Mann und Frau sowohl in der Individualität ihrer Personalität als auch in der Einheit der communio personarum Ebenbild Gottes sind"[23], dass also „der Mensch nicht nur durch sein Menschsein als solches, sondern auch durch die personale Gemeinschaft, die Mann und Frau von Anfang an bilden, zum ‚Abbild und Ebenbild' Gottes geworden ist. Aufgabe des Abbildes ist es, das Vorbild widerzuspiegeln, das eigene Urbild wiederzugeben. Der Mensch wird nicht so sehr im Augenblick seines Alleinseins als vielmehr im Augenblick der Gemeinschaft zum Abbild Gottes. Denn er ist ‚von Anfang an' ein Abbild, in dem sich nicht nur das Alleinsein einer Person, die die Welt beherrscht,

---

18   OUELLET, *Die Familie*, 134. – Vgl. dazu JOSEPH RATZINGER, *Zum Personenverständnis in der Theologie*, in: *Dogma und Verkündigung*. München 1973, 205-223, hier 223 (im Folgenden abgekürzt mit Autor, *Zum Personenverständnis*, Seitenzahl): „Mit diesem trinitarischen Wir, mit der Tatsache, daß auch Gott als ein Wir existiert, ist aber schon und zugleich der Raum des menschlichen Wir zubereitet."
19   OUELLET, *Die Familie*, 29.
20   OUELLET, *Die Familie*, 31.
21   MELINA, *Liebe auf katholisch*, 62.
22   „Die Ontologie der Dreifaltigkeit erhellt letztendlich den Weg der Tugenden und den Weg der zwischenmenschlichen Beziehungen, gibt ihnen eine feste Grundlage und verwandelt sie in ihrem Innern." (LIVIO MELINA, *Für eine Kultur der Familie: Die Sprache der Liebe*, Altötting 2015, 35).
23   NORBERT u. RENATE MARTIN, *Einleitung*, in: JOHANNES PAUL II., *Die menschliche Liebe im göttlichen Heilsplan. Eine Theologie des Leibes*, HG: NORBERT u. RENATE MARTIN, Kißlegg 2008, 7-75, hier 48 (im Folgenden abgekürzt mit Autor, *Einleitung*, Seitenzahl).

widerspiegelt, sondern auch und ganz wesentlich Abbild einer unergründlichen, wesentlich göttlichen Gemeinschaft von Personen."[24] Mit anderen Worten: „In der Einheit und Unterschiedlichkeit von Mann und Frau verewigt und offenbart Gott sein eigenes Bild und schenkt eine besondere Berufung, diesem Bild Ausdruck zu verleihen"[25]. Gerade in diesem Sinn ist die Geschlechtlichkeit deshalb „etwas Wesentliches: Sie ist eine Möglichkeit zur Gemeinschaft"[26] und folglich „kein rein zufälliges Element der Person, sondern ein entscheidendes Merkmal, um ihre Natur und Gottesebenbildlichkeit zu erklären"[27]; denn „so wie Gott in seinem innersten Wesen ein Geheimnis der Reziprozität und Liebe, ein Geheimnis des sich ganz Verschenkens und sich ganz Empfangens, ist, so ist auch der Mensch zur Liebe berufen, eine Berufung, die in der Differenziertheit der Geschlechter ihren leiblichen und doch ganz personalen Ausdruck findet"[28] und darin zugleich aber auch auf eine Liebes-Einheit von Mann und Frau verwiesen ist: „Wenn wir die trinitarische Einheit und die hypostatische Union [‚Jesus Christus ist wahrer Gott und wahrer Mensch in der Einheit seiner göttlichen Person' (KKK, 480) – Anm. d. Vfs.] als letzte Grundlagen der dualen Einheit von Mann-Frau anerkennen, sehen wir, dass die Differenz, ohne Vermischung und ohne Trennung, ein positives Element darstellt, welches die Einheit hervorhebt und nicht zerbricht. Das lässt uns erahnen, dass der Vollsinn der

---

24 JOHANNES PAUL II., *Die menschliche Liebe im göttlichen Heilsplan. Eine Theologie des Leibes*, HG: NORBERT u. RENATE MARTIN, Kißlegg 2008, hier 120, Katechese 9,3 (im Folgenden abgekürzt mit Autor, *Die menschliche Liebe*, Seitenzahl (Katechesennummer). In einer Rundfunkbotschaft zum Weihnachtsfest 1942 hatte zuvor bereits Papst Pius XII. diesen besonderen Abbildcharakter personaler Gemeinschaften angesprochen und hierbei an erster Stelle Ehe und Familie genannt: „Erste Ursache und tiefste Grundlage menschlichen Einzel- und Gemeinschaftslebens ist Gott, der Schöpfer der ehelichen Urgemeinschaft, der Quellgrund der Familie und der Gemeinschaft des Volkes und der Völker. Als noch so unvollkommenes Abbild des dreieinigen Gottes [...] besitzt das Gemeinschaftsleben [...] eine sittliche Autorität und Unbedingtheit, die das Auf und Ab der Zeiten überdauert." (zit. n. ARTHUR-FRIDOLIN UTZ und JOSEPH-FULKO GRONER, *Aufbau und Entfaltung des gesellschaftlichen Lebens. Soziale Summe Pius XII.*, 1. Band, Freiburg i. d. Schweiz, 1954, 102).
25 MELINA, *Liebe auf katholisch*, 38 f.
26 MELINA, *Liebe auf katholisch*, 67.
27 MELINA, *Liebe auf katholisch*, 46.
28 STEPHAN KAMPOWSKI, *Die Theologie des Leibes und die Theologie der Liebe – JOHANNES PAUL II. und BENEDIKT XVI. über die menschliche Bestimmung*, in: MARIA GROOS, TERESA LOICHEN und MANFRED GERWING (HG), *Liebe, Leib und Leidenschaft. Zur Theologie des Leibes von JOHANNES PAUL II. Reflexionen und exemplarische Einblicke*, Kißlegg 2013, 121–140, hier 124 (im Folgenden abgekürzt mit Autor, *Die Theologie des Leibes*, Seitenzahl).

Differenz in der Einheit besteht. Der Unterschied, das Anderssein, ist ein Weg zu einer vollkommeneren Einheit."[29]
Die Gottebenbildlichkeit des Menschen umfasst also nicht nur das Personsein mit seinen geistigen Fähigkeiten, sondern auch seine den Leib (Psyche und Körper) grundlegend bestimmende geschlechtliche Differenzierung als Mann und Frau und die damit gegebene Möglichkeit der sexuellen Vereinigung:

„Daß der als Mann und Frau geschaffene Mensch Gottes Abbild ist, bedeutet nicht nur, daß jeder von ihnen einzeln als vernunftbegabtes und freies Wesen Gott ähnlich ist. Es bedeutet auch, daß Mann und Frau, als ‚Einheit von zweien' im gemeinsamen Menschsein geschaffen, dazu berufen sind, eine Gemeinschaft der Liebe zu leben und so in der Welt jene Liebesgemeinschaft widerzuspiegeln, die in Gott besteht und durch die sich die drei göttlichen Personen im innigen Geheimnis des einen göttlichen Lebens lieben. Der Vater, der Sohn und der Heilige Geist, ein einziger Gott durch die Einheit des göttlichen Wesens, existieren als Personen durch die unergründlichen göttlichen Beziehungen. Nur auf diese Weise wird die Wahrheit begreifbar, daß Gott in sich selbst Liebe ist (vgl. 1 Joh 4, 16)."[30]

Eine mit der Gottebenbildlichkeit verbundene trinitarisch-personale Sinnbestimmung menschlicher Leiblichkeit und Sexualität kann aber zumindest schon in einer Hinsicht mit vollem Recht als *Durchbruch* bezeichnet werden, denn niemals zuvor in ihrer Geschichte hat die

---

[29] ANGELO SCOLA, *Das hochzeitliche Geheimnis*, Einsiedeln/Freiburg 2006,16 (im Folgenden abgekürzt mit Autor, *Das hochzeitliche Geheimnis*, Seitenzahl). Vgl. dazu JOHANNES PAUL II., *Ansprache 27.08.1999*, 5): „Im Lichte des *Geheimnisses der Dreifaltigkeit* offenbart der Geschlechtsunterschied seine volle Natur als *Kennzeichen der Gesamtpersönlichkeit*", aber auch „die *Berufung von Mann und Frau zur Gemeinschaft* [...] wurzelt im Geheimnis der Dreifaltigkeit, sie wird uns vollkommen offenbart in der Menschwerdung des Gottessohnes, worin Menschennatur und Gottesnatur in der Person des Wortes vereint sind, und sie fügt sich historisch in die sakramentale Dynamik der christlichen Heilsökonomie ein. Das hochzeitliche Geheimnis von Christus als Bräutigam der Kirche kommt nämlich auf ganz besondere Weise durch die sakramentale Ehe, als fruchtbare Lebens- und Liebesgemeinschaft, zum Ausdruck. So integriert sich die Theologie der Ehe und der Familie [...] in die Betrachtung des Geheimnisses der Dreifaltigkeit.

[30] JOHANNES PAUL II., *Mulieris dignitatem*, 15.08.1988, hier 7. – „Die Gemeinschaft zwischen Mann und Frau [...] verwirklicht die *imago Trinitatis*, wenn sie in der Liebe zum göttlichen Guten gründet, welche *caritas* ist. Denn in der Trinität sind die drei Personen in der Liebe zum einzigen göttlich Guten vereint, das in jeder der Personen das selbe ist." (SCOLA, *Das hochzeitliche Geheimnis*, 40)

katholische Kirche mit solcher Klarheit dem Leib und der Geschlechtlichkeit des Menschen einen vergleichbar hohen Stellenwert gegeben: gottgewollter Ausdruck innergöttlicher Liebe bzw. Ebenbild der das göttliche Sein vollkommen durchdringenden und erfüllenden trinitarisch-personalen Liebeswirklichkeit sein zu dürfen.[31]

Damit hat die Kirche ausgerechnet diejenige Sphäre, die bislang – insbesondere durch den Einfluss (neu)platonischer und gnostisch-manichäischer Lehren – auch in ihren eigenen Reihen vielen eher als lästiges und peinliches Anhängsel menschlichen Seins galt oder gar als mächtiges Einfallstor des Bösen und der Sünde gefürchtet, verachtet und verdrängt wurde, in herausragender Weise geadelt und völlig neu gewürdigt: „Der Leib, und nur er, kann das Unsichtbare sichtbar machen: das Geistliche und Göttliche. Er wurde geschaffen, um das von Ewigkeit her in Gott verborgene Geheimnis in die sichtbare Wirklichkeit der Welt zu übertragen und so Zeichen dieses Geheimnisses zu sein."[32]

Es ist also „unser Leib selbst, der Zeugnis ablegt von unserer ursprünglichen Bezogenheit auf den andern hin, auf die Liebe"[33] und sexuelle Liebe, „gelebt in ‚Reinheit des Herzens' wird zu einem Mit-

---

[31] „Das Mysterium der heiligsten Dreifaltigkeit ist das zentrale Geheimnis des christlichen Glaubens und Lebens. Es ist das Mysterium des inneren Lebens Gottes, der Urgrund aller anderen Glaubensmysterien und das Licht, das diese erhellt. Es ist in der ‚Hierarchie der Glaubenswahrheiten' die grundlegendste und wesentlichste." (KKK, 234)

[32] JOHANNES PAUL II., Die menschliche Liebe, 169 (19,4). – „Die Tatsache, dass die Theologie auch den Leib miteinbezieht, darf niemand, der um das Geheimnis und die Wirklichkeit der Inkarnation weiß, verwundern oder überraschen. Dadurch, dass das Wort Gottes Fleisch wurde, ist der Leib [...] wie durch das Hauptportal in die Theologie eingetreten, also in die Wissenschaft von den göttlichen Dingen. Die Menschwerdung – und daraus folgende Erlösung – ist auch zum entscheidenden Quelle für den sakramentalen Charakter der Ehe geworden [...]." (JOHANNES PAUL II., Die menschliche Liebe, 192 (23,4). Mit ihrer fundamentalen Wertschätzung des Leibes folgt die Kirche somit schlichtweg der Linie des göttlichen Schöpfungs- und Heilsplans, denn Gott selbst hat den positiven Wert des menschlichen Leibes gleichsam trinitarisch besiegelt und ihn in dreifacher Segnung in gewisser Weise immer enger mit sich verbunden: Der göttliche Vater schuf den Leib am sechsten Schöpfungstag und sein Werk war sehr gut (Gen 1, 31). Der göttliche Sohn nahm im Leib der Jungfrau Maria selbst die leibliche Natur eines Menschen an und ließ seinen Leib durch das Leiden am Kreuz zum Angelpunkt des Heils aller Menschen werden. Der Hl. Geist schließlich nimmt sich in der Taufe den menschlichen Leib zum Tempel und Wohnsitz (1 Kor 6, 19). Gott ist damit nicht mehr nur über, vor oder neben unserem Leib zu finden, sondern in ihm selbst gegenwärtig. Jede göttliche Person der Dreifaltigkeit bekennt sich somit auf eine besondere Weise zum menschlichen Leib.

[33] KAMPOWSKI, Die Theologie des Leibes, 128.

tel der Heiligung".³⁴ Als „Akt der Anbetung"³⁵ und „zutiefst heiliges Geschehen"³⁶ ist der sexuellen Vereinigung hierbei auch eine die Intimität der Ehe transzendierende Ausstrahlung immanent, wird der Liebesakt „ein wirksames und sichtbares Zeichen der Gnade"³⁷, die nicht nur die gegenseitige Liebe von Mann und Frau bereichert und befruchtet, heilt und erneuert, sondern auch in deren Familie, in das Leben ihrer Kinder, ja sogar in Kirche und Welt hineinfließen kann: „Das sexuelle Geschenk des Selbst, im Bund der Ehe frei angeboten und frei angenommen, wird zu einer Möglichkeit, die Welt zu heiligen."³⁸

Leiblichkeit und Sexualität ermöglichen dem Menschen deshalb eine einzigartige, überwältigend „tiefe Erfahrung des ‚sacrum', das durch die Dimension des Geheimnisses in die Männlichkeit und Fraulichkeit eingegossen zu sein scheint"³⁹ und „Mann und Frau" sind „als Ebenbild Gottes [...] ‚von Anfang an' berufen, das sichtbare Zeichen der schöpferischen Liebe Gottes zu sein"⁴⁰, sind als „erste Personengemeinschaft [...] ‚Zeichen' jener interpersonalen Gemeinschaft, die das geheimnisvolle intime Leben des einen und Dreifaltigen Gottes ist".⁴¹

Infolgedessen bekommt diese Sphäre nunmehr – entgegen ihrer zeitgenössischen Säkularisierung, nahezu überall fortschreitenden Banalisierung und Verrohung – unwiderruflich auch eine *sakramentale*, also *heilende* und zugleich *heiligende* Funktion⁴² zugesprochen,

---

34 WEIGEL, Zeuge der Hoffnung, 354.
35 WEIGEL, Zeuge der Hoffnung, 355.
36 PRADER, Weg zur Heiligkeit und als Abbild Gottes – Er gab ihnen das Gesetz des Lebens zum Erbe. Zu Katechesen 118–132, in: CORBIN GAMS, (HG) Amor. Als Abbild Gottes schuf er ihn. Jahrbuch der Theologie des Leibes 2020, Heiligenkreuz 2020, 437–468, hier 454.
37 WOJTYŁA, Erziehung zur Liebe, 48.
38 WEIGEL, Zeuge der Hoffnung, 355.
39 JOHANNES PAUL II., Die menschliche Liebe, 644 (117B,3).
40 JOHANNES PAUL II., Die menschliche Liebe, 644 (117B,3).
41 JOHANNES PAUL II., Nachsynodales Apostolisches Schreiben Christifideles laici über die Berufung und Sendung der Laien in Kirche und Welt, 30.12.1988, hier 52 (im Folgenden abgekürzt mit Autor, Christifideles laici, Nummer).
42 „Nach dem Sündenfall hilft die Ehe, den Rückzug in sich selbst, den Egoismus, die Suche nach dem eigenen Vergnügen zu überwinden und für den Anderen offen zu sein, bereit ihm zu helfen und für ihn dazusein." (KKK, 1609). Die französische Mystikerin Marthe Robin (1902–1981) scheint sich der sakramentalen Dimension der menschlichen Geschlechtlichkeit schon sehr früh bewusst gewesen zu sein. Im Zusammenhang mit der Gründung und diversen Umbauten (1936–1947) ihres ersten *Foyer de Charité* in Chateauneuf-de-Galaure führt sie sukzessive die an den Exerzitien teilnehmenden Ehegatten immer näher zusammen. Ihr Biograph (BERNARD PEYROUS, Das Leben der Mystikerin Marthe Robin, Hauteville 2008, hier 131 f.)

insofern sie als „heiliges Geheimnis"[43] das innerste Mysterium und die darin verborgene Heilswirklichkeit der göttlichen Liebe ‚aufschließt' und *sinnenhaft*[44] vermittelt, den Menschen also in einzigartiger Weise an der Herrlichkeit dieser trinitarisch-personalen Liebe teilnehmen und so Gott gegenwärtig sein lässt: „Die herkömmliche Ehe-Theologie wird in der Tat auf den Kopf gestellt, da die Ehe nicht mehr von der Welt aus, sondern von der Trinität her bestimmt wird. Die Ehegatten sind von vornherein zum quasi-liturgischen Dienst bestellt, d. h. zur sakramentalen Feier der trinitarischen *communio*, die ihre Liebe trägt und gestaltet"[45] und insofern „vor allem berufen, die Rede der göttlichen Liebe in die fleischlich-konkrete Sprache der Liebe in der Familie zu übersetzen"[46], damit aber zugleich leiblich konkret „die Liebe Christi zur Kirche und darin auch die Liebe des dreieinigen Gottes zur Welt überhaupt zu vermitteln".[47]

Von besonderer Bedeutung ist hierbei auch der Sachverhalt, dass der biblische Schriftkanon „mit einer Hochzeit beginnt (Adam und Eva) und mit einer anderen endet (das Hochzeitsmahl des Lammes)"[48], so dass die Ehe nicht nur „als schöpfungstheologisches Bild für die Teilhabe des Menschen als Mann und Frau am innertrinitarischen Liebesaustausch Gottes"[49], sondern zugleich auch „als erlösungstheologisches Bild für die innigste Vereinigung Gottes mit den Menschen in Jesus Christus"[50] aufleuchten kann. Eine davon inspirierte „bräutliche

---

schreibt darüber: „Als man das Große Foyer baute, machte man Zimmer mit einer Zwischentür zwischen dem Gatten in dem einen und der Gattin in dem andern Zimmer. Schließlich entschloss man sich, für beide nur ein Bett vorzusehen, um das Ehesakrament zu ehren, was in der Folge übrigens zu einigen Geburten führte. Das war damals ein Umsturz, den einige benachbarte Prediger von etwas reaktionärer Einstellung als vom Teufel inspiriert ansahen."

43 PÄPSTLICHER RAT FÜR DIE FAMILIE, *Menschliche Sexualität: Wahrheit und Bedeutung. Orientierungshilfen für die Erziehung in der Familie*, 08.12.1995, 122 (im Folgenden abgekürzt mit Autor, *Menschliche Sexualität*, Nummer).
44 „Die Sakramente sind durch die Sinne wahrnehmbare Zeichen (Worte und Handlungen), die unserer Menschennatur zugänglich sind." (KKK, 1084).
45 OUELLET, *Die Familie*, 100.
46 OUELLET, *Die Familie*, 124.
47 OUELLET, *Die Familie*, 124.
48 SCOTT HAHN, Vorwort, in: MELINA, *Liebe auf katholisch*, 9–11, hier 10 (im Folgenden abgekürzt mit Autor, *Vorwort*, Seitenzahl).
49 CHRISTOPH OHLY, „Ich traue mich dir an auf ewig" (Hos 2, 21) – die bräutliche Dimension der Kirche als Leib Christi, in: KATHOLISCHES SÄKULARINSTITUT CRUZADAS DE SANTA MARIA, *Mensch, erkenne deine Würde. Pasinger Philothea, Band II.*, 2007, 113–131, hier 116 (im Folgenden abgekürzt mit Autor, *die bräutliche Dimension*, Seitenzahl).
50 OHLY, *die bräutliche Dimension*, 116.

Theologie"[51] sieht in beiden Hochzeiten wiederum „jenen Schlüssel zum Verständnis all dessen, was dazwischen in der Liebesgeschichte Gottes mit dem Menschen geschieht und zugleich den Schlüssel für eine neue Sicht des Leibes im tiefen Zusammenhang mit seiner Seele und mit seiner geschlechtlichen Bestimmtheit, die damit zu einer Art sakramentaler Grundbestimmtheit des Menschen erwächst."[52]

2. Dietrich von Hildebrands Rehabilitierung der Sexualität

„Ich will in der Zärtlichkeit nicht nur den zentralsten Kern mit Güte umfangen, sondern gleichsam allen Konturen des fremden Wesens in Liebe nachfolgen. Ich will gleichsam hineinschmelzen in die Wesensform des andern, die geistige Form des andern nachvollziehen. Ich will den Duft des fremden Wesens, den Hauch und Glanz seiner Persönlichkeit hegen und pflegen."[53]

DIETRICH V. HILDEBRAND[54] (1889–1977) hat mit seiner 1927 erschienenen Schrift *Reinheit und Jungfräulichkeit* und zwei Jahre später auch mit seiner kurzen Abhandlung über *Die Ehe* entscheidende Anstöße

---

51 WEST, *Theologie des Leibes für Anfänger*, 23.
52 OHLY, *die bräutliche Dimension*, 116. – Vgl. dazu SCOLA, *Das hochzeitliche Geheimnis*, 38: „Es erweist sich, dass die Geschlechtlichkeit den Menschen nicht in den innerweltlich-animalischen Bereich verbannt, so dass er sich eine auf die geistige Dimension des eigenen Ich im Gegensatz zur Geschlechtlichkeit ausgerichtete Askese auferlegen müsste, um zu sich zu finden. Im Gegenteil besitzt die menschliche Geschlechtlichkeit [...] eine *sakramentale* Bestimmung, insofern sie eine Sprache des Körpers ist, die das Ich in seiner personalen Integralität offenbart. Und dies aus dem Grunde, weil sie konstitutiver Bestandteil der Gottebenbildlichkeit des Menschen ist."
53 VON HILDEBRAND, *Reinheit*, 115 f.
54 Nach kurzer Verlobung (1907–1909) mit Märit Furtwängler, der späteren Ehefrau Max Schelers, heiratete Dietrich v. Hildebrand 1912 Margarete Denck („Gretchen"), die ihm wenige Monate vorher seinen Sohn Franz geboren hatte. 1914 konvertierte er gemeinsam mit seiner Frau zum katholischen Glauben und befand sich wegen seiner entschiedenen Ablehnung der nationalsozialistischen Ideologie schon 1923 auf der Todesliste der Nazis. Nach deren Machtergreifung im Jahr 1933 musste er mit seiner Familie zunächst nach Österreich und infolge des Einmarsches der deutschen Truppen im Jahr 1938 weiter in die Schweiz flüchten. Über Frankreich, Spanien, Portugal und Brasilien erreichte er schließlich 1940 die USA. Dort lehrte er bis zu seiner Emeritierung an der Fordham Universität, der New Yorker Jesuiten-Hochschule. Nach dem Tod seiner Frau im Jahr 1957 heiratete er in den USA zwei Jahre später im Alter von 70 Jahren eine seiner ehemaligen Studentinnen, die 34 Jahre jüngere Philosophin Alice Jourdain (1923–2022). Dietrich v. Hildebrand zählt zu den einflussreichsten katholischen Philosophen des 20. Jahrhunderts und wird der *ontologisch-realistischen Phänomenologie* bzw. der sogenannten *Münchner und Göttinger Schule*

für den oben beschriebenen Fortschritt in der Lehre der katholischen Kirche über Liebe, Ehe und Sexualität gegeben."[55] Inhaltlich können seine Impulse auf folgende Grundgedanken zurückgeführt werden:

1. Christliche Reinheit hat nichts mit Prüderie oder dem Fehlen jeglicher Empfänglichkeit für die sinnliche Sphäre zu tun: „Dies kann nicht scharf genug betont werden. Gibt es doch gewisse Menschen, die bloße Unsinnlichkeit als ein Ideal ansehen – im gänzlichen Fehlen des ‚Geschlechtstriebes' sogar den Höhepunkt der Reinheit erblicken. Davon kann so wenig die Rede sein, dass es sogar falsch ist, in der Unsinnlichkeit einen besonders günstigen Boden für die Reinheit erblicken zu wollen."[56]

Vielmehr besitzt der tugendhaft reine Mensch „eine tiefe Ehrfurcht für das Mysterium, das hier vorliegt. In keiner Weise erscheint ihm die Sphäre als solche verächtlich und niedrig"[57]; er bleibt frei „von allem Ressentiment, von jedem prüden, hysterischen Ekel vor diesem Gebiet als solchem und vor dem Akt ehelicher Gemeinschaft"[58] und „erfasst, dass diese Sphäre in besonderer Weise Gott gehört, dass er von ihr nur in einer von Gott ausdrücklich sanktionierten [gebilligten, erlaubten – Anmerkung des Vfs.] Weise Gebrauch machen darf".[59]

2. „Der Akt ehelicher Gemeinschaft hat einmal den *Zweck* der Fortpflanzung, außerdem aber den *Sinn* einer einzigartigen Liebesvereinigung."[60] Menschliche Sexualität allgemein und der Geschlechtsverkehr im Besonderen werden darum nicht „ausschließlich durch den Zweck

---

zugeordnet, die sowohl die ontologische Eigenständigkeit von Wesensstrukturen als auch die Möglichkeit deren objektiver Erkenntnis voraussetzt. Vgl. dazu ALICE VON HILDEBRAND, *Die Seele eines Löwen: Dietrich von Hildebrand*, Düsseldorf 2003 und JOSEF SEIFERT, *Dietrich von Hildebrand (1889–1977) und seine Schule*, in: EMERICH CORETH, WALTER M. NEIDL u. GEORG PFLIGERSDORFFER (HG), *Christliche Philosophie im katholischen Denken des 19. und 20. Jahrhunderts – Band 3*, Graz/Wien/Köln 1990, 172–200.

55 Vgl. ANDREAS LAUN, *Gedanken zur Lehre von den „Ehezwecken"*, in: Fragen der Moraltheologie heute. Wien 1992, 221–226, hier 221.
56 DIETRICH VON HILDEBRAND, *Reinheit und Jungfräulichkeit*, Einsiedeln, Zürich, Köln 1950, 43 f. (im Folgenden abgekürzt mit Autor, *Reinheit*, Seitenzahl). – Vgl. ebd., 12.
57 VON HILDEBRAND, *Reinheit*, 62.
58 VON HILDEBRAND, *Reinheit*, 62.
59 VON HILDEBRAND, *Reinheit*, 62.
60 VON HILDEBRAND, *Reinheit*, 25. – Vgl. dazu auch DIETRICH VON HILDEBRAND, *Die Ehe*, München 1929, 7 und 19 f. (im Folgenden abgekürzt mit Autor, *Die Ehe*, Seitenzahl).

der Fortpflanzung konstituiert".[61] Gerade der Geschlechtsverkehr hat nämlich „auch eine Bedeutung [...] als Ausdruck und Erfüllung der ehelichen Liebe und Lebensgemeinschaft, und er nimmt auch in gewisser Weise an der sakramentalen Bedeutung der Ehe teil".[62] Ausdruck und Erfüllung ehelicher Liebe vermag der Geschlechtsverkehr aber wiederum nur aufgrund einer „inneren Konformität"[63] mit dem Wesen der Liebe zu sein.

3. Die menschliche Geschlechtlichkeit ist grundsätzlich auch nicht unter dem Aspekt verwerflicher Begierde oder egozentrischer Lust, sondern unter dem Gesichtspunkt ethisch wertvoller *personaler Hingabe* zu sehen, die den Menschen in einzigartiger Weise innerlich löst[64] bzw. ihn aus dem Zustand eines „Insichbefangenseins"[65] befreit. Insbesondere der eheliche Geschlechtsverkehr löst „ein gewisses sprödes Sichselbstgehören auf, das den Mutterboden für eine Art von Herzensverhärtung bildet, für ein zimperliches Sichwichtignehmen sowie für eine gewisse stumpfe Trägheit"[66] und „macht den Menschen frei von einem hochmütigen Verbleiben in sich".[67]

Ermöglicht wird diese außergewöhnliche innere Lösung und Befreiung dadurch, dass der menschlichen Geschlechtlichkeit als „wahre gottgewollte Qualität"[68] eine besondere Tiefe, Zentralität und Intimität eigen ist: Sie „ist in einem gewissen Sinn ‚das' Geheimnis des Einzelnen, [...] ist etwas in der jeweiligen Person, was diese als

---

61 VON HILDEBRAND, Reinheit, 18. – Papst Pius XI. unterscheidet nur wenige Jahre später zwischen der Zeugung und Erziehung von Kindern als primäres Ziel bzw. Hauptzweck der Ehe und einer durch tätige Liebe verwirklichten gegenseitigen Vollendung der Ehepartner als eigentlichen Sinn des Ehebundes: „Die gegenseitige innere Formung der Gatten, das beharrliche Bemühen, einander zur Vollendung zu führen, kann man, wie der Römische Katechismus lehrt, sogar sehr wahr und richtig als Hauptgrund und eigentlichen Sinn der Ehe bezeichnen. Nur muß man dann die Ehe nicht im engeren Sinne als die Einrichtung zur Zeugung und Erziehung des Kindes, sondern im weiteren als volle Lebensgemeinschaft fassen." (PIUS XI., Casti Connubii, 31.12.1930 – Das Zitat folgt dem Wortlaut der unter http://stjosef.at/dokumente/casti_connubii.htm veröffentlichten deutschen Übersetzung dieser Enzyklika und bezieht sich auf die Abschnitte 17 und 24 der über www.vatican.va abrufbaren englischen Textversion (im Folgenden abgekürzt mit Autor, Casti Connubii, Nummer).
62 VON HILDEBRAND, Reinheit, 23.
63 VON HILDEBRAND, Reinheit, 101.
64 VON HILDEBRAND, Reinheit, 32.
65 VON HILDEBRAND, Reinheit, 191.
66 VON HILDEBRAND, Reinheit, 173.
67 VON HILDEBRAND, Reinheit, 173.
68 VON HILDEBRAND, Reinheit, 32.

etwas ganz Intimes empfindet, als in einzigartiger Weise an ihr Innerstes rührend."[69]

Gerade deshalb „bedeutet ihre Enthüllung und Hingabe in einzigartiger Weise eine Selbsthingabe"[70] und „unvergleichliche Vereinigung mit dem anderen"[71]; genau deshalb darf sie aber auch nicht von der ehelichen Liebe als deren Erfüllung und leiblicher Ausdruck getrennt werden: „Wo nicht die eheliche Liebe und der ausdrückliche Wille zu einer dauernden, der Willkür enthobenen objektiven Gemeinschaft die Grundlage bilden, bedeutet der Akt, der ein einzigartiges Sich-Schenken darstellt und eine letzte intime Gemeinschaft konstituiert, ein spezifisches Sich-Wegwerfen, einen Verrat an sich selbst und am andern."[72]

4. „Die eheliche Liebe schließt erstens ein einzigartiges gegenseitiges Sich-Schenken ein. Wohl schenke ich in jeder Liebe mein Herz bis zu einem gewissen Grade dem andern, aber hier geschieht es im buchstäblichen Sinn; und nicht nur mein Herz, sondern meine ganze Person gehört dem andern. Wenn ein Mann eine Frau oder eine Frau einen Mann in diesem Sinne liebt, so schenkt sich die eine Person der anderen in dem Moment, in dem sie zu lieben beginnt. Sie will ihr gehören und will, daß sie ihm gehöre."[73]

Jede geschlechtliche Vereinigung vom Mann und Frau soll darum stets als bewusstes Sich-Verschenken an den Geliebten[74] erfolgen

---

69 VON HILDEBRAND, Reinheit, 32. – „So hat auch die Selbstübergabe durch die Enthüllung des Geheimnisses der eigenen Person und die Teilnahme am Geheimnis des andern sowie die Verbindung in dieser Sphäre kein Analogon unter allen sonstigen Beziehungen der Geschöpfe. In ihr und nur in ihr kann jenes Sichselbstschenken stattfinden, in dem der ganze Mensch als abgeschlossene Einheit hingegeben wird, und das eine Vermählung mit dem andern, ein Einswerden ganz eigener Art konstituiert." (VON HILDEBRAND, Reinheit, 189).

70 VON HILDEBRAND, Reinheit, 18. – „Die eheliche Schenkung im Fleische geht weit über das bloß Leibliche hinaus, ist ein Sichöffnen für einander in einzigartiger Erfahrung der Person, daher im Hebräischen, Griechischen, Lateinischen, Deutschen, Französischen auch mit ‚Erkennen' bezeichnet." (HERBERT DOMS, Zweigeschlechtlichkeit und Ehe, in: JOHANNES FEINER und MAGNUS LÖHRER (HG), Mysterium Salutis. Grundriss heilsgeschichtlicher Dogmatik, Zürich/Köln 1967, 707–750, hier 710).

71 VON HILDEBRAND, Reinheit, 19.

72 VON HILDEBRAND, Reinheit, 35. – An anderer Stelle spricht von Hildebrand auch von Entwürdigung und Entweihung (ebd., 36) sowie von einer „Befleckung eigener Art" (ebd., 37).

73 VON HILDEBRAND, Die Ehe, 8.

74 „Da die Eheleute das Geschenk der Liebe empfangen haben, sind sie dazu berufen, sich ihrerseits vorbehaltlos einander zu schenken. Nur so sind die den Ehegatten eigenen und ausschließlich ihnen vorbehaltenen Akte wirklich Akte der Liebe, die eine echte personale Gemeinschaft bilden, während sie sie ein Fleisch werden lassen. Somit formt die Logik der Totalität der Hingabe die eheliche Liebe in ihrem Innern und wird dank der sakramentalen

und in „eine feierlich von der Person selbst sanktionierte Liebe"[75] eingebettet sein, d. h. diese Liebe darf „nicht nur einfach ‚da sein', sondern unser freies geistiges Personzentrum muß sie ausdrücklich sanktionieren, muß sich mit ihr gleichsam solidarisch erklären, muß ihre Vereinigungstendenz ausdrücklich ‚mitmachen'."[76] Umgekehrt gilt: „Jeder Hauch von Leichtsinn, jedes momentane Sich-vergessen aus Leidenschaft, jedes Nur-an-den-Augenblick-Denken widerspricht zutiefst dem Sinn dieser Vereinigung, ihrer Letztlichkeit, ihrem Ernst und ihrer Unwiderruflichkeit [...]."[77]

Daraus folgt stringent, dass immer die ganze Person, also nicht nur ihre sinnlich-leibliche, sondern auch ihre geistige Sphäre am sexuellen Geschehen beteiligt und „aktualisiert"[78] sein soll; beide Gatten müssen sich um diese ganzheitliche Vereinigung bemühen und deshalb neben der sinnlich-leiblichen Vereinigung auch die geistige Begegnung (ihrer Seelen) bzw. die *Berührung ihrer Herzen*[79] suchen. Je mehr dies gelingt, desto mehr wird die geschlechtliche Vereinigung auch zu einer tiefen, alle sinnliche Lust übersteigenden seelischen Glückserfahrung.[80] Gerade für den tugendhaft reinen Menschen ist darum der eheliche Akt auch „nicht eine Nebensache in der Ehe, sondern ein tief Bedeutsames und tief Beglückendes".[81]

5. Die eheliche Vereinigung soll *ganz* in „eine ausgesprochen zärtliche Liebe"[82] eingebettet bzw. *vollständig* Ausdruck einer überaus *zärtlichen* Liebe sein: „Die eheliche Gemeinschaft muß von der Zärtlichkeit durchsetzt und durchflutet sein, ja als ein einzigartiger Höhepunkt der Zärtlichkeit erlebt werden."[83]

Ausgießung des Heiligen Geistes das Mittel, um im eigenen Leben eine wahre eheliche Liebe zu verwirklichen." (BENEDIKT XVI., *Botschaft an den Internationalen Kongress zum Thema „Humanae Vitae: Aktualität und Prophetie einer Enzyklika*, 02.10.2008, (im Folgenden abgekürzt mit Autor, *Botschaft zu Humanae vitae*).

[75] VON HILDEBRAND, *Reinheit*, 98.
[76] VON HILDEBRAND, *Reinheit*, 41.
[77] VON HILDEBRAND, *Reinheit*, 41.
[78] VON HILDEBRAND, *Reinheit*, 91.
[79] Mit *Herz* ist hier das geistig-emotionale Zentrum der Person gemeint. Vgl. DIETRICH VON HILDEBRAND, *Über das Herz. Zur menschlichen und gottmenschlichen Affektivität*, Regensburg 1976
[80] VON HILDEBRAND, *Reinheit*, 110.
[81] VON HILDEBRAND, *Reinheit*, 110.
[82] VON HILDEBRAND, *Reinheit*, 11.
[83] VON HILDEBRAND, *Reinheit*, 117 f.

Der Zärtlichkeit „eignet ein Moment der Gelöstheit, der Güte und Weichheit"[84], sie „hat nichts von Leidenschaft oder Wildheit in sich, sie ist vielmehr warm, gütig, sanft".[85] Sie ist „eine besondere Form des ‚Fließenlassens' der Liebe"[86], die den anderen „bis in die kleinste Falte seiner Persönlichkeit"[87] gleichsam mit Güte „umkleiden" oder „umfließen"[88], ihn so auch seine Bejahung und sein Angenommensein spüren lassen möchte. Dies bedeutet aber „keineswegs [...], dass die ideale eheliche Reinheit nur Zärtlichkeit, nicht aber Sinnlichkeit zulasse. Da dies vielmehr [...] durchaus der Fall ist, und da zudem erst durch die Sinnlichkeit die einzigartige Intimität, das geheimnisvoll Tiefe und objektiv Verbindende des ehelichen Aktes erschlossen wird, bedeutet hier das Auftreten der Sinnlichkeit sogar einen besonderen Wert."[89]

Es ist nachvollziehbar, dass Dietrich v. Hildebrand die geistigen Weichen für eine radikal neue Bewertung menschlicher Leiblichkeit und Sexualität gestellt hat. Seine außerordentliche Wertschätzung der menschlichen Geschlechtlichkeit, vor allem aber seine Erfassung des Geschlechtsverkehrs als *personaler* Akt „tiefster geheimnisvoller Vereinigung" und innerlich lösender „hingebender Liebe"[90] ebnete einer Theologie den Weg, die der menschlichen Leiblichkeit und Sexualität einen herausragenden Zeugnis- bzw. Ebenbildcharakter für die trinitarisch-personale Liebesgemeinschaft und innergöttliche Hingabe zuspricht. Als Initiator und Vorbote dieser theologischen

---

[84] VON HILDEBRAND, *Reinheit*, 111.
[85] VON HILDEBRAND, *Reinheit*, 117.
[86] VON HILDEBRAND, *Reinheit*, 111.
[87] VON HILDEBRAND, *Reinheit*, 115.
[88] VON HILDEBRAND, *Reinheit*, 113.
[89] VON HILDEBRAND, *Reinheit*, 117 f. – „Sobald ich die sinnliche Sphäre verselbständige und die letzte Funktion dieser Sphäre innerhalb der ehelichen Liebe nicht in Rechnung stelle, verfälsche ich ihren letzten Sinn und übersehe das Mysterium, das hier liegt. Die sinnliche Sphäre ist wohl etwas Eigenes gegenüber der Liebe, aber zwischen ihr und der ehelichen Liebe besteht gleichsam eine ‚prästabilierte Harmonie'. Ihr eigentlicher Sinn, was die Erlebnisseite betrifft, ist untrennbar von ihrem Charakter als Ausdruck und Entfaltung einer besonderen Art der Liebe. Wer die sinnliche Sphäre so in ihrer Bedeutung sieht, daß er ihre Zentralität, ihre Intimität und ihren Geheimnischarakter erfasst, und wer das spezifisch Vereinigende und Verschmelzende in der Qualität des ehelichen Aktes erkennt, der versteht auch, welch eigenartiger Zusammenhang zwischen dieser Sphäre und der ehelichen Liebe besteht, und erkennt überdies, warum gerade diese Sphäre in diese Einheit mit der ehelichen Liebe treten muß und nicht irgendeine andere leibliche Sphäre." (VON HILDEBRAND, *Reinheit*, 21 f.).
[90] VON HILDEBRAND, *Reinheit*, 106.

Strömung schreibt v. Hildebrand schon 1929, dass „alle Akte der Liebe", in denen die leibliche Hingabe und somit der tiefste Sinn der ehelichen Berufung realisiert werden, zu einem „*Gottesdienst*" werden und zwar „in einem engeren und wirklicheren Sinn"[91] als es andere Lebensäußerungen sein können.

3. Die trinitarische Sinnbestimmung menschlicher Sexualität

„Gott hat den Menschen zur Unvergänglichkeit erschaffen und ihn zum Bild seines eigenen Wesens gemacht." Weish 2,23

Die katholische Kirche lehrt, dass Gott eine personale Gemeinschaft (*communio personarum*) ist, „in der die drei göttlichen Personen einander lieben und der Eine Gott sind"[92], d. h. es gibt einen einzigen Gott in drei Personen und die „göttlichen Personen teilen die einzige Gottheit nicht untereinander, sondern jede von ihnen ist voll und ganz Gott"[93]. Sie sind einander *wesensgleich* und dennoch „voneinander verschieden durch ihre Ursprungsbeziehungen: Es ist ‚der Vater, der zeugt, und der Sohn, der gezeugt wird, und der Heilige Geist, der hervorgeht.'"[94]

„Der Vater ist ‚im innersten Grund grundlose Quelle, die ist, indem sie schenkt'.[95] Er ‚bringt in seiner totalen Selbsthingabe den Sohn hervor'[96], zeugt ihn, indem er ihm sein ganzes Gott-Sein schenkt: ‚In der Liebe des Vaters liegt ein absoluter Verzicht, für sich allein Gott zu sein, ein Loslassen des Gottseins [...].'"[97]

---

[91] VON HILDEBRAND, *Die Ehe*, 33.
[92] PÄPSTLICHER RAT FÜR GERECHTIGKEIT UND FRIEDEN, *Kompendium der Soziallehre der Kirche*, Freiburg 2006, 49 (im Folgenden abgekürzt mit Autor, *Kompendium der Soziallehre*, Seitenzahl).
[93] KKK, 253.
[94] KKK, 254.
[95] HANS URS VON BALTHASAR, *Der Unbekannte jenseits des Wortes*, in: *Spiritus Creator. Skizzen zur Theologie III*, Einsiedeln 1967, 95–105, hier 95.
[96] HANS URS VON BALTHASAR, *Person und Geschlecht*, in: *Homo creatus est. Skizzen zur Theologie V*, Einsiedeln 1986, 93–164, hier 138 (im Folgenden abgekürzt mit Autor, *Person und Geschlecht*, Seitenzahl).
[97] HANS URS VON BALTHASAR, *Theodramatik, Dritter Band: Die Handlung*. Einsiedeln 1980, 301 (im Folgenden abgekürzt mit Autor, *Theodramatik III*, Seitenzahl).

Der Sohn antwortet auf diese ewige, absolut selbstlose und vollkommene Hingabe des Vaters mit der Einwilligung und „Bereitschaft [...], sich von Ewigkeit zeugen zu lassen"[98]. Er stellt sich in gleichewiger unermesslicher Dankbarkeit ganz dem Vater zur Verfügung, fügt sich in liebendem Gehorsam vollkommen dessen Willen[99] und kann, indem er das Wesen bzw. „die natura, d. h. die Verschenkung des Vaters empfängt, nicht anders, als sich seinerseits auf den Vater hin zu verschenken"[100] und zwar „so selbstlos und berechnungslos, wie es die erste Hingabe des Vaters war"[101]. In Liebe ganz vom Vater gezeugt, *ist* er „jene Verschenkung, die er vom Vater empfangen hat", denn er ‚besitzt' sein vom Vater geschenktes Gott-Sein „wie es der Vater *besitzt*, nämlich indem er es verschenkt"[102]. Auf diese Weise ist der Sohn von Ewigkeit her „totaler Empfang und totale Rückgabe an den Ursprung"[103]. Weil er sich „ewig passiv empfängt, aber sich ebenso ewig aktiv seinem Ursprung verdankt und zurückgibt"[104], gibt er sich wiederum selbst ganz dem Vater hin und hält nichts für sich zurück, wie ja auch der Vater als „unerschöpfliche, ewig fließende Quelle der Gottheit [...] nichts von der Gottheit für sich zurückbehält".[105]

Der Heilige Geist ist die „personale Frucht"[106], aber auch Band, Siegel und Einheit beider Liebesbewegungen. Er geht als *condilectus* und „hypostasierte Frucht der Liebe"[107] *zugleich* aus dem Vater und dem Sohn hervor, ist die ungeteilte einigende Liebe ‚zwischen' Vater und Sohn, welche die ganze Fülle des Gott-Seins als ewiges Geschenk gegenseitiger vollkommener Hingabe und Danksagung (*eucharistia*) in sich birgt und darum auch selbst *Person* ist. Sich ganz der „ge-

---

98 THOMAS R. KRENSKI, *Passio Caritatis. Trinitarische Passiologie im Werk Hans Urs von Balthasars*, Einsiedeln 1990, 142 (im Folgenden abgekürzt mit Autor, *Passio Caritatis*, Seitenzahl).
99 Vgl. VON BALTHASAR, *Theologik, Zweiter Band: Wahrheit Gottes*. Einsiedeln 1985, 130.
100 KRENSKI, *Passio Caritatis*, 142.
101 VON BALTHASAR, *Theodramatik III*, 301.
102 KRENSKI, *Passio Caritatis*, 142.
103 VON BALTHASAR, *Epilog*, Einsiedeln 1987, 73.
104 VON BALTHASAR, *Person und Geschlecht*, 138.
105 HANS URS VON BALTHASAR, *Pneuma und Institution*, in: *Pneuma und Institution. Skizzen zur Theologie IV*, Einsiedeln 1974, 201–235, hier 224 (im Folgenden abgekürzt mit Autor, *Pneuma und Institution*, Seitenzahl).
106 HANS O. MEUFFELS, *Einbergung in das Mysterium der dreieinigen Liebe. Eine trinitarische Anthropologie nach Hans Urs von Balthasar*. Würzburg 1991, 255 (im Folgenden abgekürzt mit Autor, *Einbergung*, Seitenzahl).
107 OUELLET, *Die Familie*, 119.

genseitigen Verschenkung von Vater und Sohn"[108] verdankend, ist der Heilige Geist die personifizierte Liebes-Bewegung, die einerseits das „trinitarische Spiel der Liebe"[109] als göttlicher Lebenshauch ewig neu belebt und *inspiriert*, andererseits die fruchtbare Differenz und *Hingabe-Spannung* zwischen Vater und Sohn zugleich ewig offen hält und ewig überbrückt.[110]
Inwiefern besteht nun aber eine „gewisse Analogie"[111] zwischen der Ehe bzw. der Familie als „Verbindung von Personen, die sich auf menschliche Liebe stützt", und jener personalen Gemeinschaft, „wie sie in der göttlichen Dreifaltigkeit vorhanden ist"?[112] Inwiefern weist bereits die körperliche Gestaltung und Anatomie der menschlichen Geschlechtlichkeit ebenbildliche Züge zur innertrinitarischen Liebeswirklichkeit auf? Und inwiefern kann gerade auch die sexuelle Vereinigung das trinitarische Liebesspiel ausdrücken und bezeugen?

---

108 KRENSKI, *Passio Caritatis*, 147.
109 MEUFFELS, *Einbergung*, 252.
110 Vgl. HANS URS VON BALTHASAR, *Theologik, Dritter Band: Der Geist der Wahrheit*, Einsiedeln 1987, 47 ff. (im Folgenden abgekürzt mit Autor, *Theologik III*, Seitenzahl) sowie VON BALTHASAR, *Theodramatik III*, 301 und KRENSKI, *Passio Caritatis*, 147.
111 WOJTYŁA, *Erziehung zur Liebe*, 47. – „So sehr die Analogie eine beeindruckende Ähnlichkeit [...] auszudrücken vermag, desto mehr ist sie von einer wesentlichen Unähnlichkeit erfüllt. Das Geheimnis der Liebe und der Fruchtbarkeit im Leben der Dreifaltigkeit ist und bleibt immer unendlich größer als das der Liebe und Fruchtbarkeit zwischen Menschen. Doch es ist Gott selbst, der als Schöpfer der Menschen unserem Geschaffensein als Mann und Frau ein Abbild seines eigenen Geheimnisses der Liebe eingeprägt hat – und damit, so konstatiert JOHANNES PAUL II., gibt es kein besseres, kein vollkommeneres Bild, das dem göttlichen Geheimnis, der Einheit und Gemeinschaft besser entspricht." (OHLY, *die bräutliche Dimension*, 129). Gleichzeitig gilt, „dass der Schöpfer, der die Geschlechter einander zugestaltet, doch selbst reiner Geist ist und somit in alle Ewigkeit hin der ganz Andere bleibt" (OUELLET, *Die Familie*, 70), d. h. mit anderen Worten : „Im Spiegel des Bildes, als welches der Mensch erschaffen ist, können wir zwar etwas von Gott selber erkennen, aber er bleibt dabei der je-Größere, ‚der in unzugänglichem Licht wohnt' (1 Tim 6,16). Kurzum: unser Sprechen über Gott ist wesentlich an die begrenzten Möglichkeiten der analogischen Aussage gebunden, und wir müssen uns diese Begrenzung ständig vor Augen halten, insbesondere dort, wo Gott in der Bibel geschlechtsspezifische Eigenschaften zugeschrieben werden, oder wo in der Theologie der Versuch unternommen wird, die Geschlechterdifferenz im trinitarischen Leben zu verankern" (ebd., 63 f.) – „denn ‚Gott ist Geist' (Joh 4, 24) – und besitzt keine, weder ‚weibliche' noch ‚männliche' leibgebundene Eigenschaften" (JOHANNES PAUL II., *Mulieris dignitatem*, 8).
112 WOJTYŁA, *Erziehung zur Liebe*, 47. – Vgl. dazu auch die komplementäre ‚katalogische' Perspektive, „welche unter Umkehrung der Blickrichtung das Geschaffene von oben, d. h. vom (geoffenbarten) Göttlichen her betrachtet" und sich mit der Frage verbindet, „was zeigt die Trinität von sich selber, wenn sie sich in der Familie offenbart?" (OUELLET, *Die Familie*, 26).

„Denn wenn man von trinitarischer Ontologie spricht, muss diese triadische Struktur den ganzen Menschen (als geeintes Insgesamt) in all seinen konstitutiven geistigen und leiblichen Dimensionen betreffen. Deshalb muss sie auch den Leib, und im Leibe die Geschlechtlichkeit betreffen. Es stellt sich so die Frage: Wie zeigt sich in der menschlichen Geschlechtlichkeit die triadische Struktur der trinitarischen Ontologie?"[113]

ADRIENNE V. SPEYR (1902–1967), deren *Theologie der Geschlechter* (1969) bezeichnenderweise mit einer trinitarischen Grundlegung[114] einsetzt, hat diese Fragen vorbehaltlos, klar und für die Kirche zukunftsweisend[115] beantwortet. Ihre theologischen Reflexionen[116] geben zumeist ihre mystische Erfahrungen und kontemplativen Eingebungen wieder und sind ganz von dem Geheimnis der Dreifaltigkeit als „der innersten Mitte ihrer Theologie"[117] bestimmt: „Das Mysterium der Trinität bildet die Mitte der Schauungen und des Denkens Adriennes: jede Überlegung, jede Darlegung geht von diesem Geheimnis aus und kehrt unaufhörlich dahin zurück."[118]

Adrienne entfaltet ihr Verständnis von Sexualität, Ehe und Familie aus der Perspektive einer verheirateten[119] und 1940 zur katholischen Kirche konvertierten Ärztin zunächst in einer 1941 begonnenen und

---

113 SCOLA, *Das hochzeitliche Geheimnis*, 463.
114 ADRIENNE VON SPEYR, *Theologie der Geschlechter*, Einsiedeln 1969, 21–34 (im Folgenden abgekürzt mit Autor, *Theologie der Geschlechter*, Seitenzahl).
115 „Das Neue war die Zusammenschau des Geschlechtlichen mit dem Theologischen auf allen Ebenen des letzteren: vom Trinitarischen zum Inkarnatorischen bis zum Ekklesiologischen; auf der einen Seite erhielt so das Theologische eine ganz neue Verleiblichung, auf der andern das Geschlechtliche – wie vielleicht noch nie bisher – unverstellten Zugang zu den Gehalten der Theologie." (HANS URS VON BALTHASAR, *Vorwort des Herausgebers*, in: ADRIENNE VON SPEYR, *Theologie der Geschlechter*, Einsiedeln 1969, 7–9, hier 7).
116 Adrienne diktierte ihre Gedanken und Eindrücke ihrem geistlichen Begleiter und Seelenführer Hans Urs von Balthasar, der diese nachfolgend in über 60 Bänden veröffentlichte.
117 HANS URS VON BALTHASAR, *Erster Blick auf Adrienne von Speyr*, Einsiedeln/Trier 1989, 41.
118 ELIO GUERRIERO, *Hans Urs von Balthasar. Eine Monographie*. Freiburg 1993, 144 (im Folgenden abgekürzt mit Autor, *Balthasar*, Seitenzahl).
119 Adrienne war zuerst von 1927–1934 mit Emil Dürr (1883–1934), verwitweter Ordinarius für Geschichte und Vater zweier Jungen, verheiratet. Nach dessen Unfalltod heiratete sie 1936 Werner Kaegi (1901–1979), ehemaliger Assistent und Nachfolger Dürrs auf dem Lehrstuhl für Geschichte an der Universität Basel. Sie selbst hatte keine leiblichen Kinder zur Welt gebracht, war allerdings zwischen 1927 und 1931 dreimal schwanger gewesen. Durch ihre Blutspende für eine schwerkranke und gebärende Frau kam es zur ersten Fehlgeburt, die zweite wurde durch eine große Bergtour zu einem (kranken?) Bauern ausgelöst, die dritte im Jahr 1931 war die Folge einer Lungenentzündung, die Adrienne nach einer durchwachten Nacht bei einem Mann, der am Ersticken war, bekommen hatte. Seit 1941 durchlitt Adrienne

1947 unter dem Titel *Christiane, Briefe über Liebe und Ehe* erschienenen Sammlung von 30 Briefen[120] zu entsprechenden Inhalten und Fragestellungen. Ihre erst 1969 postum von Hans Urs von Balthasar publizierte *Theologie der Geschlechter* ist die Frucht einer besonderen geistlichen Erfahrung[121] vom 08.12.1946 und enthält die Grundzüge ihrer spirituellen Sichtweise der menschlichen Geschlechtlichkeit. Darüber hinaus finden sich aber auch in anderen Schriften ihres umfangreichen Gesamtwerkes zahlreiche Hinweise und Lehrfragmente zum Themenkomplex Ehe und Geschlechtlichkeit.[122]

Eine umfassende und systematische Darstellung bietet Blaise R. Berg in seiner Dissertation *Christian Marriage According to Adrienne von Speyr* (2003). Darin zeigt er im Bereich der theologischen Anthropologie und sakramentalen Ehelehre u. a. auch mehrere bedeutsame Parallelen[123] zwischen Adrienne von Speyr und Johannes Paul II. auf, der Adrienne nicht nur selbst gelesen, sondern im Jahr 1983 sogar ein Symposium über ihr Leben und Wirken angeregt hat. Die Vorträge dieses Symposiums, das im September 1985 in Rom am päpstlichen *Institut „Johannes Paul II."* für Studien zu Ehe und Familie stattfand, sind zusammen mit einer Ansprache des damaligen Papstes an die Teilnehmer im darauffolgenden Jahr veröffentlicht worden.[124]

Adriennes Grundaussage zur menschlichen Geschlechtlichkeit lautet: „Mann und Frau zusammen sind nach dem Bild und Gleichnis Gottes geschaffen, und das Gottesbild hat seinen Sitz nicht allein in

---

in den Kartagen die Passion Christi, der mit der Stigmatisierung verbundene Empfang der Wundmale erfolgte im Juli 1942. Vgl. dazu die Lebensbeschreibungen bei VON BALTHASAR, *Erster Blick* und GUERRIERO, *Balthasar*, 127–152 sowie die Fußnote 27 in BLAISE BERG, *Christian Marriage According to Adrienne von Speyr*. Theologische Dissertation, Rom 2003, 24 f. (im Folgenden abgekürzt mit Autor, *Christian Marriage*, Seitenzahl).

120 Vgl. BERG, *Christian Marriage*, 119–134 u. 301 f.
121 Vgl. BERG, *Christian Marriage*, 169.
122 „Adrienne's insight, which preceded GS [*Gaudium et spes* – Anm. d. Vfs.] by some twenty years, is more specific than the Vatican II document on two counts. First, not only is *married love* assumed, but the *intimate expression of married love*, that is, the *conjugal act* is assumed. Second, not only does *divine love* assume married love, but *trinitarian* divine love takes it up. Adrienne's assertion, therefore, anticipates GS, and at the same time, goes beyond it by carrying out its claims to their logical conclusions." (BERG, *Christian Marriage*, 257).
123 Vgl. BERG, *Christian Marriage*, 205–208 und 250.
124 HANS URS VON BALTHASAR, GEORGES CHANTRAINE, ANGELO SCOLA (HG), *Adrienne von Speyr und ihre kirchliche Sendung. Akten des Römischen Symposiums im September 1985*, Einsiedeln 1986. Hans Urs v. Balthasar (ebd., 12) schreibt in seiner Einleitung: „Zu Beginn dieses Symposiums ist all denen zu danken, die es ermöglicht haben. In erster Linie dem Heiligen Vater, der es gewünscht und sich persönlich für die Theologie Adriennes von Speyr interessiert hat." – Vgl. dazu BERG, *Christian Marriage*, 11 u. 20 f.

einer als geschlechtslos gedachten Seele, sondern im ganzen Menschen, der aus Leib und Geist bestehend ein einheitliches Wesen ist."[125] Als Gleichnis Gottes aber ist der „nackte endliche Mensch" als Mann oder Frau „ein für die Liebe geformtes Wesen"[126] und „das ganze Liebesspiel" zwischen Mann und Frau „ist nichts Gottfremdes, sondern als Gleichnis göttlichen Lebens etwas Gottgeschaffenes, ja Gottzugehöriges".[127] Aber „nicht nur der Liebesakt selbst, sondern jede Liebesbeziehung zwischen Mann und Weib soll Durchgang sein zur Verherrlichung Gottes"[128], denn als Mann *und* Frau hat der Mensch in besonderer Weise Anteil[129] an der trinitarischen Einheit und dreifaltigen Liebesgemeinschaft:

> „Der Mensch ist auch in einer Anlehnung an die Dreifaltigkeit als Mann und Weib geschaffen. Der dreieinige Gott ist volle Erfüllung. Jedes Ich in Gott ist in jedem Du; der Vater ist Vater, indem er in Liebe den Sohn zeugt und mit dem Sohn den Geist hervorgehen läßt, der Sohn lebt in der Liebe des Vaters, der Geist ist die Liebe beider. Die Dreieinigkeit ist nur als absolute Liebe verständlich: in der Liebe fordern und erfüllen sich Nähe und Abstand, sie ist das Maß für beides in Gott. Die Liebe des Vaters besitzt in sich die Liebe des Sohnes und des Geistes, und umgekehrt; in diesem Mitbesitz liegt das Wesentliche der Gottheit, und davon schenkt Gott dem Menschen etwas, indem er ihn als Mann und Weib erschafft und ihm zugleich Anteil an der dreieinigen Einheit schenkt: die Einheit von beidem ist für den Menschen konstitutiv."[130]

---

125 ADRIENNE VON SPEYR, *Magd des Herrn. Ein Marienbuch.* Einsiedeln 1988, 168.
126 VON SPEYR, *Theologie der Geschlechter*, 147.
127 VON SPEYR, *Theologie der Geschlechter*, 36.
128 VON SPEYR, *Theologie der Geschlechter*, 138.
129 „Above all, God created man and woman in his image, simultaneously giving them participation in trinitarian life and unity." (BERG, *Christian Marriage*, 47).
130 ADRIENNE VON SPEYR, *Die Schöpfung*, Einsiedeln 1972, 53 f.

3.1 Leib und ehelicher Liebesakt

„Den Menschen formte Gott mit seinen eigenen Händen [das heißt mit dem Sohn und dem Heiligen Geist] ... und er prägte dem geformten Fleisch seine eigene Gestalt auf, so daß selbst das Sichtbare die göttliche Gestalt trüge."[131]
Der eheliche Liebesakt ist für Adrienne v. Speyr in „seiner vollkommensten Gestalt", d. h. im Hinblick auf die darin mögliche Zeugung eines Kindes, „trinitarisch zu verstehen: der Mann kennzeichnet den Vater, die Frau den Sohn und das Kind den Geist. Vom Augenblick an, da die Gatten nach Empfang des Sakraments den Akt begehen dürfen und sollen, lässt Gott diesen Akt nicht im Ungewissen schweben; er nimmt ihn hinein in sein dreieiniges Leben. Also muß nach göttlicher Absicht dieser Akt auch dreieinig signiert sein."[132]

Die darin zum Ausdruck kommende Analogie zwischen dem Vollzug der leiblichen Vereinigung von Mann und Frau einerseits und dem göttlichen (innertrinitarischen) Liebesspiel zwischen Vater und Sohn andererseits setzt zugleich voraus, dass auch die körperliche Gestalt des Menschen, also der Leib mit seiner männlich oder weiblich ausgeprägten Geschlechtlichkeit, von Gott her für den Ausdruck dieser innertrinitarischen Liebe geschaffen sein muss, denn der „ganze Leib ist von Gott geschaffen, auch in seinem Intimsten".[133]

Mann und Frau bezeugen darum in gewisser Weise schon allein durch ihren geschlechtlich bestimmten Leib und viel mehr noch durch ihren Liebesakt nicht nur die fundamentale Glaubenswahrheit, *dass* Gott Liebe ist, sondern sie offenbaren zugleich das Wesen und die Eigenart dieser vollkommenen ewigen Liebe, die Gott selbst ist; d. h. sie machen im Vollzug ihrer sexuellen Vereinigung auch leibhaftig (!) sichtbar, *wie* Gott (in sich) Liebe ist, welche Dynamik und Struktur sein trinitarisches Liebe-Sein wesensmäßig kennzeichnet und bestimmt:

---

131 IRENÄUS VON LYON, *demonstratio apostolica* 11, hier zitiert nach KKK, 704.
132 VON SPEYR, *Theologie der Geschlechter*, 140 f. – „Das absolute Sein, das in sich dreieinige Liebe ist, prägt allem anderen das Siegel seines eigenen trinitarischen Wesensgesetzes ein. Dieses trinitarische Gepräge wird aber im Menschen am deutlichsten sichtbar, auch und gerade dort, wo er den ehelichen Akt – ob bewusst oder unbewusst – seinem trinitarischen Bildcharakter gemäß vollzieht. Durch die eheliche Vereinigung hindurch schimmert dann die urbildlich-göttliche Vereinigung des Vaters und des Sohnes, die über sich selber hinausgehen in der Einheit des Heiligen Geistes." (OUELLET, *Die Familie*, 120).
133 VON SPEYR, *Theologie der Geschlechter*, 11.

das pulsierende Sich-Verschenken und Empfangen in der Gestalt gegenseitiger personaler Hingabe und Annahme. Der Mensch ist also „auch in seiner gesamten Leiblichkeit Gott ‚ähnlich'"[134], d. h. Wesen und Bild Gottes sind seinem Körper bis ins Intimste eingeprägt bzw. „von Anfang an in seinem Leib ausgedrückt; Mann und Frau stellen gleichsam zwei verschiedene Arten des menschlichen Körperseins in der Einheit jenes Bildes dar"[135] und eben darin „offenbart sich ontologisch die grundsätzliche ‚bräutliche Bedeutung des Leibes', die sich geschichtlich in der communio personarum der ehelichen Vereinigung von Mann und Frau realisiert als [...] Akt, in dem sich die Eheleute einander gegenseitig schenkend annehmen [...]."[136]

Leiblichkeit und Sexualität, Geschlechtsorgane und geschlechtliche Differenz gehören somit unzweifelhaft „zum Wesen des Menschen als Abbild Gottes"[137], sind der „Ausdruck seines Für-den-Anderen-Seins"[138] und die „geschlechtliche Differenz (männlich und weiblich) ruht kraft der Analogie letztlich auf jener Differenz in der vollkommenen Einheit auf, welche die Trinität lebt".[139]

Eben deshalb vermag der eheliche Liebesakt auch „das Geheimnis des göttlichen Lebens" – und das göttliche Leben ist nichts anderes als das ewige Spiel trinitarisch-personaler Liebeshingabe – „in die sichtbare Wirklichkeit der Welt zu übertragen und so Zeichen dieses Geheimnisses zu sein"[140]. Insofern sind die geschlechtlich differenzierten Körper von Mann und Frau überaus kostbare und würdevolle *heilige Zeichen*, d. h. der Leib „wird so in einem gewissen Sinn zum Ursakrament, welches im Sichtbarmachen der Männlichkeit und der Weiblichkeit das Geheimnis der Wahrheit und der Liebe vermittelt, das Geheimnis des göttlichen Lebens, an dem der Mensch teilnimmt."[141]

Hinsichtlich zentraler Phänomene menschlicher Geschlechtlichkeit stellt sich darum unweigerlich die Frage, ob sie lediglich Zufallsprodukte stammesgeschichtlicher Evolution sind oder nicht

---

[134] JOHANNES PAUL II., *Die menschliche Liebe*, 121 (9,4).
[135] JOHANNES PAUL II., *Die menschliche Liebe*, 139 (13,2).
[136] N. u. R. MARTIN, *Einleitung*, 42.
[137] SCOLA, *Das hochzeitliche Geheimnis*, 11.
[138] SCOLA, *Das hochzeitliche Geheimnis*, 520.
[139] SCOLA, *Das hochzeitliche Geheimnis*, 326.
[140] JOHANNES PAUL II., *Die menschliche Liebe*, 169 (19,4).
[141] SCOLA, *Das hochzeitliche Geheimnis*, 56.

vielmehr in besonderer Weise an einer gottgewollten Zeugenschaft für das ewige innertrinitarische ‚Liebesspiel' der göttlichen Personen teilhaben und darum „eigentlich allein durch die Dreieinigkeit Gottes erhellbar sind"?[142]

Entsprechende Deutungen finden sich jedenfalls bereits in den Schriften der Mystikerin und Benediktinerinnen-Äbtissin Hildegard von Bingen (1098–1179). Der trinitarischen Gemeinschaft von Vater, Sohn und Hl. Geist wird dort zunächst die Triade von Wille (*voluntas*), Macht/Kraft (*potestas*) und Güte (*pietas*) zugeordnet und diese dann wiederum auf eine den menschlichen Geschlechtsakt bestimmende Dreiheit von 1. Begierde/Libido (*concupiscentia*), 2. Zeugungskraft/ Potenz (*fortitudo*) beim Mann bzw. feuchte/fließende Lebenskraft (*viriditas*) bei der Frau und 3. Streben/Vollzug (*studium*) bezogen:

> „Denn der Mann hat bei seinem Akt drei Kräfte, nämlich die Begierde, die Zeugungskraft und das Streben. Die Begierde entflammt die Zeugungskraft, daher ist in beiden das Streben nach dem vollbrachten Werk (cocti laboris) und das ihres brennenden Willens. [...] Der Wille Gottes formte in seiner Macht den Menschen und er vollendete das in großer Güte, als er selbst den Menschen nach seinem Bild und Gleichnis schuf [...]. Im Willen Gottes aber erkenne die Begierde des Mannes, in der Macht Gottes die Zeugungskraft des Mannes [bzw. Lebenskraft der Frau – Anm. d. Vfs.] und in der Güte des Willens und der Kraft Gottes (erkenne) das Streben der Begierde und der Zeugungskraft des Mannes."[143]

Sexuelles Begehren und entsprechende körperbezogene *Erregungen oder Empfindungen*, die im Kontext einer geschlechtlichen Vereinigung erlebt werden bzw. diese motivieren und intendieren, sind somit für die am 07.10.2012 von Papst Benedikt XVI. zur Kirchenlehrerin erhobenen Hildegard von Bingen „nichts Geringeres als ein Abbild für das innertrinitarische Leben der Gottheit"[144].

---

142 VON SPEYR, *Theologie der Geschlechter*, 174.
143 HILDEGARD VON BINGEN, *Wisse die Wege – Liber Scivias. Eine Schau von Gott und Mensch in Schöpfung und Zeit*, Rüdesheim/Eibingen 2010, 126.
144 HEINRICH SCHIPPERGES, *Zur Bedeutung der Geschlechtlichkeit in medizin-historischer Sicht*, in: NORBERT A. LUYTEN (HG), *Wesen und Sinn der Geschlechtlichkeit*. Freiburg/München 1985, 171–205, hier 185.

Weitaus mehr noch aber nähern sich Mann und Frau im Liebesakt dem göttlichen Mysterium trinitarischer Liebe, weil und insofern sie mittels der spezifischen Anatomie und Funktionalität ihrer Geschlechtsorgane nicht nur ihr inniges *Eins-Sein* und *gegenseitiges Sich-Verschenken* in einzigartiger Weise ausdrücken, sondern durch die im *(männlichen) Geben* und *(weiblichen) Empfangen* der Samenflüssigkeit prinzipiell mögliche Zeugung eines Kindes zugleich auch eine dritte Person integrieren und damit sowohl die ontologische Matrix der Liebesgemeinschaft von Vater, Sohn und Hl. Geist als auch die Beziehungsdynamik der drei göttlichen Personen *leiblich widerspiegeln* bzw. *sichtbar machen*.[145]

Adrienne v. Speyrs Analogie zwischen dem Vollzug der *geschlechtlichen* Vereinigung von Mann und Frau einerseits und der göttlichen Liebesdynamik zwischen Vater und Sohn andererseits, bringt schließlich noch eine wichtige emotionale Komponente ins Spiel, nämlich die *Freude* in der Erwartung und im Vollzug des Einswerdens mit dem anderen: „Immer freut sich der Vater auf den Sohn, der Sohn auf den Vater; immer sind sie im gleichen göttlichen Wesen geeint und kommen doch als unterschiedliche göttliche Personen je neu zusammen. [...] Die Liebe ist freudig, sie kennt das Lachen, die Überraschung, sie ist immer zu Neuem aufgelegt. Sie kennt keine Abnutzung, kein Wiederkäuen des gleichen."[146]

Für den ehelichen Liebesakt, in dem Mann und Frau das Geheimnis und die Wirklichkeit trinitarischer Liebe *leiblich* widerspiegeln und bezeugen sollen, heißt dies aber wiederum, dass Mann und Frau auch ihre *Freude am und im Leib* als „edle Lust"[147] empfinden dürfen, dass sie also auch gegenseitige körperliche Lust und Befriedigung anstreben dürfen – denn sie begehen „nichts Böses, wenn sie diese Lust anstreben und sie genießen. Sie nehmen das an, was der Schöpfer ihnen zugedacht hat".[148] Es wäre völlig falsch und gegen den göttlichen Schöpfungssinn gerichtet, „wollten sich die Gatten

---

[145] Vgl. die Ausführungen des Vfs. zur trinitarischen Grundstruktur der Liebe: RALF REISSEL, *Leib als Evangelium – Sexualität als Liturgie. Ein Blick in das Herz der Theologie des Leibes.* in: MARIA GOOS u. JANUSZ SURZYKIEWICZ (HG): *Kann man so lieben? Beiträge der 3. Internationalen Tagung zur Theologie des Leibes in Eichstätt.* St. Ottilien 2018, 193–208, dort Kap. 2.2, 197–199.
[146] VON SPEYR, *Theologie der Geschlechter*, 103.
[147] JOHANNES PAUL II., *Die menschliche Liebe*, 313 (48,4).
[148] PIUS XII., *Ansprache vor italienischen Hebammen* (29.10.1951), hier zitiert nach KKK, 2362.

distant und frigid verhalten – aus falsch verstandener Frömmigkeit.
Sie sollen Freude aneinander haben. Freude auch an der Freude, die
Gott in ihrem Fleisch gewährt."[149]

Mit anderen Worten: Mann und Frau dürfen (und sollen) sich im
Bewusstsein der von Gott geschenkten Heiligkeit ihres Leibes gegenseitig freudig annehmen und umarmen, einander zärtlich liebkosen
und eins werden: „Die Modalität, gemäß welcher der *Mensch* die Liebe
leben kann, ist notwendigerweise durch den geschlechtlich differenzierten Leib vermittelt, verstanden als jene ursprüngliche Ebene, auf
welcher der Mensch die Notwendigkeit verspürt, er selbst zu sein mit
Hilfe einer Gestalt, die sich objektiv von ihm unterscheidet. [...] Darin
besteht die elementare Bedeutung des biblischen Ein-Fleisch-Werdens,
una caro, das die Ehe begründet"[150]

Adam (der Mann) reagiert im biblischen Schöpfungsbericht
überaus positiv auf Eva (die Frau), die ihm von Gott zugeführt wird
(Gen 2,22). In seiner ersten, „Staunen und Bewunderung"[151] zum
Ausdruck bringenden Antwort auf die Erscheinung der Frau – „Das
endlich ist Bein von meinem Bein und Fleisch von meinem Fleisch."
(Gen 2,23) – scheint auch schon die Freude über das dadurch mögliche
Einswerden im Fleisch bzw. das gegenseitige *Erkennen* im Liebesakt[152]
mitzuschwingen, dessen Vollzug dann der unmittelbar nachfolgende
Bibelvers anspricht: „Darum verlässt der Mann Vater und Mutter und
bindet sich an seine Frau, und sie werden *ein* Fleisch" (Gen 2,24).

Evas Reaktion, also die Antwort der Frau auf den (nackten) Mann,
bleibt dagegen im Dunkeln. Folgt man aber dem genialen Gedanken
von Papst Johannes Paul II., wonach das biblische *Hohelied* als Ergänzung des Genesis-Berichtes[153] zu lesen ist, dann lichtet sich auch diese
Situation: „Was im 2. Kapitel der Genesis (V.23–25) nur mit wenigen,
einfachen und wesentlichen Worten ausgedrückt worden war, wird
hier [im Hohelied – Anm. d. Vfs.] zu einem ausführlichen Dialog

---

149 von Speyr, *Theologie der Geschlechter*, 117.
150 Scola, *Das hochzeitliche Geheimnis*, 508.
151 Johannes Paul II., *Die menschliche Liebe*, 603 (108,5).
152 Vgl. Gen 4,1 und Lk 1,34.
153 „Man kann ihn [den Inhalt des Hohenlieds – Anm. d. Vfs.] nur im Zusammenhang der ersten Kapitel der Genesis als Zeugnis vom Anfang wiederlesen, jenem Anfang, auf den Christus in dem entscheidenden Gespräch mit den Pharisäern Bezug genommen hat (vgl. Mt. 19,4). Das Hohelied liegt mit Sicherheit auf der Linie jenes Sakraments, in dem durch die Sprache des Leibes das sichtbare Zeichen der Teilhabe von Mann und Frau am Bund der Gnade und Liebe gesetzt wird, den Gott dem Menschen anbietet. Das Hohelied zeigt

oder vielmehr zu einem Duett entwickelt, in dem sich die Worte des Bräutigams mit denen der Braut verflechten und einander ergänzen."[154] So eingebettet zwischen Adams Jubelruf (Gen 2,23) und der sexuellen Vereinigung (Gen 2,24) des ersten Menschenpaares, kann das Hohelied als *erotisches Spiel* der Geschlechter vor dem Liebesakt interpretiert werden und hierbei im Ausruf der Braut zugleich Evas Reaktion, die Antwort der Frau, vernommen werden: „*Mit Küssen seines Mundes bedecke er mich*" (Hld 1,2).

Die ursprüngliche Antwort der Frau ist also entsprechend dieser Interpretation mindestens ebenso euphorisch wie Adams Reaktion beim Anblick der nackten Eva. Man darf darin die Haltung einer Frau sehen, deren Beziehung zum Mann noch nicht durch die Erfahrung der Sünde getrübt ist. Eva kennt im Paradies vor dem Sündenfall noch keine durch den Mann verursachten Enttäuschungen, seelischen Verletzungen oder körperlichen Gewalterlebnisse. Sie kennt weder den *Kampf der Geschlechter*, noch sexuellen Missbrauch oder entwürdigende sexuelle Perversionen und empfindet darum auch kein Misstrauen gegenüber dem Mann, keine Angst vor Intimität und sexueller Hingabe. Es hat vielmehr den Anschein, dass sie es gar nicht mehr erwarten kann, endlich in die Vereinigung mit dem Mann zu kommen: „Zieh mich her hinter dir! Lass uns eilen! Der König führt mich in seine Gemächer" (Hld 1,4).

In ihrem Ausruf „Mit Küssen seines Mundes bedecke er mich" – die Braut sagt also gerade nicht: *Den Mann will ich küssen!* – klingen zudem drei Wesenszüge des Frauseins an:

1. Ihre besondere Fähigkeit, den Mann zur Hingabe anregen bzw. zum Lieben motivieren zu können: „Die Frau ist Quelle des Lebens, sie lässt Gemeinschaft entstehen, weil sie zur Hingabe anregt";[155]

---

den Reichtum dieser Sprache, deren erste Skizze wir bereits in Genesis 2, 23–25 haben." JOHANNES PAUL II., *Die menschliche Liebe*, 602 (108,3). – In einer Fußnote zu dieser Textstelle schreibt JOHANNES PAUL II.: „Karl Barth war wahrscheinlich der Erste in der Geschichte der Exegese, der die sehr enge Verbindung zwischen dem Hohenlied der Liebe und Genesis 2 entdeckte." (ebd.)

154 JOHANNES PAUL II., *Die menschliche Liebe*, 603 (108,5).
155 JOHANNES PAUL II., *Ansprache zum Kongress des Italienischen Frauenzentrums* (06.12.1982), hier zitiert nach MARIA TERESA CID VAZQUEZ, *Die Gesellschaft menschlicher machen – das Charisma der Frau*, in: KATHOLISCHES SÄKULARINSTITUT CRUZADAS DE SANTA MARIA, *Mensch, erkenne deine Würde*. Pasinger Philothea, Band II., 2007, 89–111, hier 89 (im Folgenden abgekürzt mit Autor, *Charisma der Frau*, Seitenzahl).

damit ist sie zugleich „diejenige, in der die Ordnung der Liebe in der geschaffenen Welt der Personen das Erdreich für ihr erstes Wurzelfassen findet"[156]. Mit anderen Worten: „Die Erschaffung der Frau macht Liebe möglich. Mit ihr tritt der Mensch in die Ordnung der Liebe ein, in jene Ordnung, die von Gott gewollt ist, damit die Menschheit [...] zum Abbild des göttlichen Lebens der Dreifaltigkeit wird."[157] Johannes Paul II. selbst bezeichnet dieses besondere Charisma in verschiedenen Kontexten und Dokumenten mehrmals als „Genius der Frau".[158]

Mit ihrer natürlichen Anmut[159] und unvergleichlichen Schönheit kann sie im Mann das Verlangen und Bemühen, sie zu lieben, wecken und aufblühen lassen, kann sie ihn gleichsam zum Lieben dynamisieren und inspirieren, zur Liebe (im positiven Sinn) verlocken und verführen. Ihr liebreizendes Wesen und ihre hinreißende Schönheit entfachen im Mann das Feuer der Liebe, reißen ihn von sich selbst weg, ermöglichen seine *Ekstasis* zum Du der Frau hin[160] und genau in diesem Sinn ist die Frau auch „eine Hilfe, die ihm entspricht" (Gen 2,18): eine *Hilfe zur Entfaltung seiner Liebesfähigkeit*, die den Mann als kluge Pädagogin aber nicht gleich überfordert, sondern erstmal mit einer eher leichten Lektion der Liebe beginnt: *Küss mich!*

2. Die Frau befindet sich auf Augenhöhe mit dem Mann: Indem die Braut im Hohelied fordert, dass der König ihren Leib mit Küssen bedecken soll, manifestiert sie ihre eigene Würde: Sie wird ihm (Adam, dem Mann, dem König) von Gott zugeführt als Geschenk, aber nicht als Lustobjekt, Sklavin oder Dienstmagd, sondern als ebenbürtige Königin und eine königliche Hoheit – so könnte man augenzwinkernd sagen – küsst bekanntlich nicht, sie lässt sich küssen!

---

156 JOHANNES PAUL II., *Mulieris dignitatem*, 29.
157 CID VAZQUEZ, *Charisma der Frau*, 96.
158 Vgl. JOHANNES PAUL II., *Mulieris dignitatem*, 30 und JOHANNES PAUL II., *Brief an die Frauen* (29.06.1995), 9 und 10 sowie inhaltlich, ohne explizite Begriffsnennung, auch JOHANNES PAUL II., Enzyklika *Evangelium vitae* über den Wert und die Unantastbarkeit des menschlichen Lebens (25.03.1995), 99.
159 Das Wort *Anmut* meint ‚Liebreiz' im Sinne von ‚zur Liebe reizen' bzw. ‚die Liebe wecken'. Vgl. dazu GÜNTHER DROSDOWSKI, *Duden: Etymologie. Herkunftswörterbuch der deutschen Sprache*, Mannheim/Leipzig/Wien/Zürich 1989, 37.
160 „Die gesamte Natur, auch und gerade ihr Bedürfen und ihre Selbstbezogenheit, wird in das Lieben hinein- und damit hinaufgerissen – im ursprünglichen Sinn von *mania* und Ekstase." (HANNA-BARBARA GERL-FALKOVITZ, *Ach, die Liebe! Wie entkommt man dem Narzissmus*, in: *Spielräume. Zwischen Natur, Kultur und Religion: der Mensch*, Dresden 2020, hier 157 (im Folgenden abgekürzt mit Autor, *Ach, die Liebe!*, Seitenzahl).

3. Im Wunsch der Braut, mit Küssen bedeckt zu werden, manifestiert sich ein besonderer Zug weiblicher Erotik, der die menschliche Sexualität humanisiert (vermenschlicht), weil und indem er im sogenannten Vorspiel der Liebe Raum und Zeit für Zärtlichkeiten einfordert: Denn wenn die Frau – zwischen dem Jubelruf des Mannes in Gen 2, 23 und dem Ein-Fleisch-werden in Gen 2,24 – verlangt, dass der Mann sie mit Küssen bedecken soll, dann möchte sie offensichtlich zuerst dessen Liebkosungen und Zärtlichkeiten genießen: „Die Frau hat im Grunde mehr Vergnügen an allem übrigen, dem Mann ist mehr am Akt selber gelegen. Aber weil er sie wirklich liebt, wird er nicht ohne Vorspiel auf den Akt hindrängen, und weil sie ihn wirklich liebt, wird sie nicht beim Vorspiel haltmachen wollen, sondern bis zur vollen Hingabe gehen."[161]

Die Frau zögert also den Akt der leiblichen Vereinigung hinaus, möchte auf ihn vorbereitet werden und genau dadurch kann die nachfolgende sexuelle Vereinigung an personaler Tiefe gewinnen, denn das eigentliche Ziel des erotischen Vorspiels ist mehr noch als physische Erregung die Verfestigung der emotionalen Bindung bzw. die Vertiefung der seelischen Intimität beider Liebender. Dies ist auch ein sehr bedeutsamer Aspekt gesunder Ehen, denn ohne eine tiefere emotionale Verbindung kann auch das sexuelle Erleben in der Ehe keine volle Erfüllung finden.

Das Sich-küssen-lassen der *Braut* bedeutet aber sicher nicht, dass sich die Frau beim sexuellen Vorspiel völlig passiv verhalten soll, vielmehr zeigt uns gerade das Hohelied, dass die Braut ebenfalls aktiv erotische Akzente setzt und der Bräutigam dies durchaus zu schätzen weiß, sogar mehrmals ihre bezaubernden Liebeskünste mit Lobesworten hervorhebt: „Wir wollen dich genießen und uns an dir erfreuen. Die Erinnerungen an deine Liebkosungen sind besser als Wein." (Hld 1,4) – „Wie schön sind deine Zärtlichkeiten, meine Schwester Braut; deine Liebkosungen um wieviel süßer als Wein, der Duft deiner Öle geht über jeden Balsam. Von deinen Lippen, Braut, tropft Honig; Milch und Honig ist unter deiner Zunge. Der Duft deiner Kleider ist wie des Libanon Duft." (Hld 4, 10–11) – „Liebste, wie schön du bist und wie hervorragend bei den Liebkosungen!" (Hdl 7,7).

---

161 ADRIENNE VON SPEYR, *Das Hohelied*. Einsiedeln 1988, 51 f.

3.2 Gleichheit und Differenz

„Der Geschlechtsunterschied bedeutet gleichzeitig Anziehung und Komplementarität. [...] Die in den Leib eingeschriebene Sexualität lädt zur *Reziprozität* in der Gemeinschaft ein. Ihre Voraussetzungen sind Gleichheit und Unterschiedlichkeit: Gleichheit in der gemeinsamen menschlichen Natur und in der Würde der Person, aber auch unauslöschliche Unterschiedlichkeit."[162]

Wie „im Dogma der Trinität die Personen gleicher Würde sein müssen, um die Differenz zu sichern, die den dreieinigen Gott zur subsistierenden Liebe macht"[163], so müssen eben auch beide Geschlechter, die „als Mann und Frau als Bild und Gleichnis Gottes geschaffen"[164] sind, die gleiche Würde besitzen:

„In der trinitarischen Ordnung gibt es keine Abstufung des Wesens in den Personen, so daß der Vater umfassender Gott wäre als der Sohn oder der Geist; sondern in jeder Person kommt die eine Gottheit zu ihrer vollkommenen Fülle, auch wenn der Sohn vom Vater gezeugt wird und der Geist aus beiden hervorgeht. Das Anderssein der Personen bedeutet kein Wenigersein im Wesen, das vielmehr gerade durch die Gegenseitigkeit der persönlichen Beziehungen seine Einheit und Unendlichkeit besitzt, so daß jede Person die Vorzüge der andern aufdeckt. Und die Liebe der einen kann nur darum zum Ausdruck kommen, weil in ihr die Liebe der andern lebt. Dieses Je-anders-sein der Personen aber kann, wenn die Einheit des Wesens gelten soll, notwendig nur durch Auseinanderhervorgehen begründet sein, und da dieses nur qualitativ verstanden werden kann, setzt es zugleich den Begriff einer Ordnung, einer Hierarchie in Gott."[165]

Die im gemeinsamen Menschsein begründete Wesensgleichheit von Mann und Frau sichert demnach einerseits die gleiche Würde beider Geschlechter, schließt aber andererseits weder deren komplementäre

---

[162] MELINA, *Liebe auf katholisch*, 46 f.
[163] HANS URS VON BALTHASAR, *Frauenpriestertum?*, in: *Neue Klarstellungen*. Einsiedeln 1979, 109–115, hier 114 (im Folgenden abgekürzt mit Autor, *Frauenpriestertum?*, Nummer).
[164] JOHANNES PAUL II., *Die menschliche Liebe*, 491 (86,4).
[165] ADRIENNE VON SPEYR, *Korinther I*, Einsiedeln 1956, 314 f. (im Folgenden abgekürzt mit Autor, *Korinther I*, Nummer).

Verschiedenheit noch eine hierarchische Ordnung zwischen Mann und Frau aus, denn „im Abbild kann beides zusammen bestehen: Gleichheit des Wesens und hierarchisch geordnete Stufung"[166] und beide Geschlechter haben auch ihre spezifische „Rolle vor Gott"[167], die im göttlichen Schöpfungsplan festgelegt, also „nicht das Ergebnis willkürlicher Auflagen ist, sondern sich aus der besonderen Eigenart des Mann- und Frauseins ergibt".[168] Ihre unterschiedlichen Rollen dürfen demnach auch „nicht im Lichte der funktionellen Regelungen der menschlichen Gesellschaften ausgelegt werden, sondern mit den spezifischen Kriterien der *sakramentalen Ordnung*, das heißt jener Ordnung von ‚Zeichen', die von Gott frei gewählt wurden, um sein Gegenwärtigsein unter den Menschen sichtbar zu machen".[169] Ihre Zweigeschlechtlichkeit ist nicht das bloße Ergebnis einer historisch-kulturellen Entwicklung, sondern vielmehr entsprechend dem „ursprünglichen Plan des Schöpfers, der von ‚Anfang' an den Menschen als ‚Einheit der zwei' gewollt hat"[170], ganz bewusst und „unauslöschlich in das Sein des Menschen – Mann und Frau – und somit auch in seine bedeutsamsten Strukturen und seine tiefste Dynamik eingeschrieben".[171]

Die trinitarische Sinnbestimmung und Zeichenhaftigkeit menschlicher Sexualität führt darum evident zu „einer echten Würdigung der Differenz der Geschlechter"[172], insofern Mann und Frau „gerade durch ihre Komplementarität und Gegenseitigkeit das Abbild der trinitarischen Liebe im geschaffenen Universum sind"[173] und demnach „auf der menschlichen Seite der Differenzierung nach den Geschlechtern auf der göttlichen Seite eine Differenzierung nach den Personen entspricht".[174]

---

[166] GEORGES CHANTRAINE, *Das Verhältnis von Christus zur Kirche als Urbild für Ehe und Jungfräulichkeit*, in: HANS URS VON BALTHASAR, GEORGES CHANTRAINE, ANGELO SCOLA (HG), *Adrienne von Speyr und ihre kirchliche Sendung. Akten des römischen Symposiums 27.-29. September 1985*, Einsiedeln 1986, 74–89, hier 77 (im Folgenden abgekürzt mit Autor, *Das Verhältnis von Christus zur Kirche*, Nummer).
[167] VON SPEYR, *Theologie der Geschlechter*, 138.
[168] JOHANNES PAUL II., *Brief an die Frauen*, 11.
[169] JOHANNES PAUL II., *Brief an die Frauen*, 11.
[170] JOHANNES PAUL II., *Christifideles laici*, 50.
[171] JOHANNES PAUL II., *Christifideles laici*, 50.
[172] VON BALTHASAR, *Frauenpriestertum?*, 114.
[173] PÄPSTLICHER RAT FÜR GERECHTIGKEIT UND FRIEDEN, *Kompendium der Soziallehre*, 50.
[174] VON SPEYR, *Theologie der Geschlechter*, 115.

Aus der Analogie zwischen dem Vollzug der geschlechtlichen Vereinigung von Mann und Frau einerseits und der göttlichen Liebesdynamik zwischen Vater und Sohn andererseits, leitet Adrienne von Speyr auch die Forderung nach einer gewissen *Polarität im Lieben* ab, denn „die wirkliche Einheit wird gerade dadurch möglich, dass die beiden Beteiligten (Vater und Sohn, Mann und Weib) sich in der Liebe möglichst polar verhalten, nicht möglichst ähnlich; in der Polarität wird die Gleichwertigkeit der Liebe (in Gott des Wesens) gewährleistet"[175], gleichzeitig werden aber auch die fruchtbare Spannung und kontinuierliche Anziehung zwischen den Geschlechtern genährt und bewahrt:

> „Die Spannung zwischen den Personen, deren jede für die andere uneinholbar ist, ist die Speisung der Liebe in ihrer vollsten Erfüllung. Denn diese Spannung zeigt den Personen die grenzenlosen Möglichkeiten gegenseitiger Hingabe und Hinnahme, die durch das Anderssein jeder Person in alle Ewigkeit unerschöpflich sind. Liebende können alles daransetzen, so lang und so häufig wie möglich miteinander zu verkehren. Aber auch wenn sie ein Höchstes erreichen, das Geheimnis bleibt. So bleibt auch in Gott das Unfassliche, dass das Du ewig Du bleibt, in der innigsten Einheit des Wesens. Nie würde der Sohn sich einüben, Vater zu werden, denn die Liebe hat für ihn nur Sinn, wenn der Vater ewig Vater bleibt."[176]

Im Liebesakt selbst manifestieren sich die Differenz und Polarität der Geschlechter zunächst einmal leiblich in der komplementären Anatomie und Funktion der Geschlechtsorgane sowie im spannungsrei-

---

175 VON SPEYR, *Theologie der Geschlechter*, 23.
176 VON SPEYR, *Theologie der Geschlechter*, 143 f. – „Auf allen Ebenen indes liegt die Echtheit und Tiefe der Einigung im Durchhalten der Differenz. Gleichmacherei der Geschlechter verhindert das wirkliche Ineinandergreifen von Mann und Frau, nivelliert die organische und konstruktive Einheit zu einer abstrakten (die identische Menschennatur) und wirkungslosen." (HANS URS VON BALTHASAR, *Das Ganze im Fragment*, Einsiedeln 1990, 334). Die besondere Würdigung der Geschlechterdifferenz im Kontext einer trinitarischen Sinnbestimmung menschlicher Sexualität wirft zudem ein erhellendes Licht auf das kirchliche Verbot masturbatorischer und homosexueller Handlungen (vgl. KKK, 2352 u. 2357): Beide Handlungsweisen verstoßen in eklatanter Weise gegen die trinitarische Sinnbestimmung menschlicher Sexualität, weil sie kein Abbild der spannungsreichen und fruchtbaren innertrinitarischen Differenz sein können. Beide sind prinzipiell unfruchtbar, führen als solche nicht zur Zeugung von Kindern.

chen Nehmen und Sich-nehmen-lassen, Eindringen und Sich-öffnen, Geben und Empfangen. Das (weibliche) *Empfangen*, das sowohl dem Geliebten als auch dem Leben eines Kindes in sich Wirkungs- und Entfaltungsraum schenkt, ist hierbei keineswegs weniger wert, ist nicht geringer oder ontisch niedriger als das sich in der Penetration und im Ausströmen der Samenflüssigkeit manifestierende (männliche) *Geben*.[177] In der Gegenüberstellung der Geschlechter ist das (weibliche) Empfangen deshalb auch nicht als Ausdruck einer besonderen Demütigung oder Erniedrigung zu sehen[178] – eher scheint das Gegenteil wahr zu sein: „Das Passiv-Empfangende des Weiblichen, in dem die antike Philosophie das rein Negative sah, erscheint in der christlichen Gnadenordnung als das Positiv-Entscheidende"[179], durch das „die größten Mysterien des Christentums ihren Einzug in die kreatürliche Welt [...] hielten: die Verkündigung der Weihnachtsbotschaft an Maria wiederholt sich in der Osterbotschaft an Magdalena; das Pfingstgeheimnis aber zeigt den Mann in der weiblich-empfangenden Haltung."[180] Das Empfangen bedeutet ‚Gesegnet-sein'[181] und „die Welt

---

[177] Es gibt daneben auch eine spezifisch männliche Ausprägung des Empfangens sowie eine besondere weibliche Form des Gebens: Der Mann empfängt die Frau in der Art und Weise eines *aktiven Zu-sich-nehmens* (vgl. Mt 1, 24 und Joh 19, 27) und bergenden Umfangens; sichtbar beispielsweise in der leiblichen Vereinigung als Umarmung (Überschattung) der Frau durch den Mann oder als alltägliches Sorgen (ernähren, beschützen) des Mannes für Frau und Kinder. Die weibliche Ausprägung des Gebens manifestiert sich vorrangig beim Gebären oder Stillen: *Die Frau gibt, indem sie loslässt*; weder kann sie den Reifungsprozess ihrer Leibesfrucht oder den Vorgang der Geburt (Zeitpunkt, Wehentätigkeit) selbst bestimmen (bzw. zumindest nur sehr eingeschränkt durch eigene Aktivität beeinflussen), noch kann sie ihre Milch nur aus eigenem Willen heraus ohne das Saugen des Kindes geben. Die Frau gibt also gleichsam, indem sie anderen (Mann, Kind) die Initiative überlässt. Vgl. dazu den Dialog zwischen Maria und Jesus bei der Hochzeit zu Kana (Joh 2, 1–5): Maria *gibt*, indem sie die Initiative ihrem Sohn überlässt.
[178] Vgl. Karl Stern, *Die Flucht vor dem Weib. Zur Pathologie des Zeitgeistes.* Salzburg 1968, 15.
[179] Gertrud von le Fort, *Die ewige Frau*, München 1934, 15 (im Folgenden abgekürzt mit Autor, *Die ewige Frau*, Seitenzahl). – Im Geschlechtsakt ist die Liebe der Frau im Vergleich zum Mann auch nicht wirklich passiv, sondern „auf ihre Weise ebenso aktiv – doch wesentlich rezeptiv" (Hans Urs von Balthasar, Ein Wort zu „Humanae vitae", in: *Neue Klarstellungen*, Einsiedeln 1979, 119–128, hier 123).
[180] von le Fort, *Die ewige Frau*, 17.
[181] von le Fort, *Die ewige Frau*, 23.

kann zwar durch die Kraft des Mannes bewegt werden, gesegnet aber im eigentlichen Sinne des Wortes wird sie immer nur im Zeichen der Frau".[182] Dass Differenz und Polarität der Geschlechter auch nicht nur für Ehen oder sexuelle Akte bedeutsam sind, sondern generell im sozialen Miteinander, ja sogar für zölibatär lebende Menschen belangvoll und entscheidend sind, deckt Dietrich v. Hildebrand auf. Mann und Frau sind demnach „zwei sich ergänzende Ausprägungen der geistigen Person vom Typus Mensch [...], die je ihren besonderen Schöpfungssinn und ihren besonderen Wert noch unabhängig von aller Fortpflanzung haben".[183] Beide Geschlechter sind „aufeinander zugeordnet und als solche mit einer spezifischen Fähigkeit, den anderen zu verstehen, begabt"[184], beide können sich auch in einzigartiger Weise geistig befruchten und anregen und beide können verkümmern, wenn sie keinen Kontakt zum jeweils anderen Geschlecht haben:

„Männer verrohen, vertrocknen, verknöchern, sie ‚versachlichen' gleichsam; d. h. sie werden entweder zu bloßen Beamten oder zu Sklaven ihres Berufes und der Sache, der sie sich widmen, wenn sie ganz von jeder Berührung mit Frauen in ihrem Leben abgesperrt sind. Frauen verengen und verlieren sich in Kleinigkeiten, sie versinken in sich und nehmen sich und jedes kleine Gefühl zu wichtig, m. a. W. sie werden egozentrisch und kleinlich, wenn sie des Einflusses männlicher Geistes- und Wesensart ganz entbehren."[185]

---

182 VON LE FORT, Die ewige Frau, 27. – „Liebe zu empfangen ist kein Synonym für Unterlegensein oder Unterwerfung. Der Ausdruck bezeichnet vielmehr eine Form der persönlichen Hingabe, die den Wert der eigenen Personwürde erst recht erhöht. Darüber hinaus drückt das Empfangen einen Kernaspekt jeder menschlichen Person aus, ob Mann oder Frau: Die menschliche Person erfährt eine ihr eigene ‚Armut'; sie ist arm, insofern sie anderer Personen bedarf. Sie kann sich des inneren Bedürfnisses nicht erwehren, sich durch die Liebe anderer ‚bereichern' zu lassen. Aber eben aus diesem Grund besitzt die menschliche Person auch einen einzigartigen Reichtum: Ihr Reichtum sind die anderen, die ihrer bedürfen. So verwandelt sie sich in ein aktives Prinzip der Liebe, wird selbst zur Quelle sich verschenkender Liebe. Deshalb kommt auch der Frau eine aktive, sich verschenkende Rolle in der Ordnung der Liebe zu." (CID VAZQUEZ, Charisma der Frau, 105).
183 VON HILDEBRAND, Die Ehe, 11 f.
184 DIETRICH VON HILDEBRAND, Die Bedeutung von Mann und Frau füreinander außerhalb der Ehe, in: Die Menschheit am Scheideweg. Gesammelte Abhandlungen und Vorträge. Regensburg 1955, 127–145, hier 135 (im Folgenden abgekürzt mit Autor, Die Bedeutung von Mann und Frau, Seitenzahl).
185 VON HILDEBRAND, Die Bedeutung von Mann und Frau, 134.

Aus der trinitarischen Sinnbestimmung menschlicher Sexualität lässt sich schließlich die Gleichheit der Würde nicht nur für *beide Geschlechter*, sondern auch für *Eltern und Kinder* ableiten, d. h. in „seinem einmaligen und unwiederholbaren Ursprung muß das Kind in seiner personalen Würde gleich denen geachtet und anerkannt werden, die ihm das Leben schenken".[186] Jedes Kind soll – analog zum Hervorgehen des Hl. Geistes aus und in der gegenseitigen Hingabe von Vater und Sohn – „*lebendiges Zeugnis der gegenseitigen Hingabe seiner Eltern*"[187] sein: „Deswegen hat das Kind das Recht [...], die Frucht des spezifischen Aktes der ehelichen Hingabe seiner Eltern zu sein, und hat ein Recht darauf, vom ersten Augenblick seiner Empfängnis an als Person geachtet zu werden"[188]; jedes Kind „wird nur dann rechtmäßig gewollt, ins Leben gerufen und angenommen, wenn es nicht als ‚Produkt' behandelt wird, das gewisse Ansprüche erfüllen muß, sondern wenn es als einzigartige und unwiederholbare Person erkannt wird, die in sich selbst wertvoll ist und Achtung verdient, weil sie ‚jemand' und nicht ‚etwas' ist"[189].

3.3 Bräutliche Liebe und spirituelle Fruchtbarkeit

„Das Leben im Reich Gottes ist Leben in vollkommener Selbsthingabe und vollkommener Empfänglichkeit. Es ist sozusagen Leben, ‚innerhalb' des inneren Lebens Gottes, einer Dreieinigkeit von Personen, die bis in alle Ewigkeit vollkommen geben und vollkommen empfangen. [...] In der Welt und in der Geschichte ist die Ehe eine Schule, in der wir für das Leben im Reich Gottes fähig gemacht werden, indem wir lernen, uns gegenseitig ein vollkommenes Geschenk des Selbst zu machen."[190]

---

186 KONGREGATION FÜR DIE GLAUBENSLEHRE, Donum Vitae. *Instruktion über die Achtung vor dem beginnenden menschlichen Leben und die Würde der Fortpflanzung. Antworten auf einige Fragen*, 16.03.1987, 25 (im Folgenden abgekürzt mit Autor, Donum Vitae, Seitenzahl).
187 KONGREGATION FÜR DIE GLAUBENSLEHRE, Donum Vitae 30.
188 KONGREGATION FÜR DIE GLAUBENSLEHRE, Donum Vitae 30.
189 MELINA, *Liebe auf katholisch*, 31. – Vgl. ROBERT SPAEMANN, *Personen. Versuche über den Unterschied zwischen ‚etwas' und ‚jemand'*, Stuttgart 1996.
190 WEIGEL, *Zeuge der Hoffnung*, 354 f.

Adriennes trinitarische Auslegung der menschlichen Geschlechtlichkeit impliziert kompromisslos, dass alles Handeln und Erleben des Mannes und der Frau in das Geschehen der trinitarischen Liebe ‚passen' bzw. ihr entsprechen soll: Beide Ehepartner sollen in ihrer Liebe die gegenseitige göttliche Hingabe und immerwährende Liebeseinheit möglichst vollkommen abbilden, d. h. ihre personale „Einheit und Gemeinschaft [...] nach dem Bild der göttlichen Personen"[191] gestalten, indem sie sich „gegenseitig schenken und annehmen"[192], also „die Art, wie Gott liebt [...] zum Maßstab menschlicher Liebe"[193] machen und so, „wenn auch auf verschiedene Weise, Bild der Kraft und der zärtlichen Liebe Gottes"[194] werden, ihre Ehe als „sakramentale Darstellung der trinitarischen *communio*"[195] leben:

> „Wenn die Sexualität zum geschaffenen Ebenbild Gottes gehört, dann drückt sich in der Dimension des Bräutlichen einerseits die Erinnerung daran aus, daß sie dem freien Geschenk Gottes entspringt, der die Liebe ist, und andererseits eine Analogie zur Gemeinschaft des dreifaltigen Lebens. In der Selbsthingabe und in der gegenseitigen Annahme, die offen ist dem Leben gegenüber, sind Mann und Frau berufen, die Gemeinschaft der Liebe widerzuspiegeln, die in Gott ist."[196]

Eheliche Liebe soll darum – „die *bräutliche* Bedeutung des Leibes [...], wie sie ganzheitlich in die Struktur der Männlichkeit und Weiblichkeit des personalen Subjekts eingeschrieben ist"[197], aufgreifend – stets auch *bräutliche Liebe sein*, d. h. durch die „Hingabe einer individuellen Person an eine andere gewählte Person"[198] bestimmt sein:

> „Beide – der Mann, der zusammen mit der Frau existiert, und umgekehrt – sind dazu berufen, jeweils *für* die andere Person zu existieren, das heißt, aus ihrem Leben eine Gabe ihrer selbst an die andere Person zu machen. In der Hingabe ihrer selbst

---

191 JOHANNES PAUL II., *Die menschliche Liebe*, 563 (100,1).
192 *Gaudium et spes*, 48.
193 BENEDIKT XVI., *Deus caritas est*, 20.
194 KKK, 2335.
195 OUELLET, *Die Familie*, 9.
196 MELINA, *Liebe auf katholisch*, 52.
197 JOHANNES PAUL II., *Die menschliche Liebe*, 589 (105,2).
198 KAROL WOJTYŁA, *Liebe und Verantwortung. Eine ethische Studie*, Kleinhain 2007, 146 (im Folgenden abgekürzt mit Autor, *Liebe und Verantwortung*, Seitenzahl).

gelangen sie zur Fülle ihrer Ebenbildlichkeit und Ähnlichkeit mit Gott. Die Urberufung der menschlichen Person offenbart sich uns somit als eine Berufung zur Liebe. Die menschliche Geschlechtlichkeit hingegen ist der letztendliche Verweis auf diese Berufung, die Gott in jede einzelne Zelle des menschlichen Wesens eingeschrieben hat."[199]

Durch die Sünde hat der Mensch jedoch „das klare Empfinden der bräutlichen Bedeutung des Leibes verloren [...], in welcher die innere Herrschaft und die Freiheit des Geistes zum Ausdruck kommt. Es handelt sich hier [...] um einen teilweisen, potentiellen Verlust, wo das Empfinden für die bräutliche Bedeutung des Leibes sich gewissermaßen mit der Begehrlichkeit vermengt und leicht von ihr überwältigt und aufgesogen wird."[200] Daraus ergibt sich die allgemeine ethische Forderung, „im Erotischen fortwährend die bräutliche Bedeutung des Leibes und die wahre Würde des Geschenks zu beachten. [...] Wird diese Aufgabe nicht geleistet, können die Anziehungskraft der Sinne, die Leidenschaft des Körpers und sogar die Echtheit der Gefühle bei einem Begehren stehen bleiben, das den Wert nicht genügend schätzt, und der Mensch, Mann und Frau, erfährt nicht jene Fülle des Eros, die den Aufschwung des menschlichen Geistes zum Wahren, Guten und Schönen bedeutet und wodurch auch das Erotische wahr, gut und schön wird."[201]

Bräutliche Liebe will „das eigene Sein als ganzes zu einem freien Geschenk für den Partner machen"[202]; sie impliziert demnach „einerseits das Geschenk der Person und andererseits die Annahme dieser Gabe", d. h. die „Annahme muss auch verschenkend sein, und das Schenken empfangend".[203] Als gegenseitige Annahme, Selbstübereignung und „Zugehörigkeit"[204] lässt die bräutliche Liebe auch eine kinderlose Ehe immer schon deshalb „verborgen trinitarisch" sein, „weil die selbstlose gegenseitige Hingabe von Mann und Frau jeden Egoismus in einen geheimnisvollen objektiven Geist der Liebe

---

199 CID VAZQUEZ, *Charisma der Frau*, 93.
200 JOHANNES PAUL II., *Die menschliche Liebe*, 296 f. (45,2).
201 JOHANNES PAUL II., *Die menschliche Liebe*, 311 (48,1).
202 VON BALTHASAR, *Pneuma und Institution*, 209.
203 WOJTYŁA, *Liebe und Verantwortung*, 190.
204 WOJTYŁA, *Liebe und Verantwortung*, 185.

übersteigt"[205] und folglich „ist ja auch jede innerlich erfüllte Ehe in tiefstem Sinne fruchtbar. In der Tatsache, daß aus der engsten Liebesvereinigung zweier Menschen ein neuer Mensch hervorgeht, spiegelt sich in geheimnisvoller Weise die Fruchtbarkeit der Liebe überhaupt. Denn wir dürfen nicht vergessen, daß jede echte Liebe eine innere geistige Fruchtbarkeit besitzt, und daß gerade der ehelichen Liebe ganz unabhängig von der Fortpflanzung diese geistige Fruchtbarkeit innewohnt. [...] Jede Ehe, in der eine solche eheliche Liebe sich ganz erfüllt, bringt darum ‚geistige Früchte', sie ist *fruchtbar*, wenn sie auch kinderlos bleibt."[206]

Mit anderen Worten: „Sofern sie Bild von Vater und Sohn sind, können Mann und Frau über die Fruchtbarkeit des Geistes verfügen"[207], denn die der Ehe eigene „Offenheit und Fruchtbarkeit gilt [...] nicht nur dem Kind, sondern darin auch dem urbildlich-innergöttlichen Dritten, dem selben Heiligen Geist, der die trinitarische Liebesfruchtbarkeit personal verkörpert und der sich nun den Ehegatten als die Frucht ihrer gegenseitigen Liebe schenkt. Der Geist erfüllt jede echte christliche Ehe mit spiritueller Fruchtbarkeit, auch dort, wo ihr die leibliche Frucht versagt bleibt, um aus dem kostbaren Stoff der ehelichen Liebe eine Kirche im Kleinen zu formen, in welcher die Selbsthingabe des dreifaltigen Gottes an die Menschheit fortwährendes Ereignis bleibt."[208]

Die geistige Fruchtbarkeit – Johannes Paul II. bezeichnet sie als *Fruchtbarkeit des Heiligen Geistes, Fruchtbarkeit im Heiligen Geist*[209] oder übernatürliche Fruchtbarkeit[210] – ist also nicht nur einer freiwillig gewählten „Ehelosigkeit um des Himmelreiches willen"[211] möglich und gegeben, sondern auch ein Wesensmerkmal der im Leib ausgedrückten bräutlichen Liebe bzw. der durch den Leib vollzogenen Hingabe der Ehegatten:

---

205 VON BALTHASAR, *Person und Geschlecht*, 131.
206 VON HILDEBRAND, *Die Ehe*, 21 f.
207 CHANTRAINE, *Das Verhältnis von Christus zur Kirche*, 78.
208 OUELLET, *Die Familie*, 101.
209 JOHANNES PAUL II., *Die menschliche Liebe*, 442 (75,3).
210 JOHANNES PAUL II., *Die menschliche Liebe*, 445 (76,3).
211 JOHANNES PAUL II., *Die menschliche Liebe*, 445 (76,4).

„Die Einheit in der Liebe ist keine rein biologische Tatsache, aber sie ist stets fruchtbar; die Fruchtbarkeit des Leibes, der sich in der geschlechtlichen Begegnung zur Weitergabe des Lebens hin öffnet, ist Zeichen der geistlichen Fruchtbarkeit der bräutlichen Begegnung."[212]

Eben darum ist auch jeder in wahrer bräutlicher Liebe vollzogene eheliche Akt – selbst wenn kein Kind als sichtbares Zeichen biologischer Fruchtbarkeit aus ihm hervorgeht – in geheimnisvoll-verborgener Weise doch stets geistig fruchtbar. Seine im und durch das Wirken des Heiligen Geistes begründete spirituelle Fruchtbarkeit bereichert zuallererst die Ehe selbst, insofern sich im ‚Ein-Fleisch-Werden' der Ehepartner die Einheit zwischen Mann und Frau nicht nur körperlich, im Zusammenspiel verschiedener biophysikalischer, endokrinologischer und psychologischer Faktoren, sondern auch geistig, in der Erfahrung des gegenseitigen Sich-Schenkens und Erkennens erneuert, festigt und vertieft. Darüber hinaus muss mit Adrienne neben dieser gleichsam intransitiven Manifestation aber auch eine über das Ehepaar hinausreichende, Kirche und Welt bereichernde transitive Wirkung der spirituellen Fruchtbarkeit ihrer ehelichen Vereinigung berücksichtigt werden:

„Während der Sohn vom Vater gezeugt wird, geht aus beiden der Geist hervor. Nicht nachträglich. So wie in einem Akt reiner ehelicher Liebe nicht nur ein Kind entsteht, sondern darüber hinaus etwas Geistiges für die Familie, für die Kirche, vielleicht Bekehrungen, Berufungen usw. Im Hervorgehen des Geistes erweist sich die schlechthinnige göttliche Fruchtbarkeit [...]: immer wird in der echten Liebe das Zweisein gesprengt in das ‚Überhaupt' der Liebe. Auch die Nacktheit der Gatten füreinander enthüllt ihre gegenseitige Liebe der ganzen Communio Sanctorum im Himmel: vor der Liebe ‚überhaupt' haben sie nichts zu verbergen, das Geheimnis ihrer gegenseitigen Liebe geht hinein in das

---

212 MELINA, Liebe auf katholisch, 147. – Dies bedeutet wiederum: „Die Wahrung des leiblichen Fruchtbarkeitspotentials beim Vollzug des ehelichen Aktes ist weit mehr als eine leidige Pflicht, sie bietet den Gatten vielmehr die Chance, eine restlose gegenseitige Hingabe zu erleben und so die geistliche Fruchtbarkeit ihrer Ehe auszukosten." (OUELLET, Die Familie, 123).

Geheimnis der Liebe überhaupt. [...] Ihre menschliche Liebe ist exponiert zur Liebe Gottes, offen für ihn."[213]

Auch jede Leibesfrucht – also jedes im ehelichen Akt gezeugte Kind – sollte stets in eine geistige Fruchtbarkeit von Mann und Frau bzw. Vater und Mutter eingebettet sein, darin (im geistigen Sinne) Lebensraum und Nahrung erhalten und so zu geistigem Wachstum und spiritueller Entfaltung gelangen:

> „Auch die leibliche Zeugung entspricht nur dann voll und ganz ihrer Bedeutung, wenn sie von der geistigen Vaterschaft und Mutterschaft ergänzt wird. Ausdruck und Frucht dieser Vater- und Mutterschaft im geistlichen Sinn ist das gesamte Erziehungswerk der Eltern an den Kindern, die ihrer ehelichen leiblichen Vereinigung entsprungen sind."[214]

Bräutliche Liebe ist etwas anderes als Wohlgefallen, Begehren und sogar Wohlwollen" und „bedeutet mehr"[215]; sie strebt nach personaler Vereinigung „durch die gegenseitige Selbsthingabe"[216] und alle sexuellen Beziehungen zwischen Mann und Frau sollen stets „der Ausdruck einer bereits reifen Vereinigung sein".[217] Genau in dem Maße, in dem

---

213 VON SPEYR, Theologie der Geschlechter, 21 f. – „Throughout her writings on marriage, Adrienne emphasizes that in comparison with bodily fruitfulness, spiritual fruitfulness knows no boundaries. Indeed, it is the spiritual fruitfulness of the spouses that always remains the primary foundation of their union. Thus, as long as man and woman give their entire fruitfulness over to the Lord, as long as they give him power over both their consummation on the conjugal act and their abstinence from it, they know God will bless them and make every situation fruitful. In this way, even when spouses are not able to have children, or when they face other difficulties such as a death of a child, the Holy Spirit makes their union fruitful in ways that they could not even imagine." (BERG, Christian Marriage, 234). – Mit Papst FRANZISKUS könnte man hier auch von einem „Sinn für das Mysterium" sprechen, d. h. von einer inneren „Gewissheit und Überzeugung, dass Gott in jeder Situation handeln kann" und „dass sicher Frucht bringen wird (vgl. Joh 15,5), wer sich Gott aus Liebe darbringt und sich ihm hingibt. Diese Fruchtbarkeit ist oft nicht sichtbar, nicht greifbar und kann nicht gemessen werden. [...] All das kreist um die Welt als eine lebendige Kraft. [...] Vielleicht verwendet der Herr unsere Hingabe, um Segen zu spenden an einem anderen Ort der Welt, wo wir niemals hinkommen werden." (Apostolisches Schreiben Evangelii Gaudium über die Verkündigung des Evangeliums in der Welt von heute, 24.11.2013, hier 279).
214 JOHANNES PAUL II., Die menschliche Liebe, 456 (78,5). – „Die gemeinsame Fruchtbarkeit des göttlichen und des menschlichen ‚Wir' darf allerdings nicht ausschließlich mit der Prokreation gleichgesetzt werden, denn das ganze Relationsgefüge, in dem Mann und Frau stehen, ja das ganze Mit- und Füreinander-Sein aller Familienmitglieder (auch der Geschwister etwa) ist Träger der ehelichen Fruchtbarkeit" (OUELLET, Die Familie, 68).
215 WOJTYŁA, Liebe und Verantwortung, 142.
216 WOJTYŁA, Liebe und Verantwortung, 188.
217 WOJTYŁA, Liebe und Verantwortung, 187.

die bräutliche Liebe auch den menschlichen Leib in die gegenseitige Hingabe integriert, können „Mann und Frau [...] durch ihr Mann- und Frausein auch durch die körperliche Vereinigung zum Geschenk füreinander werden".[218]
Weil aber die bräutliche Liebe den *ganzen* Menschen, Seele und Leib, in das gegenseitige Geben und Empfangen, Sich-Schenken und Annehmen, einbezieht, erwächst ihr zugleich auch eine besondere, zweiseitig ausgerichtete Verantwortlichkeit:

> „nämlich die Verantwortung für eine Person, die jemand in die innigste Gemeinschaft des Seins und der Tätigkeit einbezieht und die in einem gewissen Sinn das Eigentum dessen geworden ist, der aus dieser Selbsthingabe einen Nutzen zieht. Daraus folgt, dass derjenige auch eine Verantwortung für seine eigene Liebe besitzt: Ist sie reif und tief genug, um das enorme Vertrauen einer anderen Person zu rechtfertigen, d. h. jene aus der Liebe geborene Hoffnung, dass die Selbsthingabe nicht bedeuten wird, die eigene ‚Seele' zu verlieren, sondern im Gegenteil die umfassendere Erfüllung der eigenen Existenz zu finden – oder wird alles in Enttäuschung enden?"[219]

3.4 Trinität und Familie

„Ein Kind ist der Ausdruck und Beweis für die Fruchtbarkeit eines Mannes und einer Frau. Und man wird im Kind nach den Ähnlichkeiten der Eltern suchen. Das Kind ist nach außen hin das Siegel, die Zusammenfassung des Ehestandes der Eltern. Für diese selbst aber ist es der Ausdruck ihrer Liebe. Einer persönlichen Liebe zwischen dem Mann und der Frau, die sich nun bereichert um die persönliche Liebe jedes Elternteils zum Kind. Das Kind wird seinerseits beide Eltern in einer Einheit lieben, aber es wird sich im Gespräch einmal dem Vater, einmal der Mutter zuwenden, die es auch als einzelne Personen liebt."[220]

---

[218] JOHANNES PAUL II., *Die menschliche Liebe*, 449 f. (77,3).
[219] WOJTYŁA, *Liebe und Verantwortung*, 191 f.
[220] ADRIENNE VON SPEYR, *Christlicher Stand*, Einsiedeln 1956, 67 f. (im Folgenden abgekürzt mit Autor, *Christlicher Stand*, Seitenzahl).

Adrienne v. Speyr versteht die eheliche Liebe als Abbild[221] der innertrinitarischen Liebe, weil der Mann seine Frau lieben lernt „als die andere Person innerhalb des gleichen menschlichen Wesens, so wie die Liebe Gottes stets sowohl personhaft wie wesenhaft gekennzeichnet ist. Und auch die Geheimnisse der Fruchtbarkeit, die zwischen Mann und Frau beginnen werden, werden Abbilder innergöttlicher dreieiniger Geheimnisse sein"[222], weil und insofern darin wiederum eine Analogie zur göttlichen Liebe zwischen Vater, Sohn und Hl. Geist aufscheint: Die gemeinsame Zeugung eines Kindes im Geschlechtsverkehr von Mann und Frau bildet ontologisch das Hervorgehen des Hl. Geistes als personale Frucht und Einheit der Liebe zwischen Vater und Sohn ab. Durch das Kind wird die Ehe zur Familie, d. h. zum „Zeichen und Abbild der Gemeinschaft des Vaters und des Sohnes im Heiligen Geist"[223] und ihre „‚trinitarische Sendung' [...] beinhaltet darum den Auftrag, die dreifaltige Liebesgemeinschaft zu vermitteln, wobei dieser Auftrag bereits in der Schöpfungsordnung ergeht, denn ihrer Natur gemäß existiert die Familie als ‚Bild' der Dreifaltigkeit, das sich zum ‚Gleichnis' vollenden soll."[224]

Das kirchliche Verbot künstlicher Empfängnisverhütung und künstlicher Befruchtung wird in diesem „Licht des göttlichen Geheimnisses der Dreifaltigkeit" in neuer Weise einsichtig, weil in beiden Fällen „das ‚hochzeitliche Geheimnis' des Mannes und der Frau im vollen Licht, in der unauflöslichen Verknüpfung seiner dreifachen Dimension: geschlechtliche Differenz, duale Einheit und Fruchtbarkeit"[225], ignoriert wird. Sowohl die künstliche Zeugung eines Kindes als auch

---

221 „In Mann und Frau sind das Ich und das Du Bild des innergöttlichen Ich-Du, von Nähe und Abstand in der ‚absoluten Liebe'." (CHANTRAINE, *Das Verhältnis von Christus zur Kirche*, 78).
222 VON SPEYR, *Christlicher Stand*, 73.
223 KKK, 2205.
224 OUELLET, *Die Familie*, 106.
225 MELINA, *Liebe auf katholisch*, 175. – „Der Begriff ‚hochzeitliches Geheimnis' bezeichnet das Phänomen der Liebe in seiner unauflöslichen Verknüpfung von geschlechtlicher Differenz, Liebe und Fruchtbarkeit (Zeugung). Er liegt sowohl in der Kulturgeschichte als auch in der biblischen Offenbarung begründet und entspricht der phänomenologischen Betrachtung der elementaren menschlichen Erfahrung der Liebesbegegnung zwischen Mann und Frau. Darüber hinaus kann er, durch einen vorsichtigen Gebrauch der Analogie, jede mögliche Form der Liebesbeziehung erhellen, der geschlechtlichen Liebe bis hin zu der Liebe, mit der Gott uns liebt, indem er mit seinem Volk einen bräutlichen Bund schließt. [...] Durch das hochzeitliche Geheimnis kann man vor allem die wahre Natur der ehelichen Liebe und der Ehe begreifen, da es diese in ihrem höchsten Ursprung betrachtet: in Gott, der die Liebe ist und der Vater, ,nach dessen Namen jedes Geschlecht im Himmel und auf der

die künstliche Empfängnisverhütung „trennen den Geschlechtsakt vom Zeugungsakt"[226] und verhindern somit prinzipiell und als Ausdruck einer „aktiven Zurückweisung"[227], dass das Hervorgehen des Heiligen Geistes als personale Frucht, Einheit und „Übermaß der Liebe"[228] zwischen Vater und Sohn durch die leibliche Vereinigung von Mann und Frau bezeugt werden kann:

> „Wenn aber der Heilige Geist [...] durch das Kind symbolisiert werden kann, setzt diese Symbolik dann nicht voraus, dass der elterliche Zeugungsakt, als Liebesäußerung betrachtet, doch *idealiter* auf eine personhafte Verkörperung der Liebe hinzielt, nämlich auf die Hervorbringung einer dritten Person, in der die Liebesgemeinschaft zwischen Mann und Frau sozusagen Fleisch wird?"[229] – „Wie sollten denn sonst die Eheleute das Trinitarische beim Vollzug des ehelichen Aktes widerspiegeln?"[230]

Es gehört darum unabdingbar zur Wahrheit der Ehe – „von Gott selbst gewollt als intime Lebens- und Liebesgemeinschaft"[231] –, eine „auf eine dritte Person hin offene Gemeinschaft zwischen zwei Personen unterschiedlichen Geschlechts"[232] zu sein:

Erde benannt wird' (Eph 3, 14–15)." (MELINA, *Liebe auf katholisch*, 74) – „Es [das Geheimnis der Hochzeitlichkeit – Anm. d. Vfs.] beginnt bei der natürlichen Erfahrung der Beziehung zwischen Mutter, Vater und Kind und endet bei der Beziehung der vollkommenen Identität in der Differenz, welche das Geheimnis des einen und dreifaltigen Gottes kennzeichnet." (SCOLA, *Das hochzeitliche Geheimnis*, 123).

226   KKK, 2377.
227   JOHANNES PAUL II., *Familiaris consortio*, 32.
228   SCOLA, *Das hochzeitliche Geheimnis*, 514.
229   OUELLET, *Die Familie*, 46 f.
230   OUELLET, *Die Familie*, 129. –„Die erwähnte Unmöglichkeit, den Heiligen Geist anders als von zwei Seiten her anzunähern als (subjektiver) *In*begriff der gegenseitigen Liebe von Vater und Sohn, als deren Band (*nexus*) er dann erscheint, und als (objektive) dieser Liebe entstammende, sie bezeugende Frucht, wird, wie schon angedeutet, zu einem Sich-aufeinander-Zubewegen der beiden Pole: würde man sich aus dem Liebesakt zwischen Mann und Frau die neun Monate Schwangerschaft und damit die Zeitlichkeit wegdenken, so wäre in der zeugend-empfangenden Umarmung das Kind schon unmittelbar gegenwärtig; dieses wäre zugleich die gegenseitige Liebe in ihrem Vollzug und mehr als sie, ihr darüberhinausliegendes Ergebnis. Es sollte hier nicht eingewendet werden, die beschriebene Diastase hänge nur mit dem gattungshaften Wesen des Menschen zusammen, in einer höheren Form der Liebe würde das Moment der Fortpflanzung wegfallen [...], denn man wird sagen müssen, daß zu jeder Liebe, gerade auch zur höheren, diese Form des Überschwangs und damit der Frucht gehört (die ja geistig sein kann), und insofern gerade vollkommene geschöpfliche Liebe eine echte *imago trinitatis* ist." (VON BALTHASAR, *Theologik III*, 146 f.).
231   MELINA, *Liebe auf katholisch*, 175.
232   SCOLA, *Das hochzeitliche Geheimnis*, 184.

„Gott schafft den Menschen als Mann und Frau, die sich einander hingeben und auf diese Weise ein Abbild seiner Liebe werden. Die Erfüllung jener Hingabe, die sich schließlich in der Komplementarität menschlicher Sexualität auf höchste Weise ausdrückt, geschieht in dem Neuen, das aus dieser tiefen Gemeinschaft von Mann und Frau hervorgeht: im Kind, der fleischgewordenen Person menschlicher Liebe. Bräutliche, geschlechtliche Liebe zweier Menschen, die in einer dritten Person Frucht wird – sie ist das uns Menschen eingeprägte Geschenk jener Abbildhaftigkeit des trinitarischen Lebens von Vater, Sohn und Geist."[233]

Trotz oder gerade wegen dieser wesensmäßigen Ausrichtung der ehelichen Liebe auf die Zeugung eines Kindes, sollten Mann und Frau aber keinesfalls einer (modernen) *Sucht nach dem Kind* verfallen, die das Kind zum Besitzgegenstand und Statussymbol seiner Eltern degradiert und instrumentalisiert. Ferdinand Ulrich kritisiert dieses übersteigerte Verlangen mit Bezug auf Nietzsche als egozentrischen Versuch, „das Kind dafür zu benützen, das nicht angenommene, eigene Selbstsein im erzeugten ‚Garanten der Zukunft' zu sichern und dadurch dem ‚Erben' zu verfallen, für den ‚man alles tut', damit es ihm ‚besser ergehe' als seinen Erzeugern [...] Die Liebe zum Kind entartet dann zu einer einzigen Selbstsucht, in der sich die *Eltern* über ihren (nicht bejahten) Tod hinaus im Kinde ‚verewigen' wollen. Damit enthüllt sich das ‚Alles für das Kind' als Lüge und Entmächtigung des jungen Lebens, dem alle Hoffnung geraubt wird."[234]

F. Ulrichs berechtigte Warnung ändert aber nichts am Faktum, dass in „die geschlechtliche Einmaligkeit" des Menschen als Mann oder Frau „ontologisch eine Ausrichtung auf die Vereinigung der Leiber eingeschrieben"[235] ist, „als Zeichen der Gemeinschaft der Per-

---

[233] OHLY, *die bräutliche Dimension*, 115. – „The grace of *fruitfulness* [Fruchtbarkeit] of marriage is analogous to trinitarian fruitfulnes. Adrienne observes that just as the Holy Spirit is revealed at Pentecost as the fruit of the Son's return to the Father at the Ascension and is a new beginning for the Church, so too the child renews the love between man and woman. Moreover, Adrienne explains that marital love reveals trinitarian ‚personal' love more than virginal consecrated love which emphasizes more God's essence. Indeed, not only does true Christian married love show signs of imitating trinitarian love, but also it participates in the exchange of love between the Father, Son and Holy Spirit." (BERG, *Christian Marriage*, 231).

[234] FERDINAND ULRICH, *Der Mensch als Anfang*, Einsiedeln 1970, 63, dort Fußnote 23 (im Folgenden abgekürzt mit Autor, *Mensch als Anfang*, Seitenzahl).

[235] SCOLA, *Das hochzeitliche Geheimnis*, 466.

sonen" und „untrennbar verbunden mit der Fähigkeit zur Zeugung".[236] Genau darin zeigt sich auch die besondere Würde der menschlichen Geschlechtlichkeit als „eine konstitutive Dimension des Seins des Menschen nach dem Bilde der Trinität und damit Ausdruck der trinitarischen Ontologie. Kraft dieser Abbildhaftigkeit ist die Fruchtbarkeit der menschlichen Geschlechtlichkeit in geheimnisvoller, aber keineswegs zufälliger Weise an die Fruchtbarkeit des trinitarischen Lebens gebunden, so dass der Trinität [...] in der Geschlechtlichkeit eine Dreiheit des Seins entspricht, die offenbart, dass ihr ontologischer Sinngehalt die Fortpflanzung ist"[237]. Nicht nur die Ehe als solche, sondern erst recht und noch mehr die daraus hervorgehende *Familie* mit ihren differenzierten Liebesbeziehungen und ihrer ineinander verwobenen Einheit von Mann/Vater, Frau/Mutter und Kind(ern) ist wirkliche *imago trinitatis*, weil Gott selbst als *communio personarum* von Vater, Sohn und Heiligem Geist das eigentliche Urbild jeder menschlichen Familie ist: „Die Dreifaltigkeit ist die vollkommene Familie"[238] und „dabei weit mehr als ein bloßes Vorbild für die Familie, sie ist ihr existentieller Lebensraum, der letzte Grund, warum die Familie sich nur realisiert in einer ‚aufrichtigen Hingabe ihrer selbst'.[239]

In der Theologie war der Blick auf die Familie als *imago trinitatis* im Sinne einer *inter*-subjektiven ‚sozialen' Trinitätsanalogie lange Zeit durch Augustins *intra*-subjektive psychologische Trinitätsanalogie[240] – Gedächtnis, Liebe/Wille und Einsicht als triadisch strukturierte Vermögen der menschlichen Geistseele[241] – sowie durch direkte Einwände von Augustinus und Thomas v. Aquin gegen die analogische Beziehung zwischen Familie und Dreifaltigkeit versperrt gewesen. Deren Kritik richtete sich aber nicht grundsätzlich gegen jedwede analogische Deutung von Trinität und Familie, sondern vielmehr primär gegen die zu ihrer Zeit diskutierte Variante, in der die Frau/

---

236 Scola, *Das hochzeitliche Geheimnis*, 466.
237 Scola, *Das hochzeitliche Geheimnis*, 464.
238 Hahn, *Vorwort*, 10.
239 Ouellet, *Die Familie*, 32.
240 Vgl. Ouellet, *Die Familie*, 35 und 41–44.
241 Vgl. Alois Halder, *Philosophisches Wörterbuch*, Freiburg/Basel/Wien 2000, 25, 35–62 und 83 f.

Mutter mit der Person des Hl. Geistes und das Kindes mit der Person des göttlichen Sohnes gleichgesetzt wurden.[242] Kein Geringerer als Joseph Ratzinger, also der spätere Papst Benedikt XVI., sieht in der „Ausklammerung der Wir-Realität Gottes [...] im Gefolge der Trinitätslehre Augustins [...] eine der folgenschwersten Entwicklungen der abendländischen Kirche, die sowohl den Kirchenbegriff grundlegend beeinflußt hat wie auch das Verständnis der Person, die nun in das individualistisch verengte Ich und Du abgedrängt wurde, das in dieser Verengung letztlich doch gerade auch das Du verliert."[243] Mehr noch als Augustinus macht er aber Thomas von Aquin wegen dessen „Trennung zwischen der philosophischen Ein-Gott-Lehre und der theologischen Trinitätslehre"[244] für jene überaus problematische Entwicklung verantwortlich.

Anders als Augustinus und Thomas v. Aquin konstatiert Johannes Paul II. schon in seinem ersten Pontifikatsjahr den fundamentalen Bezug der Familie zur göttlichen Dreifaltigkeit mit den Worten, dass „die Familie dem göttlichen Leben keineswegs fremd" sei, weil „unser Gott kein Einsamer ist, sondern eine Familie, denn er trägt die Vaterschaft, die Sohnschaft und die der Familie wesenseigene Liebe, d. h. den Heiligen Geist, in sich".[245] Einige Jahre später schreibt er im *Brief an die Familien* noch weitaus expliziter: „Im Licht des Neuen Testamentes ist es möglich, das *Urmodell der Familie in Gott selber*, im trinitarischen Geheimnis seines Lebens, wiederzuerkennen."[246] Wesen, Berufung und Sendung der Familie sind demnach „letztendlich der Heiligen Dreifaltigkeit zutiefst eingeschrieben" – also weder beliebig definierbar noch durch den jeweiligen Zeitgeist willkürlich konstruierbar – und neben der Familie gibt es darum auch „kein anderes Bild auf dieser Welt, das vollkommener und vollständiger darstellt, was Gott ist: Einheit und Gemeinschaft. Es gibt keine besser

---

242 Vgl. dazu SCOLA, *Das hochzeitliche Geheimnis*, 392 f. sowie OUELLET, *Die Familie*, 35 und FRANZ K. MAYR, *Trinität und Familie in De Trinitate XII*, in: Revue des Etudes Augustiniennes 18, 1972, 51–86.
243 RATZINGER, *Zum Personenverständnis*, 223.
244 RATZINGER, *Zum Personenverständnis*, 223.
245 JOHANNES PAUL II., *Predigtansprache* am 28.01.1979 in Puebla de Los Angeles (Mexiko), zitiert nach OUELLET, *Die Familie*, 19.
246 JOHANNES PAUL II., *Brief an die Familien*, 02.02.1994, 6.

entsprechende menschliche Realität, keine menschlich entsprechendere für dieses göttliche Mysterium."[247]

Somit gilt: „Vaterschaft-Mutterschaft-Kindschaft: dies ist die trinitarische Gestalt des Seins des Menschen nach dem Bilde des trinitarischen Gottes"[248], d. h. der „Höhepunkt der Analogie liegt objektiv in der Beziehung zwischen der Trinität und der Familie. Als Ausdruck der vollkommenen geschöpflichen Liebe ist die Familie in der Tat eine authentische *imago Trinitatis*"[249] und das „eigentliche *analogatum* ist mit andern Worten eine Gemeinschaft in der personalen und personalisierenden Liebe, wie *wir* sie zwar zuerst in der Gestalt der Familie erblicken, die aber *an sich* zuerst in der trinitarischen Liebesfülle, und als diese, urbildlich verwirklicht ist"[250], denn:

> „‚Gott ist Liebe' und lebt in sich selbst ein Geheimnis personaler Liebesgemeinschaft. Indem er den Menschen nach seinem Bild erschafft und ständig im Dasein erhält, prägt Gott der Menschennatur des Mannes und der Frau die Berufung und daher auch die Fähigkeit und die Verantwortung zu Liebe und Gemeinschaft ein. Die Liebe ist demnach die grundlegende und naturgemäße Berufung jedes Menschen."[251]

Unter dieser Voraussetzung kann darum die auf der Ehe von Mann und Frau gründende irdische Familie „nicht als ein rein geschichtliches Phänomen aufgefasst werden, als Ergebnis zufälliger und vorübergehender biologischer, sexueller und sozialer Bedürfnisse"[252], das der Mensch willkürlich auf beliebige Weise verändern könnte, da „das Wesen und die Aufgaben der Familie letztlich von der Liebe her

---

247 JOHANNES PAUL II., Homilie für Familien des Neokatechumenats, die in Mission gehen, 30.12.1988, in: CORBIN GAMS (HG), *Amor. Sohn werden – um Vater zu sein. Jahrbuch der Theologie des Leibes 2021*, Heiligenkreuz 2021, 181–187, hier 185. Vgl. dazu CORBIN GAMS: Dreifaltigkeit in Mission – Familie in Mission, in: CORBIN GAMS (HG), *Amor. Sohn werden – um Vater zu sein. Jahrbuch der Theologie des Leibes 2021*, Heiligenkreuz 2021, 178–180.
248 SCOLA, *Das hochzeitliche Geheimnis*, 466.
249 SCOLA, *Das hochzeitliche Geheimnis*, 512. – Vgl. MELINA, *Liebe auf katholisch*, 80.
250 OUELLET, *Die Familie*, 65.
251 JOHANNES PAUL II., *Familiaris consortio*, 11.
252 MELINA, *Liebe auf katholisch*, 175.

bestimmt sind".²⁵³ Genau aus diesem Grund „empfängt die Familie die Sendung, die Liebe zu hüten, zu offenbaren und mitzuteilen als lebendigen Widerschein und wirkliche Teilhabe an der Liebe Gottes"²⁵⁴ und die „fruchtbare Liebe christlicher Ehegatten samt der reichen Vielfalt ihrer Beziehungen innerhalb der Familie ist ein wirksames Zeichen der menschgewordenen trinitarischen Liebe, Werkzeug und Heiligtum der Dreifaltigkeit, die in göttlicher Demut einen unauflöslichen Bund mit dieser menschlichen Liebes- und Lebensgemeinschaft eingehen will".²⁵⁵ Genau in diesem Sinne sind dann Ehe und Familie auch treibende Kräfte im göttlichen Heilsplan: „Echte Selbsthingabe, Einheit und Fruchtbarkeit liefern somit den lebendigen Beweis, dass die dreieinige Liebe in der Geschichte am Werk ist, ja dass die Herrlichkeit der trinitarischen communio [...] den glühenden, wenngleich meist unsichtbaren Kern auch noch des unscheinbarsten Alltags bildet."²⁵⁶

4. Die personale Sinnbestimmung menschlicher Sexualität

„Gegen jegliche gnostische Versuchung muss der durchwegs menschliche, das heißt personale Charakter der Geschlechtlichkeit unterstrichen werden. Der Leib ist in diesem Sinn Ausdruck der Person, er drückt sie in seinem Mann-Sein oder Frau-Sein aus."²⁵⁷

---

253 JOHANNES PAUL II., *Familiaris consortio*, 17. – „Wenn also der Antrieb, der das trinitarische Leben als solches bewegt, die unerschöpfliche Liebe des Vaters und des Sohnes ist, welche als solche in der Person des Geistes substituiert, dann ist die Liebe das eigentliche Prinzip der Schöpfung. Das Geschöpf kann in all seinen Ausdrucksformen nichts anderes sein als das Echo dieser ursprünglichen Liebesbeziehung, welche die Trinität ist. Wenn zudem die innertrinitarische Liebe durch eine konstitutive Fruchtbarkeit gekennzeichnet ist – die mit der Person des Geistes identisch ist, welcher mit dem Vater und Sohn gleichermaßen Gott ist –, dann muss auch das menschliche Geschöpf eine solche Fruchtbarkeit gewissermaßen als Zeichen der trinitarischen Fruchtbarkeit aufweisen. Hier taucht ein Grund für die Existenz der geschlechtlichen Differenz auf: Wir sehen ein, warum der Mensch als Mann und als Frau erschaffen ist." (SCOLA, *Das hochzeitliche Geheimnis*, 102).
254 JOHANNES PAUL II., *Familiaris consortio*, 17.
255 OUELLET, *Die Familie*, 99.
256 OUELLET, *Die Familie*, 138.
257 SCOLA, *Das hochzeitliche Geheimnis*, 12.

Gott Vater, Sohn und Hl. Geist sind wesensgleiche Personen und insofern jeweils frei über sich selbst verfügende und sich selbst bestimmende Liebe. Das Sich-Verschenken des Vaters an den Sohn und die Hingabe des Sohnes an den Vater innerhalb der göttlichen Dreifaltigkeit folgen darum auch keinem blinden Drang, sondern sind zutiefst personale Begegnungen und Entscheidungen: *Ich schenke mich dir, ich gebe mich dir hin, ich liebe dich!*[258] Die trinitarische Sinnbestimmung menschlicher Sexualität evoziert deshalb selbstredend auch eine personale Sinnbestimmung derselben und weil Gott den Menschen als sein Ebenbild erschaffen hat, hat er ihn als Person geformt, die eine „Geistseele"[259] besitzt und deshalb „der Erkenntnis und des Denkens fähig ist, freie Akte setzen oder geistige affektive Erlebnisse wie Glück und Trauer erleben kann".[260] Allerdings ist der Mensch kein reines Geistwesen, sondern „Geist im Fleisch, das heißt [...] Seele, die sich im Leib ausdrückt"[261] bzw. „Person-in-einem-Leib".[262] Seine Personalität[263] ist darum stets leiblich vermittelt:

> „Menschlicher Geist tritt nur als Leib in Erscheinung, und die Leiblichkeit des Menschen ist Äußerung, Ausdruck seines Geistes. In den Bewegungen des andern, in seinen Gesten und Gebärden, in seiner leiblichen Gestalt und Rede vernehmen und

---

258 Ohne eine solche freie Entscheidung und ausdrückliche Zustimmung der Person kann deshalb auch keine gültige katholische Ehe geschlossen werden: „Wenn nun aber auch die Ehe ihrem Wesen nach von Gott stammt, so hat doch auch der Wille des Menschen, und zwar in hervorragender Weise, seinen Anteil an ihr. Denn die einzelne Ehe entspringt, sofern sie die eheliche Verbindung zwischen diesem Mann und dieser Frau ist, dem freien Jawort der beiden Brautleute. Diese freie Willensentscheidung, durch die jeder Teil das der Ehe eigentümliche Recht gibt und nimmt, ist zu einer wahren Eheschließung derart notwendig, daß sie durch keine menschliche Macht ersetzt werden kann." (Pius XI., *Casti Connubii*, 6) – „Es ist Aufgabe der Eltern oder Erzieher, die jungen Menschen bei der Gründung einer Familie mit klugem Rat, den sie gern hören sollen, anzuleiten. Doch sollen sie sich dabei hüten, sie mit direktem oder indirektem Zwang zum Eingehen einer Ehe oder zur Wahl des Partners zu bestimmen." (*Gaudium et spes*, 52).
259 JOHANNES NOSBÜSCH, *Das Personproblem in der gegenwärtigen Philosophie*, in: BERTHOLD GERNER (HG), *Personale Erziehung. Beiträge zur Pädagogik der Gegenwart*, Darmstadt 1965, 33–88, hier 39.
260 JOSEF SEIFERT, *Das Leib-Seele-Problem und die gegenwärtige philosophische Diskussion. Eine systematisch-kritische Analyse*. Darmstadt 1989, 303.
261 JOHANNES PAUL II., *Familiaris consortio*, 11.
262 JOSEF SEIFERT, *Sein und Wesen*, Heidelberg 1996, 120.
263 Vgl. RALF REISSEL, *Eine phänomenologische Untersuchung und eine pädagogische Auseinandersetzung mit Heinrich Hanselmann*. Bern/Stuttgart/Wien 2000, 123–129, 133–140 und 261–267.

verstehen wir seinen Geist. In seiner leiblichen Erscheinung ist uns der andere selbst als die eine, ganze Person gegenwärtig."[264]

Für das adäquate Verständnis der menschlichen Sexualität bedeutet dies wiederum: „Der menschliche Leib ist nicht nur das somatische Feld sexueller Regungen, sondern gleichzeitig das Ausdrucksmittel des Menschen als integrales Ganzes, der Person, die sich selbst durch die ‚Sprache des Leibes' offenbart"[265]; denn durch „Gesten und Reaktionen, durch die gesamte wechselseitig sich bedingende Dynamik der Spannung und der Lust – deren direkte Quelle und Subjekt der Leib in seiner Männlichkeit und Weiblichkeit ist, der Leib in seinem eigenen und wechselseitigen Handeln –, durch all das ‚spricht' der Mensch, die Person. [...] Mann und Frau drücken sich im Maß der ganzen Wahrheit der Person aus"[266].

In der zweiten Hälfte des 20. Jahrhunderts hat vor allem Papst Johannes Paul II. (1920–2005) in verschiedenen philosophischen und theologischen Ansprachen, Studien und Schriften auf der Grundlage einer „personalistischen" Anthropologie[267] und ebensolchen *Theologie des Leibes*[268] – noch dezidierter und umfassender als zuvor schon Dietrich v. Hildebrand – eine maßgebende personale Sinnbestimmung menschlicher Sexualität ausgefaltet[269] und erörtert: „Der Mensch ist als Ganzes eine Person, die Liebe als Akt eines Menschen [...] ist immer der Akt einer Person" und als solcher selbst wiederum „an eine Person gewandt".[270]

---

264   Bernhard Schleissheimer, *Der Mensch als Person. Anthropologische Skizze zur Grundlegung einer Pädagogik*, in: Pädagogische Welt. Monatsschrift für Erziehung und Unterricht 41, (1987) 11, 482–486, hier 483 (im Folgenden abgekürzt mit Autor, *Mensch als Person*, Seitenzahl).
265   Johannes Paul II., *Die menschliche Liebe*, 664 (123,2).
266   Johannes Paul II., *Die menschliche Liebe*, 665 (123,4).
267   Vgl. Wojtyła, *Liebe und Verantwortung*, 24.
268   „Die Grundelemente der *Theologie des Leibes* finden sich in dem, was Christus unter Berufung auf den ‚Anfang' von der Unauflöslichkeit der Ehe sagt (vgl. Mt 19,8), in dem, was er in der Bergpredigt unter Berufung auf das menschliche Herz von der Begehrlichkeit sagt (vgl. Mt 5,28) und auch in dem, was er unter Berufung auf die Auferstehung sagt (vgl. Mt 22,30)." (Johannes Paul II., *Die menschliche Liebe*, 491 (86,4).
269   Vgl. Josef Seifert, Johannes Paul II. *über die Ehemoral. Seine Lehren und ihre Hintergründe in einer personalistischen Philosophie*, in: Internationale Katholische Zeitschrift Communio 26 (1997) 1, 45–65.
270   Wojtyła, *Erziehung zur Liebe*, 50.

Menschliche Leiblichkeit und Sexualität werden deshalb stets „mit den Erfordernissen der Person"[271] konfrontiert und unter die Vorgaben einer „Kultur der Person"[272] bzw. „in den Maßstab der gesamten Person"[273] gestellt:

> „Wir können den Körper nicht als eine objektive Gegebenheit außerhalb der personalen Subjektivität des Menschen, des Menschen in seinem Mann- und Frausein, ansehen. Nahezu sämtliche das Ethos des Körpers betreffenden Probleme sind gleichzeitig verknüpft mit seiner ontologischen Identifikation als Leib der Person sowie mit dem Inhalt und der Qualität der subjektiven Erfahrung, das heißt des Erlebens sowohl des eigenen Leibes als solchem wie dieses Leibes in den Beziehungen zum anderen, besonders in der immerwährenden Beziehung zwischen Mann und Frau."[274]

Das grundlegende „personalistische Prinzip und die personalistische Norm [...] besagen in ihrem negativen Inhalt, dass die Person ein Gut jener Art ist, das keine Benutzung zulässt und das nicht als Gegenstand des Gebrauchs und als Mittel zu einem Ziel behandelt werden kann. In ihrem positiven Inhalt bestätigt die personalistische Norm eben dies: Die Person ist ein derartiges Gut, gegenüber dem die einzig richtige und angemessene Einstellung die Liebe ist"[275], d. h. jede Person hat ein ontologisch begründetes, unveräußerliches und unbedingtes Recht darauf, „dass sie als Objekt der Liebe" und „nicht als Gegenstand des Gebrauchs behandelt wird".[276]

Ausgehend von seiner Bestimmung der Person als Einheit von Körper, Psyche und Geist erläutert Viktor E. Frankl (1905–1997), nam-

---

271 WOJTYŁA, Erziehung zur Liebe, 56.
272 WOJTYŁA, Erziehung zur Liebe, 50.
273 WOJTYŁA, Erziehung zur Liebe, 11.
274 JOHANNES PAUL II., Die menschliche Liebe, 370 (60,1).
275 WOJTYŁA, Liebe und Verantwortung, 65 f.
276 WOJTYŁA, Liebe und Verantwortung, 67. – „Es kann sein, daß sich jemand mit einem ungeliebten Partner *nur um der Nachkommenschaft willen* sexuell betätigt. Wenn es ihm dabei in keiner Weise auch um die Person des Partners geht, setzt er diesen rein als Mittel zu einem anderen Zweck ein u. wird er damit seiner Personwürde nicht gerecht. Ein solches Vorgehen ist sittl. unrichtig. Die Überbetonung des Fortpflanzungszweckes in der Vergangenheit hat dieses personale Element zuwenig zur Geltung kommen lassen." (KARL HÖRMANN, Geschlechtlichkeit, in: KARL HÖRMANN (Hg), Lexikon der christlichen Moral, Innsbruck/Wien/München 1976, Spalte 629–698, hier Spalte 679 – im Folgenden abgekürzt mit Autor, Geschlechtlichkeit, Spaltennummer).

hafter Wiener Psychiater und Begründer der Logotherapie, diese ontologische Verknüpfung von Liebe und Person mittels der Unterscheidung sexueller, erotischer und liebender Einstellungen gegenüber anderen Menschen:

> „Wiederholt haben wir darauf hingewiesen, dass wir den Menschen als eine körperlich-seelisch-geistige Totalität sehen. [...] Den drei Dimensionen der menschlichen Person entsprechen [...] drei mögliche Einstellungen zu ihr. Die primitivste Einstellung ist die sexuelle Einstellung. Hierbei geht von der körperlichen Erscheinung der andern Person ein sexueller Reiz aus, und er ist es, der im sexuell eingestellten Menschen den Sexualtrieb auslöst, diesen Menschen also in dessen Körperlichkeit affiziert. Die nächsthöhere Form möglicher Einstellung zum Partner ist die erotische – wobei wir aus heuristischen Gründen Erotik und Sexualität in ein gegensätzliches Verhältnis zueinander bringen. [...] Wenn wir die Körperlichkeit des Partners als dessen äußerste Schicht auffassen, so lässt sich sagen, dass der auf ihn erotisch eingestellte Mensch gleichsam tiefer dringt als der bloß sexuell eingestellte, er dringt in die nächsttiefere Schicht ein, dringt zum seelischen Gefüge des anderen Menschen vor. [...] Durch körperliche Eigenschaften des Partners werden wir sexuell erregt; in seine seelischen Eigenschaften jedoch sind wir ‚verliebt'. Der Verliebte ist also nicht mehr in seiner eigenen Körperlichkeit erregt, sondern in seiner seelischen Emotionalität angeregt – angeregt durch die eigenartige (aber nicht: einzigartige) Psyche des Partners, etwa durch bestimmte Charakterzüge an ihm. Die bloß sexuelle Einstellung hat also die Körperlichkeit des Partners zum Zielpunkt und bleibt als Intention in dieser Schicht gleichsam stecken. Die erotische Einstellung, die Einstellung der Verliebtheit, hingegen ist auf das Psychische gerichtet; aber auch sie dringt nicht bis zum Kern der andern Person vor. Dies tut erst die dritte Form möglicher Einstellung: die eigentliche Liebe. [...] Liebe ist dann das direkte Eingestelltsein auf die geistige Person des geliebten Menschen, auf dessen Person eben in ihrer ganzen Einzigartigkeit und Einmaligkeit (die sie als geistige Person erst konstituieren!). [...] Während dem sexuell Eingestellten oder dem Verliebten ein körperliches Merkmal oder eine seelische

Eigenschaft ‚am' Partner gefällt, also irgend etwas, das dieser Mensch ‚hat', liebt der Liebende nicht bloß etwas ‚am' geliebten Menschen, sondern eben ihn selbst; also nicht etwas, was der geliebte Mensch ‚hat', sondern eben das, was er ‚ist'."[277]

Nur die Liebe intendiert demnach „die Bejahung des Wertes der Person als solcher"[278], nur sie allein besitzt im Unterschied zum Subjektivismus und Egoismus „eine objektive Ausrichtung auf die Person und das Gut der Person".[279] Genau dies entspricht aber dem objektiven Sein der Person, die nämlich stets schon „als solche ein Wert ist", also „nicht bloß anziehend ist aufgrund bestimmter Qualitäten, die in ihr enthalten sind". [280]

5. Zärtlichkeit und Hingabe als adäquater Ausdruck personaler Liebe

„Die Keuschheit wird nicht auf Enthaltsamkeit eingeschränkt, sondern sie ist die Tugend der wahren Liebe, in den Gatten genährt durch den Heiligen Geist."[281]

Der liebenden Bejahung einer Person entspricht die Zärtlichkeit als affektive innere Haltung, da diese in persönlich-individueller und innerlich-intimer Weise[282] stets „den ganzen Menschen, die ganze Person" umfasst und „sie vermag dabei sogar die zutiefst verborgenen seelischen Regungen zu erspüren, wobei sie immer das wahre Gut jener Person im Sinn hat".[283] Insofern Zärtlichkeit der legitime und adäquate Ausdruck einer „Liebe zur Person" ist, hat darum jede Person auch ein „Recht auf Zärtlichkeit", was „einerseits das Recht bedeutet, Zärtlichkeit zu empfangen, und anderseits das Recht, sie zu bekunden".[284]

---

277 VIKTOR E. FRANKL, Ärztliche Seelsorge. Grundlagen der Logotherapie und Existenzanalyse. Frankfurt 1987, hier 168 ff.
278 WOJTYŁA, Liebe und Verantwortung, 68.
279 WOJTYŁA, Liebe und Verantwortung, 228.
280 WOJTYŁA, Liebe und Verantwortung, 118.
281 SCOLA, Das hochzeitliche Geheimnis, 515.
282 Vgl. WOJTYŁA, Liebe und Verantwortung, 298.
283 WOJTYŁA, Liebe und Verantwortung, 305.
284 WOJTYŁA, Liebe und Verantwortung, 301.

Ebenso wie die trinitarische Sinndeutung (mit Rücksicht auf die gegenseitige, unbeschreiblich zärtliche Liebe und Hingabe der göttlichen Personen) konvergiert somit auch die personale Sinndeutung menschlicher Sexualität mit Dietrich von Hildebrands Forderung, dass die eheliche Gemeinschaft als Ganzes, insbesondere aber der Akt der sexuellen Vereinigung der Ehegatten vollständig von Zärtlichkeit durchdrungen sein muss: „Die Hingabe kann und muß sich durch eine Vielzahl von Gesten, durch Zärtlichkeit und gegenseitige Aufmerksamkeit ausdrücken."[285]

Die personalistische Norm mit dem Gebot, die andere Person um ihrer selbst willen zu lieben, und dem Verbot, sie lediglich als Mittel bzw. Objekt zu gebrauchen, ist nicht identisch mit den von der Kirche gelehrten und hierarchisch geordneten Zielen der Ehe, nämlich 1. Zeugung und Fortpflanzung, 2. gegenseitige Hilfeleistung der Ehegatten und 3. Heilmittel für die Begierlichkeit[286], sondern vielmehr „ein Prinzip, von dem die richtige Verwirklichung eines jeden der erwähnten Ziele und aller zusammen abhängt. ‚Richtig' heißt hier: gemäß der Art und Weise, die dem Menschen als Person gebührt."[287]

Dieses Prinzip fordert die „Integration der geschlechtlichen Liebe und verlangt, dass die sinnliche und emotionale *Reaktion* auf einen ‚Menschen des jeweils anderen Geschlechts' in gewisser Weise angepasst wird an das Wissen von jener Wahrheit, dass dieser Mensch eine Person ist"[288] bzw. dass die leiblichen Ausdrucksformen der Liebe „der sittlichen Ordnung, das heißt letzten Endes der Würde der Person, entsprechen".[289] Jede leibliche Äußerung der Liebe, in besonderer Weise aber jede eheliche Vereinigung soll die Anerkennung und Wertschätzung der Person manifestieren: „Die Absichten und die Aufmerksamkeit eines jeden Partners des Aktes sollen auf die andere Person als solche ausgerichtet sein, der Wille soll gänzlich mit dem Gut jener Person befasst sein, das Herz erfüllt sein mit der Bejahung des eigentlichen Wertes jener Person."[290]

---

285 MELINA, *Liebe auf katholisch*, 146.
286 Vgl. WOJTYŁA, *Liebe und Verantwortung*, 103.
287 WOJTYŁA, *Liebe und Verantwortung*, 105.
288 WOJTYŁA, *Liebe und Verantwortung*, 181.
289 JOHANNES PAUL II., *Die menschliche Liebe*, 369 (59,7).
290 WOJTYŁA, *Liebe und Verantwortung*, 345.

Als Person ist der Mensch „eine Kreatur [...], die Gott um ihrer selbst willen gewollt hat"[291], d. h. jede Person „ist als diese einzelne, einmalige von Gott gewollt, geschaffen, erlöst und zum ewigen Heil berufen".[292] Gott sucht die Beziehung zu genau dieser einmaligen Person, die darum wesensmäßig „unverwechselbar, unvertretbar, unersetzbar"[293] ist. In Analogie zur göttlichen Berufung und Erwählung jedes einzelnen Menschen soll auch bei der Eheschließung und der darin eingebundenen geschlechtlichen Liebe zwischen Mann und Frau wesensmäßig eine Wahl stattfinden, d. h. eine bewusste Entscheidung für eine andere Person: „So ist die Liebe ihrem eigenen Wesen nach Wahl. Und da sie aus dem Kern der Person, aus der Seelentiefe aufsteigt, sind die Auswahlprinzipien, die über sie entscheiden, zugleich die innersten und geheimsten Wertungen, die unseren individuellen Charakter formen."[294]

Dass ein Mensch heiratet, weil er sich von Gott zur Ehe berufen weiß, dass er sich bei der Wahl seines Ehepartners göttlicher Führung und Fügung anvertraut, vermag darum mehr als anderes ein Kriterium für die Tiefe seines Glaubens und seiner Frömmigkeit zu sein.

Jeder Person wendet Gott um ihrer selbst willen seine ganze Liebe und Hingabe zu, jede Person erfüllt deshalb auch ihre Seinsbestimmung im höchsten Maße und „verwirklicht sich selbst eben dadurch, dass sie sich vollkommen hingibt"[295], – also wenn und indem sie selbst wiederum mit Liebe auf die ihr zukommende göttliche Liebe antwortet.

Dies bedeutet, dass der Mensch als Person „zur Selbsthingabe in der Liebe aufgerufen ist"[296], da er „sich selbst nur durch die aufrichtige Hingabe seiner selbst vollkommen finden kann"[297] bzw. „dass die Liebe die vollste Verwirklichung jener Möglichkeiten ist, die dem Menschen innewohnen. Das ‚Potenzial' (von lateinisch *potentia* = Möglichkeiten, Vermögen, Macht), welches der Person zugehört,

---

291 JOHANNES PAUL II., *Die menschliche Liebe*, 152 (15,5).
292 SCHLEISSHEIMER, *Der Mensch als Person*, 494.
293 SCHLEISSHEIMER, *Der Mensch als Person*, 494.
294 JOSE ORTEGA Y GASSET, *Züge der Liebe (Ein Fragment)*, in: Über die Liebe. Stuttgart/München 2002, 85–184, hier 158 (im Folgenden abgekürzt mit Autor, *Züge der Liebe*, Seitenzahl).
295 WOJTYŁA, *Liebe und Verantwortung*, 377.
296 SCOLA, *Das hochzeitliche Geheimnis*, 515.
297 *Gaudium et spes*, 24 mit Bezug auf Lk 17,33: „Wer sein Leben zu bewahren sucht, wird es verlieren; wer es dagegen verliert, wird es gewinnen."

wird am vollsten durch die Liebe ‚aktualisiert' (von lateinisch *actus* = Tat, Vollkommenheit, Verwirklichung). Die Person findet in der Liebe die größtmögliche Fülle ihres Seins, der objektiven Existenz. Liebe ist eine Aktivität, eine Tat, welche die Existenz der Person bis zum Äußersten entfaltet."[298] Sexualität kann darum genau in dem Maße zur Selbstfindung, Selbstverwirklichung und seelischen Erfüllung der Person beitragen, indem sie ein adäquater Ausdruck personaler Liebe (Annahme und Hingabe) ist:

> „Ein Akt der Liebe, als Akt der Bejahung der Person, an die er sich richtet, ist im Hinblick auf die Würde jener Person seiner eigentlichen Natur nach ein uneigennütziger Akt. Er besitzt zusätzlich zu seinen kurzfristigen Folgen (er ist ein Akt der Wohltätigkeit, ein *actus beneficentiae*) bestimmte anhaltende Konsequenzen. Er ist für das Subjekt des Aktes die einzigartige Form einer ‚guten Tat', da es durch die Setzung eines Akts der Liebe sich selbst am vollsten verwirklicht. Die Liebe ist zugleich ‚uneigennützig und mit Lohn verbunden'."[299]

Als uneigennützige Tat ist die gegenseitige leibliche Hingabe von Mann und Frau in der Ehe, „dass nämlich einer dem anderen als Gabe seiner selbst gehört"[300], einerseits der fundamentale Akt ehelicher Nächstenliebe; als liebevoll-zärtliche und leibhaftig-konkrete ‚Bejahung der Person' des Ehepartners andererseits zugleich auch die Vollendung und letzte Sinnerfüllung der ehelichen Keuschheit, denn:

> „Der höchste Ausdruck der ehelichen Keuschheit ist nicht die Enthaltsamkeit: eine Tugend manifestiert sich nicht vorzüglich durch das Verweigern einer Handlung, sondern durch das

---

[298] WOJTYŁA, *Liebe und Verantwortung*, 123.
[299] WOJTYŁA, *Liebe und Verantwortung*, Fußnote 66 auf Seite 300. – In der älteren deutschen Ausgabe (München 1979, Fußnote 22 auf Seite 265) dieser ethischen Studie wird der polnische Originaltext anders übersetzt. Statt der Unterscheidung zwischen *kurzfristigen* Folgen und *anhaltenden* Konsequenzen wird dort formuliert, dass der Liebesakt „neben seinen transitiven Folgen" für die im Akt bejahte (andere) Person auch „Folgen intransitiver Art" für das „Handlungssubjekt" besitzt.
[300] CARLO CAFFARA, *Verantwortungsbewusste Vaterschaft*, in: PÄPSTLICHER RAT FÜR DIE FAMILIE (HG), *Lexikon Familie. Mehrdeutige und umstrittene Begriffe zu Familie, Leben und ethischen Fragen*, Paderborn/München/Wien/Zürich 2007, 761–765, hier 764 (im Folgenden abgekürzt mit Autor, *Vaterschaft*, Seitenzahl).

Handeln. Der höchste Ausdruck der ehelichen Keuschheit ist der Akt, durch den die beiden Ehepartner ein Fleisch werden.

Die höchste Qualität ist die Tugend der ehelichen Nächstenliebe, die von der Keuschheit genährt werden muss, um sich voll zu manifestieren. Die Keuschheit steht folglich im Dienst der Liebe, und es geschieht durch die Liebe, dass die Keuschheit ihren Sinn bekommt."[301]

Keuschheit darf demnach weder auf Enthaltsamkeit oder Selbstbeherrschung[302] reduziert noch egozentrisch als Selbstzweck und Manifestation sittlicher Vollkommenheit angestrebt werden. Ihre eigentliche Aufgabe ist es, alles, „was in der Sinnlichkeit oder der Emotion seinen Ursprung hat", in das Ganze „einer sittlich vollständigen Beziehung zwischen zwei Personen"[303] zu integrieren, also einer sittlich legitimen Einordnung der komplexen mehrdimensionalen Geschlechtlichkeit in die personale Liebe das richtige Maß zu geben.

Infolgedessen kann man „nur in Verbindung mit der Tugend der Liebe an die Keuschheit denken"[304] und auch die klassische „Unterordnung der Tugend der Keuschheit gegenüber der Kardinaltugend der Mäßigung"[305] bei Aristoteles und Thomas von Aquin muss eben darum durch den Primat der personalen Liebe bestimmt sein: Die sittlich richtige Ordnung der personalen Liebe verlangt durchaus in sehr vielen Situationen eine Mäßigung des sinnlichen Begehrens und der affektiven Regungen, sie kann aber ebenso – insbesondere natürlich im Vollzug der ehelichen Vereinigung – auch in expliziter Weise sinnliches Erleben und affektive Leidenschaft als besonderen Wert einfordern:

„Die Enthaltsamkeit ist niemals Selbstzweck, sondern sie existiert für die Selbsthingabe und die Annahme des anderen. [...] Die Keuschheit ist also niemals Vollkommenheit der Person als

---

301 Caffara, *Vaterschaft*, 764.
302 „Selbstbeherrschung ist dabei nicht als Selbstzweck zu sehen, sondern dient dem Ziel der Verwirklichung der Liebe." (Clemens Breuer, *Menschliche Grundhaltungen als Voraussetzungen einer personalen Liebesbeziehung*, in: Katholisches Säkularinstitut Cruzadas de Santa Maria, *Mensch, erkenne deine Würde*. Pasinger Philothea, Band II., 2007, 73–88, hier 85.
303 Wojtyła, *Liebe und Verantwortung*, 223.
304 Wojtyła, *Liebe und Verantwortung*, 250.
305 Wojtyła, *Liebe und Verantwortung*, 248.

Selbstzweck, sondern sie ist die Tugend, die darauf abzielt, die *Ek-stasis* zu ermöglichen: das Herausgehen aus sich selbst, um die andere Person [...] anzunehmen, sich ihr [...] hinzugeben und eine wahre Gemeinschaft der Personen zu schaffen."[306]

Eine falsch verstandene ‚sterile Keuschheit', die über das Ziel einer vernunftgemäßen Tugendhaltung hinausschießt und ohne Rücksicht auf den Sinngehalt der ehelichen Liebe allein um der Mäßigung, Selbstbeherrschung und Enthaltsamkeit willen intendiert, dass die leibliche Vereinigung in der Ehe nur noch in sehr eingeschränkter Weise oder gar überhaupt nicht mehr vollzogen wird, führt darum früher oder später nicht nur dazu, dass „die Gatten sich entfremden und in eine falsche Einsamkeit geraten, in ein falsches Recht auf persönliche Lebensgestaltung"[307]; sie verfehlt vielmehr zugleich auch den entscheidenden *Wesensgehalt der ehelichen Berufung*, nämlich *die gegenseitige Hingabe in der leiblichen Vereinigung*, und stellt sich zugleich hochmütig gegen diesen fundamentalen Akt der ehelichen Nächstenliebe.

Als leibfeindliche Einstellung, die dem Ehepaar bzw. dem Ehepartner in ungerechter Weise den Vollzug der leiblichen Selbst-Schenkung als innigsten Ausdruck bräutlicher Ganzhingabe verwehrt, die eben dadurch auch das pulsierende, lebensspendende Herz der ehelichen Liebe und eigentliche Wesen der ehelichen Berufung eliminiert, fällt diese *deformierte* Form der Keuschheit aber selbst aus der sittlichen Ordnung der ehelichen Liebe heraus: „Wahre Keuschheit führt nicht zur Verachtung des Leibes oder zur Hintansetzung der Ehe und des geschlechtlichen Lebens. Das ist das Ergebnis einer falschen ‚Keuschheit', einer Keuschheit mit einer Färbung der Scheinheiligkeit oder noch häufiger der Unkeuschheit."[308]

---

306 MELINA, *Liebe auf katholisch*, 94 f. – Vgl. dazu im 2. Kap. dieser Abhandlung die Ausführungen zu Dietrich von Hildebrand, der den ehelichen Liebesakt als personale Hingabe versteht und keinen prinzipiellen Widerspruch zwischen Reinheit und Sinnlichkeit erkennen kann.
307 VON SPEYR, *Korinther I*, 197.
308 WOJTYŁA, *Liebe und Verantwortung*, 252.

6. Sexualpädagogische Reflexionen

„Die Bedeutung des Leibes ist nicht nur etwas Begriffliches. [...] Der Sinn des Körpers bestimmt zugleich die Haltung: Er ist die Weise, wie man den Körper erlebt. Er ist das Maß, das der innere Mensch, also das ‚Herz‘, auf das sich Christus in der Bergpredigt beruft, auf den menschlichen Körper in seiner Männlichkeit und Weiblichkeit (also in seiner Geschlechtlichkeit) anwendet."[309]

Die trinitarisch-personale Sinnbestimmung der Sexualität in der katholischen Theologie des 20. Jahrhunderts, die hier insbesondere im Anschluss an Dietrich von Hildebrand, Adrienne v. Speyr und Papst Johannes Paul II. skizziert wurde, betrachtet den Leib und die Sexualität des Menschen im Licht der Offenbarung des dreifaltigen Gottes und zugleich als wesentlichen Teil der Gottebenbildlichkeit des Menschen. In dieser Perspektive sind Leiblichkeit und Geschlechtlichkeit darum einzigartige *heilige* Realitäten, die von Gott künden[310] und ihn als unendliche trinitarisch-personale Liebes- und Lebensfülle verherrlichen.

Aufgrund ihrer theologischen Prämissen kann eine trinitarisch-personale Sichtweise jedoch nicht unmittelbar allgemeingültiger Begründungskontext der Sexualpädagogik sein. Der Ausgang von einer *personalen Anthropologie*, die an die innere und äußere Erfahrung des Menschen[311] anzuknüpfen vermag sowie die Bindung der Sexualität an eine *Ethik der Liebe* lassen diese Sinnbestimmung menschlicher Sexualität allerdings zu einem entscheidenden Prüfstein jeglicher Theorie und Praxis der Sexualerziehung werden. Als „Pädagogik des Leibes"[312] bildet sie den theoretischen Hintergrund für

---

309 Johannes Paul II., *Die menschliche Liebe*, 232 (31,5).
310 Über das Erkennen von Werten und Seinsbereichen schreibt Dietrich v. Hildebrand, dass wir deren „Von-Gott-Künden" erfassen bzw. die „religiöse Frage: was etwas vor Gott bedeutet, inwiefern es Gott verherrlicht" als entscheidende „Zentralfrage" beantworten müssen, andernfalls haben wir deren „tiefstes Wesen nicht verstanden". Folglich ist es „völlig unmöglich, irgendeinen Eigenwert, bzw. irgendein eigenwertiges Seins- oder Lebensgebiet von der religiösen Sphäre zu trennen. Sie ist nicht nur die höchste Sphäre, sie ist auch die alles umfassende Sphäre." (Dietrich von Hildebrand, *Gibt es eine Eigengesetzlichkeit der Pädagogik?* In: *Idolkult und Gotteskult. Gesammelte Werke, Band VII*, Regensburg/Stuttgart 1974, 375–397, hier 382).
311 Vgl. Karol Wojtyła, *Person und Tat*, Freiburg/Basel/Wien 1981, 11–15.
312 Johannes Paul II., *Die menschliche Liebe*, 365 f. (59,2 und 59,3).

eine umfassende „Erziehung zur Liebe"[313] und damit einhergehende Sensibilisierung für die „bräutliche Bedeutung des Leibes"[314], insofern sie ausgehend von fundamentalen anthropologischen Aussagen über das Sein des Menschen zugleich auch teleologische Sinnhorizonte für konkrete erzieherische Zielsetzungen und methodologische Implikationen umfasst.[315]

Jede andere Sinnbestimmung menschlicher Leiblichkeit und Geschlechtlichkeit muss sich die Frage stellen, ob sie im Vergleich mit der trinitarisch-personalen Deutung anthropologisch *näher an den Menschen* (an sein wahres Selbst) bzw. in ethischer Hinsicht *näher an sein Glück* heranführt und insofern humaner ist: Gibt es ein Verständnis menschlicher Sexualität, das mehr dem Sein des Menschen entspricht, ihm also besser gerecht wird und darum auch mehr zu seiner Erfüllung (Vollendung, Selbstverwirklichung) verhilft?

Für Johannes Paul II. ist es evident, dass die *Theologie des Leibes* mit ihrer biblisch fundierten Anthropologie auch eine pädagogische Dimension besitzt, denn wenn „die Berufung Christi auf das menschliche Herz [Mt 5, 27–28 – Anm. d. Vfs.] und [...] auf den ‚Anfang' [Schöpfungsbericht – Anm. d. Vfs.] erlaubt, eine Anthropologie aufzustellen oder wenigstens zu entwerfen, die wir als ‚Theologie des Leibes' bezeichnen können, so ist eine solche Theologie zugleich Pädagogik."[316]

Der Begriff *Pädagogik des Leibes* steht hierbei einerseits für eine umfassende Erziehung und Bildung, welche die Person ganz allgemein und grundlegend zur bräutlichen Liebe befähigen und insofern deren Bindungs- und Beziehungsfähigkeit, geschlechtsspe-

---

313 Vgl. die gleichnamige und facettenreiche Monographie von KAROL WOJTYŁA (*Erziehung zur Liebe*, Stuttgart 1979).
314 JOHANNES PAUL II., *Die menschliche Liebe*, 366 (59,4).
315 „Will Pädagogik ihre vorkritische Erscheinungsform abstreifen und wissenschaftliche Gestalt anneh-men, dann muß sie einräumen, daß jegliches pädagogisches Problem, jegliche pädagogische Fragestellung und jeglicher pädagogischer Sachverhalt grundsätzlich drei Dimensionen einschließt, die notwendig zusammengehören und nicht ohne Schaden voneinander abgetrennt werden können: eine *anthropologische*, eine *teleologische* und eine *methodologische*. In schlichte und allgemeinverständliche Fragen gefaßt, lassen sich diese drei Dimensionen so ausdrücken: 1. Was *ist* der Mensch?, Was *soll* der Mensch (werden)?, 3. *Wie* kann Erziehung dazu beitragen, daß der Mensch wird, was er sein soll und nicht bleibt, was der Zufall der Natur oder die Macht der umgebenden Verhältnisse aus ihm gemacht haben?" (WINFRIED BÖHM, *Erkennen und Handeln aus der Sicht von Erziehung und Pädagogik*, in: *Entwürfe zu einer Pädagogik der Person (Ges. Aufsätze)*, Bad Heilbrunn 1997, 191–206, hier 192).
316 JOHANNES PAUL II., *Die menschliche Liebe*, 365 (59,2).

zifische Identität und Urteilsvermögen (Mündigkeit) sowie deren Entscheidungsfähigkeit und Selbständigkeit entfalten, fördern und stärken sollen.

Auf der anderen Seite ist damit jedoch auch schon eine inhaltlich breit angelegte und langfristig konzipierte Ehevorbereitung zur Förderung einer „Kultur des ehelichen Lebens"[317] impliziert, wobei neben der Weitergabe des christlichen Eheverständnisses und dem Bemühen um sexuelle Keuschheit beispielsweise auch eine Erziehung zur Zärtlichkeit und die Vermittlung bestimmter kommunikativer Fähigkeiten intendiert sein können.

Innerhalb einer eher weit gefassten *Pädagogik des Leibes* zur ganzheitlichen Förderung der personalen Liebesfähigkeit und einer spezifischeren *Ehevorbereitung* im Dienst einer „Kultur des Zusammenlebens"[318] von Mann und Frau befindet sich schließlich – gleichsam in der Mitte zweier konzentrischer Kreise und als Kernaufgabe „einer angemessenen sexuellen Erziehung"[319] – das Thema der Gestaltung und Harmonisierung des ehelichen Liebesaktes, dem Johannes Paul II. schon allein deshalb besondere Beachtung schenkt, weil es untrennbar mit dem „Streben nach dem wahren Gut der anderen Person"[320] verknüpft ist[321] und fehlendes sexuelles Glück das Wohl der Ehepartner in ganz erheblicher Weise beeinträchtigt bzw. ernsthaft deren Ehe gefährdet. Johannes Paul II. hat hierbei besonders das sexuelle Erleben der Frau im Blick: „Psychologisch verursacht eine solche Situation [keine sexuelle Erfüllung der Ehefrau – Anm. d. Vfs.] nicht nur Gleichgültigkeit, sondern oft geradezu Feindseligkeit. Eine Frau empfindet es als sehr schwer, einem Mann zu vergeben, wenn sie im ehelich-sexuellen Leben keine Beglückung erfährt. Es wird schwer für sie, dies zu ertragen, und im Laufe der Jahre kann dies zu einer unübersehbar traumatischen Reaktion führen. Das kann zum Zusammenbruch der Ehe führen."[322]

Die sexualpädagogisch relevanten *humanisierenden* Prinzipien der trinitarisch-personalen Hermeneutik der Sexualität, die allesamt

---

317 WOJTYŁA, *Liebe und Verantwortung*, 399.
318 WOJTYŁA, *Liebe und Verantwortung*, 400; 402.
319 WOJTYŁA, *Liebe und Verantwortung*, 398.
320 WOJTYŁA, *Liebe und Verantwortung*, 395.
321 „Da ein Mann und eine Frau sich in der Ehe auch sexuell miteinander verbinden, muss das Gut auch auf diesem Gebiet gesucht werden." (WOJTYŁA, *Liebe und Verantwortung*, 395 f.).
322 WOJTYŁA, *Liebe und Verantwortung*, 398.

die Integrität der Person intendieren und deshalb stets die Achtung deren einzigartiger Würde einfordern, die schon allein darum auch jedweder Banalisierung der Geschlechtlichkeit[323] durch den aktuellen Zeitgeist widersprechen, sollen nun abschließend auf folgende Weise bezeichnet, gegliedert und beschrieben werden, nämlich als

1. Bewahrung und Erfüllung der Ausdrucksfunktion des Leibes
2. Ausrichtung auf Selbsttranszendenz und Dialogizität
3. Wertschätzung von Schamgefühl und Keuschheit
4. Erziehung zur Zärtlichkeit
5. Annahme und Achtung der geschlechtlichen Differenz
6. Widerstand gegen depersonalisierende Tendenzen
7. Übereinstimmung mit der „Logik des Schenkens".

Als allgemeine sexualpädagogische Prinzipien sind sie nicht nur für die familiäre und schulische Sexualerziehung durch Eltern oder Lehrkräfte, sondern auch für Katechese und Seelsorge (z. B. Ehevorbereitung oder pastorale Jugendarbeit) bedeutsam. Selbstverständlich muss die konkrete Art und Weise ihrer Vermittlung dabei jeweils methodisch und didaktisch den vorhandenen pädagogischen Fähigkeiten angepasst sowie auf die betreffenden Alters- und Zielgruppen (Kinder, Jugendliche, Verlobte, Ehepaare) zugeschnitten werden.

Entsprechend ihrer Anzahl können die Prinzipien beispielsweise in sieben Themeneinheiten mit jeweils 90 Minuten Dauer aufgeteilt werden. Allerdings müssten zuvor auch die für das Verständnis erforderlichen theologischen und anthropologischen Grundlagen (vgl. Kap. 1 bis 5 dieser Ausarbeitung) vermittelt werden.

In der vorliegenden Fassung ist die Darstellung und Formulierung der nachfolgend angeführten Prinzipien auf ältere Jugendliche (ab 16. Lebensjahr) oder Erwachsene ausgerichtet und primär als inhaltlicher Input für anschließende Gespräche und persönlichen Austausch vorgesehen.

---

323 „In einer Zeit, da die menschliche Geschlechtlichkeit ihres Mysteriums beraubt worden ist, müssen die Eltern sich in ihren Belehrungen und bei der von anderen angebotenen Hilfen vor der Banalisierung der Geschlechtlichkeit hüten." (PÄPSTLICHER RAT FÜR DIE FAMILIE, *Menschliche Sexualität*, 122).

6.1 Bewahrung und Erfüllung der Ausdrucksfunktion des Leibes

„Der Leib ist kein nebensächlicher Faktor. Er hat nicht nur rein biologischen Wert, sondern ist ein integraler Bestandteil der Person. Der menschliche Leib ist von der Person durchdrungen und hat Anteil an ihrer Würde. Daher kann die leibliche Vermittlung, die die interpersonalen Beziehungen kennzeichnet, nicht auf ihren rein physischen oder instrumentalen Aspekt reduziert werden, ohne daß dadurch die Beziehungen selbst entstellt werden."[324]

Als grundlegende sexualpädagogische Leitlinie ist die Bewahrung und Erfüllung der Ausdrucksfunktion des Leibes durch die personale Dimension des menschlichen Leibes begründet:

> „Die unsichtbare und innere Wirklichkeit der Person wird durch die sichtbare und äußere Wirklichkeit des Leibes ausgedrückt und verwirklicht. Durch seine Leiblichkeit kann der Mensch sich ausdrücken, mit anderen kommunizieren, zu ihnen in Beziehung treten, sich hinschenken und den anderen annehmen. Und die Leiblichkeit bedeutet gleichzeitig Bedingtheit und Reichtum. Sie beschränkt die Ausdrucksmöglichkeiten der Person, indem sie sie an eine bestimmte Zeit und an einen bestimmten Ort bindet, sie abhängig macht von biologischen, physiologischen und psychologischen Rhythmen und sie zahlreichen anderen Bedürfnissen individueller Natur unterwirft. Gleichzeitig ist die Leiblichkeit Reichtum, Mittel zur Kommunikation und zur Herstellung von Beziehungen zu anderen Menschen und zur Umwelt. [...] Dadurch wird auch die Würde des Leibes deutlich. Er ist weder ein Kerker der Seele noch ein Götze; er ist nichts rein Biologisches, keine bloße Ansammlung von Organen, Stoffen und Funktionen, sondern drückt die Person aus und verwirklicht sie. Der Leib ist also der Person untergeordnet, ist aber gleichzeitig ein wesentlicher Teil von ihr. So kann man verstehen, welche Beziehung sich zwischen Freiheit und Leib entwickelt. Letzterer ist nicht einfach Material, das manipuliert werden kann, sondern er ist der Ort, an dem

---

[324] MELINA, *Liebe auf katholisch*, 67.

Bedeutungen vorhanden sind, die aufgenommen und erkannt werden müssen. [...] Durch die Sprache der Instinkte, der Emotionen und der Affektivität bringt der Leib Bedeutungen zum Ausdruck, die vom Bewußtsein erkannt und auf der Ebene der Person gelebt werden müssen. [...] Die Freiheit der Person ist also nicht völlige Unabhängigkeit von der Natur, sondern sie ist eine fleischgewordene Freiheit, die dadurch zum Ausdruck kommt, daß sie die eigenen Voraussetzungen annimmt und sie auf eine höhere Ebene hebt. Sie ist aufgerufen, mit den anderen auf der Grundlage der objektiven Bedeutungen der Leiblichkeit zu kommunizieren. Sie legt diese Bedeutungen nicht willkürlich fest, sondern findet sie bereits als gegeben vor und muß sie daher erkennen und umformen, damit sie die Person angemessen zum Ausdruck bringen können."[325]

Erst eine entsprechende Anerkennung sexueller Handlungen als personales Ausdrucksgeschehen lässt gleichzeitig auch die Integration der menschlichen Sexualität in eine umfassendere „Sprache des Leibes"[326] zu, welche das personale Liebesgeschehen innerhalb der göttlichen Dreifaltigkeit *sichtbar* machen soll.

Die so bestimmte Ausdrucks- und Mitteilungsfunktion der Sexualität ist demnach nicht nur rein formal zu verstehen, sondern auch schon inhaltlich ausgefüllt und ontologisch vorgezeichnet: Menschliche Sexualität darf stets nur der adäquate leibliche Ausdruck personaler Liebe (Annahme und Hingabe) sein; in genau diesem Sinne wäre etwa jede im Geschlechtsakt vollzogene „leibliche Ganzhingabe [...] eine Lüge, wenn sie nicht Zeichen und Frucht personaler Ganzhingabe wäre, welche die ganze Person, auch in ihrer zeitlichen Dimension, miteinschließt"[327] und darum „ohne jegliche zeitliche oder sonstige Begrenzung"[328] am Ehebund festhält; Ausdruck einer Liebe also, die mit dem anderen bedingungslos und exklusiv durch gute und schlechte Zeiten geht, sich nicht an flüchtige Gefühle bindet und sich nicht

---

325 MELINA, *Liebe auf katholisch*, 42 f.
326 Vgl. JOHANNES PAUL II., *Die menschliche Liebe*, 579–598 (103 – 107).
327 JOHANNES PAUL II., *Familiaris consortio*, 11.
328 JOHANNES PAUL II., *Familiaris consortio*, 80.

als Experiment versteht: „Man kann nicht nur auf Probe lieben, nur auf Probe und Zeit einen Menschen annehmen."[329] Für die Sexualerziehung bedeutet dies einerseits, dass der Zusammenhang zwischen Sexualität und Ausdruck aufgezeigt und eingefordert werden muss: „Der Leib kann also Ausdruck der Person werden"[330] und nur die Bewahrung ihrer Ausdrucksfunktion kann Sexualität prinzipiell vor dem Fall in stumme Triebhaftigkeit und psychopathologischen Solipsismus sichern; sie allein lässt Sexualität „zu einer Kundgabe des Geistes"[331] und damit zur *Aussage* der Person werden, ermöglicht ihr auf diese Weise personale Begegnung, Mitteilung und Gemeinschaft:

> „Der lebendige Leib ist Fleisch, und Fleisch ist Gefühlssinn und Ausdruck. Eine Hand, eine Wange, eine Lippe ‚sagen' immer etwas; es liegt in ihrem Wesen, Gebärden, Kapseln des Geistes, Äußerungen jenes wesenhaften Innern zu sein, das wir Psyche nennen. Die Körperlichkeit [...] ist heilig; denn ihr fällt eine wesentliche Aufgabe zu: dem Geiste Sinnbild zu sein."[332]

Andererseits muss aber auch der Inhalt der Ausdrucksbeziehung fokussiert und reflektiert werden: Sexualität soll der adäquate leibliche Ausdruck personaler Liebe sein: „[...] sichtbares Zeichen, in dem sich die unsichtbare Wirklichkeit der Hingabe der in Liebe verbundenen Personen ausdrückt"[333] und in diesem Sinne die der Würde der Person entsprechende und nur der Liebe mögliche Annahme und Bejahung der Person als solcher vermitteln. Jede andere *Botschaft* und jede andere innere Haltung wären Verstöße gegen die oben beschriebene personalistische Norm, d. h. sie wären gegen die Würde der Person gerichtet und darum ethisch verwerflich.

Aus der grundlegenden Vorgabe, dass Sexualität Mittel und Ausdruck personaler Liebe sein soll, ergeben sich nun alle weiteren, nachfolgend angeführten sexualpädagogischen Prinzipien. Die

---

329 JOHANNES PAUL II., *Predigt bei seinem ersten Deutschland-Besuch am 15.11.1980 in Köln*, zitiert nach WERNER GRAVE, „Gemeinsam Zeugnis geben" – JOHANNES PAUL II. *in Deutschland*, Kevelaer 1980, 22–27, hier 25.
330 MELINA, *Liebe auf katholisch*, 42.
331 JOHANNES PAUL II., *Die menschliche Liebe*, 296 (45,2).
332 JOSE ORTEGA Y GASSET, *Vom Einfluß der Frau auf die Geschichte*, in: Über die Liebe. Stuttgart/München 2002, 7–37, hier 36 f.
333 SCOLA, *Das hochzeitliche Geheimnis*, 498.

leitende Fragestellung lautet hierbei: *Wie* kann gelebte Sexualität tatsächlich ein adäquater leiblicher Ausdruck personaler Liebe sein? Welche Gestalt muss sie annehmen, welche Voraussetzungen müssen erfüllt sein?

6.2 Ausrichtung auf Selbsttranszendenz und Dialogizität

„Wenn fortan im Gemeindeland
ich nicht mehr zu sehen und zu finden bin,
sagt, ich sei verloren gegangen,
ich hätte mich, in Liebe immer mehr entbrannt,
verlieren wollen und sei gewonnen worden."[334]

Sexualität als Ausdruck personaler Liebe antwortet auf das Sein des anderen stets nur dann in der *Logik der Liebe*, wenn sie als selbsttranszendenter und dialogischer Akt der Hingabe vollzogen wird. In diesem Sinne gilt: Meine Person mit ihrer Leiblichkeit und Geschlechtlichkeit ist eine Gabe für den Partner[335] und dessen Person „muß stets als Subjekt betrachtet werden, das es verdient, um seiner selbst willen bejaht zu werden. Niemals darf sie als Objekt angesehen werden, das man erst benutzt und dann verläßt, wenn man es nicht mehr braucht oder wenn man damit nicht mehr so zufrieden ist wie zuvor. Die persönliche Würde des anderen, zu dem ich in Beziehung trete, verlangt von mir, daß ich seinen einzigartigen und unwiederholbaren Wert anerkenne. Und dieser kann nicht auf die allgemeine menschliche Natur oder auf irgendeine Qualität, die er besitzt, reduziert werden."[336]

---

[334] JOHANNES VOM KREUZ, *Geistlicher Gesang – Wechselgesang zwischen der Seele und ihrem Bräutigam*, in: *Die dunkle Nacht und die Gedichte. Sämtliche Werke*, 2. Band, Einsiedeln/Freiburg 1992, 168–183, hier 177, CB 21).
[335] Vgl. N. u. R. MARTIN, *Einleitung*, 42.
[336] MELINA, *Liebe auf katholisch*, 68. – „Und unseres Erachtens ist die reife Stufe [menschlicher Sexualität – Anm. d. Vfs.] erst dann erklommen, wenn sich der eine auf den anderen nicht mehr wie auf ein Mittel zum Zweck bezieht, nicht mehr wie auf ein Objekt, vielmehr wie auf ein Subjekt. Auf der reifen Stufe ist die Beziehung auf die menschliche Ebene angehoben, wird aus der Beziehung eine Begegnung, in deren Rahmen der eine Partner vom anderen in seiner Menschlichkeit erfasst wird. Wird er aber von ihm nicht nur in seiner Menschlichkeit, sondern auch in seiner Einmaligkeit und Einzigartigkeit erfahren, so schlägt die Begegnung in eine Liebesbeziehung um. Wer nicht an die reife Stufe menschlicher Sexualität herankommt, sondern an die unreife Stufe fixiert ist, ist außerstande, im Partner ein einmaliges und einzigartiges Subjekt zu sehen, mit einem Wort, eine Person. Vielmehr

Gelebte Sexualität muss darum der sichtbare leibliche Ausdruck bräutlicher Liebe sein – „jener Liebe in welcher der Mensch als Person Geschenk wird"[337] – und in der Einstellung, „dass die andere Person wichtiger ist als ich"[338], grundsätzlich „immer auf das Du gehen: dem andern Freude zu machen ist wichtiger als die eigene Lustempfindung".[339] Wer dagegen in der Begegnung mit dem anderen Geschlecht das eigene Vergnügen und Erleben in den Vordergrund stellt, „verletzt nicht nur die Person, die das Objekt der Liebe ist, indem er sie auf die Rolle des Mittels zu einem Ziel reduziert"[340], er beeinträchtigt darüber hinaus auch die eigene Erlebnisqualität und Glücksfülle:

> „Die Tatsache ist bekannt, dass der normale Ablauf des geschlechtlichen Verkehrs durch eine egozentrische Konzentration der Aufmerksamkeit auf das eigene Erleben gestört wird. Die Eheleute sollen sich daran erinnern, dass ihr leibliches Zusammensein zugleich ein geistiges Mysterium der Vereinigung in Liebe und Achtung bedeutet. Die völlige Beanspruchung des Bewusstseins durch die sinnliche Befriedigung – vor allem durch die eigene – erweist sich in gleicher Weise als gefährlich und abträglich sowohl für die biologische, die psychische und die sittliche Seite des Aktes."[341]

Folglich ist darum auch die „Freude der Erwartung, die aber nicht Freude auf ein eigenes Erleben sein darf, sondern auf das Kommen des Du"[342], ein wichtiges Indiz für eine humane Gestaltung menschlicher Sexualität, insofern auf diese Weise deren dialogische Ausrichtung und die der Liebe wesenseigene Selbst-Verschenkung realisiert wird. Mann und Frau „müssen sich immer wieder in ihrer Grundeinstellung prüfen: ob die Richtung auf das Du intakt geblieben ist".[343]

---

handelt es sich jeweils um eine Objektwahl ‚ohne Ansehen der Person'. Der Geschlechtsverkehr ist insofern wahllos, als das jeweilige Objekt nicht einmalig und einzigartig sein muß, sondern austauschbar und auswechselbar sein kann. Es muß zum Geschlechtsverkehr taugen." (VIKTOR E. FRANKL, *Der Wille zum Sinn*, in: *Der Wille zum Sinn. Ausgewählte Vorträge über Logotherapie*, München/Zürich 1997, 9–36, hier 22 f.).

337 JOHANNES PAUL II., *Die menschliche Liebe*, 148 (15,1).
338 WOJTYŁA, *Liebe und Verantwortung*, 399.
339 VON SPEYR, *Theologie der Geschlechter*, 61.
340 WOJTYŁA, *Liebe und Verantwortung*, Fußnote 49, 230.
341 WOJTYŁA, *Liebe und Verantwortung*, Fußnote 86, 397 f.
342 VON SPEYR, *Theologie der Geschlechter*, 110.
343 VON SPEYR, *Theologie der Geschlechter*, 110.

Anthropologisch ist die sexualpädagogisch geforderte Bindung der Sexualität an Selbsttranszendenz und Dialogizität mit verschiedenen Entwürfen dialogischer Erziehung kompatibel. Der Mensch wird darin als dialogisches Wesen gesehen, dessen personale Selbstfindung oder Selbstverwirklichung grundsätzlich auch nur in personalen Beziehungen möglich ist:

> „Die Beziehung zum Mitmenschen, zum Du, ist ein Wesenskriterium des Personseins. Personale Entfaltung kann nur stattfinden in der Begegnung mit anderen Personen. [Die] Person gelangt im Grunde genommen erst in der Ich-Du-Beziehung zur Aktualisierung ihrer Existenz."[344]

Pädagogisch steht sie darüber hinaus in der einflussreichen Tradition einer „‚Grundlegung der Bildung' in der Selbstlosigkeit".[345] Diese versteht Bildung primär als „permanenten und grundsätzlich unbeendbaren Prozeß der *Selbsttranszendenz*"[346] und selbstlosen Hingabe: „Ich kann nicht ich selbst werden, wenn ich mich nicht hingebe an das, was ich nicht bin [...]."[347]

6.3 Wertschätzung von Schamgefühl und Keuschheit

„Der Mensch ist generell darüber beschämt, was ihm bloß widerfährt und nicht das Ergebnis eines bewussten Willensaktes ist. Er schämt sich beispielsweise über leidenschaftliche Ausbrüche des Zornes oder über panische Angst, und noch mehr schämt er sich bestimmter physiologischer Prozesse, die unabhängig von seinem Willen unter bestimmten Umständen auftreten; [...] Hier finden wir eine Bestätigung der Geistigkeit und der ‚Innerlichkeit' der menschlichen Person, die ein gewisses Übel in all dem entdeckt, was nicht ausreichend ‚innerlich' oder geistig ist, sondern nur äußerlich, physisch und irrational. Vorausgesetzt

---

344 REINHOLD ORTNER, *Die menschliche Person als Subjekt pädagogischer Hilfeleistung. Gedanken zu einem die Lebensaltersstufen übergreifenden Handlungsansatz*, in: MICHAEL BERGEEST, KLAUS DIECKHOFF u. MARTINA WEGNER (HG), *Engagement für die Erwachsenenbildung. Werner Faber zum 60. Geburtstag*, Bamberg 1988, 68–78, hier 73.
345 Vgl. THEODOR BALLAUFF, *Pädagogik als Bildungslehre*, Weinheim 1989, 102.
346 Vgl. WINFRIED BÖHM, Über die Unvereinbarkeit von Erziehung und Therapie, in: *Entwürfe zu einer Pädagogik der Person (Ges. Aufsätze)*, Bad Heilbrunn, 169–189, hier 188.
347 ROMANO GUARDINI, Grundlegung der Bildungslehre. Versuch einer Bestimmung des Pädagogisch-Eigentlichen. Würzburg 1953, 12.

dass bei der gemeinsamen Teilhabe von Mann und Frau an einer Erfahrung sexueller Werte zwar alle diese äußeren Aspekte deutlich sind, jedoch ihre personale Vereinigung gleichsam unsichtbar ist, können wir erkennen, warum die Liebe, eben insofern sie eine Angelegenheit ‚des Leibes und der Sexualität' ist, das Verbergen nötig hat."[348]

Ein weiteres wichtiges sexualpädagogisches Prinzip wäre der Schutz der bräutlichen Liebe und personalen Hingabe durch eine Erziehung, die sowohl das Schamempfinden und das mit ihm verbundene Verlangen nach Intimität pflegt und respektiert als auch die Tugend der Keuschheit fördert und einfordert.

Das menschliche Schamgefühl[349] mit seiner Tendenz zur „Bewahrung von Person und Freiheit" bzw. zur Absicherung der „Liebe als Liebe"[350] sowie zur Intimität und Verhüllung der Geschlechtlichkeit erweist sich hierbei als „der natürliche Weg zur Entdeckung des Wertes der Person als solcher"[351]. Es ist „eine natürliche Form der Selbstverteidigung"[352], die nicht nur durch bestimmte Wahrnehmungen oder Handlungen, Vorgänge oder Objekte aktiviert wird, sondern auch schon durch „Gedanken, Vorstellungsbilder und Phantasieinhalte, ja selbst Traumbilder" alarmiert sein bzw. sich in bester Weise präventiv und wirkmächtig „in der ‚Reinheit' des Phantasielebens und des Wunschlebens – also da, wo es sich überhaupt noch nicht um Wollen und Handeln dreht"[353] – zur Geltung bringen kann.

Das Schamgefühl schützt die Person „gegenüber der Gefahr, in die Position eines Objekts für den sexuellen Gebrauch hinab zu steigen oder dorthin gedrängt zu werden"[354] und möchte sie aber auch am entwürdigenden Gebrauch anderer Personen hindern. Konkret manifestiert sich diese doppelte Schutzintention des Schamgefühls in erster Linie dadurch, dass es erstens das „Verlangen nach Triebbefrie-

---

348 WOJTYŁA, *Liebe und Verantwortung*, 266.
349 WOJTYŁA, *Liebe und Verantwortung*, 266f.
350 JÖRG SPLETT, *Der Mensch, Mann und Frau: Perspektiven christlicher Philosophie*. Frankfurt 1980, 101 (im Folgenden abgekürzt mit Autor, *Der Mensch*, Seitenzahl).
351 WOJTYŁA, *Liebe und Verantwortung*, 264.
352 WOJTYŁA, *Liebe und Verantwortung*, 268.
353 MAX SCHELER, Über Scham und Schamgefühl, in: Schriften aus dem Nachlass, Band 1: Zur Ethik und Erkenntnislehre, Bern 1957, 65–154, hier 113 (im Folgenden abgekürzt mit Autor, *Scham und Schamgefühl*, Seitenzahl).
354 WOJTYŁA, *Liebe und Verantwortung*, 268.

digung so lange zurückhält, bis die Liebe eine genügende Intensität und Entschiedenheit und Eindeutigkeit erreicht hat"[355], und zweitens „um [den] [...] Geschlechtsorgane[n] von vornherein den Wertcharakter des *Geheimnisvollen*, des Unberührbaren, [zu bereiten]".[356] Infolgedessen ist die Bedeckung und Verhüllung der Schamteile bzw. die Bekleidung des menschlichen Körpers eine „Funktion des leiblichen Schamgefühls"[357] bzw. eine Folge der Scham und nicht umgekehrt das Schamgefühl nur ein Epiphänomen des Sich-Bekleidens.[358] Es darf jedoch nicht übersehen werden, dass gerade auch mit der Bekleidung die Schamteile des Leibes und der mit ihnen verbundene Unterschied der Geschlechter nicht nur verborgen, sondern auch dezidiert zur Schau gestellt werden können:

> „Sexuelle Schamhaftigkeit kann also nicht einfach mit der Verwendung von Kleidung gleichgesetzt werden, noch Schamlosigkeit mit dem Fehlen von Kleidung und totaler oder teilweiser Nacktheit des Leibes. [...] Wir können höchstens sagen, dass jene Tendenz, den Leib oder Teile des Leibes zu bedecken, welche zur geschlechtlichen Besonderheit der Frau und des Mannes gehören, mit dem sexuellen Schamgefühl zusammenfällt. Wesentlich für das Schamgefühl ist jedoch die Tendenz, sexuelle Werte als solche zu verbergen, besonders insofern sie im Bewusstsein einer bestimmten Person ‚ein mögliches Objekt des Gebrauchs' für Personen des jeweils anderen Geschlechts ausmachen. Aus diesem Grund treffen wir das Phänomen des sexuellen Schamgefühls bei Kindern in einem Alter noch nicht an, in dem sexuelle Werte für sie nicht existieren, weil ihre Herzen noch nicht empfänglich für jene Werte sind. Wenn sie der Existenz dieser Sphäre der Werte bewusst werden oder darüber aufgeklärt werden, beginnen sie, das sexuelle Schamgefühl zu erleben: nicht als etwas ihnen von außen her Auferlegtes, [...] sondern als ein inneres Bedürfnis einer sich entwickelnden Persönlichkeit."[359]

---

355 SCHELER, *Scham und Schamgefühl*, 86.
356 SCHELER, *Scham und Schamgefühl*, 138.
357 SCHELER, *Scham und Schamgefühl*, 70.
358 Vgl. SCHELER, *Scham und Schamgefühl*, 74–76.
359 WOJTYŁA, *Liebe und Verantwortung*, 258 f.

Max Scheler bezeichnet die seelische Schamregung auch als *Selbstschutzgefühl*[360], das nicht nur den asymmetrischen oder gegenseitigen Missbrauch der Person verhindern, sondern vorgängig auch ihrer autoerotischen Fixierung entgegenwirken[361] und dadurch wiederum ihre Hinwendung zum anderen Geschlecht unterstützen[362] möchte. Darüber hinaus soll das Schamgefühl die geschlechtliche Sphäre vor der emotionalen Besetzung mit Ekelgefühlen schützen. Die anatomische Einheit bzw. enge Nachbarschaft der Geschlechts- und Ausscheidungsorgane bewirkt nämlich, „daß jede isolierende Beachtung der Geschlechtsorgane und ihr apperzeptives *Herausbrechen* aus dem Ganzen der Persönlichkeit [...] sie ihres erotischen Wertes gleichsam entkleidet und sie so als Organe der Entleerung und damit als Gegenstände des Ekels zurücklässt. Indem die normale Scham jenes ‚Herausbrechen' und jene äußere Wahrnehmung ihrer als physischer Phänomene und Körperdinge zu hemmen pflegt, hat sie auch im Geschlechtsakt selbst eine ganz hervorragende Funktion; denn sie hemmt eben damit auch das Aufkeimen des Ekels und wirkt ihm insofern entgegen."[363]

Allgemein und grundsätzlich „ist die echte Scham stets auf die Empfindung eines *positiven Selbstwertes* aufgebaut"[364], denn nur das wahrhaft Wertvolle ist auch wirklich schützenswert. Aufgrund dieser ontologischen Verknüpfung von Scham und Seinswert kann das Schamgefühl sodann nicht nur „alle Vorzüge und Schönheiten des Leibes"[365] hervorheben, sondern auch Liebreiz und Noblesse der Geschlechtsorgane und der sexuellen Vereinigung aufleuchten lassen. Insofern „wird nun auch verständlich, dass die Leibesscham speziell in der Geschlechtssphäre auch als einer der hervorragendsten ästhetisch-erotischen Reize wirksam ist".[366]

Durch ihre spezifische Ausrichtung auf das Gute, Schöne und Wertvolle wird die Scham schließlich ein pädagogisch und entwicklungspsychologisch „höchst bedeutender Keimpunkt für die *Entste-*

---

360 Vgl. SCHELER, Scham und Schamgefühl, 81 und 83.
361 Vgl. SCHELER, Scham und Schamgefühl, 107–112.
362 Vgl. SCHELER, Scham und Schamgefühl, 111 u. 132 f.
363 SCHELER, Scham und Schamgefühl, 86. – Vgl. ebd. 139 f.
364 SCHELER, Scham und Schamgefühl, 100.
365 SCHELER, Scham und Schamgefühl, 101.
366 SCHELER, Scham und Schamgefühl, 101.

hung des Gewissens überhaupt"³⁶⁷ und damit in gewisser Weise zur Quelle aller menschlichen Sittlichkeit:

> „Es ist daher die tiefste Weisheit, und nur die bildliche Formulierung einer großen moralgenealogischen Wahrheit, wenn auch der alttestamentliche Mythos den Ursprung des Wissens von Gut und Böse in der ersten Schamreaktion gegeben sein lässt. [...] Auch die primärste Gewissensregung des sich entwickelnden Kindes ist ohne Zweifel die Schamreaktion – gleichsam die organische Grundlage des Gewissens überhaupt. Und alle meine Studien [...] führen mich immer mehr zur Einsicht, daß die jeweils herrschende Geschlechtsmoral durchaus nicht ein bloßer Teil der geltenden Moral ist, [...] sondern daß sie *Wurzel und Keimpunkt aller Moral* und auch der übrigen jeweilig herrschenden moralischen Vorschriften ist, sozusagen die unabhängige Variable in der Bildung aller moralischen Wertideen. Wenn die Sprache unter dem Namen ‚Sittlichkeit' (ohne Beiwort) die geschlechtliche Sittlichkeit schlechthin bezeichnet, so ist dies gar kein Zufall [...], sondern es ist, wenigstens im genealogischen Sinne, völlig den Tatsachen angemessen. [...] So liegt im Schamgefühl und seiner Gesetzmäßigkeit eine der natürlichen Wurzeln und Sanktionen aller Moral – ganz unabhängig von aller positiven Satzung."³⁶⁸

Als „‚Gewissen der Liebe'"³⁶⁹ und „Wegbahnerin zu ‚uns selbst'"³⁷⁰ eröffnet sie „zugleich unser *tieferes* Sein und Leben"³⁷¹, nämlich unsere wesensmäßige Bezogenheit auf das andere Geschlecht bzw. unsere Bestimmung zur liebenden Hingabe. Als „ganz unmittelbares Versprechen der Schönheit"³⁷² wird sie zugleich auch die natürliche Verbündete der erotischen Anziehung und „ein Reiz für die *Liebe*".³⁷³

Jede authentische Liebe bejaht die Scham, weil sie „ebenso den individuellen Selbstwert" der Person intendiert, „wie es ihre Scham

---

367 SCHELER, *Scham und Schamgefühl*, 142.
368 SCHELER, *Scham und Schamgefühl*, 142 f.
369 SCHELER, *Scham und Schamgefühl*, 124.
370 SCHELER, *Scham und Schamgefühl*, 115.
371 SCHELER, *Scham und Schamgefühl*, 115.
372 SCHELER, *Scham und Schamgefühl*, 101.
373 SCHELER, *Scham und Schamgefühl*, 102.

tut"[374] und diese „weigert nicht etwa der Liebe, sondern der Regung des Geschlechts*triebes* bis zur Entschiedenheit der Liebe ihren Ausdruck".[375] Die von der Scham intendierte Bewahrung der Person bildet demnach „keinen Gegensatz zur Selbsthingabe, sondern steht in deren Dienst"[376], denn „Hingabe ist nicht nur kein Sich-Festhalten [...], sie ist auch kein Sich-Wegwerfen"[377] und sie ist auch nur dann „Liebeshingabe, wenn sie nicht schamlos geschieht, und sie wird nur *als* Liebeshingabe, das heißt: liebend entgegengenommen, wenn ihr Scham erwidert".[378]

Die Scham bahnt so „gleichsam den Weg zur Liebe"[379], während sie umgekehrt von der größer und tiefer werdenden Liebe immer stärker absorbiert wird, bis sie schließlich vollständig in der Intimität der bräutlich-ehelichen Liebe aufgefangen bzw. in die gegenseitige Hingabe integriert ist, „sodass die Frau und der Mann sich nicht länger darüber schämen, dass sie ihre Erfahrung sexueller Werte miteinander teilen."[380]

Die Tugend der Keuschheit muss im Unterschied zum Schamgefühl erst bewusst angeeignet und eingeübt werden; gleichwohl geht es auch hier um den Schutz der Liebe „gegen die Gefahren von Egoismus und Aggressivität"[381], um die Vermeidung einer zerstörerischen *„Nicht-Integration* der Liebe"[382] infolge isolierter Sinnlichkeit (Sexualität) und abgespaltener affektiv-emotiver Reaktivität (Erotik):

> „Für den Christen ist die Keuschheit nämlich nicht Unterdrückung der Leidenschaften, sondern sie ist vielmehr die Tugend, die wahre Liebe ermöglicht, indem sie die Triebe und die Affektivität in die Dynamik des persönlichen Reifeprozesses einbindet, der zur Selbsthingabe und zur Annahme des anderen führt."[383]

---

374 SCHELER, *Scham und Schamgefühl*, 102.
375 SCHELER, *Scham und Schamgefühl*, 101. – „Darum ist die Wirkung der echten Scham des Weibes Steigerung der Liebe des Mannes, aber Zurückhaltung des Triebes". (SCHELER, *Scham und Schamgefühl*, 102)
376 SPLETT, *Der Mensch*, 100.
377 SPLETT, *Der Mensch*, 104.
378 SPLETT, *Der Mensch*, 101.
379 WOJTYŁA, *Liebe und Verantwortung*, 268.
380 WOJTYŁA, *Liebe und Verantwortung*, 267.
381 JOHANNES PAUL II., *Familiaris consortio*, 33.
382 WOJTYŁA, *Liebe und Verantwortung*, 212.
383 MELINA, *Liebe auf katholisch*, 83.

Keuschheit zielt auf die Bewahrung der Würde der Person gegenüber einem Werte-Relativismus bzw. *„Subjektivismus der Werte"*[384], der nur noch Lust genießen will und dem alles Andere – „nämlich die Person, insofern sie ‚Leib und Geschlecht' sowie ‚Weiblichkeit oder Männlichkeit' ist – allein und ausschließlich als Quelle der Lust"[385] und Mittel zum Zweck dient:

> „Das Wesen der Keuschheit besteht in einer Lebendigkeit, mit dem Wert der Person in jeder Situation ‚Schritt zu halten', und darin, alle Reaktionen auf den Wert ‚des Leibes und des Geschlechtlichen' auf die personale Ebene ‚emporzuziehen'. Das macht eine besondere innere, geistige Anstrengung nötig, denn die Bejahung des Wertes der Person kann nur das Ergebnis des Geistes sein. Aber diese Anstrengung ist vor allem positiv und kreativ: ‚von innen her', nicht negativ und destruktiv. Es geht nicht darum, in der Summe die Werte ‚Leib und Geschlechtlichkeit' im bewussten Denken ‚für nichtig zu erklären', indem ihr Erleben ins Unterbewusstsein abgedrängt wird, sondern um eine fortwährende, andauernde Integration. Die Werte ‚Leib und Geschlechtlichkeit' müssen im Wert der Person begründet und dort eingepflanzt werden."[386]

6.4 Erziehung zur Zärtlichkeit

> „Man sagt, dass das Berühren die aufrichtigste Form der Mitteilung sei! Die Liebkosungen sind eine einfache Form der Sprache. Sie sind fast die einzige Form, die nicht nur für das ganze Leben bleibt, sondern sogar mit der Zeit immer besser wird. Das Bedürfnis danach, zärtlich zu sein und Zärtlichkeit zu empfangen, nimmt mit dem Alter nicht ab. Sie ist kein ‚Kinderkram' oder etwas für frisch Verliebte. Alle können diese Art von Sprache

---

384 Wojtyła, *Liebe und Verantwortung*, 225.
385 Wojtyła, *Liebe und Verantwortung*, 226.
386 Wojtyła, *Liebe und Verantwortung*, 252.

genießen. Sie lässt uns spüren, dass der andere da ist und uns liebt, uns neu erwählt und bevorzugt, annimmt und ersehnt."[387]

Den nächsten maßgebenden Orientierungspunkt für eine Sexualpädagogik im Sinne einer trinitarisch-personalen Hermeneutik menschlicher Geschlechtlichkeit könnte man mit Johannes Paul II. als „Erziehung zur Zärtlichkeit"[388] bezeichnen. Zärtlichkeit erwächst aus innerer Anteilnahme und Empathie, sie ermöglicht und bewirkt persönliche Nähe „und jeder, der sie aktiv wahrnimmt, sucht seine Gefühle der engen Verbindung mit der anderen Person und ihrer Situation dieser mitzuteilen".[389]

Zärtlichkeit im Schauen, im Sprechen, in der Berührung und in der leiblichen Vereinigung lässt die geliebte Person spüren, dass sie ganz um ihrer selbst willen angenommen und als individuelle Person bejaht wird. Sie ist darum der adäquate Ausdruck personaler Liebe, der jederzeit sowohl die geistige als auch die leibliche Begegnung mit der geliebten Person bestimmen muss. Als Ausdruck personaler Liebe weckt und belebt Zärtlichkeit die personale Hingabebereitschaft der geliebten Person, wenn diese der *Sprache des Leibes* vertraut und die *Botschaft der Zärtlichkeit* versteht, wenn sie sich ganz bejaht und angenommen fühlt.

Aufgrund ihrer Mehrdimensionalität im Ausdruck (Worte, Blicke, Mimik, Gestik, Berührungen), ihrer ganzheitlichen Umfassung und ihrer Resonanzwirkung bzgl. der Hingabebereitschaft der anderen Person, ist Zärtlichkeit als Ausdruck personaler Liebe auch wesentlich mehr als eine rein mechanische Stimulation erogener Körperzonen. Sie ist gerade keine inhaltslose und *stumme* Manipulation, sondern vielmehr eine kreative und dialogische Begegnungsweise, die den Menschen als Person aktuiert, weil sie ihm einen geistigen Gehalt mitteilt und im Kern zu einer personalen Antwort motiviert. Zärtlichkeit erfordert die Fähigkeit, sich „in die Emotionen und Erfahrungen einer anderen Person hinein zu versetzen".[390] Auf diese

---

[387] Teresa Suarez Del Villar, *Mit dem ganzen Körper lieben – Aspekte aus der Beratungspraxis*, in: Maria Groos, Teresa Loichen und Manfred Gerwing (Hg), *Liebe, Leib und Leidenschaft. Zur Theologie des Leibes von Johannes Paul II. Reflexionen und exemplarische Einblicke*, Kißlegg 2013, 95–116, hier 109.
[388] Wojtyła, *Liebe und Verantwortung*, 300.
[389] Wojtyła, *Liebe und Verantwortung*, 297 f.
[390] Wojtyła, *Liebe und Verantwortung*, 400.

Weise kann die Zärtlichkeit die geistige und körperliche Begegnung der Geschlechter, ihr gegenseitiges Verstehen, Achten und Helfen fördern und im Sexualleben „eine große Rolle bei der Harmonisierung des ehelichen Verkehrs spielen".[391]

Grundlegend für eine die Person adäquat bejahende Zärtlichkeit ist jene personale Haltung, die Dietrich von Hildebrand als *Ehrfurcht* bezeichnet und die sowohl den Leib und die Person des Geliebten als auch die Sphäre menschlicher Sexualität und damit das „Geheimnis der Liebe zwischen Mann und Frau"[392] umfassen muss: Sie „verlangt Achtung vor dem Geliebten, vor seinem Körper, Ehrerbietung vor der großen geheimnisvollen Einheit zweier Seelen in einem Fleisch, vor dem Mysterium der Entstehung eines neuen Menschen".[393]

Im Liebenden mit seiner Sehnsucht nach Einheit und Vereinigung manifestiert sie sich als „jene Haltung, die Abstand hält und so das je Anderssein der geliebten Person ernst nimmt und zur Geltung bringt".[394] Ehrfurcht lässt darum alles Seiende, in besonderer Weise aber den anderen Menschen stets um seiner selbst willen *da* sein, sie schenkt ihm den notwendigen Freiraum zur Entfaltung und Mitteilung „in seinem unverwechselbaren Du-Sein".[395] Gerade deshalb vermag sie auch seinen einzigartigen Wert zu erkennen und ihn – staunend vor Freude und Bewunderung – zärtlich liebend in angemessener Weise zu würdigen:

> „Es gibt ja in der Vereinigung über Unterschiede hinweg keine Hingabe, keine opferbereite Liebe, wenn der Andere nicht im ursprünglichen Horizont seiner Person erfasst wird, sondern lediglich zum Instrument der eigenen ichsüchtigen Selbstgefälligkeit wird. Man liebt den Anderen nicht, solange man nicht seine Bestimmung liebt. Das *Du* ist keine Verlängerung des *Ich*. Das *Du* ist das Geheimnis des Anderen, der danach verlangt, in seiner Bestimmung bestärkt zu werden. Es gibt keine wah-

---

391 WOJTYŁA, *Liebe und Verantwortung*, 400.
392 DIETRICH VON HILDEBRAND, Die Bedeutung der Ehrfurcht in der Erziehung, in: *Idolkult und Gotteskult. Gesammelte Werke, Band VII*, Regensburg/Stuttgart 1974, 365–374, hier 367 (im Folgenden abgekürzt mit Autor, *Bedeutung der Ehrfurcht*, Seitenzahl).
393 VON HILDEBRAND, *Bedeutung der Ehrfurcht*, 367.
394 GERHARDT MARSCHÜTZ, *Die verlorene Ehrfurcht. Über das Wesen der Ehrfurcht und ihre Bedeutung für unsere Zeit*, Würzburg 1992, hier 293 (im Folgenden abgekürzt mit Autor, *Die verlorene Ehrfurcht*, Seitenzahl).
395 MARSCHÜTZ, *Die verlorene Ehrfurcht*, 293.

re Liebe, keine echte Gemeinschaft zwischen Mann und Frau, selbst innerhalb jener innigen Beziehung zwischen Ehemann und Ehefrau, welche beide zu *einem Fleisch* werden lässt, ohne die Erfahrung eines gewissen Abstandes. Ohne die Fähigkeit, den Blick metaphysisch auf etwas anderes zu richten als auf das, was ich fühle, will oder tue für denjenigen, den ich zu lieben behaupte, wird es nie wahre Liebe geben."[396]

6.5 *Annahme und Achtung der geschlechtlichen Differenz*

„Im Geschlechtsakt kann es für den Mann leichter sein als für die Frau, zu sagen, wo die Höhepunkte sind. Für den Mann ist es die Entleerung. Für die Frau kann schon der Augenblick des Eindringens des Mannes ein Höhepunkt sein, aber auch andere Augenblicke. Die Frau hat eine größere Ausbreitung und Kontinuität als der Mann."[397]

Die Ehrfurcht vor dem anderen lässt aber Mann und Frau „auch die entscheidende Rolle der Geschlechterdifferenz anerkennen"[398] und wertschätzend als gegenseitige Bereicherung annehmen und wenn „Leib die Weise besagt, wie jemand ursprünglich in Welt und Mitwelt lebt, kann es nicht nebensächlich sein, ob ein Mensch darauf angelegt ist, neun Monate werdendes Leben in sich zu tragen oder nicht. Und alles andere als nebensächlich für die Welt- und Selbstsicht eines Menschen muss es sein, ob er darauf angelegt ist, in den Leib eines anderen einzudringen oder einen anderen Menschen in sich eindringen zu lassen."[399]

Die Bejahung der Geschlechterdifferenz meint jedoch nicht nur die ganzheitliche Annahme der andersgeschlechtlichen Person, sondern impliziert zugleich die Forderung, auch „die eigene Geschöpflichkeit anzunehmen, in der Begrenztheit einen Weg zur Öffnung gegenüber dem anderen in einer Begegnung zu erkennen"[400] – und eine so verstandene Begegnung der Geschlechter kann wiederum

---

396 SCOLA, *Das hochzeitliche Geheimnis*, 371 f.
397 VON SPEYR, *Theologie der Geschlechter*, 23.
398 SPLETT, *Der Mensch*, 55.
399 SPLETT, *Der Mensch*, 54.
400 MELINA, *Liebe auf katholisch*, 62.

"niemals wahr sein, wenn sie die bleibende Distanz nicht akzeptiert"[401], wenn also Mann und Frau ihre gegenseitigen Geschlechtsunterschiede nicht respektieren und liebevoll annehmen. Gerade in diesem Kontext manifestiert sich aber auch die positive Bedeutung der erotischen Anziehung zwischen den Geschlechtern; denn insbesondere die Erfahrung des Menschen, dass er sich als Mann oder Frau „zu einer Person des anderen Geschlechts [...] auf geheimnisvolle Weise angezogen fühlt"[402], lässt ihn staunend entdecken, „daß der Unterschied auch ein *Gut* ist: Er ist die Verheißung einer Erfüllung in der Beziehung. Die Einsamkeit wird so zum Warten auf Gemeinschaft"[403] [und noch] „bevor der Mensch irgendeine Entscheidung trifft oder irgendeine Beeinflussung durch das soziale Umfeld erfährt, ist der Mann schon auf die Frau ausgerichtet und die Frau auf den Mann. Das Phänomen der Erotik ist also keine irrationale, abgeleitete Variante des rationalen Denkens. Die Liebe kommt nicht vom Ich, sondern sie geht ihm voraus. [...] Gerade in ihrem Geschlechtsunterschied entdecken der Mann und die Frau, dass sie dazu bestimmt sind, in der Einheit mit der jeweils andersgeschlechtlichen Person ihre Erfüllung zu finden."[404]

Eine sexualpädagogische intendierte Achtung und Annahme des *Gutes* der Geschlechterdifferenz sollte einerseits bewirken, dass Mann und Frau ihre überaus vielschichtige psychische Polarität (Gegensätzlichkeit) erfassen, wertschätzen und in das bräutliche Sich-Schenken integrieren können, andererseits aber auch das damit verbundene Konfliktpotential aufzeigen, das beide Geschlechter im alltäglichen Zusammenleben kennen und berücksichtigen müssen. Im Vordergrund dürften dabei weniger biologische als vielmehr kommunikative, kognitive und emotionale Geschlechtsunterschiede stehen.[405] Das Bewusstsein für die sexuelle Komplementarität (Ergänzung) und Re-

---

401 MELINA, *Liebe auf katholisch*, 62.
402 MELINA, *Liebe auf katholisch*, 46.
403 MELINA, *Liebe auf katholisch*, 46.
404 MELINA, *Liebe auf katholisch*, 47.
405 Vgl. DORIS BISCHOF-KÖHLER, *Von Natur aus anders. Die Psychologie der Geschlechtsunterschiede*, Stuttgart 2006 und RAPHAEL BONELLI, *Frauen brauchen Männer und umgekehrt. Couchgeschichten eines Wiener Psychiaters*, München 2018 sowie JOHN GRAY, *Männer sind anders. Frauen auch. Männer sind vom Mars. Frauen von der Venus*, München 1992. Immer noch lesenswert sind zudem PHILIPP LERSCH, München 1947 und FREDERIK J. J. BUYTENDIJK, *Die Frau. Natur – Erscheinung – Dasein*, Köln 1953.

ziprozität (Entsprechung, Gegenseitigkeit) muss darüber hinaus auch das Verständnis des Geschlechtsverkehrs durchdringen:

„Der Erregungsablauf beim Koitus ist ein spontanes Wechselspiel zwischen männlicher und weiblicher Erregung oder anders ausgedrückt: Die Erregung ist eine Funktionseinheit von männlichen und weiblichen Elementen, wobei jedes Element nicht nur seine Bedeutung für die eigene Befriedigung und den eigenen Funktionslauf hat, sondern immer schon auf die Erregung des Partners und dessen Funktionsablauf bezogen ist. Daher liegen auch die am leichtesten störbaren, d. h. sensibelsten Funktionen bei Mann und Frau an verschiedenen Stellen, so daß die Gesamtstörbarkeit des Sexualablaufs geringer ist, als wenn Mann und Frau in der gleichen Phase ihren verwundbarsten Punkt hätten."[406]

Die sexuelle Vereinigung ist also kein „Nebeneinander, sondern ein Ineinander"[407] mit einer gewissen gegenseitigen Bedürftigkeit der Geschlechter. Die eigene sexuelle Erregung und Lustempfindung wird darin jeweils zum hilfreichen Gut und Geschenk für den anderen und selbst wiederum reziprok durch dessen Erregung, Lust und Freude gesteigert: „Das Glück der Liebenden besteht eben [...] im Genießen des Geliebten"[408], „in der gegenseitigen Teilhabe und Steigerung durch Resonanz"[409], d. h. aber auch im Gegenzug: „Wenn du nur mir Freude

---

[406] PAUL MATUSSEK, Funktionelle Sexualstörungen, in: HANS GIESE (HG), Die Sexualität des Menschen. Handbuch zur medizinischen Sexualforschung, Stuttgart 1971, 786–828, hier 801 f. (im Folgenden abgekürzt mit Autor, Sexualstörungen, Seitenzahl).

[407] MATUSSEK, Sexualstörungen, 800. – „Keiner kann ohne die Hilfe des andern über die labilen Stellen hinwegkommen. Es gibt kein Nebeneinander, sondern ein selbstloses Füreinander im gegenseitigen Dienst der Liebe. Dadurch kommt es zur befriedigenden und beglückenden Funktionseinheit." (LEOPOLD PROHASKA, Geschlechtsgeheimnis und Erziehung. Psychologie und Anthropologie der Geschlechter als Grundlage einer modernen Sexualpädagogik, Wien 1958, hier 84).

[408] GERL-FALKOVITZ, Ach, die Liebe!, 159.

[409] GERL-FALKOVITZ, Ach, die Liebe!, 158. – Dass das Genießen des geliebten Ehepartners im Liebesakt keine Missachtung seiner Personwürde ist, klärt sich anhand der „Unterscheidung [...], die der heilige Augustinus zwischen uti (‚gebrauchen') und frui (‚genießen', hier: ‚um seiner selbst willen erstreben') vorgenommen hat. Der heilige Augustinus hat auf diese Weise zwei Haltungen unterschieden: Die eine strebt nach der Lust um ihrer selbst willen, ohne Rücksicht auf das Objekt, und das ist es, was er als uti bezeichnet. Die andere findet Freude in der ganzheitlichen Zuwendung zum Objekt, da genau dies von der Natur des Objekts gefordert ist, und dies hat er als frui bezeichnet. Das Liebesgebot weist im gegenseitigen Umgang von Personen verschiedenen Geschlechts innerhalb und außerhalb der Ehe den Weg zu jenem frui." (WOJTYŁA, Liebe und Verantwortung, 70).

machst, ohne dabei [im Liebesakt – Anm. d. Vfs.] selber Freude zu empfinden, dann hört auch für mich die Freude sehr bald auf."[410] Aus diesem Grund „sollte man nach Johannes Paul II. eine übermäßige Abgrenzung zwischen Eros [begehrender, bedürftiger Liebe – Anm. d. Vfs.] und Agape [selbstloser, schenkender Liebe – Anm. d. Vfs.], zwischen sexueller Erfüllung und der uneigennützigen Gabe des Selbst in der Liebe zwischen Mann und Frau vermeiden. Es wäre keine Agape, sondern ein Schlag ins Gesicht des Ehepartners zu sagen: ‚Ich gebe mich dir nur zu deinem eigenen Wohl hin, ich bin nicht an einer Freude interessiert, die du mir bereiten könntest.' Erotische Spannung und Lust sind wesentliche Bestandteile der Agape der Ehe."[411]

Mann und Frau müssen deshalb beim Geschlechtsakt ihre mit der Geschlechterdifferenz verknüpften besonderen sexuellen Bedürfnisse achten und beispielsweise auch den unterschiedlichen Verlauf ihrer sexuellen Erregungskurven berücksichtigen: „Es gibt einen Rhythmus, der von der Natur als solcher gegeben ist und den beide Gatten entdecken müssen, sodass der Höhepunkt sowohl vom Mann als auch von der Frau erreicht werden kann und sich soweit als möglich bei beiden gleichzeitig ereignet."[412]

Da das Ansteigen und Abklingen der sexuellen Erregung bei der Frau i. d. R. langsamer erfolgt[413], muss der Mann auf ihren Erregungsrhythmus und auf ihr spezifisches Verlangen „nach Zärtlichkeit während des physischen Verkehrs – und auch bevor er anfängt und nach

---

410 VON SPEYR, *Theologie der Geschlechter*, 144. – Matussek berichtet beispielsweise, dass „sexuelle Erregung und Sekretion bei Frauen nachlassen bzw. ganz aussetzen können, wenn sie spüren, daß der Mann an ihrem Genitale nur ihretwegen und nicht zur eigenen Erregungssteigerung manipuliert" (MATUSSEK, *Sexualstörungen*, 800).
411 MICHAEL WALDSTEIN, *Einführung in die Theologie des Leibes*, in: CORBIN GAMS (HG), *Amor. Als Abbild Gottes schuf er ihn. Jahrbuch der Theologie des Leibes 2020*, Heiligenkreuz 2020, 53–213, hier 209 f. – Im Widerspruch zu den populären antagonistischen Setzungen von sinnlichem *Eros* (begehrende Liebe) und geistiger *Apape* (selbstlose Liebe) durch den lutherischen Theologen Anders Nygren bzw. von *Sein* (Freilassen) und *Haben* (Besitzenwollen) bei Erich Fromm, charakterisiert Gerl-Falkovitz (*Ach die Liebe!*, 195) das Wesen der (geschlechtlichen) Liebe als „hingerissen sein von", „leben und sterben für" und „sich ergreifen lassen", was gerade deshalb nicht absolut uneigennützig ist, weil es „dem tiefsten Selbst des Liebenden" entspricht, auch das sexuelle Begehren erfüllt und insofern gesunder Selbstliebe mit ihrer tiefen Sehnsucht nach *Liebesglück* gerecht wird.
412 WOJTYŁA, *Liebe und Verantwortung*, 396.
413 Vgl. WOJTYŁA, *Liebe und Verantwortung*, 396 u. 400.

seinem Abschluss"[414] besondere Rücksicht nehmen. Er soll sich mit Hilfe einer Kultur der selbstlosen, „uneigennützigen Zärtlichkeit"[415] behutsam in die Frau einfühlen und so auf eine Harmonisierung der ehelichen Vereinigung hinwirken. Die Frau erlebt seine zärtliche Zuwendung in gewisser Weise dreifach als feinfühlige Begleitung und Steigerung ihrer sexuellen Erregung, als liebevolle Bejahung ihrer weiblichen Sexualität und als beglückende Annahme ihrer Person. Seine zärtliche Rücksichtnahme auf die Frau ermöglicht dem Mann zugleich die einfühlende Wahrnehmung ihres seelischen Erlebens und trägt so entscheidend dazu bei, dass er im Geschlechtsverkehr den Höhepunkt der sexuellen Erregung nicht lediglich allein erreicht, sondern gemeinsam mit seiner Frau, also „in Harmonie [...], mit voller Einbeziehung beider Partner".[416]

Der Mann muss hierbei „die subjektiven Sehnsüchte der Frau beim Verkehr und die objektiven Gesetze des sexuellen Prozesses, die sich bei ihr abspielen"[417], im Blick behalten und auch dem Umstand Rechnung tragen, „dass es für die Frau von Natur aus schwierig ist, sich in der sexuellen Beziehung an den Mann anzupassen, d. h. dass es eine natürliche Unausgeglichenheit der physischen und psychischen Rhythmen gibt, sodass ein Bedürfnis nach Harmonisierung besteht, welche ohne guten Willen unmöglich ist, besonders auf der

---

414   WOJTYŁA, Liebe und Verantwortung, 400. – „Es ist ohnedies schwerer für die Frau, als der Mann es sich vorstellt, bald nach dem Akt mit dem empfangenen Samen alleingelassen zu werden. [...] Sie kann sich oft sehr verlassen vorkommen und bedarf einer großen Zärtlichkeit des Gatten." (VON SPEYR, Theologie der Geschlechter, 49).
415   WOJTYŁA, Liebe und Verantwortung, 400.
416   WOJTYŁA, Liebe und Verantwortung, 396. – „Eine der Formen egoistischen Vorgehens beim Vollzug der körperl. Einung liegt darin, daß ein Partner (meistens der Mann) den Verkehr ohne körperl.-seelische Vorbereitung des anderen verlangt. Zum menschl. Gelingen der vollen sexuellen Begegnung tragen vielerlei Formen der Annäherung und des Kontaktes bei, durch die die Partner einander umwerben und einstimmen. In ihnen wird schon die Sexualität des Menschen angesprochen und betätigt, ohne daß es jedoch zum Orgasmus [...] kommt; die Moraltheologie hat sie als *unvollständige geschlechtl. Akte* bezeichnet. Wenn solche Akte *in Verbindung mit dem ehel. Verkehr* gesetzt werden, ihn vorbereiten und vollenden, bilden sie mit ihm ein moralisches Ganzes; in sittl. Beurteilung sind sie daher nicht von ihm zu trennen. Im besonderen ist darauf zu achten, daß die Frau häufig langsamer zum Orgasmus kommt als der Mann. Gegen vorbereitende und nachfolgende geschlechtl. Akte, durch die die Verschiedenheit des Rhythmus ausgeglichen werden soll, ist nichts einzuwenden, auch wenn die Frau im Notfall sie allein an sich vollzieht. Gegen die Liebe verstößt der Mann, der sich nach seinem Orgasmus zurückzieht und die Frau ungelösten Spannungen überläßt; er kann ihr dadurch auf die Dauer den ehel. Verkehr verleiden." (KARL HÖRMANN, Geschlechtlichkeit, Spalte 680).
417   WOJTYŁA, Liebe und Verantwortung, 397.

Seite des Mannes, der die Reaktionen der Frau sorgsam beachten muss".[418] Johannes Paul II. unterstreicht die herausragende Bedeutung von zärtlicher Zuwendung und (vor allem *männlicher*) Rücksichtnahme in der Intimität der ehelichen Umarmung mit folgender Warnung: „Die Nichtbeachtung dieser Erkenntnisse der Sexualwissenschaft in der ehelichen Beziehung steht im Gegensatz zum Wohl des anderen Ehepartners und zur Dauerhaftigkeit und zum Zusammenhalt der Ehe selbst."[419]

Im Gegenzug soll auch die Frau „den Mann zu verstehen suchen und ihn zugleich dazu erziehen, dass er sie versteht"[420] und auf sie Rücksicht nimmt. Sie darf sich ihm gegenüber nicht innerlich kalt verschließen und den Liebesakt gleichgültig oder gar nur widerwillig über sich ergehen lassen. Vielmehr muss sie ihrem Mann das zärtliche Einfühlen in ihr Wesen erleichtern und sein liebevolles Bemühen um eine Harmonisierung des ehelichen Verkehrs unterstützen, sich zugleich aber auch bewusst sein, dass der männlichen Einflussnahme auf ihr sexuelles Erleben gewisse Grenzen gesetzt sind:

> „Sicher gibt es große Unterschiede, was im Einzelnen gefällt und für die Erregung hilfreich ist. [...] Das ist eine Frage der Kommunikation und Abstimmung. Die motorische Phase der Lust hingegen – die orgastische Entladung – kann nur zugelassen und nicht delegiert werden; es geht darum, sich dem unwillkürlichen muskulären Geschehen und energetischen Strömen zu überlassen. [...] Kein Mann kann einer Frau den Orgasmus machen. Über Hinderliches oder Hilfreiches muss die Frau

---

418 WOJTYŁA, *Liebe und Verantwortung*, 397 – „Manchmal ist Frigidität das Ergebnis einer Hemmung auf Seiten der Frau selbst oder einer fehlenden Miteinbeziehung, welche bisweilen sogar ihre eigene Schuld sein kann. Aber am häufigsten ist sie doch das Resultat des Egoismus beim Mann, der dabei versagt, die subjektiven Sehnsüchte der Frau beim Verkehr und die objektiven Gesetze des sexuellen Prozesses, die sich bei ihr abspielen, zu erkennen, und der bloß seine eigene Befriedigung sucht, manchmal auf geradezu brutale Weise." (ebd.)
419 WOJTYŁA, *Liebe und Verantwortung*, 397.
420 WOJTYŁA, *Liebe und Verantwortung*, 401. – „Verlegenheiten des Mannes beim Akt, Ängste der Frau lassen sich durch echte Liebe überwinden, was nicht heißen soll, daß dem Mann nicht voller Rücksicht auf die Frau, und sie nicht hilfreich sein soll." (VON SPEYR, *Theologie der Geschlechter*, 113) – „Die gute Nachricht ist, dass Ihr Mann es lernen kann, Ihnen im sexuellen Bereich viel Freude zu bereiten. Die schlechte Nachricht ist, dass Sie es ihm beibringen müssen." (SUSAN DEVRIES u. BOBBIE WOLGEMUTH, *Was jede Braut wissen sollte. Die 12 besten Tipps für die Ehe*, Marburg 2015, 163 – im Folgenden abgekürzt mit Autor, *Was jede Braut wissen sollte*, Seitenzahl).

den Mann informieren und aufklären, aber das Loslassen liegt allein bei ihr."[421]

Für die Frau ist hierbei wichtig, dass sie die männliche Sexualität allgemein, insbesondere aber das sexuelle Verlangen ihres Mannes nicht einfach nur auf eine rein biologisch bedingte Triebveranlagung oder egozentrische Begehrlichkeit zurückführt und deshalb grundsätzlich in Frage stellt oder gar prinzipiell zurückweist, sondern vielmehr als Ausdruck einer wesensmäßig verankerten verschwenderischen Fülle des bräutlichen Sich-Schenkens ansieht; dass sie seine Sexualität in ihrem Herzen grundlegend bejaht und verständnisvoll[422] annimmt, weil und insofern eben der Mann durch und mit seinem Leib analoges Zeugnis ist für das innertrinitarische unbegrenzt-überfließende und stets neu sich vollziehende Sich-Verschenken des göttlichen Vaters an den Sohn. Umgekehrt müssen natürlich auch die mit der sexuellen Vereinigung verbundene Aufnahme des Mannes im Leib der Frau und der Empfang seines Samens als ebenso bedeutsames Zeugnis für die innertrinitarische Annahme des Vaters durch den göttlichen Sohn und damit als gleichwertige bräutlich-leibliche Hingabe der Frau an den Mann gesehen werden.[423]

6.6 Widerstand gegen depersonalisierende Tendenzen

„Wird der Akt außerhalb der reinen Liebe vollzogen, dann behält er die Qual der Begierlichkeit, die Sucht, sich gewaltsam auf den Gipfel der Lust zu steigern. Und nach Beendigung bleibt die gleiche Qual zurück, die erneut die Begierde anstachelt, um

---

[421] HANS-JOACHIM MAAZ, *Die neue Lustschule. Sexualität und Beziehungskultur*, München 2016, 170.

[422] „Eine Frau, die versteht, was in ihrem Mann sexuell vorgeht, und die sein sexuelles Interesse an ihr als Zeichen seiner Treue sieht, statt als Zeichen von Egoismus, hat am Ende ein viel erfüllteres, schöneres Liebesleben." (DEVRIES/WOLGEMUTH, *Was jede Braut wissen sollte*, 160).

[423] „In the marriage relationship [...] each partner opens a way to God and reveals God to the other such that the focus is on God, not on oneself. Adrienne observes that God gives human nature a rich analogy of heavenly love in the man-woman relationship, whereby each spouse embodies different aspects of divine love. For her part, the woman is always ready to respond to the man and to be receptive to him. Thus, in her the *receptivity* of love is emphasized. For his part, the man loves without calculating. His is a love that gives itself to the point that its prodigality serves as an image to comprehend the Lord's Body in the Eucharist. Thus, in the man, the *prodigality* of love is underlined." (BERG, *Christian Marriage*, 152).

nach neuer Befriedigung Ausschau zu halten: ein Auf und Ab ohne Ende."⁴²⁴

Die personalistische Norm, die menschliche Sexualität auf den Ausdruck personaler Liebe verpflichtet, fordert notwendig auch den Widerstand gegen alle Formen depersonalisierender Arrangements und Praktiken im Bereich der Sexualität. In diesem Sinne ist deshalb entschieden „der oft stillschweigend angenommenen Voraussetzung zu widersprechen, der Geschlechtsakt und auch die ihn integrierende bräutliche Liebe seien zumindestens in einem gewissen Rahmen der beliebigen Interpretation durch den Menschen in einer bestimmten Kultur anheimgegeben".⁴²⁵

Zwischen Mann und Frau darf es keine gegen ihre Würde gerichtete Selbstverleugnung oder Erniedrigung geben und gerade in sexueller Hinsicht – angesichts empirischer Anhaltspunkte, dass Männer „in viel höherem Maße" den Wunsch haben, „die eine oder andere ihrer erotischen Vorstellungen einmal real zu erleben"⁴²⁶ – schon gar nicht eine irgendwie historisch, kulturell oder religiös hergeleitete Unterordnung der Frau unter den Mann eingefordert werden.⁴²⁷ Eine wahrhaft humane Sexualerziehung muss vielmehr vermitteln, dass die leibliche Begegnung und Vereinigung von Mann und Frau auch in *humaner* Weise"⁴²⁸ zu vollziehen bzw. „entsprechend der wahren menschlichen Würde"⁴²⁹ zu gestalten ist; dies bedeutet, „dass die bräutliche Liebe nicht jedwede Form von ‚sexuellem Verhalten', von der Pornographie bis hin zu sadomasochistischen Praktiken zu ihrem Ausdruck machen kann, und zwar auch dann nicht, wenn sie in

---

424 VON SPEYR, *Theologie der Geschlechter*, 105.
425 ANDREAS LAUN, *Zur sexuellen Enthaltsamkeit vor der Ehe*, in: *Aktuelle Probleme der Moraltheologie*, Wien, 99–118, hier 111 (im Folgenden abgekürzt mit Autor, *Zur sexuellen Enthaltsamkeit*, Seitenzahl).
426 UWE HARTMANN, *Inhalte und Funktionen sexueller Phantasien. Ergebnisse einer Panel-Studie an Männern und Frauen*, Stuttgart 1989, 110.
427 Schon in der 1930 veröffentlichten Enzyklika *Casti connubii* wird eine paulinisch (5 Eph 21-33) begründete und insofern bereits durch die „Norm der Liebe" (25) regulierte Unterordnung der Frau von Papst Pius XI. in fundamentaler Weise eingeschränkt: „Die Unterordnung der Gattin unter den Gatten leugnet und beseitigt nun aber nicht die Freiheit, die ihr auf Grund ihrer Menschenwürde und der hehren Aufgabe, die sie als Gattin, Mutter und Lebensgefährtin hat, mit vollem Recht zusteht. Sie verlangt auch nicht von ihr, allen möglichen Wünschen des Mannes zu willfahren, die vielleicht unvernünftig sind oder der Frauenwürde weniger entsprechen." (27).
428 Vgl. *Gaudium et spes*, 49.
429 *Gaudium et spes*, 51.

Freiheit vollzogen werden".⁴³⁰ Von besonderer Bedeutung ist hierbei sicher auch das Faktum, „daß sich, wie Max Scheler hervorhebt, die menschlichen Geschlechtsteile von der Afterregion, wo sie sich bei vielen weiblichen Tieren befinden, gelöst haben, daß die Ehepartner als Personen im Geschlechtsverkehr einander das Gesicht zuwenden, einander küssen, einander ihre Liebe in personaler Weise und auch durch Worte der Liebe bekunden können, etc."⁴³¹

Eine depersonalisierende Ausgestaltung menschlicher Sexualität ist – selbst bei gegenseitigem Einverständnis – stets dann gegeben, wenn das personale Selbstsein von Mann und Frau, sei es durch eine herrschsüchtige „Negation des Anderen"⁴³² oder durch eine versklavende „Auslieferung an das Du"⁴³³, missachtet wird bzw. wenn eine innere egozentrische Begehrlichkeit nach Lust, Besitz oder Macht⁴³⁴ die bräutliche Bedeutung des Leibes verdunkelt und entstellt⁴³⁵, indem sie „dem Menschen die Würde des Geschenks entzieht, die sich in seinem Körper durch die Weiblichkeit und die Männlichkeit ausdrückt".⁴³⁶

Eine entsprechende Haltung, Neigung oder Absicht, die „in gewisser Weise den Menschen entpersönlicht"⁴³⁷, manifestiert sich etwa dergestalt, dass

— versucht wird, die Person „auf ihren Körper zu reduzieren, der benutzt werden kann zur Zeugung von Nachwuchs oder zur eigenen Befriedigung"⁴³⁸;

---

430   LAUN, *Zur sexuellen Enthaltsamkeit*, 111.
431   JOSEF SEIFERT, *Kirche und Homosexualität*, in: Forum Katholische Theologie 8 (1992) 4, 278–289, hier 283.
432   ULRICH, *Mensch als Anfang*, 55.
433   ULRICH, *Mensch als Anfang*, 55.
434   JOHANNES PAUL II. (*Die menschliche Liebe*, 205, (26,1) bezieht sich in seiner Analyse der menschlichen Begehrlichkeit sowohl auf die im ersten Brief des Evangelisten Johannes (1 Joh 2,16–17) angesprochene dreifache Begehrlichkeit des Fleisches, der Augen und des Stolzes als auch auf die von Paul Ricoeur als *Meister des Argwohns* (ebd. 300, Kat. 46,1) bezeichneten Denker Friedrich Nietzsche, Karl Marx und Sigmund Freud, die den Menschen jeweils ganz und gar durch das Streben nach Macht (Nietzsche), Besitz (Marx) oder Lust (Freud) bestimmt sahen: „In der Hermeneutik Nietzsches entsprechen Anklage und Verurteilung des menschlichen Herzens gewissermaßen dem, was in der biblischen Sprache ‚Stolz des Lebens' heißt; in der marxistischen Hermeneutik dem, was in der Bibel ‚Begehrlichkeit der Augen' genannt wird, in der Hermeneutik Freuds hingegen dem, was ‚Begehrlichkeit des Fleisches' heißt." (ebd. 301 (46,2).
435   Vgl. JOHANNES PAUL II., *Die menschliche Liebe*, 227 (30,5).
436   JOHANNES PAUL II., *Die menschliche Liebe*, 236 (32,4).
437   JOHANNES PAUL II., *Die menschliche Liebe*, 236 (32,4).
438   CID VAZQUEZ, *Charisma der Frau*, 98.

- nicht wirklich die personale Begegnung und gegenseitige leibliche Hingabe, sondern primär die Realisierung einer bestimmten Phantasie bzw. die Übernahme und Ausgestaltung einer bestimmten Rolle ersehnt und gesucht wird;

- eine die Person zurücksetzende und herabwürdige Fixierung auf bestimmte Körperteile oder Objekte (Fetische)[439] gegeben ist;

- der legitime Anspruch personaler Liebe auf Intimität und Zärtlichkeit missachtet wird und stattdessen – vielfach motiviert durch einen latenten Hass auf das andere Geschlecht – Sexualität in obszöner (bewusst schamverletzendes oder ekelerregendes Reden und Verhalten) und pornographischer Weise praktiziert wird, in beiden Fällen mit Tendenzen „einerseits ins Fäkalische, andererseits zum Sadismus"[440] hin;

- die sexuelle Vereinigung als erniedrigende Unterwerfung, lieblose Routine, kalte Pflicht oder egozentrische Selbstbefriedigung praktiziert wird;

- eine suchtähnliche Dynamik die Selbstbestimmung und innere Freiheit des Sich-Schenkens[441] einschränkt und so grundsätzlich das personale Strukturgefüge des Menschen, nämlich „die innere Herrschaft und die Freiheit des Geistes"[442] bedroht.

---

439 „Wenn aber die Haare oder der Fuß, die den Fetischisten erregen, Teile des weiblichen Körpers sind, so ist doch auch dieser Körper selbst mit allem, was dazu gehört, nur ein Teil des weiblichen Wesens, und trotzdem werden die so zahlreichen Männer, die den weiblichen Körper an sich lieben, nicht Fetischisten genannt, werden nicht als verrückt angesehen und keiner ärztlichen Behandlung unterzogen. Worin besteht denn aber hier der Unterschied? [...] Wenn dem Prinzip nach diejenige geschlechtliche Beziehung anormal ist, bei der ein Teil an die Stelle des Ganzen gesetzt wird, so müssen auch die Leute, die auf die eine oder andere Weise den Körper von Frauen für die Befriedigung ihres sinnlichen Verlangens kaufen und eben dadurch den Körper von der Seele trennen, in geschlechtlicher Hinsicht als anormal angesehen werden, als psychisch Kranke, als Fetischisten in der Liebe oder sogar als Nekrophile." (VLADIMIR SOLOVEV, *Der Sinn der Liebe*. Hamburg 1985, 39).
440 SPLETT, *Der Mensch*, 109.
441 Vgl. JOHANNES PAUL II., *Die menschliche Liebe*, 236 (32,6).
442 JOHANNES PAUL II., *Die menschliche Liebe*, 236 (45,2). – „So verzehren sie einander in der Begierde des Selbstseinwollens, ohne jemals (auf diesem Wege) sie selbst werden zu können." (Ulrich 1970, 55).

Die angeführten Kriterien depersonalisierender Sexualität entsprechen in mehrfacher Hinsicht den von Giese schon 1962 beschriebenen Leitsymptomen sexueller Perversionen. In seiner *Psychopathologie der Sexualität* erwähnt er im Zusammenhang mit der Genese sexueller Perversionen:

8. den „Verfall an die Sinnlichkeit"[443], d. h. „die starre Einengung, Fixierung, Festlegung auf das Reizempfinden allein, ohne Berücksichtigung der ‚Person' dessen, von der der Reiz ausgeht"[444];

9. eine „charakteristische Steigerung der Frequenz der sexuellen Betätigung"[445] bei gleichzeitiger Minderung der Befriedigung;

10. eine durch Promiskuität und Anonymität sowie durch das Fehlen von Intimität begünstigte Verdinglichung und Entwürdigung des Partners: „Zum Wesen der Perversion gehört es, einen Partner nur zur Ausführung, besser gesagt als Gegenstand der Praktik zu besitzen, aber nicht als Person für sich, und dies exemplarisch deutlich bei sadomasochistischen Vollzügen. Darum ist ja auch die (der sexuellen Funktion ganz und gar widersinnige) Beliebigkeit des Partnerwechsels überhaupt möglich."[446] Der Partner wird also oft gewechselt und häufig gerade deswegen ausgewählt, weil man ihn nicht oder nur ganz flüchtig kennt bzw. weil er nicht oder nur wenig spricht. Die sexuellen Kontakte finden auch nur selten in

---

443   Hans Giese, *Leitsymptome sexueller Perversionen*, in: Hans Giese (Hg), *Psychopathologie der Sexualität*, Stuttgart 1962, 420–470, hier 430 (im Folgenden abgekürzt mit Autor, *Leitsymptome*, Seitenzahl).
444   Giese, *Leitsymptome*, 435.
445   Giese, *Leitsymptome*, 438.
446   Giese, *Leitsymptome*, 453.

vertrauten Räumen statt, sondern eher in einer Umgebung, zu der keine besondere persönliche Beziehung besteht (z. B. öffentliche Toiletten oder Parkanlagen);

11. den kontinuierlichen „Ausbau von Phantasie, Praktik und Raffinement"[447], der wie alle anderen Leitsymptome zu einer egozentrischen bzw. solipsistischen Ausprägung der Sexualität führt;

12. ein süchtiges Erleben, das u. a. durch „völlige Ichbesetzung", „Abwendung von der Realität" und „Flucht in den Rausch"[448] sowie durch eine „Periodizität der dranghaften Unruhe"[449] bestimmt ist.

Das süchtige Erleben als Endresultat und Ablaufmodus perversen Verhaltens[450] ist letztlich die unabwendbare Folge des Fehlens echter innerer Erfüllung. Diese tiefe Erfüllung muss stets dann ausbleiben, wenn Sexualität nicht als adäquater Ausdruck personaler Liebe und gegenseitiger Hingabe gelebt, sondern primär durch eine egoistische Begehrlichkeit bestimmt wird.

6.7 Übereinstimmung mit der „Logik des Schenkens"

„Ein ehelicher Akt ist so gut, als wahre Hingabe in ihm verwirklicht wird [...]. Wenn Gatten den Akt nur rasch, oberflächlich oder gewohnheitsmäßig vollziehen, ohne ihn innerlich empfangen zu wollen, so verrät das keine des Sakramentes würdige Einstellung."[451]

Sowohl in der trinitarischen als auch in der personalen Sichtweise des Menschen bringt „das Sich-Schenken [...] ein besonderes Kennzeichen der personalen Existenz, ja des eigentlichen Wesens der Person zum Ausdruck"[452], da diese „nur durch die Hingabe ihrer selbst ganz sich selbst findet".[453] Das alle anderen umfassende und durchdringende

---

[447] GIESE, Leitsymptome, 446.
[448] GIESE, Leitsymptome, 458.
[449] GIESE, Leitsymptome, 461.
[450] Vgl. GIESE, Leitsymptome, 459.
[451] VON SPEYR, Theologie der Geschlechter, 127.
[452] JOHANNES PAUL II., Die menschliche Liebe, 143 (14,2).
[453] JOHANNES PAUL II., Die menschliche Liebe, 152 (15,5).

Prinzip für eine Sexualpädagogik im Kontext einer trinitarisch-personalen Hermeneutik menschlicher Geschlechtlichkeit lautet demnach, dass Leiblichkeit und Sexualität in den Dienst gegenseitigen Sich-Schenkens gestellt werden müssen. Auf der Grundlage einer trinitarischen Analogie, die den Hl. Geist als personale Frucht und Einheit der Liebe zwischen Vater und Sohn versteht, muss dabei auch das „enge und untrennbare Band, das zwischen der Sexualität als Ausdruck interpersonaler Liebe und als Quelle neuen Lebens besteht"[454], beachtet werden: „Insbesondere ist die richtige Einstellung zur Zeugung (procreatio) eine Bedingung der Verwirklichung der Liebe"[455], da die eheliche Liebe „ihrem Wesen nach auf die Zeugung und Erziehung von Nachkommenschaft"[456] und somit zugleich auf ihre eigene Ausweitung, Ergänzung und Mehrung[457] ausgerichtet ist: „Die volle Liebe gipfelt in einem mehr oder weniger klaren Wunsch, die Vereinigung in einem Kind zu symbolisieren, in dem die Vollkommenheiten des geliebten Wesens fortdauern und sich behaupten."[458] Ihrem Wesen und innersten Seinsgesetz folgend will (jede) echte Liebe stets im Übermaß schenken und auf diese Weise dem Wachstum und der Mehrung von Sein, Leben und Liebe dienen, will sie fruchtbar sein[459] und neues Leben wecken:

> „Von ihrem Wesen her ist die Liebe darauf ausgerichtet, Früchte zu tragen, die über sie selbst hinausgehen. Um sich nicht in sich selbst zurückzuziehen und schließlich zu verschwinden, muß sie sich zur Fruchtbarkeit hin öffnen, und deren deutlichster Aspekt ist die Fortpflanzung. Die Hinordnung auf die Fortpflanzung wird also nicht von außen oder nur unter biologischem Gesichtspunkt der sexuellen Vereinigung hinzugefügt, sondern sie ist ihre Erfüllung. Die Vereinigung in der Liebe ist stets fruchtbar, und die Fruchtbarkeit des Leibes, der sich in der sexuellen Begegnung zur Fortpflanzung hin öffnet, ist das Zeichen der geistlichen Fruchtbarkeit der ehelichen Lie-

---

[454] JOSEF SEIFERT, Erziehung als Hinführung zur Werterkenntnis, in: Katholische Bildung 1994, Heft 7/8, 301–314, hier 311.
[455] WOJTYŁA, Liebe und Verantwortung, 333.
[456] Gaudium et spes, 50.
[457] Vgl. WOJTYŁA, Liebe und Verantwortung, 357.
[458] ORTEGA Y GASSET, Züge der Liebe, 112.
[459] Vgl. PAUL VI., Humanae vitae, 9.

besbegegnung [...] Das Kind ist also gleichsam das lebendige Sakrament der verwirklichten Liebe, das sichtbare Zeichen der unsichtbaren Realität der ehelichen Liebe. Gleichzeitig jedoch ist das Kind nicht etwas, das dem Paar ‚zusteht', sondern es ist immer eine Überraschung. Die Geburt eines Kindes kann niemals die geplante Produktion des Exemplars einer Spezies darstellen, sondern sie muß die Annahme einer einzigartigen und unwiederholbaren Person sein. Wenn dies der Fall ist, dann ist sie gekennzeichnet vom Staunen über ein frei gegebenes Geschenk, das größer ist als die beiden Eheleute [...]."[460]

Der Verzicht auf künstliche Empfängnisverhütung und die damit zum Ausdruck gebrachte grundsätzliche Zeugungsbereitschaft entsprechen darum ebenso sehr „der inneren Logik der Liebe"[461], also ihrer Dynamik des Schenkens und ihrer „schöpferischen Macht"[462], wie der innersten Struktur der leiblichen Vereinigung von Mann und Frau.[463] In analoger Weise gilt: Die leibliche Vereinigung von Mann und Frau kann nur dann wahrhaft Ausdruck gegenseitiger Ganzhingabe sein, „wenn die Möglichkeit der Zeugung neuen Lebens gewahrt ist"[464], insofern also keine aktive Unterbindung der – *wesensmäßig* in der Dynamik des gegenseitigen leiblichen Sich-Schenkens enthaltenen – Weitergabe menschlichen Lebens erfolgt:

„Während die geschlechtliche Vereinigung ihrer ganzen Natur nach ein vorbehaltloses gegenseitiges Sichschenken der Gatten zum Ausdruck bringt, wird sie durch die Empfängnisverhütung zu einer objektiv widersprüchlichen Gebärde, zu einem Sich-nicht-ganz-Schenken. So kommt zur aktiven Zurückweisung

---

[460] MELINA, *Liebe auf katholisch*, 50 f. – „In ihrer tiefsten Wirklichkeit ist die Liebe wesenhaft Gabe, und wenn die eheliche Liebe die Gatten zum gegenseitigen ‚Erkennen' führt und zu ‚einem Fleisch' macht, erschöpft sie sich nicht in der Gemeinschaft der beiden, sondern befähigt sie zum größtmöglichen Geben, zum Schenken des Lebens an eine neue menschliche Person, wodurch sie zu Mitarbeitern Gottes werden. Während sich die Eheleute einander schenken, schenken sie über sich selbst hinaus der Wirklichkeit des Kindes: lebender Widerschein ihrer Liebe, bleibendes Zeichen ihrer ehelichen Gemeinschaft, lebendige und unauflösliche Einheit ihres Vater- und Mutterseins." (JOHANNES PAUL II., *Familiaris consortio*, 14).
[461] WOJTYŁA, *Liebe und Verantwortung*, 339.
[462] WOJTYŁA, *Liebe und Verantwortung*, 339.
[463] Vgl. PAUL VI., *Humanae vitae*, 12.
[464] JOHANNES PAUL II., *Die menschliche Liebe*, 697 (132,2).

der Offenheit für das Leben auch eine Verfälschung der inneren Wahrheit ehelicher Liebe, die ja zur Hingabe in personaler Ganzheit berufen ist."[465]

Das kirchliche Verbot empfängnisverhütender Maßnahmen lässt sich aus Sicht einer trinitarisch-personalen Hermeneutik menschlicher Geschlechtlichkeit mit dem Argument rechtfertigen, dass bei deren Einsatz die Zeugungsfähigkeit der Ehepartner *aktiv unterbunden* bzw. der eheliche Liebesakt ganz *bewusst unfruchtbar gemacht* wird. Indem der eheliche Liebesakt damit der Logik des Schenkens widerspricht, kann sein Vollzug weder der Ausdruck personaler Ganz-Hingabe noch ein sichtbares Zeichen und Abbild dreifaltiger Liebe sein. Die Praxis der Natürlichen Empfängnisregelung impliziert dagegen keine aktive Veränderung der leiblichen Fruchtbarkeit bzw. ist kein manipulativer Eingriff in den Zeugungsakt und somit auch grundsätzlich erlaubt:

„Wenn nämlich jede Form der Liebe darauf ausgerichtet ist, die Fülle zu verbreiten, aus der sie lebt, so hat die eheliche Liebe eine eigene Art, sich mitzuteilen: die Zeugung von Kindern. Demgemäß ähnelt sie nicht nur der Liebe Gottes, die sich mitteilen will, indem sie Menschen ins Leben ruft, sondern hat Anteil an ihr. Diese kommunikative Dimension durch eine auf die Verhinderung der Fortpflanzung ausgerichtete Handlung auszuschließen heißt, die innere Wahrheit der ehelichen Liebe zu leugnen, durch die das göttliche Geschenk mitgeteilt wird: ‚Will man nicht den Dienst an der Weitergabe des Lebens menschlicher Willkür überlassen, dann muß man für die Verfügungsmacht des Menschen über den eigenen Körper und seine natürlichen Funktionen unüberschreitbare Grenzen anerkennen, die von niemand, sei es Privatperson oder öffentliche Autorität verletzt werden dürfen' (*Humanae vitae*, 17). Dies ist der wesentliche Kern der Lehre, die mein verehrter Vorgänger Paul VI. an die Eheleute richtete und die der Diener Gottes Johannes Paul II. seinerseits zu vielen Anlässen bekräftigt hat, indem er deren anthropologisches und moralisches Fundament erhellte.

---

465 JOHANNES PAUL II., *Familiaris consortio*, 32.

Im Abstand von 40 Jahren seit der Veröffentlichung der Enzyklika können wir besser verstehen, wie entscheidend dieses Licht für das Verständnis des großen ‚Ja' ist, das die eheliche Liebe einschließt. In diesem Licht sind die Kinder nicht mehr Gegenstand einer menschlichen Planung, sondern sie werden als eine wahre Gabe anerkannt, die in einer Haltung verantwortlicher Großherzigkeit Gott gegenüber anzunehmen ist, der ersten Quelle des menschlichen Lebens. Dieses große ‚Ja' zur Schönheit der Liebe bringt gewiß die Dankbarkeit mit sich, sowohl der Eltern, wenn sie das Geschenk eines Kindes empfangen, als auch des Kindes in dem Wissen, daß sein Leben einer so großen und Geborgenheit schenkenden Liebe entspringt.

Andererseits ist es wahr, daß es auf dem Weg des Ehepaares zu schwerwiegenden Umständen kommen kann, die es anraten lassen, die Abstände zwischen den Geburten der Kinder zu vergrößern oder diese gar auszusetzen. Und an dem Punkt wird die Kenntnis der natürlichen Fruchtbarkeitsrhythmen der Frau für das Leben der Eheleute wichtig. Die Beobachtungsmethoden, die es dem Ehepaar erlauben, die Perioden der Fruchtbarkeit zu bestimmen, gestatten es ihm, das zu verwalten, was der Schöpfer in seiner Weisheit in die Natur des Menschen eingeschrieben hat, ohne den unversehrten Sinn der sexuellen Hingabe zu stören. Auf diese Weise werden die Eheleute in Achtung der vollen Wahrheit ihrer Liebe deren Ausdrucksformen mit den Rhythmen abstimmen können, ohne der Ganzheit der Selbsthingabe etwas zu nehmen, welche die fleischliche Vereinigung zum Ausdruck bringt."[466]

Die Übereinstimmung mit der *Logik des Schenkens* impliziert hierbei aber nicht nur den grundsätzlichen Verzicht auf die Anwendung künstlicher Methoden zur Empfängnisverhütung und die damit realisierte aktive Unterbindung der sexuellen Fruchtbarkeit; sie bietet zugleich im Kontext der mitunter sehr schwierigen Abwägung und allein vom Ehepaar zu verantwortenden Entscheidung für oder gegen

---

[466] BENEDIKT XVI., *Botschaft zu Humanae vitae*.

die Zeugung neuen Lebens einen gewissen Schutz, dass nicht auch die natürliche Empfängnisregelung für eine egozentrische und unfruchtbare Engführung der Ehe instrumentalisiert wird.

Die im ehelichen Zusammenleben immer wieder neu geforderte Ausrichtung an der die bräutliche Liebe bestimmende *Logik des Schenkens* und ihre Verwirklichung im konkreten Handeln kann darüber hinaus die Ehepartner davor bewahren, dass sie ihrer leiblichen Hingabe in der ehelichen Vereinigung nicht den angemessenen Raum und Stellenwert geben: Dass sie deren Vollzug beispielsweise zu sehr von situativen Gegebenheiten und zufälligen Umständen abhängig machen bzw. falschen oder überzogenen Erwartungen unterordnen oder sich aufgrund von Enttäuschungen und seelischen Verletzungen zu sehr in sich selbst verschließen, ihr Herz verhärten und sich dem anderen vorenthalten; dass sie also ihre leibliche Hingabe im verbitterten Rückzug auf sich selbst verweigern und schließlich nicht mehr den Weg zur Verzeihung und Versöhnung finden können.

Die *Logik des Schenkens* erweist sich somit als unverzichtbares Lebensprinzip für den Vollzug der leiblichen Hingabe und eine der bräutlichen Liebe entsprechende Praxis der natürlichen Empfängnisregelung in der Ehe. Ausnahmslos jedes Ehepaar benötigt sie als fundamentales Prinzip der Erneuerung seiner gegenseitigen Liebe und Ausdruck barmherzigen Wohlwollens sowie als grundlegende Quelle seiner leiblichen und geistigen Fruchtbarkeit.

7. Zusammenfassung

„Warum finden es die Welt und auch viele Gläubige heute so schwer, die Botschaft der Kirche zu verstehen, welche die Schönheit der ehelichen Liebe in ihrem natürlichen Offenbarwerden erhellt und verteidigt? [...] Es muß das Herz sein, das sieht. Nur die Augen des Herzens können die Erfordernisse einer großen Liebe erfassen, die fähig ist, die Ganzheit des Menschseins zu umfassen."[467]

---

[467] BENEDIKT XVI., *Botschaft zu Humanae vitae*.

Die trinitarisch-personale Sinnbestimmung menschlicher Sexualität in der katholischen Theologie des 20. Jahrhunderts begründet im Anschluss an eine *Theologie des Leibes* (Johannes Paul II.) bzw. *Theologie der Geschlechter* (Adrienne v. Speyr) auch eine umfassende „Pädagogik des Leibes",[468] einschließlich einer Sexualerziehung, die sich sowohl einer *personalen Anthropologie*[469] als auch einer *Ethik der Liebe* verpflichtet weiß.

Das grundlegende Ziel dieser Sexualerziehung muss die pädagogisch vermittelte Selbst-Einfügung des Menschen in den *Logos* jener Liebe sein, die als personales „Ich bin, der ‚Ich-bin-da" (Ex 3, 14) den Menschen selbst wiederum mit *Du* anreden und bei seinem Namen rufen kann. Die Einfügung in den Sinngehalt dieser Liebe bewirkt, dass Leiblichkeit und Geschlechtlichkeit für den Ausdruck und die Mitteilung personaler Hingabe und gegenseitigen Sich-Schenkens in Dienst genommen werden.

Leiblichkeit und Geschlechtlichkeit sind darum primär als Liebesgaben zu sehen, die es im Modus und in der Logik personaler Liebe, d. h. ihren Wesensgesetzen folgend, an eine geliebte Person anderen Geschlechts zu verschenken gilt. Auf diese Weise können Mann und Frau durch ihren Leib jene bräutliche Liebe ausdrücken, „in welcher der Mensch als Person Geschenk wird und – durch dieses Geschenk – den eigentlichen Sinn seines Seins und seiner Existenz verwirklicht".[470]

Eine innere Ablehnung der *Logik des Schenkens* kann aber infolge der Erbsünde jeden Menschen anfechten, geht stets mit einer Verhärtung des Herzens einher und hat vielleicht nicht weniger zum Niedergang der christlichen Ehen und zum Verfall der kirchlichen Sexualmoral beigetragen als Irrlehren der sogenannten 68er Generation und moderne Gender-Ideologien.

---

468 Vgl. JOHANNES PAUL II., *Die menschliche Liebe*, 364–369 (59,1–7) sowie 674 (125, 5) und 677 (126,2).

469 Innerhalb der Pädagogik ist eine personale Sichtweise menschlicher Sexualität beispielsweise bei RUDOLF ALLERS (*Sexualpädagogik. Grundlagen und Grundlinien*, Salzburg/Leipzig 1934), WINFRIED BÖHM (*Männliche Pädagogik – weibliche Erziehung?*, Innsbruck/Wien 1989) und INGBERT VON MARTIAL (*Geschlechtererziehung in der Schule*, Köln 1991) gegeben, in Verbindung mit einer trinitarisch akzentuierten Deutung ist sie zudem auch bei LEOPOLD PROHASKA (*Geschlechtsgeheimnis und Erziehung. Psychologie und Anthropologie der Geschlechter als Grundlage einer modernen Sexualpädagogik*, Wien 1958) vorzufinden.

470 JOHANNES PAUL II., *Die menschliche Liebe*, 148 (15,1).

Innerhalb der Ehevorbereitung, aber auch im Kontext einer pastoralen Begleitung katholischer Eheleute müsste darum das Bewusstsein für die *bräutliche Bedeutung des Leibes* und die damit verbundene *Logik des Schenkens* nicht nur aufgebaut und entfaltet, sondern immer wieder neu belebt und in Erinnerung gerufen werden. Für Ehepaare wäre es sicher hilfreich, wenn sie diese Inhalte auch in besonderen Ehe-Gebeten wiederfinden würden. Dazu abschließend ein selbst verfasster Text – mit Bezug auf die Katechesen Johannes Pauls II. zur *Theologie des Leibes* –, den Ehepaare teilweise gemeinsam (**G**), teilweise im Wechsel als **M**ann und **F**rau miteinander beten können.

G: Heiliger dreifaltiger Gott,
wir danken Dir dafür,
dass Du uns in der Ehe zusammengeführt
und jedem von uns einen bräutlichen Leib geschenkt hast!

Erfülle uns jetzt als Mann und Frau
mit reiner, zärtlicher Liebe,
damit wir mit unserer leiblichen Vereinigung
auch die göttliche Liebe
zwischen Vater und Sohn widerspiegeln können.

Durchdringe uns mit Deiner Liebe,
lass sie über uns hinausströmen
und offenbare so auch den Heiligen Geist
als Band der Einheit und Frucht der Liebe
zwischen Vater und Sohn.

M: Lieber Vater im Himmel,
erneuere in mir die Teilhabe am Blick Deiner Liebe,
damit ich mich meiner Frau
um ihrer selbst willen schenken
und sie in meiner Umarmung
ihr Glück in der Hingabe empfinden kann.

F: Lieber Jesus,
lass mich im Vertrauen
auf Deine Barmherzigkeit und Erlösung
in das „fiat" Mariens einwilligen
und mich ganz in die Liebe meines Mannes
verschenken können.

G: Heiliger Geist,
mit Tobias und Sara bitten wir Dich:
Habe Erbarmen mit uns!
Segne unser Empfinden,
erfülle unser „Erkennen"
und bewahre unsere „Einheit im Leib"!

GEISTLICHE VATERSCHAFT

Geistliche Vaterschaft als priesterliche Berufung

Christoph Heinzen

1. Einleitung

Der Wunsch nach geistlichen Vätern und Müttern bewegt die Menschen von je her, sehnen sie sich doch nach einer Bezugsperson, die sie zu einer geistlichen Reife führt, so dass ihre Seele mit dem kostbaren Gut der Gnade Gottes erfüllt werden kann. Gerade in einer Zeit, in der Mutterschaft und Vaterschaft durch Gender-Theorie, biomedizinische Entwicklungen und gesellschaftliche Wandlungen immer mehr unter Beschuss geraten und die weibliche und männliche Identität auf dem Altar der Ideologie und der Machbarkeit geopfert wird, tut es Not, den Blick zu richten auf die Schönheit und Erhabenheit geistlicher Elternschaft.

Gerade der Priester in seiner zölibatären Lebensform scheint aufgerufen, sich diese Berufung zueigen zu machen und geistliche Kinder so zu begleiten, dass sie fähig werden, die Liebe Gottes in ihrem Leben zu erkennen und den Heiligen Geist als Lenker und Führer in ihrer Seele wirken zu lassen.

Die vorliegende Abhandlung soll angesichts der desolaten Situation in Kirche und Gesellschaft wichtige Merkmale aufzeigen, wie auch in unserer Zeit wahre und echte Vaterschaft gelebt werden kann, leibliche wie geistliche. Dabei werden die vielschichtigen christlichen Traditionen, in denen geistliche Vaterschaft lebendig wurde und immer noch wird, benannt und vorgestellt.

Nach einem einführenden Blick auf die Vaterschaft als solche nimmt bei der Betrachtung der kirchlichen Verkündigung die Lehre Karol Wojtyłas/Johannes Pauls II. eine herausgehobene Stellung ein. Er hat – angefangen von den Lubliner Vorlesungen bis hin zu seinen Mittwochskatechesen über die *Theologie des Leibes* und seinen lehramtlichen Schreiben, Briefen und Ansprachen – den Glanz und die Würde geistlicher Vater- bzw. Elternschaft herausgestellt. In seinem

Gefolge wird dann auch auf die weitere Verkündigung der Kirche rekurriert, vom II. Vatikanischen Konzil über die Päpste Benedikt XVI. und Franziskus bis hin zu einzelnen bischöflichen Stellungnahmen der letzten Jahre. Danach wird die spirituelle Tiefe geistlicher Vaterschaft bei den alten Mönchsvätern betrachtet und ein interessanter Exkurs in die protestantisch-freikirchliche Sicht auf das Thema vorgenommen. Inwiefern sich die Theorie geistlicher Vaterschaft in die Praxis umsetzen lässt, wird anhand des geistlichen Vaters der Mystikerin Marthe Robin veranschaulicht. Ebenso wird auf die Praxis der heiligen Familie in Nazaret verwiesen und der hl. Josef als geistlicher Vater in den Mittelpunkt gestellt, bevor abschließend die zentrale Frage der Verteilung von Amt und Charisma im Kontext geistlicher Vaterschaft ihren Platz findet.

2. Vaterschaft – mehr als nur ein Rollenbild

2.1. Die Berufung des Vaters

„Vater werden ist nicht schwer, Vater sein dagegen sehr" behauptet der Volksmund in einem bekannten Spruch, der sicherlich nicht unhinterfragbar ist, schaut man sich nur einmal die Diffizilität heutiger Beziehungen zwischen Mann und Frau an. Jedoch deutet dieser Spruch eine Wahrheit an, die in eine intensivere Beschäftigung mit dem Proprium echter Vaterschaft führt. Wer die Überzeugung vertritt, ein Vater sei eigentlich nicht viel mehr als eine „wandelnde Lohntüte"[1], übersieht die tiefe Sehnsucht, die in jedem Menschen nach dem Vatersein und Vaterhaben hineingelegt ist, wie aus den kommenden Überlegungen ersichtlich wird. Wesentliche Eigenschaften wahrer Vaterschaft bleiben notwendig, um auf diese Sehnsucht eine Antwort zu geben. Umso schwerwiegender sind die Folgen der Abwesenheit

---

1   NORBERT SCHNABEL, Sehnsucht nach dem Vater, in: PETER ZIMMERLING (HG.): Aufbruch zu den Vätern. Unterwegs zu neuer Vaterschaft in Familie, Kirche und Kultur, Moers 1994, 79. (Im Folgenden abgekürzt mit SCHNABEL, Sehnsucht, Seitenzahl).

des Vaters, die Früchte einer vaterlosen Gesellschaft, in der die Suche nach einem Vater oftmals erfolglos bleibt und die Sehnsucht nach echter Vaterschaft ungestillt.[2] Während viele Aufgaben des Vaters im Rahmen einer verantwortlichen Elternschaft gemeinsam mit der Mutter vollzogen werden, gibt es darüber hinaus spezifisch väterliche Aufgaben, die der Vater für seine Kinder übernimmt.

Der Vater ermöglicht dem Kind eine *Ent-Identifikation* von der Mutter, weil er vorlebt, dass es möglich ist, auf der einen Seite in Liebe zur Mutter verbunden zu sein, auf der anderen Seite aber auch eine selbstständige Persönlichkeit zu sein. Somit lässt das Vorbild des personal liebenden Selbststandes des Vaters das Kind erkennen, dass es sich ohne schlechtes Gewissen von der engen Bindung an die Mutter lösen und somit in gleicher Weise mit dem Vater identifizieren kann.[3] Diese Aufgabe, das Kind in seiner Persönlichkeitsentwicklung als eigenständige Person zu unterstützen, bleibt auch für den geistlichen Vater eine wesentliche Aufgabe, wie im folgenden Kapitel aufgezeigt wird.

Durch die Reduktion des Vaters auf organisatorische und vorsorgende Aufgaben gerät ein anderer wichtiger Punkt echter Vaterschaft aus dem Blick, nämlich insofern der Vater berufen ist, seinem Kind Werte und Normen zu vermitteln und vorzuleben. Gerade in einer Zeit, in der die Gesellschaft kaum noch eine Wertevermittlung leisten kann, bedarf es einer dringenden Rückorientierung auf diese väterliche Berufung. Dazu gehört auch, das Einhalten von Normen einzufordern und angemessen auf eine Nichterfüllung zu reagieren. An erster Stelle ist der Vater jedoch zu einer wertorientierten Leben-

---

2   Als Priester, der in Schule und Gemeinde häufig mit Kindern aller Altersgruppen zu tun hat, weiß man, dass sich diese Sehnsucht nach einem Vater nicht selten auf die Person des Kaplans oder Pfarrers kapriziert, die dann zumindest ansatzweise väterliche Funktionen übernehmen. In einem vernünftigen Rahmen kann sich so eine Beziehung tatsächlich im Sinne einer geistlichen Vaterschaft entwickeln. Dabei ist jedoch streng zu beachten, dass der Priester für das einzelne Kind kein Ersatzvater im eigentlichen Sinn sein kann, weil er für viele Kinder berufen ist. Diese Berufung gilt es nicht aus dem Auge zu verlieren.

3   Vgl. SCHNABEL, *Sehnsucht*, 81.

spraxis verpflichtet, die dem Kind als Vorbild gelingender Existenz vorgelebt werden kann.⁴

Des weiteren lernt das Kind am Beispiel des Vaters, was es bedeutet, ein Mann zu sein, auch in der Abgrenzung zu echter Weiblichkeit und Mutterschaft. Dabei erfüllt der Vater jedoch eine Doppelfunktion, insofern er es mit Sohn und Tochter zu tun hat: „Unsere geschlechtliche Identität erhalten wir durch den gleichgeschlechtlichen Elternteil, unser geschlechtliches Selbstwertgefühl dagegen durch den Elternteil des anderen Geschlechts."⁵ Gerade in Zeiten der Gender-Mentalität erscheint es dringend notwendig, diese Aufgabe des Vaters neu zu entdecken und wiederzubeleben.

Darüber hinaus muss gerade in der heutigen Gesellschaft in Bezug auf die Vaterrolle erneut der Aspekt der Autorität zu einer verpflichtenden Relecture werden. Dabei gilt es streng zwischen *autoritär* und *autoritativ* zu unterscheiden: „Autoritativ meint die Fähigkeit, Weisung zu geben, auf die Menschen nicht aus Angst, sondern aus Überzeugung hören."⁶ Das Bild des autoritären Vaters, der durch Androhung von Strafe und Erzeugung von Druck und Angst diese Weisung gebende Berufung ausfüllt, darf nur als Negativfolie für echte väterliche Autorität herangezogen werden. „Autorität und Freiheit können sich [...] nicht ausschließen, sondern sind aufeinander bezogen."⁷ In diesem Sinne verstanden, bedarf es der väterlichen Autorität, um das Kind zu einer freien Persönlichkeit zu formen, die Entscheidungen aufgrund von Erkenntnis des Guten, Wahren und Schönen trifft und nicht aus Zwang oder aufgesetzten Normen, deren tieferer Sinn sich dem Kind und dem späteren Erwachsenen nicht wirklich erschließt. Die vaterlose Gesellschaft führt somit direkt hinein in eine Situation, in der der Erwachsene zwar die relative Freiheit besitzt, sein Leben aus eigener Verantwortung zu gestalten. Er ist jedoch oftmals

---

4 Vgl. SCHNABEL, *Sehnsucht*, 82f. Dazu LARRY KREIDER: „Väter [...] bewahren durch ihre Söhne ein Vermächtnis, da die Söhne lernen, wie man für andere im Reich Gottes ein Vater sein kann." (LARRY KREIDER, *Sehnsucht nach geistlichen Vätern und Müttern*, Ephrata 2000, 55). Die wertorientierte Erziehung des Vaters lässt in dem Kind demnach auch eine Ahnung von verwirklichtem Reich Gottes aufkommen.
5 SCHNABEL, *Sehnsucht*, 84.
6 PETER ZIMMERLING, *Auf dem Weg zum Erwachsenwerden*, in: DERS. (HG.): *Aufbruch zu den Vätern. Unterwegs zu neuer Vaterschaft in Familie, Kirche und Kultur*, Moers 1994, 69.
7 PETER ZIMMERLING, *Auf dem Weg zum Erwachsenwerden*, in: DERS. (HG.): *Aufbruch zu den Vätern. Unterwegs zu neuer Vaterschaft in Familie, Kirche und Kultur*, Moers 1994, 69.

unfähig, anhand eines fundierten Normen- und Wertegerüsts die richtigen Entscheidungen zu treffen.[8]

2.2. Aktuelle Anfragen an das Vaterbild

Programmatisch wegweisend und in gewisser Weise prophetisch hat der deutsche Arzt und Psychoanalytiker Alexander Mitscherlich in seinem 1963 erschienenen Buch *Auf dem Weg in die vaterlose Gesellschaft* die damals aktuelle gesellschaftliche Entwicklung analysiert.

„Darin wurde hellsichtig und unverhohlen zustimmend der Weg der modernen Gesellschaft in die endlich durchgesetzte Vaterlosigkeit nachgezeichnet, galt doch die autoritäre Macht des Vaters [...] als geistige Wurzel des gesamten Nationalsozialismus."[9] Auch die 68er Proteste und die damit verbundene gesellschaftliche Erschütterung lassen sich in diesem Kontext verstehen. Das damalige Ziel einer „ersatzlosen Streichung des Vaters"[10] ist in vielen Bereichen unserer aktuellen Realität keine Zukunftsvision mehr, sondern schon längst in unterschiedlicher Form erreicht, nicht zuletzt auch mit Hilfe der medizinischen und biologischen Entwicklungen der vergangenen Jahrzehnte. Den Vater durch Gentechnik und moderne Wissenschaften überflüssig zu machen oder ihn lediglich als Samenspender zu gebrauchen, um dann allein Herrschaft über ein Kind ausüben zu können – diese Dinge sind schon längere Zeit keine Zukunftsmusik mehr. Als vorbildlicher Vater gilt derjenige, der in weichgespülter Manier neben der eigentlich agierenden Mutter als Gehilfe agiert. Somit lässt sich der starke Wunsch vieler Vaterloser nach einer echten Identifikationsfigur, die das Kind oder den jungen Menschen durch das eigene beeindruckende oder zumindest wegweisende Vorbild

---

8   Gerade dem Seelsorger begegnen in unseren Tagen Menschen, denen es nicht wirklich möglich ist, für ihr Leben eine angemessene und verantwortete Unterscheidung der Geister zu treffen, weil sie diese sinnvolle Form vorgelebter Autorität nicht erfahren haben. Auch der geistliche Begleiter muss bei solchen Menschen immer wieder seine Autorität rechtfertigen, da sie die autoritative Form der Weisung für das Leben in der beschriebenen Weise nie kennen gelernt haben. Geistliche Vaterschaft muss dieses Defizit aufgreifen und korrigieren.

9   HANNA-BARBARA GERL-FALKOVITZ/HANS-BERNHARD WUERMELING, *Der Vater – Auf verlorenem Posten? Eine tour d'horizon*, in: Communio. Internationale Katholische Zeitschrift, September/Oktober 2009, 454.

10 HANNA-BARBARA GERL-FALKOVITZ/HANS-BERNHARD WUERMELING, *Der Vater – Auf verlorenem Posten? Eine tour d'horizon*, in: Communio. Internationale Katholische Zeitschrift, September/Oktober 2009, 455.

ins Leben einführt, verstehen. Aber auch der Wunsch nach geistlicher Führung durch den Dschungel des Lebens verstärkt sich zunehmend, wird das Leben doch immer unübersichtlicher und die Werte und Normen immer ungewisser. „Wer im Geistigen und Geistlichen ohne Vater vegetiert, bleibt geistlos."[11] Für eine bessere Zukunft ist es entscheidend, „ob es dem *homo faber* gelingt, [...] entschieden ein *homo pater* zu bleiben oder in bewusster Weise wieder zu werden."[12] Eine Umkehr von der destruktiven Entwicklung des Machbaren hin zu der Frage nach der Wahrheit in den Personen, die Wiederentdeckung von Vater- und Mutterschaft – die wertvollen Gedanken über geistliche Vaterschaft und deren Fruchtbarkeit, die im Folgenden im Mittelpunkt der Analyse stehen werden, sind vielleicht wesentliche Eckpunkte auf diesem Weg hinaus aus der vaterlosen und hinein in eine väterliche Gesellschaft.

3. Geistliche Vaterschaft in der Lehre Johannes Pauls II.

3.1. Geistliche Vaterschaft in Liebe und Verantwortung

Sowohl in den frühen philosophisch-ethischen Werken Karol Wojtyłas als auch in den späteren Mittwochskatechesen und lehramtlichen Verlautbarungen Johannes Pauls II. nimmt die Thematik der Geistlichen Vaterschaft einen festen Platz ein. Als selbst im Charisma der Ehelosigkeit lebender Priester, Bischof und Papst ist es ihm möglich, ausgehend von der Lehre der personalen Hingabe der Ehegatten und der damit verbundenen Fruchtbarkeit eine Brücke zu schlagen zur zölibatären Lebensform des ehelos Lebenden.

Als Ethikprofessor an der Universität in Lublin hielt Karol Wojtyła in den Jahren 1957 bis 1959 Vorlesungen über das Thema *Liebe und Verantwortung*, die er dann 1960, zwei Jahre nach seiner Weihe zum Weihbischof von Krakau, erstmals als Buch veröffentlichte.

---

11 RUDOLF BOHREN, *Mit dem Geist bekommen wir Väter und mit den Vätern einen Geist*, in: PETER ZIMMERLING (HG.): *Aufbruch zu den Vätern. Unterwegs zu neuer Vaterschaft in Familie, Kirche und Kultur*, Moers 1994, 46.
12 HANNA-BARBARA GERL-FALKOVITZ/HANS-BERNHARD WUERMELING, *Der Vater – Auf verlorenem Posten? Eine tour d'horizon*, in: *Communio. Internationale Katholische Zeitschrift*, September/Oktober 2009, 461.

Sein Anliegen bestand in einer Darstellung und Analyse der menschlichen Lebenserfahrung in Ehe und Familie aus philosophisch-ethischer Sicht, eine *Ethische Studie*, die nicht die katholische Lehre über Sexualität und Ehe verändern sollte, sondern „die Normen der katholischen Sexualmoral auf eine feste Grundlage" stellen sollte, „auf eine Basis, die sich auf die elementarsten und unumstrittensten sittlichen Wahrheiten [...] stützt."[13]

Im zweiten Teil von Kapitel IV erläutert er die vom Schöpfer in die Natur gelegte Ordnung, die der Mensch durch die Kraft seiner Vernunft verstehen und gehorsam annehmen soll, um auf diese Weise als angemessene Antwort auf die von Gott geschenkte Liebe zur Gerechtigkeit gegenüber dem Schöpfer zu gelangen.[14] Als zweites Element dieser geforderten Gerechtigkeit gegenüber dem Schöpfer tritt die „Achtung für die personale Ordnung"[15], in der sich der Mensch als geliebte und zur Liebe berufene Person wiederfindet. Auf dieser Grundlage manifestiert sich in der sexuellen Fortpflanzung die Berufung der Eheleute zu einer Teilhaberschaft am Werk des Schöpfers, Mann und Frau werden in ihrer Fruchtbarkeit „participes Creatoris"[16]. Dieses Fruchtbarwerden in der vollkommenen Vereinigung zweier Personen in liebender Hingabe führt zu Vater- und Mutterschaft sowohl in biologischer als auch in personaler Hinsicht. Die Sehnsucht nach Elternschaft ist der personalen Berufung von Mann und Frau zur *procreatio* zueigen; dennoch sind wesentliche Unterschiede in der Hinordnung des jeweiligen Geschlechts auf diese Berufung erkennbar. „Physisch wird eine Frau dank eines Mannes zu einer Mutter, während die ‚innere' (d. h. seelische und geistige) Vaterschaft des Mannes die Auswirkung der Mutterschaft einer Frau ist."[17] Die hier angedeutete geistige Elternschaft lässt eine reife Persönlichkeit erkennen, die in

---

13 KAROL WOJTYŁA, (JOHANNES PAUL II.), *Liebe und Verantwortung. Eine ethische Studie.* Auf der Grundlage des polnischen Textes neu übersetzt und herausgegeben von Josef Spindelböck, Kleinhain 2010, 21 (im Folgenden abgekürzt mit WOJTYŁA, *Liebe und Verantwortung*, Seitenzahl
14 Vgl. WOJTYŁA, *Liebe und Verantwortung*, 360ff.
15 WOJTYŁA, *Liebe und Verantwortung*, 364.
16 WOJTYŁA, *Liebe und Verantwortung*, 365.
17 WOJTYŁA, *Liebe und Verantwortung*, 380. Marc Trémeau veranschaulicht diese Realität am Beispiel des hl. Augustinus: „Der hl. Augustinus hat bemerkt, daß das Kind nicht am Anfang seiner geschlechtlichen Beziehungen stand, daß er aber, als es einmal geboren war, nicht umhin konnte, es zu lieben." (MARC TRÉMEAU, *Der gottgeweihte Zölibat. Sein geschichtlicher Ursprung und seine lehrmäßige Rechtfertigung*, Wien 1981, 106).

ihrer Personalität eine gewisse Fülle erreicht hat und sich danach ausstreckt, diese Fülle an andere Menschen weiterzugeben, die dieses Angebot annehmen. Sie wird auf diese Weise zum Vorbild des Strebens nach Vollkommenheit und gebiert geistige Kinder. Karol Wojtyła nennt als Beispiel für ein solches Gebären „die geistliche Liebe des Priesters zu den Seelen".[18] Durch diese Vaterschaft erlangt der Mensch eine immer größere Gottähnlichkeit, nähern sich Mann und Frau dem Urbild der Schöpfung an, in dieser Weitergabe der Persönlichkeit dürfen sie das Ziel ihrer Berufung erkennen.[19]

Hier deutet sich bei Karol Wojtyła eine Sicht auf die personale Berufung des Ehelosen zur Geistlichen Vaterschaft an, die er dann als Papst Johannes Paul II. in seinen Mittwochskatechesen weiter ausbreitet und vertieft.

3.2. Geistliche Vaterschaft in den Mittwochskatechesen

Zwanzig Jahre nach *Liebe und Verantwortung* präsentiert Johannes Paul II. von 1979 bis 1984 in 133 Mittwochskatechesen seinen Entwurf einer biblisch begründeten Anthropologie und setzt damit seine Gedankengänge im Bereich der auf Personalität begründeten Lehre vom Menschen und seiner ihm eigenen Berufung fort. Dabei stellt er die christliche Ehe und Familie ins Zentrum seiner anthropologischen Entwürfe.

Um die Grundlage seiner Überlegungen nachvollziehen zu können, ist es notwendig, das 24. Kapitel der Konzilskonstitution *Gaudium et spes* in den Blick zu nehmen, näherhin die Aussage, dass „der Mensch sich selbst nur durch die aufrichtige Hingabe seiner selbst vollkommen finden kann."[20] Diese anthropologische Grundlage eines Hingeordnetseins auf die Hingabe seiner selbst verwirklicht sich sowohl in der christlichen Ehe durch die reziproke Hingabe der Ehegatten als auch im Stand der Ehelosigkeit durch die vollkomme

---

18 WOJTYŁA, *Liebe und Verantwortung*, 382. Trémeau hebt in ähnlicher Weise die Würde und Fülle der geistlichen Mutterschaft von Ordensschwestern hervor: „Ihr Schattenriß allein schon beschwört eine Atmosphäre himmlischer Reinheit, selbstloser Liebe und unermüdlichen Opfers." (MARC TRÉMEAU, *Der gottgeweihte Zölibat. Sein geschichtlicher Ursprung und seine lehrmäßige Rechtfertigung*, Wien 1981, 107).
19 Vgl. WOJTYŁA, *Liebe und Verantwortung*, 382f.
20 II. VATIKANISCHES KONZIL, *Pastorale Konstitution „Gaudium et spes" über die Kirche in der Welt von heute* vom 07. Dezember 1965. In: Acta Apostolicae Sedis 58, 1025–1115, 24.

Hingabe an den Schöpfer. Insofern besteht nach Johannes Paul II. kein wesentlicher Unterschied in der anthropologischen Grundlage der Berufung zu Ehe oder Ehelosigkeit, weil beiden Ständen die Hingabe als Voraussetzung eines ganz zu sich selbst Findens inne ist. Sowohl den Eheleuten als auch den Ehelosen ist diese Hingabe der eigenen Person aufgegeben.

In Katechese 21 führt der Papst den innersten Kern von Vater- und Mutterschaft auf den Anfang der Geschichte Gottes mit den Menschen zurück. Im „Erkennen" von Gen 4,1 „[enthüllt und offenbart sich] das Geheimnis der Weiblichkeit [...] durch die Mutterschaft bis auf den Grund."[21] In der Mutterschaft, in der die Mutter zur „Trägerin des neuen Menschenlebens"[22] wird, erkennt er den Schlüssel zum Verständnis der Frau. Und angesichts der Mutterschaft „offenbart sich auch bis auf den Grund das Geheimnis der Männlichkeit des Mannes, das heißt die prokreative und elterliche Bedeutung seines Körpers."[23] Der Mensch erlangt demnach seine Berufung zu Vater- und Mutterschaft nicht erst zu einem späteren Zeitpunkt und sieht sich zunächst nur als Mann und Frau. Der Ruf zum Vatersein und Muttersein ist vom Schöpfer von Anfang an in die Schöpfung des Menschen hineingelegt und bereits der erste Mensch erkennt diese anthropologische Wirklichkeit.

In Katechese 75 vom 24. März 1982 entwickelt Johannes Paul II. nun die Idee einer *Fruchtbarkeit durch den Geist*, und setzt damit ein wichtiges Fundament für das rechte Verständnis einer Geistlichen Vaterschaft, die sich aus der Kraft des Heiligen Geistes entfaltet und dadurch für die Menschen fruchtbar werden kann.

Er versteht die Ehelosigkeit als charismatisches Zeichen und „Ausdruck der echtesten Kraft und Dynamik des Geheimnisses der Erlösung des Leibes."[24] In unüberbietbarer Weise zeigt sich diese Dynamik im Geschehen der Inkarnation Christi, im Mysterium der Menschwerdung des Gottessohnes. „Einzig Maria und Josef, die das Geheimnis seiner Empfängnis und Geburt erlebt haben, wurden zu

---

21 JOHANNES PAUL II., *Die menschliche Liebe im göttlichen Heilsplan. Eine Theologie des Leibes*, hg. von NORBERT UND RENATE MARTIN, Kisslegg 2008, 178 (21,2). (Im Folgenden abgekürzt mit JOHANNES PAUL II., *Die menschliche Liebe*, Seitenzahl, Katechesennummer).
22 JOHANNES PAUL II., *Die menschliche Liebe*, 178, (21,2).
23 JOHANNES PAUL II., *Die menschliche Liebe*, 178, (21,2).
24 JOHANNES PAUL II., *Die menschliche Liebe*, 440 (75,1).

den ersten Zeugen einer Fruchtbarkeit, die anders ist als die leibliche Fruchtbarkeit, nämlich der Fruchtbarkeit des Geistes."[25] Diese geistgewirkte Fruchtbarkeit als ein wichtiger Inhalt der Berufung zur Ehelosigkeit vollzieht sich in diesen Geschehnissen der Heilsgeschichte zunächst verborgen und wird erst später offenbar. „In ihrer Enthaltsamkeit [hat sich] das Geschenk der Fleischwerdung des ewigen Wortes verwirklicht."[26] Gott bedient sich hier in besonderer Weise der Berufung zur Ehelosigkeit, um seinen Heilsplan an und mit den Menschen zu vollziehen. Die übernatürliche Fruchtbarkeit als Ausfluss dieses Charismas führt zu der absoluten Fülle im Heiligen Geist, die Heil vermittelt und Gnade bewirkt. In der Unterwerfung des menschlichen Geistes unter die Ägide des Heiligen Geistes, in diesem Akt der Hingabe an den Heiligen Geist wird geistliche Vater- und Mutterschaft offenbar und entfaltet sich in überreichem Maße.

In Katechese 78 vom 14. April 1982 greift der Papst diesen Gedanken wieder auf: „Die bräutliche Liebe, die ihren Ausdruck in der Ehelosigkeit ‚um des Himmelreiches willen' findet, [muss] in ihrer geregelten Entfaltung zu der ‚Vater-' bzw. ‚Mutterschaft' im geistlichen Sinn führen (das heißt zu jener ‚Fruchtbarkeit im Geist' [...])."[27] Hier stellt Johannes Paul II. explizit den Zusammenhang her zwischen der schon entfalteten Lehre einer Fruchtbarkeit im Geist und der Berufung zu einer geordneten geistlichen Vater- bzw. Mutterschaft. Er macht deutlich: Geistliche Vaterschaft bedeutet im tiefsten Sinne nichts anderes als eine Vaterschaft im Heiligen Geist. Wenn die Ehelosigkeit um des Himmelreiches willen, die personale Ganzhingabe an Gott, *geregelt* sich entfalten, zur Blüte kommen kann, erwächst daraus eine wahre und wirkliche geistliche Fruchtbarkeit, in der sich Vater- und Mutterschaft im Sinne von *Liebe und Verantwortung* in personaler Reife und Gottähnlichkeit vollziehen. Der Papst sieht hier eine Gemeinsamkeit zwischen der ehelichen Liebe, die ihre Bestätigung als hingebende Liebe in leiblicher Vater- und Mutterschaft erfährt und der bräutlichen Liebe des Ehelosen, die ihre Bestätigung in geistlicher Vater- und Mutterschaft findet. Auch leibliche Väter und Mütter leben ihre Vater- und Mutterschaft erst in Fülle, wenn sie die

---

25 JOHANNES PAUL II., *Die menschliche Liebe*, 441 (75,2).
26 JOHANNES PAUL II., *Die menschliche Liebe*, 442 (75,3).
27 JOHANNES PAUL II., *Die menschliche Liebe*, 455 (78,5).

geistliche Dimension in den Blick nehmen und auf diese Weise eine Brücke schlagen zur geistlichen Berufung der Ehelosigkeit.[28] In der geistgewirkten übernatürlichen Fruchtbarkeit erfährt der Ehelose den innersten Sinn und Zweck seiner Berufung um des Himmelreiches willen.

3.3. Geistliche Vaterschaft in der lehramtlichen Verkündigung

3.3.1. Familiaris Consortio

Im November 1981 erscheint das Nachsynodale Apostolische Schreiben *Familiaris consortio*, das die grundlegenden Gedanken von leiblicher und geistlicher Vater- und Mutterschaft aufgreift.

Der Papst geht im 25. Kapitel des Schreibens auf die Rolle des Mannes im Kontext der Familie ein. Auch hier betont er wie schon zuvor, dass der Mann erst angesichts der Mutterschaft der Frau, mit der er in Liebe verbunden ist, seine Vaterschaft im Tiefsten erkennt.[29] Zugleich betont er unmissverständlich die Notwendigkeit real gelebter Vaterschaft in einer Familie und wirbt um ein Bemühen, „im gesellschaftlichen Raum wieder die Überzeugung zu wecken, daß der Platz und die Aufgabe des Vaters in der Familie und für sie von einzigartiger und unersetzlicher Bedeutung ist."[30] Eine vaterlose Gesellschaft muss deswegen in jedem Fall als ein bestürzendes Indiz für die schwierige Situation der Familie in der heutigen Zeit angesehen werden.

In *Familiaris consortio* 14 spricht Johannes Paul II. von einem Charisma der Elternschaft: „Als Eltern empfangen die Eheleute von Gott die Gabe einer neuen Verantwortung. Ihre elterliche Liebe ist dazu berufen, für die Kinder zum sichtbaren Zeichen der Liebe Gottes selbst zu werden, ‚von der jede Vaterschaft im Himmel und auf Erden ihren Namen hat'."[31] Hier wird im Verweis auf das 3. Kapitel des

---

28   Vgl. JOHANNES PAUL II., *Die menschliche Liebe*, 455f.
29   Vgl. dazu auch JOHANNES PAUL II., *Apostolisches Schreiben „Mulieris dignitatem" über die Würde und Berufung der Frau*, 15. August 1988. In: DEUTSCHE BISCHOFSKONFERENZ, *Verlautbarungen des Apostolischen Stuhls Nr. 86*, 18.
30   JOHANNES PAUL II., *Nachsynodales Apostolisches Schreiben „Familiaris consortio" über die Rolle der christlichen Familie in der modernen Welt*, 22. November 1981. In: DEUTSCHE BISCHOFSKONFERENZ, *Verlautbarungen des Apostolischen Stuhls Nr. 33*, 25. Im Folgenden abgekürzt mit JOHANNES PAUL II., *Familiaris consortio*, Seitenzahl).
31   JOHANNES PAUL II., *Familiaris consortio*, 14.

Epheserbriefes der eigentliche Ursprung aller Vater- und Mutterschaft ans Licht geholt, die göttliche Liebe, der alle elterliche Liebe entspringt. Indem Gott für uns Vater ist, befähigt er den Menschen als sein Abbild, nicht nur für eine gewisse Zeit die Rolle eines Vaters einzunehmen, sondern im tiefsten Sinne Anteil zu haben an der Vaterschaft Gottes, an seiner Väterlichkeit.

Zwei Kapitel später schlägt der Papst dann den Bogen zur geistlichen Elternschaft: „In seinem Verzicht auf leibliche Fruchtbarkeit wird der jungfräuliche Mensch geistlich fruchtbar, wird Vater oder Mutter vieler, hilft mit bei der Verwirklichung der Familie nach dem Plan Gottes."[32] Johannes Paul II. stellt hier einen direkten Zusammenhang her zwischen dem freiwilligen Verzicht des Ehelosen auf körperliche Fortpflanzung und damit Weitergabe seiner reifen Persönlichkeit auf der einen Seite und der Erlangung geistlicher Fruchtbarkeit, die sich nicht auf wenige leibliche Söhne und Töchter begrenzen lässt. Darüber hinaus wird klar veranschaulicht, dass hier nicht leibliche und geistliche Eltern nebeneinander wirken, in Distanz zueinander und getrennt, sondern dass sie sich auch gegenseitig befruchten. Die Charismen der Elternschaft werden als Gaben Gottes betrachtet, die füreinander bestimmt sind und auf diese Weise ihre Wirkung entfalten können. Nur so kann sich der göttliche Plan für die Familie erfüllen.

3.3.2. Pastores Dabo Vobis

Ein Jahrzehnt später wird ein weiteres nachsynodales Apostolisches Schreiben im März 1992 veröffentlicht: *Pastores Dabo Vobis* über die Priesterausbildung.

Im 29. Kapitel rekurriert Johannes Paul II. auf die Aussagen der Konzilskonstitution *Lumen Gentium*, die im Kapitel über die Berufung zur Heiligkeit in der Kirche Folgendes aussagt: „Diese vollkommene Enthaltsamkeit um des Himmelreiches willen wurde von der Kirche immer besonders in Ehren gehalten als Zeichen und Antrieb für die Liebe und als eine besondere Quelle geistlicher Fruchtbarkeit in der Welt."[33] Auch hier findet sich der Konnex zwischen dem Verzicht auf

---

32   JOHANNES PAUL II., *Familiaris consortio*, 16.
33   II. VATIKANISCHES KONZIL, *Dogmatische Konstitution „Lumen gentium" über die Kirche*, 21. November 1964. In: Acta Apostolicae Sedis 57, 5–75, 42.

leibliche Fruchtbarkeit und des sich geistlich als Vater und Mutter Verschenkens wieder. Im weiteren spricht der Papst in *Pastores Dabo Vobis* vom priesterlichen Zölibat „als unschätzbares Geschenk Gottes, [...], als einzigartige Teilnahme an Gottes Vaterschaft und an der Fruchtbarkeit der Kirche"[34]. Aus der Gnadenhaftigkeit der priesterlichen Ehelosigkeit als solche und aus der konkreten Annahme dieses charismatischen Geschenks um des Himmelreiches willen durch den einzelnen Berufenen erwächst eine unvergleichliche Teilnahme an der göttlichen Vaterschaft, die für die geistlichen Söhne und Töchter fruchtbar wird. Indem Johannes Paul II. die Einzigartigkeit dieser Teilnahme herausstellt, lässt er die besondere Würde der priesterlichen Berufung zur Ehelosigkeit zum Strahlen kommen, die ihrerseits ebenso einzigartig an der Fruchtbarkeit der Kirche teilnimmt. Auf diese Weise erscheint das Charisma der Ehelosigkeit als zentrales Fundament für einen herausgehobenen Auftrag, geistliche Früchte hervorzubringen. An dieser Stelle erweitert der Papst die geistliche Fruchtbarkeit der einzelnen Söhne und Töchter auf die Kirche, die als ganze, in jedem ihrer Glieder, die Berufung zur Fruchtbarkeit in sich trägt. Die Ehelosigkeit des Priesters bildet somit eine wichtige Grundlage für die Fruchtbarkeit der Kirche, mehr noch: Die geistliche Vaterschaft des geweihten Priesters lässt sich demnach nicht nur für die einzelnen, konkreten Söhne und Töchter konstatieren, sondern in gleicher Weise für die ganze Kirche in der Vielfalt ihrer einzelnen Glieder.

3.3.3. Mulieris dignitatem

Im Apostolischen Schreiben *Mulieris dignitatem* vom August 1988 skizziert Johannes Paul II. noch einmal sehr eindrücklich den Zusammenhang zwischen göttlicher Zeugung des Sohnes durch den ewigen Vater und der menschlichen Zeugung eines Kindes durch die Hingabe der Ehegatten.

Zunächst stellt er klar, dass die ewige Zeugung des Logos in keiner Weise mit menschlich-leiblichen Merkmalen beschrieben werden

---

34 Johannes Paul II., *Nachsynodales Apostolisches Schreiben „Pastores Dabo Vobis" über die Priesterbildung im Kontext der Gegenwart*, 25. März 1992. In: Deutsche Bischofskonferenz, *Verlautbarungen des Apostolischen Stuhls Nr. 105*, 29.

kann. Damit nimmt er eine gewisse Abgrenzung zwischen göttlicher und menschlicher Zeugung vor; dennoch sieht er, dass eine Verbindung zwischen der menschlichen Fruchtbarkeit und der göttlichen Zeugung besteht: „Jede ‚Zeugung' im kreatürlichen Bereich findet ihr erstes Vorbild in jener vollkommen göttlichen, das heißt geistigen, Zeugung in Gott. Diesem absoluten, nicht geschaffenen Vorbild wird jede ‚Zeugung' in der geschaffenen Welt ähnlich."[35] An dieser Aussage Johannes Pauls II. lässt sich das ganze Ausmaß der Würde ablesen, die er der menschlichen Sexualität und Fortpflanzung in der Ehe zuspricht. In jedem Zeugungsakt leuchtet die ewige Zeugung des Wortes Gottes auf, in ihm gelangt der Mensch in die Sphäre der Heilsgeschichte, in der Gott seinen Plan mit den Geschöpfen verwirklicht. Umso mehr kann man erahnen, was es bedeutet, wenn dieser eheliche Akt in perverser Form missbraucht und seiner ursprünglichen, in Gott gründenden Würde beraubt wird. Indem der menschliche Zeugungsakt zu einem Abbild göttlicher Zeugung von Ewigkeit her erhoben wird, darf sich folgerichtig auch die Frucht dieses Aktes als wahres Abbild und Ebenbild Gottes ansehen. Darüber hinaus demonstriert Papst Johannes Paul II. durch diesen Gedankengang die fundamentale Verbindung zwischen leiblicher und geistlicher Zeugung und Fruchtbarkeit. Insofern die Zeugung des ewigen Logos „vollkommen geistig und ihrem Wesen nach göttlich"[36] ist, darf man die geistliche Vaterschaft eines Menschen als direkten Ausfluss aus der göttlichen Vaterschaft ansehen, die sich wiederum in der leiblichen Zeugung und Vaterschaft abbildlich widerspiegelt.

---

35 JOHANNES PAUL II., *Apostolisches Schreiben „Mulieris dignitatem" über die Würde und Berufung der Frau*, 15. August 1988. In: DEUTSCHE BISCHOFSKONFERENZ, *Verlautbarungen des Apostolischen Stuhls Nr. 86*, 8.
36 JOHANNES PAUL II., *Apostolisches Schreiben „Mulieris dignitatem"*. In: DEUTSCHE BISCHOFSKONFERENZ, *Verlautbarungen des Apostolischen Stuhls Nr. 86*, 8.

3.3.4. Briefe an die Priester zum Gründonnerstag

Während seines Pontifikats hat Johannes Paul II. jährlich zum Gründonnerstag einen Brief an die Priester veröffentlicht. Darin entschlüsselt und entfaltet er regelmäßig die Mysterien des priesterlichen Dienstamtes in der Kirche. In diesem Zusammenhang hat er sich auch mehrfach zur Frage der geistlichen Vaterschaft geäußert.

Im allerersten dieser Briefe im Jahr 1979 erläutert er die Notwendigkeit und Schönheit des zölibatären Lebens, um dann der Lehre von der Vaterschaft des Priesters, so wie wir sie in den vergangenen Kapiteln betrachtet haben, eine wesentliche Nuance hinzuzufügen: „Indem der Priester auf diese den Verheirateten eigene Vaterschaft verzichtet, sucht er eine andere Vaterschaft, ja fast sogar eine andere Mutterschaft, wenn er an die Worte des Apostels von den Kindern denkt, für die er Geburtswehen leidet."[37] Der Papst bezieht sich in diesem Teil seiner Ausführungen auf die Stelle im Galaterbrief, in der Paulus den Galatern schreibt: „Gut wäre es, wenn ihr euch zu jeder Zeit in guter Absicht um mich bemühen würdet und nicht nur dann, wenn ich bei euch bin, bei euch, meinen Kindern, für die ich von neuem Geburtswehen erleide, bis Christus in euch Gestalt annimmt" (Gal 4,18f.).

Wehen vor und bei der Geburt gehören eindeutig in den Bereich menschlicher Mutterschaft. Wenn Paulus sich hier dieses Bildes bedient, um seine Verbindung und Beziehung zu den Gemeindemitgliedern in Galatien zu beschreiben, geht er über die übliche Vaterschaftssymbolik hinaus und sieht sich in der Rolle geistlicher Mutterschaft. Und tatsächlich kann es der Seele des Priesters Schmerzen bereiten, wenn er immer wieder von Neuem geistliche Kinder gebiert. Auch hier lässt sich die Parallele ziehen zwischen dem Erleben und Erleiden leiblicher Mutterschaft und einer Mutterschaft im Geist, die auch nicht ohne die schmerzvolle Erfahrung der Seele auskommt. Hier geht Johannes Paul II. über die bisher bekannte Intensität geistlicher Vaterschaft hinaus und zeigt anhand des Pauluswortes auf, dass die Vaterschaft im Geist auch mütterliche Komponenten besitzt, die sich leiblich in den schmerzreichen Geburtswehen verorten lassen können. Während es bei den körperlichen Wehen der Frau darum geht, dem

---

[37] JOHANNES PAUL II., *Brief an die Priester zum Gründonnerstag*, 08. April 1979, 8.(Im Folgenden abgekürzt mit JOHANNES PAUL II., *Gründonnerstag 1979*, Nummer).

Kind durch die Geburt eine äußere Gestalt in dieser Welt zu geben, richten sich die geistlichen Wehen des Priesters darauf, dass in dem geistlichen Sohn oder in der geistlichen Tochter immer intensiver Christus Gestalt annehmen kann, dass das geistliche Kind fähig wird, Christus wahrhaft wie ein Gewand anzuziehen (Vgl. Gal 3,27). Auf diese Weise werden sie „Kinder seines Geistes"[38], Söhne und Töchter, die dem Geist der Wahrheit entspringen und ihr Leben auf dieser Grundlage geisterfüllt gestalten können. Auch bei dieser Parallelisierung lässt sich deutlich erkennen, wie sehr leibliche und geistliche Dimension im göttlichen System untrennbar verbunden sind und mit ihnen die geistlichen Berufungen zu Ehe und Ehelosigkeit.

Die mütterliche Seite der priesterlichen Berufung greift Johannes Paul II. knapp zehn Jahre später in seinem Gründonnerstagsbrief von 1988 wieder auf, um sie mit der Berufung der Gottesmutter Maria und der mütterlichen Berufung der Kirche zu verknüpfen. Als erstes weist der Papst erneut auf die mütterliche Dimension des Zölibats hin, wenn er schreibt: „Man kann sagen, daß wir auf die Vaterschaft ‚nach dem Fleisch' verzichten, damit in uns die Vaterschaft ‚nach dem Geist' heranreift und sich entfaltet, die, wie schon gesagt, zugleich mütterliche Merkmale aufweist."[39] Johannes Paul II. zeigt auf, dass diese mütterlichen Merkmale priesterlicher Existenz auf zwei Korrelate hindeuten: Es geht um die „Wahrheit von der Mutterschaft der Kirche nach dem Beispiel der Gottesmutter." Und weiter heißt es: „Auch wenn jeder von uns diese geistliche Mutterschaft eher auf männliche Weise als ‚Vaterschaft im Geiste' lebt, hat Maria, als Vorbild der Kirche, in dieser Erfahrung ihren besonderen Anteil."[40] Der marianische Aspekt priesterlichen Lebens und Wirkens stellt die Quelle aller geistlichen Mutterschaft des Priesters dar, der wie Maria gerufen ist, sich um die geistlichen Kinder zu sorgen, mit ihnen zu leiden, sie zum Guten anzuleiten und zu ermahnen. Maria ist also demnach nicht nur das Urbild der Kirche, sondern auch das Urbild priesterlicher Mutterschaft, ein wesentlicher Inhalt geistlicher Existenz des Zölibatären. Denken wir nur an die Sorge der Mutter um die rechte Versorgung der Kinder mit den lebensnotwendigen Gütern. Sollte der

---

38 JOHANNES PAUL II., *Gründonnerstag 1979*, 8.
39 JOHANNES PAUL II., *Gründonnerstag 1979*, 5.
40 JOHANNES PAUL II., *Gründonnerstag 1979*, 4.

Priester nicht in ebensolcher mütterlicher Sorge sein, dass die geistlichen Kinder genügend und ausreichend vom Brot des Lebens und der wahren Seelenspeise erhalten? Oder kümmert sich eine Mutter nicht um die körperliche Gesundheit und das leibliche Wohlergehen ihrer Kinder? Ist der Priester und Beichtvater in seinem Seeleneifer nicht auf ähnliche Weise mit der geistlichen Gesundheit der Kinder im Geiste beschäftigt?[41] Der Priester lebt also eine „Vaterschaft im Geist, die auf personaler Ebene der Mutterschaft gleicht. [...] Es handelt sich also hier um ein Merkmal unserer priesterlichen Persönlichkeit, das gerade ihre apostolische Reife und geistige Fruchtbarkeit ausdrückt."[42] Auch wenn der Priester im leiblich-physischen Sinne ganz und gar Mann ist, so weitet sich diese geschlechtliche Festlegung in der personalen Zuwendung hin zu einer echten marianisch geformten und geprägten Mutterschaft als Weitergabe der persönlichen Reife an die geistlichen Kinder. Johannes Paul II. kann sich bei seiner Betrachtung des priesterlichen Rufs in die geistliche Mutterschaft darüber hinaus auf ein Wort des Propheten Jesaja stützen: „Kann denn eine Frau ihr Kindlein vergessen, eine Mutter ihren leiblichen Sohn? Und selbst wenn sie ihn vergessen würde: ich vergesse dich nicht" (Jes 49,15). Auch wenn hier in der Prophetenliteratur nicht explizit die Identifikation Gottes mit mütterlichen Elementen benannt wird, so steht diese Verheißung der Sorge und des Nichtvergessens doch in einer klaren Verbindung zum Denken und Handeln Gottes. Insofern darf man konstatieren, dass der Aspekt der Mutterschaft in Bezug auf die Eigenschaften Gottes bereits im Alten Testament grundgelegt ist und nun im Kontext aktueller Erfahrungen neu aufgegriffen und reflektiert wird.

---

41 Diese Gedanken werden in ähnlicher Weise auch von JOHANNES PAUL II. in dem Gründonnerstagsbrief aus dem Jahr 1988 vorgetragen.
42 JOHANNES PAUL II., *Brief an die Priester zum* Gründonnerstag, 25. März 1988, 4.

4. Geistliche Vaterschaft in der weiteren Verkündigung der Kirche

4.1. II. Vatikanisches Konzil: Presbyterium Ordinis

Auch die Päpste, die zeitlich nach Johannes Paul II. als Pontifex Maximus der Kirche gedient haben, haben sich immer wieder die Frage nach der geistlichen Elternschaft als Frucht der Ehelosigkeit um des Himmelreiches willen gestellt. Als wichtigen Vorgänger zum Apostolischen Schreiben *Pastores Dabo Vobis*, das schon Gegenstand der Betrachtung war, sollte man jedoch zunächst *Presbyterium Ordinis* heranziehen, das von Paul VI. 1965 promulgierte Dekret des II. Vatikanischen Konzils über den Dienst und das Leben der Priester. Im Abschnitt über den Zölibat heißt es dort: „Durch die Jungfräulichkeit und die Ehelosigkeit um des Himmelreiches willen werden die Priester [...] noch mehr befähigt, die Vaterschaft in Christus tiefer zu verstehen."[43] Je mehr sich der geweihte Priester in seinem jungfräulichen Stand Christus einverleibt und ihm ähnlicher wird, desto mehr wird er hineingenommen in das wunderbare Mysterium der Beziehung des göttlichen Sohnes zum Vater, wird sein zölibatäres Leben geprägt durch die Liebe, die Vater und Sohn durch den Heiligen Geist in der Dreifaltigkeit leben. Der Priester lernt demnach durch seine Ehelosigkeit immer mehr kennen, was wahre Vaterschaft bedeutet, er erlangt immer größere Erkenntnis über Gott den Vater und dringt mehr und mehr ein in das Geheimnis der väterlichen Liebe Gottes zu seinem menschgewordenen Sohn und zu jedem einzelnen Menschen. Aus dieser Erkenntnis der Väterlichkeit Gottes heraus wird der Ehelose um des Himmelreiches willen befähigt, diese Vaterschaft im Geist in der Tiefe zu leben und jeden Tag mehr aus dieser väterlichen Liebe Gottes zu leben. Insofern lässt sich das zölibatäre Leben des Priesters als sukzessives Eintreten in das Geheimnis der heiligsten Dreifaltigkeit deuten, aus deren Mitte heraus er dann wahrhaft geistlicher Vater für die ihm anvertrauten Menschen werden kann.

---

43 II. Vatikanisches Konzil, Dekret „Presbyterium Ordinis" über Dienst und Leben der Priester, 07. Dezember 1965. In: Acta Apostolicae Sedis 58, 16.

4.2. Benedikt XVI.: Ansprache in Warschau

Im Rahmen seiner Apostolischen Reise nach Polen fand am 25. Mai 2006 in der Kathedrale von Warschau eine Begegnung von Papst Benedikt XVI. mit dem polnischen Klerus statt. In seiner Ansprache gab der Papst den Priestern mit auf den Weg: „Christus braucht Priester, die reif und mannhaft sind, fähig, eine wahre geistliche Vaterschaft auszuüben. Damit das geschieht, bedarf es der Aufrichtigkeit mit sich selbst, der Öffnung gegenüber dem geistlichen Begleiter und des Vertrauens auf die göttliche Barmherzigkeit."[44] Hier stellt Papst Benedikt XVI. die beiden Voraussetzungen für eine wahre Vaterschaft im Geist präzise vor: Persönliche Reife und echte Mannhaftigkeit. Ein junger Mensch, der seine von Gott in die Schöpfung gelegte männliche Personalität in einem Prozess der Reifung erkannt hat und diese Berufung zum wahren Mannsein lebt, ist fähig zur Ausübung wahrer geistlicher Vaterschaft. Auch wenn die Erkenntnis göttlichen Vaterseins als Prozess zu deklarieren ist, der lebenslange Hinwendung zum liebenden Gott bedeutet, kommt der Augenblick für einen jungen Mann, in dem er seine reife Persönlichkeit an die geistlichen Kinder weitergeben kann. Drei Dinge fördern laut Benedikt XVI. die Haltung wahrer Vaterschaft: Als erstes nennt er den aufrichtigen und ehrlichen Blick auf sich selbst, vor allem auf die Elemente des eigenen Lebens, die noch der Reifung und Entwicklung bedürfen. Als zweites benennt der Papst die Offenheit gegenüber der Person, die für den jungen Mann selbst die Rolle des geistlichen Vaters einnimmt. Demnach geht es also sowohl um eine Ehrlichkeit gegenüber sich selbst als auch nach außen gegenüber dem Menschen, der im Auftrag des himmlischen Vaters als geistlicher Führer Begleitung gewährt. Als drittes nennt Papst Benedikt das Vertrauen auf die Barmherzigkeit Gottes, die Annahme des Gleichnisses vom barmherzigen Vater, in dem Jesus uns den Vater im Himmel vorstellt.[45] Diese vertrauensvolle Hingabe an die Barmherzigkeit des Vaters ist deswegen so überaus relevant, weil sich der Ehelose um des Himmelreiches willen bei aller persönlichen Reife in seinem Bemühen um eine würdige Praxis seiner Lebensberufung immer wieder auch als Scheiternder und Fallender

---

44   BENEDIKT XVI., *Ansprache bei der Begegnung mit dem polnischen Klerus*, Warschau, 25. Mai 2006.
45   Vgl. Lk 15,11–31.

erlebt, ja als seiner Berufung Unwürdiger, der die Barmherzigkeit des Vaters für sich in Anspruch nehmen muss.⁴⁶ „Seid barmherzig, wie es auch euer Vater ist" – dieser Aufruf Jesu in Lk 6,36 soll das Sein des geistlichen Vaters prägen und durchziehen. Insofern die geistliche Vaterschaft immer Anteilnahme an der göttlichen Vaterschaft ist, muss die Haltung der Barmherzigkeit im Denken, Reden und Handeln des Vaters im Geist einen festen Platz einnehmen.⁴⁷

4.3. Franziskus: Ansprachen und Audienzen

Auch in der Verkündigung von Papst Franziskus lassen sich wichtige Gedanken zur geistlichen Vaterschaft finden.

In seiner Predigt bei der Chrisam-Messe am 17. April 2014 benennt er die Treue zur Kirche als Braut Christi als entscheidenden Schlüssel für wahre geistliche Fruchtbarkeit priesterlichen Handelns. Zugleich weist er auf die Vielfalt geistlicher Sohn- und Tochterschaft hin:

> „Die geistlichen Söhne und Töchter, die der Herr jedem Priester schenkt, jene, die er getauft hat, die Familien, die er gesegnet und denen er geholfen hat sich auf den Weg zu machen, die Kranken, die er aufrichtet, die Jugendlichen, mit denen er den Weg der Katechese und der Formung geht, die Armen, die er unterstützt ... sie sind diese ‚Braut', und es ist seine Freude, sie als seine auserwählte und einzige Geliebte zu behandeln und ihr immer neu treu zu sein."⁴⁸

---

46 Henri Nouwen hat diese Erfahrung sehr offen so ausgedrückt: „Doch in mir sträubt sich alles gegen diese Berufung [zum geistlichen Vater]. Ich klammere mich an das alte Kind in mir. [...] So deutlich ich meine wahre Berufung, ein Vater zu sein, sehe, so unmöglich scheint es mir, ihr nachzukommen." (NOUWEN, HENRI, Nimm sein Bild in dein Herz. Geistliche Deutung eines Gemäldes von Rembrandt, Herder 1991, 162f.). Erst durch die Begegnung mit dem barmherzigen Vater kann er die Berufung zur geistlichen Vaterschaft und die damit verbundene Verantwortung für sich annehmen. Diese sehr persönlichen Einblicke in die Gedanken- und Gefühlswelt eines Priesters stehen sicherlich paradigmatisch für ein Ringen vieler Priester um die Annahme der wunderbaren, aber gleichzeitig auch anspruchsvollen Berufung zum Vater im Geist.

47 Es wäre wünschenswert, dass dieser Aspekt im Anschluss an das Heilige Jahr der Barmherzigkeit, das Papst Franziskus für 2016 ausgerufen hatte, wieder besonders in den Blick priesterlicher Existenz rücken würde.

48 FRANZISKUS, Predigt bei der Chrisam-Messe, 17. April 2014.

Der Zusammenhang zwischen einer lebendig gelebten Treue zur Kirche, zur Braut Christi, und der geistlichen Fruchtbarkeit des Priesters tritt hier offen zutage, besteht bei den Ehegatten doch gerade an diesem Punkt auch eine Symbiose zwischen Treue und ehelicher Fruchtbarkeit, eine untrennbare Bindung, die einander bedingt und die eheliche Gemeinschaft prägt. Auch hier darf man erneut die Parallele zwischen Ehe und Ehelosigkeit zu Recht bemühen. Ein Mangel an Treue zur Kirche zieht offensichtlich eine Art geistliche Unfruchtbarkeit nach sich. Denn es fällt doch in der Praxis schwer, die geistlichen Söhne und Töchter zu einer Haltung der Treue zueinander und zu Gott zu ermuntern und auf der anderen Seite diese Treue in der selbst gewählten Lebensform nicht abzubilden, eine notwendige Treue zu Christus und seiner Braut. Mit Nachdruck muss zudem der Aspekt hervorgehoben werden, der von Papst Franziskus angesprochen wird: Geistliche Kinder werden dem Priester von Gott geschenkt, als Antwort des Herrn auf die priesterliche Treue. Diese geistliche Berufung zur Vaterschaft lässt sich dann auf vielfältige Art und Weise leben: für alle Altersgruppen, im Bereich der Sakramente, der Katechese und der Caritas. Im Leben und Alltag des Priesters können somit die verschiedensten Formen väterlicher Proexistenz gelebt werden als Ausfluss der Treue zu Christus und der Kirche als einzige Geliebte.

Des weiteren soll auf eine bemerkenswerte Predigt des Papstes hingewiesen werden, die die Freude der gelebten geistlichen Vaterschaft lebendig zum Ausdruck bringt. Er hat sie am 26. Juni 2013 bei der Frühmesse in der Kapelle des Domus Sanctae Marthae gehalten. Seine Ausführungen bringen die Aufgabe der Vaterschaft des Priesters auf einen zentralen Punkt:

„Um erfüllt zu werden und reif zu sein, müssen wir alle die Freude der Vaterschaft verspüren: auch wir Zölibatäre. Vaterschaft heißt, den anderen Leben schenken, Leben schenken, Leben schenken ..."[49] Ausgehend von dem bereits von Papst Johannes Paul II. betonten notwendigen Reifegrad und der damit verbundenen erfüllten Persönlichkeit fixiert Papst Franziskus das wesentliche Moment geistlicher Vaterschaft: Leben schenken. Dieses Leben entspringt der nie versiegenden Gnadenquelle Gottes, genauso wie das Geschenk

---

49   Franziskus, *Predigt bei der Frühmesse im Domus Sanctae Marthae*, 26. Juni 2013.

geistlicher Vaterschaft reine Gnade darstellt: „Und das ist eine Gnade, um die wir Priester bitten müssen: Väter sein, Väter sein. Die Gnade der Vaterschaft, der seelsorglichen Vaterschaft, der geistlichen Vaterschaft."[50] Die Vaterschaft des Priesters als eine von Gott zu erbittende Gnade, ein gottgewirktes Charisma: Auch hier steht Papst Franziskus in klarer Kontinuität zu seinen Vorgängern.

Bei einer Begegnung mit Seminaristen am 06. Juli 2013 spannt der Papst noch einmal den Bogen von der geistlichen Vaterschaft hin zur Freude, die den Priester ebenso wie die Ordensschwester erfüllen soll: „Die Wurzel der Traurigkeit im pastoralen Leben ist eben genau der Mangel an geistlicher Vater- und Mutterschaft; wenn man seine geistliche Berufung schlecht lebt, die eigentlich fruchtbar sein soll".[51] Hier legt Papst Franziskus den Finger in die Wunde einer nicht gelungenen Vater- oder Mutterschaft aufgrund einer mangelnden Lebensführung bezüglich der eigenen Berufung. Ein schlechtes, unzulängliches und nicht wirklich engagiertes Leben im Geist der Ehelosigkeit gebiert Traurigkeit, Niedergeschlagenheit und vielleicht sogar Depression. Erst durch die Wiederentdeckung der Schönheit der geistlichen Berufung zum Vater für andere und der damit verbundene Schritt zu einer erneuerten Treue zu Gott und seiner Kirche wird der Priester fähig, dieser Traurigkeit zu entsagen und eine innere Freude zu spüren, die ihm wieder die Erhabenheit seiner Lebensberufung vor Augen führt, neue Kraft zum Leben aus der Gnade schenkt.

4.4. Bischöfliche Stellungnahmen

Bei aller Notwendigkeit einer ausführlichen und gründlichen theoretischen Durchdringung der Materie geistlicher Vaterschaft ist der Verweis auf konkret erfahrbare Personen oftmals hilfreich, um zu einer vertieften Erkenntnis über diesen Teil der Berufung zur Ehelosigkeit um des Himmelreiches willen zu gelangen. Es verwundert nicht allzu sehr, dass gerade die großen Lehrer der Vaterschaft im Geist greifbare Vorbilder für dieses Charisma sind.

Am Beispiel von Johannes Paul II. lässt sich das anschaulich festmachen, wenn man sich an die Worte von Kardinal Francis Stafford erinnert, die er zum Abschluss des Weltjugendtages in Paris

---

50 FRANZISKUS, *Predigt bei der Frühmesse im Domus Sanctae Marthae*, 26. Juni 2013.
51 FRANZISKUS, *Begegnung mit Seminaristen*, 06. Juli 2013.

1997 an den damaligen Papst gerichtet hat: „Heiliger Vater, warum kommen so viele junge Menschen, um mit Ihnen zusammen zu sein, um mit Ihnen zu beten, Sie zu hören, mit Ihnen zu feiern? Weil Sie ein Vater sind!"[52] Kurz und präzise bringt der Kardinal hier die Persönlichkeit Johannes Pauls II. auf den Punkt und damit die Wesensmerkmale gelebter Vaterschaft: Gemeinschaft, Gebet, Lehre, Feier. In diesen Bereichen kann sich geistliche Vaterschaft entfalten und ausbreiten, Frucht bringen. Karol Wojtyła darf man nicht nur wegen der persönlichen Worte von Kardinal Stafford als ein Vorbild praktizierter Vaterschaft im Geist ansehen, ähnlich wie seine beiden Nachfolger auf dem Stuhl Petri.[53]

Der mittlerweile emeritierte Erzbischof von Bordeaux, Jean-Pierre Ricard, stellt in einem Vortrag im Dezember 2005 seine Sicht auf die Vaterschaft des ehelos Lebenden vor: „Diese mit Christus gelebte völlige Hingabe vermehrt seine innere Freiheit, sichert die einheitliche Ausrichtung seiner emotionalen Welt, lässt seine Hirtenliebe und die Fähigkeit, sich jedem aufmerksam hinzugeben, wachsen – kurz, fördert seine geistige Vaterschaft."[54] Kardinal Ricard erläutert in seinen Ausführungen weitere bedeutende Elemente einer gelebten Vaterschaft in Fülle, die einer praktizierten Hingabe an den Bräutigam Jesus Christus entspringt: innere Freiheit, Einheit der Emotionen, aufmerksame Zuwendung, beständiges Wachstum. Nur wenn Ehelosigkeit um des Himmelreiches willen als völlige Hingabe an Christus

---

52 CHRISTOPH SCHÖNBORN, Katechese 8, 18.04.1999. Quelle: http://www.kirchenweb.at/schoenborn/kardinal/jahresreihe3/katechese308.htm.
    Die geistliche Vaterschaft von Päpsten finden wir auch im orthodoxen Bereich. Als Beispiel für einen geistlichen Vater unserer Zeit nennt Andreas Müller in seiner Abhandlung über Geistliche Vaterschaft in der Orthodoxie den 2012 verstorbenen koptischen Papst Schenuda III. (Vgl. ANDREAS MÜLLER, Geistliche Väter als Lebensbegleiter. Ein Beitrag zur Seelsorgepraxis in der ostkirchlichen Orthodoxie, in: Internationale Kirchliche Zeitschrift 428, Bern 1999, 209–251, hier: 229–232).
53 Selbst der evangelische Theologe Rudolf Bohren kann sich der Väterlichkeit der Päpste nicht wirklich entziehen: „Wie groß aber eine geheime Sehnsucht nach einem heiligen Vater ist, zeigt auch die Faszination des Papstes, wenn er, wie Johannes XXIII. – und bei allem Vorbehalt auch JOHANNES PAUL II. – eine Vaterfigur darstellt. – Wir evangelischen Christen tun gut, uns zu erinnern, daß wir heilige Väter haben, Väter von hoher Statur, die tragen." (RUDOLF BOHREN, Mit dem Geist bekommen wir Väter und mit den Vätern einen Geist, in: PETER ZIMMERLING (HG.): Aufbruch zu den Vätern. Unterwegs zu neuer Vaterschaft in Familie, Kirche und Kultur, Moers 1994, 44–65, hier: 57.
54 JEAN-PIERRE RICARD, Vortrag über Sinn und Bedeutung des priesterlichen Zölibats, 07. Dezember 2005. Quelle: http://www.zenit.org/de/articles/erzbischof-jean-pierre-ricard-von-bordeaux-die-fruchtbarkeit-einer-liebe-die-sich-im-priesterlichen.

und seine Kirche geschieht, gelangt der Priester zu einer erfüllenden Existenz, die er an die geistlichen Söhne und Töchter weitergeben kann. Das Element der Hingabe verweist in gleicher Weise wiederum auf die bräutliche Bedeutung der Ehe. Die genannten Elemente spielen auch im Leben des sakramentalen Ehebundes eine wichtige Rolle: Die Bewahrung der inneren Freiheit des einzelnen Ehegatten, das Bemühen um emotionale Einheit, die tägliche aufmerksame Zuwendung zum anderen hin sowie das gemeinsame Wachstum in Glaube, Hoffnung und Liebe durch die Gnade der ehelichen Gemeinschaft.

Der damalige Bischof von St. Pölten, Klaus Küng, konkretisiert in einem Vortrag im Juli 2006 die einzelnen Implikationen der Praxis geistlicher Vaterschaft:

„Die Verbundenheit mit Gott führt zu einer Liebe, die wohlwollend ist, für den anderen das Beste möchte. Sie ist gerade deshalb verständnisvoll, aber auch fest in Gottes Geboten verankert. Sie vermittelt Geborgenheit und Halt, ist ehrlich und scheut sich nicht, vor dem zu warnen, was schaden könnte. Sie öffnet neue Horizonte und führt ans richtige Ufer."[55]

Der ehemalige Familienbischof der österreichischen Bischofskonferenz skizziert anschaulich die beiden unterschiedlichen Pole einer echten und unverkürzten Vaterschaft im Geist. Zum einen betont er die Notwendigkeit einer wohlwollenden Haltung der Liebe, die verständnisvoll Geborgenheit vermittelt und Halt gibt. Zum anderen müssen die Gebote Gottes als Fundament dieser Liebe auftreten, die väterliche Liebe muss ehrlich und ungeschminkt auch schon mal warnen, wenn mögliche Gefahr für die Seele in Verzug ist. Gleichzeitig darf die persönliche Bindung nicht dazu führen, dass eine Weiterentwicklung der Persönlichkeit der geistlichen Tochter oder des geistlichen Sohnes in Gefahr gerät oder sogar unerwünscht ist. Im Gegenteil: Die Weitergabe meiner gereiften Persönlichkeit an den anderen beinhaltet immer auch ursprunghaft die nächsten Stufen der Formung des Menschen in seiner Würde als personales Wesen. Auch die Liebe des leiblichen Vaters darf unter keinen Umständen anketten

---

[55] KLAUS KÜNG, *Vortrag über das Vatersein am 07. Februar 2006.* Quelle: http://www.zenit.org/de/articles/vortrag-von-bischof-klaus-kung-uber-das-vatersein.

und festhalten, sondern muss Perspektiven der Ausbildung neuer Reifestufen in den Blick nehmen. Andernfalls kann die physische Elternschaft ebenso scheitern wie die geistliche.

Kardinal Sean O'Malley von Boston weist in einem Interview mit dem National Catholic Register im November 2013 zu Recht darauf hin, dass die geistliche Vaterschaft in gewisser Weise einen Opfercharakter beinhaltet:

> „For any priest, it is important to see ourselves as the spiritual father of our people. [...] As the father of the family makes many sacrifices for his children, a priest needs to make many sacrifices for his people. When the father makes those sacrifices, he doesn't feel sorry for himself; he sees this as his mission. And that is the way a good priest has to function."[56]

Die Bereitschaft zum hingebenden Opfer ist laut O'Malley sowohl dem leiblichen Vater in Bezug auf seine Kinder als auch dem Priester als geistlichen Vater zueigen. Dabei enden beide nicht in Selbstmitleid wegen des Opfercharakters ihrer Vaterschaft, sondern erkennen die Notwendigkeit der opfernden Hingabe für eine gelingende väterliche Zuwendung. Wenn Kardinal O'Malley von „many sacrifices" spricht, deutet er auf diese Weise an, dass das Opferelement keine Randerscheinung von wahrer, echter Vaterschaft darstellt, sondern vielmehr immer wieder als Herausforderung an den Vater, den leiblichen wie den spirituellen, herantritt. Hingabe ohne Opfer lässt sich nicht wirklich ausdenken, so dass hier wichtige Gedankenlinien einer Lehre von der geistlichen Vaterschaft zusammenfließen.[57]

---

[56] SEAN O'MALLEY, Interview mit National Catholic Register am 15. November 2013. Quelle: http://www.ncregister.com/daily-news/cardinal-omalley-on-vatican-reform-and-major-issues-facing-the-u.s.-church#ixzz3UPow8nT1

[57] Dazu Henri Nouwen: „Es überrascht mich überhaupt nicht, daß so wenige für sich Vaterschaft beanspruchen. Die Schmerzen sind zu offenkundig, die Freuden zu verborgen." (HENRI NOUWEN, Nimm sein Bild in dein Herz. Geistliche Deutung eines Gemäldes von Rembrandt, Herder 1991, 164).

5. Geistliche Vaterschaft in der Tradition des frühen Mönchtums

Die Praxis geistlicher Vaterschaft ist alles andere als eine Idee der Neuzeit, vielmehr kann man die Grundzüge bereits im frühen Mönchtum ablesen, vor allem im ausgehenden 3. sowie im 4. und 5. Jahrhundert. Ein herausragendes Beispiel stellt der Wüstenvater Evagrios Pontikos dar, ein asketischer Mönch des 4. Jahrhunderts. Selbstverständlich für die Alten Väter war das Wort von der *Vaterschaft Christi*, heute noch präsent im Prolog der Benedikts-Regel. Bei Evagrios ist darüber hinaus sogar von der *geistlichen Mutterschaft Christi* die Rede: „Ein und derselbe Christus kann, je nach dem Gesichtspunkt, sowohl als ‚Vater' wie auch als ‚Mutter' bezeichnet werden: Als Vater derer, die den ‚Geist der Sohnschaft' besitzen, als Mutter aber jener, die noch der Milch bedürfen und nicht fester Speise."[58] Je nach dem Bedürfnis und der Situation der konkreten Menschen wird Christus zum Spender der jeweils notwendigen Gnade, in väterlicher wie in mütterlicher Weise. Eigentlich dürften diese Aspekte der Person des Gottmenschen nicht allzu sehr überraschen, sagt er doch in Mk 10,24 zu seinen Jüngern: „Meine Kinder, wie schwer ist es, in das Reich Gottes zu kommen!" Aus dieser Anrede ist ersichtlich, dass Jesus sich selbst als geistlicher Vater der Apostel betrachtet. Und gilt etwa nicht: „Wer mich sieht, sieht den Vater?"[59] Von diesem Standpunkt aus ist der Gedanke der Vater- (und Mutter-) schaft Christi nicht sehr erstaunlich und doch in unserer Gegenwart eher selten anzutreffen. In der Tradition der frühen Kirche steht darüber hinaus fest: Der geistliche Vater ist kein Guru, der andere von sich abhängig machen möchte, sondern vielmehr geht es um die Hinführung des geistlichen Kindes zu einem Leben in Fülle. Ein interessanter Aspekt der Lehre des Evagrios besteht darin, dass er nicht nur die Vaterschaft als Charisma bezeichnet, sondern in gleicher Weise die Sohnschaft. „Niemand wird [...] ‚Sohn' des ‚Vaters' Christus und damit zum ‚Weisen', es sei denn, um selbst ‚Vater' für andere zu werden."[60] Sohnschaft manifestiert sich bei Evagrios demnach also in der Erlangung von Weisheit im Sinne einer Geistesgabe, die

---

58   GABRIEL BUNGE, *Geistliche Vaterschaft.* In: *EREMOS. Texte zur Spiritualität, Geschichte und Kunst 1*, Berlin 2010, 36.
59   Vgl. Joh 12,45.
60   GABRIEL BUNGE, *Geistliche Vaterschaft.* In: *EREMOS. Texte zur Spiritualität, Geschichte und Kunst 1*, Berlin 2010, 40.

jedoch nicht ausschließlich für den Empfangenden selbst bestimmt ist, sondern die sich im Charisma der geistlichen Vaterschaft weiter verschenkt. Diese Gabe der Weisheit bewirkt im geistlichen Kind eine doppelte Transformation: zum einen „von der Bosheit zur Tugend", zum anderen „von der Unwissenheit zur Erkenntnis Gottes"[61], d. h. sowohl eine Wandlung im Bereich von Theorie und Vernunft als auch in der konkreten Moralpraxis. Die geistliche Vaterschaft intendiert demnach dem ganzen Menschen zu einer Hinwendung zu Gott zu verhelfen, bleibt nicht bei einer Änderung des Verhaltens stehen, sondern zielt fernerhin auf eine Änderung und Reinigung der Geisteshaltung, der Gedanken und Phantasien, auf eine höhere Erkenntnisstufe bei der Suche nach dem Allmächtigen.

In der orthodoxen Tradition ist das Institut des Starzen fest verankert. Die Beziehung des geistlichen Kindes zum Starzen ist eine besondere, sofern sie von Grund auf durch unbedingten Gehorsam und eine herausragende Tiefe der zwischenmenschlichen Beziehung geprägt ist. Dem Gehorsam kommt dabei eine Schlüsselrolle zu, wird ihm doch ein höherer Wert zugesprochen als dem Gebet.[62] Dieser Gehorsam wird jedoch ebenso vom geistlichen Vater selbst erwartet: „Er hört darauf, was ihm der Heilige Geist sagt, er orientiert sich ausschließlich am Höheren, vorbei an Soziologie, Psychologie und sonstigem Klischee und Schema."[63] Diese Selbstverständlichkeit der alleinigen Führung durch den Heiligen Geist, diese konsequente Ausrichtung auf die göttliche Leitung erscheint in einer Zeit der Methodenseminare und Werkwochen für psychologische Gesprächsführung auf der einen Seite ungewöhnlich und zurückgeblieben,

---

[61] GABRIEL BUNGE, Geistliche Vaterschaft. In: EREMOS. Texte zur Spiritualität, Geschichte und Kunst 1, Berlin 2010, 40.

[62] Vgl. TATJANA GORITSCHEWA, Die Starzen als geistliche Väter. Vaterschaft in der russischen Kultur, in: PETER ZIMMERLING (HG.): Aufbruch zu den Vätern. Unterwegs zu neuer Vaterschaft in Familie, Kirche und Kultur, Moers 1994, 9–22 (im Folgenden abgekürzt mit GORITSCHEWA, Starzen, Seitenzahl).

[63] GORITSCHEWA, Starzen, 11. Ähnlich Papst JOHANNES PAUL II. am 27.01.1979 in Guadalupe in einer Ansprache an versammelte Priester: „You must draw from the Gospel the essential principles of faith – not mere psychological or sociological principles – which will produce a harmonious synthesis between spirituality and ministry" (JOHANNES PAUL II., Ansprache an die Diözesanpriester und Ordensleute, Guadalupe, Mexiko-City, 27. Januar 1979).

entfaltet jedoch andererseits eine faszinierende Konzentration auf das Wesentliche, das Gott selbst dem geistlichen Vater schenkt.[64] In Bezug auf das Priestertum gilt: „Die geistliche Vaterschaft ist ein besonderes Charisma, und nicht jeder Priester kann ein geistlicher Vater sein."[65] An dieser Stelle deutet sich bereits an, dass auf der einen Seite ein Starez alle geistlichen Stufen des Mönchtums durchlaufen haben muss, um als geistlicher Vater zu agieren, auf der anderen Seite aber nicht unbedingt eine Weihe zum Priester. Auf dem ersten Blick trennen sich hier Amt und Charisma, wobei gleichzeitig aber nicht jeder Christ als Starez agieren darf, sondern nur jene, die genannte geistliche Voraussetzungen erfüllt haben. Außerdem darf man darauf hinweisen, dass das Starzentum durchaus amtlichen Charakter mit sich trägt.

Die Erhabenheit geistlicher Vaterschaft in dieser Tradition wird durch folgende Gedanken deutlich: „Die Priester ‚ziehen' ihre geistlichen Kinder groß. [...] Ein geistlicher Vater [...] durchschaut das gesamte Wesen eines anderen Menschen. Er zieht gewissermaßen in den anderen ein und hilft ihm, sich selbst zu finden."[66] An dieser Stelle begegnet dem Leser durch die Begrifflichkeit des Großziehens wieder ein durch und durch mütterlicher Aspekt geistlicher Vaterschaft, das Bild einer engen und überaus persönlichen Beziehung bis hin zu einer Art Einheit der Seelen, einer inneren Vereinigung, durch die Selbstfindung geschieht. Große Würde spricht aus dieser Beziehung zwischen Vater und Kind, eine Erziehung zu „geistlicher, königlicher Freiheit", die Befähigung, zu hören, „was der Heilige Geist in seinem Herzen mit unaussprechlichen Worten sagt."[67] Damit der Vater die Worte des Geistes im Herzen des geistlichen Kindes vernehmen kann, muss er selbst ein wahrer und unaufhörlicher Empfänger der Einsprechungen des Geistes sein. Nur wer sein eigenes Leben, sein ganzes Sein unter

---

64   Das Hören auf den Heiligen Geist als einzige „Methode" geistlicher Begleitung – wie wünschenswert wäre doch auch in der Priesterausbildung eine Rückbesinnung auf dieses klare Prinzip, das natürlich nur zu verwirklichen ist, wenn der Priester sich tagtäglich um ein Leben aus dem Geist heraus bemüht und somit dem Heiligen Geist die Führung über seine Existenz übergibt. Hieran lässt sich aber auch erkennen, warum es so überaus wichtig ist, dass der Starez die geistlichen Stufen des Mönchtums in Gebet und Rückzug in die Einsamkeit durchlebt hat.
65   GORITSCHEWA, *Starzen*, 9.
66   GORITSCHEWA, *Starzen*, 10.
67   GORITSCHEWA, *Starzen*, 10.

die Leitung des Gottesgeistes stellt, ist fähig zur Unterscheidung der Geister, die das geistliche Kind umtreiben.

Des weiteren gilt es zu betonen, dass die Beziehung zwischen geistlichem Vater und geistlichem Kind Exklusivität für sich beansprucht, sowohl qualitativ als auch quantitativ:

> „Eine solche Beziehung ist ihrem Wesen nach einzigartig und schließt jede andere ähnlicher Qualität aus. Man kann im Leben nur einen Vater haben. Daran kann man geradezu erkennen, ob diese Beziehung echt war. Sie ist weder dazu bestimmt, ewig zu dauern, noch sich in gleicher Weise zu wiederholen. [...] Kommt der Tag, an dem dieser ‚Vater' aus dem Blickfeld verschwindet, braucht man keinen anderen mehr zu suchen. Dann gilt es, Trauerarbeit zu leisten, wie jedes Kind, das seinen Vater verliert, und einen neuen Anfang machen: aus der Erinnerung und einer heimlichen Liebe heraus weiterzuleben, aus dem Geist heraus, zu dessen Entdeckung in der Tiefe des eigenen Herzens einem dieser ‚Vater' verholfen hat. Von nun an ‚lehrt alles' (1 Joh 2,27) der Geist, und der genügt."[68]

Die Tatsache der Einzigartigkeit des leiblichen Vaters führt in der orthodoxen Tradition zu der logischen Schlussfolgerung, dass es entsprechend auch nur einen geistlichen Vater im Leben eines Menschen geben kann. Diese Einzigartigkeit ist für sich allein schon eine kraftvolle Aussage. Auch der Verweis auf die irdische Endlichkeit dieser Beziehung entzieht ihr weder menschliche noch spirituelle Kraft, im Gegenteil: Der eindrückliche Hinweis auf den Moment des Trauerns angesichts des Verlusts des geistlichen Vaters verleiht dieser Beziehung eine ganz tiefe Menschlichkeit. Hier lässt sich auch die Parallele zu der geistlichen Vaterschaft Jesu gegenüber den Aposteln ablesen: Auch sie mussten nach einer bestimmten Zeit der Sohnschaft von ihrem geistlichen Vater Abschied nehmen, haben um diesen Verlust getrauert, wurden aber durch den verheißenen Gottesgeist weiter durch ihr Leben geführt, und mit ihnen die ganze Kirche als Volk Gottes.

Zwei weitere Aspekte beleuchten die geistliche Vaterschaft in der Tradition der alten Mönchsväter: Zum einen gibt es keine Gefahr

---

68 ANDRÉ LOUF, *Die Gnade kann mehr... Geistliche Begleitung*, Münsterschwarzach 1995, 48.

sektiererischen Abdriftens, da das Institut der Vaterschaft im Geist in der Kirche verortet ist: „Der geistliche Vater vertritt die Wahrheit der gesunden Lehre, über die die Kirche zu wachen hat."[69] Er kann demnach nicht seine eigene Meinung oder gar Glaubenslehre dem geistlichen Kind vermitteln, sondern ist von Grund auf an die traditionelle Lehre der Kirche gebunden. Insofern diese Lehre ja auch ihren inspirierten Ursprung im Geist Gottes findet, verbinden sich hier die charismatische und die ekklesiologische Dimension geistlicher Vaterschaft. In Verbundenheit zur Glaubenslehre der Kirche, gelenkt durch die Eingebungen des Heiligen Geistes, vermag der geistliche Vater seinen Auftrag zu erfüllen, ohne dabei in Gefahr zu geraten, dem Ungeist das Wort zu reden oder das geistliche Kind spirituell auf eine schiefe Bahn zu führen. Die Einheit von kirchlicher Tradition und charismatischer Führung scheint demnach ein wesentlicher Schlüssel zu sein für das Gelingen echter geistlicher Begleitung.

Darüber hinaus agiert der geistliche Vater sowohl als Arzt als auch als Lehrer. Die heilende Dimension dieser Form der Vaterschaft ereignet sich natürlich beim priesterlichen Vater durch die Absolution nach dem vollständigen Sündenbekenntnis des geistlichen Kindes. Aber auch über das Sakrament hinaus, in der konkreten Seelenführung, durch eine Reflexion der moralischen Praxis und einem ehrlichen Anschauen der eigenen Gedanken, Worte und Werke wirkt Christus der Arzt mit seiner heilenden göttlichen Kraft. In der Unterweisung des geistlichen Kindes in der Glaubenslehre der Kirche lässt sich der lehrhafte Charakter der Vaterschaft im Geist erkennen. So wie Christus seine Jünger gelehrt hat, darf der geistliche Vater dieses Werk an seinen Kindern fortsetzen.

6. Geistliche Vaterschaft in der evangelischen Spiritualität

Im Rahmen der Betrachtungen über die geistliche Vaterschaft als Berufung des Priesters lohnt sich ein Blick in die evangelische Spiritualität. Auch hier findet man eine lebendige Sicht auf die Notwendigkeit einer Elternschaft, die über die leiblich-biologische deutlich hinausgeht. Doch gilt es im protestantischen Bereich zunächst einmal

---

69 MARTIN WERLEN, *Geistliche Vaterschaft*, in: Communio, Internationale Katholische Zeitschrift, September/Oktober 2009, 507–514, hier: 510.

Hürden aus dem Weg zu räumen, wird doch der Glaube und die damit verbundene Beziehung zu Gott oftmals als Privatangelegenheit angesehen, in die sich ein Dritter nicht einzumischen hat. Auch die Vorstellung, dass man Glaube einüben und trainieren kann, wirkt auf manchen fremd und nicht annehmbar, weil die Geschenkhaftigkeit hier scheinbar in Frage gestellt wird.[70] Der in der Ostkirche geforderte geistliche Gehorsam wird dabei ebenso kritisch betrachtet. „Dem reformatorisch gesinnten Christen fällt es ferner schwer, ein vollständiges Sündenbekenntnis von einem Beichtkind als möglich zu betrachten."[71]

Auf der anderen Seite lässt sich darauf verweisen, dass gerade zu Beginn der reformatorischen Bewegung Martin Luther selbst für seine Schüler als geistlicher Vater aufgetreten ist, an erster Stelle für die Studenten, die in seinem Haus mitgelebt haben und denen er ein wirklicher Spiritual gewesen ist, wie sich den Worten entnehmen lässt, die er bei Tisch an die Versammelten gerichtet hat und die heute noch als Sammlung vorliegen.[72]

In einem evangelischen Entwurf von geistlicher Elternschaft finden sich einige Elemente wieder, die auch in der katholischen Tradition hervorgehoben und als notwendig angesehen werden. Als Eckpunkte können genannt werden: Auf der Basis der Freiwilligkeit und eines starken gegenseitigen Vertrauens wird die Vaterschaft im Sinne einer geistlichen Begleitung für eine längere zeitliche Dauer aufgenommen. Der geistliche Vater sieht sich in der evangelischen Spiritualität als Wegbegleiter mit der Zielsetzung, dem Sohn bzw. der Tochter neue geistliche Horizonte zu erschließen, sie in neue Dimensionen des Glaubenslebens einzuführen. Der geistliche Vater übt Autorität im Wortsinn aus, lässt also die Persönlichkeit des anderen wachsen und reifen mit dem Ziel eines eigenverantwortlichen

---

70 Vgl. PETER ZIMMERLING, Evangelische Spiritualität. Wurzeln und Zugänge, Göttingen 2003, 240 (im Folgenden abgekürzt mit ZIMMERLING, Spiritualität, Seitenzahl).
71 ANDREAS MÜLLER, Geistliche Väter als Lebensbegleiter. Ein Beitrag zur Seelsorgepraxis in der ostkirchlichen Orthodoxie, in: Internationale Kirchliche Zeitschrift 428, Bern 1999, 209–251, hier: 251.
72 Vgl. ZIMMERLING, Spiritualität, 241. Als ehemaliger Mönch war für Martin Luther die Tradition geistlicher Vaterschaft sicherlich nicht unbekannt. Was über die Vita Communis mit seinen Hausgenossen bekannt ist, erinnert den Priester stellenweise sehr an die Kommunität eines Priesterseminars. In diesem Vergleich hätte Luther sicherlich dann nicht nur die Rolle des Leiters, sondern auch des Spirituals eingenommen.

Lebens.⁷³ „Ein junges Bäumchen darf sich an einem Stab emporranken, der aber weggenommen werden muss, wenn es größer wird und stabil genug ist, allein zu stehen."⁷⁴ Geistliche Vaterschaft kennt also zeitliche Grenzen und soll eine selbstständige Lebensführung ermöglichen. Ein entscheidendes Element des evangelischen Zugangs zur Vaterschaft im Geist ist die Vorstellung von geistlicher Elternschaft als geistgewirktes Charisma im Sinne einer direkten, unmittelbaren Inititative Gottes für seine Gemeinde: „Geistliche Vaterschaft ist ein Teil von Gottes Plan, um sowohl die Kraft des Geistes als auch die Frucht des Geistes in Seiner Gemeinde wiederherzustellen."⁷⁵ Die Elternschaft im Geist erscheint demnach als eine Erneuerungsbewegung in der Kirche, durch die die charismatischen Gaben der Urkirche wieder zur Entfaltung gebracht werden. Auf der Grundlage der paulinischen Aufzählung von Diensten zur Auferbauung der Gemeinde in Eph 4,11 erscheint die geistliche Vaterschaft auf fünffache Weise: „Und er hat einige als Apostel eingesetzt, einige als Propheten, einige als Evangelisten, einige als Hirten und Lehrer, damit die Heiligen zugerüstet werden zum Werk des Dienstes."⁷⁶ Dieser fünffache Dienst des Propheten, Evangelisten, Apostels, Hirten und Lehrers wird in dieser charismatischen Tradition explizit dem geistlichen Vater als Aufgabe zugeschrieben, als besondere Berufung eines Leiters für den Gemeindeaufbau. Auf den Punkt gebracht: „Mit dem Geist bekommen wir Väter und mit den Vätern einen Geist."⁷⁷ Erfüllt mit der Gnade des Dienst- und Leitungscharismas vermittelt und entfaltet der geistliche Vater eine spirituelle Erneuerung und Stärkung seiner Gemeinde, die dann wiederum mit den Gaben des Heiligen Geistes ausgerüstet die nächsten Heilsschritte vollziehen kann. Aber auch der geistlichen Mutterschaft wird ein fester Platz zugewiesen: „Das Größte, was eine geistliche Mutter für ihre geistlichen Kinder tun

---

73   Vgl. ZIMMERLING, Spiritualität, 242.
74   Vgl. ZIMMERLING, Spiritualität, 242. Vgl. auch PETER ZIMMERLING, Auf dem Weg zum Erwachsenwerden, in: DERS. (HG.): Aufbruch zu den Vätern. Unterwegs zu neuer Vaterschaft in Familie, Kirche und Kultur, Moers 1994, 67–77, hier: 69.
75   LARRY KREIDER, Sehnsucht nach geistlichen Vätern und Müttern, Ephrata 2000, 160.
76   Eph 4,11f.
77   RUDOLF BOHREN, Mit dem Geist bekommen wir Väter und mit den Vätern einen Geist, in: PETER ZIMMERLING (HG.): Aufbruch zu den Vätern. Unterwegs zu neuer Vaterschaft in Familie, Kirche und Kultur, Moers 1994, 44–65, hier: 44.

kann, ist, ihren himmlischen Vater zu lieben."[78] Elisabeth und Maria werden in diesem Kontext als Vorbilder geistlicher Mutterschaft gesehen, da sie bei ihrer Begegnung als schwangere Frauen gemeinsam den Blick nach oben zum himmlischen Vater gerichtet haben, anstatt sich zunächst zwischenmenschlich über ihre Gefühle als Schwangere auszutauschen.[79]

Dieser kurze Aufenthalt in der protestantischen und freikirchlich-charismatischen Spiritualität lässt aufhorchen, vieles erscheint nachvollziehbar und mit lehramtlich-katholischen Implikationen zumindest in den Denkansätzen kompatibel. Es wäre sicherlich lohnenswert, einmal ausführlich auf das Unterschiedliche und das Gemeinsame geistlicher Vaterschaft in den Konfessionen zu schauen.

7. Geistliche Vaterschaft in der priesterlichen Praxis

Die große Mystikerin Marthe Robin hat während ihrer Leidensjahre, in denen sie ans Bett gefesselt war, die Wirk- und Vollmacht priesterlicher Vaterschaft erfahren. Père Faure, der
Ortspfarrer, hat einen Bericht hinterlassen, in dem er seine Berufung zum geistlichen Vater von Marthe Robin beschreibt: „[...] und gleichzeitig sagte er [Jesus] ihr, er wolle, dass ich ihr geistlicher Vater sei und dass wir ganz besonders miteinander verbunden seien."[80]
Die persönliche explizit ausgesprochene Erwählung des geistlichen Vaters durch den Herrn selbst stellt natürlich in gewisser Weise eine Seltenheit dar. Das Zeugnis von Père Faure kann aber als machtvolles Zeichen dafür gesehen werden, dass Gott Priester real in diesen besonderen Dienst an den Menschen ruft. Nun ist die geistliche Vaterschaft, wenn man eine Mystikerin als geistliches Kind betreut, faktisch eine besondere Herausforderung, der sich Père Faure stellen muss, der vor Mystikern eigentlich Angst hat und sich dieser Aufgabe deswegen eigentlich nicht gewachsen fühlt. Dennoch nimmt er die

---

78 LARRY KREIDER, *Sehnsucht nach geistlichen Vätern und Müttern*, Ephrata 2000, 65.
79 LARRY KREIDER, *Sehnsucht nach geistlichen Vätern und Müttern*, Ephrata 2000, 65. Es ist doch bemerkenswert, wie hier im evangelisch-freikirchlichen Kontext Maria als geistliche Mutter anerkannt wird, und sei es auch nur reduziert auf den Zeitpunkt der Begegnung mit Elisabeth als Moment intensiver Geisterfahrung.
80 BERNARD PEYROUS, *Das Leben der Mystikerin Marthe Robin*, Hauteville 2008, 49 (im Folgenden abgekürzt mit PEYROUS, *Marthe Robin*, Seitenzahl).

Berufung an und willigt ein.[81] Schnell und unkompliziert nähern sich Vater und geistliche Tochter einander an. Aus dem anfänglichen Vertrauen erwächst eine wahrhaft liebevolle Beziehung. Stütze, Tröster, Freund, Führer – mit diesen Attributen beschreibt die Mystikerin ihren geistlichen Vater[82], der sich durch das subjektive Gefühl eigener Unwürdigkeit und möglicher Überforderung angesichts der Größe der Aufgabe nicht hat abschrecken lassen und der nun erfahren darf, wie sehr der geistliche Vater durch den Geist Gottes gelenkt und durch die Gnade getragen wird. Am 21. April 1930 spricht Jesus selbst zu ihr über ihre geistliche Beziehung zu Père Faure: „In dem Maß, in dem eure Vereinigung wächst, werden eure beiden Seelen einander verstehen. Wie ich mit meinem Vater eins bin, will ich, dass eure beiden Herzen und eure beiden Seelen sich miteinander verknüpfen und in mir allein gründen."[83] Je mehr der geistliche Vater sich mit der Seele des geistlichen Kindes vereinigt, desto intensiver wird auch das Verstehen des anderen in der Ganzheit seiner Person, die sich in der menschlichen Seele widerspiegelt. Die Einheit der Herzen und Seelen als Abbild der Einheit zwischen Gott Vater und Gott Sohn – welch hohe Würde wird hier der Vaterschaft im Geist zugesprochen. Die Einheit der beiden Seelen entsteht dann letzten Endes durch das gemeinsame Fundament in Christus. Beide, der geistliche Vater Père Faure und die geistliche Tochter Marthe Robin, werden offensichtlich durch Gott selbst zusammengeführt und bilden eine Einheit von Herz und Seele. Und dennoch durchläuft diese Beziehung auch manche Krisensituation, vor allem aufgrund der menschlichen Überforderung des geistlichen Vaters angesichts der mystischen Zustände der Tochter, die sich wiederum unverstanden fühlt und im März 1930 schreibt: „Niemand [...] kann die Angst eines Herzens verstehen, das [...] von seinem Seelenführer nicht verstanden wird, sei es aus Mangel an Erfahrung, sei es, weil Gott ihm nicht die nötigen Einsichten gewährt."[84] An dieser Stelle lassen sich die menschlichen Seiten der geistlichen Vaterschaft gut erkennen. Auf der einen Seite die enttäuschte Erwartung der geistlichen Tochter, die sich unverstanden fühlt, auf der anderen Seite der Vater im Geist, der aus eigener

---

81 Vgl. Vgl. PEYROUS, *Marthe Robin*, 49.
82 Vgl. PEYROUS, *Marthe Robin*, 54.
83 PEYROUS, *Marthe Robin*, 55.
84 PEYROUS, *Marthe Robin*, 55.

Kraft nicht vorankommt und aufgrund mangelnder Erfahrung oder fehlender Erkenntnis durch den Heiligen Geist an seine Grenzen stößt. So bitter diese Erfahrung für diese innige Beziehung zweier Menschen im Geist auch sein mag, so offenbart sie doch recht deutlich die Wahrheit, dass ohne die Führung durch den Heiligen Geist und allein aus der eigenen menschlichen Stärke heraus ein solches Unterfangen zum Scheitern verurteilt ist. Indem Vater und Tochter dies für sich erkennen und annehmen können, erwächst ihnen eine neue Motivation, sich wieder ganz dem dreifaltigen Gott hinzugeben, damit er von Neuem Einheit und Liebe zwischen den beiden wachsen lässt. Dieser Prüfung muss nicht unbedingt eine menschliche Schuld zugrunde liegen, aber sie richtet die Herzen von Vater und geistlicher Tochter wieder aus auf Gott als Spender aller Gnaden.

Durch die enge geistliche Beziehung zu Père Faure gelangt Marthe Robin zu Einsichten über Gott den Vater, die sie zu einer der großen Vertreterinnen und Vorreiterinnen der Rückkehr zum Vater werden lassen, einer Entwicklung in der katholischen Kirche Frankreichs am Ende des letzten Jahrhunderts.[85] Marthe Robin versteht wie nie zuvor in ihrem Leben den innersten Sinngehalt geistlicher Vaterschaft als ein Spiegelbild göttlicher Vaterschaft. „Der geistliche Vater hilft, die Lebensquellen zum Hervorsprudeln zu bringen, die Hindernisse wegzuräumen. [...]. Seine Person sagt so etwas von Gott Vater aus."[86] Auf zweierlei Weise wird hier noch einmal die Sinnhaftigkeit geistlicher Vaterschaft veranschaulicht: Einmal geht es um das Entfernen der Hindernisse auf dem Weg zur Heiligkeit, das Entrümpeln der Seele von allem, was der Liebe Gottes entgegensteht. Und dann, wenn diese Hindernisse ausgeräumt sind, kann zweitens das neue Leben in Fülle sich Bahn brechen und entfalten. Und abschließend lässt sich noch einmal auf die Worte Jesu im Johannesevangelium rekurrieren: „Wer mich sieht, sieht den Vater."[87] Vielleicht darf man diese Wahrheit auch auf den Priester anwenden: Wer den geistlichen Vater sieht, sieht den göttlichen Vater. In der Person des Vaters im Geist leuchtet das Urbild nicht nur anfanghaft auf, sondern es kommt trotz der menschlichen Schwächen vollends zum Strahlen.

---

85 Vgl. PEYROUS, *Marthe Robin*, 56.
86 PEYROUS, *Marthe Robin*, 56.
87 Joh 12,45.

8. Der heilige Josef als Vorbild geistlicher Vaterschaft

Nachdem in den vorangegangenen Betrachtungen die Vaterschaft Gottes und das geistliche Vatersein Jesu im Fokus standen, soll nun der Pflegevater des menschlichen Gottessohnes, Josef von Nazaret, personaler Gegenstand unserer Betrachtung sein. Lässt sich der hl. Josef nicht nur als Vorbild leiblicher Vaterschaft ansehen, sondern ebenso auch als *pater spiritualis*, als strahlende Folie für eine gelungene Beziehung zum geistlichen Sohn oder der geistlichen Tochter? Grundsätzlich scheint eine solche Überlegung naheliegend, lebt doch auch Josef in Jungfräulichkeit. Dadurch ist er in der Lage, zu einer wahren geistlichen Fruchtbarkeit zu gelangen, nicht nur für den Gottessohn, sondern ebenso für seine Verlobte Maria. Die Beziehung zu Jesus im Haus von Nazaret ist sicherlich durch eine große innere Tiefe und Nähe gekennzeichnet, verbindet er sich ja im alltäglichen Miteinander mit dem lebendigen Gott als Mitbewohner. Gleichzeitig übernimmt er als Ersatzvater die volle Verantwortung für den heranwachsenden Gottmenschen und übt eine wahre Vaterschaft über Jesus aus. Die Merkmale eines echten Vaters werden schon vor der Geburt Jesu in einer gewissen Ratlosigkeit angesichts der über ihn kommenden Geschehnisse offenbar: „Es kommt etwas auf den Mann zu, das er oft nicht sofort und uneingeschränkt mit selbstverständlichem Jubel begrüßen kann: Ein Fremdes beginnt sich in die schier vollkommene, harmonische Zweisamkeit zwischen Mann und Frau einzudrängen."[88] Und auch wenn Josef und Maria in gelebter Jungfräulichkeit verbunden sind und sich damit im Vergleich zu ‚normalen' werdenden Eltern eine etwas andere Situation entdecken lässt, so gilt doch auch für Josef, dass er sich mit dem neuen Leben, das kraft des Gottesgeistes in Maria heranwächst, auseinandersetzen muss. Wie ein leiblicher Vater „wird er [...] mit einem Mysterium konfrontiert, das er in seiner Tiefe nicht ganz verstehen kann."[89] In gleicher Weise wird auch der geistliche Vater zu Beginn einer neuen Beziehung zu einem geistlichen Kind mit ähnlichen Fragen konfrontiert, verbunden mit Zweifel und Unsicherheit, wie sich das Vatersein entwickeln wird, inwiefern man selbst in der Lage ist, für einen anderen Menschen

---

88 CHRISTA MEVES, *Ein neues Vaterbild. Zwei Frauen unserer Zeit entdecken Josef von Nazaret*, Stein am Rhein 1989 (im Folgenden abgekürzt mit MEVES, Vaterbild, Seitenzahl).
89 MEVES, *Vaterbild*, 16.

einen solch hohen Dienst zu erfüllen. Auch der hl. Josef wird von diesen menschlichen Fragen nicht verschont, findet aber durch die Botschaft des Engels im Traum und die damit verbundene Weisung Gottes eine Bestätigung für die Richtigkeit seines Vorhabens.[90] Spätestens im Moment der Geburt erfährt der Vater sich dann als Beschenkter und manche Zweifel sind angesichts des Mysteriums eines neuen Lebens schnell ausgeräumt. „Angesichts des Miterlebens der Geburt seines Kindes, angesichts der Freude über das Wunder eines Neugeborenen wird auch der leibliche Vater erst wirklich befähigt, seine Vateraufgabe voll zu übernehmen."[91] Das Wunder der Heiligen Nacht lässt Josef alle menschlichen Zweifel vergessen. Geschieht etwas Ähnliches nicht auch in der Geburtsstunde einer geistlichen Beziehung? Sind bei Père Faure nicht schon bald bei den ersten Schritten alle Vorbehalte über die Machbarkeit des Unternehmens geistliche Vaterschaft für eine Mystikerin verflogen? Ist nicht Gottes Gnade im Heiligen Geist bereits zu Beginn einer geistlichen Beziehung ganz und gar wirksam, nicht nur als Starthilfe für ein neues Werdendes, als Beiwerk zum Neustart, sondern vielmehr als Fundament und die ganze Beziehung durchdringende Wahrheit?

Die Darbringung Jesu bei der Beschneidung steht dann in einem engen Zusammenhang mit der zu erkennenden Wirklichkeit, dass das von Gott geschenkte Kind nicht in das Eigentum seines Vaters oder seiner Mutter übergeht, sondern vielmehr Eigentum Gottes bleibt. Gott bleibt der eigentliche Vater und die eigentliche Mutter, so wie die Wüstenväter es gedeutet haben. Wenn Väter diese Realität nicht bewusst annehmen und in ihre Vaterschaft integrieren, „bringen [sie] das Gedeihen nicht demütig genug in einen ehrfürchtigen Zusammenhang zum Heilswillen des himmlischen Vaters und versuchen einzugreifen und überzugreifen, ohne die Gottbestimmtheit des Kindes hinreichend zu respektieren."[92] Die Bestimmung des Kindes aus Gott und zu Gott hin darf nie aus dem Blickwinkel echter *paternitas* geraten, weil sonst ein falscher Herrschaftsanspruch über das Kind

---

90 Hier lässt sich eine interessante Parallele zu der Bestätigung der geistlichen Vaterschaft von Père Faure durch die Worte Jesu an Marthe Robin erkennen. An manchen Stellen empfangen Menschen zu allen Zeiten die Gnade, durch direkte Gottesbotschaft Weisung zu erfahren, sei es durch Einsprechungen, Träume oder Visionen.
91 MEVES, *Vaterbild*, 30.
92 MEVES, *Vaterbild*, 35.

zu einer inneren Haltung wird, die nur schwer zu überwinden ist. Diese Erkenntnis gilt natürlich ebenso für den geistlichen Vater, der sein Kind in die personale Freiheit führen soll und nicht zu einem Sklaven unter seinem Regiment. Auch der geistliche Vater erhält immer wieder die Aufgabe, seine *filia* oder seinen *filius spiritualis* dem Herrn vor- und darzubringen, hinzuhalten, zu übergeben, zu überlassen. Dadurch gerät Vaterschaft im Geist nie in die Gefahr, auf eigene Kraft und Stärke, auf Eigengnade zu bauen, sondern vielmehr die unbedingte Rückbindung an den wahren Vater aller Geschöpfe zu suchen. Eine Vereinnahmung des Kindes als Besitz, ‚den er nach eigener Maßnahme ausformen kann, wie es ihm sein Egoismus eingibt', wird von Anfang an vermieden, da der geistliche Vater versucht, im Heiligen Geist den Plan Gottes für das Kind zu entdecken und nicht seine eigenen Vorstellung umzusetzen.

Ein wesentlicher Auftrag leiblicher Elternschaft ist die Vermittlung von Geborgenheit und Schutz. Vater und Mutter fungieren dabei als Garanten eines behüteten und sicheren Aufwachsens. Man kann sogar konstatieren: „Familiäre Bergung wird damit als Urbasis für das seelisch gesunde Aufwachsen eines Kindes gekennzeichnet."[93] Der hl. Josef ist für das Jesuskind neben der Gottesmutter Maria Garant für ein Großwerden in Schutz, Sicherheit und Geborgenheit. Ebenso ist es notwendig, dass sich ein geistliches Kind bei seinem Vater sicher und geborgen weiß, dass die geistliche Begleitung in einem geschützten und abgesicherten Raum stattfindet, in einer liebevollen Atmosphäre gegenseitiger Wertschätzung. Dabei binden sich beide zurück an die je eigene Geborgenheit im Schoß des göttlichen Vaters als Ursprung ihrer Existenz und erfahren auch in ihrer Beziehung die Realität des Gottesschutzes.

Ein wichtiger Aspekt leiblicher wie geistlicher Vaterschaft lässt sich ebenfalls von der heiligen Familie von Nazaret lernen: die Freude an der Elternschaft. Die Aufgabe der Vaterschaft als beglückendes Moment im eigenen Leben zu erleben ist absolut notwendig. Diese Freude entwickelt sich durch die stetig wachsende Beziehung in Liebe und Empathie. „Auch der leibliche Vater kann wirkliche Freude an seinem Kind und Freude über seine Vaterschaft erst entfalten, wenn

---

[93] MEVES, *Vaterbild*, 40.

das Kind eine Beziehung zu ihm aufnimmt."[94] Was spricht eigentlich dagegen, auch in der geistlichen Begegnung von echter Zärtlichkeit zu sprechen? Zwei Seelen, die väterliche und die kindliche, die sich auf geistlicher Ebene zärtlich begegnen und dadurch von Freude erfüllt sind – wäre das nicht wirklich das Ideal einer geistlichen Begleitung in Fülle? Hier geht es um viel mehr als nur eine äußerlich wahrzunehmende Freude über das Dasein des anderen, seine Reaktion auf meine Worte und Taten, seine Zuwendung zu meiner Person. Nein, die tief empfundene und direkt von Gott geschenkte Freude der Seele angesichts der Begegnung mit dem Vater bzw. mit Sohn oder Tochter darf als zentrales Element geistlichen Miteinanders angesehen werden. Wo diese innere Freude fehlt, lässt sich geistliche Vaterschaft nur unzureichend leben und erfahren.

Als letztes soll das Moment des Abgebens einer kurzen Betrachtung unterzogen werden. „Ein Zurücktreten hinter den eigenständigen Lebensauftrag seines Kindes – dieses Schicksal bleibt keinem Vater erspart, der liebevoll an dessen Glück und an dessen seelischer Gesundheit interessiert ist."[95] Der Augenblick des Entlassens in die Freiheit – wie schwer wird dieser Moment dem hl. Josef gefallen sein, muss er doch Abschied nehmen von einer Nähe und Intensität der Beziehung zu Jesus, die sich über viele Jahre hinweg entwickeln konnte. Aber diese schmerzhafte Verzichtleistung wird auch dem Nährvater Jesu nicht erspart, die Übergabe des Kindes an den eigentlichen, den himmlischen Vater. Loslassen von der Verantwortlichkeit, Loslassen von der Freude des durch Nähe erfahrenen Vaterglücks – hier zeigt sich die Wahrhaftigkeit der gelebten leiblichen wie geistlichen Beziehung. An dieser Stelle wird letzten Endes offenbar, mit welchem Grad an Wahrhaftigkeit man als geistlicher Vater seine Rolle ausgefüllt und gelebt hat, ob man wirklich das geistliche Kind als Leihgabe auf Zeit angesehen oder ob man es doch zumindest implizit für sich als Eigentum deklariert hat.

---

94 Meves, *Vaterbild*, 42.
95 Meves, *Vaterbild*, 84.

9. Das Verhältnis von Amt und Charisma

Im Hinblick auf gelebte Vaterschaft im Geist stellt sich die nicht unwichtige Frage, inwiefern die *paternitas spiritualis* mit den Realitäten von Charisma auf der einen Seite und Amt auf der anderen Seite zusammenhängt. Wie lässt sich die Vaterschaft im Geist dahingehend einordnen, zumal sich diese Abhandlung ja in besonderer Weise der Vaterschaft als priesterliche Berufung widmet.

Einigkeit herrscht offensichtlich in der Einsicht, dass wahre geistliche Vaterschaft als charismatisches Geschenk der göttlichen Gnade verliehen wird: „Die geistliche Vaterschaft ist nicht etwas, was man sich anmaßen kann. Die geistliche Vaterschaft ist eine Gnadengabe. Wer zu ihr Ja sagt, wird hingegen selbst wieder zum Beschenkten."[96] Die kirchliche Verkündigung, angefangen bei den Mönchsvätern bis hin zum II. Vatikanischen Konzil und der Lehre der letzten Päpste, insbesondere Johannes Paul II., lässt keinen Zweifel an der Wahrheit dieses Diktums. Auch die protestantische und evangelisch-freikirchliche Glaubenslehre unterstreicht diesen charismatischen Aspekt geistlicher Vaterschaft, so dass man an dieser Stelle ohne Weiteres in einen fruchtbaren ökumenischen Diskurs einsteigen kann.

Die Verheißung Jesu in Joh 16,13: „Wenn aber jener kommt, der Geist der Wahrheit, wird er euch in die ganze Wahrheit führen" erfüllt sich auch durch die Geistesgabe der Vaterschaft, das Charisma echter väterlicher Beziehung. Jeder getaufte und gefirmte Christ hat durch die Sakramente Anteil an diesem Auftrag und soll für die ihm Anvertrauten als geistlicher Vater oder als geistliche Mutter wirken. Diese Aufgabe ist sowohl leiblichen Eltern als notwendiges Element ihrer Erziehung übertragen als auch Menschen, die ausschließlich auf geistlicher Ebene die Vaterschaft leben. Während in der Frage des charismatischen, gnadenhaften Ursprungs geistlicher Vaterschaft weitgehende Einheit besteht, wird es bei der Betrachtung der amtlichen Implikation der *paternitas spiritualis* schon deutlich diffiziler.

Einerseits werden Weihegnade und Charisma der Vaterschaft als untrennbare Einheit gesehen: „Christus ist als Bild des väterlichen Ursprungs selber das Haupt der Kirche. Wer daher die Sendung erhält, in der Kirche in seinem Namen eine Vorsteherfunktion auszuüben,

---

[96] MARTIN WERLEN, *Geistliche Vaterschaft*, in: Communio, Internationale Katholische Zeitschrift, September/Oktober 2009, 507–514, hier: 512.

der erhält die vaterhafte Sendung, er ist dem Vater gleichgestaltet, ‚von dem alle Vaterschaft im Himmel und auf Erden ihren Namen hat'‚".[97] Dem Amtsträger der Kirche ist demnach durch die Beauftragung durch die Kirche, durch die Übergabe der Amtsvollmacht der Auftrag zur geistlichen Vaterschaft übergeben. Es scheint so, dass sich das Charisma des Amtes, näherhin die Weihegnade des Priesters und das Charisma der Ehelosigkeit, mit dem Charisma der Vaterschaft verbindet. Bindeglied ist dabei die Verortung in der Kirche, der amtliche Auftrag kirchlicher Autorität. Die Kirche als Braut Christi und Verwalterin der Charismen überträgt also diese Berufung im Rahmen eines bestimmten Amtes. So wird der Priester qua seines Weihe-Charismas und der damit verbundenen Gnade der Ehelosigkeit zum geistlichen Vater für die ihm anvertrauten Menschen. Diese offizielle Beauftragung muss man selbstverständlich auch für andere Vorsteher der Kirche in Anspruch nehmen. Der Äbtissin einer klösterlichen Gemeinschaft ist durch die kirchliche Vollmacht ebenso das Amt einer geistlichen Mutter übertragen. Durch die Verbindung von Charisma und Amt erhält die geistliche Vaterschaft ein objektives, feststehendes Element, sie wird quasi zu einem Institut. Amt und Charisma gehen eine Symbiose ein und können auf diese Weise durch konkrete Menschen Heil wirken und schenken. Voraussetzung dafür bleibt jedoch, dass dem geistlichen Vater in spe nicht nur objektiv von der Kirche dieses heilige Institut übertragen wird, sondern dass er es auch durch ein Leben im und aus dem Geist fruchtbar werden lässt. Ein Priester oder eine Äbtissin, die die Ehelosigkeit um des Himmelreiches willen nur sporadisch leben und auch in der Ausführung ihrer Amtsgewalt mehr auf die eigenen Ansichten vertrauen als auf die Eingebungen des Heiligen Geistes, werden keine echten geistlichen Eltern im Vollsinn sein können, auch wenn sie von der Kirche dazu berufen sind. Amt und Charisma müssen notwendigerweise zusammenkommen, um im Geist Gottes Frucht bringen zu können.

Nun gibt es nicht nur von der protestantischen Seite Widerstände gegen diese Verquickung von Amt und Charisma, von offizieller kirchlicher und geistgewirkter Sendung, sondern ebenso von katholischer Seite: „Die Westkirche ist immer wieder der Gefahr

---

97 MARIE-JOSEPH LE GOUILLOU, *Das Mysterium des Vaters. Apostolischer Glaube und moderne Gnosis*, Einsiedeln 1974, 251.

der Überinstitutionalisierung ausgesetzt. So wird man nicht Vater, sondern man ist es von einem Tag auf den anderen (z.B. durch die Priesterweihe). Der charismatische Grund der geistlichen Vaterschaft geht dabei ganz unter."[98] Durch solche Aussagen wie vom ehemaligen Abt Martin Werlen soll offensichtlich der Versuch gestartet werden, Amt und Charisma gegeneinander auszuspielen bzw. eine scheinbare Unvereinbarkeit von beiden Elementen zu propagieren, als würden sich beide von vornherein einander unversöhnlich gegenüberstehen und gegenseitig ausschließen. Hintergrund ist dabei der Vorwurf einer Ausgrenzung nicht Geweihter oder nicht offiziell durch die Kirche Beauftragter. Dieser Vorwurf entbehrt jedoch jeder Grundlage. Niemand wird doch in der Kirche ernsthaft behaupten wollen, dass nicht auch die leibliche Mutter eines Kindes zu einer ernsthaften geistlichen Mutterschaft berufen ist. Betont Johannes Paul II. nicht immer wieder, wie wichtig das Miteinander von leiblicher und geistlicher Elternschaft ist und dass doch gerade die gemeinsamen Berufung zu dieser Elternschaft im Geist der engen Verbindung zwischen Eheleuten und ehelos um des Himmelreiches willen Lebenden zugrunde liegt? Doch alle Gemeinsamkeit der Berufung schließt doch nicht eine gleichzeitige Unterschiedlichkeit in Sendung und Ausprägung aus! Hat nicht Johannes Paul II. recht, wenn er die besondere geistliche Fruchtbarkeit der gelebten Ehelosigkeit für die Elternschaft im Geist hervorhebt? Hat nicht der ehelos Lebende – und damit oftmals auch amtlich von der Kirche Beauftragte – einen ganz anderen Zugang zur *paternitas spiritualis*? Gilt hier nicht mehr das Wort von der Einheit in der Vielfalt? Mancher scheint ein Interesse daran zu haben, die priesterliche Berufung zur geistlichen Vaterschaft mit der allgemeinen Berufung aller Getauften und Gefirmten aufeinanderhetzen zu wollen: „Es verschärft zudem das Problem nur, wenn man positive Identitätsbildung von Priestern durch Diskriminierung anderer, etwa der Laien, fördern will."[99] Dieser offensichtlich von Ideologie durchsetzte Versuch, zwischen Priestern und Laien gerade in der Frage geistlicher Elternschaft einen Keil zu treiben, indem man eine nicht

---

[98] MARTIN WERLEN, *Geistliche Vaterschaft*, in: Communio, Internationale Katholische Zeitschrift, September/Oktober 2009, 507–514, hier: 513.

[99] RAINER BUCHER, *„Geistliche Vaterschaft". Risiken und Chancen eines ehrwürdigen Konzepts*, in: DERS./JOHANN POCK (HG.): *Klerus und Pastoral. In: Werkstatt Theologie. Praxisorientierte Studien und Diskurse 14*, Wien/Berlin 2010, 155–171, hier: 167.

vorhandene Diskriminierung wittert, läuft naturgemäß ins Leere. Laien sehnen sich nach Priestern oder anderen Menschen im geweihten Stand, die aufgrund ihrer mutig und konsequent gelebten Ehelosigkeit um des Himmelreiches willen fruchtbare Mütter und Väter sein können. Geweihte unterstützen leibliche Mütter und Väter in ihrem gottgegebenen Auftrag, geistliche Väter und Mütter für ihre Kinder zu sein. Wo soll also das Problem liegen? Der Geist weht, wo er will: durch die kirchlichen Ämter, durch die Liebe von Vätern und Müttern zu ihren Kindern, durch die Praxis gelebter Ehelosigkeit um des Himmelreiches willen, durch Taufe und Firmung… So dürfen wir das katholische ‚et' hochhalten und die ganze Vielfalt geistgewirkter *paternitas* und *maternitas* staunend betrachten.

10. Schlussbemerkung

Am Ende der Betrachtungen der Implikationen geistlicher Vaterschaft verbleibt der Autor dieser Arbeit im großen Staunen über die Größe und Erhabenheit dieses göttlichen Auftrags, angesichts der unendlich gewährten geistgewirkten Gnade, die sich in der Beziehung zwischen geistlichem Vater und geistlichem Kind entfalten kann.

Obwohl ich seit Jahren als geistlicher Begleiter gefragt bin, erschließt sich mir jetzt erst die ganze Fülle und Erfüllung dieser Aufgabe, die Gott dem Menschen überträgt, in seine Hand legt. Darüber hinaus erlangt die bereits vorhandene Wertschätzung der zölibatären Lebensform eine weitere Vertiefung und Bestärkung, insofern die Ehelosigkeit um des Himmelreiches willen eine direkte Auswirkung auf die intendierte geistliche Fruchtbarkeit hat und damit auf die vermittelte Gnadenfülle.

Mag es auch in den unterschiedlichen Traditionen verschiedene Schwerpunktsetzungen geistlicher Elternschaft geben, so vereinen sich doch alle Richtungen im Grundsatz der charismatischen Fundierung. Das Miteinander von Amt und Charisma in der katholischen Tradition verdient in diesem Zusammenhang eine besondere Wertschätzung, zumal hier die Kirche in ihrer ganzen ekklesiologischen Fülle abgebildet ist. Die Wiederentdeckung des hl. Josef als Vorbild wahrer Vaterschaft spielt dabei sicherlich eine gewichtige Rolle, braucht doch gerade unsere heutige Zeit Vorbilder zur Orientierung.

Es wäre sicherlich erstrebenswert, im Rahmen einer größeren akademischen Arbeit einmal die verschiedenen Sichtweisen auf die geistliche Vaterschaft, die unterschiedlichen Traditionen von Ost und West und der christlichen Konfessionen auf Gemeinsames hin zu untersuchen und zu fragen, in welcher Form hier eine geistliche Einheit hergestellt werden kann. Dabei wäre zu klären, inwiefern auch in den nichtkatholischen Konfessionen Amt und Charisma zusammen gedacht werden könnten und inwiefern Heilige wie die Gottesmutter Maria als geistliche Mütter Anerkennung finden könnten. *Ut unum sint* bleibt dabei die prägende Aufforderung des Herrn.

Festzuhalten wäre, dass eine Gesellschaft und eine Kirche ohne geistliche Eltern nicht überleben könnte, weil sich in der persönlichen Beziehung zwischen geistlichem Vater und geistlichem Kind durch die Kraft des Heiligen Geistes das Urbild im Abbild widerspiegelt und damit nichts weniger als die Erfahrung der göttlichen Liebe

EROS UND AGAPE

Die Theologie der Liebe: Unterschied und Einheit von Eros und Agape
Das Verständnis von Liebe in der Enzyklika *Deus caritas est* von Benedikt XVI.

Johannes Paul Wieczorek

1. Einleitung

„Lieben bedeutet, alles zu geben und sich selbst zu geben."[1] Dieser Ausspruch stammt von der hl. Thérèse von Lisieux und sie beschreibt damit gleichsam die tiefste und ursprünglichste Berufung des Menschen, denn aus Liebe sind wir geschaffen und zur Liebe sind wir gerufen und berufen. Der Mensch will sich aus dem tiefsten Innern heraus als gewollt und angenommen verstehen und aus dieser Grundlage heraus wird er fähig aus sich herauszutreten, um nicht nur Liebe zu empfangen, sondern Liebe schenken zu können.

Die Liebe ist also ein zentraler Begriff im menschlichen Leben und Mitte des christlichen Glaubens. Die Zusammenfassung können wir im Markus-Evangelium nachlesen: „Höre, Israel, der Herr, unser Gott, ist der einzige Herr. Darum sollst du den Herrn, deinen Gott, lieben mit ganzem Herzen und ganzer Seele, mit all deinen Gedanken und all deiner Kraft. Als zweites kommt hinzu: Du sollst deinen Nächsten lieben wie dich selbst" (Mk 12,29–31). Die christliche Liebesbotschaft wurde folglich auch vielfach im kirchlichen Lehramt thematisiert. Ein besonderer Meilenstein ist hierbei die *Theologie des Leibes* vom hl. Papst Johannes Paul II. mit der programmatischen Überschrift *Die menschliche Liebe im göttlichen Heilsplan*. In 133 Kate-

---

1 Vgl. MICHAEL MARIA WALDSTEIN, *Einführung in die Theologie des Leibes*, in CORBIN GAMS (HG), *Amor – Jahrbuch der Theologie des Leibes, Als Abbild Gottes schuf er ihn*, Heiligenkreuz 2020, 209 (im Folgenden abgekürzt mit Autor, *Einführung in die Theologie des Leibes*, Seitenzahl).

chesen legte der Papst zwischen den Jahren 1979–1984 einen einzigartigen Ansatz christlicher Anthropologie dar.

Liebe und Sexualität betrifft jeden Menschen, ob Alleinstehend, zölibatär lebend oder verheiratet. Deshalb ist es nicht verwunderlich, dass in der Kirchengeschichte die Sexualmoral oft Thema war. Auch der Blick in die Gegenwart zeigt, wie kontrovers das Thema „Liebe und Sexualität" diskutiert wird. So auch jetzt beim Reformprozess der deutschen Kirche, dem sogenannten *Synodalen Weg*.

Immer wieder werden Forderungen nach einer Weiterentwicklung der kirchlichen Sexualmoral laut, die als nicht mehr zeitgemäß und tragbar in der heutigen Welt und Gesellschaft erscheint. Forderungen, die in ihrem Grundtenor durchaus wichtige und grundlegende Fragestellungen thematisieren. Das kirchliche Lehramt darf hinterfragt werden, doch muss man sich bei allen Diskussionen, ob berechtigt oder nicht, auch ein offenes Ohr für die Argumentation der Kirche bewahren. Denn letztlich betrifft dies den Kern des christlichen Glaubens und persönlichen Lebens. „Die Liebe Gottes zu uns ist eine Grundfrage des Lebens und wirft entscheidende Fragen danach auf, wer Gott ist und wer wir selber sind."[2]

Am 18. April 2005 warnte Kardinal Joseph Ratzinger bei der *Missa pro eligendo romano pontifice* in seiner Predigt vor einer „Diktatur des Relativismus, die nichts als endgültig anerkennt und als letztes Maß nur das eigene Ich und seine Gelüste gelten läßt"[3]. Als Joseph Ratzinger dann wenige Stunden später zum Papst gewählt wurde, zeichnete Benedikt XVI. mit seiner ersten Enzyklika *Deus caritas est* einen Gegenentwurf zu dieser Diktatur – die göttlichen Liebe, die zur Freiheit beruft.

Im vorliegenden Beitrag wird dieses päpstliche Schreiben genauer untersucht in Hinblick auf das Verständnis von Liebe. Aufgrund des begrenzten Umfangs steht der erste Teil der Enzyklika von Benedikt XVI. mit der Überschrift *Die Einheit der Liebe in Schöpfung und Heilsgeschichte* im Zentrum. Zudem bietet dieser Ansatz die Möglichkeit die *Theologie des Leibes* von Johannes Paul II. aufzugreifen und diese Meilensteine im kirchlichen Lehramt miteinander in Verbin-

---

2 BENEDIKT XVI., Enzyklika *Deus caritas est. Über die christliche Liebe*, 25. Dezember 2005, 2 (im Folgenden Autor, *Deus caritas est*, Nummer).
3 JOSEPH RATZINGER, Predigt *Missa pro eligendo romano pontifice*, Rom 2005, https://www.vatican.va/gpII/documents/homily-pro-eligendo-pontifice_20050418_ge.html.

dung zu bringen. Inhaltich werden besonders die Begriffe *Eros* und *Agape* beleuchtet, deren Unterschiede und Zusammengehörigkeit in Hinblick auf die Liebe.

2. Das Verständnis von Liebe in der Enzyklika *Deus caritas est* von Benedikt XVI.

2.1 Liebe – Eine begriffliche Annäherung

Die Enzyklika *Deus caritas est* von Papst Benedikt XVI. wurde im Jahr 2005 veröffentlicht. Zentrales Thema des päpstlichen Schreibens war das christliche Verständnis von Liebe. Wie wichtig und grundlegend dieses Verständnis ist, macht schon der Titel deutlich: *Gott ist die Liebe*. Sie ist somit gleichsam die Charakterisierung Gottes, die jedoch den Menschen immer wieder neu geoffenbart werden muss, um das sich der Menschen von jener Liebe, die Gott selber ist, berühren lassen kann. Somit soll dieses Thema nicht rein theoretisch verstanden werden, sondern soll auch Hilfestellung sein, um immer mehr im Alltag des menschlichen Lebens dem Göttlichen begegnen so können. „Wir haben der Liebe geglaubt: So kann der Christ den Grundentscheid seines Lebens ausdrücken. Am Anfang des Christseins steht nicht ein ethischer Entschluß oder eine große Idee, sondern die Begegnung mit einem Ereignis, mit einer Person, die unserem Leben einen neuen Horizont und damit seine entscheidende Richtung gibt."[4]

Bevor also auf das Verständnis von Liebe aus christlicher Sicht genauer eingegangen wird, muss jedoch eine begriffliche Einordnung zu Beginn dieses Textes stehen. Die erste und grundlegende Frage lautet also: Was ist Liebe?

Wenn wir einmal die Verwendung der Begrifflichkeit *Liebe* im alltäglichen Leben vor Augen führen, wird schnell die vielfältige Verwendung deutlich. Wir sprechen heute von Liebe zum Beruf, Liebe zu Tätigkeiten wie Kochen oder Backen, Liebe zwischen Personen – von einer guten Freundschaft bis hin zur ehelichen Gemeinschaft. Für das Christentum ist aber natürlich auch das Gebot der Gottes- und Nächstenliebe in diesem Zusammenhang grundlegend. Benedikt XVI. greift

---

[4] BENEDIKT XVI., *Deus caritas est*, 1.

zu Beginn seiner ersten Enzyklika dieses sprachliche Problem auf. „Das Wort ‚Liebe' ist heute zu einem der meist gebrauchten und auch mißbrauchten Wörter geworden, mit dem wir völlig verschiedene Bedeutungen verbinden."[5] Benedikt verwendet hierbei durchaus starke Ausdrucksformen, wenn er von ‚missbrauchten Wörtern' spricht. Doch was der Papst damit ausdrücken will, kann man auch schon beim bekannten irischen Schriftsteller und Literaturwissenschaftler C. S. Lewis lesen: „Gib einer guten Eigenschaft einen Namen, und dieser Name wird bald einen Defekt bezeichnen."[6] Der Begriff der Liebe ist heute zu einem Begriff der Banalisierung und mit immer weniger Differenzierung geworden. Die deutsche Sprache war jedoch nicht immer so arm an Bezeichnungen für den Begriff der Liebe. Ein Beispiel dafür ist das mittelalterliche Wort *Minne*, das mittlerweile vollständig aus dem Sprachgebrauch verschwunden ist. *Minne* war gegenüber *Liebe* die Bezeichnung für die höheren Liebesformen – die Liebe zu Gott, die zuwendende Fürsorge zum Hilfsbedürftigen, aber auch die Liebe zwischen Mann und Frau. Während *Minne* nicht nur im dichterischen Kontext wie bei Walther von der Vogelweide verwendet wurde, klagte derselbe später über eine fortschreitende Verkehrung seiner ursprünglichen Bedeutung. Während also im 12. Jahrhundert *Minne* durchaus in Literatur und Sprachgebrauch Anwendung fand, war schon zu Zeiten Luthers dieser Begriff nicht mehr bekannt. An diesem konkreten Beispiel sieht man, wie sich Sprache im Laufe der Zeit wandelt. Auch der Versuch durch Literatur bewusst Begrifflichkeit wieder neu zu beleben oder einzuführen scheiterte.[7] Sprache entwickelt sich mit der sich verändernden Gesellschaft und Kultur.

Um die begriffliche Dimension des Wortes *Liebe* weiter zu präzisieren, wollen wir im Verlauf speziell den Blick auf den Urtypus von Liebe richten, der Liebe zwischen Mann und Frau. Die Griechen verwendeten unterschiedliche Begriffe für die Liebe. Mit *Philia* kann man die Freundschaftsliebe (im engeren und im weiteren Sinn) be-

---

5   BENEDIKT XVI., *Deus caritas est*, 2.
6   JOSEF PIEPER, Über die Liebe, München 2014, 32 (im Folgenden abgekürzt mit Autor, Über die Liebe, Seitenzahl).
7   Vgl. PIEPER, Über die Liebe, 32f.

nennen. Kennzeichen ist eine geistig-personale Liebe.[8] Neben der *Philia* sind es vor allem *Eros* und *Agape*. Diese zwei letzteren Begriffe sind zentral für das Verständnis von Liebe aus christlicher Sicht und somit grundlegend für die Argumentation der Päpste Johannes Paul II. und Benedikt XVI.

2.2 Der Begriff des Eros

„Der Liebe zwischen Mann und Frau, die nicht aus Denken und Wollen kommt, sondern den Menschen gleichsam übermächtigt, haben die Griechen den Namen *Eros* gegeben."[9] So beginnt Benedikt XVI. seine Überlegungen über den *Eros* und führt die vielfältige Bedeutung im Verlauf seines Schreibens weiter aus. Auch der bekannte Philosoph Josef Pieper hat sich in seinem Buch Über die Liebe mit dieser Thematik auseinandergesetzt und fasst die Bedeutungsvielfalt mit Verweis auf Platon zusammen: „Man braucht die platonischen Dialoge gar nicht sehr genau zu kennen, um zu wissen, wie reich dimensioniert sein Bedeutungsfeld ist. Die am leibhaftig Schönen sich entfachende Zuneigung; der rauschhafte gottgesandte Wahnsinn [*theia mania*]; der Impuls der philosophierenden Bedenkung von Welt und Existenz; die Kraft des Aufstiegs zur Schau des Göttlich-Schönen: all das nennt Platon ‚Eros'."[10] Zudem drückt sich die Zusammengehörigkeit von Liebe und Freude bei der Verwendung von *Eros* bei Sophokles aus, indem er den Begriff als *leidenschaftliche Freude* verwendet hat.[11] Auch in unserem heutigen Sprachgebrauch ist *Eros* nicht so fremd, denken wir beispielsweise an das Wort *Erotik*, das sich aus dem Griechischen ableiten lässt. Was jedoch auffällt ist, dass gegenwärtig fasst alles, was wir *erotisch* nennen gleichgesetzt werden kann mit *pornographisch*.[12] „Das Ergebnis ist, dass viele Christen meinen, die einzige richtige Antwort auf Eros wäre, diesen zu meiden, ihn abzulehnen und ihn durch

---

8 Vgl. JOSEF SPINDELBÖCK, *Vom Eros zur Agape. Zur Theologie der Liebe*, in CORBIN GAMS (HG), *Amor – Jahrbuch der Theologie des Leibes, Der Leib und seine Sprache*, Heiligenkreuz 2019, 299 (im Folgenden abgekürzt mit Autor, Vom Eros zur Agape. Zur Theologie der Liebe, Seitenzahl).
9 BENEDIKT XVI., *Deus caritas est*, 3.
10 PIEPER, Über die Liebe, 42.
11 Vgl. PIEPER, Über die Liebe, 42.
12 Vgl. CHRISTOPHER WEST, *Die Liebe, die erfüllt – Gedanken zu Eros und Agape*, Köln 2009, 15 (im Folgenden abgekürzt mit Autor, Die Liebe, die erfüllt – Gedanken zu Eros und Agape, Seitenzahl).

eine ‚höhere', ‚spirituellere' Liebe zu ersetzen."[13] Ob diese Annahme der christlichen Lehre entspricht wird im Laufe dieses Beitrages noch einmal genauer untersucht. Es folgt zudem systematische Ausführungen zum Wesen von *Eros* und *Agape*.

2.3 Der Begriff der Agape

Neben der Bezeichnung *Eros*, die im Alten Testament nur zweimal und im Neuen Testament gar nicht verwendet wird, ist *Agape* ein zentraler Begriff in Bezug auf die Liebe und wird bevorzugt im Neuen Testament gebraucht, was zweifelsohne schon auf die neue Sicht des christlichen Glaubens auf die Liebe verweist.

Was versteht man nun unter *Agape*?

Das Wort *Agape* wird im Allgemeinen im Neuen Testament, aber auch in der Septuaginta (also im Alten Testament) für *Liebe* verwendet. Dadurch, dass also dieser Begriff speziell im Neuen Testament Anwendung findet und somit im Zusammenhang mit einer göttlichen Form von Liebe steht, wird mit *Agape* vor allem eine sich hingebene und schenkende Liebe verstanden. Dennoch verfügt auch dieser Begriff grundsätzlich über eine größere Bedeutungsvielfalt. Ein Beispiel dafür findet man im zweiten Buch Samuel 13,15.[14] „Nachdem Davids Sohn Amnon seine Halbschwester Tamar vergewaltigt hatte, ‚empfand Amnon eine sehr große Abneigung gegen sie, ja der Hass, mit dem er sie nun hasste, war größer als die agape, mit der er sie geliebt hatte, hyper ten agapen hen egapesen auten.' Die New Revised Standard Vision übersetzt ‚agape' in diesem Zusammenhang korrekt als ‚lust', deutsch ‚Lust'.[15]

Aber gerade durch die spätere Verwendung von *Agape* im Neuen Testament wird heute auch im kirchlichen Kontext die sich schenkende Liebe verstanden. Dieses Verständnis ist auch in dem vorliegenden Beitrag grundlegend und notwendig, um die lehramtlichen Texte genau zu verstehen und die unterschiedlichen Dimensionen der Liebe differenzieren zu können.

---

13 WEST, *Die Liebe, die erfüllt – Gedanken zu Eros und Agape*, 15.
14 Vgl. WALDSTEIN, *Einführung in die Theologie des Leibes*, Fußnote 247, 209.
15 WALDSTEIN, *Einführung in die Theologie des Leibes*, Fußnote 247, 209.

2.4 Das Heidnische Verständnis

Die Liebe ist ein Urphänomen des menschlichen Daseins. Nicht umsonst war sie ein so entscheidendes Thema für viele Generationen, Völker und Kulturen.

Eros im Sinne des griechischen Heidentums ist vielfach der Ausdruck einer leidenschaftlichen und unbändigen Ekstase. Der Mensch wird von diesem starken Begehren ergriffen und gleichsam in Besitz genommen. Dies gilt sowohl für das Irdische als auch für das Göttliche.[16] „In den Religionen hat sich diese Haltung in der Form der Fruchtbarkeitskulte niedergeschlagen, zu denen die ‚heilige' Prostitution gehört, die in vielen Tempeln blühte. Eros wurde so als göttliche Macht gefeiert, als Vereinigung mit dem Göttlichen."[17] Das Verständnis von *Eros* und die spätere Lehre der Kirche sind grundlegend für die unterschiedliche Kritik. Exemplarisch können hier der deutsche Philosoph Nietzsche (auch wenn bei ihm es nicht um die göttliche Dimension von *Eros* geht) und der schwedische Lutheraner Nygren genannt werden. Auf diese wird im Verlauf dieses Textes noch genauer eingegangen werden. Platons Philosophie und die weiter Philosophen nach ihm setzten sich für eine Kultivierung und Sublimierung, also eine „Veredelung" des *Eros* ein. Und dies obwohl sie zum Teil sehr bedenkliche Irrwege betraten. So wurde der *wissenschaftliche Eros*, der das Streben nach Erkenntnis und Bildung beinhaltete, durch die Rechtfertigung der *Päderastie* (Knabenliebe) auf dem Bereich der Sexualität ausgeweitet.

2.5 Das biblische Verständnis

Wie schon zuvor erwähnt findet das Wort *Eros* in den biblischen Texten kaum Erwähnung – im Alten Testament zweimal, im Neuen Testament gar nicht mehr. Für *lieben* wird in der Heiligen Schrift das hebräische Wort *ahab* verwendet (für *Liebe – ahaba*). In der Septuaginta wird *ahab* meist mit *agapein* übersetzt. Mit *Agape* wird die erwählende Liebe gemeint – denken wir an die Erwählung des Volkes Israel durch Jahwe oder an das Gebot der Nächstenliebe. Der Wille ist hierbei Vor-

---

16 Vgl. SPINDELBÖCK, *Vom Eros zur Agape. Zur Theologie der Liebe*, 293.
17 BENEDIKT XVI., *Deus caritas est*, 4.

aussetzung.[18] „Die Liebe gilt als Gabe Gottes und zugleich als sittliche Aufgabe, die sich in guten Werken realisiert. Die sexuell-erotische Liebe wird aus dem Bereich der Gottesliebe herausgenommen; Gott ist in seiner Liebe nicht nach Menschenart zu erfassen."[19] Gott beruft sich ein Volk und geht mit diesem einen Bund ein. Dieses Bild einer ganzheitlichen Liebe, die auch eine rechtliche Dimension beinhaltet, ist Vorbild der menschlichen Liebe – im Besonderen in der Beziehung zwischen Mann und Frau und zugleich bildhaft für den göttlichen Bund mit dem Menschen. Im Zentrum des göttlichen Bundes steht die Liebe, die Gott frei und unverdient den Menschen schenkt – selbst dann, wenn sich das Volk nicht an diesen Bund hält und untreu ist. Gott ist der ewig treue und widerspricht so der menschlichen Vergeltungslogik. Der Typus der bräutlich-ehelichen Liebe, der im Hohelied aufgegriffen wird, ist Ausdruck einerseits der Gottesbeziehung von Israel, andererseits auch des jeweiligen Gläubigen. Das Gebot der Gottes- und Nächstenliebe versetzt den Menschen in eine Spannung der freiwilligen Annahme dieser Liebe und die daraus folgende Antwort und die Tendenz einer gesetzlichen Erfüllung. Wesentlich für die Erfüllung dieses obersten Gebotes ist die innere Haltung und Hingabe. Sie zeigt sich in den Werken der Liebe, ist jedoch nicht auf Grundlage dieser zu bewerten.[20]

3. Unterschied und Einheit von Eros und Agape

Nach einer begrifflichen Annäherung stellt sich nun die Frage, wie sich die Begriffe von *Eros* und *Agape* in Bezug auf die Liebe zueinander verhalten. Gehören sie zusammen oder sind sie strikt voneinander zu trennen? Hierzu ist es hilfreich das Wesen von *Eros* und *Agape* näher zu beleuchten.

---

18 Vgl. SPINDELBÖCK, *Vom Eros zur Agape. Zur Theologie der Liebe*, 293f.
19 SPINDELBÖCK, *Vom Eros zur Agape. Zur Theologie der Liebe*, 294.
20 Vgl. SPINDELBÖCK, *Vom Eros zur Agape. Zur Theologie der Liebe*, 293f.

3.1 Eros und Agape: Antagonisten oder Protagonisten der Liebe?

> „C. S. Lewis berichtet von sich selbst, er habe, als er sein im Jahre 1960 veröffentlichtes Buch über die Liebe zu schreiben begann, ziemlich unangefochtenen Sinnes die Absicht gehabt, ein Preislied zu singen auf die rein selbstlose, schenkende Liebe [*Gift-love*], dagegen von der verlangenden, begehrenden, bedürfenden Liebe [*Need-love*] mehr oder weniger abschätzig zu sprechen. Dann aber sei er anderer Meinung geworden. ‚Die Wahrheit ist komplizierter, als ich vermutete.' – Die bloße Tatsache eines solchen, vor aller Reflexion zunächst einmal selbstverständlich scheinenden Ansatzes zeigt, wie sehr das Gemeinbewusstsein und die Atmosphäre des Denkens, vor allem des christlichen Denkens über die Liebe bereits vorgeprägt ist durch eine ganz bestimmte Konzeption; von ihr muss nun etwas ausführlicher gesprochen werden."[21]

Eros und *Agape* wurden sich selbst oft gegenübergestellt. In diesem Zusammenhang wird *Eros* nicht zuerst als Geschlechterliebe verstanden, sondern als verlangende und bedürftige Liebe. *Eros* wurde somit zum Gegenbild christlicher Liebe.[22] Einer der bekanntesten Verfechter einer strikten Trennung von *Eros* und *Agape* war der schwedische lutherische Theologe Anders Nygren (1890–1978). Er war stark vom Neukantianismus geprägt. Zudem schrieb er der Ideengeschichte eine große Bedeutung bei. Nygrens Untersuchung zu *Eros* und *Agape*, die er 1930 und 1937 in zwei Bänden veröffentlichte, basieren auf eine strenge Antithese.[23] Die Nygren'sche These lautet: „Agape, ‚die originale Grundkonzeption des Christentums', ‚das christliche Grundmotiv vor allen anderen', besagt vor allem eine fast im absoluten Sinn *selbstlose* Liebe, die sich hingibt, statt sich zu behaupten, und die nicht das Leben gewinnen will, sondern wagt, es zu verlieren. Agape ‚hat nichts mit Begehren und Begierde zu schaffen'; sie ‚schließt alles, was Selbstliebe heißt, prinzipiell aus'. Nygren zittert hier Martin Luther: *Est enim diligere se ipsum odisse,* lieben heißt sich selber hassen. Natürlich ist das nicht wortwörtlich zu nehmen; dennoch steht Agape jedenfalls

---

21 Pieper, Über die Liebe, 114f.
22 Vgl. Pieper, Über die Liebe, 115.
23 Vgl. Annika Schlitte, *Liebe als Weg zu Gott*, in Martin Hähnel, Annika Schlitte, Renè Torkler (Hg), *Was ist Liebe?*, Stuttgart 2020, 171.

in einem nicht überbrückbaren Gegensatz ‚zu jedem eudämonistisch begründeten Handeln', das heißt, zu jeder Motivierung durch das Verlangen nach Glück oder gar ‚nach Lohn'."²⁴ Damit ist Nygren einer der bekanntesten Kritiker des hl. Augustinus aus der Neuzeit. Augustinus verband nämlich den antik-philosophischen *Eros*-Begriff und den christlichen *Agape*-Liebesbegriff und prägte damit das Denken über Jahrhunderte.²⁵ Die Terminologie der Liebe ist bei Augustinus nicht immer eindeutig. Dennoch nimmt er eine wichtige Differenzierung vor. Diese bezieht sich auf den Weg der Liebesbewegung – also entweder auf Gott hin (*amor Dei*) oder auf die Welt hin (*amor mundi*).²⁶ „Die liebende Suchbewegung vollzieht sich auf einer von Platon vorgezeichneten und von Plotin, dem wohl wichtigsten Vertreter des in der Mitte des 3. Jahrhunderts n. Chr. entstandenen Neuplatonismus, vermittelten Bahn über drei an das *Symposium* erinnernde stufen: durch die Außenwelt, sodann in die menschliche Innerlichkeit und schließlich über die Welt hinaus. In Abweichung vom platonischen Vorbild vollzieht sich die emporsteigende Liebesbewegung also als *introrsum ascendere*, als *Aufstieg nach innen*. Hier liegt ein wesentlicher Unterschied zwischen dem platonischen *eros* und seiner Modifikation bei Augustinus."²⁷ Augustinus ist durchaus radikaler als Platon. Während beim griechischen Philosophen die einzelnen Stufen des Stufenweges noch ein gewisses Eigenrecht besitzt, definiert Augustinus jede Liebe, die letztlich nicht auf Gott ausgerichtet ist, als verirrte und falsche Liebe.²⁸ „Die Ausrichtung auf das höchste Gut erweist sich damit bei Augustinus als weit unmittelbarer und radikaler. Der liebende Aufstieg beginnt bei den äußeren Reizen des begegnenden Schönen, bei denen allerdings keine dauerhafte Erfüllung der Liebessehnsucht zu finden ist. Augustinus folgt hier zunächst der Weisung Plotins, auf das Innere des eigenen Selbst zurückzugehen. Da in der eigenen Innerlichkeit jedoch nur die ‚Wahrheit des ruhelosen Herzens' zu finden ist, muss die leibende Suchbewegung schließlich über das

---

24   Pieper, Über die Liebe, 116.
25   Vgl. Martin Hähnel, Annika Schlitte, Renè Torkler (Hg), *Was ist Liebe?*, Stuttgart 2020, 17f (Im Folgenden abgekürzt mit Autor, Was ist Liebe?, Seitenzahl).
26   Vgl. Hannah Arendt, *Der Liebesbegriff bei Augustin. Versuch einer philosophischen Interpretation*, Hildesheim/Zürich/New York 2006, 13.
27   Hähnel, Schlitte, Torkler (Hg), *Was ist Liebe?*, 18.
28   Vgl. Ute Kruse-Ebeling, *Liebe und Ehtik. Eine Verhältnisbestimmung ausgehend von Max Scheler und Robert Spaemann*, Göttingen 2009, 139.

Innere hinaus zur wandellosen Wahrheit Gottes führen, um zur Ruhe kommen zu können."[29] Die *amor Dei* ist jedoch nicht einzig eine unruhige Suchbewegung. Sie ist auch eine geordnete, jedoch in diesem Zustand immer bedrohte Liebe. Das bringt Augustinus im Begriff *ordo amoris* zum Ausdruck. Diese Liebe kennt letztlich eine Rangordnung, die sich auf der Unterscheidung von *uti* (gebrauchen) und *frui* (genießen) beruft.[30] Diese Begriffe greift auch Johannes Paul II. in seinen Ausführungen zur *Theologie des Leibes* auf. Nygrens Kritik von der Unvereinbarkeit von *Eros* und *Agape* wird auch unter dem Begriff *Caritas-Synthese* formuliert. Der Lutheraner ist der Auffassung: „'Kein Weg, auch nicht der der Sublimierung, führt von Eros weiter zu Agape.' Darum sei die augustinische Synthese, ,die Luther in Stücke schlägt', unhaltbar."[31] Dieser These widerspricht Benedikt XVI. und es wird deutlich, dass die katholische Lehre nicht *Eros* und *Agape* gegeneinander ausspielen will. Sie vergiftet auch nicht den *Eros*, wie Nietzsche behauptet, der zwar überlebt hat, aber nun zum Laster entartet ist. Es ist wahr, *Eros* will uns zum Göttlichen hinreißen, hinausführen aus und über das eigene Ich. Aber gerade hier ist es notwendig einen Weg zur Reinigung und Reifung einzuschlagen. Erst hierin findet der *Eros* letztlich seine Größe und Heilung. Hier findet dann auch der Weg des Aufstiegs statt.[32] „In Wirklichkeit lassen sich *Eros* und *Agape* – aufsteigende und absteigende Liebe – niemals ganz voneinander trennen. Je mehr beide in unterschiedlichen Dimensionen in der einen Wirklichkeit Liebe in die rechte Einheit miteinander treten, desto mehr verwirklicht sich das wahre Wesen von Liebe überhaupt."[33]

3.2 Das Wesen von Eros und Agape

Eros ist die Liebe im Bereich des Sinnlich-Triebhaften. Sie ist einzig dem Menschen gegeben und sucht das Schöne und somit zumindest indirekt das Gute, dass auch von geistiger Erkenntnis durchdrungen ist.[34] „Der Eros ist eine menschliche Grundkraft und vom Sexus wenigstens vorerst zu unterscheiden. Der Sexus stellt nämlich die

---

29 Hähnel, Schlitte, Torkler (Hg), *Was ist Liebe?*, 18.
30 Vgl. Hähnel, Schlitte, Torkler (Hg), *Was ist Liebe?*, 19.
31 Hähnel, Schlitte, Torkler (Hg), *Was ist Liebe?*, 17f.
32 Vgl. Benedikt XVI., *Deus caritas est*, 3–5.
33 Benedikt XVI., *Deus caritas est*, 7.
34 Vgl. Spindelböck, *Vom Eros zur Agape. Zur Theologie der Liebe*, 299.

intensivste Gestalt des Eros in der Beziehung zwischen Mann und Frau dar."[35] Greift man beispielsweise das Wort *Erotik* heraus, wie schon an anderer Stelle dieses Beitrages, wird der Unterschied zwischen *Eros* und *Sexus* deutlicher. *Eros* jedoch ist weitaus umfassender und stellt eine Grundkraft des Menschen dar, die vom Geist geformt werden kann und soll. Vom Wesen kann man *Eros* als passiv und ich-los beschreiben, da er triebgebunden und in der Natur des Menschen verankert ist.[36] Im Hohelied zeigt sich für Johannes Paul II. das menschliche und authentische Gesicht des *Eros*, der frei von jeglichem Mangel ist. Es drückt den beständigen Prozess der gegenseitigen Suche und Spannung der Geliebten aus.[37] In seiner 112. Katechese sagt Johannes Paul II.: „Die Sprache des Leibes ist einbezogen in die einzigartige Entfaltung der gegenseitigen Anziehungskraft der Personen, des Bräutigams und der Braut, die das ganze Hohelied durchzieht und die in den häufigen Kehrreimen Ausdruck findet, die von sehnsuchtsvollem Suchen von dem gegenseitigen Wiederfinden der Brautleute sprechen (vgl. Hld 5,2)."[38] Das Hohelied spricht also von einer *Sprache des Leibes* in der liebenden Dimension des Verlangens und Schenkens – letztlich also *Eros* und *Agape*. Es zeigen sich zugleich aber auch die menschlichen Grenzen des Verlangens nach Einheit. Die Liebenden finden sich zwar und gehören einander, aber sie verlangen immer nach mehr (vgl. Hld 7,11).[39]

> „Das aus der Liebe und auf der Grundlage der Sprache des Leibes geborene männliche Streben ist ein Suchen nach umfassender Schönheit, nach Reinheit, frei von jedem Makel: Es ist ein Suchen nach einer Vollkommenheit, die sozusagen die Synthese der menschlichen Schönheit, der Schönheit der Seele und des Leibes, umfasst."[40]

---

35 SPINDELBÖCK, *Vom Eros zur Agape. Zur Theologie der Liebe*, 299.
36 Vgl. SPINDELBÖCK, *Vom Eros zur Agape. Zur Theologie der Liebe*, 299f.
37 Vgl. CORBIN GAMS, *Liturgie der Liebe*, Altötting 2015, 11f (im Folgenden Autor, *Liturgie der Liebe*, Seitenzahl).
38 JOHANNES PAUL II., *Die menschliche Liebe im göttlichen Heilsplan. Eine Theologie des Leibes*, HG: NORBERT und RENATE MARTIN, Kisslegg 2017, 621 (112,6). (Im Folgenden abgekürzt mit Autor, *Die menschliche Liebe*, Seitenzahl, Katechesennummer).
39 Vgl. SPINDELBÖCK, *Theologie des Leibes kurzgefasst*, Kleinhain 2017, 133.
40 JOHANNES PAUL II., *Die menschliche Liebe im göttlichen Heilsplan*, 623 (112,3).

Liebe ist Suche nach umfassender Reinheit und Schönheit. Diese Suche wird nie vollends aufhören. Im Eros steckt selbst ein Verlangen und Suchen – nach Vollkommenheit.[41] „In ihrer Ruhelosigkeit zeigt sich Liebe größer als das, was der Körper allein ausdrücken kann. Die Sprache des Leibes führt zur liebenden Einheit der Brautleute, in der sie einander gehören. Aus der Tiefe dieser Einheit kommen dann die Worte hervor: ‚Stark wie der Tod ist die Liebe' (Hld 8,6). Dennoch ist es so, dass die Liebe ihre Grenzen gerade durch den Tod erfährt. Eine weitere, innere Grenze erfährt der Eros in der Eifersucht."[42]

Das Hohelied stellt den *Eros* als Form menschlicher Liebe dar, die die Kräfte des Verlangens beinhaltet. Ist nun also das Wesen des *Eros* Unruhe? Wenn ja, würde dieses Merkmal darauf verweisen, dass *Eros* sich selbst übertrifft und überwinden will.[43]

„Die Wahrheit der Liebe drückt sich im Bewusstsein der gegenseitigen Zugehörigkeit aus, die Frucht der wechselseitigen Sehnsucht und Suche ist, und zugleich findet diese Wahrheit ihren Ausdruck in der Notwendigkeit von Sehnsucht und Suche, die dem Erleben der gegenseitigen Zugehörigkeit entspringt. Die Liebe verlangt von beiden, dass sie die Skala, das Ausmaß solcher Zugehörigkeit überschreiten und immer nach einer neuen und reiferen Form von Zugehörigkeit suchen."[44]

Eine selbstzentrierte und egozentrische Liebe kann nicht über den eigenen begrenzten Horizont hinausblicken. Sie behandelt den anderen nicht mit der Würde, die jeder Person eigen ist, sondern stellt ihn den eigenen Bedürfnissen und Maßstab unter. Die Liebe jedoch die selbstlos ist öffnet sich für den anderen und dieser darf ganz er selbst sein. Er wird nicht wegen bestimmter Eigenschaften geliebt, sondern er wird geschätzt um seiner selbst willen – in seinem Eigensein. Grundlage für diese Form von Liebe ist die Freiheit.[45] Johannes Paul greift zudem auch Aussagen von Paulus auf:

---

41 Vgl. GAMS, *Liturgie der Liebe*, 111.
42 GAMS, *Liturgie der Liebe*, 111.
43 Vgl. JOHANNES PAUL II., *Die menschliche Liebe im göttlichen Heilsplan*, 624f (113).
44 JOHANNES PAUL II., *Die menschliche Liebe im göttlichen Heilsplan*, 625 (113).
45 Vgl. SPINDELBÖCK, *Vom Eros zur Agape. Zur Theologie der Liebe*, 300f.

„Wird die Wahrheit über die Liebe, wie sie in den Strophen des Hohenliedes zum Ausdruck kommt, durch diese Paulusworte bestätigt? Im Hohenlied lesen wir z. B. von der Liebe, deren ‚Eifersucht hart ist wie die Unterwelt' (Hld 8,6), und im Paulusbrief, dass ‚die Liebe sich nicht ereifert'. [...] Es scheint jedoch, dass die Liebe sich uns hier in zwei Perspektiven erschließt: so als würde das, worin der menschliche Eros seinen eigenen Horizont der Liebe weitergeöffnet, einer Liebe, die eine andere Sprache spricht, einer Liebe, die einer anderen Dimension der Person zu entspringen scheint und zu einer anderen Gemeinschaft der Person aufruft und einlädt. Diese Liebe wird Agape genannt."[46]

„Die Agape ist wesentlich eine Form der Liebe, die von Gott her kommt (d. h. als übernatürliche Liebe) und zuerst den Menschen zum Adressaten hat (Gott der Vater liebt die Menschen durch Jesus Christus im Heiligen Geist). Sie beinhaltet eine aktive Berufung des Menschen zur Liebe nach dem Beispiel Christi und zeigt sich in der Einheit der Gottes- und Nächstenliebe. Die Agape schließt die anderen Stufen und Formen der Liebe mit ein und verwandelt sie."[47] Ähnlich wie Johannes Paul II. geht auch Benedikt XVI. in seiner Enzyklika vom Hohelied aus. Der Papst zeigt, erst durch die Reifung des *Eros* findet er seine Erfüllung. Im Hohelied werden zwei Worte für den Begriff der Liebe verwendet.[48] „Da ist zunächst das Wort ‚dodim' — ein Plural, der die noch unsichere, unbestimmt suchende Liebe meint. Dieses Wort wird dann durch ‚ahaba' abgelöst, das in der griechischen Übersetzung des Alten Testaments mit dem ähnlich klingenden Wort *Agape* übersetzt ist und [...] zum eigentlichen Kennwort für das biblische Verständnis von Liebe wurde."[49] *Agape* bildet ein Gegenentwurf zu einer Liebe, die noch unbestimmt und suchend ist. Sie ist Liebe mit dem Blick für den anderen. Sie überwindet jegliche Egozentrik.[50] Benedikt XVI. beschreibt in *Deus caritas est* so: „Liebe wird nun Sorge um den anderen und für den anderen. Sie will nicht mehr sich selbst – das Versinken in der Trunkenheit des Glücks –, sie will das Gut für den Geliebten: Sie

---

46 JOHANNES PAUL II., *Die menschliche Liebe im göttlichen Heilsplan*, 626f (113).
47 SPINDELBÖCK, *Vom Eros zur Agape. Zur Theologie der Liebe*, 301.
48 Vgl. GAMS, *Liturgie der Liebe*, 113.
49 BENEDIKT XVI., *Deus caritas est*, 6.
50 Vgl. GAMS, *Liturgie der Liebe*, 113.

wird Verzicht, sie wird bereit zum Opfer, ja sie will es."[51] Die menschliche Person liebt immer. Und somit geht es um eine Integration der sinnlichen Antriebe (*Eros*) in die menschlich personale Liebe. Wenn dies gelingt und im Leben verwirklicht wird, dann entsteht auf diesem Wege die Tugend der Keuschheit.[52] „Wenn Eros zunächst vor allem verlangend, aufsteigend ist – Faszination durch die große Verheißung des Glücks – so wird er im Zugehen auf den anderen immer weniger nach sich selber fragen, immer mehr das Glück des anderen wollen, immer mehr sich um ihn sorgen, sich schenken, für ihn da sein wollen. Das Moment der *Agape* tritt in ihn ein, andernfalls verfällt er und verliert auch sein eigenes Wesen. Umgekehrt ist es aber auch dem Menschen unmöglich, einzig in der schenkenden, absteigenden Liebe zu leben. Er kann nicht immer nur geben, er muß auch empfangen. Wer Liebe schenken will, muß selbst mit ihr beschenkt werden."[53] Wenn Gott die Liebe ist, dann muss sich auch der Mensch von dieser Sicht her sehen und erkennen. Der Mensch ist Abbild Gottes und wie Gott in sich selbst Liebesgemeinschaft bildet, so ist auch der Mensch dazu be- und gerufen in personaler Liebesgemeinschaft – *communio personarum* – zu leben. Von hier kann man die menschliche Existenz her erst richtig deuten und verstehen. Um Liebe zu leben bedarf es der Erfahrung selbst geliebt zu sein, angenommen zu sein nicht aufgrund von Leistung, sondern aufgrund einer Annahme der Person an sich.

> „*How love is understood follows from how human nature is understood*, die Deutung der Liebe folgt aus der Deutung der menschlichen Natur."[54]

3.3 Die menschliche Liebe: Dimensionen und Reifestufen

Die menschliche Liebe bedarf also der Reifung und des Wachsens. Sie muss der Liebe, die an allem Anfang steht begegnet sein. Sie muss entflammt worden sein von der göttlichen Liebe, um selbst Licht für die anderen sein zu können und andere zu entflammen. Ein besonderer Ausdruck ihrer Berufung findet die menschliche Liebe in der

---

51 BENEDIKT XVI., *Deus caritas est*, 6.
52 Vgl. SPINDELBÖCK, *Vom Eros zur Agape. Zur Theologie der Liebe*, 301f.
53 BENEDIKT XVI., *Deus caritas est*, 7.
54 PIEPER, *Über die Liebe*, 114.

Ehe. „Der *Eros* verweist von der Schöpfung her den Menschen auf die Ehe, auf eine Bindung, zu der Einzigkeit und Endgültigkeit gehören. So, nur so erfüllt sich seine innere Weisung. Dem monotheistischen Gottesbild entspricht die monogame Ehe. Die auf einer ausschließlichen und endgültigen Liebe beruhende Ehe wird zur Darstellung des Verhältnisses Gottes zu seinem Volk und umgekehrt: die Art, wie Gott liebt, wird zum Maßstab menschlicher Liebe."[55] Über diese Liebe – die Liebe zwischen Mann und Frau – geht auch Karol Wojtyła in seiner ethischen Studie mit dem Titel *Liebe und Verantwortung* ein. Ausgangspunkt ist hierbei die menschliche Erfahrung.[56] Ziel ist, wie er selbst in der Einleitung aus dem Jahr 1960 schreibt eine „Einführung der Liebe in die Liebe".[57] Wojtyła spricht zu Beginn von einem gewissen Bruch zwischen zwei Typen: Zum einen der Gottes- und Nächstenliebe, zum anderen der Liebe zwischen Mann und Frau. Die Gefahr sieht er in einer Denkweise, die den zweiten Typus in den ersten umwandeln will – und somit letztlich eine Trennung beider Arten stattfindet.[58] Der polnische Theologe und spätere Papst „vertritt demgegenüber das Anliegen, *die Einheit des christlichen Lebens* in allen seinen Dimensionen herauszustellen. Es darf keine religiöse Sonderwelt geben, die vom übrigen Leben getrennt ist. Der christliche Glaube und insbesondere das Gebot der Gottes- und Nächstenliebe müssen alles Übrige durchdingen. Vor allem ist die Liebe zwischen Mann und Frau als Verwirklichung der Berufung zur christlichen Liebe aufzuzeigen [...]."[59] Auch Papst Franziskus geht in seinem Nachsynodalen Schreiben *Amoris laetitia* im Besonderen auf die Ehe ein. Er spricht hierbei von einem Weg, zu dem es gehört „verschiedene Phasen zu durchlaufen, die zu einer großherzigen Selbsthingabe einladen: Vom ersten Eindruck, der durch eine stark gefühlsmäßige Anziehung gekennzeichnet ist, kommt man dahin, des anderen zu bedürfen und dies als Teil des eigenen Lebens zu empfinden. Von da aus gelangt man zum Gefallen am wechselseitigen Zugehören, danach zum Verständnis des gesamten Lebens als eines Vorhabens

---

55 BENEDIKT XVI., *Deus caritas est*, 11.
56 Vgl. SPINDELBÖCK, *Vom Eros zur Agape. Zur Theologie der Liebe*, 302f.
57 KAROL WOJTYŁA, *Liebe und Verantwortung. Eine ethische Studie*, Kleinhain 2010, 23 (im Folgenden abgekürzt mit Autor, Liebe und Verantwortung, Seitenzahl).
58 Vgl. WOJTYŁA, *Liebe und Verantwortung*, 22f.
59 SPINDELBÖCK, *Theologie des Leibes kurzgefasst*, 16f.

beider, zur Fähigkeit, das Glück des anderen über die eigenen Bedürfnisse zu stellen, und zur Freude darüber, die eigene Ehe als ein Gut für die Gesellschaft zu sehen. Die Reifung der Liebe schließt auch ein, ‚verhandeln' zu lernen. Das ist keine eigennützige Haltung oder ein geschäftsmäßiges Spiel, sondern letztlich eine Übung der gegenseitigen Liebe, denn dieses Handeln ist eine Verflechtung wechselseitiger Geschenke und Verzichte zum Wohl der Familie."[60]

Karol Wojtyła unterscheidet in seinem Werk *Liebe und Verantwortung* in verschiedene Aspekte der Liebe. Die erste Stufe betrifft den sinnlich-triebhaften Bereich. Es geht um das Affiziert-Werden von einer Person des gegenteiligen Geschlechts. Somit betrifft diese erste Stufe auch die sexuell-erotische Dimension. Hierbei geht es nicht nur um ein gewisses Maß an Attraktivität, sondern auch das sich besonders hingezogen fühlen zu eben jener Person.[61] „Die Ganzheitlichkeit des Erlebnisses öffnet sich nach der Anerkennung sinnlicher Schönheit im Reifen der Beziehung zu einem tieferen Blick für die Schönheit der Person als solcher (Liebe des Wohlgefallens, ‚*amor complacentiae*')".[62] Hierbei noch eine kleine Anmerkung zur Begrifflichkeit in Anlehnung an Thomas von Aquin: *Amor* ist ein umfassender Ausdruck und kann daher in verschiedenen Kontexten auftreten: im engere Sinn – der sinnlichen Leidenschaft, im weitergefassten Sinn dann im geistigen Bereich des Menschen, bis hin mit Bezug zu Gott.

Die Liebe des Begehrens bildet die zweite Stufe. Das anfängliche Begehren, das auch sinnlich und selbstbezogen ist soll zu einer personalen Liebe wachsen und reifen – der *amor concupiscentiae*. Hierbei wird die Person des anderen deutlich, jedoch spürt man auch die eigene Bedürftigkeit. Ein Beispiel ist: „Ich brauche dich." Diese Stufe bildet auch einen Übergangsbereich von einer emotionalen und sinnlichen Liebe, die auch die Tendenz zum Egoismus aufweist, hin zu einer interpersonalen Liebe.

Die dritte Stufe ist die Liebe des Wohlwollens oder auch *amor benevolentiae*. Diese Liebe schließt die Dimension wahrer Freundschaft mit ein. Die Person will und wünscht sich das Gute für den anderen, ohne eigenen Hintergedanken. Die eigene Liebesbedürftigkeit ist

---

60 FRANZISKUS, Nachsynodalen Apostolisches Schreiben *Amoris laetitia*, 19. März 2016, 220. (Im Folgenden abgekürzt mit Autor, *Amoris laetitia*, Nummer).
61 Vgl. SPINDELBÖCK, *Vom Eros zur Agape. Zur Theologie der Liebe*, 303.
62 SPINDELBÖCK, *Vom Eros zur Agape. Zur Theologie der Liebe*, 303.

vorhanden, sie muss auch nicht verdrängt werden, jedoch ist sie nun sekundär, das Glück des anderen ist primär. Dieses Wohlwollen ist wechselseitig – beide Liebende wollen den anderen helfen glücklich zu werden.[63] „Die Liebe zu einer Person muss bejahen, dass die Person einen höheren Wert als den eines Objektes des Gebrauchs oder des Nutzens hat. Wer liebt, wird danach trachten, dies durch sein ganzes Verhalten zum Ausdruck zu bringen. Und dabei gibt es keinen Zweifel, dass er *ipso facto* auch der Person als solcher gerecht wird."[64]

Die höchste Stufe menschlicher Liebe ist die Liebe zwischen Mann und Frau, die sich dem anderen ganz schenkt. Die *amor nuptialis* oder auch die bräutliche bzw. hochzeitliche Liebe. Es ist eine Hingabe mit Leib und Seele. Diese Liebe findet im Besonderen ihren Ausdruck in der ehelichen Verbindung. Durch ihr „Ja-Wort" versprechen sie sich Treue bis zum Tod und werden in ehelichen Akt ein Fleisch. In dieser höchsten Liebesform haben sie zugleich Anteil an Gottes Schöpfungsplan, indem sie offen sind für neues Leben.[65]

„Zu den Aufstiegen der Liebe und ihren inneren Reinigungen gehört es, dass Liebe nun Endgültigkeit will, und zwar in doppeltem Sinn: im Sinn der Ausschließlichkeit – ‚nur dieser eine Mensch' — und im Sinn des ‚für immer'. Sie umfaßt das Ganze der Existenz in allen ihren Dimensionen, auch in derjenigen der Zeit. Das kann nicht anders sein, weil ihre Verheißung auf das Endgültige zielt: Liebe zielt auf Ewigkeit. Ja, Liebe ist ‚Ekstase', aber Ekstase nicht im Sinn des rauschhaften Augenblicks, sondern Ekstase als ständiger Weg aus dem in sich verschlossenen Ich zur Freigabe des Ich, zur Hingabe und so gerade zur Selbstfindung, ja, zur Findung Gottes."[66]

3.4 Die Einheit von Leib und Seele

„Denn zu dir hin hast du uns geschaffen, und unruhig ist unser Herz, bis es ruhet in dir."[67]

---

[63] Vgl. SPINDELBÖCK, *Vom Eros zur Agape. Zur Theologie der Liebe*, 303ff.
[64] WOJTYŁA, *Liebe und Verantwortung*, 68.
[65] Vgl. SPINDELBÖCK, *Vom Eros zur Agape. Zur Theologie der Liebe*, 303ff.
[66] BENEDIKT XVI., *Deus caritas est*, 6.
[67] AURELIUS AUGUSTINUS, *Bekenntnisse*, Zürich 1950, 31.

Mit diesem bekannten Ausspruch drückt der hl. Augustinus die tiefste Sehnsucht des menschlichen Herzens aus. Die Sehnsucht nach dem wahren Glück, nach wahrem Angenommensein. Die Erfahrung des Menschen zeigt, dass kein irdisches Gut, diese Sehnsucht vollends ausfüllen kann. Vielmehr entdeckt der Mensch, dass diese Sehnsucht ihn zu einer Suche und nach Erfüllung drängt. Joseph Ratzinger beschreibt diesen Umstand in *Einführung in das Christentum* in seinen Ausführungen zu dem Wort Credo. „Glauben bedeutet die Entscheidung dafür, dass im Innersten der menschlichen Existenz ein Punkt ist, der nicht aus dem Sichtbaren und Greifbaren gespeist und getragen werden kann, sondern an das nicht zu Sehende stößt, sodass es ihm berührbar wird und sich als eine Notwendigkeit für seine Existenz erweist."[68]

Die Sehnsucht lässt uns diese Grenze spüren und drängt den Menschen immer zu mehr. Die Gefahr dieses *Mehr* mit materiellen, leiblichen oder geistigen Dingen zu füllen ist eine große Herausforderung gerade in der heutigen Zeit, die scheinbar viele Antworten auf dieses elementare innere Suchen hat. Unabhängig vom kulturellen Hintergrund und der persönlichen Überzeugung trägt jeder Mensch eine Sehnsucht in seinem Herzen, die gleichsam auch eine Verheißung des Glücks ist. Sie drängt und ruft ihn mit den Nächsten in Beziehung zu treten.

Der Mensch ist ein leibliches Wesen. Dieser Aspekt bedarf noch einmal der genaueren Erklärung. Denn er beinhaltet auch das Körper und Seele zusammengehören. Wenn der Mensch einen Leib besitzt, ist es nicht vergleichbar als besitze er ein Auto. Wenn der Körper leidet, ist es nicht ein Aspekt, der den Geist unberührt lässt und ihn nicht betrifft, sondern der Mensch leidet im Ganzen. Ebenso, wenn es ihm auf geistiger Ebene schlecht ergeht. Leib und Seele bilden also eine untrennbare Einheit. So ist es auch in Bezug auf die Liebe.[69] „Aber es lieben nicht Geist oder Leib – der Mensch, die Person, liebt als ein einiges und einiges Geschöpf, zu dem beides gehört. Nur in der wirklichen Einswerdung von beidem wird der Mensch ganz er

---

68 Joseph Ratzinger, *Einführung in das Christentum*, München 1968, 45.
69 Vgl. Teresa Suárez del Villar, *Mit dem ganzen Körper lieben – Aspekte aus der Beratungspraxis*, in: Maria Gross, Theresa Loichen und Manfred Gerwing (Hg), *Liebe, Leib und Leidenschaft*, Kisslegg 2013, S. 96f (im Folgenden abgekürzt mit Autor, *Mit dem ganzen Körper lieben*, Seitenzahl).

selbst. Nur so kann Liebe – *Eros* – zu ihrer wahren Größe reifen."[70] Johannes Paul II. bezeichnete den Leib als *ursprüngliches Sakrament*, also ein sichtbares Zeichen einer unsichtbaren Wirklichkeit. Der Leib ist somit gleichzeitig auch Geschenk an mir selbst. Wenn jemand meinen Körper berührt, ist es nicht nur die Berührung einer Materie, sondern geht über das rein materielle hinaus und trifft auf die Person. Persönliche Beziehung ist also immer auch körperliche Beziehung. Diese Sicht muss auch Einfluss in die Erziehung haben. Der Körper soll kein Hindernis für den Menschen sein. Vielmehr ist er eine Hilfe, eine Möglichkeit, ein Instrument, um die Berufung nach Gottes Abbild zu leben. Durch den Leib kann der Mensch in Beziehung treten. Der Körper ist auch Zeichen dafür, das sich der Mensch nicht selbst genügt, sondern er beinhaltet die Bedürftigkeit zum Du.[71]

> „Als Geist im Fleisch, das heißt als Seele, die sich im Leib ausdrückt, und als Leib, der von einem unsterblichen Geist durchlebt wird, ist der Mensch in dieser geeinten Ganzheit zur Liebe berufen. Die Liebe schließt auch den menschlichen Leib ein, und der Leib nimmt an der geistigen Liebe teil."[72]

Ähnlich wie Eros und Agape strikt voneinander zu trennen und sie im gewissen Maße als Antagonisten gegeneinander auszuspielen, so besteht dieselbe Tendenz, wenn es um die Einheit von Leib und Seele geht. Der bekannte deutsche Philosoph Georg Wilhelm Friedrich Hegel, ein Vertreter des deutschen Idealismus, formulierte: „Das Geistige allein ist das Wirkliche."[73] Grundlage für diesen philosophischen Ansatz bietet die platonische Ideenlehre.[74] Gegenpol bildet der Materialismus.

Der christliche Glaube tritt diesen beiden Extremen entschieden entgegen und erkennt im Menschen ein Wesen aus Leib und Seele. „Der Mensch wird dann ganz er selbst, wenn Leib und Seele zu innerer Einheit finden; die Herausforderung durch den Eros ist dann bestanden, wenn diese Einigung gelungen ist."[75] Die Meinung, der

---

70 BENEDIKT XVI., *Deus caritas est*, 5.
71 Vgl. SUÁREZ DEL VILLAR, *Mit dem ganzen Körper lieben*, 97f.
72 JOHANNES PAUL II., Nachsynodales Apostolisches Schreiben *Familiaris consortio*, 22. November 1981, 11.
73 GEORG WILHELM FRIEDRICH HEGEL, *Phänomenologie des Geistes*, Berlin 2015, 17.
74 Vgl. *Idealismus*, https://www.philomag.de/lexikon/idealismus.
75 BENEDIKT XVI., *Deus caritas est*, 5.

Mensch sei also Geist und im Körper gefangen und das Tor dieser „Erlösung" sei der Tod ist nicht mit dem christlichen Menschenbild vereinbar, dass eine ganzheitliche Einheit von Leib und Seele im Menschen erkennt. „Nach authentischer christlicher Sicht ist der Mensch ein *verkörperter* Geist oder ein *vergeistigter* Leib."[76] Auch der Blick in den *Katechismus der Katholischen Kirche* zeigt diese Sicht: „Die menschliche Person ist ein körperliches und zugleich geistiges Wesen. Im Menschen bilden Geist und Materie eine einige Natur. Die Einheit ist so tief, dass der aus Materie gebildeter Leib aufgrund des geistigen Prinzips, der Seele, ein lebendiger menschlicher Leib wird und an der Würde des Seins ‚nach dem Bilde Gottes' teilhat."[77] Die oft wahrgenommene Teilung in Leib und Geist im Menschen selbst ist Folge der Sünde, die zu einer Disharmonie und Trennung zwischen Leib und Seele geführt hat.[78] In seiner *Theologie des Leibes* bezieht sich der hl. Papst Johannes Paul II. im Besonderen auf den *Anfang*:

> „In der Ur-Unschuld bestand die communio personarum in der ungebrochenen Gemeinschaft (deshalb das Fehlen der Scham) des ersten Paares untereinander und zugleich mit Gott. Es war ein vollkommener Liebesbund zwischen Mann und Frau aufgrund der Ebenbildlichkeit mit Gott. Die Spannung zwischen Identität und Differenz wurde noch nicht als Des-Integration, als ‚Zwiespalt im Leib' empfunden, vielmehr lebten sie in voller objektiver und subjektiver Harmonie, die der Schöpfer dem Leib geschenkt hatte und der die Harmonie der Herzen entsprach. Diese Harmonie oder, genauer, die ‚Reinheit des Herzen' ließ Mann und Frau im Zustand der Ur-Unschuld einfach (und auf eine Weise, die ursprünglich beide glücklich machte) die einigende Kraft ihrer Körper erleben, die sozusagen die ‚unverdächtige' Grundlage ihrer personalen Vereinigung oder ‚commmunio personarum' war."[79]

---

[76] WEST, *Die Liebe, die erfüllt – Gedanken zu Eros und Agape*, 57.
[77] *Katechismus der Katholischen Kirche*, Rom 1997, 365.
[78] Vgl. WEST, *Die Liebe, die erfüllt – Gedanken zu Eros und Agape*, 57.
[79] NORBERT MARTIN und RENATE MARTIN, Einleitung. in: NORBERT MARTIN, RENATE MARTIN (HG), *Die menschliche Liebe im göttlichen Heilsplan. Eine Theologie des Leibes*, Kisslegg 2017, 43 (im Folgenden abgekürzt mit Autor, *Die menschliche Liebe im göttlichen Heilsplan*, Seitenzahl).

Neben den schon angesprochenen philosophischen Strömungen des Idealismus und Materialismus, ist es auch notwendig den Manichäismus zu erwähnen. Dieser war eine alte Lehre und aus kirchlicher Sicht eine Häresie, deren Grundlage ein Dualismus war. Diese Sicht von Mani begründet, besagt, dass die Materie Quelle des Bösen sei. Folge dieser Betrachtung ist eine Verurteilung von Sexualität und Leiblichkeit.[80] In seiner 55. Katechese (vom 4. Februar 1981) schreibt Johannes Paul II. über Paulus und zitiert dort den Korintherbrief (1 Kor 12,18–25).

„Der ‚Zwiespalt im Leib', infolgedessen manche Glieder für ‚schwächer', ‚weniger anständig', ja ‚weniger edel' gehalten werden, ist ein weiterer Ausdruck der Erscheinung für den inneren Zustand des Menschen nach dem Sündenfall, das heißt des geschichtlichen gegebenen Menschen. Der Mensch, der Ur-Unschuld, Mann und Frau, von denen wir in Genesis 2,25 lesen, dass ‚sie nackt waren, sich aber nicht voreinander schämten', empfanden noch nicht jenen ‚Zwiespalt im Leib'. Der objektiven Harmonie, die der Schöpfer dem Leib geschenkt hat und die Paulus als einträchtige Sorge der Glieder füreinander beschreibt (vgl. 1 Kor 12,25), entsprach eine ähnliche Harmonie im Innern des Menschen: die Harmonie des Herzens. Diese Harmonie oder genauer, die ‚Reinheit des Herzens' ließ Mann und Frau im Zustand der Ur-Unschuld einfach [...] die einigende Kraft ihrer Körper erleben, die sozusagen die ‚unverdächtige' Grundlage ihrer personalen Vereinigung oder ‚communio personarum' war.[81]

Der angesprochene Zwiespalt ist also Folge der Sünde in einer gebrochenen Schöpfung, die vom Schöpfer selbst nicht gewollt war, jedoch durch die Freiheit des Menschen Konsequenz der Abkehr von Gott und somit von der Liebe selbst war. „Die Harmonie, die sie der ursprünglichen Gerechtigkeit verdankten, ist zerstört; die Herrschaft der geistigen Fähigkeiten der Seele über den Körper ist gebrochen (vgl. Gen 3,7) die Einheit zwischen Mann und Frau ist Spannungen unterworfen (vgl. Gen 3,11–13) ihre Beziehungen sind

---

80 Vgl. CHRISTOPHER WEST, *Theologie des Leibes für Anfänger*, Kisslegg 2005, 155.
81 JOHANNES PAUL II., *Die menschliche Liebe im göttlichen Heilsplan*, 348f (55,6).

gezeichnet durch Begierde und Herrschsucht."[82] Die Gefahr einer Trennung der Leidenschaften des Leibes vom geistigen Führen und Streben hat zur Konsequenz, dass der *Eros* dazu neigt, seinen Willen durchzusetzen. Dabei will er Befriedigung erfahren und achtet nicht auf die Würde der Person oder auf die Wahrheit der Liebe. Auf dem Weg der Durchsetzung des Ziels steht oft ein Kampf zwischen den körperlichen Leidenschaften und den geistigen Kräften. Der Eros drängt auf Erfüllung und sucht ein Ventil.[83] „Die Herausforderung durch den *Eros*' ist somit nichts anderes, als die Herausforderung, Leib und Seele miteinander in Einklang zu bringen, damit die Leidenschaften des Körpers und das Streben des Geistes nach dem Wahren, Guten und Schönen in ständig wachsender Harmonie zusammenwirken."[84] Liebe bedarf der Reinigung, Vertiefung und Reifung. Grundlage für diesen Prozess des Wachstums ist zum einen das eigene Verständnis des Menschseins im Allgemeinen, aber auch im ganz konkreten eigenen Leben, zum anderen aber auch die Gnade Gottes, die uns wachsen, reifen und verstehen lässt.[85] Der Weg dieser Reifung beinhaltet auch die Einigung zwischen leiblichen Leidenschaften und geistigen Streben. *Eros* bedarf auch der *Agape* und muss von ihr durchdrungen werden. Diese Aufgabe ist der christlichen Spiritualität ein besonderes Anliegen. Dennoch besteht immer wieder die Gefahr eines Denkens in Kategorien der Unvereinbarkeit. Deshalb kann es bei christlicher Spiritualität letztlich nur um „Fleischwerdung" gehen. Die Gefahr einer Trennung von Leib und Seele stellt in letzter Konsequenz auch die Frage nach dem Sinn bzw. der Sinnlosigkeit der Menschwerdung Gottes in Christus Jesus.[86] „Das Wort, das Fleisch geworden ist, *ist* die Heilung dieses tragischen Risses zwischen Materie und Geist. Wenn wir die ‚Erlösung des Leibes' und das ‚Leben im Geist', das Christus uns anbietet, für unser Leben annehmen, dann erfahren wir die ‚Wiedervereinbarkeit' unseres Fleisches mit unserem Geist (vgl. Röm 8).[87] Das Christentum will also Leib und Geist in der Person zum ursprünglichen Wesen wieder zusammenführen und nimmt

---

82 *Katechismus der Katholischen Kirche*, Rom 1997, 400.
83 Vgl. WEST, *Die Liebe, die erfüllt – Gedanken zu Eros und Agape*, 58.
84 WEST, *Die Liebe, die erfüllt – Gedanken zu Eros und Agape*, 58.
85 Vgl. STEFAN OSTER, Grußwort. in: MARIA GROSS, JANUSZ SURZYKIEWICZ (HG), *Kann man so lieben?*, Sankt Ottilien 2018, 12.
86 Vgl. WEST, *Die Liebe, die erfüllt – Gedanken zu Eros und Agape*, 58.
87 WEST, *Die Liebe, die erfüllt – Gedanken zu Eros und Agape*, 58f.

nicht eine Trennung in dualistischer Form vor, noch geht es um eine Abwertung des *Eros*. Denn es wird ersichtlich das *Eros* Berührungspunkt bietet mit dem Göttlichen.[88] „Zugleich aber hat sich gezeigt, dass der Weg dahin nicht einfach in der Übermächtigung durch den Trieb gefunden werden kann. Reinigung und Reifung sind nötig, die auch über die Straße des Verzichts führen. Das ist nicht Absage an den Eros, nicht seine ‚Vergiftung', sondern seine Heilung zu seiner wirklichen Größe hin."[89] Durch die innere Einheit von Leib und Seele entdeckt der Mensch das wahre Menschsein. Die Tendenz nur Geist oder nur Leib als alleinige Wirklichkeit anzuerkennen hat zur Folge die wirkliche Größe des Menschseins zu verlieren.[90] Der bekannte Lyriker Rainer Maria Rilke formuliert in Bezug auf die menschliche Liebe im Besonderen zwischen Mann und Frau: „Dies ist das Paradox der Liebe zwischen Mann und Frau: zwei Unendliche begegnen zwei Grenzen; zwei unendliche Bedürfnisse geliebt zu werden begegnen zwei zerbrechlichen und begrenzen Fähigkeiten zu lieben. Und nur vor dem Horizont einer größeren Liebe verzehren sie sich nicht im Anspruch und resignieren, sondern gehen gemeinsam auf eine Erfüllung zu, für die der andere ein Zeichen ist."[91] Benedikt XVI. zeigt also in seiner Enzyklika *Deus caritas est* eine Vision von Sexualität, die der *herzlichen* Sehnsucht des Menschen entspricht, eine Sehnsucht die hingeordnet ist zum Nächsten und nicht einzig für sich sein, sondern in Beziehung treten will. Diese Sehnsucht ist jeden Menschen ins Herz gelegt. Bedenken wir was und wie Gott ist – wie der Titel der Enzyklika sagt: *Gott ist die Liebe*. Wenn wir also als sein Abbild erschaffen wurden, worin steht dann die menschliche Sehnsucht? Worin wird der Mensch wirklich glücklich? In der Liebe! Diese Sehnsucht ist somit auch gleichsam eine Verheißung für den Menschen.[92]

Geist und Fleisch in der menschlichen Person zu integrieren ist im Besonderen Auftrag und christliche Berufung. Es geht hierbei nicht um Unterdrückung von Trieben oder eine reine Vergeistigung und Herabwürdigung des Leibes. Die Gefahr der einen oder anderen

---

88   Vgl. BENEDIKT XVI., *Deus caritas est*, 5.
89   BENEDIKT XVI., *Deus caritas est*, 5.
90   Vgl. BENEDIKT XVI., *Deus caritas est*, 5.
91   MARIA GROSS/TERESA LOICHEN, Vorwort. in: MARIA GROSS/TERESA LOICHEN/MANFRED GERWING, *Liebe, Leib und Leidenschaft*, Kisslegg 2013, 7.
92   Vgl. SUÁREZ DEL VILLAR, *Mit dem ganzen Körper lieben*, 96f.

Tendenz nachzugeben – zwischen *Angelismus* und *Animalismus* – ist die Herausforderung des Menschen.

Der Mensch ist Geist. Das besagt der *Angelismus*.[93] Der Theologe Peter Kreeft schreibt in seinem Buch *Everything You Ever Wanted to Know about Heaven*: „Mit Descartes beginnt der ‚Angelismus', indem er behauptet: ‚Mein ganzes Wesen liegt allein im Gedanken.' Materie und Geist werden nun zu ‚zwei klar zu unterscheidenden Ideen.' Das ist heute unsere allgemeine Denkweise, wir haben dieses Konzept von Descartes geerbt wie permanente Kontaktlinsen, und es ist uns unmöglich das Denken vor Descartes zu verstehen, wenn wir sie tragen. So interpretieren wir unsere modernen Kategorien in die Bibel hinein, auch wenn sie nicht der damaligen Zeit entsprechen (EKH, S. 86–87)."[94] Der Körper also wird als Einschränkung und Gefängnis empfunden. Der Mensch wird zum rein spirituellen Wesen. Der Leib zum Hindernis der geistigen Erfüllung. Die Folge einer solchen Sicht auf den Menschen und der Einheit von Leib und Geist kann im Extremen mit dem Schlagwort *Rigorismus* genannt werden. Bei dieser Ausdrucksform des Denkens und Handels kann schnell der *Eros* als unrein verurteilt werden. Die Tendenz geht in Richtung Prüderie und einer Unterdrückung der sexuellen Sehnsüchte und Gefühle.[95] Auch Papst Franziskus greift den Bereich in seinem Nachsynodalen Schreiben *Amoris laetitia* auf. Das Schreiben aus dem Jahr 2016 handelt über die Liebe in der Familie: „Eine Gefühlsregung zu erfahren ist als solches moralisch weder gut noch schlecht. Wenn man beginnt, Begehren oder Abneigung zu empfinden, ist das weder sündhaft noch tadelnswert. Gut oder schlecht ist die Handlung, die jemand durch eine Leidenschaft motiviert oder von ihr begleitet vollzieht. Wenn aber die Gefühle gefördert und gesucht werden und wir aufgrund ihrer schlechte Handlungen begehen, dann liegt das Schlechte in der Entscheidung, sie zu nähren, und in schlechten Handlungen, denen man nachgeht.[96]

Den Gegenpart zum *Angelismus* bildet der *Animalismus*. Vom Geist kommen wir nun in das Leibliche und *fleischliche* Leben. Durch die Fokussierung auf das Leibliche wird der Geist gehemmt. Auch

---

93 Vgl. WEST, *Die Liebe, die erfüllt – Gedanken zu Eros und Agape*, 59.
94 WEST, *Die Liebe, die erfüllt – Gedanken zu Eros und Agape*, 65.
95 Vgl. WEST, *Die Liebe, die erfüllt – Gedanken zu Eros und Agape*, 59.
96 FRANZISKUS, *Amoris laetitia*, 145.

hier erfolgt keine Integration von Geist und Leib im Menschen selbst. Schlagwort im Bereich des *Angelismus* ist die Freizügigkeit. Mäßigung wird als Hindernis der Freiheit betrachtet. Im Leib liegt letztlich die letzte Freude. Es gibt keine Grenzen. Der Mensch soll den erotischen Impulsen ohne Einschränkung folgen. Das kann zur Schamlosigkeit und Anstößigkeit führen. Gerade diese Denkweise ist heut weit verbreiten, beachten wir beispielsweise das kolportierte Bild vom Menschen und Glück durch die Medien.[97] Benedikt XVI. verweist auf den Epikureer Gassendi, der scherzend Descartes mit *o Geist* anredete und Descartes ihm mit *o Leib!* entgegnet. Auch die Gesellschaft neigt zu den Extremen von einem götzenhaften Körperkult, hin zu einer Objektivierung des Leibes, der nach Belieben benutzt und gebraucht und somit missbraucht werden kann. Doch gerade hier ist die *Theologie des Leibes* von Johannes Paul II. von besonderer Bedeutung. Dieser Ansatz hat nichts mit Körperkult zu tun. Erst durch Leib und Seele kann der Mensch als Person hervortreten.

Noch als Universitätsprofessor führt Joseph Ratzinger die Grundzüge einer *Theologie des Leibes* aus seiner Sicht bei einem Kommentar 1968 über die Pastoral-Konstitution *Gaudium et spes* des II. Vatikanischen Konzils aus:[98] „Theologie des Leibes kann letztlich ihren Sinn nicht erfüllen als eine rein regionale, auf den von der Seele abgehobenen Körper bezogene Theologie, die die Vorzüge des Körperlichen zusammenstellt, sondern muss ihre Aufgabe doch schließlich darin erblicken, den Körper als Leib zu verstehen, ihn in seiner Menschlichkeit zu beschreiben, als Leibhaftigkeit von Geist, als die Weise, wie menschlicher Geist konkret ist. Sie muss also gerade Theologie der Einheit des Menschen als Geist in Leib und Leib in Geist sein, so dass Theologie des Leibes da mehr und eigentlicher erfolgt, wo vom *cor* als dem Geist die Rede ist, ‚sofern er in Blutnähe gelangt' und so nicht mehr bloß Geist, sondern verleiblicht und eben darin menschlich ist."[99]

---

97 Vgl. WEST, *Die Liebe, die erfüllt – Gedanken zu Eros und Agape*, 59.
98 Vgl. STEPHAN KAMPOWSKI, *Die Theologie des Leibes und die Theologie der Liebe – JOHANNES PAUL II. und BENEDIKT XVI. über die menschliche Bestimmung*, in: MARIA GROSS, THERESA LOICHEN, MANFRED GERWING (HG), *Liebe, Leib und Leidenschaft*, Kisslegg 2013, 121.
99 JOSEPH RATZINGER, *Kommentar zu Art. 11–22 der Pastoralkonstitution über die Kirche in der Welt von heute*. In: Lexikon für Theologie und Kirche, Teil III: Das Zweite Vatikanische Konzil. Konstitutionen, Dekrete und Erläuterungen, Lateinisch und Deutsch, Kommentare, in: Heinrich S. Brechter, Bernhard Häring, Josef Höfer (HG), Freiburg/Basel/Wien 1968, 324.

4. Das christliche Gottesbild

„Gott hat den Menschen nach seinem Bild und Gleichnis erschaffen: (vgl. Gen 1,26f.) den er aus Liebe ins Dasein gerufen hat, berief er gleichzeitig zur Liebe. ‚Gott ist Liebe' (1 Joh 4,8) und lebt in sich selbst ein Geheimnis personaler Liebesgemeinschaft."[100]

In *Deus caritas est* geht Benedikt XVI. auch auf das Gottesbild im Christentum ein. Er leitet es aus dem biblischen Glauben ab und stellt dann Jesus Christus in das Zentrum seiner Betrachtung, der Mensch geworden ist. Abschließend kommt der Papst auf das Gebot der Gottes- und Nächstenliebe.

4.1 Das Gottesbild im Alten Testament

Das Neue am biblischen Glauben ist zuerst das Gottesbild. Während das Bild von den Göttern in anderen Kulturen nicht eindeutig und widersprüchlich ist, ist der biblische Glaube hier eindeutig:[101] „Höre, Israel! Jahwe, unser Gott, Jahwe ist einzig" (Dtn 6,4). Aus dem Buch Deuteronomium wird deutlich: Gott ist der wahre und einzige, alle anderen Götter sind letztlich nur Götzen. Er ist der Schöpfer des Himmels und der Erde. Den Schöpfungsgedanken gibt es auch in anderen religiösen Ansichten, jedoch ist der biblische Glaube in seiner Konkretheit einmalig. Gott erschuf die Welt und er liebt seine Schöpfung und somit im Besonderen den Menschen, den er als Abbild erschuf.[102] „Er liebt, und diese seine Liebe kann man durchaus als *Eros* bezeichnen, der freilich zugleich ganz *Agape* ist."[103] Benedikt XVI. verweist im Besonderen auf die Propheten Hosea und Ezechiel, die beide mit erotischen Bildern die Leidenschaft Gottes für sein Volk beschreiben.[104] „Darum will ich selbst sie verlocken. Ich will sie in die Wüste hinausführen und sie umwerben. [...] An jenem Tag – Spruch des Herrn – wirst du zu mir sagen: Mein Mann!, und nicht mehr: Mein Baal! [...] Ich traue dich mir an auf ewig; ich traue dich mir an um den Brautpreis von Gerechtigkeit und Recht, von Liebe und Erbarmen, ich traue dich mir an um den Brautpreis meiner Treue:

---

100 JOHANNES PAUL II., *Familiaris consortio*, 11.
101 Vgl. BENEDIKT XVI., *Deus caritas est*, 9.
102 Vgl. BENEDIKT XVI., *Deus caritas est*, 9.
103 BENEDIKT XVI., *Deus caritas est*, 9.
104 Vgl. WEST, *Die Liebe, die erfüllt – Gedanken zu Eros und Agape*, 115.

Dann wirst du den Herrn erkennen" (Hos 2,16;18;21–22). Wie sich aus diesem Auszug aus dem Buch Hosea zeigt, wird das Verhältnis Gottes zum Volk Israel durch Bilder der Ehe und Brautschaft dargestellt. Im Umkehrschluss ist dann Götzendienst Ehebruch und Hurerei. Der Mensch, der sich als den von Gott Geliebten erkennt, versteht zugleich seine eigene Identität und das Wesen des Menschen mehr und mehr. Diese Erkenntnis erhält und erfährt das Volk Israel auch durch die Worte der Thora.[105] Ein Beispiel ist der Psalm 73: „Was habe ich im Himmel außer dir? Neben dir erfreut mich nichts auf der Erde. [...] Ich aber – Gott nahe zu sein ist mein Glück. Ich setze auf Gott, den Herrn, mein Vertrauen, Ich will all deine Taten verkünden" (Psalm 73,25;28). Gottes *Eros* in Bezug auf den Menschen ist zugleich ganz *Agape*. Zum einen ist es eine Liebe ohne vorrangiges Verdienst. Zum anderen zeigt sich die göttliche Liebe in der Dimension einer verzeihenden Liebe. Wenn das Volk Israel den Bund mit Gott bricht – also Ehebruch begeht – müsste Gott nicht eigentlich den Menschen nach seinen Taten richten? Doch seine Antwort im Buch Hosea zeigt diese seine göttliche Liebe:[106] „Wie könnte ich dich preisgeben, Efraim, wie dich aufgeben, Israel? Wie könnte ich dich preisgeben, Adma, dich behandeln wie Zebojim? Mein Herz wendet sich gegen mich, mein Mitleid lodert auf. Ich will meinen glühenden Zorn nicht vollstrecken und Efraim nicht noch einmal vernichten" (Hos 11,8–9). Zu dieser vergebenden Liebe ist auch der Mensch berufen, denken wir zum Beispiel an das „Vater unser" und die Bitte um Vergebung. Der *Katechismus* verweist bei der Nr. 2844 auf die Bedeutung der Vergebung: „Die Vergebung bezeugt auch, dass in unserer Welt die Liebe stärker ist als die Sünde."[107] Gott ist voller Barmherzigkeit für den Menschen. Denken wir einmal an das lateinische Wort für Barmherzigkeit – *misericordia*. Diese Bezeichnung beinhaltet auch das Wort *cor* – Herz. Die Bedeutung von *misericordia* könnte man also auch so formulieren[108] – „ein Herz, das sich denen zuwendet, die im Elend sind"[109].

---

105 Vgl. BENEDIKT XVI., *Deus caritas est*, 9.
106 Vgl. BENEDIKT XVI., *Deus caritas est*, 10.
107 *Katechismus der Katholischen Kirche*, Rom 1997, 2844.
108 Vgl. WEST, *Die Liebe, die erfüllt – Gedanken zu Eros und Agape*, 121f.
109 WEST, *Die Liebe, die erfüllt – Gedanken zu Eros und Agape*, 121f.

„Die leidenschaftliche Liebe Gottes zu seinem Volk – zum Menschen – ist zugleich vergebende Liebe. Sie ist so groß, dass sie Gott gegen sich selbst wendet, seine Liebe gegen seine Gerechtigkeit. Der Christ sieht darin schon verborgen sich anzeigend das Geheimnis des Kreuzes: Gott liebt den Menschen so, dass er selbst Mensch wird, ihm nachgeht bis in den Tod hinein und auf diese Weise Gerechtigkeit und Liebe versöhnt."[110]

Gott der Schöpfer allen Seins – der *Logos* – ist nicht eine unpersönliche Schöpfungsmacht. Gerade das ist eine bemerkenswerte Sicht der Bibel in Hinblick auf die Philosophie- und Religionsgeschichte.[111] „Damit ist der *Eros* aufs Höchste geadelt, aber zugleich so gereinigt, dass er mit der *Agape* verschmilzt."[112]

Neben diesem neuen Gottesbild ist auch ein neues Menschenbild im biblischen Glauben erkennbar. Der Schöpfungsbericht der Bibel thematisiert die Erschaffung der Welt und des Menschen. Adam, der erste Mensch, macht eine Erfahrung des Alleinseins. Dieses Alleinsein ist eine der *Ur-Erfahrungen*, wie sie später Johannes Paul II. in seinen Katechesen zur *Theologie des Leibes* zu Beginn dieser bezeichnet. Adam findet in der Schöpfung keine Hilfe, keine Ergänzung, die ihm entspricht.

„Gott erschafft für den Menschen (Adam), der ursprünglich allein war, in Eva eine *Hilfe, die ihm entspricht*. [...] Auf der *Grundlage des ursprünglichen Alleinseins* des Menschen [...] beruft Gott den Mann und die Frau zur *personalen Gemeinschaft in ehelicher Liebe und Hingabe*, verbunden mit dem Segen der *Fruchtbarkeit*, wie es das 2. Vatikanische Konzil ausgedrückt hat:"[113]

„Aber Gott hat den Menschen nicht allein geschaffen: denn von Anfang an hat er ihn ‚als Mann und Frau geschaffen' (Gen 1,27); ihre Verbindung schafft die erste Form personaler Gemeinschaft. Der Mensch ist nämlich aus seiner innersten Natur ein gesellschaftliches Wesen; ohne Beziehung zu den anderen kann er weder leben noch seine Anlagen zur Entfaltung bringen. Gott

---

110 BENEDIKT XVI., *Deus caritas est*, 10.
111 Vgl. WEST, *Die Liebe, die erfüllt – Gedanken zu Eros und Agape*, 127.
112 BENEDIKT XVI., *Deus caritas est*, 10.
113 SPINDELBÖCK, *Theologie des Leibes kurzgefasst*, 54 f.

sah also, wie wir wiederum in der Heiligen Schrift lesen, ‚alles, was er gemacht hatte, und es war sehr gut' (Gen 1,31)."[114] Die Konsequenz aus dem heraus wie der Mensch von Gott geschaffen und zu was er berufen ist, ist im Buch Genesis so formuliert: „Darum verlässt der Mann Vater und Mutter und bindet sich an seine Frau, und sie werden *ein* Fleisch" (Gen 2,24). Für Benedikt XVI. ist diese Aussage in zweierlei Hinsichten wichtig. Zum einen ist der *Eros* im Wesen des Menschen selbst verankert. Denn erst wenn der Mann seine Frau gefunden hat, finden sie gemeinsam zur Ganzheit des Menschseins und werden „*ein* Fleisch". Zu anderen verweist der *Eros* auf die Ehe, deren Kennzeichen die Einzigkeit und Endgültigkeit ist.[115]

„So, nur so erfüllt sich seine innere Weisung. Dem monotheistischen Gottesbild entspricht die monogame Ehe. Die auf einer ausschließlichen und endgültigen Liebe beruhende Ehe wird zur Darstellung des Verhältnisses Gottes zu seinem Volk und umgekehrt: die Art, wie Gott liebt, wird zum Maßstab menschlicher Liebe. Diese feste Verknüpfung von *Eros* und Ehe in der Bibel findet kaum Parallelen in der außerbiblischen Literatur."[116]

4.2 Jesus Christus – fleischgewordenes Wort

„‚Caro salutis est cardo – Das Fleisch ist der Angelpunkt des Heils' (Tertullian res 8 2) Wir glauben an Gott den Schöpfer des Fleisches wir glauben an das Wort das Fleisch geworden ist um das Fleisch zu erlösen; wir glauben an die Auferstehung des Fleisches, in der sich die Schöpfung und die Erlösung des Fleisches vollenden."[117] So steht es im *Katechismus* der Katholischen Kirche unter der Nr. 1015. Der Blick ins Alte Testament hat schon gezeigt: Der biblische Glaube ist keine bloße Ansammlung von Ideen, sondern der christliche Glaube offenbart einen Gott der Geschichte, nicht einen unbewegten Beweger, sondern einen Gott, der konkret in die Geschichte seines Volkes im Alten und im Neuen Testament eingreift. Dieses göttliche Eingreifen findet seinen Höhepunkt in der radikalsten Form. Gott wird Mensch.

---

114 Pastorale Konstitution *Gaudium et spes*. Über die Kirche in der Welt von heute, 12.
115 Vgl. BENEDIKT XVI., *Deus caritas est*, 11.
116 BENEDIKT XVI., *Deus caritas est*, 11.
117 *Katechismus der Katholischen Kirche*, Rom 1997, 1015.

Das Gleichnis vom verlorenen Schaf oder jenes vom verlorenen Sohn lässt uns den Grund seiner Menschwerdung erahnen. Er kommt und sucht den, der verlorengegangen ist und ermöglicht dem Menschen durch Kreuz und Auferstehung wieder neu mit Gott in Beziehung treten zu können. Er ist die Brücke zwischen der (durch die Erbsünde) gebrochenen Schöpfung hin zu Gott. Er ist die Rechtfertigung für den Menschen vor Gott. „In seinem Tod am Kreuz vollzieht sich jene Wende Gottes gegen sich selbst, in der er sich verschenkt, um den Menschen wieder aufzuheben und zu retten – Liebe in ihrer radikalsten Form. Der Blick auf die durchbohrte Seite, von dem Johannes spricht (vgl. 19,37), begrifft, was Ausgangspunkt dieses Schreibens war: ‚Gott ist Liebe' (1 Joh 4,8). Dort kann diese Wahrheit angeschaut werden."[118] Durch die Einsetzung der Eucharistie am Gründonnerstag beim Letzten Abendmahl feiern die Christen dieses Geheimnis von Leiden, Tod und Auferstehung in jeder Eucharistiefeier. „Die Eucharistie zieht uns in den Hingabeakt Jesu hinein. Wir empfangen nicht nur statisch den inkarnierten *Logos*, sondern werden in die Dynamik seiner Hingabe hineingenommen. Das Bild von der Ehe zwischen Gott und Israel wird in einer zuvor nicht auszudenkenden Weise Wirklichkeit: Aus dem Gegenüber zu Gott wird durch die Gemeinschaft mit der Hingabe Jesu Gemeinschaft mit seinem Leib und Blut, wird Vereinigung: Die ‚Mystik' des Sakraments, die auf dem Abstieg Gottes zu uns beruht, reicht weiter und führt höher, als jede mystische Aufstiegsbegegnung des Menschen reichen könnte."[119]

Paulus sagt im 1. Korintherbrief: „Ein Brot ist es. Darum sind wir viele ein Leib; denn wir alle haben teil an dem einen Brot" (Kor 10,17). Durch die Eucharistie hat der Gläubige Anteil am Göttlichen. Zugleich sind jedoch auch die Glieder der Kirche untereinander vereint. „Diese Vereinigung in ‚einem Leib' ist nicht nur ein Vorausblick auf die Vereinigung Jesu mit der Kirche, sondern auch auf die Vereinigung aller Glieder der Kirche, die den ‚einen Leib' Christi bilden. Mit anderen Worten: Die heilige Gemeinschaft – *communio* – der Eheleute in Genesis ist ein Vorausblick auf die heilige Gemeinschaft – Kommunion – der Eucharistie. Und die Eucharistie führt uns nicht nur

---

[118] BENEDIKT XVI., *Deus caritas est*, 12.
[119] BENEDIKT XVI., *Deus caritas est*, 13.

zur Einheit mit Christus, sondern auch zur Einheit untereinander."[120] Eucharistie bedeutet dann auch wirklich *Agape*. Denn durch ihr wird der Gläubige gleichsam aus sich selbst hin zu Gott und zur Einheit aller Christen gezogen. Eucharistie ist somit auch *Agape* Gottes, die leibhaftig zu den Menschen kommt. Durch die Vereinigung mit Gott und mit allen Christen in der Eucharistie, wird auch das Gebot der Gottes- und Nächstenliebe verständlicher. „Nur von dieser christologisch-sakramentalen Grundlage her kann man die Lehre Jesu von der Liebe recht verstehen. Seine Führung von Gesetz und Propheten auf das Doppelgebot der Gottes- und der Nächstenliebe hin, die Zentrierung der ganzen gläubigen Existenz von diesem Auftrag her, ist nicht bloße Moral, die dann selbständig neben dem Glauben an Christus und neben seiner Vergegenwärtigung im Sakrament stünde: Glaube, Kult und Ethos greifen ineinander als eine einzige Realität, die in der Begegnung mit Gottes *Agape* sich bildet."[121]

4.3 Das Gebot der Gottes- und Nächstenliebe

> „Gott, der väterlich für alle sorgt, wollte, dass alle Menschen eine Familie bilden und einander in brüderlicher Gesinnung begegnen. Alle sind ja geschaffen nach dem Bild Gottes, der ‚aus einem alle Völker hervorgehen ließ, die das Antlitz der Erde bewohnen' (Apg 17,26), und alle sind zu einem und demselben Ziel, d.h. zu Gott selbst, berufen. Daher ist die Liebe zu Gott und zum Nächsten das erste und größte Gebot. Von der Heiligen Schrift werden wir belehrt, dass die Liebe zu Gott nicht von der Liebe zum Nächsten getrennt werden kann: ‚... und wenn es ein anderes Gebot gibt, so ist es in diesem Wort einbegriffen: Du sollst deinen Nächsten lieben wie dich selbst ... Demnach ist die Liebe die Fülle des Gesetzes' (Röm 13,9–10; 1 Joh 4,20)."[122]

Doch kann Liebe überhaupt geboten werden? Aus den vorherigen Überlegungen über die Eucharistie findet Benedikt XVI. eine eindeutige und klare Antwort: „Liebe kann ‚geboten' werden, weil sie zuerst geschenkt wird."[123]

---

120 WEST, *Die Liebe, die erfüllt – Gedanken zu Eros und Agape*, 154 f.
121 BENEDIKT XVI., *Deus caritas est*, 14.
122 Pastorale Konstitution *Gaudium et spes*. Über die Kirche in der Welt von heute, 24.
123 BENEDIKT XVI., *Deus caritas est*, 14.

Der Begriff des Nächsten erhält eine neue, vertiefte Bedeutung im Neuen Testament. „Nächster" stand vor allem in der Bedeutung mit Bezug auf die Solidargemeinschaft eines Volkes und Landes (beispielsweise Volksgenosse). Durch das Gleichnis vom barmherzigen Samariter erfährt der Begriff eine Universalisierung, zugleich aber auch eine Konkretisierung. Der Nächste, ist der Mensch, der meine Hilfe braucht. Denken wir an das Gleichnis vom Jüngsten Gericht (Mt 25,31–46):[124] „Denn ich war hungrig, und ihr habt mir zu essen gegeben; ich war durstig, und ihr habt mir zu trinken gegeben; ich war fremd und obdachlos, und ihr habt mich aufgenommen" (Mt 25,35).

Blicken wir noch einmal auf das Gebot der Gottesliebe. Der unsichtbare Gott zeigt sich auf vielfältige Weise sichtbar. Zunächst beispielsweise im Bund des Alten Testament und dann im höchsten Maß im Neuen Testament – in der Gestalt seines Sohnes, der fleischgewordenen Liebe Gottes zu uns Menschen. Aber auch die Kirche ist ein Ort der Sichtbarkeit Gottes: in der Liturgie, in den Sakramenten und besonders in der Eucharistie. Diese Liebe Gottes, die dem Menschen *angeboten* wird, wartet auf eine Antwort, auf eine Reaktion (auf die göttliche Aktion). So ist dann auch das Gebot der Gottes- und Nächstenliebe zu verstehen.[125] „Darüber hinaus wird in diesem Prozess der Begegnung auch klar, dass Liebe nicht bloß Gefühl ist. Gefühle kommen und gehen. Das Gefühl kann eine großartige Initialzündung sein, aber das Ganze der Liebe ist es nicht. Wir haben anfangs von dem Prozess der Reinigungen und Reifungen gesprochen, durch die *Eros* ganz er selbst, Liebe im Vollsinn des Wortes wird. Zur Reife der Liebe gehört es, dass sie alle Kräfte des Menschseins einbezieht, den Menschen sozusagen in seiner Ganzheit integriert. Die Begegnung mit den sichtbaren Erscheinungen der Liebe Gottes kann in uns das Gefühl der Freude wecken, das aus der Erfahrung des Geliebtseins kommt. Aber sie ruft auch unseren Willen und unseren Verstand auf den Plan. Die Erkenntnis des lebendigen Gottes ist Weg zur Liebe, und das Ja unseres Willens zu seinem Willen einigt Verstand, Wille und Gefühl zum ganzheitlichen Akt der Liebe."[126] Dieser befähigt den Menschen mit Gott eine Willensgemeinschaft einzugehen und eine

---

124 Vgl. BENEDIKT XVI., *Deus caritas est*, 14–15.
125 Vgl. BENEDIKT XVI., *Deus caritas est*, 17.
126 BENEDIKT XVI., *Deus caritas est*, 17.

Gemeinschaft des Denkens und Wollens. Durch dieses Einswerden mit dem Göttlichen ist Gottes Wille nicht mehr ein Fremdwille, der dem Menschen von außen aufgedrängt wird, sondern führt den Menschen hin zu Gott, sodass Gott zum wahren Glück der Person wird. Dieser Vorgang bildet dann auch die Grundlage für die Nächstenliebe. Der Weg der Nächstenliebe ist letztlich auch ein Weg zu Gott. Hier kann der Mensch Gott begegnen. Im Umkehrschluss ist die Abwendung vom Nächsten auch das Blindwerden für Gott.[127]

> „So wird Nächstenliebe in dem von der Bibel, von Jesus verkündigten Sinn möglich. Sie besteht ja darin, dass ich auch den Mitmenschen, den ich zunächst gar nicht mag oder nicht einmal kenne, von Gott her liebe. Das ist nur möglich aus der inneren Begegnung mit Gott heraus, die Willensgemeinschaft geworden ist und bis ins Gefühl hineinreicht. Dann lerne ich, diesen anderen nicht mehr bloß mit meinen Augen und Gefühlen anzusehen, sondern aus der Perspektive Jesu Christi heraus. [...] Ich sehe durch das Äußere hindurch sein inneres Warten auf einen Gestus der Liebe [...]. Ich sehe mit Christus und kann dem anderen mehr geben als die äußerlich notwendigen Dinge: den Blick der Liebe den er braucht. Hier zeigt sich die notwendige Wechselwirkung zwischen Gottes- und Nächstenliebe, von der der *Erste Johannesbrief* so eindringlich spricht. Wenn die Berührung mit Gott in meinem Leben ganz fehlt, dann kann ich im anderen immer nur den anderen sehen und kann das göttliche Bild in ihm nicht erkennen. Wenn ich aber die Zuwendung zum Nächsten aus meinem Leben ganz weglasse und nur ‚fromm' sein möchte, nur meine ‚religiösen Pflichten' tun, dann verdorrt auch die Gottesbeziehung. Dann ist sie nur noch ‚korrekt', aber ohne Liebe. Nur meine Bereitschaft, auf den Nächsten zuzugehen, ihm Liebe zu erweisen, macht mich auch fühlsam Gott gegenüber. Nur der Dienst am Nächsten öffnet mir die Augen dafür, was Gott für mich tut und wie er mich liebt."[128]

---

127 Vgl. BENEDIKT XVI., *Deus caritas est*, 17–18.
128 BENEDIKT XVI., *Deus caritas est*, 18.

5. Schlussüberlegungen

Im Apostolischen Schreiben *Familiaris consortio* schreibt Papst Johannes Paul II. über die Liebe und die menschliche Berufung, die gleichsam auch eine Zusammenfassung für diesen Beitrag darstellt: „‚Gott ist Liebe‘ (1 Joh 4,8) und lebt in sich selbst ein Geheimnis personaler Liebesgemeinschaft. Indem er den Menschen nach seinem Bild erschafft und ständig im Dasein erhält, prägt Gott der Menschennatur des Mannes und der Frau die Berufung und daher auch die Fähigkeit und die Verantwortung zu Liebe und Gemeinschaft ein (Vgl. Gaudium et spes, 12). Die Liebe ist demnach die grundlegende und naturgemäße Berufung jedes Menschen."[129] Wenn Gott die Liebe ist und der Mensch Abbild Gottes, dann folgt daraus, dass auch der Mensch zur Liebe berufen ist. In seiner ersten Enzyklika *Deus caritas est* beleuchtet auch Benedikt XVI. die Liebesthematik und geht insbesondere auf die Begriffe *Eros* und *Agape* ein. In der Geschichte gab es unterschiedliche Ansichten von der Zusammengehörigkeit oder strikten Trennung beider Begrifflichkeiten. Die Aussagen der kirchlichen Lehre sind hierbei eindeutig. *Eros* und *Agape* gehören zum Liebesbegriff. *Eros* bedarf jedoch einer reinigenden Reifung. Die gelingt, indem *Eros* und *Agape* Hand in Hand diesen Weg der Reifung bestreiten. So schreibt nicht zuletzt Papst Franziskus in seinem Schreiben *Amoris laetita* unter der Nr. 152: „Wir dürfen also die erotische Dimension der Liebe keineswegs als ein geduldetes Übel oder als eine Last verstehen, die zum Wohl der Familie toleriert werden muss, sondern müssen sie als Geschenk Gottes betrachten, das die Begegnung der Eheleute verschönert. Da sie eine Leidenschaft ist, die durch die Liebe, welche die Würde des anderen verehrt, überhöht ist, gelangt sie dahin, eine ‚lautere schiere Bejahung‘ zu sein, die uns das Wunderbare zeigt, zu dem das menschliche Herz fähig ist, und ‚für einen Augenblick ist [...] das Dasein wohlgeraten‘."[130] Dieser Weg der Reifung der Liebe führt den Menschen auch immer mehr zur *bräutlichen Bedeutung der Liebe* hin, wie Johannes Paul II. in seiner *Theologie des Leibes* es beschreibt. Liebe bedeutet über sich und sein eigenes Ich hinauszuwachsen und zu lernen den Blick für den Nächsten zu haben und in ihm eine geliebte und von Gott gewollte Person zu sehen. Auf

---

129 Johannes Paul II., *Familiaris consortitio*, 11.
130 Franziskus, *Amoris laetitia*, 152.

dieser Grundlage ist es nicht der Würde entsprechend den anderen für seine eigenen Begierden und Ziele beliebig einzusetzen und zu benutzen. Vielmehr verlangt die wahre Integration von *Eros* und *Agape* vom Menschen selbst seinen Blick auf Gott und den Menschen zu weiten. Vorrausetzung hierfür ist die Begegnung mit Gott selbst – in der persönlichen Lebensgeschichte, in der Liturgie, im Gebet und im Besonderen in der Eucharistie. Erst aus der eigenen konkreten Erfahrung von Gott angenommen und geliebt zu sein, wird der Mensch fähig, den Nächsten anzunehmen und zu lieben. Der Mensch muss zuerst Liebe empfangen, um sie weitergeben zu können. Diese Liebe können wir in der Person Jesu Christi erkennen und erfahren. Er ist Mensch geworden, aus Liebe zum Menschen.

Was bedeutet das nun für die Kirche? Sie ist der Ort, wo der Mensch Gott konkret begegnen kann. Wenn diese Dimension der konkreten Gottesbegegnung nicht oder kaum mehr vorhanden ist, wenn die Lehre der Kirche nicht in katechetischer Form neu verkündet und an die Frau und den Mann gebracht wird, wenn die Lehre teilweise offen abgelehnt und Argumentationen nicht mehr erläutert oder den Menschen nahegebracht werden, dann besteht die Gefahr einer Spaltung in der kirchlichen Gemeinschaft. Gerade in Deutschland werden aktuell mehr und mehr die Gräben zwischen den unterschiedlichen Strömungen sichtbar. So spiegelt der Vortrag von Professor Eberhard Schockenhoff bei der Frühjahrs-Vollversammlung der Deutschen Bischofskonferenz im März 2019 in Lingen eine doch eindimensionale Sicht wider. Für den Moraltheologen

> „verrät die Einseitigkeit, mit der Johannes Paul II. diese Warnungen regelmäßig vortrug, dass die Theologie des Leibes das sexuelle Begehren und den Triebcharakter des Eros nicht vorbehaltlos als einen positiven Ausdruck menschlicher Körperlichkeit und Lebenslust würdigen kann"[131].

---

131 EBERHARD SCHOCKENHOFF, Vortrag bei der Frühjahrs-Vollversammlung der Deutschen Bischofskonferenz auf dem Studientag *Die Frage nach der Zäsur. Studientag zu übergreifenden Fragen, die sich gegenwärtig stellen*, Lingen 2019, https://www.dbk.de/fileadmin/redaktion/diverse_downloads/presse_2019/2019-038d-FVV-Lingen-Studientag-Vortrag-Prof.-Schockenhoff.pdf.

Die Forderungen der großen Mehrheit gerade in Bezug auf die Sexualmoral beim sogenannten *Synodalen Weg*, dem Reformprozess der katholische Kirche in Deutschland, zeigt deutlich das Unverständnis für die aktuelle kirchliche Lehre. Die Forderungen nach einer *Weiterentwicklung* würden im Grunde einen Bruch bedeuten. Die Lebenswirklichkeit muss Beachtung finden, aber gerade im Bereich der Pastoral. Hier muss die Kirche in Deutschland eine neue Sprachfähigkeit finden, die den Menschen mit Respekt und Liebe begegnet, die aber auch klar die Botschaft Christi und die daraus resultierende kirchliche Lehre formulieren und den Menschen nahebringen kann. Die wenigen Bischöfe, die sich für den in Deutschland (bewusst oder unbewusst) wenig rezipierten Ansatz der *Theologie des Leibes* einsetzen, werden von der Mehrheit belächelt. Dabei scheinen viele Synodale sich jedoch nie ausreichend mit diesem anthropologischen Ansatz beschäftigt zu haben.

Wer die 133 Katechesen von Johannes Paul II. studiert, wird jedoch erkennen, dass eine oberflächliche Betrachtung, wie sie u.a. Prof. Schockenhoff formulierte, in keiner Weise der Lehre gerecht wird. Und auch die behandelte Enzyklika *Deus caritas est* von Benedikt XVI. spricht eine andere Sprache, als nur bloße moralische Forderungen an den Menschen von heute zu stellen. Es geht nicht um eine Ethik, die dem Menschen von außen auferlegt wird. Vielmehr geht es um den *Ethos*, also um die innere Haltung des Herzens.

Die Lehre verweist in Liebe auf die göttliche Wahrheit und die Wahrheit legt Zeugnis ab für die göttliche Liebe. Die kirchliche Lehre ist ein Werkzeug, die dem Menschen helfen will seine ursprüngliche Berufung zu erkennen. Sie will Begegnung mit Gott ermöglichen und dem Menschen auf seinem irdischen Weg begleiten sowie zur Entfaltung des wahren Menschseins beitragen: Denn der Mensch ist zum Abbild Gottes berufen und somit zur *personalen* und *bräutlichen Liebe*.

EIGENLEBEN UND TRANSZENDENZ

Eigenleben und Transzendenz als wesentliche Merkmale der Liebe
Die eheliche Liebe nach Johannes Paul II. im Spannungsfeld der Selbstbestimmung der Frau.

Natalie Hildebrand-Galbraith

Im vorliegenden Text soll der Frage nachgegangen werden, inwieweit das Wesen der ehelichen Liebe das Eigenleben des Individuums, im Speziellen der Frau, bereichert, und so zum Glück der Frau beitragen kann, oder ob es so sehr einschränkt, dass es der Würde der Frau als freie, selbstbestimmte Person widerspricht.

Die Selbstbestimmung als Teil des Eigenlebens des Individuums wird in der heutigen Sicht des Menschen immer mehr in den Vordergrund eines geglückten Lebens gestellt.[1] Dies geht so weit, dass menschliche Beziehungen, die ja von Natur aus auf das Wohl von anderen Personen gerichtet sind, als Hindernis für ein erfülltes Leben angesehen werden, ja sogar noch weiter, als eine Bedrohung der Selbstbestimmung angeprangert werden. Menschen, die in sich die Sehnsucht nach Liebe und Geborgenheit spüren, ziehen oft die Möglichkeit eines Lebens in einer erfüllten Ehe gar nicht mehr in Betracht, aus Angst, in ihrer Lebensplanung zu sehr eingeschränkt zu werden.

Die Jahre nach der sexuellen Revolution sind gekennzeichnet von einem Verständnis von Freiheit und Liebe, das die Geschlechtlichkeit und Sexualität bis zum letzten ausreizt, auf Kosten der menschlichen Liebe im eigentlichen Sinne. Für das Verständnis der Liebe als eine hingebende Liebe bleibt in diesem Lebenskonzept wenig Raum. Die Geschichte hat uns jedoch gelehrt, dass eine Gesellschaft, die auf freizügigere Formen der Liebe im Sinne der sexuellen Revolution baut,

---

[1] Eigenleben wird bei der vorliegenden Arbeit in einer Bedeutung verwendet, die sich auf jene bedeutenden Merkmale des Menschen bezieht, die für sein Leben wichtig sind, die die Person in besonderer Weise angehen, wie etwa den Bereich des Glücks. Vgl. DIETRICH VON HILDEBRAND, *Das Wesen der Liebe*, Regensburg, 1971, 268. (Im Folgenden abgekürzt mit Autor, *Das Wesen der Liebe*, Seitenzahl).

nicht automatisch liebevollere Menschen hervorbringt. Die zerrütteten Ehen und Familien in unserer westlichen Welt zeigen ein trauriges Bild auf. Eine Gesellschaft, in der die sexuelle Ausübung auf puren Egoismus ausgerichtet ist, kann nicht bestehen. Die Folgen der sexuellen Freiheit sind in der heutigen Zeit stark spürbar: Sie hat ihre Spuren von Einsamkeit, Verlorenheit, Verwundungen, Sinnverlust und einer noch größeren Sehnsucht nach authentischer Liebe hinterlassen.

War die freie, ungeordnete sexuelle Ausübung die richtige Methode, um den Menschen, und vor allem die Frau, in ihrer Selbstbestimmung zu stärken und sie zu einem glücklicheren Leben zu befähigen? Hier gehen die Meinungen weiterhin auseinander. Die Frauenfrage polarisiert auch heute noch sehr stark und führt zu einer großen Verwirrung in der Gesellschaft, vor allem bei jungen Menschen. Wenn der kanadische Politikwissenschafter und Philosoph Charles Taylor von *dreierlei Unbehagen der Moderne* spricht, weist er auf ein interessantes Phänomen unserer Zeit hin: Unsere Kultur wird trotz allen Fortschritts als ein Verlust der Zivilisation wahrgenommen.[2] Die sukzessive Demontage von Ehe und Familie ist hierfür exemplarisch.

Das Pontifikat von Johannes Paul II. war durch seinen unermüdlichen Einsatz gekennzeichnet, dieser Zerstörung durch das Aufzeigen der christlichen Berufung in der heutigen Welt entgegenzuwirken. Johannes Paul II. hat die Jugend immer wieder dazu aufgerufen, keine Angst zu haben, in der Nachfolge Christi zu leben. Diese Nachfolge beinhaltet die Herausforderung, die gottgewollte Verbindung zwischen Mann und Frau, wie sie im Buch Genesis aufgezeigt wird, zu leben und zu lieben. Die prophetische Stimme von Johannes Paul II. hat nichts an Aktualität eingebüßt. Er schreibt in seiner ersten Enzyklika:

> „Der Mensch kann nicht ohne Liebe leben [...] sein Leben ist ohne Sinn [...] wenn er sie nicht erfährt und sich zu eigen macht."[3]

---

2   Vgl. CHARLES TAYLOR, *Das Unbehagen an der Moderne*, Frankfurt am Main, 2017 (9. Auflage), 7.
3   JOHANNES PAUL II., Enzyklika *Redemptor Hominis* 10 zitiert in LIVIO MELINA, *Liebe auf katholisch. Ein Handbuch für heute*, Augsburg, 2009, 18. (Im Folgenden abgekürzt mit Autor, *Liebe auf katholisch*, Seitenzahl).

Jeder Mensch, ob jung oder alt, sehnt sich nach Liebe, darüber scheint man sich einig zu sein, wer möchte nicht geliebt werden? Liebe im eigentlichen Sinne hat wenig mit einer zügellosen Lebensführung zu tun, wie es heutzutage überall propagiert wird, im Gegenteil, sie erfordert Verantwortung und aufopfernde Selbsthingabe.

Im vorliegenden Text wird der Versuch gemacht, das Wesen der ehelichen Liebe nach Karol Wojtyła/ Johannes Paul II. zu erläutern und als einen lebbaren Weg aus der Krise der sexuellen Revolution heraus aufzuzeigen.

Liebe im authentischen Sinn bedarf der Freiheit der Person in einer besonderen Weise: Freiheit zur Hingabe an den Anderen. So verstanden ist die Liebe für die heutige Jugend unbegreiflich, da sie mit einem Begriff von Freiheit aufgewachsen ist, der die Befriedigung der Bedürfnisse des Einzelnen als absolut für ein gelungenes Leben setzt. Liebe verlangt jedoch danach, das Gut des Anderen zu erkennen und zu wollen und seine eigenen Bedürfnisse auch zurücksetzen zu können für das Wohl des Anderen und der Gemeinschaft.

Es lohnt sich durchaus, mit Johannes Paul II. den Blickwinkel zu ändern. Anstatt das Hauptaugenmerk auf die Frau als scheinbar vollkommen autarkes Ich mit schier unendlichen Möglichkeiten der Selbstverwirklichung und -veränderung zu legen, bietet sich der liebende Blick weg vom *Ich* auf das *Du*, zu dem es sich in Beziehung zu setzen gilt, wie es von Gott von Anfang an gewollt ist. Die *Theologie des Leibes* bietet uns diesen befreienden Blick auf die Liebe.

I. Geschichtlicher Abriss der Frauendebatte

Wenn man sich heute mit dem Thema der ehelichen Liebe beschäftigen möchte, findet sich kein Weg am neu errungenen und hart umkämpften Rollenbild der Frau vorbei. Die Frau, der Inbegriff von Liebe, vor allem mütterlicher Liebe, durchlebte in wenigen Jahrzehnten einen so extremen Wandel, dass nicht nur das Weibliche in seinen Grundfesten erschüttert, sondern auch diese wunderbare Eigenschaft der Frau in ihrer Bedeutung stark in Frage gestellt wurde.

Wie Hanna-Barbara Gerl-Falkovitz so treffend sagt, begibt man sich bei der Debatte um das Wesen des Weiblichen auf ein wahres „Minenfeld".⁴ Für diesen Beitrag scheint es jedoch wichtig und durchaus bereichernd, sich diesem Schlachtfeld zuzuwenden, um die Evolution der Sichtweisen über das Wesen der Frau und des Weiblichen zu erforschen. Man erkennt anhand der Ereignisse des letzten Jahrhunderts unschwer die Not, in der sich ein Großteil der Frauen befand, oder auch die heutige Schwierigkeit, eine zufriedenstellende Lösung zu finden, einen Ausweg, der die Frauen in ein glücklicheres und erfüllteres Leben führen soll. Andererseits wird auch deutlich, dass ein großes Thema des Feminismus von damals, i. e. die Spannung zwischen Eigenständigkeit der Frau und ihrer Abhängigkeit von Mann und Kindern, weiterhin aktuell ist.

Die oft schmerzhaften Erfahrungen der Frauen aufgrund ihres begrenzten gesellschaftlichen Lebens und ihrer stark eingeschränkten Selbstbestimmung gaben den Ausschlag für die Entstehung der ersten Frauenbewegung. Es entstand die Notwendigkeit, das Wesen und den Wert des Weiblichen zu überdenken, um neue Konzepte des Frauseins in Familie und Gesellschaft zu finden. Das feministische Frauenbild war interessanterweise von Anfang an nicht einheitlich formuliert. Die Pluralität an Ideen hat über die Jahrzehnte sogar noch stark zugenommen. Daher ist es notwendig, sich auf einige Ansätze des Feminismus zu konzentrieren.⁵

Ausgehend von einem verständlichen Streben nach Gleichberechtigung und Anerkennung der Frau zielten die verschiedenen Frauenbewegungen auf eine Definition des Weiblichen hin, die den wahren Wert der Frau, der von der Gesellschaft bis zu diesem Zeitpunkt nicht ausreichend gewürdigt und definiert wurde, in den Vordergrund rücken sollte. Was bedeutet es eigentlich Frau zu sein und worauf begründet sich der Wert der Frau? Ist Frausein rein biologisch durch den Leib begründet oder vielleicht doch nur eine Rolle, die man spielt und wieder ablegen kann, wie eine Maske, die man nach Belieben wechselt?

Ist eine Frau nur dann wertvoll, wenn sie auch Mutter ist und durch das Gebären und Erziehen der Kinder den Fortbestand der

---

4   HANNA-BARBARA GERL-FALKOVITZ, *Frau-Männin-Menschin. Zwischen Feminismus und Gender*, Kevelaer, 2016, 9. (Im Folgenden abgekürzt mit Autorin, *Frau-Männin-Menschin*, Seitenzahl).
5   Vgl. KATHARINA WESTERHORSTMANN, *Selbstverwirklichung und Pro-Existenz, Frausein in Arbeit und Beruf bei Edith Stein*. Paderborner Theologische Studien. Band 43, Paderborn, 2004, 88. (Im Folgenden abgekürzt mit Autorin, *Selbstverwirklichung und Pro-Existenz*, Seitenzahl).

Gesellschaft sichert? Oder weil sie an der Seite des Mannes für dessen Wohlbefinden sorgt und auch dadurch wiederum ermöglicht, dass die Gesellschaft, die von Männern geprägt und geleitet wird, weiter besteht? Diese Themen sind grundlegend für das Verständnis von Mann und Frau und der gelebten Liebe und Sexualität in der Ehe. Was macht das Wesen der Frau und des Mannes aus, wie wird Liebe zwischen Mann und Frau ausgedrückt und wie kann sie erfüllt leben?

Würden diese oben angesprochenen Beispiele das Wesentliche aufzeichnen, was an einer Frau wertvoll ist, könnte man mit Recht sagen, dass es sich hier ja gar nicht um einen eigenständigen Wert handelt, sondern um einen „geborgten", der ja nur durch ein Abhängigkeits-Verhältnis vom Mann erreicht werden kann. Sicherlich will kein Mensch so gesehen werden, als ein „Anhängsel", als jemand, der dem anderen Geschlecht bloß angehört und nicht eigenständig existieren darf. Diese veralteten Vorstellungen sind in der westlichen Welt heutzutage weitgehend überholt. Eine der Pionierinnen der Frauenfrage löste genau mit diesen Fragen vor über einem halben Jahrhundert einen wahren Sturm der Euphorie und der Empörung aus, als sie es wagte, die Unterdrückung der Frau methodisch aufzuarbeiten und als reines Konstrukt der Gesellschaft zu entlarven.

1. Das Frauenbild bei Simone de Beauvoir

Die französische Philosophin und Schriftstellerin Simone de Beauvoir skizzierte in ihrer bahnbrechenden 700-seitigen wissenschaftlichen Veröffentlichung „*Das andere Geschlecht. Sitte und Sexus der Frau.*" (1949) sehr treffend und mutig, wenn auch etwas überspitzt, das vorherrschende Rollenbild der Frau, das es zu überwinden galt. Das Buch, in dem der Einfluss des französischen Existenzphilosophen Jean-Paul Sartre unverkennbar ist, erschien vorerst in französischer Sprache und wurde 1951 aufgrund der deutschen Übersetzung für die Frauenbewegung in Deutschland relevant. Es dauerte jedoch noch einige weitere Jahre, bis diese Ideen rezensiert und beachtet wurden.[6]

Die kulturelle Revolution der 1968er war das ausschlaggebende Ereignis, das die gängigen Vorstellungen von der Rollenverteilung in

---

6 Vgl. WESTERHORSTMANN, *Selbstverwirklichung und Pro-Existenz*, 90f.

der Gesellschaft und damit auch das Frauenbild lautstark in Frage stellte. Anfang der Siebziger Jahre begann sich die Frauenbewegung in Deutschland zu formen. Sie wählte das Buch de Beauvoirs als Grundlage für ihr Programm, das eine ganze Generation von Frauen beeinflussen sollte. Das Werk gilt auch heute noch als eine der meistverkauften Schriften des Feminismus.[7]

Das Hauptwerk de Beauvoirs ist eine philosophische Abhandlung, die einerseits die biologisch-naturhaften Anlagen der Frau und andererseits die sozial ausgeprägte Rolle der Frau beleuchtet. Laut der französischen Philosophin wurde die Frau bisher angesehen als jemand, der primär durch den Besitz einer Gebärmutter gekennzeichnet ist. Dieser enge Blick auf das weibliche Geschlecht führte zu einem stark verkürztem Frauenbild, das es zu ändern galt.[8] Simone de Beauvoir wurde als couragierte Denkerin, die ihre Lebensweise zusammen mit ihrem Partner Jean-Paul Sartre bewusst gegen die vorherrschenden Normen stellte und dadurch stark polarisierte, weltweit berühmt.

Es sei kurz angemerkt, dass in der heutigen genderfluiden Denkungsart die Gebärmutter nicht mehr exklusiv der Frau zugedacht, sondern vielmehr für alle „Geschlechter" offen sein soll. Der Gegensatz von Mann und Frau soll aufgehoben und überwunden werden, im Sinne der Freiheit eines Menschen, der sich ohne Grenzen definieren darf. Bei der damaligen Sichtweise lag der Schwerpunkt noch auf der unumstrittenen biologischen Natur der Frau und ihrer sozialen Rolle (als Gegensatz zu der des Mannes), auf jenem exklusiven Aspekt, der durch das potenzielle Gebären von Kindern gekennzeichnet ist.

Erfolgreiches Frausein bestand vor hundert Jahren darin, diese aufgezwungene Reduktion des Weiblichen auf die Mutterschaft zu akzeptieren und zu leben, ohne sie zu hinterfragen. Diese einseitige Sicht hatte zur Folge, dass nicht allein das Bild vom Frausein, sondern auch die Stellung der Frau in der Gesellschaft hauptsächlich auf eine Funktion als Mutter und Ehefrau eingeschränkt wurde und für viele untragbar war.

---

7   Es existierte zu dieser Zeit bereits eine Frauenbewegung, die jedoch durch den Nationalsozialismus in die Brüche ging. Siehe dazu KATHARINA WESTERHORSTMANN, *Selbstverwirklichung und Pro-Existenz*, Fußnote 286.
8   Vgl. SIMONE DE BEAUVOIR, *Das andere Geschlecht. Sitte und Sexus der Frau*, Hamburg, 1951, 23. (Im Folgenden abgekürzt mit Autorin, *Das andere Geschlecht*, Seitenzahl).

Die Frau musste dieser Rolle wohl oder übel gerecht werden, sie befand sich in einer Situation, die ihr aufgrund ihrer biologischen Beschaffenheit von der Gesellschaft auferlegt wurde und die sie zu meistern hatte, ungeachtet der eigenen Wünsche und Vorstellungen. So gesehen war Mutterschaft laut Beauvoir nichts als Sklaverei und Unterdrückung und musste als patriarchalisches Konstrukt in Frage gestellt werden.[9]

2. Frausein als *Versklavung* und *Erfindung*

Simone de Beauvoir sieht die Frau in ihrem Zusammenleben mit dem Mann durch zwei wesentliche Aspekte so stark bedroht, dass sie sogar ihre Eigenständigkeit als Mensch verliert. Sie differenziert zwischen dem Wesen der Frau aufgrund der *natürlichen Anlagen* und der daraus entstehenden *gesellschaftlichen Stellung* der Frau. Beide Aspekte werden von ihr als *Versklavung* angesehen, die ihre Ursache im Mann hat. Der Mann objektiviert die Frau für seine Zwecke, sie wird zum Mittel und verliert ihre Eigenständigkeit. So betrachtet wird die Frau als Vertreterin des weiblichen Geschlechts ein bloßes Objekt und ein Besitz, im krassen Gegensatz zum Mann, der das einzig freie Subjekt ist.

Die rechtliche Situation von Frauen war über viele Jahrhunderte ebenfalls bezeichnend für ihre fehlende Entscheidungsfreiheit. Der Mann als Vorstand des Patriarchats (als Vorstand einer *Vaterkultur*)[10] galt als eigenständiges Rechtssubjekt, die Frau hingegen als Rechtsobjekt, das nicht selbst entscheiden durfte, sondern jemand, über den entschieden wurde. In diesem System waren Frauen keine eigenständigen Rechtsträger, sie wurden vom Mann vertreten und verwaltet. Die alteuropäischen Rechte wurden ebenfalls von Männern für Männer verfasst. Aufgrund dieses Rechtsanspruches besaß der Mann auch seine Frau, seine Kinder, den Hof, die Tiere etc. Diese privilegierte Position des gesellschaftlichen Lebens, die den Frauen verwehrt blieb, brachte für den Mann allerdings auch Pflichten mit sich, wie etwa die Sorgepflicht und Schutzpflicht für die Familie und den Besitz. Der

---

9   Vgl. DAGMAR BUCHTA, *Mutterschaft ist heute eine wahre Sklaverei*, in *Der Standard*, 6. Jänner 2013, 18:00.
10 Vgl. GERL-FALKOWITZ, *Frau-Männin-Menschin*, 69.

Mann war verantwortlich für das Wohl der Frau und jener Personen, die im gemeinsamen Haushalt lebten. Sie stellten für den Mann ein Besitzobjekt dar, über das er zu verfügen hatte.[11]

De Beauvoir geht in ihrer Kritik noch einen Schritt weiter, indem sie die Weiblichkeit, wie sie damals wahrgenommen wurde, als eine bloße *Erfindung* des Mannes darstellt und dadurch der Frau jegliche Eigenständigkeit abspricht. Der Mann ist das eigentliche Geschlecht, von dem das Weibliche nach seinen Vorstellungen abgeleitet wird. Ohne Mann keine Frau.

> „Die Frau hat demnach kein eigenes Wesen, sie ist vielmehr durch die negative Abgrenzung vom Mann konstruiert: Sie ist alles, was er nicht ist und was er haben will."[12]

Und weiter mit Worten Beauvoirs: „Der Mann weiß, dass die Frau zur Befriedigung seiner Wünsche, zur Fortdauer seiner Existenz unentbehrlich ist."[13] Diese *geborgte* Existenz der Frau vom Mann weitet sich in der Folge auch auf die Entscheidungsfähigkeit der Frau aus, da die zu erstrebenden Lebensziele und Werte denen des Mannes untergeordnet waren.

3. Das Menschenbild bei Jean-Paul Sartre und Simone de Beauvoir

Beauvoirs Sicht der Frau ist die Konsequenz ihres philosophischen Menschenbildes, auf das hier kurz eingegangen wird.

Die moderne existenzielle Philosophie, deren berühmtester französischer Vertreter der Lebenspartner von de Beauvoir, Jean-Paul Sartre war, stellte die Frage nach der Existenz des Menschen in den Vordergrund. Wie existiere ich, wie werde ich zu dem, was ich bin? Bin ich frei, mich so zu entwickeln, wie ich sein möchte oder nicht? Kann ich frei entscheiden oder bin ich fremdbestimmt? Diese Fragen zeichnen den gedanklichen Rahmen, den sich Sartre für seine philosophischen und literarischen Werke gesteckt hat.

Sartre hatte durch das neuerliche Aufrollen philosophischer Konzepte wie Existenz und Freiheit den Nerv der Gesellschaft ge-

---

11 Vgl. GERL-FALKOWITZ, *Frau-Männin-Menschin*, 69–70.
12 WESTERHORSTMANN, *Selbstverwirklichung und Pro-Existenz*, 91.
13 BEAUVOIR, *Das andere Geschlecht*, 106f.

troffen, die in den Nachkriegsjahren vor dem Nichts stand und den Sinn des Lebens neu überdenken musste. Die Existenz, das Dasein des Menschen, ist laut Sartre etwas Leeres, ein *Nichts*.[14] Der Mensch hat demzufolge die Aufgabe, sich in absoluter Freiheit durch seine Handlungen aus dem *Nichts* neu zu formen und zu definieren.

Die absolute Freiheit, wie sie von Sartre gedacht ist, birgt jedoch eine große Gefahr in sich: Der Mensch muss sich ständig durch seine Handlungen definieren, um nicht wieder ins Nichts zurückzufallen. Dies führt zu dem hohen Anspruch an den Menschen, dem Nichts zu entfliehen und sich ununterbrochen neu gestalten zu müssen. Sartre postuliert hier einen radikalen Freiheitsanspruch, der stark im Gegensatz zur klassischen Philosophie steht und zu einer Form des Nihilismus führen muss. Der Mensch ist gleichsam zur *Freiheit verurteilt*.[15]

Wenn man nun davon ausgeht – wie es Beauvoir und Sartre taten –, dass das Wesen und die Aufgaben von Mann und Frau *nicht* von Natur aus vorgegeben sind und der Mensch sich erst durch das Handeln definiert, können das Geschlecht und die gesellschaftliche Rolle folglich erst durch menschliche Handlungen gesetzt werden. Jeder Mensch könnte somit für sich selbst, unabhängig von Tradition, Gesellschaft oder Religion, sein Wesen und seine Aufgaben neu erfinden. Selbstbestimmung durch totale Freiheit scheint nun endlich möglich zu sein.

Beauvoir setzt in ihrem Lösungsansatz auf ein Abwenden von der Auffassung, dass die Frau ein biologisch definiertes Wesen sei. Sie wendet sich der These zu, dass die Frau nicht als Frau geboren wird, sondern erst zur Frau *werden muss*.[16] Hier wird von Beauvoir der erste Schritt zur Freiheit der Frau dadurch ermöglicht, dass die natürliche und biologische Natur gedanklich weitgehend eliminiert wird. Der zweite gedankliche Schritt Beauvoirs zur Freiheit der Frau ist die Fokussierung auf die Frau als Subjekt und Urheberin ihrer Handlungen in einer totalen Offenheit bezüglich ihrer zukünftigen Lebensweisen.

---

14 Vgl. HANS-JOACHIM STÖRIG, *Kleine Weltgeschichte der Philosophie. Erweiterte Neuausgabe*, Frankfurt am Main, 1992, 607.
15 Vgl. HANS-JOACHIM STÖRIG, *Kleine Weltgeschichte der Philosophie. Erweiterte Neuausgabe*, Frankfurt am Main, 1992, 607.
16 Vgl. WESTERHORSTMANN, *Selbstverwirklichung und Proexistenz*, 89.

Nur durch eine ständige Überschreitung der vorgegebenen Grenzen kann sich die Frau verwirklichen und wesenhaft zur Frau werden.

Um diese Verwandlung im konkreten Leben zu ermöglichen, gilt es für die Vertreter des weiblichen Geschlechts sich der Fremdbestimmung bewusst zu werden. Erst die Erkenntnis öffnet das Tor, um die Vorgaben der Gesellschaft in Eigenbestimmung zu übertreten, i. e. seinen Zustand *transzendieren* zu können.

Die Frauenbewegungen hatten trotz ihrer verschiedenen zeitlichen Phasen und unterschiedlichen Ziele (Wahlrecht, Zugang zu den Universitäten, Recht auf Verhütung und Abtreibung etc.) dennoch einen wichtigen Ausgangspunkt gemeinsam, i. e. die Tatsache, dass die Frau aufgrund der verwehrten Selbstbestimmung in ihrer gelebten Erfahrung und Rolle als Frau unterdrückt und unglücklich war. Dieser Zustand, der sich durch das patriarchalische System so lange gehalten hatte, war untragbar geworden und es wurde klar, dass Frauen befreit werden mussten.

Dies war unumstritten auch eines der Hauptanliegen von Simone de Beauvoir. Die biologische Beschaffenheit der Frau (i. e. Kinder zu gebären) sollte nicht dazu ausgenutzt werden, die Frau in ihrer Mutterschaft einzufangen, sie ihrer Freiheit und Entwicklung zu berauben. Die Frau sollte selbst über ihr Leben bestimmen können, unabhängig von den Zielsetzungen einer Gesellschaft, die primär durch die Wünsche des Mannes definiert wurden.[17]

Wie man sieht, zeichnete sich bei Beauvoir schon damals eine gewisse Leibfeindlichkeit ab, die in der logischen Konsequenz die Geschlechterkonstruktion von heute darstellt.

II. Immanenz versus Transzendenz

Wie schon im 2. Kapitel kurz aufgezeigt wurde, war das Erlangen der Freiheit, ein Sich-Loslösen von der totalen Abhängigkeit vom Mann, ein wichtiges Anliegen im Streben nach Anerkennung der Frau im ersten Teil des 20. Jahrhunderts. Diese Unabhängigkeit sollte es den

---

17 Vgl. BEAUVOIR, *Das andere Geschlecht*, Einführung, 8f.

Frauen ermöglichen, sich zu entfalten, ihre weibliche Existenz nach eigenen Vorstellungen zu gestalten mit dem Ziel, ein erfüllteres Dasein, das selbstbestimmt war, zu leben.

1. Der Zustand der Immanenz bei Beauvoir

Beauvoir beschreibt die Abhängigkeit der Frau als einen Zustand der *Immanenz*, der nur dadurch verändert werden kann, dass die Frau ihren Zustand erkennt und die Möglichkeit erhält, ihn zu verändern, i. e. der Immanenz zu entfliehen: „Jedes Subjekt setzt sich konkret durch Entwürfe hindurch als eine *Transzendenz*; es erfüllt seine Freiheit nur in einem unaufhörlichen Übersteigen zu anderen Freiheiten."[18]

Jeder Mensch kann durch die freien Handlungen, die er setzt, aus sich herausgehen. Das Gegenteil davon ist das In-sich-Zurückfallen des Subjekts, das Verhaftet-Sein in einer Existenz. Um nochmals mit den Worten Beauvoirs zu sprechen: „Jedes Mal, wenn die Transzendenz in Immanenz verfällt, findet ein Absturz der Existenz in ein Ansichsein statt."[19]

In einer Welt, die über Jahrtausende durch die Entscheidungen des Mannes geformt wurde, ist es laut Beauvoir Aufgabe der Frau, sich dem Zustand der patriarchalischen Dominanz zu stellen und ihn zu ändern. Diese Umgestaltung ist, wie bereits erwähnt, durch autonomes Handeln der Frau in Form eines Mitgestaltens der Welt möglich. Handeln setzt allerdings die Kenntnis darüber voraus, welche Ziele erreicht werden sollen.

Auf dem weiblichen Geschlecht lastet nun plötzlich durch das Erlangen der Freiheit die Verantwortung selbstbestimmten Handelns. Grundlegende Fragen über den Sinn des Lebens, das zu erreichende Glück, welches den Frauen so lange verwehrt wurde, müssen jetzt gestellt und sinnvoll beantwortet werden. Kann denn ein Individuum, das gewohnt war, fast ausschließlich in Abhängigkeit des Denkens und Handelns zu leben, plötzlich frei handeln und denken? „Wie kann man die Unabhängigkeit inmitten der Abhängigkeit wiederfinden?"[20] Beauvoir schließt die Einleitung zu ihrem Werk über das

---

18 BEAUVOIR, *Das andere Geschlecht*, 21.
19 BEAUVOIR, *Das andere Geschlecht*, 21.
20 BEAUVOIR, *Das andere Geschlecht*, 21.

andere Geschlecht mit diesen und ähnlichen fundamentalen Fragen über die Freiheit ab.

2. Transzendenz durch Entfremdung

Wie kann eine Frau in ihrem hart errungenen, selbstbestimmten Leben glücklich werden? Reicht es für ein erfülltes Leben denn wirklich aus, dem Mann gleichgestellt (im Sinne von gleichen Rechten und Möglichkeiten) zu sein und auf diese Weise der traditionellen Rolle der Frau zu entfliehen? Bedeutet Rechte zu besitzen, die früher nur für den Mann bestimmt waren, automatisch die erhoffte Freiheit für ein besseres gesellschaftliches Leben? Die hohe Anzahl an Scheidungen, die vielen alleinerziehenden Mütter, die weit verbreitete Praxis von Abtreibungen zeigen ein anderes Bild. Wie ist es möglich, dass die stark propagierte sexuelle Revolution, die den Frauen durch Verhütung und Recht auf Abtreibung das ersehnte Glück auf Erden versprach, nicht den erhofften Erfolg vorweisen kann? Wieso hat mehr Eigenständigkeit und Selbstbestimmung den Frauen nicht automatisch ein glücklicheres Leben beschieden?

Das Gesellschaftsleben der letzten hundert Jahre hat uns eine Vielfalt von Lebensmodellen beschert und gezeigt, wie das Freiheitsstreben der Frau umgesetzt wurde. Offene Partnerschaften innerhalb und außerhalb der Ehe, Ehen auf Zeit, gleichgeschlechtliche Partnerschaften oder lebenslanges Single-Dasein finden volle Akzeptanz in der westlichen Welt. Ein Beziehungs-Sammelsurium ausgehend vom Feminismus, das in neuerer Zeit durch die Wahl einer Vielfalt von Geschlechtern (auch auf Zeit) erweitert wurde. Nicht zu vergessen ist die damit Hand in Hand gehende Reproduktionsmedizin. Der Feminismus ist im Transhumanismus angekommen.

Die maßgeblichen Schritte zur Erreichung höherer Eigenständigkeit und Selbstverantwortung in der feministischen Bewegung beziehen sich auf eine gewisse Form der Freiheit, der Freiheit „von" etwas bzw. jemandem und einer bestimmten sozialen Rolle. Je mehr man sich vom Ehemann und seinen Vorstellungen, den Kindern und dem Haushalt, der Gesellschaft und ihren konventionellen Formen abwendet, desto autonomer handelt man.

Dabei handelt es sich ursprünglich um eine sehr einseitige Sicht von Freiheit, der Freiheit *von* etwas. Der Mensch ist in seinen Handlungen auch frei *für* etwas und es scheint, dass jene Ziele, die von Frauen gewählt wurden und auch weiterhin von der Gesellschaft gefeiert werden, nicht zwingend mehr Glück und Anerkennung mit sich gebracht haben, ja im Gegenteil, eigentlich eine Nivellierung und Entwertung des Weiblichen.

Die Fragen, die sich hier aufdrängen, sind also damit beschäftigt zu klären, *wohin* sich die Frau transzendieren soll, um sich verwirklichen zu können. Reines Transzendieren ist keine Garantie für ein geglücktes und würdevolles Leben.

Zu glauben, dass freies Handeln sich dadurch auszeichnet, dass es ein Handeln ist, dem keine Grenzen gesetzt sind und frei von jeglicher Verantwortung dem Anderen gegenüber, ist widersinnig und naiv. Der Mensch als soziales Wesen ist immer in eine Gesellschaft mit anderen Individuen eingegliedert und erlebt dadurch automatisch Grenzen seiner Freiheit. Meine Freiheit endet, wo die Freiheit des Anderen beginnt.

Wie schon erläutert, entfaltet sich der Begriff der Freiheit bei Beauvoir im Spannungsfeld von Immanenz und Transzendenz. Je mehr die Frau in der Lage ist, sich selbst zu bestimmen, desto mehr Freiheit und Erfüllung sollte ihr zuteilwerden. Der Prozess der Transzendenz geht auf Kosten des Mannes, der der Grund für die unerwünschte Existenz in der Immanenz ist.

Paradoxerweise wird gerade in der heutigen, aufgeklärten und freien westlichen Gesellschaft eine würdevolle Selbstbestimmung der Frau im Bereich der Sexualität komplett verkannt. Das Wichtigste bei der Ausübung des Sexualaktes scheint zu sein, sicher zu gehen, dass kein unerwünschtes Kind gezeugt wird, oder dass man sich nicht mit einer Krankheit ansteckt. Es herrscht ein Klima der Selbstbestimmung der Frau, das sich auf die freie, spontane Ausübung der Sexualität und Entfremdung von langfristigen Bindungen zu fixieren scheint, unabhängig davon ob dieses Verhalten die Frau in ihrer Weiblichkeit und Würde schützt. G. K Chesterton erkannte schon vor über einem Jahrhundert sehr scharfsinnig, dass die meisten Feministen sich dadurch auszeichnen, dass sie alles Weibliche verabscheuen. Durch den Versuch, männliches Verhalten nachzuahmen, verliert die Frau für den Mann an Charme und Attraktivität. Die *Unisex Mentalität* führt sodann dazu, dass Männer ihr galantes Benehmen Frauen gegenüber immer mehr vernachlässigen.[21]

Livio Melina versuchte schon vor Jahren dieses Phänomen der radikalen Autonomie im Bereich der Sexualität und dessen Auswirkungen auf das Verständnis von Liebe sowie Familie als Ort, an dem Liebe gelebt wird, in einer säkularen Gesellschaft zu analysieren. Er kam zu dem Schluss, dass die

> „Entscheidungsfreiheit des Individuums im Bereich der Sexualität, der Fortpflanzung und des Lebens ... als etwas Absolutes postuliert (wird) ... zum Faktor des Abbaus der natürlichen und traditionellen Formen der Beziehung in der Familie ... Gemeinschaft und in der Gesellschaft (wird)."[22]

Die Konsequenz dieser Sicht von Freiheit sehen wir schon seit vielen Jahren in der Politik umgesetzt. Jede Art von sexueller Partnerschaft sowie verschiedenste medizinische Reproduktionstechniken werden als Rechte der Person eingefordert, ebenso Abtreibung, unabhängig von den Folgen für die Würde des Menschen, für die Familie oder die Zukunft der Gesellschaft.[23]

3. Das Verständnis von Frau in *Humanae vitae*

Die Auffassung, dass die Kirche die Würde der Frau aufgrund ihres patriarchalischen Systems nicht achtet, besteht nicht zu Recht, wie man anhand der relevanten kirchlichen Texte des 20. Jahrhunderts und der *Theologie des Leibes* von Johannes Paul II. erkennen kann. Der umstrittene Text des Lehrschreibens *Humanae vitae* zeigt unmissverständlich auf, dass die Würde und der Schutz der Frau in ihrer gelebten Sexualität eines der großen Anliegen bei der Debatte um die Empfängnisverhütung war. Die in der Enzyklika formulierten (für den Laien nicht immer leicht verständlichen) prophetischen Befürch-

---

21   Vgl. GILBERT KEITH CHESTERTON, *What's Wrong with the World*, New York, 1912, 223, in ALICE VON HILDEBRAND, *Man and Woman. A Divine Invention*, Ave Maria, 2010, 20–21.
22   MELINA, *Liebe auf katholisch*, 24.
23   Vgl. MELINA, *Liebe auf katholisch*, 24–26.

tungen bezüglich einer allgemeinen Aufweichung der Moral in der Ehe und die damit verbundene Zunahme der Untreue der Ehepartner haben sich bedauerlicherweise bewahrheitet.[24]

Die Vermarktung der kontrazeptiven Pille in den 1960er Jahren half der Frauenbewegung schlagartig, ihre Forderungen nach mehr Freiheit für Frauen durchzusetzen. Das vermeintliche Tor zur Freiheit, das sich damit öffnen sollte, war die lang ersehnte Unabhängigkeit von Mann, Heim und Kindern. Die Gebundenheit der Frau an die Fortpflanzung konnte vom sexuellen Akt abgekoppelt werden und in weiterer Folge, wie die letzten Jahrzehnte gezeigt haben, auch vom Mann. Falls die Verhütung versagte, schritt man zur Abtreibung. Die große Hoffnung von Beauvoir, sich von den aufgezwungenen Bindungen der Gesellschaft, der Bindung an den Mann und an das Kind, loszulösen, war durch den medizinischen Fortschritt realisierbar und leicht umsetzbar geworden.

Die einzig richtige Schlussfolgerung, die Paul VI. in *Humanae vitae* bezüglich der Weitergabe menschlichen Lebens zog, wurde daher als eine große Enttäuschung gesehen, als einen Affront gegen die Selbstbestimmung der Frauen. Die Verwendung künstlicher Verhütung wurde von der offiziellen Kirche weiterhin verworfen und als eine Praxis angesehen, die dem Wert der Person sowie der Ausübung der Sexualität nicht entspricht.[25] Dass diese Erkenntnis auf anthropologischen Grundlagen des Lehrschreibens beruht, die die ethischen Forderungen erst verständlich machten, wurde von vielen weder erkannt noch beachtet.

Das Lehrschreiben *Humanae vitae* erörterte nicht nur die Anwendung eines technischen Mittels, sondern zeigte die wichtige Dimension der moralischen Verantwortung von menschlichen Handlungen auf, im speziellen von Mann und Frau in der ehelichen Vereinigung. Die technische Komponente stellte nur eine Ebene der Diskussion dar und wurde durch die wichtige anthropologische und ethische Dimension erweitert. Durch dieses Schreiben wurde klar, dass der Mensch

---

24 Vgl. PAUL VI., *Enzyklika Humanae vitae. Über die rechte Ordnung der Weitergabe menschlichen Lebens*, Rom, 1968, 17. (Im Folgenden abgekürzt mit Autor, *Humanae vitae*, Paragraphennummer).

25 Für eine detaillierte Analyse der Naturrechtsdebatte, die durch die Veröffentlichung von *Humanae vitae* ausgelöst wurde, kann hier auf JANET E. SMITH, *Humanae vitae. A Generation Later*, Washington D.C, 1991, verwiesen werden.

und der Sinn der Sexualität nicht allein durch den medizinischen Fortschritt in der Verhütung erklärt werden können. Papst Paul VI. vertrat eine ganzheitliche Vision des Menschen in der Tradition der Kirche und des II. Vatikanischen Konzils, die durch den enormen Fortschritt der Technik und dem Wunsch der Menschheit nach totaler Beherrschung der Natur immer stärker gefährdet war.

Leider wurde das große Anliegen um das Wohl der Frau, wie es von Paul VI. formuliert wurde, von vielen nicht verstanden, auch innerhalb kirchlicher Kreise. Papst Paul VI. erkannte sehr genau, dass die Stellung der Frau durch die dauerhafte Manipulation ihres natürlichen Zyklus stark gefährdet sein würde.

> „Man kann die Befürchtung haben, daß der Mann, wenn er sich an die Anwendung empfängnisverhütender Mittel gewöhnt, damit endet, daß er die Achtung vor der Frau verliert und, ohne sich weiter um ihr physisches und psychologisches Gleichgewicht Sorge zu machen, dahin verirrt, sie einfach als Werkzeug selbstsüchtiger Befriedigung und nicht mehr als Gefährtin zu betrachten, der er Achtung und Liebe schuldet."[26]

Dieses Zitat zeigt sehr schön, dass es das Anliegen der Kirche war, die Frau im Bereich dieser intimsten Handlung zweier Menschen, im Vollzug des sexuellen Aktes, vor der Willkür des Mannes zu schützen. Paul VI. sah als einer der wenigen, wie künstliche Empfängnisverhütung die Frau zum Objekt der willkürlichen Handlungen des Mannes machen kann. Er führt in seinen Überlegungen ganz richtig aus, dass der Ehefrau nicht gedient ist, wenn der Blick auf „ihr körperliches Wohl und seelisches Gleichgewicht" wegfällt.[27] Die Eheleute laufen durch die Verwendung von Kontrazeptiva Gefahr, sich zu sehr auf die körperliche Lust zu konzentrieren, anstatt den gesamten Menschen in seiner jeweiligen Lebenssituation zu betrachten. Da die Sexualität eine so starke Kraft ausübt und man dadurch leicht überwältigt wird, kann es dadurch viel schwieriger sein, die Achtung voreinander in der Sexualität wahren zu können.

Ein weiterer wichtiger Punkt der ehelichen Beziehung ist die Verantwortung für die Weitergabe des Lebens. Auch hier gilt es eine

---

26 PAUL VI., *Humanae vitae*, 17.
27 PAUL VI., *Humanae vitae*, 17.

integrale Vision des Menschen zu behalten. Diese Vision umfasst die personale Gemeinschaft der Ehe, i. e. die würdevoll gelebte Liebe zwischen Mann und Frau einerseits, und die Würde des ungeborenen Kindes andererseits.[28]

Paul VI. zieht den Schluss, dass die wahre und würdevolle Verhaltensweise für den Menschen weiterhin in der Ausübung der Selbstbeherrschung liegen muss, mit Rücksicht auf den natürlichen Zyklus der Frau.[29] Die Kirche, die sich als Hüterin der Wahrheit sieht, muss in ihrer Verkündigung den Wert der ehelichen Partnerschaft, und damit verbunden die Weitergabe menschlichen Lebens, klar verteidigen. Die Frau darf nicht unter dem Deckmantel der sexuellen Befreiung oder ähnlicher Ideologien zu einer schutzlosen und ausgenutzten Partnerin werden.

Die dauerhafte Ausschaltung des natürlichen Zyklus der Frau hat Konsequenzen für die Achtung der Frau und das Wesen der Liebe auch in der Ehe.

Dietrich von Hildebrand (1889–1977), deutscher Philosoph und Vertreter der realistischen Phänomenologie, war ein Verfechter der kirchlichen Lehre von *Humanae vitae* und erkannte in seiner philosophisch-theologischen Veröffentlichung über die Ehe von 1929 schon die Gefahr des *biologischen Materialismus*. Er argumentierte, dass das Menschenbild immer mehr Gefahr läuft, der geistigen Fähigkeiten beraubt zu werden. Der Mensch wird auf ein höher entwickeltes Tier reduziert, dessen Persönlichkeit nur mehr durch eine Ausprägung verschiedener physiologischer Elemente gekennzeichnet ist. Eine Folge dieser Reduktion vom Wesen des Menschen auf das rein Körperliche ist schließlich die Degradierung der menschlichen Sexualität auf ein bloßes Ausleben von Instinkten. Die geistige Dimension der Liebe wird somit für den Menschen nicht mehr verständlich und in weiterer Konsequenz obsolet.[30]

Es ist erstaunlich, wie von Hildebrand schon Jahrzehnte vor der Verhütungsdebatte der 60er Jahre die Fehlentwicklung dieses philosophischen Menschenbildes erkannte, und somit die Gefahr für die Stellung der Frau sowie der gelebten Liebe in der Ehe, die

---

28   Vgl. KAROL WOJTYŁA/JOHANNES PAUL II., *Die anthropologische Vision der Enzyklika „Humanae Vlitae"*, in *Von der Königswürde des Menschen*, Stuttgart, 1980, 194–195.
29   Vgl. PAUL VI., *Humanae vitae*, 16.
30   Vgl. DIETRICH VON HILDEBRAND, *Marriage: The Mystery of Faithful Love*, Manchester, 1984, XXV.

von einem derartig reduzierten Personenbegriff ausgeht, ganz klar formulieren konnte.

Humanae vitae artikulierte für unser heutiges Verständnis von Beziehung eine in mancher Hinsicht verkürzte Form der emotionalen Liebe in der Partnerschaft. Dies bedeutet aber nicht, dass in dieser Enzyklika nicht trotzdem von einer erfüllten Liebe gesprochen wurde. Im Gegenteil, es wurde auf einen ebenso wichtigen Aspekt bezüglich der Zuneigung und sexuellen Anziehung in der Ehe hingewiesen, genauer gesagt, auf die Treue. Durch die künstliche Empfängnisregelung wird die Gefahr der ehelichen Untreue klarerweise größer, was unschwer zu erkennen ist:

> „[...] Man braucht nicht viel Erfahrung, um zu wissen, wie schwach der Mensch ist, und um zu begreifen, dass der Mensch [...] der gegenüber seiner Triebwelt so verwundbar ist [...] anspornender Hilfe bedarf, das Sittengesetz zu beobachten [...]"[31]

Die Veröffentlichung von *Humanae vitae* war demnach als eine zeitlose und wertvolle Hilfestellung für die Gesellschaft zur Frauenfrage gedacht, auch wenn sie von den meisten Katholiken als solche nicht verstanden und zu einem großen Teil abgelehnt wurde.

Der Text der Enzyklika, so wichtig er war, hat die personalistische Ebene der Ehe in ihrer Tiefe nicht für jedermann treffend formulieren können und auch die Sprache dieses päpstlichen Lehrschreibens war für viele zu komplex und nicht zeitgemäß. Es wurde in diesem Schreiben jedoch fast schon prophetisch erkannt, dass die Frau nun auf ein Objekt, welches vom Mann zur reinen Befriedigung seines Triebes benutzt werden konnte, reduziert werden würde, und dass auch die Möglichkeit der Untreue in der Ehe erleichtert würde. Das partnerschaftliche Band der Ehe als christliche Berufung, basierend auf kontinuierlicher Liebe und Treue der Ehegatten sowie gestärkt durch die Gnade, galt es gegen die Polemik der 68er Jahre zu verteidigen, um das Wohl der Familie und Gesellschaft zu schützen.

Es ist durchaus verständlich, dass die Kirche mit ihren patriarchalischen Strukturen als ein ständiges Feindbild der Frauenbewegung gesehen wurde und wird, da die Lehre der Kirche über die göttliche Berufung von Mann und Frau bis heute nicht richtig verstanden

---

31 PAUL VI., *Humanae vitae*, 17.

wird. Die Veröffentlichungen zum Thema der Würde und Berufung der Frau in der Welt, beginnend mit dem *II. Vatikanischem Konzil*, haben daran leider nicht viel geändert.

Karol Wojtyła war es ein großen Anliegen, die Perspektive der Person in ihrer Subjektivität und ihren Handlungen in Verbindung mit den Aussagen von *Humanae vitae* a posteriori auszulegen, da er erkannte, dass die Schönheit dieser Lehre nicht genügend vermittelt werden konnte und Großteils nicht verstanden wurde.[32] Als Wojtyła im Oktober 1978 zum Papst gewählt wurde, sollte er schließlich über mehrere Jahre die Möglichkeit bekommen, die Botschaft von Liebe und Sexualität in 130 Katechesen während seiner Mittwochsaudienzen der ganzen Welt zu überbringen.

4. Selbstbestimmung durch fehlende *Teilhabe* am Mann?

Dass die Debatte um die Freiheit und Würde der Frau die intimste Sphäre des Menschen miteinschließt und somit den Blick unausweichlich auf die Leiblichkeit der Person fokussiert, dürfte soweit klar sein. Für Simone de Beauvoir war es unumgänglich, dass die Freiheit der Frau auch ihre gelebte Sexualität umfassen muss. Sie ging in ihren Ausführungen so weit zu sagen, dass die Freiheit der Frau primär durch die Ablösung vom Mann, ihrer Abhängigkeit im sexuellen Akt, geschehen muss. Die Erfindung der künstlichen Verhütung stellt endlich die Gelegenheit des Losbindens in die ersehnte Selbstbestimmung dar.

Selbstbestimmung setzt Freiheit voraus und Beauvoirs Freiheitsbegriff ist genau genommen stark egozentrisch, er lässt keine Bindungen zu, die einzige Autorität ist das Selbst, das *Ich* der Handlungen. Komplette Kontrolle über den Körper durch technisch-medizinische Mittel ist die Grundlage für die Freiheit. Ihr Verständnis von Selbstverwirklichung ist das Ausleben von maximaler Freiheit des Individuums einerseits und die Ablösung von dauerhaften Bindungen andererseits. Wird dadurch die Frau nicht Sklavin ihrer selbst, da sie nur das Gebot der eigenen Wünsche und Begierden achtet? Verfällt sie dadurch in letzter Konsequenz nicht wieder in eine Form von Immanenz?

---

[32] Vgl. Wojtyła-Johannes Paul II., *Die anthropologische Vision der Enzyklika Humanae vitae* in *Von der Königswürde des Menschen*, Stuttgart, 1980, 179.

Ein Leben in völliger Ungebundenheit scheint doch recht utopisch. Im alltäglichen Leben, das durch das Wesen und die Gesetze der Gemeinschaft geprägt ist, ist dies gar nicht durchführbar. Es ist auch fraglich, ob eine solche Autarkie überhaupt wünschenswert ist. Der Mensch erfährt sich als soziales Wesen, er ist von Natur aus auf andere ausgerichtet und wirkt in den Lebensbereich der anderen hinein.

Menschen befinden sich in einem ständigen Wechsel von Eigenleben und Leben in der Gemeinschaft. Andere Menschen mit ihren Ideen und Vorstellungen stellen das *Fremde* dar, das, was verschieden vom *Ich* ist. Es wird als *fremd* und als ein anderes Individuum erfahren. Das Verständnis unserer eigenen Identität wird zu einem großen Teil durch diese Erfahrungen des *Anderen* in der Gemeinschaft geformt und bereichert, sie ist vom Anderen abhängig.[33]

Es stellt sich nun die Frage inwieweit das Zusammenleben mit anderen Menschen, im speziellen auch zwischen Mann und Frau, eine zu starke Einschränkung des Eigenlebens darstellt oder nicht. Ist Selbstverwirklichung innerhalb der Regeln des Zusammenlebens beider Geschlechter überhaupt möglich? Beauvoir schien zu denken, dass diese Verwirklichung in einer gelebten Beziehung nur auf Seiten des Mannes und durch die Unterwerfung der Frau möglich sei. Das Eigenleben der Frau musste zugunsten der Gemeinschaft (Mann, Kinder, Gesellschaft) geopfert werden.

Die besondere *Teilhabe* am Anderen, wie sie von Wojtyła gedacht ist, steht bei Beauvoir in einem direkten Gegensatz zur Selbstbestimmung. Sich als Frau selbst zu besitzen, schließt bei der französischen Philosophin jede Art von Teilhabe am Mann in Form einer Bindung aus.

Bei Wojtyła hingegen erfolgt die Erfahrung von Selbstbesitz gerade in besonderer Weise in der Liebe, in der Übereignung seiner selbst an den Geliebten. Wojtyła meint hier durchaus nicht, dass der Geliebte zum Eigentum des Liebenden werden soll. Im Gegenteil, kein Mensch kann oder soll von einem anderen wie ein Gebrauchsobjekt besessen werden. Genau diese grundlegend falsche Auffassung

---

33 Vgl. Karol Wojtyła, *Teilhabe oder Entfremdung?* in *Wer ist der Mensch? Skizzen zur Anthropologie.* Eingeleitet und übersetzt von Hanns-Gregor Nissing, München, 2011, 92f. (Im Folgenden abgekürzt mit Autor, *Wer ist der Mensch*, Seitenzahl).

des Anderen als *Eigentum* war bekannterweise die Quelle des Leids der Frauen in der Geschichte, wie anfangs erläutert.

Wojtyła sieht sich in dieser Frage ganz in der klassischen Tradition der Philosophie verhaftet, die den Personenbegriff unter anderem mit dem Ausdruck der *Unübertragbarkeit* definiert. Eine Person ist wesenhaft *sui iuris*, Herrin über sich selbst und kann als Person nie verschwinden. Ich bin immer ich selbst und kein anderer. In „Liebe und Verantwortung" führt er aus:

> „[...], dass die Person aufgrund ihrer eigenen Natur stets unübertragbar ist – *alteri incommunicabilis*... Die Person als solche kann nicht das Eigentum von jemanden anderen sein, als ob sie eine Sache wäre."[34]

Das Personsein befindet sich auf einer Ebene, die das Gebrauchen im physischen Sinn unmöglich macht. Auf der Ebene der Liebe jedoch kann die Person sich hingeben, sich verschenken und so ganz zum Besitz des Anderen werden, ohne ihre Eigenständigkeit zu verlieren. Dieses Paradoxon des Selbstbesitzes der Person und der Übereignung als Geschenk an eine andere Person nennt Wojtyła die *bräutliche Liebe*[35], die in einem späteren Kapitel genauer erklärt werden wird.

Durch den Personenbegriff von Beauvoir, der sich stark an das Denken des französischen Existenzialismus von Sartre anlehnt, ist Liebe im wahren Sinne ausgeschlossen, da der Selbstbesitz der Person und ihre Unübertragbarkeit für Beauvoir nur durch isolierte und einsame Akte von Freiheit aufrechterhalten werden kann.[36]

In den feministischen Debatten sucht man daher oft vergeblich nach einem wahren Verständnis von menschlicher, personaler und dauerhafter Liebe. Bedeutet dies etwa, dass Freiheit der Frau und Liebe sich ausschließen? Im nächsten Abschnitt wird auf diese Fragen genauer eingegangen werden.

---

34   Karol Wojtyła, *Liebe und Verantwortung. Eine ethische Studie*. Auf der Grundlage des polnischen Textes neu übersetzt und herausgegeben von Josef Spindelböck, Kleinhain, 2010², 143. (Im Folgenden abgekürzt mit Autor, Liebe und Verantwortung, Seitenzahl).
35   Vgl. Wojtyła, Liebe und Verantwortung, 144.
36   Vgl. Rocco Buttiglione, *Karol Wojtyła. The Thought of the Man Who Became Pope John Paul II*, Grand Rapids, Michigan/Cambridge, 1997, 91.

III. Das Wesen der Liebe

1. Wo bleibt die Liebe?

Der kurze Streifzug durch die Frauenfrage mit Schwerpunkt auf die Anfänge und deren Bastionsfigur Simone de Beauvoir hat deutlich gezeigt, dass die Idee der langfristigen menschlichen Bindungen immer weniger erwünscht war. Die Familie, die Umgebung und der stabile Ort, an dem Zuneigung und Liebe wachsen können und sollen, vor allem auch für das Wohlergehen der Kinder, scheint ausgedient zu haben.

Nun wird die Familie, eine Lebensform, die sich über Jahrhunderte auch als Keim der Gesellschaft bewährt hat, als etwas Negatives, weil repressiv und der Autonomie entgegengesetzt, dargestellt. Die Tatsache, dass ein großer Teil der Menschheit weiterhin die Sehnsucht nach Liebe, Geborgenheit und Stabilität in sich trägt und Menschen, vor allem natürlich Kinder, daher weiterhin bevorzugen, in einem traditionellen Familienverband zu leben, wird nicht erwähnt. Stattdessen wird dieses Streben nach Liebe umgeleitet in viele verschiedene Ersatzbefriedigungen sexueller Art, oder auch verstärkt auf der Ebene der Marktwirtschaft, in einen übertriebenen Konsum von Gütern, die der Mensch eigentlich nicht braucht und die ihn auch nicht glücklich machen. Die Marktwirtschaft ist der große Gewinner dieser *flüchtigen* Lebensart, da Singles ohne langfristige Verpflichtungen mit ihren Spontaneinkäufen bekanntlich einen wichtigen Faktor für den Konsumgütermarkt darstellen.[37]

Unsere Zeit ist gekennzeichnet durch eine Gesellschaft, in der die Menschen ihren totalen Anspruch auf Individualismus ausleben wollen. Das Wohl der Gemeinschaft wird in letzter Instanz den Wünschen und Ideen des Einzelnen geopfert, so zerstörerisch und unsinnig sie auch sein mögen.

Die Fremdbestimmung hat allerdings neue versteckte Formen angenommen, wie permanente Manipulation durch Medienkonsum, falsche Ideologien, diverse Süchte, sexuelle Perversionen, um nur einige zu nennen. Den meisten ist es daher gar nicht bewusst, dass

---

[37] Vgl. MELINA, *Liebe auf katholisch*, 21f.

sie dadurch wiederum ihre Selbstbestimmung opfern, nur eben auf eine subtilere Art.

Der polnische Soziologe Zygmunt Baumann spricht in diesem Zusammenhang von einer starken Veränderung des sozialen Bewusstseins. Der Einzelne interessiert sich weder für das Wohl der Gesellschaft noch fühlt er sich für das Gemeinwohl verantwortlich, sondern nur noch für das Ausleben der eigenen Interessen.[38] Da Interessen bekanntlich veränderbar und kurzlebig sein können, sind sie, wenn sie nicht auf das langfristige Wohl der Gemeinschaft gerichtet sind, nicht die richtige Basis, um ein erfolgreiches Zusammenleben zu garantieren. Die Auswirkungen dieser egoistischen Lebensweisen sind bekannt. Sofortige Befriedigung von Lüsten und Wünschen, bestärkt durch die Interessen der Marktwirtschaft sind oberstes Prinzip der Lebensführung geworden. Stabilität und ein sinnvolle Liebesgemeinschaft zu leben, wird dadurch fast unmöglich gemacht. Der Mensch wir zu einem Konsumenten und auf ein Konsumgut reduziert, dessen man sich bedienen kann und das man auch sehr schnell wieder verwirft, wenn einem danach ist.

2. Das Wesen der Liebe bei Karol Wojtyła

Das Werk Wojtyłas, das als philosophische Grundlage für die Mittwochskatechesen des späteren Papstes Johannes Paul II. dienen sollte, war die ethische Studie *Liebe und Verantwortung*, ein Resultat seiner Ethik-Vorlesungen an der Universität von Lublin sowie seiner Habilitationsschrift über Max Schelers Wertethik. Seine jahrelange Erfahrung als Studentenseelsorger sollte ebenfalls in seine Überlegungen einfließen. Als Kaplan kam er mit vielen Jugendlichen, Ehepaaren und jungen Familien in Kontakt und konnte somit einen realistischen Einblick in gelebte Liebe und Ehe gewinnen.[39]

---

38 Vgl. MELINA, *Liebe auf katholisch*, 21.
39 Für eine genauere Analyse der Werke KAROL WOJTYŁAS/JOHANNES PAUL II. für die *Theologie des Leibes* siehe MICHAEL WALDSTEIN, *Einführung in die Theologie des Leibes*, in CORBIN GAMS (HG), *Amor – Jahrbuch der Theologie des Leibes, Als Abbild Gottes schuf er ihn*, Heiligenkreuz 2020, 146f. (Im Folgenden abgekürzt mit Autor, *Einführung in die Theologie des Leibes*, Seitenzahl). Vgl. JOSEF SPINDELBÖCK, *Theologie des Leibes kurzgefasst*, Kleinhain, 2015, 13f. (Im Folgenden abgekürzt mit Autor, *Theologie des Leibes kurzgefasst*, Seitenzahl).

Wie der Titel des Buches schon verrät, war es Wojtyła ein großes Anliegen, die Liebe in Beziehung zu einem verantwortungsvollen Handeln des Menschen zu setzen. Es darf aber nicht als ein praktisches Handbuch mit Verhaltensregeln für Eheleute betrachtet werden, es ist vielmehr ein Versuch einer Einführung in das Wesen der gelebten Liebe. Als Buch über Sexualethik beleuchtet es die geschlechtliche Liebe des Menschen von einer philosophisch personalistischen Perspektive aus. Diese Beziehung gilt es nach Wojtyła mit Blick auf das Sittengesetz zu durchleuchten und in weiterer Folge in eine neue Form der Liebe zu verwandeln, in jene Liebe „von der das Neue Testament spricht".[40]

Das Verständnis von Liebe, mit dem Wojtyła in diesem Werk arbeitet, ist die Liebe zwischen zwei Personen von unterschiedlichem Geschlecht mit Blick auf die sexuelle eheliche Verbindung. Wojtyła beginnt seine Analyse mit einer metaphysischen Charakterisierung von Liebe. Es handelt sich hierbei um eine einzigartige Beziehung von Mann und Frau, die sowohl die *sexuelle Vitalität* als auch die *Seele* der Menschen mit einbezieht und als solche einen tief personalen Charakter aufweist.[41]

3. Die drei Stufen der Liebe

Die erste Stufe der Liebe zwischen Mann und Frau ist durch die spezielle Anziehung charakterisiert, durch das Hingezogen-Sein zu einer bestimmten Person, die dieses Geschlecht auf eine besondere Art und Weise verkörpert. Diese Art von Liebe nennt Wojtyła *Liebe als Wohlgefallen* (*amor complacentiae*)[42]. Die andere Person besticht durch einen besonderen Wert und wird als bestimmtes Gut entdeckt. Sie wird als schön, wichtig, einzigartig erkannt. Durch die Schönheit des Anderen eröffnet sich auch die Sicht auf die Werte (wie Charme, Intelligenz, Hilfsbereitschaft usw.), die die andere Person lebt, man fühlt plötzlich etwas Besonderes für den Anderen.

Diese positive stark emotionale Haltung dem Anderen gegenüber kann allerdings zur Folge haben, dass man die Realität verzerrt

---

40 Wojtyła, *Liebe und Verantwortung*, 23.
41 Vgl. Wojtyła, *Liebe und Verantwortung*, 110–111.
42 Vgl. Wojtyła, *Liebe und Verantwortung*, 112.

sieht. Verliebte sehen den Geliebten oft in einem bestimmten Glanz, der dem Zustand des Verliebt-Seins entspricht und den Anderen nur unter dem Aspekt der Schönheit erstrahlen lässt. Der wahre Charakter der Person kann oft verkannt und die Enttäuschung umso größer werden, wenn der Zustand der starken Gefühle nachlässt.

Im Bereich des *Wohlgefallens* spielen die Gefühle eine so große Rolle, dass die Erkenntnis darunter leidet. Vernunft und Wille setzten oft später ein, wenn dem alltäglichen Leben mehr Raum gegeben wird.

Dennoch ist dieser erste Schritt in der Liebe zwischen Mann und Frau von großer Bedeutung, es gibt keine romantische Liebe ohne diese emotionale Anziehung der Personen.

Danach folgt die Erklärung des Begriffes der *Liebe als Begehren*[43]. Diese Bezeichnung (auch *amor concupiscentiae*) ist etwas verwirrend, da man automatisch an sinnliches Begehren denken muss. Das ist an diesem Punkt jedoch nicht gemeint, sondern eher die Tatsache, dass sich der Mensch allein nicht genügt und ein Verlangen nach Gemeinschaft verspürt. Er bedarf einer Ergänzung, als soziales Wesen ist er von Natur aus auf andere ausgerichtet. Er verspürt eine Sehnsucht nach Vervollkommnung seiner Existenz, die er in der anderen Person erfüllt sieht. Er erkennt, dass das geliebte Subjekt etwas Gutes darstellt, für den Mann ist es die Frau, für die Frau ist dies der Mann.

Diese Notwendigkeit der Ergänzung bezieht sich des weiteren, wie man unschwer anhand der körperlichen Natur von Mann und Frau erkennen kann, auch auf die Person des anderen Geschlechts. Der Mensch genügt sich nicht allein, es mangelt ihm an etwas. Das sinnliche Begehren, das vom *Begehren der Liebe* zu unterscheiden ist, beruht auf einem körperlichen Mangel, der ausgeglichen werden muss. Der Mensch ist in seiner Sexualität beschränkt und der Sexualtrieb drängt danach, diese Lücke zu schließen. So gesehen wird die Sinnlichkeit als etwas Unangenehmes empfunden, sie ist in dem Verlangen nach Befriedigung rein subjektiv und in dieser Ich-Bezogenheit noch nicht auf das Wohl des Anderen gerichtet.

Das Begehren als Wesenszug der Liebe ist daher vom rein sinnlichen Begehren streng zu unterscheiden. In der *Liebe des Begehrens*, jener Liebe der personalen Zuwendung zum geliebten Subjekt in seiner Gesamtheit, muss jedes bloße Benutzen des Anderen ausge-

---

[43] Vgl. WOJTYŁA, *Liebe und Verantwortung*, 120.

schlossen werden. Auf der Ebene der Sinnlichkeit ist dies allerdings nicht der Fall, der Sexualtrieb als solcher ist von Natur aus physisch und in seiner Zielgerichtetheit zum Zweck der Fortpflanzung auf die Sexualorgane des anderen Geschlechts ausgerichtet. Erst durch die personale Ebene, auf der die sinnlichen Abläufe des Menschen in den Erkenntnis- und Entscheidungsprozess integriert und erhoben werden, kann man von der Verantwortung der Person sprechen, mit dem sinnlichen Begehren vernünftig umzugehen.

Die dritte Stufe der Liebe wird von Wojtyła als *Liebe des Wohlwollens (amor benevolentiae)*[44] bezeichnet. Diese Eigenschaft der Liebe zielt auf das Wohlergehen des geliebten Subjekts. Der Liebende möchte, dass es dem Geliebten gut geht. Es ist ihm wichtig, dass der Andere sich in der Liebe entfalten und als Mensch in seiner Fülle entwickeln kann. Der Blick ruht ganz auf dem Anderen, das Ich wird in den Hintergrund gestellt. Jegliche Eigennützigkeit tritt für das Gut des Anderen zurück. Erst wenn Liebe auf diese Stufe gestellt wird, kann man von wahrer Liebe reden. Es reicht nicht, die geliebte Person nur in Bezug auf sich selbst zu sehen, das wäre egoistisch und hätte auf Dauer auch keinen Bestand. Vor allem im Hinblick auf das Gründen einer Familie gewinnt diese Form der Liebe an großer Bedeutung. Hier wird die Liebesbeziehung potenziell erweitert um das Wohl des Mannes als Vater, der Frau als Mutter. Das Wohl der Kinder stellt ein neues Gut dar, das beschützt werden muss.

4. Der Instrumentalisierung der Person entgegenwirken

Wahre Liebe wird auf dieser letzten Stufe erfahren und gelebt. Es reicht nicht aus, eine Form der Liebe zu leben, in der die geliebte Person bloß die Stellung einnimmt, die Einsamkeit zu vertreiben, ein wohliges Gefühl der Zweisamkeit zu garantieren oder einen Kinderwunsch zu erfüllen. Eine so geartete Liebe wäre vordergründig einseitig, da hier noch primär die Wünsche des Liebenden im Vordergrund stehen und der Andere, das Objekt der Liebe, als Mittel zum Zweck benutzt wird. Auch wenn starke Gefühle für den anderen vorhanden

---

44 WOJTYŁA, *Liebe und Verantwortung*, 123.

sind, kann man in einer Liebesbeziehung sehr wohl in eine gelebte Instrumentalisierung rutschen, bei der der Ehepartner dazu reduziert wird, Wünsche und Hoffnungen zu erfüllen.

Die Form der Instrumentalisierung kann je nach Geschlecht andere Schwerpunkte annehmen. Der Mann tendiert eher dazu, die Frau in ihrer Sexualität zu instrumentalisieren, zur Befriedigung seines Geschlechtstriebs zum Beispiel, oft ohne Rücksicht auf die Gesundheit oder Belastbarkeit der Frau. Man kann auch immer wieder beobachten, dass die Frau als Besitz oder als Prestigeobjekt des Mannes angesehen wird, wie es in vielen Ländern auch heute noch gelebt und durch das Rechtssystem unterstützt wird.

Die Frau wiederum, die sich nach Geborgenheit sehnt, kann durch den Mann ein geeignetes Heim, eine Stellung in der Gesellschaft oder die Möglichkeit vom Elternhaus loszukommen, begehren. Leider sind oft finanzielle Motive von Seiten der Frauen Grund einer Eheschließung, auch heute noch. Das, was früher für das weibliche Geschlecht allzu oft eine Überlebensstrategie darstellte, wird heutzutage aufgrund eines überzogenen Materialismus gelebt. Ehen laufen schnell Gefahr, aufgrund solcher falschen Motive gegründet zu werden, da die Liebe zwischen den Personen nie die Reife der *Liebe als Wohlwollen* erreicht hat. Langfristig gesehen haben solche Liebesbeziehungen oft keinen Bestand, vor allem wenn die Wünsche doch nicht in Erfüllung gehen. Hier handelt es sich um das, was Wojtyła als *Falsche Liebe*[45] bezeichnet. Sie ist entweder auf ein scheinbares Gut ausgerichtet oder auf ein wahres Gut, das in seiner Verwirklichung oder Kundgabe unpassend gelebt wird. Diese falsche Liebe ist schwach und daher auch sehr anfällig. Ein egoistisches Verständnis von Liebe, bei dem es nur um subjektive Erfüllung geht, macht wahre Liebe unmöglich.

Die *wohlwollende Liebe* in einer Beziehung garantiert hingegen Langlebigkeit, da sie das rein sinnliche Begehren und die Eigennützigkeit als egoistische Einstellung überwindet, zum Wohl des Anderen und der gemeinsamen Liebe. Wojtyła sagt hierzu:

---

45 Wojtyła, *Liebe und Verantwortung*, 124.

„Wohlwollen bedeutet so viel wie Selbstlosigkeit in der Liebe: nicht ‚ich verlange nach deinem Gut', [...] ‚ich verlange nach dem, was gut für dich ist'." Und weiter: „Sie ist die reinste Form der Liebe. Wohlwollen bringt uns dem ‚reinen Wesen' der Liebe so nahe, wie dies [nur] möglich ist."[46]

Aus der Analyse der drei wesentlichen Aspekte der Liebe geht nun hervor, dass diese in ihrer Erfüllung auf Gegenseitigkeit beruhen muss. Es kann bei echter Liebe nicht nur darum gehen, wie sich das liebende Subjekt fühlt und seine Wünsche erfüllt, Liebe ist vom Wesen her etwas Gegenseitiges, sie ist ein „Zusammenkommen, eine Vereinigung von Personen".[47]

Das individuelle Erlebnis wird durch die Gegenseitigkeit nicht ausgelöscht, aus dem *Ich* und *Du* wird ein *Wir*, es entsteht eine neue *interpersonale Wirklichkeit*, eine Zusammenfügung zweier Personen in ihrem *Wohlgefallen, Begehren und Wohlwollen*.[48]

Im Weiteren wird aus diesem Verständnis der Liebe klar, dass die Frau in einer Ehe, in der die Liebe wahrhaft gelebt wird, ihre Eigenständigkeit nicht verliert und sogar in ihrem Wert durch die Liebe des Mannes, der ihr Wohlergehen wünscht, gestärkt wird. Bei einer Fremdbestimmung der Frau in Form des reinen Gebrauchens durch den Mann wird die Liebe so stark beeinträchtigt, dass sie sogar zerfällt.

Die Liebe als Haltung und Entfaltung beider Personen weist verschiedene Grade der Erfüllung auf, abhängig von den Subjekten der Liebe. Es liegt daher gleichermaßen am Mann und an der Frau, inwieweit die Liebe zwischen ihnen die Tiefe erreicht, die Erfüllung für beide bedeutet.

---

46 Wojtyła, *Liebe und Verantwortung*, 125.
47 Wojtyła, *Liebe und Verantwortung*, 142
48 Vgl. Wojtyła, *Liebe und Verantwortung*, 142.

IV. Theologie des Leibes

Papst Johannes Paul II. hat über viele Jahre seines Pontifikats Generalaudienz-Ansprachen dem wichtigen Thema der Bestimmung von Mann und Frau gewidmet. Sie wurden unter dem Titel *Die Menschliche Liebe im Göttlichen Heilsplan. Eine Theologie des Leibes* in deutscher Sprache veröffentlicht.[49]

Es war für den Papst nicht nur eine Verpflichtung als Oberhaupt der Kirche, sondern ein Herzensanliegen, die Menschen zur Wahrheit ihrer Existenz zu führen. Die turbulenten Jahre nach *Humanae vitae* haben klar gezeigt, dass die Lehre der Kirche über Liebe, Partnerschaft und Sexualität, rein objektiv formuliert, nicht mehr verstanden wurde und als Lebensideal weltfremd und nicht umsetzbar schien. Das kirchliche Dokument klang viel zu sehr nach Unterwerfung, Verbot und Eingrenzung der Freiheit. Das 20. Jahrhundert bewegte sich mit schnellen Schritten in eine Zeitepoche hinein, in der die totale Autonomie des Individuums hochgepriesen wurde und Bindungen jeder Art argwöhnisch zu betrachten waren. Transitive Beziehungen waren viel attraktiver geworden, Verpflichtungen gegenüber Ehepartnern oder Kindern galten immer mehr als ein Synonym für Unfreiheit und Unglück.

1. Der Weg aus der Einsamkeit

Dieser radikalen Abgrenzung des Einzelnen gegenüber der Gesellschaft, die ja logisch weitergedacht nur in einer tiefen Leere und Einsamkeit enden kann, hat Johannes Paul II. bewusst eine *Kultur der Liebe*[50] entgegengesetzt. Eine wunderschöne Passage der Enzyklika *Redemptor Hominis* gibt über seine Gedanken diesbezüglich Aufschluss:

„Der Mensch kann nicht ohne Liebe leben. Er bleibt für sich selbst ein unbegreifliches Wesen; sein Leben ist ohne Sinn, wenn ihm nicht die Liebe geoffenbart wird, wenn er nicht der

---

[49] JOHANNES PAUL II., *Die menschliche Liebe im göttlichen Heilsplan. Eine Theologie des Leibes*, HGG: NORBERT UND RENATE MARTIN, Kißlegg, 2011³, Geleitwort zur Neuauflage, 17. (im Folgenden abgekürzt mit Autor, *Die menschliche Liebe im göttlichen Heilsplan*, Seitenzahl, Katechesennummer).

[50] MELINA, *Liebe auf katholisch*, 17.

Liebe begegnet, wenn er sie nicht erfährt und sich zu eigen macht, wenn er nicht lebendigen Anteil an ihr erhält."[51]

Die Kultur der Liebe, wie sie Johannes Paul II. formuliert, sieht den Menschen als ein von Natur aus soziales Wesen, das sich nur durch die Liebe zum Anderen entfalten kann. Gelebte Liebe zeigt dem Menschen den eigentlichen Sinn seines Lebens, sie eröffnet ihm die Erkenntnis, wer er wirklich ist. Heutzutage scheint es jedoch gar nicht mehr natürlich und erwünscht, Liebe aufopferungsvoll in Gemeinschaft zu leben. Das weit verbreitete Verständnis von Liebe bezieht sich rein auf ein momentanes, oft kurzlebiges Gefühl von Liebe und Leidenschaft. Wie Livio Melina sehr treffend analysiert, fehlen für die Partnerschaften, die auf gegenseitiger Liebe basieren, oft die Rahmenbedingungen, um dauerhaft zu gelingen, da die Menschen in ihrem überzogenen Streben nach Individualismus blind werden für die menschlichen Voraussetzungen einer Gemeinschaft. Die Sehnsucht nach Liebe erstickt oft schon im Keim, da die Gefühle nicht mehr richtig interpretiert und auf eine verantwortlich gelebte Gemeinschaft hin geordnet werden können. Der Mensch vereinsamt in der postmodernen Welt immer mehr und ist an einem *Analphabetismus der Gefühle*[52] erkrankt. Er kann seine Gefühle nicht mehr richtig deuten und sie folglich auch nicht sinnerfüllend leben.

Wie lässt sich nun eine radikale Form der Autonomie mit gelebter Liebe verbinden? Ist Liebe ohne Bindung überhaupt möglich? Die letzten Jahrzehnte haben eindeutig gezeigt, dass das Thema Liebe immer noch aktuell ist, so viel wie heute wurde in der Geschichte der Menschheit wahrscheinlich noch nie über die Liebe nachgedacht und diskutiert. Trotzdem haben die Menschen verlernt, Liebe zu leben. Die Sehnsucht nach Liebe ist dem Menschen in sein Herz geschrieben, es scheint allerdings die Gebrauchsanweisung zu fehlen. Liebe als romantisches Gefühl hat immer noch Hochkonjunktur, gelebte Liebe verbunden mit Opferbereitschaft, Schwierigkeiten, Hindernissen und Rückschlägen ist im Gegenteil dazu verpönt und dient stattdessen eher als Argument gegen die Möglichkeit ehelicher Liebe, die über die romantische Verliebtheit hinaus existiert.

---

51 JOHANNES PAUL II., *Redemptor Hominis*, Par. 10, zitiert in MELINA, *Liebe auf katholisch*, 18.
52 MELINA, *Liebe auf katholisch*, 20.

Johannes Paul II. zeigt durch seine Katechesen auf, dass auch von Seiten der Kirche noch viel über das Thema Liebe gesprochen werden kann und soll. Er stellt den Menschen als Suchenden dar und rückt den Menschen, das Subjekt von Erfahrungen, in das Zentrum der Betrachtungen. In anderen Wissenschaften war das Interesse am Menschen als ein Lebewesen, das mit Bewusstsein ausgestattet ist, als ein *Ich* dem ein *Du* gegenübersteht, schon vielfältig diskutiert worden, vor allem natürlich in der Psychologie, der philosophischen Anthropologie und der Ethik. In diesem Zusammenhang sei nur kurz der Wiener Religionsphilosoph Martin Buber erwähnt, der in seinem bahnbrechenden Werk *Ich und Du*[53] aufzeigt, wie unentbehrlich Beziehung und sprachlicher Dialog für den Menschen und seine Entwicklung als Individuum sind.

2. Aufbau und Methode

In seinem Aufsatz *Subjektivität und das Unreduzierbare im Menschen*[54] schreibt Karol Wojtyła über die Notwendigkeit, das Besondere am Menschen mehr in das Zentrum der philosophischen Betrachtungen mit einer eigenen *Kategorie* einzubeziehen. Die klassischen Definitionen vom Wesen der Person, so schreibt er, sind metaphysische Erklärungen über den Menschen (als eigenständige Person mit vernunftbegabter Natur), die nicht ausreichen, um die „ganz spezifische Subjektivität, die dem einzelnen Menschen als Person wesentlich ist"[55] auszudrücken. Es bedarf zusätzlich einer *Kategorie des Erlebens*, um den handelnden Menschen zu verstehen. Für Wojtyła stellt sie sogar *die* Schlüsselbedeutung dar.[56] Der Mensch erlebt sich in seinen Handlungen und Taten als jemand, der in die Welt hineinwirkt und durch diese Erfahrung in einer gewissen Weise auch als einzigartiges Subjekt. Dieser Dynamik von Handlung und Erfahrung als Handelnder muss Rechnung getragen werden, um dem Geheimnis des Menschen gerecht zu werden.

---

53 Martin Buber, *Ich und Du*, 12. Auflage, Gerlingen, 1994.
54 Karol Wojtyła, *Subjektivität und das Unreduzierbare im Menschen*, in *Wer ist der Mensch*, 6.
55 Wojtyła, *Wer ist der Mensch*, 6.
56 Vgl. Wojtyła, *Wer ist der Mensch*, 7.

Diese Methode wandte er in den Mittwochskatechesen an. Es sollte ein Lebensweg aufgezeigt werden, der jedem durch seine Erfahrung zugänglich ist und der Wahrheit der Existenz des Menschen in jedem Lebensstand entspricht. Durch die Leiblichkeit und Sexualität der menschlichen Person vertieft der Heilige Vater das Verständnis darüber, wer wir sind, und arbeitet so die „ewige Wahrheit über den Menschen als Mann und Frau"[57] heraus. Diese Wahrheit gilt auch in der postmodernen Zeit des religiösen Analphabetismus, da sie die Herzen und Sehnsüchte der Menschen anspricht. Der Papst beschreitet den ungewöhnlichen Weg, den Sinn der Existenz des Menschen durch die ‚Brille' der ehelichen Vereinigung und Sexualität zu sehen.

Themen, die in den Katechesen im Detail besprochen werden, wie etwa der Mensch in seiner Einsamkeit, das Bewusstsein, das Gewissen, das Innenleben der Person, sexuelle Liebe und das erotische Verlangen, um nur einige zu nennen, sind zeitlos. Die menschliche Person und ihre Bedürfnisse bleiben vom Wesen her gleich, auch wenn sich der geschichtliche-gesellschaftliche Rahmen ändert.

Ein wichtiger Ansatzpunkt der philosophisch-theologischen Abhandlung von Johannes Paul II. sei noch erwähnt. Sie führt uns das Erlebnis des Menschseins seit Anbeginn der Schöpfung vor Augen, als von Gott erschaffener Mensch. Der Mensch wird in seiner Bestimmung als ein von Gott geliebtes Wesen dargestellt, dessen höchste Erfüllung in der Liebesvereinigung mit Gott liegt. Diese Schau des Menschen, die uns die tiefe personale Gemeinschaft mit anderen und mit Gott aufzeigt, erläutert Johannes Paul II. an Hand von Genesis, Hohelied und anderen biblischen Texten.

Johannes Paul II. unterstreicht mit Hilfe der eigenen Anordnung der Katechesen, dass Christus drei wichtige Grundaussagen über den Menschen getätigt hat, die für ein erfülltes Leben in Liebe nach Gottes Plan wichtig sind. Der erste Teil der Katechesen ist in drei Kapitel unterteilt, in denen die Worte Christi, die sich auf die Ehe beziehen, vertiefend analysiert werden: 1.) Christus beruft sich auf den Anfang 2.) Christus beruft sich auf das menschliche Herz 3.) Christus beruft sich auf die Auferstehung. Der zweite Teil behandelt das große Thema der Ehe als Sakrament mit Bezug auf den Epheserbrief: 1.) Die Di-

---

[57] JOHANNES PAUL II., Apostolisches Schreiben *Mulieris dignitatem*, 2.

mension des Bundes und der Gnade 2.) Die Dimension des Zeichens und 3.) Er gab ihnen das Gesetz des Lebens zum Erbe.

Der erste Teil der Katechesen handelt von einer Aufforderung an den Menschen, sein Leben nach den Grundsätzen eines neuen Ethos auszurichten. Christus spricht die Sehnsüchte der Menschen an, appelliert an ihr Herz und unterbreitet gleichzeitig einen Plan für das Gelingen des Lebens hier auf Erden. Im Geleitwort zur Neuauflage der Katechesen zitiert Kardinal Gagnon eine Stelle aus dem Markusevangelium (Mk 6,34): „Als Jesus ‚die vielen Menschen sah, hatte er Mitleid mit ihnen; denn sie waren wie Schafe, die keinen Hirten haben. Und er lehrte sie lange'."[58] Ein sehr schönes Bild, durch das die Liebe Jesu zu den Menschen verdeutlicht wird. Jesus sieht die Not der Menschen und möchte helfen.

Diese Situation aus der Zeit Christi lässt sich wunderbar auf die heutige Zeit umlegen. Heute, wie noch nie zuvor, sind die Menschen verwirrt, sie haben die Richtung in ihrem Leben verloren, sie verstehen den Sinn ihrer Existenz, die Schönheit der Sexualität, der Ehe und Familie nicht mehr. Johannes Paul II. erkannte dieses Leiden und wollte den Menschen – wie Jesus damals – keine Drohbotschaft verkünden, sondern eine Frohbotschaft, die Hoffnung und Ermutigung gibt.

3. Berufen zu einem *neuen Ethos*

Karol Wojtyła schreibt in *Liebe und Verantwortung*, dass die Liebe kein zu konsumierendes Endprodukt darstellt, das man in Besitz nimmt und das Mann und Frau in der Verliebtheit einfach übergeben wird. Sie ist vielmehr eine Aufgabe, die dem Menschen für den Rest seines irdischen Lebens gestellt wird:

> „Die Liebe muss als etwas angesehen werden, das in gewissem Sinn niemals ‚ist' sondern immer nur ‚wird'; und was sie wird hängt vom Beitrag beider Personen und der Tiefe ihres Einsatzes ab [...] Es gibt eine Tendenz, diese als ihre fertige Gestalt anzusehen. Das ist ein Fehler, und dem liegt jene utilitaristische,

---

58 EDUARD GAGNON in JOHANNES PAUL II., *Die menschliche Liebe im göttlichen Heilsplan*, Geleitwort zur Neuauflage, 17.

konsumierende Anschauung zugrunde, welche, wie wir wissen, der eigentlichen Natur der Liebe entgegensteht."⁵⁹

Dieses Zitat zeigt sehr deutlich, dass der Mensch, der liebt, aufgerufen ist, an der Gestalt der Liebe mitzuarbeiten, sie nach bestimmten Werten zu formen und wachsen zu lassen. Mann und Frau sind die Baumeister ihrer eigenen Liebe und Gott der Architekt.

Wojtyła wird nie müde zu betonen, dass Liebe eine Aufgabe ist und den vollen Einsatz der Ehepartner einfordert, wenn sie gelingen soll. So ist sie auch die einzig richtige Teilhabe am Wert und der Würde des anderen Menschen, wie er in seiner *Personalistischen Norm* formuliert:

> „Die Person ist ein derartiges Gut, gegenüber dem die einzig richtige und angemessene Einstellung die Liebe ist. Dieser positive Inhalt der personalistischen Norm ist genau das, was das Gebot der Liebe lehrt."⁶⁰

Er fügt einen weiteren, wichtigen Aspekt im konkreten Ausleben der Liebe an: Menschen sind in ihrer persönlichen Existenz begrenzt, auch in der Liebe. Der Egoismus, ungeordnetes Begehren und andere Schwächen können das Liebesband zwischen Mann und Frau zerstören. Es gilt daher, der eigenen Schwachheit durch menschlich reifes Verhalten entgegenzuwirken, einerseits durch den Willen zu einem besseren Handeln, anderseits durch die Annahme der göttlichen Gnade durch die Sakramente.

Die Gnade, die Gott schenkt, öffnet den Menschen zur Liebe Gottes. Diese wiederum verändert ihn in seinem Innersten. Die Verbindung von zwei Menschen als Mann und Frau in der Ehe, die die intimste Verbindung von zwei Menschen darstellt, die physisch sexuelle Vereinigung von zwei Personen, wird durch diese vertikale göttliche Dimension bereichert.⁶¹ Die Gnade stellt eine Hilfe dar, die dem Menschen von Gott durch die Kirche angeboten wird, um das christliche Leben zu meistern. Das Ethos, das Christus verkündet, ist als Hilfe zu verstehen, nicht als Knechtung. Im folgenden Zitat

---

59 Wojtyła, *Liebe und Verantwortung*, 205.
60 Wojtyła, *Liebe und Verantwortung*, 66.
61 Vgl. Wojtyła, *Liebe und Verantwortung*, 205.

bezieht sich Johannes Paul II. auf eine bekannte Stelle aus der Bergpredigt, die für den Menschen in seiner Begierde gedacht ist:

> „Die Befriedigung der Leidenschaften ist eine Sache, eine andere die Freude, die der Mensch im Vollbesitz seiner selbst findet, wobei er so auch immer mehr für eine andere Person zu einem echten Geschenk werden kann. Die Worte Christi in der Bergpredigt führen das menschliche Herz zu solcher Freude. Ihnen muss man sich selbst, seine Gedanken und seine Handlungen anvertrauen, um die Freude zu finden und sie den anderen zu schenken".[62]

Von neuem wird hier auf die Verantwortung verwiesen, die der Mensch in der Liebe leben sollte: sich dem Anderen als „Geschenk" hingeben, im vollen Besitz seiner selbst. Johannes Paul II. verweist in den Katechesen mehrmals auf eine Passage in *Gaudium et spes*, die die Dimension des Geschenkes unterstreicht:

> „[...] dass der Mensch, der auf Erden die einzige von Gott um ihrer selbst willen gewollte Kreatur ist, sich selbst nur durch die aufrichtige Hingabe seiner selbst vollkommen finden kann" (Gaudium et spes, 24).[63]

4. Lustbefriedigung als Freiheitsideal?

Ein Geschenk für den Anderen zu sein, setzt Selbstbesitz voraus. Hier kann man einen sehr starken Gegensatz zu Beauvoirs Verständnis von Selbstbesitz (der Frau) erkennen. Sich zu besitzen, um sich dem Anderen in Freiheit als Geschenk hinzugeben, ist komplett konträr zu jener Form von Selbstbesitz, die die Teilhabe am Anderen scheut. Freiheit wird laut Beauvoir darin begründet, sich keinesfalls an eine andere Person binden zu müssen, da dies die Gefahr der *Immanenz* mit sich bringt.

Die sexuelle Revolution hat ein systematisches Ausleben von sexueller Ungebundenheit propagiert und es wurde verkannt, dass

---

62 Johannes Paul II., *Die menschliche Liebe im göttlichen Heilsplan*, 364 (58,7).
63 Karl Rahner/Herbert Vorgrimler, II. Vatikanisches Konzil, *Pastoralkonstitution über die Kirche in der Welt von heute*, in *Kleines Konzilskompendium*, 472.

dieser Lebensstil durchaus Probleme mit sich bringt. Er stellt eine große Bedrohung der Existenz der Familie als Keim der Gesellschaft dar. Alice von Hildebrand hat in ihrer Veröffentlichung über die Unterschiede von Mann und Frau die „Lüge des Feminismus" angeprangert. Sie betont in ihrem Werk über den göttlichen Plan der Geschlechterdifferenz, dass man anhand der verheerenden Auswirkungen eines falschen Feminismus notwendigerweise erkennen muss, wie fundamental wichtig die Rolle der Frau für eine funktionierende Gemeinschaft ist. Wie sonst kann man sich die Zerstörung der Familie, die Auflösung der Kirche und die Erschütterung der Gesellschaft in ihren Fundamenten in der heutigen Zeit erklären? Wenn die Rolle der Frau tatsächlich nur darin bestünde, dem Mann zu gefallen, ihm als Spielzeug zu dienen und ihm das Leben so angenehm wie möglich zu gestalten, dürften die Konsequenzen daraus, dass die Frauen nicht mehr ihre Berufung leben wollen, nicht so drastisch ausfallen.[64]

Die ethische Dimension des Handelns wird heutzutage vor allem beim Thema Sexualität sehr wenig beachtet, da das Hauptaugenmerk darauf liegt, sie in Freiheit zu nutzen, ohne Rücksicht auf das Wohl der Kinder, der Familie oder der Gemeinschaft im Allgemeinen. Diese Auffassung von Freiheit, die im Übrigen im Sinne Beauvoirs war, wie man anhand ihres eigenen Lebenswandels sehen kann, hat sich in unserer westlichen Gesellschaft unter dem Deckmantel eines totalen Liberalismus schnell verbreitet. Wie Johannes Paul II. in einem seiner Aufsätze schreibt, handelt es sich hier allerdings um einen primitiven Liberalismus, dessen Einfluss verheerende Auswirkungen auf den einzelnen Menschen und die Gesellschaft hat.[65]

Wenn sich das Handeln des Menschen nicht mehr nach dem objektiven Guten der Person und der Gesellschaft als Gemeinschaft von Individuen richtet, wird es egoistisch, willkürlich und zerstörerisch. Im Falle der Sexualität führt dies dazu, dass dem subjektiv Angenehmen der Vorzug gegeben wird und das objektiv Gute für einen selbst und den Anderen nicht mehr in das Handeln miteinbezogen wird.

Die postmoderne Gesellschaft ist demnach in eine Form des sexuellen Utilitarismus verfallen, bei dem es um die größtmögliche

---

[64] Vgl. ALICE VON HILDEBRAND, *Man and Woman: A Divine Invention*, Ave Maria, 2010, 19.
[65] Vgl. POPE JOHN PAUL II, *Towards a Just Use of Freedom* in *Memory&Identity. Personal Reflections*, London, 2005, 37.

Befriedigung der höchsten Anzahl von Menschen geht. Der Heilige Vater, damals noch Karol Wojtyła, hat in seiner ethischen Abhandlung *Liebe und Verantwortung*[66] bereits vor über 60 Jahren vorausgesagt, dass bei dieser reduzierten Auffassung der menschlichen Sexualität auf das rein Körperliche, die Gesellschaft Mann und Frau nur noch im Lichte des sexuellen Konsums bewerten wird, gemessen daran, inwieweit sie erfolgreich subjektive Lust befriedigen können (die eigene und die des Anderen).[67] Der Mensch wird dadurch zum Sklaven der Unmoral.[68]

5. Die edle Leidenschaft

Um diesen Verlust des Wertes der Person in ihrer Sexualität entgegenzuwirken, verweist Johannes Paul II. immer wieder auf die Notwendigkeit, nach einem *neuen Ethos* zu leben, einer Welt der Werte, die es zu verinnerlichen gilt, da sie den Menschen erlösen wird. Johannes Paul II. hält dazu Folgendes fest:

> „Nach den Worten Christi in der Bergpredigt [...] ist das christliche Ethos von einem Wandel im Bewusstsein und in den Haltungen der menschlichen Person, des Mannes und der Frau, gekennzeichnet, der den Wert des Leibes und der Geschlechtlichkeit kundtut und verwirklicht, wie [sie] nach dem ursprünglichen Plan des Schöpfers in den Dienst der Personengemeinschaft gestellt sind, welche die tiefste Grundlage der menschlichen Sittlichkeit und Kultur bildet."[69]

Johannes Paul II. lag immer daran, den Menschen zu zeigen, wie man das christliche Leben in all seine Dimensionen, inklusive der Sexualität, sinnerfüllt leben kann. Das Gebot der Gottesliebe und Nächstenliebe hat so auch in der ehelichen Liebe seinen Platz gefunden, ohne die Liebe zwischen Mann und Frau zu schmälern. Sie erhebt sie vielmehr auf eine höhere Form der Liebe, die nicht bei der

---

66 Es sei hier vor allem auf das Kapitel „Die Analyse des Verbums *„gebrauchen"* in KAROL WOJTYŁA, *Liebe und Verantwortung. Eine ethische Studie*, 32f, hingewiesen.
67 Vgl. SPINDELBÖCK, *Theologie des Leibes kurzgefasst*, 24.
68 Vgl. AUGUSTINUS, *Bekenntnisse*, Buch 8:10, zitiert in ALICE VON HILDEBRAND, *Man and Woman: A Divine Invention*, Ave Maria, 2010, xvi.
69 JOHANNES PAUL II., *Die menschliche Liebe im göttlichen Heilsplan*, 297 (45,3).

Lustbefriedigung stecken bleibt.[70] Das ethische Gebot der Achtung des Anderen in seiner Bedeutung als Geschenk schließt das eigene erotische Erleben und das des Anderen nicht aus, es verbindet es gleichsam mit dem personalen Charakter des Menschen und verleiht der sexuellen Vereinigung die notwendige Würde.

Die Worte Christi stellen eine Aufforderung zu einem besonderen Blick auf den geliebten Menschen dar, der imstande ist, die *bräutliche Bedeutung des Leibes*, den Leib als Zeichen des Geschenks der Person, zu achten. Christus möchte unsere sexuellen Bedürfnisse „mit allem Edlen und Schönen" durchdringen und ihnen „den höchsten Wert...verleihen, der eben die Liebe ist".[71]

Würden wir hingegen bei bloßem Begehren stehen bleiben, können wir nicht „jene Fülle des Eros, die den Aufschwung des menschlichen Geistes zum Wahren, Guten und Schönen bedeutet und wodurch auch das Erotische wahr, gut und schön wird" erfahren.[72]

Die entgegengesetzte Handlung ist also das Gebrauchen des Anderen in der *Begehrlichkeit*. Wojtyła ermahnt, dass dadurch der Blick nur auf die subjektive Befriedigung gelenkt wird. Der Charakter des Utilitarismus ersetzt das „gegenseitige Füreinander".[73]

Diese Aussagen über den Menschen sind nur möglich, da er sich als Person – im Gegensatz zu Tieren – über seine Triebhaftigkeit erheben kann. Sittlichkeit im Bereich der Sexualität wäre widersinnig, wenn sich der Mensch mit Bezug auf die Umwelt von seinem Wesen her bloß rein instinktiv verhalten könnte. Ein Tier kann man nicht für das Ausleben des geschlechtlichen Triebes verantwortlich machen, der ja zur Arterhaltung beiträgt, den Menschen hingegen schon. Darin liegt ein großer und sehr wichtiger Unterschied.

Der sexuelle Trieb (Eros) beim Menschen „stellt eine bestimmte Eigentümlichkeit der menschlichen Existenz dar [...] eine Ausrichtung des Strebens, gemäß der sich die ganze Existenz von innen her entfaltet und vervollkommnet".[74]

Der Sexualtrieb gehört daher in spezieller Weise zum Streben des Einzelnen dazu, und kann, obwohl angeboren, noch geformt und

---

70 Vgl. SPINDELBÖCK, *Theologie des Leibes kurzgefasst*, 16–17.
71 JOHANNES PAUL II., *Die menschliche Liebe im göttlichen Heilsplan*, 305 (46,5).
72 JOHANNES PAUL II., *Die menschliche Liebe im göttlichen Heilsplan*, 311 (48,1).
73 Vgl. JOHANNES PAUL II., *Die menschliche Liebe im göttlichen Heilsplan*, 285 (43,3).
74 Vgl. WOJTYŁA, *Liebe und Verantwortung*, 73.

gebildet werden. Es ist dem Menschen möglich, durch sein Denken und Handeln Sexualität verantwortungsvoll zu leben oder sich einem unreflektierten Luststreben hinzugeben. Der Mensch ist durch den Sexualtrieb determiniert (der dem Erhalt der Spezies dient), er ist ihm aber anderseits, entgegen dem vorherrschenden Mainstream Denken[75], nicht automatisch ausgeliefert, da er auf die Ebene des personalen Handelns gehoben werden kann. Der Sexualtrieb ist von Natur aus auf die Arterhaltung ausgerichtet, auf die Zeugung neuen Lebens. So gesehen ist er für den Menschen etwas Vorgegebenes. Wie der Mensch mit dem Sexualtrieb umgeht, fällt allerdings in den Bereich des freien Handelns des Menschen.[76]

Aus dem vorher Gesagten geht hervor, dass eine leidenschaftliche Liebe, der *Eros*, diese unglaubliche Anziehungskraft der Liebenden, den Wert der eigenen Person und den des Anderen bewahren kann, indem der Mensch sein Verhalten in der Liebe durch die Einhaltung der ethischen Norm ‚veredelt'.

6. Der ursprüngliche Zustand des Menschen

Aus der anfänglichen Forderung der Gesellschaft nach mehr Selbstbestimmung, Freiheit und Chancengleichheit der Frauen ist, wie bereits anfangs erwähnt, schleichend eine Ich-bezogene Kultur entstanden, in der Liebe und Partnerschaft zu einem reinen Selbstzweck reduziert wurden. Zu einem großen Teil sind die Frauen und Kinder die leidtragenden dieser kopernikanischen Kulturwende, wie man an den vielen alleinerziehenden Müttern sehen kann.

Johannes Paul II. war sich der Gefahr eines solchen Feminismus für die Familie und Gesellschaft bewusst. Als Philosoph und Theologe hat er primär das Wesen der Frau und ihre Bestimmung im Heilsplan Gottes vor Augen, und weicht dadurch automatisch von der vorherrschenden Ideologie über die Frau, die ihren Wert hauptsächlich durch maximale Unabhängigkeit (von den traditionellen Rollen der Frau und einer von Gott gegebenen Natur) erlangt, ab.

---

75 Der vorherrschende Mainstream denkt zwar, dass der Mensch nicht ohne sexuelle Befriedigung leben kann, aber er vertritt auch die Meinung, dass der Mensch sich dabei sittlich verhalten muss (z. B. werden sexuelle Übergriffe bestraft).
76 Vgl. SPINDELBÖCK, *Theologie des Leibes kurzgefasst*, 22–25.

Im Gegensatz hierzu wird uns das Verständnis der wahren Natur der Frau im Lichte ihrer von Gott bestimmten Berufung ermöglichen, die Wege zu erkennen und einzuschlagen, die zu einer sinnerfüllten Selbstverwirklichung der Frau führen können. Die Erkenntnis über Würde, Bestimmung und besonderes Charisma der Frau, wie sie von Johannes Paul II. beschrieben wird, ist in ihrer Tiefe folglich nur durch diese Gottbezogenheit zu verstehen.[77]

Wie schon erwähnt, führt die *Theologie des Leibes* den Betrachter immer wieder auf die persönlich gelebte Erfahrung des Menschen in seiner Existenz als geschaffenes Subjekt zurück, zu seiner Urerfahrung als Person. Die Erlebnisse von Adam und Eva als erstes Menschenpaar werden für jeden von uns als Mensch nachvollziehbar sein. Gleichzeitig ermöglichen sie die Erschließung der Wahrheit unserer Existenz, wie sie von Gott von Anfang an gewollt war. Eine Existenz, die wir als erschaffenes Subjekt dem Schöpfergott verdanken, und dessen tiefste Begründung auch in einem liebenden Gott liegt.

Mehrere Male weist der Papst in seinen Schriften über die Frau und in den Katechesen auf die bekannte Stelle im Matthäusevangelium hin, in der Jesus, als er von den Pharisäern über die Ehe befragt wurde, die Hartherzigkeit des Mannes anklagt und in Erinnerung ruft, dass die Entlassung der Frau aus der Ehe nicht von Gott gewollt ist:

> „Nur weil ihr so hartherzig seid, hat Mose euch erlaubt, eure Frauen aus der Ehe zu entlassen. Am Anfang war das nicht so" (Mt 19,8).[78]

Jesus selbst verweist hier auf den ursprünglichen, gottgewollten Zustand des ersten Menschenpaares als „ein Fleisch" hin, eine Einheit, die durch den Schöpfer geschaffen wurde und folglich von keinem Menschen getrennt werden kann.

Die Bibelkatechesen, beginnend mit dem Schöpfungsbericht der Genesis, weisen darauf hin, dass das Alte Testament die Erschaffung des Menschen in zwei unterschiedlichen Berichten in Genesis, Kapitel 1 und 2 darlegt. Im ersten Kapitel der Genesis wird die Erschaffung des Menschen so beschrieben, dass er „von Anfang an als Mann und

---

77 Vgl. JOHANNES PAUL II., Apostolisches Schreiben *„Mulieris dignitatem"*. *Über die Würde und Berufung der Frau*, Leutesdorf, 1988, 22f.
78 JOHANNES PAUL II., *Die menschliche Liebe im göttlichen Heilsplan*, 80 (1,2).

Frau" erschaffen wurde. In einem einzigen Akt wurden Adam und Eva in ihrer Gottesebenbildlichkeit ins Leben gerufen, der Mensch wurde als eine *Einheit von zweien* geschaffen. Dieses Abbild Gottes ist in einer Art und Weise verwirklicht worden, die das Menschsein in zweifacher Weise entfaltet, durch das Sein als Mann und das Sein als Frau. Der Mensch ist in diesem Abbild, so könnte man sagen, „komplementär" und daher auch in einer gewissen Art und Weise unvollkommen nur als Mann oder Frau allein.

Im zweiten Schöpfungsbericht hingegen wird zuerst die Erschaffung des ersten Menschen, Adam, in seiner von Gott kreierten natürlichen Umgebung beschrieben. Adam hat als stoffliches Wesen durch seine Körperlichkeit Anteil an der Natur, er ist ihr ähnlich. Er ist, so wie die Pflanzen, Flüsse, Tiere etc. ein ausgedehnter Körper der sichtbaren Welt. Durch seine vernunftbegabte Natur, seinen freien Willen und seine Liebesfähigkeit wiederum ist er Gott ähnlich.

Natürlich ist Adam von seinem Wesen her in vielerlei Hinsicht Gott viel unähnlicher als ähnlich und diese geringe Ähnlichkeit führt unter anderem auch dazu, dass sich Adam alleine fühlt. Die Verbundenheit mit Gott reicht nicht aus, um Adam in seiner Existenz glücklich zu machen und zu erfüllen. Durch die Erwähnung des „Alleinseins" von Adam (*Es ist nicht gut, dass der Mensch allein ist. Ich will ihm eine Hilfe machen, die ihm ebenbürtig ist.* Gen 2,18) wird hier das Augenmerk auf Adams Zustand gelenkt, auf eine bestimmte Art von Einsamkeit. Eigentlich ist es verwunderlich, dass Adam in der Gegenwart Gottes so etwas wie Vereinsamung spüren kann.

Adam stand in einer dialogischen Beziehung zu Gott und befand sich in einer für die Menschheit wohl ursprünglichsten Beziehung zu seinem Schöpfer. Er war umringt von den Tieren, die Gott für ihn bereitstellte, er war mit Gott verbunden und trotz seiner Beziehung zu anderen Lebewesen war er allein. Auch die ursprüngliche Gottverbundenheit konnte diese Einsamkeit nicht aufheben.[79]

---

[79] Vgl. JOHANNES PAUL II., *Die menschliche Liebe im göttlichen Heilsplan*, 104 (6).

7. Zweisamkeit: Überwindung der ursprünglichen Einsamkeit

Erst als Gott Eva erschuf, konnte Adam eine Zweisamkeit erfahren, die ihn erfüllte. In der Beziehung zur Frau *Eva* fand Adam sein Ebenbild. Eva wurde dem ersten Menschen als Hilfe und Gefährtin durch seinen Schöpfer zur Seite gestellt. Adam sah erstmals durch Eva sein Wesen als Mensch. All das, was Gott bis zu diesem Zeitpunkt erschaffen hatte, Pflanzen, Flüsse, Tiere etc., über die Adam auch herrschte, war Adam nicht wesensgleich genug und konnte ihm folglich auf der Suche nach seiner Identität und Lebensaufgabe nicht helfen.[80]

In Katechese 5 analysiert Johannes Paul II. den Zustand des Menschen auf der Suche nach seiner Besonderheit, seiner Bedeutung:

> „Der geschaffene Mensch befindet sich vom ersten Augenblick seiner Existenz an vor Gott gleichsam auf der Suche nach seinem Wesen; man könnte sagen: auf der Suche nach seiner Selbstbestimmung. Heute würde man sagen: auf der Suche nach seiner Identität."[81]

Man kann diesen Text der Genesis auch dahingehend verstehen, dass so die Erschaffung Evas eingeleitet wird. Die Erfahrung Adams von seiner eigenen Existenz als Mensch gründet auf der Erkenntnis, dass er sich von seiner Umwelt unterscheidet, also auf einem Wissen davon, was er nicht ist. Er ist kein Tier, keine Pflanze und auch nicht Gott. Adam hat eine Erfahrung seiner selbst, er besitzt ein Selbstbewusstsein, durch das er in bestimmter Beziehung zu seiner Umwelt steht, auch mit seinem Körper, der sich von den Objekten der Umgebung abhebt. Er erfährt sich durch diese Selbstreflexion als eine mit Vernunft begabte Person, die Verstand besitzt, mit Emotionen ausgestattet ist und sich nach etwas sehnt, obwohl sie Teil einer Gemeinschaft ist. Das ist für Adam ein erster und wichtiger Schritt in seiner Identität als Mensch gegenüber seinem Schöpfer und der Welt. Die Suche ist dennoch nicht beendet, es fehlt ihm etwas, er fühlt sich noch immer allein.[82]

Die Gegenüberstellung mit Eva setzt diesem Erkenntnisstreben nach seinem eigenen „Ich" ein Ende. Er erkennt Eva als „Fleisch von

---

80 Vgl. JOHANNES PAUL II., *Die menschliche Liebe im göttlichen Heilsplan*, 102 (4).
81 JOHANNES PAUL II., *Die menschliche Liebe im göttlichen Heilsplan*, 102 (5,5).
82 Vgl. JOHANNES PAUL II., *Die menschliche Liebe im göttlichen Heilsplan*, 102 (5,5).

seinem Fleisch und Gebein von seinem Gebein" (Gen 2,23) und ist am Ziel seiner Nachforschung angelangt.

Der biblische Text enthält mehrere Ansatzpunkte, um die wesenhafte Gleichheit von Mann und Frau im Menschsein deuten zu können: „Die Frau ist ein anderes ‚Ich' im gemeinsamen Menschsein. Von Anfang an erscheinen sie als ‚Einheit von zweien'.[83] Adam erkennt sogleich, dass Gott ihm ein ebenbürtiges Gegenüber geschenkt hat, eine Ergänzung zu seinem Wesen als Person. Nicht noch ein Tier, über das er herrschen kann, sondern ein vernünftiges Wesen, das eine entsprechende Hilfe in der Bewältigung des Lebens darstellt, das wertvollste Geschenk, das Gott geben konnte.

Diese großartige Schenkung Gottes an Adam ist gleichzeitig mit einem Auftrag verbunden, der auf eine besondere Art der Einheit hinweist: Die Vereinigung zu einem Fleisch, die in die einzigartige Verbundenheit der Ehe und Fortpflanzung übergeht: „Seid fruchtbar und vermehrt euch, bevölkert die Erde, unterwerft sie euch..." (Gen 1,28). Die Beziehung von Adam zu Eva, durch die Adam seine ursprüngliche Einsamkeit überwindet, ist von Gott klar definiert. Die erste Frau der Schöpfung wird Adam durch die geschlechtliche Vereinigung und Gemeinschaft in der Ehe zugeteilt, um ihm zu helfen, den Auftrag Gottes zu erfüllen. Ohne Eva ist die Verwirklichung dieses Planes nicht möglich, es bedarf dieser einzigartigen liebenden Einheit der beiden als Abbild Gottes.

8. Liebe als Einheit zweier Personen

Die Schöpfung des Menschen, so können wir sagen, ist erst durch die Erschaffung Evas erfüllt. Das Menschsein ist wesenhaft eine „Einheit zweier Wesen"[84]. Die Einheit bezieht sich auf die gemeinsame menschliche Natur, und die Zweiheit bringt die verschiedene Geschlechtlichkeit zum Ausdruck, das spezifisch Weibliche und das spezifisch Männliche, was durch den Leib ausgedrückt und erkannt

---

83   JOHANNES PAUL II., Apostolisches Schreiben *Mulieris dignitatem*, 6.
84   JOHANNES PAUL II., *Die menschliche Liebe im göttlichen Heilsplan*, 118 (9,1).

wird. Die Überwindung der ursprünglichen Einsamkeit Adams führt zu der personalen Gemeinschaft zwischen Mann und Frau, die von Johannes Paul II. als *communio personarum* bezeichnet wird.[85]

Johannes Paul II. führt in der 9. Katechese weiter aus, dass der Mensch in dem Bewusstsein, dass er allein ist, einerseits bemerkt, was ihn von anderen Geschöpfen unterscheidet, und andererseits erkennt, was ihn mit ihnen verbindet. In diesem Bewusstsein öffnet sich der Mensch und überschreitet damit die Grenze seiner Isolation. Adam öffnet sich für die Beziehung zu einer Person, die mit ihm die Gottesähnlichkeit teilt, aber auch wesenhaft anders ist, nämlich weiblichen Geschlechts.

Die Verschiedenheit der Personen macht sich vor allem durch die Leiblichkeit bemerkbar. Da sich die Person durch ihren Leib ausdrückt, wird das Geschlecht durch den Leib gelebt. Der menschliche Körper ist kein Extrateil oder Gegenstand, der dem Geist anhängt oder den man einfach entsorgen könnte, die Person ist gewissermaßen auch ihr Leib. In seinen Ausführungen verwendet Johannes Paul II. für den Menschen bewusst das Wort *Leib*, um diese besondere Einheit von Materie und Geist im Menschen hervorzuheben. Der Mensch, als Person, stellt keinen isolierten Geist oder reinen Körper dar, viel mehr eine substanzielle, innige und tiefe Einheit.[86]

Es ist diese Überwindung der Einsamkeit, die als eine der fundamentalen Aufgaben Evas gesehen werden muss, denn nur sie, als gleichwertiges Geschöpf, kann Adam im Leben wesentlich zur Seite stehen. Das Buch Genesis weist eindeutig darauf hin, dass die Bestimmung Evas in ihrer Weiblichkeit darin besteht, für Adam eine notwendige Stütze zu sein. Sie gehen eine von Gott gewünschte geschlechtliche Beziehung ein, die auf Nachkommenschaft ausgerichtet ist. Durch die Gemeinschaft mit der Frau kann der Mann seine einsame Existenz beenden, indem er sich einem anderem Du zuwendet, das ihn liebt und von Gott beauftragt wurde, das Leben mit ihm zu meistern. Eva folgt demnach dem Auftrag ihres Schöpfers, Adam

---

85 „In dem biblischen Bericht ist das Alleinsein der Weg, der zu jener Einheit führt, die wir, dem Zweiten Vatikanum entsprechend, als communio personarum, als ‚personale Gemeinschaft', bezeichnen können." JOHANNES PAUL II., *Die menschliche Liebe im göttlichen Heilsplan*, 119 (9,2).
86 Vgl. MELINA, *Liebe auf katholisch*, 41f.

liebend beizustehen, als Hilfe, die von Gott kommt.[87] Ohne diese Zuwendung von Eva konnte Adam kein erfülltes Dasein leben, da die Liebe ein unverzichtbarer Bestandteil für das Gelingen des Lebens ist. Liebe zu empfangen und weiterzugeben war für den Menschen demnach von Anfang an von existenzieller Bedeutung.

9. Mutterschaft als besondere Hingabe

Die Weitergabe von Leben stellt ein wesentliches neues Moment in der Gemeinschaft von Adam und Eva als Mann und Frau dar, indem sie sich neuem menschlichem Leben öffnen. Das gemeinsame Kind ist eine direkte sichtbare Frucht der gegenseitigen Liebe. Johannes Paul II. betont in Katechese 21, dass Mann und Frau sich durch ihr leibliches Kind sozusagen noch einmal erkennen, als Abbild ihrer selbst. Sie erleben ihre Leiblichkeit auf eine neue Weise, vor allem die Frau, die die tiefe Bedeutung ihres Leibes erfährt und ihren Leib als geschützten Raum für neues Leben zur Verfügung stellt.[88]

Die Mutterschaft macht aufgrund des Baus des weiblichen Organismus eine einzigartige, unglaubliche Dimension der Liebe und der Beziehung möglich, das Schenken neuen Lebens. Die Frau gibt ihren Leib hin, damit neues Leben geschützt entstehen kann. Dies ist eine schöpferische Tätigkeit, die den Leib der Frau in seiner Bedeutung noch tiefer offenbart. Durch die Zeugung eines Menschen werden die Grenzen der Leiber von Mann und Frau in ihrer Subjektivität überschritten, sie transzendieren sich im Akt der Zeugung. Die Vereinigung der beiden Leiber weist auf die Zukunft hin, auf ein neues Leben, das (im Normalfall) als Geschenk erkannt und empfunden wird. Mann und Frau sind durch den Vollzug der Ehe auf etwas ausgerichtet, das über ihre Subjektivität hinausragt und erleben die Dimension des Geschenkes eines Dritten, des Kindes. Der männliche Leib und im Besonderen der Leib der Frau werden dadurch in einer neuen Rolle, die vielleicht noch verborgen war, erkannt. Mann und Frau werden zu Vater und Mutter.[89]

---

87 Für eine detaillierte Analyse des Wortes *Hilfe* im Alten Testament mit Bezug auf die *bräutliche Bedeutung der Liebe* siehe CORBIN GAMS, *Liturgie der Liebe. Die Sprache des Leibes in ihrer ganzen Tiefe*, 137.
88 Vgl. JOHANNES PAUL II., *Die menschliche Liebe im göttlichen Heilsplan*, 179 f (21,4).
89 Vgl. JOHANNES PAUL II., *Die menschliche Liebe im göttlichen Heilsplan*, 179f (21,4–6).

Um auf die einzigartige Bestimmung der Frau von Anfang der Menschheitsgeschichte an zurückzukommen: Sie ist es, so Papst Johannes Paul II., die dem Mann als Ebenbild zur Seite steht und stehen soll, als anderes ‚Ich', verschieden und doch gleichwertig, um in einer liebenden Gemeinschaft neues Leben hervorzubringen.

Daraus kann man schließen, dass die besondere Eigenheit des Frauseins nicht in Isolation betrachtet werden kann, sondern danach verlangt, in einen besonderen Zusammenhang mit dem Sein des Mannes gesetzt zu werden. Sie holt den Mann aus seiner ursprünglichen Einsamkeit in die personale Gemeinschaft hinein und gibt sich ihm in Liebe hin und bringt Liebe hervor (zusätzlich in besonderer Weise durch die Mutterschaft):

> „In der ‚Einheit der zwei' sind Mann und Frau von Anfang an gerufen, nicht nur ‚nebeneinander' oder ‚miteinander' zu existieren, sondern sie sind auch dazu berufen, gegenseitig ‚füreinander' da zu sein. So erklärt sich auch die Bedeutung jener ‚Hilfe', von der in Gen 2, 18–25 die Rede ist... Menschsein bedeutet ‚Berufensein' zur interpersonalen Gemeinschaft... Der Text weist darauf hin, dass die Ehe die erste und gewissermaßen grundlegende Dimension dieser Berufung ist." [90]

Obwohl der Dienst am Nächsten in der Familie und Gesellschaft natürlich alle Menschen betrifft, ist die liebende Hingabe einer Frau und Mutter, die in sich neues Leben wachsen lassen und bewahren kann, eine wesentlich (auch körperlich) aufopfernde und absolute Liebe, die dem Mann zu leben verwehrt bleibt. Durch die mütterliche Begabung entwickelt die Frau eine einzigartige Beziehung zum Leben. Sie kann aufgrund ihres weiblichen Wesens die Entwicklung des Menschen und das Wohl des Einzelnen in besonderer Weise erkennen, und hilft so der Familie, und in weiterer Form der Gesellschaft, ihre Berufung zu entfalten. Das spezielle Charisma der Frau, für den Anderen da zu sein, einen gesunden christlichen Altruismus zu leben (ohne ihre Eigenständigkeit als Person aufzugeben), stellt einen Gegenpol zu dem übertriebenen Egoismus dar, der in der heutigen Zeit als erstrebenswertes Ideal für die Frau propagiert wird.

---

90   JOHANNES PAUL II., *Mulieris dignitatem*, 7.

V. Bräutlich-eheliche Liebe

1. Liebe als existenzielle Lebenshilfe

Es ist eine der großen Errungenschaften des Philosophen-Papstes, das Drama der personalen Liebe in den Mittelpunkt seiner Generalaudienzen gestellt zu haben, indem er die Entstehungsgeschichte der Menschheit in der Genesis von der *subjektiv* erlebten Seite von Mann und Frau her beleuchtet hat. Durch diesen Blick auf die Erfahrung der Liebe, vom Innenleben des Liebenden aus gesehen, ist der Plan Gottes für unsere Bestimmung nachvollziehbarer geworden und kann in seiner Schönheit erkannt werden.

Als Professor für Ethik und Seelsorger der Studenten und Ehepaare in Lublin, später als Weihbischof und Erzbischof in Krakau, war ihm die Schönheit der Liebe besonders durch die persönlichen Begegnungen aus dieser Zeit bewusst geworden. Er erzählt in seinem autobiographischen Werk „Die Schwelle der Hoffnung überschreiten" Folgendes:

> „Es war die Nachkriegszeit und der Meinungsstreit mit dem Marxismus voll im Gange. In diesen Jahren waren die Jugendlichen zu meinem wichtigsten Anliegen geworden. Sie stellten mir *Fragen* nicht so sehr über die Existenz Gottes als vielmehr *ganz präzise darüber, wie sie leben sollten*, d. h. über die Art und Weise, wie sie an Probleme in der Liebe und Ehe sowie an all die Probleme der Arbeitswelt herangehen sollten. Diese jungen Leute aus der Zeit nach der deutschen Besetzung haben in meiner Erinnerung einen tiefen Eindruck hinterlassen. Mit ihren Zweifeln und ihren Fragen haben sie in gewissem Sinne auch mir den Weg gewiesen."[91]

Wie in diesem Zitat klar erkennbar ist, war es dem Heiligen Vater schon damals ein großes Anliegen, jungen Menschen klare Hilfestellungen für das Alltagsleben im Einklang mit der Lehre der Kirche zu

---

[91] JOHANNES PAUL II., *Die Schwelle der Hoffnung überschreiten*, 224f.

geben. Von diesem Wunsch ausgehend sind die Mittwochs-Katechesen entstanden, die als eine konkrete Stütze für den Umgang mit der Liebe mit Bezug auf den Plan Gottes zu verstehen sind.

Ein wesentlicher Aspekt der Liebe, der sich wie ein roter Faden durch die Katechesen von Johannes Paul II. zieht, ist die Dimension der Liebe als Geschenk. Mit Bezug auf *Gaudium et spes 24* wird das Thema des Schenkens und Angenommen-Werdens immer wieder von einem neuen Gesichtspunkt aus analysiert. Der Begriff der *bräutlichen Liebe* bildet das Kernstück der Katechesen über die menschliche Liebe in ihrem Gottesbezug. Es wird für den jetzigen Kontext die Bedeutung des Schenkens speziell auf der menschlichen Ebene in der Ehe beleuchtet.[92]

2. Menschliche Bindung als Berufung und *Geschenk*

Es ist nicht schwer zu erkennen, dass der verständliche Wunsch nach Eigenständigkeit der Frau in den letzten Jahrzehnten zu einem Lebensideal geführt hat, das den Blick auf wertvolle, langfristige menschliche Bindungen in Treue und aufopfernder Liebe außer Acht lässt.

Im Gegensatz zu diesem vorherrschendem Frauenbild liest man bei Johannes Paul II. in seiner Abhandlung über das Buch Genesis, dass die Frau, die als eigenständiges und wertvolles Geschöpf erschaffen wurde, ihre Erfüllung allerdings in der Verbindung zum Mann, wie vom Schöpfer von Anbeginn gewollt, findet, da sich das Weibliche und Männliche in ihrem Menschsein ergänzen. Sie ist von ihrem Wesen her nicht nur ein individuelles Abbild Gottes, sondern auserwählt, eine liebende, gleichwertige und existenzielle Stütze für Adam, ihren Mann, zu sein. Die Frau hat von Anfang an die göttliche Bestimmung in einer persönlichen Liebesgemeinschaft zu leben.

Die beiden Sichtweisen mit Bezug auf die Existenz der Frau könnten nicht konträrer sein: Beauvoirs Sich-Abwenden von allem Männlichen und das von Gott gewollte Verbunden-Sein mit dem Mann.

---

92 Die verschiedenen Dimensionen der liebenden Hingabe mit Bezug auf das Sakrament der Ehe und die *Ehelosigkeit um des Himmelreiches willen* werden hier nicht erwähnt, da dies einer längeren Analyse bedarf.

In Genesis 2 zeigt sich GOTT, DER HERR als Ursprung des Lebens der Frau, die aus der Rippe Adams geformt wird. Das Verhältnis der Frau zu ihrem Schöpfer und einem Geschöpf männlichen Geschlechts wird hier deutlich. Die Frau ist ihrem Ursprung nach in ein schöpfungsmäßiges Abhängigkeitsverhältnis hineingestellt worden. Dieses Verhältnis gilt gleichermaßen für den Mann, der den Auftrag erhalten hat, die Frau zu beschützen und der seinerseits ihrer Hilfe bedarf und ebenfalls von Gott abhängig ist.

Dies ist auch nur dann verständlich, wenn man davon ausgehen kann, dass es sich um einen Gott der vollkommenen Liebe handelt, der eine so geartete Schöpfungsordnung wünscht, da sie dem Wesen des Menschen am besten entspricht, vor allem auch im Hinblick auf die Erlösung des Menschen. Lassen wir Johannes Paul II. nochmals zu Wort kommen:

> „Es besteht eine enge Verbindung zwischen dem Geheimnis der Schöpfung als Schenken, das der göttlichen Liebe entspringt, und jenem beglückenden Anfang der menschlichen Existenz als Mann und Frau in der ganzen Wahrheit ihres Leibes und ihres Geschlechtes, die ganz einfach die Wahrheit der Gemeinschaft zwischen den Personen ist."[93]

Eine Darstellung, die für die meisten Feministen unvorstellbar und unträgbar geworden ist und doch drückt sie die existenzielle Wahrheit über die Frau und den Sinn ihrer Geschlechtlichkeit aus, die in der personalen Gemeinschaft zu finden ist.

Die bekannte Stelle in Genesis 2,18 spricht davon, dass es für den Menschen nicht gut sei, allein zu sein (Natur und Tiere allein können die existenzielle Leere nicht ausfüllen). Dem Menschen, als Mensch der Heilsgeschichte, fehlt etwas, er ist in seinem solitären Dasein als Mensch nicht erfüllt. Gott selbst weist auf diese Tatsache hin, dass der Mensch erst durch die Beziehung zu einem anderen Menschen vollkommen wird. Das Menschsein nach dem Plan Gottes kann nur durch die gelebte Teilhabe am Anderen erfüllt werden:

---

[93] JOHANNES PAUL II., *Die menschliche Liebe im göttlichen Heilsplan*, 144 (14,4).

> „Wenn Gott Jahwe sagt, es sei ‚nicht gut, dass der Mensch alleine bleibe' (Gen 2,18), bestätigt er, dass der Mensch ‚allein' dieses Wesen nicht vollständig verwirklicht. Er verwirklicht es nur, wenn er ‚mit irgendjemanden' lebt, und noch tiefer und vollkommener, wenn er ‚für irgendjemanden' da ist…Dieses Gesetz für die Existenz der Person wird im Buch Genesis als Merkmal der Schöpfung herausgestellt eben durch die Bedeutung dieser beiden Worte ‚allein' und ‚Hilfe'."[94]

Die Worte, die Gott Jahwe selbst spricht, weisen auf die existenzielle Notwendigkeit des Menschen hin, in Gemeinschaft zu leben, besser gesagt *für* die Gemeinschaft zu leben. Die Gemeinschaft (*communio personarum*)[95] ist der Ort, an dem der Mensch mehr zum Menschen wird, aus seiner Isolation hervorkommt und zum Geschenk für den Anderen wird.

Der ursprüngliche Mensch erfährt die Schöpfung als Geschenk und Auftrag. Adam erkennt Eva als seine ebenbürtige Hilfe, die Gott für ihn aus Liebe geschaffen hat. Durch die Beziehung zur Frau erfährt Adam seine Geschlechtlichkeit (und Eva die ihrige) und die Möglichkeit der liebenden Vereinigung im sexuellen Akt. Der Mensch, der sich selbst geschenkt wurde, wird selbst wieder zum Geschenk für den Anderen. Seine gesamte Existenz hat den Charakter des liebenden Empfangens und Gebens.

Die Begegnung von Adam mit Eva, als Mann zur Frau, wird durch den Leib der beiden Liebenden vermittelt, ein leiblicher Ausdruck der Dimension des Geschenks. Sie werden ein Fleisch und schämen sich nicht. Sie sind in ihrer ursprünglichen Existenz frei von Begierde und mit keiner Scham belastet.[96] Diese ursprüngliche Situation lässt die sexuelle Vereinigung in der freiesten, unschuldigsten Form zu.

---

[94] JOHANNES PAUL II., *Die menschliche Liebe im göttlichen Heilsplan*, 143 (14,2).
[95] Zu einer genauen Analyse der *communio personarum* siehe *Einleitung* von NORBERT UND RENATE MARTIN in JOHANNES PAUL II., *Die menschliche Liebe im göttlichen Heilsplan*, 40f.
[96] Vgl. JOHANNES PAUL II., *Die menschliche Liebe im göttlichen Heilsplan*, 146–147 (14,6).

3. Freiheit der Sexualität

Wie der Papst in Katechese 14 schildert, war das erste Menschenpaar sich vor dem Sündenfall der Zeugungskraft seines Leibes bewusst, zugleich jedoch vom sexuellen Trieb als ein Zwang, der ausgelebt werden muss, frei. Der Mensch war in seiner gesamten Existenz frei von körperlichen und sexuellen Bedrängnissen und konnte sich folglich dem anderen Du aus freier Entscheidung und in vollem Besitz seiner selbst schenken. Liebe wurde als reine Bejahung der Person gelebt, ohne jeglichen Hintergedanken. Was für eine Befreiung! Der deutsche Philosoph Josef Pieper führt diesen Gedanken so aus: Wenn wir lieben, sind wir von Freude über das bloße Dasein des Anderen erfüllt und unsere Liebe drückt sich eben *nicht* dadurch aus, dass wir denken: „Wie gut, daß du *so* bist [so klug, brauchbar, tüchtig, geschickt], sondern: Gut, daß du da bist; wie wunderbar, daß es dich gibt!"[97]

Das Verständnis von Liebe bei Johannes Paul II. schließt eine Dimension der Freiheit ein, die nur durch gelebte Beziehung erfahren wird und nicht durch Liebe als Selbstzweck. Das Individuum erfährt sich selbst nicht in isolierter Subjektivität frei von jeder Bindung, sondern in einer Subjektivität, die sich selbst in der Liebe transzendiert und so zum Geschenk für den Anderen wird.

Die Ehe ist jene Verbindung von Personen, in der diese Dimension des Sich-Schenkens am deutlichsten hervortritt, da sie notwendigerweise die Vereinigung des Leibes (als Ausdruck der Person) umfasst und durch das geschlechtliche Einswerden zusätzlich ein Zeichen der schöpferischen Liebe wird. In der Ehe kommt der *bräutliche* Sinn des Leibes und der Liebe zur vollen Geltung, Liebe als Hingabe und Geschenk.[98] Ein Geschenk ist vom Wesen her etwas, das aus freiem Herzen gegeben wird. In der Ehe hat das Geschenk eine Gegenseitigkeit, Mann und Frau geben sich mit ihrem Leib hin und werden durch den Leib angenommen.

---

[97] JOSEF PIEPER, *Über die Liebe*, München, 1972, 46–47.
[98] Vgl. JOHANNES PAUL II., *Die Menschliche Liebe im Göttlichen Heilsplan*, 142–147 (14).

4. Bedrohung der Liebe und Sexualität

Es ist von außerordentlicher Wichtigkeit immer wieder darauf hinzuweisen, dass die ursprüngliche Einheit und Harmonie durch den Sündenfall gestört wurde, und daher *nicht* mehr vorausgesetzt werden kann. Die *communio personarum (Personengemeinschaft)* ist verwundet, da der gefallene Mensch in seiner Leib-Seele Verbundenheit verwundet wurde, die Eintracht mit Gott gestört wurde und der Mensch plötzlich dem Verfall, i. e. dem Tod, ausgesetzt wurde. C. S. Lewis bemerkt zu dieser misslichen menschlichen Situation nach dem Sündenfall sehr treffend:

> „Danach ist der Mensch so, wie er jetzt ist, für Gott und für sich selber ein Greuel und ein der Welt schlecht angepasstes Wesen – nicht weil Gott, sondern weil er selber sich so gemacht hat durch den Missbrauch seines freien Willens."[99]

Lewis weist in seinem Kapitel über den Fall des Menschen auch auf Augustinus, der die Sünde als eine Konsequenz des Hochmutes sah, eine Haltung des Menschen, die die Verbindung zu Gott als eine unzumutbare Abhängigkeit sieht. Diese wesenhafte Verbindung von einem Geschöpf – das seine Existenz als endliches Wesen Gott verdankt – zu seinem Schöpfer wird willentlich getrennt, um für sich selbst zu existieren. In dem Moment, in dem das Geschöpf erkennt, dass es sich für Gott oder für sich selbst entscheiden kann, nimmt die Ursünde ihren Lauf. Indem sich nun die Möglichkeit auftut, Gott in den Mittelpunkt der Handlungen zu setzten oder seine eigenen persönlichen Wünsche, ergibt sich ganz leicht die Gelegenheit zur Sünde. Diese ursprüngliche Situation wiederholt sich tagtäglich für jeden von uns, wir begehen Sünden, wir bereuen sie, wir überlegen zu sündigen, wir versuchen die Sünde zu vermeiden oder zu rechtfertigen.[100]

Die Relation der Frau zum Mann ist durch diese Sünde belastet, wie alle unsere Beziehungen zueinander und auch unsere Beziehung zu Gott. Die patriarchale Gesellschaft, die sehr oft zu einer leidvollen und erzwungenen Selbstaufgabe der Frau führte, war teilweise ein System der Unterdrückung und Diskriminierung, ein Zustand jedoch,

---

[99] Clive Staples Lewis, *Über den Schmerz*, Giessen, 1995, 67.
[100] Vgl. Clive Staples Lewis, *Über den Schmerz*, Giessen, 1995, 73.

der von Gott nicht gewollt ist, eine konkrete, geschichtliche Situation der Frau [...], die vom Erbe der Sünde belastet ist.[101]

Für das Zusammenleben von Mann und Frau bleibt dies nicht ohne gravierende Konsequenzen, vor allem im Ausleben der Sexualität. Der Mensch hat die innere Freiheit des Geschenks durch die Erbsünde bereits verloren, die sich, zwar nicht ausschließlich, aber doch auch durch die *Begehrlichkeit* ausdrückt.[102] Da die *Begehrlichkeit* einen gewissen Zwang ausdrückt, schmälert sie den Selbstbesitz der Person von innen her und erschwert die Dimension des Geschenks. Die Schönheit des sexuellen Aktes wird getrübt und der Andere wird zum Objekt der körperlichen Befriedigung, zum Gegenstand der Herrschaft, des Besitzergreifens. Die Beziehung verwandelt sich von einem großherzigen freien Geschenk zu einem gegenseitigen Besitzanspruch. In einer solchen Situation entfernt sich der Mensch immer mehr vom eigentlichen Sinn der *bräutlichen Liebe*.

Andersherum gesagt: Das sinnliche Begehren kann den Menschen, wenn es nicht moralisch geordnet ist (auch innerhalb der Ehe), in einen Zustand versetzen, bei dem die andere Person *als* Person thematisch ausgeblendet wird. Die Konsequenz daraus ist eine isolierte Sinnlichkeit, bei der das Begehren im Vordergrund steht. In diesem Fall ist man ebenfalls in eine Form von Immanenz eingesperrt. Die Transzendenz zur anderen Person hin wird dadurch unmöglich gemacht.[103]

Dieses Verhalten ist in besonderer Weise bei Prostitution und dem Konsum von Pornographie erkennbar. In diesem Falle ist ein näherer Kontakt zum Anderen, abgesehen vom Ausnutzen des sexuellen weiblichen oder männlichen Wertes, gar nicht erwünscht. Der Leib hört hier auf, ein Ausdruck der Person zu sein, und wird zu einem reinen Lustobjekt degradiert. Sexuelles Begehren, das so gelebt wird, sperrt den Blick auf die Individualität und Einzigartigkeit, die bei der Liebe ausschlaggebend ist, zur Gänze. Das, was in die intime personale Sphäre gehört, die Nacktheit und die geschlechtliche Vereinigung, wird plötzlich zur Schau gestellt und öffentlich zugänglich gemacht.

---

101 Johannes Paul II., *Mulieris dignitatem*, 14.
102 Der Begriff *Begehrlichkeit* kann bei Johannes Paul II. drei verschiedene Bedeutungen ausdrücken: *Begehrlichkeit des Fleisches, der Augen* und *der Stolz des Lebens*. Siehe Johannes Paul II., *Die menschliche Liebe im göttlichen Heilsplan*, 205–210 (26).
103 Vgl. Dietrich von Hildebrand, *Das Wesen der Liebe*, 45.

Jeder kann nun davon Besitz ergreifen, heutzutage bedauerlicherweise durch die sozialen Medien in einem schwindelerregenden Ausmaß.[104]

Die richtige Schau des nackten Körpers, die sexuelle Anziehung, ist in ihrer ethischen Dimension eine Aufforderung, die Intimität und Exklusivität zu bewahren. Das Gefühl der Scham ist dahingehend als Schutzschild gedacht, das das körperlich Sexuelle verdeckt, und zwar nicht aus Prüderie, sondern um das, was zum Geschenk der bräutlichen Hingabe gehört, vor falschem sinnlichem Begehren abzuschirmen.

5. Das Leid mit der Leidenschaft

Die leidenschaftliche Liebe, der *Eros*, ist in der Vergangenheit oft mit dem Göttlichen in Verbindung gebracht worden. Das bedeutet jedoch keineswegs, dass der Geliebte selbst Gott ist – und all unsere Sehnsüchte erfüllen wird (das kann weder der Mann, noch die Frau oder das Kind). Wir, als Geschöpfe, können an der Liebe teilhaben, aber sie niemals vollkommen verkörpern, das bleibt unserem Schöpfer vorbehalten. Sie ist durch den Fall des Menschen stark in Mitleidenschaft gezogen worden und kippt daher oft in das Gegenteil um, in Leid.

Der berühmte Ausspruch von Lord Byron, nachdem die Liebe der Himmel und die Ehe die Hölle ist, weist vielleicht etwas zu drastisch darauf hin, dass die liebende Vereinigung von Mann und Frau in der gelebten Wirklichkeit nicht immer besteht. Sie ist in ihrer Harmonie gestört und bedarf der Wiederherstellung, um zu gelingen. Jeder, der in einer Ehe lebt wird dem ohne Vorbehalt zustimmen können.

Papst Benedikt XVI. erläutert hierzu in seiner ersten Enzyklika *Deus Caritas est*, wie sein Vorgänger Johannes Paul II., Folgendes über die notwendige Transformation von Leidenschaft in der Liebe:

> „Wenn *Eros* zunächst vor allem verlangend, aufsteigend ist – Faszination durch die große Verheißung des Glücks –, so wird er im Zugehen auf den anderen immer weniger nach sich selber

---

[104] Vgl. Johannes Paul II., *Die menschliche Liebe im göttlichen Heilsplan*, 378–381 (62).

fragen, immer mehr das Glück des anderen wollen, immer mehr sich um ihn sorgen, sich schenken, für ihn da sein wollen."[105]

Anhand dieser Worte kann man erkennen, dass die Leidenschaft durch den Blick auf den Geliebten reift, sie hört auf, um sich selbst zu kreisen und öffnet sich den Bedürfnissen des Anderen. Ungeordnete, zuchtlose Leidenschaft stellt hingegen keinen Aufstieg zum Erhabenen und Schönen dar. Das Gegenteil ist der Fall, sie stürzt den Menschen in den Abgrund. Eine falsche Vergöttlichung des *Eros* raubt den Menschen seiner Würde und „entmenschlicht" die Liebe, sie macht die Geliebten zu „missbrauchten" Menschen.[106]

Diese strenge Formulierung Papst Benedikts XVI. weist auf die Notwendigkeit hin, den *Eros* mit der *Agape* zu verbinden, da sonst die Liebe nicht bestehen kann und verfällt. Dies ist kein Aufruf, auf den Eros zu verzichten und ausschließlich in der Aufopferung zu leben. Diese Einstellung verkennt die Wichtigkeit für den Menschen, Liebe zu empfangen. Nur wer geliebt wird, ist in der Lage Liebe weiterzugeben. Die menschliche Liebe kann uns einen Blick über unseren Alltag hinweg auf die Unendlichkeit und Ewigkeit zeigen. Der Weg zu einer beständigen, erfüllten Liebe ist hart und steinig und kann nur durch die aufopfernde Liebe gelingen. Der Verzicht darauf, seine Leidenschaft ohne Grenzen ausleben zu können, ist der Weg zur Reifung des *Eros*.[107]

6. Schlusswort

Über mehrere Jahre hindurch hielt Johannes Paul II. als Hirte und Hüter der katholischen Kirche auf dem Petersplatz in Rom Katechesen zum Thema der Berufung des Menschen zur Liebe. Er kam dadurch der Verpflichtung nach, die frohe Botschaft über die Bestimmung des Menschen, wie sie durch das Wort Gottes verkündet wurde, vertiefend zu erörtern und zu proklamieren. Er tat dies jedoch auf eine fundamental neue Art und hat somit den Gläubigen einen zeitgemäßen und nachvollziehbaren Leitfaden für den Lebensweg mitgegeben.

---

105 BENEDIKT XVI., Enzyklika *Deus Caritas est. Gott ist die Liebe*, 7. (im Folgenden abgekürzt mit Autor, *Deus Caritas est*, Paragraphennummer).
106 BENEDIKT XVI., Enzyklika *Deus Caritas est*, 4.
107 Vgl. BENEDIKT XVI., Enzyklika *Deus Caritas est*, 5.

Als Johannes Paul II. sein Amt als Papst übernahm, konnte er auf viele Jahre intellektuellen Schaffens als Professor für Philosophie zurückblicken, sowie auf seine vielseitige Praxis als priesterlicher Seelsorger von jungen Menschen, Studenten und Ehepaaren. Diese Abschnitte seines Lebens prägten ihn so sehr, dass sie weiterhin zentral für sein Denken waren. Der Mensch, sein Wesen, seine Existenz und Berufung als Christ in der Welt, sollte weiterhin richtungsweisend für seine Schriften bleiben. In seiner ersten Enzyklika *Redemptor Hominis*, der „Magna Charta" seines Pontifikats, wie Hanns-Gregor Nissing sie nennt, schreibt der Papst Folgendes:

> „[...] der Mensch in der Einmaligkeit – weil er Person ist [...] seine eigene Lebensgeschichte [...] eigene Geschichte der Seele [...] der Mensch in der vollen Wahrheit seiner Existenz, seines persönlichen und zugleich gemeinschaftsbezogenen und sozialen Seins [...] dieser Mensch ist der Weg der Kirche [...]."[108]

Dieses Zitat zeigt sehr schön den Weg, den Johannes Paul II. als Papst einschlagen wollte. Es war ihm ein großes Bedürfnis, als Seelsorger für die gläubigen Katholiken weltweit den Menschen der Postmoderne auf den Weg der Wahrheit zu führen und ihn zu begleiten. Hier schwingen die Töne des Zweiten Vatikanischen Konzils, dem Karol Wojtyła auch beiwohnte, mit, das sich darum bemüht hat, den Christen in seiner jeweiligen Stellung in der modernen Gesellschaft richtungsweisend zu unterstützen.[109]

Der unschätzbare Beitrag von Johannes Paul II. bezüglich der sexuellen Revolution mit ihren feministischen Anliegen liegt darin, dass er die Schönheit der Berufung des Mannes und der Frau als gegenseitiges Geschenk in der ehelichen Liebe in den Vordergrund der kirchlichen Lehre über die Ehe stellt. Dies kann als ein wichtiges Heilmittel gegen die unglaubliche Banalisierung von Sex angesehen werden, die sich in der heutigen Zeit rasant ausbreitet.

Indem der Papst die objektive Sicht der geschlechtlichen Vereinigung, i. e. Fortpflanzung, durch seine tiefe Analyse der subjektiven Sicht des sexuellen Aktes, i. e. dem Ausdruck von Liebe, ergänzte, weitete er unseren Blick auf die Würde der sexuellen Intimität.

---

108 Johannes Paul II., *Redemptor Hominis*, 14, in Karol Wojtyła, *Wer ist der Mensch*, VIII.
109 Vgl. Karol Wojtyła, *Wer ist der Mensch*, VIII.

Aufgrund dessen, dass die Person sich durch ihren Leib ausdrückt, kann der Umgang mit diesem in der Sexualität ein wichtiger Indikator für die Respektierung des Wertes der Person angesehen werden, insbesondere des Wertes der Frau.

Die schleichende Instrumentalisierung des Leibes, die auf einer neuen Form des Manichäismus beruht, führte dazu, dass die Frau trotz anfänglicher Freiheit vom Mann wieder in eine neue Form der Versklavung zurückfiel, die ständige sexuelle Verfügbarkeit durch Verhütung.

Bei diesem Menschenbild wird der menschliche Körper, entgegen der Auffassung von Johannes Paul II., als ein Rohmaterial angesehen, das – getrennt von der geistigen Dimension des Menschen – beliebig manipuliert und verwendet werden kann. Die Person trennt sich geistig von ihrem Körper, er wird sozusagen aus der Einheit (Geist-Körper) des Menschen ausgelagert, um ihn zur freien Umgestaltung, je nach Laune, zur Verfügung zu stellen. Papst Johannes Paul II. spricht in diesem Zusammenhang von einem „Neo-Manichäismus" der sich in die heutige Moraltheologie eingeschlichen hat und zu einer großen Verwirrung geführt hat, dadurch dass er den Wert des Leibes für Existenz und Glück des Menschen verkennt.[110]

Der Vorwurf an das Lehramt der Kirche, durch seine Sexualmoral Leibfeindlichkeit zu propagieren und die Lust der sexuellen Intimität geringzuschätzen, indem der eigentliche Wert des Geschlechtsakts im Aspekt der Fortpflanzung in der Ehe gesehen wird, kann durch die Lehre der *Theologie des Leibes* von neuem widerlegt werden. Johannes Paul II. kannte nicht nur die verkürzten Formulierungen über die Liebe in der Ehe in kirchlichen Dokumenten, sondern auch die Geringschätzung der gelebten Sexualität unter vielen Gläubigen. Sein Werk, so kann man sagen, führt eine Renaissance der Wichtigkeit und Schönheit der sexuellen Liebe ein.

Das Verständnis von Lust und Leidenschaft, des *sinnlichen Begehrens*, wird erweitert um die Berufung der Hingabe an den Anderen, die *bräutlichen Liebe*. Die Freiheit der Person wird in den Dienst der Anteilnahme an den Anderen, an den Bedürfnissen der geliebten

---

110 In diesem Zusammenhang kann auf die Analyse von John Crosby über das Verständnis von Mann und Frau im Denken Wojtyłas/Johannes Pauls II. hingewiesen werden. JOHN F. CROSBY, „Karol Wojtyła's Personalist Understanding of Man and Woman", in *Personalist Papers*, Washington, D. C., 2004, Kapitel 11.

Person (auch der eigenen) gestellt. Die *Personalistische Norm* gilt als Leitfaden für die menschlichen Beziehungen, allem voran in der sexuellen Vereinigung, um dem Gegenüber in Ehrfurcht zu begegnen. Als die erste Anlaufstelle des Personalen kann der Leib die Liebe und Hingabe des Menschen ausdrücken, aber auch die banale Benutzung und Ausbeutung des Anderen.

Der Mensch hat die Möglichkeit, in seinem persönlichen Handeln die moralische Ordnung, diese „Verfügungsmacht über sich selbst"[111], die er begreift, zu verinnerlichen und danach zu leben. Nur im Besitz seiner selbst, im Handeln gemäß dem objektiv Guten für sich selber und die anderen, kann man sich auf authentische Weise schenken. Diese Lebenseinstellung erkennt die Schwachstellen des Zusammenlebens von Mann und Frau, die Gefahr der Verletzungen in der Liebe und der gelebten Sexualität, und bietet einen gangbaren Weg der Versöhnung an. Die *Agape* als Ergänzung zum *Eros*, die Bereitschaft die genussvolle Liebe auch zu erleiden, helfen die Realität unseres irdischen Daseins (zwei komplementäre Wesen, Mann und Frau, die das Menschsein ausmachen) in Demut zu leben.

Das Denken des vorherrschenden Feminismus kann nicht gegensätzlicher sein. Nicht der Selbstbesitz als Errungenschaft des tugendhaften Lebens, der uns für den Blick auf das Wohlergehen der Person (die eigene wie die andere) öffnet, wird in den Vordergrund des Handelns gestellt, sondern eine zügellose Selbstbestimmung gepaart mit einem radikalen Autonomiedenken.

Das Verständnis dessen, was Freiheit eigentlich ist, hat sich dadurch dramatisch verändert. Freiheit ist zu einem unreflektierten Ideal geworden, das die Menschen zu ihrem Besitz gemacht haben, um sich über die Gesellschaft und ihre Normen und auch über die biologische Realität zu erheben. Dies ist sehr klar in der Genderdebatte erkennbar, in der die Geschlechterdifferenz und reale biologische Grundlage von Mann und Frau geleugnet wird, um nach Belieben Genderkonstrukte zu erfinden. Man muss „frei" sein dürfen, seine geschlechtliche Identität zu bestimmen, auch wenn dies dazu führt, dass die reale Natur des Menschen als Mann und Frau gedanklich eliminiert und auch physisch (durch Verstümmelung der Genitali-

---

[111] Karol Wojtyła-Johannes Paul II. *Die anthropologische Vision der Enzyklika „Humanae vitae"*, in *Von der Königswürde des Menschen*, Seewald Verlag, 1980, 196.

en durch Geschlechtsoperationen und schädliche lebenslange Hormontherapien) zerstört wird.

Diese Sicht auf die Freiheit als schier unendliche Möglichkeit, eine konstruierte menschliche Identität anzunehmen, kann man durchaus auf das ursprüngliche Gedankengut von Beauvoir aus dem Jahr 1949 zurückführen, die eingangs ihres Werkes *Das andere Geschlecht* Folgendes schreibt:

> „Man kommt nicht als Frau zur Welt, man wird es. Keine biologische, psychische oder ökonomische Bestimmung legt die Gestalt fest, die der weibliche Mensch in der Gesellschaft annimmt." [112]

Es scheint klar zu sein, dass Beauvoir nicht das biologische Geschlecht als Realität *per se* ignoriert hat, sondern dass sie vielmehr die Rolle der Frau in der Gesellschaft, die sich daraus ergibt, in Frage gestellt hat. Ihr Ansatz, eine bewusste Abwendung vom Mann und der patriarchalen Struktur in der Gesellschaft, sollte zur erwünschten *Transzendenz* der Frau in der Selbstbestimmung und zum lang ersehnten Glück führen. Es scheint jedoch, dass der Feminismus über sein Ziel hinausgeschossen hat.

Statt einer Gesellschaft, in der erfülltere und glücklichere Menschen leben, kann man einen starken Trend erkennen, der zu neuen Formen der *Immanenz* führt. Es scheint, dass die westliche Welt, angeführt durch immer radikaler denkende Feministen, Individuen hervorbringt, die in ihrem Eigenleben „steckengeblieben" und von immer mehr existenziellen Ängsten geplagt sind.

Dietrich von Hildebrand weist in seinem 500-seitigen Werk über die Liebe auf die Gefahr eines Typus von Menschen hin, die sich durch eine ‚verengte' Form des Eigenlebens auszeichnen, das es unmöglich macht, auf die Bedürfnisse eines Anderen einzugehen. Er erkennt sehr scharfsinnig, dass es sich hierbei um Menschen handelt, die so in ihrem Eigenleben und ihrer Welt gefangen sind, dass sie die Aufforderung zum Guten gar nicht mehr erkennen. Ihr Eigenleben ist ‚qualitativ verbildet' und die eigenen Sorgen und Bedürfnisse haben immer Vorrang vor denen der Anderen. Sie leben, so schreibt er weiter, in der permanenten Angst, dass ihre Wünsche und Ziele, ihre Sicherheit, gefährdet sind. Ihre Einstellung zum Leben wird nur

---

112 Beauvoir, *Das andere Geschlecht. Sitte und Sexus der Frau*, Einleitung.

noch von ihrem subjektiven Gesichtspunkt aus gesehen. Die objektive Rangordnung der Werte ist dermaßen gestört, dass sie keinem sittlichen Aufruf mehr folgen können.[113]

Hier gilt es, den Mut nicht zu verlieren und dem Ruf Johannes Paul II. zu folgen, an einer „Kultur des Lebens und der Liebe" mitzuarbeiten: „Der Mensch kann nicht ohne Liebe leben [...] sein Leben ist ohne Sinn [...] wenn er sie nicht erfährt und sich zu eigen macht..."[114] (*Redemptor Hominis 10*).

---

113   Vgl. Dietrich von Hildebrand, *Das Wesen der Liebe. Gesammelte Werke III.*, Regensburg, 1971, 287f.
114   Johannes Paul II., Enzyklika *Redemptor Hominis* zitiert in Melina, *Liebe auf katholisch*, 18.

AUTORENVERZEICHNIS

GAMS CORBIN Can. Lic. theol., MTh; Dozent für Theologie des Leibes am Institut für Moraltheologie an der *Philosophisch-Theologischen Hochschule* Benedikt XVI. *Heiligenkreuz*, Leiter des *Studiengangs Theologie des Leibes*, Mitarbeiter der *Initiative Christliche Familie* bei der Österreichischen Bischofskonferenz. Er ist verheiratet und lebt mit seiner Frau in Dornbirn.

HEINZEN CHRISTOPH, Dipl. theol., Studien in Bonn und Heiligenkreuz, 2005 Priesterweihe. Seit 2015 Akademischer Referent der Theologie des Leibes nach Johannes Paul II. – nach Abschluss des *Studienganges Theologie des Leibes* an der *Philosophisch-Theologischen Hochschule* Benedikt XVI. *Heiligenkreuz*. Seit 2014 leitender Pfarrer im Erzbistum Köln.

HILDEBRAND-GALBRAITH NATALIE, Dr. phil., Studien an der *Franciscan University of Steubenville* /USA und der *Internationalen Akademie für Philosophie* /Liechtenstein. Seit 2017 Akademische Referentin der Theologie des Leibes nach Johannes Paul II. – nach Abschluss des *Studienganges Theologie des Leibes* an der *Philosophisch-Theologischen Hochschule* BENEDIKT XVI. *Heiligenkreuz*. Sie ist verheiratet, Mutter von fünf Kindern und lebt mit ihrer Familie in Österreich.

LACKNER FRANZ OFM, Erzbischof, Prof. Dr. phil., Lic. phil., Mag. theol., Vorsitzender der Österreichischen Bischofskonferenz, Diözesanbischof von Salzburg.

MERECKI JAROSŁAW, Prof. Dr. phil., Priester der Ordenskongregation der Salvatorianer, studierte Theologie und Philosophie in Polen und Lichtenstein und promovierte anschließend an der Katholischen Universität Lublin unter der Leitung von Tadeusz Styczeń. Seit 2001 Professor am *Institut Karol Wojtyła/Johannes Paul II. für Studien über Ehe und Familie*, Rom. Er ist Autor zahlreicher Publikationen.

REISSEL RALF, Dr. phil., Dipl-Päd., Studien in Würzburg, Wien, Fribourg und Kaiserslautern. Wissenschaftliche Lehrkraft an einer Fachschule für Sozialpädagogik in Schwäbisch Gmünd. Seit 2013 Akademischer Referent der Theologie des Leibes nach Johannes Paul II. - nach Abschluss des *Studienganges Theologie des Leibes* an der *Philosophisch-Theologischen Hochschule* Benedikt XVI. *Heiligenkreuz.* Bildungsreferent für Erziehungsthemen sowie für eheliche Spiritualität und Sexualität im Kontext der *Theologie des Leibes* und der *Theologie der Geschlechter (Adrienne v. Speyr).* Mitarbeiter bei Ehevorbereitungskursen im Haus St. Ulrich in Hochaltingen. Er ist verheiratet und Vater von vier Kindern und lebt in Deutschland.

SURAMY AUDE, Dr. phil., Lic. phil., Mag. phil., ist Dozentin an der Philosophischen Fakultät des Katholischen Instituts von Toulouse (Frankreich). Von 2015 bis 2020 war sie Prodekanin der Fakultät. Sie spezialisierte sich auf das philosophische Denken von Karol Wojtyła mit einer Dissertation mit dem Titel *La voie de l'amour* [Der Weg der Liebe] an der Universität Sorbonne-Paris IV. Sie hat mehrere Artikel über das Denken von Karol Wojtyła/ Johannes Paul II. veröffentlicht.

WIECZOREK JOHANNES PAUL B.A., Journalist und Mitgründer der *Initiative Theologie des Leibes.* Seit 2021 Akademischer Referent der Theologie des Leibes nach Johannes Paul II. – nach Abschluss des *Studienganges Theologie des Leibes* an der *Philosophisch-Theologischen Hochschule* Benedikt XVI. *Heiligenkreuz.*

STUDIENGANG
THEOLOGIE DES LEIBES

Fähigkeiten und Kompetenzen

Der *Studiengang Theologie des Leibes* zielt auf eine fundierte, intellektuelle, menschliche und spirituelle Schulung und vermittelt folgende Kompetenzen:

- die Fähigkeit, durch eine differenzierte Gegenwartsanalyse die Zeichen der Zeit in Bezug auf den Menschen, das Menschenbild, den Leib und die Sexualität wahrzunehmen und theologisch zu deuten.

- die Fähigkeit zur Auseinandersetzung mit aktuellen Fragen, Entwicklungen und Strömungen in diesen Bereichen innerhalb der Theologie.

- die Fähigkeit, die Bedeutung der *Theologie des Leibes* für die Gestaltung des persönlichen, kirchlichen und gesellschaftlichen Lebens neu zu entdecken und zu erschließen.

- die Fähigkeit zur kompetenten und authentischen Weitergabe und Vermittlung aller Themen rund um die *Theologie des Leibes*.

Inhalt und Aufbau

Der Studiengang umfasst acht Module innerhalb von vier, höchstens acht Semestern. Hiervon können bis zu drei Module online besucht werden. Pro Semester werden zwei Module angeboten. Jedes Modul besteht aus einer viertägigen Blockveranstaltung und kann auch einzeln belegt werden.

Die Inhalte:

- Philosophische Grundlagen: Phänomenologie, Anthropologie, ethische Grundlagen der *Theologie des Leibes*.
- Theologische Grundlagen: Geschichtliche Einbettung, *Theologie des Leibes, Humanae vitae, Familiaris consortio, Mulieris dignitatem, Brief an die Familien, Amoris laetitia*, Ehespiritualität, Katechesen
- Bioethische Grundlagen: In-vitro-Fertilisation, Präimplantationsdiagnostik, Leihmutterschaft.
- Katechetische Umsetzung: motivierende und zielgruppenorientierte Vermittlung, Zeugnischarakter.

Zielgruppe

Der Studiengang richtet sich an Menschen,

- denen aufgrund ihres haupt- oder nebenberuflichen Engagements in der Kirche besondere Qualifikationen und Kompetenzen über die kirchliche Lehre von Ehe und Familie hilfreich sind;
- die die *Theologie des Leibes* in ihrer Tiefe kennenlernen und weitergeben wollen:
- Priester, Ordensleute, Religionspädagogen, Lehrer, Gruppenleiter u. Multiplikatoren;
- die mit diesem Lehrgang ihr Theologie- und Philosophiestudium bereichern wollen.

Zulassung und Anrechnung

Zum Studiengang sind getaufte Erwachsene zugelassen.

Die Hochschulreife ist erwünscht aber keine Voraussetzung.

Die Hochschule Heiligenkreuz vergibt für die Module in der Regel zwei ECTS-Credits. Eine Anrechnung für ein theologisches Grund- oder Aufbaustudium ist möglich.

Insgesamt sind acht Prüfungen abzulegen, ebenso ist eine schriftliche Abschlussarbeit zu verfassen. Das erfolgreiche Absolvieren des Studiengangs wird durch ein Abschlusszeugnis dokumentiert und mit einer Sendung gefeiert.

Der Studiengang wird als Continuum angeboten, so ist ein Einstieg zu Beginn eines jeden Moduls möglich.

Leitung

Planung, Inhalt und Durchführung obliegt der *Initiative Christliche Familie* (Husarentempelgasse 4, 2340 Mödling) in Zusammenarbeit mit der *Phil.-Theol. Hochschule Benedikt XVI. Heiligenkreuz*.

Studienleiter: Doz. Lic. theol. Corbin Gams MTH
gams@christlichefamilie.at

Auskunft und Anmeldung:

Assistentin: Britta Jacobi, stdl@christlichefamilie.at

Homepage: www.theologiedesleibes.org